中華民國史檔案資料滙編

第五輯 第二編 外交

中國第二歷史檔案館編

鳳凰出版傳媒集團
鳳凰出版社

图书在版编目（CIP）数据

中华民国史档案资料汇编. 第5辑. 第2编. 外交 / 中国第二历史档案馆编. -- 南京：凤凰出版社，1997.9
(2024.2重印)
ISBN 978-7-80519-929-0

Ⅰ. ①中… Ⅱ. ①中… Ⅲ. ①档案资料－汇编－中国－民国②外交史－档案资料－汇编－中国－民国 Ⅳ. ①K258.063

中国版本图书馆CIP数据核字(2010)第085845号

书　　　名	中华民国史档案资料汇编 第五辑　第二编　外交（共一册）
编　　　者	中国第二历史档案馆
责 任 编 辑	尹亚伟
责 任 监 制	程明娇
出 版 发 行	凤凰出版社（原江苏古籍出版社） 发行部电话 025-83223462
出版社地址	江苏省南京市中央路165号，邮编：210009
印　　　刷	上海世纪嘉晋数字信息技术有限公司 上海市汇金路899号，邮编：201700
开　　　本	850毫米×1168毫米　1/32
印　　　张	24.625
字　　　数	618千字
版　　　次	1997年9月第1版
印　　　次	2024年2月第4次印刷
标 准 书 号	ISBN 978-7-80519-929-0
定　　　价	300.00元

（本书凡印装错误可向承印厂调换，电话：021-69214197）

说　明

《中华民国史档案资料汇编》(1912—1949)，是为了适应中国近现代史的科学研究与教学需要，就馆藏历史档案中具有一定史料价值的资料编辑而成的一套综合性资料汇编。

这套档案资料汇编，系以前副馆长王可风生前主持编辑的《中国现代政治史资料汇编》(1912—1949)初稿为基础，进行修订补充的，全书扩编为五辑：第一辑《辛亥革命》(1911)；第二辑《南京临时政府》(1912)；第三辑《北洋政府》(1912—1927)；第四辑《从广州军政府至武汉国民政府》(1917—1927)；第五辑《南京国民政府》(1927—1949)。

本档案资料汇编第五辑《南京国民政府》的主编为施宣岑、方庆秋。

第五辑全书分为三编：第一编为《南京国民政府的建立与十年内战》(1927.4—1937.7)；第二编为《第二次国共合作与八年抗战》(1937.7—1945.8)；第三编为《蒋介石发动全面内战与南京国民政府的覆灭》(1945.8—1949.9)。以上每编各按政治、军事、外交、财政经济、文化教育等分为若干分册。

本分册为第五辑第二编的外交分册，主要内容有：〔一〕国民政府外交概况；〔二〕中苏关系；〔三〕中美关系；〔四〕中英关系；〔五〕中法关系；〔六〕中国与德、意、瑞士等国的关系。

本册的责任编辑为蔡鸿源，档案资料的选辑校对为任骏。最

1

后，全书由万仁元审阅，施宣岑、方庆秋统编定稿。

本档案资料汇编篇幅大，涉及面广，我们限于水平,在史料的选辑等方面难免有缺点和错误，谨希读者批评指正。

编　　例

一、本汇编所选资料，为保持档案文件原貌，全文照录。但对少数文件因内容重复及与主题无关者，则酌予删节。资料出处，于文件篇后注明之。

二、本汇编所选资料，按类项并依文件形成时间先后为序。但属综合性或追述性的资料，则按其内容酌加调整。

三、本汇编所选资料，一般以一件为一题。但同属一事，彼此间又有直接联系者，则以一事为一题。

四、文件标题、标点，均为编者所加，沿用原标题、原标点者，则予篇目之后加注说明。

五、本汇编所选资料，一般均用简体字，但遇有可能引起文义歧异者，则保留原来繁体字。

六、本汇编所选资料，凡有破损缺漏或字迹不清者，以□号代之；错字、别字和衍文的校勘以及简单注释，均加在正文之后，以〔　〕号标明之；较长的注释，在正文之后以①②等号标明之；增补的字，以【　】号标明之；文件内容删节者，以……符号标明之；待考的字，以〔？〕符号标明存疑。

南京国民政府时期

第 二 编

外 交

目　录

〔一〕国民政府外交概况

（一）国民政府外交部行政组织及法规

1. 国民政府公布修正外交部组织法
   （1939年9月7日）……………………………………（ 1 ）
2. 国民政府公布外交部战后外交资料整理研究委员会组织规程
   （1941年11月4日）…………………………………（ 4 ）
3. 国民政府公布普通护照延期办法暂定标准令
   （1942年2月9日）……………………………………（ 6 ）
4. 外交部公布呈请授与友邦人员勋章办法令
   （1942年4月28日）…………………………………（ 6 ）
5. 国民政府公布外国航空器飞航国境检查办法
   （1942年7月6日）……………………………………（ 9 ）
6. 外交部公布中华民国关于外人护照签证办法令
   （1943年8月2日）……………………………………（ 10 ）
7. 国民政府公布修正外交部组织法
   （1943年12月8日）…………………………………（ 16 ）
8. 外交部公布出国护照条例
   （1944年7月22日）…………………………………（ 20 ）
9. 重庆卫戍总司令部等拟定"维持国军军警宪与盟军间

军风纪办法"

（1944年12月）……………………………………（ 22 ）
10. 国民政府行政院公布外侨出境办法令

（1945年4月5日）…………………………………（ 23 ）

（二）外交方针政策宣言声明办法议案报告

1. 国民政府自卫抗战声明书

（1927年8月14日）…………………………………（ 25 ）
2. 外交部关于国民政府对九国公约国会议决定六点方针
致顾维钧等电稿

（1937年10月24日）…………………………………（ 28 ）
3. 上海市文化界救亡协会国际宣传委员会对九国公约会
议开会前后我国外交政策意见书呈

（1937年10月25日）…………………………………（ 29 ）
4. 国防最高会议关于中国参加九国公约会议原则致外交
部函

（1937年10月26日）…………………………………（ 31 ）
5. 国防最高会议关于中国出席九国公约国会议代表外活
动原则致外交部函

（1937年10月26日）…………………………………（ 32 ）
6. 外交部陈述日本违反九国公约行动电稿

（1937年10月26日）…………………………………（ 32 ）
7. 国民政府行政院秘书处关于孔祥熙对布鲁塞尔会议意
见函

（1937年10月28日）…………………………………（ 33·）
8. 顾维钧报告与美国代表台维斯商议布鲁塞尔会议情
形电

（1937年10月28日）…………………………………（ 34 ）

9. 钱泰报告布鲁塞尔会议上美英代表所提方案电
   （1937年10月29日）……………………………………（ 36 ）
10. 顾维钧报告探询法国政府对比京会议提议情形密电
    （1937年10月30日）……………………………………（ 37 ）
11. 国民政府公布比京会议书
    （1937年11月15日）……………………………………（ 38 ）
12. 立法院外交委员会审查修正开罗国际邮政公约第十条
    丙节报告呈
    （1937年11月17日）……………………………………（ 40 ）
13. 国民政府要求审议中国爱沙尼亚友好条约训令
    （1938年4月21日）……………………………………（ 41 ）
14. 立法院委员楼桐孙等审查中国爱沙尼亚国友好条约报
    告呈
    （1938年5月2日）………………………………………（ 42 ）
15. 国民政府要求审议中国利比里亚友好条约训令
    （1938年4月21日）……………………………………（ 44 ）
16. 立法院委员楼桐孙等审查中国利比里亚国友好条约报
    告呈
    （1938年5月2日）………………………………………（ 45 ）
17. 国际反侵略运动大会中国分会陈请审核全国响应国际
    反对轰炸不设防城市办法函
    （1938年7月18日）……………………………………（ 47 ）
18. 国际反侵略运动中国分会编发"我们要求国联履行反
    侵略的任务"文
    （1938年9月5日）………………………………………（ 48 ）
19. 国联行政院公布关于对日适用十六条之报告
    （1938年9月30日）……………………………………（ 51 ）
20. 国民政府外交部情报司译发同盟社所发之近卫声明

全文

(1938年12月)……………………………………(52)

21. 蒋介石斥责《近卫声明》的讲话

(1938年12月26日)………………………………(54)

22. 蒋介石关于日军海南岛登陆问题谈话

(1939年2月11日)…………………………………(63)

23. 蒋介石手订"现阶段之军事外交宣传要点"

(1939年4月)………………………………………(65)

24. 蒋介石等关于策动民众团体电慰被日寇封锁天津租界内同胞及友邦侨民电

(1939年6—8月)……………………………………(66)

25. 蒋介石关于欧战前之国际形势的谈话

(1939年8月28日)…………………………………(70)

26. 蒋介石对欧战爆发之表示声明(节略)

(1939年9月9—18日)……………………………(72)

27. 国民政府重申伪组织与他国订立文件概不生效宣言书

(1939年10月10日)………………………………(75)

28. 张忠绂等关于日本对华宣战问题等函令

(1940年1月—1942年2月)………………………(76)

29. 外交部为否认汪伪组织致各国照会文

(1940年3月30日)…………………………………(83)

30. 王宠惠宣布中国对日德义三国同盟之态度声明

(1940年10月1日)…………………………………(84)

31. 外交部关于日汪签订伪约声明

(1940年12月1日)…………………………………(84.)

32. 王宠惠为商拟限制驻外使领馆发表言论文字办法与郭泰祺往来函

(1941年7月)………………………………………(85)

33. 外交部赞同罗邱联合宣言声明
    （1941年8月17日）……………………………………（ 87 ）
34. 蒋介石在二届国民参政会二次大会宣布解决日本事件
    讲演词
    （1941年11月17日）…………………………………（ 89 ）
35. 外交部讨论修正关于侵略与制裁之原则案
    （1941年12月12日）…………………………………（ 97 ）
36. 外交部修正拟定关于军缩之原则案
    （1941年12月26日）…………………………………（ 99 ）
37. 国民政府公布反侵略二十六国共同宣言
    （1942年1月1日）……………………………………（ 100 ）
38. 外交部修正拟定解决中日问题之基本原则
    （1942年1月29日）…………………………………（ 101 ）
39. 外交部拟定国际集团会章程及与其他国际组织关系等
    文件
    （1942年2月4日—4月12日）………………………（ 102 ）
40. 外交部所编之"抗战四年来之外交"
    （1942年2月）………………………………………（ 107 ）
41. 外交部拟定关于取消领事裁判权之原则
    （1942年3月9日）……………………………………（ 138 ）
42. 国民政府公布蒋介石告别印度国民书
    （1942年3月23日）…………………………………（ 139 ）
43. 唐保黄建议改进武官工作电
    （1942年4月3日）……………………………………（ 141 ）
44. 外交部拟定关于和平变更条约之原则
    （1942年4月12日）…………………………………（ 142 ）
45. 外交部拟定太平洋各国互助条约
    （1942年4月12日）…………………………………（ 143 ）
46. 外交部拟定战后国际经济合作之原则及办法大纲修

正案

　　（1942年5月14日）………………………………（143）
47．外交部拟定取消其他特权及特种制度办法
　　（1942年7月26日）…………………………………（147）
48．外交部拟定租界租借地及其它特殊区域之收回办法
　　（1942年7月26日）…………………………………（148）
49．蒋介石在纽约先锋论坛报时事讨论会上宣布《中国对自由世界之信条》论文
　　（1942年11月17日）………………………………（149）
50．外交部拟定战后借款及整理外债之基本原则及具体建议
　　（1942年 月 日）…………………………………（152）
51．蒋介石关于英美筹议之国际货币问题致孔祥熙电
　　（1943年5月1日）…………………………………（154）
52．郭秉文等报告中国出席国际金融会议问题与孔祥熙往来电
　　（1943年8月）………………………………………（159）
53．宋子良呈送国内专家所拟联盟国家稳定币制计划之意见电
　　（1943年8月16日）…………………………………（160）
54．外交部为了解欧洲沦陷各国情形致驻外使领馆训令稿
　　（1943年10月28日）………………………………（162）
55．国民政府公布中国与联合国善后救济总署签订之基本协定
　　（1943年11月9日）…………………………………（163）
56．国民政府公布罗斯福蒋介石邱吉尔开罗会议宣言
　　（1943年12月1日）…………………………………（171）
57．外交部关于订定双重国籍华侨持外国护照签证办法训令

  （1943年12月2日）……………………………（172）
58. 外交部公布中美英苏关于筹设战后世界和平机构建议案
  （1944年10月9日）……………………………（173）
59. 陈良辅关于善后救济总署工作情形报告
  （1945年1月26日）……………………………（182）
60. 外交部公布《执行收回法权各约须知》
  （1945年1月）……………………………………（184）
61. 蒋廷黻为联总供应物资请饬拨空运吨位呈
  （1945年4月5日）………………………………（195）

〔二〕中苏关系

（一）中苏一般外交活动

1. 蒋廷黻向李维诺夫询问苏联对芦沟桥事变态度致何廉电稿
  （1937年7月日）…………………………………（197）
2. 蒋廷黻报告苏联对列强调停中日冲突态度致孔祥熙等电稿
  （1937年7月）……………………………………（198）
3. 国民政府公布中苏互不侵犯条约
  （1937年8月21日）………………………………（199）
4. 蒋廷黻关于国际问题与苏联外交次长斯多蒙涅哥夫谈话记录
  （1937年10月20日）……………………………（201）
5. 蒋廷黻向外交部报告与美国驻苏大使会谈情形电
  （1937年10月21日）……………………………（203）
6. 蒋廷黻报告与苏联外交次长会谈情况电稿
  （1937年10月21日）……………………………（204）

7

7. 蒋廷黻向外交部报告会见李维诺夫情形电稿
   (1937年10月26日) ……………………………… (205)
8. 蒋廷黻报告李维诺夫对比京会议态度致外交部电稿
   (1937年10月26日) ……………………………… (205)
9. 蒋廷黻报告苏联驻华大使鲍格莫洛夫返任等事致孔祥熙电稿
   (1937年10月26日) ……………………………… (206)
10. 蒋廷黻报告苏联《消息报》载文对比京会议看法致外交部电稿
    (1937年10月29日) ……………………………… (206)
11. 国民政府行政院政务处长何廉奉命请蒋廷黻向苏方询问援华具体方案电
    (1937年11月17日) ……………………………… (206)
12. 蒋廷黻关于向李维诺夫探询苏联援华具体方案致何廉电稿
    (1937年11月19日) ……………………………… (207)
13. 蒋廷黻报告苏联驻华大使换任情况电
    (1937年11月29日) ……………………………… (207)
14. 蒋廷黻关于陪李石曾会晤苏联外长情形电稿
    (1937年12月4日) ……………………………… (208)
15. 蒋廷黻关于对陶德曼调停看法致外交部电稿
    (1937年12月6日) ……………………………… (209)
16. 蒋廷黻在中央大学作关于《日苏的关系》讲演
    (1938年8月11日) ……………………………… (210)
17. 蒋介石令驻苏大使杨杰力促苏联进一步援华电
    (1938年10月1日) ……………………………… (216)
18. 杨杰关于苏联对国联制裁日本案态度电稿
    (1938年10月5—16日) …………………………… (217)
19. 杨杰报告莫斯科英法苏三国军事合作谈判密电稿

8

(1939年7月20日)……………………………………（218）
20. 蒋介石表示希望英苏谈判早日成功电
   (1939年8月3日)………………………………………（218）
21. 外交部关于苏日共同宣言的声明
   (1941年4月10日)……………………………………（219）
22. 蒋介石关于苏联签订苏日中立条约之用意致各战区将
   领及各省党部省政府密电
   (1941年4月24日)……………………………………（220）
23. 军委会政治部颁发苏日中立条约宣传要点代电
   (1941年4月)…………………………………………（228）
24. 驻苏大使邵力子请切告美国先机武力制日致蒋介石电
   存
   (1941年7月3日)………………………………………（229）
25. 邵力子大使请积极援助苏联以加强中美英苏合作致蒋
   介石电存
   (1941年8月21日)……………………………………（230）
26. 邵力子关于苏联坚持抵抗事致蒋介石电存
   (1941年12月17日)……………………………………（230）
27. 邵力子报告苏美英三国莫斯科会谈情况致蒋介石电存
   (1941年12月20日)……………………………………（231）
28. 邵力子探询到有关莫斯科会谈情况致蒋介石电存
   (1941年12月31日)……………………………………（231）
29. 邵力子报告向苏方探询对中美所提军事合作方案意见
   致蒋介石电存
   (1942年1月3日)………………………………………（232）
30. 郭德权关于美英大使敦促苏联援华事致蒋介石电存
   (1942年7月12日)……………………………………（233）
31. 阎宝航关于《苏倭问题之研究》
   (1942年9月)…………………………………………（233）

9

(二)苏联对华军事援助

1. 蒋介石关于派员同苏联洽商飞机事宜致蒋廷黻电
   （1937年11月20日）……………………………（ 239 ）
2. 杨杰关于与苏联商洽援华武器情形致蒋介石函电稿
   （1937年12月—1938年4月）…………………（ 239 ）
3. 孙科关于与苏方商洽购机及聘请志愿军事致杨杰函
   （1938年4月16日）……………………………（ 242 ）
4. 蒋介石请求苏联援购武器速运来华事致斯大林等密电
   （1938年5月5日）………………………………（ 243 ）
5. 杨杰关于苏联援华物资运输队在兰州附近遭袭击请加
   强保护密电稿
   （1938年7月15日）……………………………（ 245 ）
6. 杨杰关于与苏联商洽设飞机厂事电稿
   （1938年8月22日）……………………………（ 245 ）
7. 杨杰为苏联援华武器运经缅、新、越请饬与英法交涉
   事密电稿
   （1938年10月21日）……………………………（ 246 ）
8. 杨杰报告苏联援华武器装运情况电稿
   （1938年10月24日）……………………………（ 246 ）
9. 杨杰报告武汉会战后中苏关系电稿
   （1938年10月31日）……………………………（ 247 ）
10. 杨杰关于孙科与斯大林等会谈中苏间合作等问题电稿
    （1939年6月26日）……………………………（ 247 ）
11. 蒋介石催询所购苏联器起运事致杨杰密电稿
    （1939年7月）……………………………………（ 248 ）
12. 杨杰报告军火购运情况密电稿
    （1939年7月20日）……………………………（ 248 ）
13. 杨杰关于与苏方洽商援华武器运输经过密电稿

（1939年8月9日）……………………………………（249）
14. 蒋介石关于苏联顾问班果夫对前方作战意见致何应钦
　　等电
　　（1939年8月13日）…………………………………（250）
15. 杨杰报告与伏罗希洛夫商谈苏联对华军援情形密电稿
　　（1939年8月16日）…………………………………（251）
16. 蒋介石要求继续向苏联交涉购买飞机致杨杰密电
　　（1939年11月22日）…………………………………（251）
17. 苏联空军援华志愿队轰炸虞乡日寇车站战斗要报
　　（1940年5月2日）……………………………………（252）
18. 吴文华关于修建加固沿线坡度桥梁以利苏联援华重炮
　　车辆通过电
　　（1941年4月）………………………………………（253）
19. 财政部报告新疆中运会组织及办理苏联援华物资内运
　　情形电
　　（1941年9月4日）……………………………………（255）
20. 张嘉璈关于调查新疆中运会成立经过及办理苏联援助
　　军用物资运输情形电
　　（1941年10月9日）…………………………………（256）
21. 航空委员会报告新疆省航空站情形电
　　（1941年11月14日）…………………………………（257）
22. 龙云关于为苏联援华军火在海防受阻事致卢汉电
　　（1942年2月25日）…………………………………（258）
23. 邵力子报告与苏方商洽援华物资假道苏联运输事宜致
　　蒋介石电存
　　（1942年5月28日）…………………………………（259）
24. 邵力子要求速将假道苏联运输具体方案电示致蒋介石
　　电存
　　（1942年10月15日）…………………………………（260）

11

25. 军委会侍从室为转发外交部等拟定关于假道苏联运输方案致邵力子电存

    （1942年10月16日）……………………………（260）
26. 军委会参事室关于研究援华物资假道苏联运输意见致蒋介石呈

    （1942年11月26日）……………………………（261）
27. 蒋廷黻关于苏联帮助中国运输抗战物资与张嘉璈往来函

    （1942年11—12月）……………………………（263）
28. 军委会外事局抄送苏联援华抗日军事顾问及教官名册函

    （1943年5月24日）………………………………（266）

（三）经济援助与通商条约

1. 斯大林、伏罗希洛夫关于苏联援华事宜致蒋介石电

    （1938年5月10日）………………………………（270）
2. 蒋介石为感谢苏联援华致斯大林等电

    （1938年5月31日）………………………………（270）
3. 行政院贸易委员会为运苏茶叶交货事致苏联协助会函

    （1938年10月）……………………………………（271）
4. 蒋介石为催询履行中苏借款条约事与行政院往来电函

    （1939年1月）……………………………………（272）
5. 国民政府公布中苏通商条约

    （1939年6月16日）………………………………（275）
6. 杨杰关于与苏方会商借款易货及运输等情况密电稿

    （1939年7—8月）…………………………………（282）
7. 蒋介石责成各部会专人办理对苏贸易与交涉手令

    （1940年8月23日）………………………………（285）
8. 中苏关于易货问题谈话记录

（1942年5月22日）……（286）

9. 傅秉常关于苏方要求签订中苏贸易合同致蒋介石电存

（1944年1月14日）……（289）

（四）中苏文化交流

1. 邵力子等关于商讨征集艺术品运苏展览事宜函电

（1939年5月）……（290）

2. 国民党中央宣传部关于解禁《斯大林言论选集》与军委会政治部往来函令稿

（1939年8月）……（291）

3. 黄理双等关于办理中苏邮件交换与恢复吉木乃局呈电

（1940年2月—1945年6月）……（292）

4. 北平故宫博物院关于赴苏参加中国艺术展览会工作报告书

（1940年6月12日）……（295）

（五）签订中苏友好同盟条约等

1. 国民政府公布中苏友好同盟条约及换文照会

（1945年8月14日）……（302）

2. 国民政府公布中苏关于中国长春铁路之协定

（1945年8月14日）……（306）

3. 国民政府公布中苏关于旅顺口之协定

（1945年8月14日）……（309）

4. 国民政府公布中苏关于大连之协定及议定书

（1945年8月14日）……（311）

5. 国民政府公布关于中苏此次共同对日作战苏联军队进入中国东三省后苏军总司令与中国行政当局关系之协定

（1945年8月）……（312）

6. 外交部关于斯大林与宋子文会谈苏军由中国领土撤退
时间协议记录
　　（1945年8月）……………………………………………（314）

〔三〕中美关系

（一）争取美援与中美合作

1. 蒋介石在抗战三周年纪念日对美广播讲话
　　（1940年7月7日）…………………………………（315）
2. 胡适报告美国仍将支持重庆政府致蒋介石电
　　（1940年12月1日）…………………………………（316）
3. 宋子文等报告美国援华政策致蒋介石电
　　（1940年12月4日）…………………………………（317）
4. 胡适报告罗斯福国际政策宣言八点要旨致蒋介石电
　　（1941年1月10日）…………………………………（318）
5. 胡适报告与美方商谈援华具体计划致蒋介石电
　　（1941年4月15日）…………………………………（320）
6. 蒋介石对美国封存中国在美资金表示感谢致罗斯福总
统电
　　（1941年7月31日）…………………………………（321）
7. 外交部为美方要求在桂林兰州西安成都设立领事馆致
蒋介石签呈
　　（1942年10月1日）…………………………………（321）
8. 魏道明关于罗斯福总统欲与蒋介石商讨西南太平洋问
题电
　　（1942年10月9日）…………………………………（322）
9. 何应钦等为大量供给美军肉类与龙云往来电
　　（1944年1—9月）……………………………………（322）

(二)聘用美顾问与军事援助

1. 交通部续聘美国人谢安为技术顾问呈
   （1939年12月）……………………………………………（325）
2. 杭立武为商请美国就借款中部分以现金借贷请蒋介石
   召见美国财政顾问杨格呈及军委会侍从室复函
   （1940年4—5月）…………………………………………（329）
3. 美国空军援华志愿大队战史纪要
   （1941年12月—1942年4月）……………………………（330）
4. 美国陆军部长史汀生关于证实美方对派遣中国战区美
   国陆军司令官并充任蒋介石的参谋长职权之了解与宋
   子文往来电函
   （1942年1月）……………………………………………（335）
5. 云南省政府关于保护美国军事代表团人员训令
   （1942年4月7日）…………………………………………（337）
6. 军委会运输统制局关于聘用美军麦慕仑上校为中国交
   通区总顾问电
   （1942年4月）……………………………………………（339）
7. 马格德等关于聘用美国顾问教官函件
   （1942年5月—1945年8月）………………………………（340）
8. 蒋介石为美国军官聘用办法致外事局电
   （1943年1月6日）…………………………………………（353）
9. 财政部等检送美方草拟美军物资运输运费计算合约及
   结付办法呈
   （1945年3月10日）………………………………………（355）
10. 交通部关于美军驻华总部赋予总稽察司丹纳稽察援华
    租借法案物资全权训令
    （1945年3月28日）………………………………………（358）

11. 国民政府兵工署公布美租借法案武器弹药统计表
    （1945年5月5日）························（359）
12. 交通部报告向美国购买轮船调配驶用事致行政院呈
    （1945年7月18日）·······················（363）

（三）对华经济援助与合作

1. 郭子勋为代购运美滇锡五百吨运美事致资源委员会呈
   （1939年12月15日）·····················（365）
2. 贝志翔报告钨锑装轮运美情形致资源委员会电
   （1940年8月）···························（366）
3. 翁文灏请奖励洽办中国存越物资售美有功人员致行政
   院呈
   （1940年9月14日）·····················（367）
4. 胡适报告美国援华五千万元借款合同签字致蒋介石电
   （1941年4月25日）·····················（373）
5. 宋子文关于中美平准基金事宜与摩根索往来函
   （1941年4月25日）·····················（373）
6. 费立浦关于中美中英两平准基金谅解事宜与摩根索往
   来函
   （1941年4月25日）·····················（375）
7. 翁文灏关于采购国营工矿电建设事业器材所需款项列
   入美国军火租借法案与蒋介石往来电
   （1941年7月）···························（376）
8. 孔祥熙为向美国请求政治战时借款五亿美元致摩根
   索电
   （1942年1月9日）······················（377）
9. 孔祥熙关于美英对华借款成功致蒋介石电存
   （1942年2月7日）······················（378）
10. 孔祥熙关于福克斯协助与美方洽商借款等事致蒋介石

电存

(1942年2月)……………………………………………（379）

11. 孔祥熙与宋子文磋商借款内容与美方交涉经过往来电

(1942年3月)……………………………………………（380）

12. 国民政府公布美国给予中国五亿美元财政援助声明及动用意见

(1942年3月)……………………………………………（382）

13. 王芃生关于中国军队在缅油料供应及宣传等事宜致蒋介石电存

(1942年4月21日)………………………………………（387）

14. 农林部关于中美经济合作之意见

(1943年11月7日)………………………………………（388）

15. 粮食部关于中美经济合作之意见

(1943年11月7日)………………………………………（391）

16. 经济部关于中美经济合作之意见

(1943年11月)……………………………………………（393）

17. 财政部关于中美经济合作之意见

(1943年11月)……………………………………………（397）

18. 国民政府某部门所拟中美战时及战后经济合作方案草案

(1943年11月)……………………………………………（411）

19. 资源委员会所聘美籍专家萨凡奇拟定扬子江三峡水力发电计划摘要

(1945年6月)……………………………………………（416）

20. 交通部拟具关于美国国际电话电报公司"战后与中国及在中国境内之电信"备忘录意见呈

(1945年8月12日)………………………………………（418）

（四）中美抵抗侵略互助协定

1. 外交部公布中美关于进行抵抗侵略战争期间适用于互助之原则之协定（译文）
   （1942年6月2日）……………………………（421）
2. 蒋介石为议复中国协助美国办法致孔祥熙电
   （1943年6月24日）…………………………（423）

（五）中美新约

1. 国民政府公布中美关于战后修改不平等条约换文往来函
   （1941年5月26日）…………………………（428）
2. 魏道明为美方交草拟取消治外法权等问题草案致蒋介石电
   （1942年10月24日）…………………………（430）
3. 国防最高会议秘书厅参事室关于中英中美新约中涉及沿海贸易及内河航行问题研究意见致蒋介石签覆
   （1942年12月17日）…………………………（430）
4. 国民党中央宣传部公布中美新约概要
   （1942年）……………………………………（432）

（六）有关美军在华违法处理案

1. 唐毅关于中国桐油船与美舰相撞及美兵行凶呈
   （1940年8月1日）……………………………（434）
2. 蒋介石为美军在华指定驻地以外之不法行为应采取必要措施电
   （1942年8月）………………………………（434）
3. 艾其森关于处理在华美军人员刑事案件与吴国桢往来

照会

　　（1943年5月21日）……………………………………（435）
4. 军事委员会转饬知照《处理在华美军人员刑事案件条例》令

　　（1943年10月13日）…………………………………（438）
5. 重庆卫戍总司令部关于禁止及规定美国宪兵维持治安职务权限训令

　　（1945年3月10日）……………………………………（440）

〔四〕中英关系

（一）对中国抗战同情与支援

1. 外交部抄转驻英使馆关于货物贷款致英国外长说帖之代电

　　（1938年9月28日）……………………………………（442）
2. 郭秉文关于在英活动借款情形致孔祥熙呈

　　（1938年12月24日）…………………………………（444）
3. 财政部报告最近办理英国信贷经过情形代电稿

　　（1939年2月21日）……………………………………（446）
4. 财政部为中英信用贷款成立请备案呈

　　（1939年10月30日）…………………………………（448）
5. 孔祥熙请速为中英信贷担保致宋子文电稿

　　（1939年7—8月）………………………………………（449）
6. 杭立武为转达卡尔大使函附麦克尔关于中国西部运输节略致蒋介石呈稿并复电

　　（1939年9月1—3日）…………………………………（450）
7. 国民党中央宣传部海外部编发《缅甸访华团团长宇巴伦近赴印度为我宣传状况》

　　（1940年5月）…………………………………………（453）

19

8. 杭立武关于香港辅政司斯密士欲来渝观光及建议蒋介石电催邱吉尔重开滇缅路等事呈稿
    （1940年9月29日）……………………（460）
9. 杭立武报告与卡尔大使商谈滇缅路开放问题情形等致蒋介石密呈稿
    （1940年）…………………………………（460）
10. 蒋介石为英国重开滇缅路感谢邱吉尔电
    （1940年10月9日）……………………（463）
11. 郭泰祺关于与英方洽商平衡基金借款及信贷事致蒋介石电
    （1940年11月10日）……………………（463）
12. 郭泰祺关于英国援华事致蒋介石电
    （1940年11月29日）……………………（464）
13. 郭泰祺关于与英方商谈具体援华计划情形致蒋介石电
    （1940年12月6日）……………………（465）
14. 郭泰祺为英国援华贷款事致蒋介石电
    （1940年12月10日）……………………（466）
15. 郭泰祺为与英方商谈进一步援华事宜致蒋介石电存
    （1940年12月13日）……………………（466）
16. 杭立武抄呈蒋介石之英国"来华经济调查团之职责"文稿
    （1941年1月28日）……………………（467）
17. 郭泰祺为与邱吉尔商谈军事合作事致蒋介石电存
    （1941年4月）……………………………（470）
18. 杭立武报告与卡尔大使闲谈其去留等事致蒋介石呈稿
    （1941年7月20日）……………………（471）
19. 顾维钧为与英国洽商空军援华事致蒋介石电存
    （1941年8—11月）………………………（471）

20. 财政部委托英福公司在英镑区域购料合同及修改延长函
   （1941年9月—1943年3月）……………………………（472）
21. 杭立武为建议与英国经济代表团倪米亚爵士商谈英美经济援华方案与孔祥熙往来密函稿
   （1941年12月8—11日）……………………………（477）
22. 驻华大使卡尔为转送英国外交部长对蒋介石函件之复文致中国外交部函
   （1941年12月13日）……………………………（478）
23. 杭立武关于倪米亚爵士借款计划致孔祥熙蒋介石等函稿
   （1941年12月16日—1942年1月20日）……………（479）
24. 顾维钧为报告与英外交次长商谈盟国军事合作事致蒋介石电
   （1941年12月19日）……………………………（482）
25. 顾维钧为与艾登洽商援华事致蒋介石电存
   （1942年1月5日）……………………………（483）
26. 顾维钧为与英方商谈借款事致蒋介石电存
   （1942年1月8日）……………………………（484）
27. 杭立武报告卡尔大使提议设立同盟国情报委员会及英美商洽对华借款情形致蒋介石呈稿
   （1942年1月22日）……………………………（485）
28. 杭立武报告同卡尔大使商谈争取英美对华借款事致孔祥熙函稿
   （1942年1月28日）……………………………（486）
29. 杭立武为询问蒋介石对成立同盟国军事委员会意见与陈布雷往来函
   （1942年1月30日—2月1日）……………………（487）
30. 杭立武关于卡尔大使建议成立同盟国经济委员会事与

孔祥熙往来函

　　（1942年1月30日—2月1日）……………………（487）
31. 财政部为英政府宣布以军火器材及财力协助中国致英国驻华大使馆备忘录

　　（1942年3月26日）…………………………………（488）
32. 孔祥熙关于向英方交涉借款用途电稿

　　（1942年4月25日）…………………………………（489）
33. 孔祥熙关于同英方商洽借款协约修改问题电稿

　　（1942年5月27日）…………………………………（490）
34. 孔祥熙关于中英借款协约补充意见电稿

　　（1942年5月30日）…………………………………（490）
35. 孔祥熙报告中英财政协约条款交涉一案函稿

　　（1942年6月24日）…………………………………（491）
36. 杭立武报告电请倪米亚爵士从旁协助中国获得五千万英镑援华贷款事致孔祥熙函稿

　　（1942年6月26日）…………………………………（493）
37. 杭立武关于同英国大使薛穆等商讨英国援华五千万镑贷款方案情形致孔祥熙函稿

　　（1942年7月5日）……………………………………（493）
38. 杭立武密报与英大使商谈英国对华五千万英镑借款事致孔祥熙函稿

　　（1942年7月28日）…………………………………（494）
39. 王世杰与杭立武关于外交部拟请商洽英议员访问团参观程序往来函稿

　　（1942年10月3—14日）……………………………（495）
40. 王芸生报告与英国议会访华团谈话节要致陈布雷函

　　（1942年11月26日）…………………………………（496）
41. 财政部关于与福公司签订中国购英货物在印度接运合同

(1942年12月18日)……(501)
42. 孔祥熙为敦促英方实现借款诺言与顾维钧往来电
(1943年7月)……(503)
43. 国民政府文官处关于组织中国访英团致杭立武公函
(1943年10月29日)……(505)
44. 艾登顾维钧为财政援助协约有关事宜往来照会
(1944年5月2日)……(506)
45. 财政部为抄送中英五千万镑财政援助及租借物资协定致行政院呈
(1944年8月25日)……(507)
46. 中国访英团为抄送访英报告等致国民参政会公函稿
(1944年9月9日)……(511)
47. 龙云关于英国战时生产部在昆明设立办事处并与我合作收买树胶电
(1945年1月18日)……(525)
48. 英国大使薛穆关于协定驻在彼此领土内之军队管辖权问题与吴国桢往来照会
(1945年7月7日)……(526)

(二)改订中英新约

1. 英国大使卡尔为商讨取消治外法权修改条约等事与郭泰祺往来照会
(1941年7月)……(532)
2. 国民政府关于中国与英、美改订新约废除不平等条约令
(1943年1月12日)……(532)
3. 蒋介石为中国与英美改订新约废除不平等条约发表告全国军民书

（1943年1月12日）……（533）
4. 国民政府公布中英新约全文及换文附件
（1943年1月）……（537）

（三）开辟过境运输线

1. 外交部办理英国皇家航空有限公司飞机经过我国领空情形致行政院呈
（1937年12月22日）……（547）
2. 经济部为我国订购德货通过公海问题致资源委员会训令
（1939年12月9日）……（550）
3. 行政院为审议杜镇远筹建中印公路计划书事致蒙藏委员会函及训令并附审查会纪录
（1941年2月1—16日）……（551）
4. 行政院关于审核中印公路工程经费概算等项详细办法的训令
（1941年2月9日）……（555）
5. 俞飞鹏对于商震与缅甸首席参议员克罗讨论滇缅公路问题分项叙述意见
（1941年7月3日）……（558）
6. 杭立武为转告卡尔大使函称缅甸总督对滇缅铁路事愿意与中国合作致曾养甫函
（1942年8月6日）……（560）
7. 航空委员会研拟核议开辟中印定期航空运线一案意见呈电
（1943年4月）……（560）

(四)中英交涉事项

1. 杭立武关于与英国驻渝代表裨德本商谈英日谈判及外汇等事情形报告稿
   (1939年7月24日) ……………………………………(567)
2. 杭立武关于英日谈判公布原则与英代表裨德本商讨给中国明确保证事致蒋介石密呈稿
   (1939年7月25日) ……………………………………(568)
3. 杭立武为抄录奉谕以私人名义致卡尔大使电致王宠惠等函稿
   (1939年7月29日) ……………………………………(569)
4. 杭立武询问政府对英方同意引渡天津租界凶案疑犯的态度致陈布雷函稿
   (1939年8月12日) ……………………………………(571)
5. 杭立武转呈致卡尔大使电原文及译文致陈布雷函
   (1939年8月13日) ……………………………………(571)
6. 杭立武报告与卡尔大使商谈处置天津存银问题情形函稿
   (1940年2月16日) ……………………………………(572)
7. 外交部关于英国阻挠我国钨锑矿产运往苏联致资源委员会电
   (1940年2月27日) ……………………………………(573)
8. 杭立武关于奉谕向英大使表明中方对天津白银案立场情形致王宠惠函稿
   (1940年4月15日) ……………………………………(573)
9. 国民参政会参政员联名要求英国议会议员勿对日妥协以保证我国抗战交通电
   (1940年7月13日) ……………………………………(575)
10. 国民政府对英国封锁滇缅路声明

　　　　（1940年7月16日）……………………………（575）
11. 重庆市轮船商业同业公会请制止英商太古公司长江内
　　河航行权致行政院呈
　　　　（1942年11月7日）……………………………（576）
12. 交通部为办理英商太古公司长江内河航行权经过致行
　　政院秘书处函
　　　　（1942年11月28日）……………………………（578）
13. 蒋介石为研究英国海雷勋爵在太平洋学会会议上演讲
　　并拟定对策方案与参事室往来电
　　　　（1943年2—3月）………………………………（580）
14. 外交部关于劝阻英国大使勿再提干涉中国西藏内政事
　　务呈及蒋介石批
　　　　（1943年5月8—10日）…………………………（592）

〔五〕中法关系

（一）过境运输与中法合作

1. 龙云等关于向法越当局妥商借用滇越铁路公司沿途各
　　站电话密令函
　　　　（1937年10月13日—11月5日）………………（595）
2. 王宠惠关于开辟昆明河内航线与法使交涉呈
　　　　（1937年12月4日）………………………………（596）
3. 云南全省防空司令部等为向法领交涉要求法越电台停
　　播滇省气象以免日机空袭往来函
　　　　（1939年1—2月）………………………………（597）
4. 外交部为增加运量事宜要求驻河内总领事馆同越方磋
　　商电
　　　　（1939年5月29日）………………………………（599）
5. 蒋介石为法国巴黎广播电台灌音讲演中国抗战情形词

（1939年8月23日）…………………………………………（604）
6. 外交部等关于交涉我国物资假道越南运输与经济部往来电
（1939年9—10月）………………………………………（605）
7. 经济部为继续供售法国钨锑锡矿产品与资源委员会往来文件
（1939年10月）……………………………………………（612）
8. 经济部等会商我国订购德货假道越南交涉情形令文
（1939年10月—1940年1月）……………………………（614）
9. 经济部关于与法国银行团签定叙昆铁路合作合同训令
（1939年12月13日）………………………………………（620）
10. 许念曾关于法越当局强征我国存越钨砂事致外交部等电呈
（1939年12月—1940年1月）……………………………（626）
11. 经济部为转报法国关于我国订购德货通过公海问题态度致资源委员会训令
（1939年12月20日）………………………………………（629）
12. 许念曾为加强滇越铁路空防及高平公路修筑情形函稿
（1940年1月26日）…………………………………………（630）
13. 翁文灏关于替越南总督代购鸦片五十吨函
（1940年6月6日）…………………………………………（630）

（二）封锁滇越路与中法断交、复交等

1. 国民政府对法国封锁滇越路等事件声明
（1940年）……………………………………………………（632）
2. 宋子良关于处置我国滞留越境官商物资报告
（1941年2月15日）…………………………………………（633）
3. 李济深等报告法军枪杀我国误入越境士兵交涉情形电
（1941年6—7月）……………………………………………（636）

27

4. 外交部为抗议法国承认汪伪政权取消法国在华特权致
   法国驻华代办彭固尔照会
   （1943年5月19日）……………………………………（644）
5. 外交次长吴国桢关于解释声明废除中法不平等条约之
   义与王占祺往来函
   （1943年6月3—26日）………………………………（644）
6. 外交部驻滇特派员王占祺为奉令接收法属甘美医院致
   法国驻滇领事华业尔照会
   （1943年7月3日）……………………………………（645）
7. 外交部关于与维琪政府断交后对法国驻滇领事馆仍予
   维持致王占祺电
   （1943年7月29日）…………………………………（646）
8. 国民党中常会决议由国民政府宣布与法国维琪政府断
   交案
   （1943年7月）………………………………………（646）
9. 外交次长吴国桢关于承认法国民族解放委员会等事宜
   与驻英大使顾维钧往来电
   （1943年8—9月）……………………………………（647）
10. 华业尔等关于法国民族解放委员会昆明分会改称法国
    临时政府驻昆副代表致外交部驻滇特派员函令
    （1944年6—7月）……………………………………（649）
11. 顾维钧报告法解放会外交当局对中法悬案交涉的立场
    致外交部电稿
    （1944年8月25日）…………………………………（650）
12. 经济部关于外交部函请调查我国留越物资损失价值折
    合美金计算训令
    （1944年10月26日）…………………………………（651）
13. 华业尔等关于法国驻滇领事馆恢复原名并享受国际公
    法规定之权益致外交部驻滇特派员王占祺函电

（1944年12月—1945年1月）……………………（652）

〔六〕中国与德、意、瑞士、韩等国关系

（一）中国与德、意关系

1. 驻德大使程天放请国内报纸避免发表攻击德义言论电
　　（1937年10月）………………………………………（655）
2. 孔祥熙对陶德曼调停之看法与蒋廷黻往来电
　　（1937年12月）………………………………………（656）
3. 蒋廷黻关于行政院例会讨论与德义外交关系议决案日记
　　（1938年10月4日）……………………………………（657）
4. 蒋廷黻关于在汪精卫公馆举行国际问题座谈会上有关与德义关系谈话纪录
　　（1938年10月7日）……………………………………（659）
5. 军委会办公厅关于查办老河口天主教堂德意神父进行间谍行为函
　　（1938年11月28日）…………………………………（660）
6. 国民政府为欧亚航空邮运合约延长有效期一年训令
　　（1939年3月13日）……………………………………（663）
7. 王宠惠等关于向德国供应钨锡电函
　　（1939年9月—1940年1月）……………………………（664）
8. 俞飞鹏报告欧亚航空公司试航飞机失踪处理经过呈
　　（1939年9月24日）……………………………………（668）
9. 外交部为法国政府通知取缔德国出口货禁令事致行政院电
　　（1939年12月—1940年1月）…………………………（670）
10. 桂永清等为德国拟调停中日战争及承认汪伪事致蒋介石密电存

29

（1940年10月—1941年1月）…………………………（671）
11. 陈介关于德拟攻俄事致蒋介石电存
　　　（1941年1月31日）………………………………（675）
12. 陈介为德国将承认汪伪致蒋介石电存
　　　（1941年6月27—29日）…………………………（675）
13. 陈介关于同德方交涉阻止其承认汪伪情形致蒋介石电存
　　　（1941年6月28日）………………………………（676）
14. 国民政府公布对德义绝交宣言
　　　（1941年7月2日）…………………………………（676）
15. 齐竣关于德国邀请我国参加东方博览会事宜致翁文灏呈
　　　（1941年7月6日）…………………………………（677）
16. 国民政府对德义宣告立于战争地位布告
　　　（1941年12月9日）…………………………………（679）
17. 外交部拟定我国对义和平条款草案
　　　（1943年9月17日）…………………………………（680）

（二）中国同瑞士、巴西、韩国等关系

1. 王守竞关于资源委员会与瑞士巴登卜郎比股份有限公司已签之技术协助合同呈
　　　（1938年3月29日）…………………………………（684）
2. 国民政府公布资源委员会与瑞士温脱多机车厂签订技术合作合同
　　　（1938年6月15日）…………………………………（.692）
3. 蒋介石抄发中国回教近东访问团在埃及宣传经过报告电
　　　（1938年6月4日）……………………………………（701）
4. 中国国民外交协会电贺中澳合作协会成立电稿

（1939年12月19日）……（703）
5. 旅川韩国革命各团体"三一"纪念大会慰问中国抗战函
 （1940年3月1日）……（704）
6. 国民政府公布中国与伊拉克王国签订"友好条约"
 （1942年3月16日）……（705）
7. 国民政府公布中古友好条约
 （1942年11月12日）……（706）
8. 国民政府公布中国与巴西合众共和国友好条约
 （1943年8月20日）……（707）
9. 国民政府公布中比卢为废除在中国治外法权及处理有关事件条约
 （1943年10月20日）……（709）
10. 国民政府公布中那为废除在华治外法权及处理有关事件条约
 （1943年11月10日）……（713）
11. 国民政府公布中国与阿富汗王国签订友好条约
 （1944年3月2日）……（719）
12. 国民政府公布中加关于战争供应品供给之原则协定
 （1944年3月22日）……（720）
13. 国民政府公布中加关于废除在中国治外法权及处理有关事件条约
 （1944年4月14日）……（722）
14. 国民政府公布中国与哥斯大黎加共和国签订友好条约
 （1944年5月5日）……（725）
15. 国民政府公布中国与墨西哥合众国签订之友好条约
 （1944年8月1日）……（727）
16. 国民政府拟定中国与瑞典出口贸易公司签订信用贷款合同草案（译件）

(1944年12月22日)……………………………………(729)
17. 国民政府公布中瑞关于取消瑞典在华治外法权及其有关特权条约
　　(1945年4月5日)………………………………………(733)
18. 国民政府公布中荷关于放弃在华治外法权及处理有关问题条约(译文)
　　(1945年5月29日)………………………………………(740)
19. 国民政府公布中多友好条约附加条款
　　(1945年6月8日)…………………………………………(746)

〔一〕国民政府外交概况

（一）国民政府外交部行政组织及法规

1. 国民政府公布修正外交部组织法

（1939年9月7日）

外交部组织法二十八年九月七日修正通过

第一条　外交部管理国际交涉及关于在外侨民居留外人中外商业之一切事务。

第二条　外交部对于各地方最高级行政长官执行本部主管事务有指示监督之责。

第三条　外交部就主管事务对于各地方最高级行政长官之命令或处分认为有违背法令，或逾越权限，或因对外关系认为必要时，得提经行政院会议议决后停止或撤销之，但有紧急情形者得呈请行政院院长先行令饬停止该命令或处分之执行。

第四条　外交部置左列各司：

一、总务司。

二、亚东司。

三、亚西司。

四、欧洲司。

五、美洲司。

六、条约司。

七、情报司。

第五条　外交部于必要时得置各委员会，其组织另以法律定之。

第六条　外交部经行政院会议及立法院之议决，得增置裁并各司及其他机关。

第七条　总务司掌左列事项：

一、关于收发分配及保存文电书报事项。

二、关于部令之公布事项。

三、关于典守印信事项。

四、关于本部及所属各机关职员之任免迁调考绩及训练事项。

五、关于外交官领事官职务及领事管辖区域事项。

六、关于护照及货单签证事项。

七、关于对外交际及国际赛会事项。

八、关于本部经费之出纳保管事项。

九、关于本部官产官物之保管事项。

十、关于本部庶务及其他不属各司之事项。

第八条　亚东司掌关于日本暹罗各国之左列事项：

一、关于政治事项。

二、关于通商事项。

三、关于经济财政事项。

四、关于军事之外交事项。

五、关于本国侨民事项。

六、关于各该国在中国之侨民之保护及取缔事项。

第九条　亚西司掌关于苏联、土耳其、伊朗、阿富汗、伊拉克及其他亚西各国之左列事项：

一、关于政治事项。

二、关于通商事项。

三、关于经济财政事项。

四、关于军事之外交事项。

五、关于本国侨民事项。

六、关于各该国在中国之侨民之保护及取缔事项。

第十条 欧洲司掌关于欧洲及澳洲、非洲各国之左列事项：

一、关于政治事项。

二、关于通商事项。

三、关于经济财政事项。

四、关于军事之外交事项。

五、关于本国侨民事项。

六、关于各该国在中国之侨民之保护及取缔事项。

第十一条 美洲司掌关于美洲各国之左列事项：

一、关于政治事项。

二、关于通商事项。

三、关于经济财政事项。

四、关于军事之外交事项。

五、关于本国侨民事项。

六、关于各该国在中国之侨民之保护及取缔事项。

第十二条 条约司掌左列事项：

一、关于国际联合会及其他国际组织事项。

二、关于国际会议事项。

三、关于条约之研究撰拟及解释事项。

四、关于有关条约之法律事项。

五、关于国际法之研究事项。

第十三条 情报司掌左列事项：

一、关于搜集国内外情报事项。

二、关于宣传外交政策事项。

三、关于撰译中外新闻稿件事项。

四、关于招待疢洽新闻记者事项。

五、关于编行出版物事项。

六、关于其他属于情报事项。

第十四条 外交部部长综理本部事务监督所属职员及各机关。

第十五条 外交部政务次长、常务次长辅助部长处理部务。

第十六条 外交部设秘书六人至八人，分掌部务会议、外交官会晤及其纪录并长官交办事项。

第十七条 外交部设参事二人至四人，撰拟审核关于本部之法案命令。

第十八条 外交部设司长七人，分掌各司事务。

第十九条 外交部设科长二十人至三十五人，科员一百人至一百六十人，承长官之命，办理各科事务。

第二十条 外交部部长特任，次长、参事、司长及秘书三人简任，其余秘书及科长荐任，科员委任。

第二十一条 外交部设会计主任一人，统计主任一人，分别办理岁计会计统计事项，受外交部部长之指挥监督，并依国民政府宅计处组织法之规定直接对主计处负责。

会计室及统计室需用佐理人员名额由外交部及主计处就本法所定委任人员及雇员名额中会同决定之。

第二十二条 外交部因事务上之必要时，得聘用顾问及专门人员。

第二十三条 外交部处务规程以部令定之。

第二十四条 本法自公布日施行。

〔国民政府外交部档案〕

2. 国民政府公布外交部战后外交资料整理研究委员会组织规程

（1941年11月4日）

（行政院第539次会议通过）

第一条 外交部为整理及研究战后重要外交资料，特呈准行政院，设立战后外交资料整理研究委员会（以下简称本会）。

第二条 本会秉承外交部部长，搜集整理并研究左列各项资料：

一、抗战期间我国公私财产及第三国在华财产之损失。

一、战后损害赔偿之要求及敌营事业之处理。

一、领事裁判权及其他不平等条约废除之准备。

一、战后商约及有关国际经济问题之筹讨。

第三条 本会设委员十四人至十八人，除由外交部部长指派外交部职员及延聘专家充任外，并分函左列各机关各派代表一人兼任之：

国民政府主计处。

行政院秘书处。

内政部。

财政部。

军政部。

经济部。

交通部。

教育部。

农林部。

司法行政部。

第四条 本会设主任委员一人，综理会务，由外交部长就委员中遴请行政院指定之。

第五条 本会设主任秘书一人，秘书四人至六人，承主任委员之命，办理会务，均由外交部部长遴员充任，或指派外交部职员兼任之。

第六条 本会得视事务之需要，酌用事务员及雇员。

第七条 本会得分组办事。

第八条 本会对外文件以外交部名义行之。

第九条 本会每星期开会一次，遇必要时得开临时会，由主任委员召集之。

第十条 本会办事细则另定之。

第十一条 本规则自呈奉行政院核准之日施行。

〔国民政府军事委员会委员长侍从室档案〕

3. 国民政府公布普通护照延期办法暂定标准令

（1942年2月9日）

普通护照延期办法暂定标准 卅一年二月九日 护31字第656号通令

一、第一次延期，依照条例第十一条，得在护照本身有效期内，或满期后三年之内请求之。惟以后延期，则应于延期签证有效期内请求之。

二、延期有效起讫日期，应自延期之日起算，每次均以一年为限。

三、延期次数无限制。

外交及官员护照延期应电部核准后加签。

〔国民政府外交部驻东北特派员公署档案〕

4. 外交部公布呈请授与友邦人员勋章办法令

（1942年4月28日）

外交部公布呈请授与友邦人员勋章办法
三十一年四月二十二日国民政府核准备案
三十一年四月二十八日部令公布

第一章 总则

第一条 本办法依照勋章条例施行细则第三条规定制定之。

第二条　颁给友邦人员勋章手续均依本办法之规定办理。

第三条　卿云勋章及景星勋章授与友邦人员时,其等级均依照修正勋章条例第九条及勋章条例施行细则第四条之规定,见附表。

第四条　颁给友邦驻华外交官武官领事官勋章除视其勋绩外,并应参照本办法附表办理。

第五条　颁给友邦公务人员勋章,除视其勋绩外,应参照各该国官等比照我国授与官阶之规定办理。

第六条　颁给友邦非公务人员勋章应比照我国颁给本国人员勋章之规定办理。

第七条　友邦驻华外交官武官领事官,其驻华时期不满二年者不得颁给勋章。

第八条　本办法无明文规定时得准照勋章条例施行细则办理之。

第二章　呈请手续

第九条　授与友邦人员勋章,除国民政府主席特赠或特授者外,应由原请机关详细填具勋绩事实表四份,加具印结考语,于元旦及革命政府纪念日两个月前递转外交部。

外交部接得前项勋绩事实表后,应即予以审查,除认为不合于授勋规定各员,应即通知原请机关外,至认为合于授勋规定各员,应即呈请行政院转呈国民政府交稽勋委员会审核办理。

第十条　依照受勋人本国法令外国政府颁给勋章应先得其政府同意者,经稽勋委员会审定准予授勋时,应即发交外交部向各该国政府办理征求同意手续,外交部征得同意后,应即呈报行政院转呈国民政府汇案发表。

第十一条　勋绩事实表四份须依次递转,一存国民政府,一存稽勋委员会,一存行政院,一存外交部。

前项勋绩事实表另定之。

第十二条　外交部因特殊缘由得随时呈行政院转呈国民政府，特赠或特授友邦人员勋章。

第三章　授与手续

第十三条　国民政府发布授勋友邦人员命令时，应即令知行政院转饬外交部知照。

第十四条　外交部自转奉国民政府授勋命令后，应即分别转知受勋人本国驻华使馆，我国驻该国使馆暨原请机关。

第十五条　授与友邦人员勋章，除由国民政府主席亲授或派专使赍送者外，应发经外交部转颁。

外交部接得前项勋章后，应备同授勋章收据送交受勋人本国驻华使馆或我国驻该国使馆，或原请机关转发受勋人。

受勋人接得前项勋章及授勋证书时，应将勋章收据填明签署缴还外交部。

前项授勋证书及勋章收据格式另定之。

第十六条　特赠友邦元首采玉大勋章时，应由外交部拟具国书，前项采玉大勋章经由外交部转递者，外交部应连同国书一并转发专使或驻使呈递之，专使或驻使应将呈递情形呈报外交部呈院府备案。

第十七条　勋章或证书如有遗失时，得由受勋人声叙缘由，就近请我国民政府机关转请外交部递请国民政府准予补给。

第四章　附则

第十八条　本办法自部令公布之日施行。

附表

外 交 官 领 事 官	武 官	卿云勋章或景星勋章等级
大 使	上 将	甲种大绶或乙等大绶
公 使	中 将	乙等大绶或不用绶
代办 参事代办	少 将	不用绶或甲等领绶
秘书代办 参事 总领事	上 校	甲等领绶或乙等领绶
一二等秘书 领 事	中 校	乙等领绶或甲等襟绶附勋表
三等秘书 随员 副领事	少 校	甲等襟绶附勋表或乙等襟绶附勋表
随 员 副领事 学习员 主事		甲等襟绶或乙等襟绶

〔国民政府外交部档案〕

5. 国民政府公布外国航空器飞航国境检查办法

(1942年7月6日)

外国航空器飞航国境检查办法(三十一年七月六日、军事委员会核准)

一、本法依据外国航空器飞航国境统一办法第十三条之规定订定之。

二、外国航空器于中国境内降落时，除经中国政府临时特许免检者外，余均按照左列事项施行检查：

甲、入境许可证。

乙、航空日记。

丙、飞行员随机工作人员及特许搭乘人员之证明文件。

丁、物品及行李。

戊、机身及发动机。

三、外国航空器飞航国境如遇左列情形之一者，应由当地检查所报请当地最高长官予以扣留：

甲、无入境许可证或升降地点不符者。

乙、搭乘人员姓名国籍人数或物品种类数量与所报不符者。

丙、载运违禁物品者。

四、本办法自核准之日施行。

〔国民政府外交部档案〕

6. 外交部公布中华民国关于外人护照签证办法令

（1943年8月2日）

中华民国关于外人护照签证办法

（民国三十二年八月二日第五九〇号部令公布）

第一章 总则

第一条 中华民国关于外人护照签证，依照本办法办理。但与请求签证者国家订有特别护照协定者，依其协定。

第二条 关于外人护照签证分为：普通护照签证、外交护照签证、及官员护照签证三种。普通护照签证，驻外国使领馆均得办理，外交及官员护照签证，除本办法第十三条之规定外，应由驻外使馆办理。

第三条 普通护照签证分为：（一）与中国成立外交关系国家（以下简称有外交关系国家）人民之签证。（二）与中国未成立外交关系国家（以下简称无外交关系国家）人民之签证。（三）无国籍人之签证。

本条所称有外交关系国家，指已与中国订约或未订约而已通使设领之国家。

第四条 驻外使领馆给与外国人来中国之护照签证，应注明入境地点、路线及目的地。到达目的地后，欲前往他处旅行或经商居住者，应申请当地主管机关给予转移签证。离去中国时，申请给予出境签证。出境签证办法另定之。

驻外使领馆不得在护照上填写携带物品，亦不得发给携带枪械子弹或其他物品之证书。

第五条 驻外使领馆遇有护照签证请求人有左列情形之一者，应拒绝签证：

一、所持护照不合法或冒顶伪造者。

二、言论行动有违反中国利益或妨害公共秩序及善良风俗者。

三、有犯法行为或曾在中国犯罪者。

四、无足供在中国生活之资产者。

第六条 外国人请求护照签证，驻外使领馆应饬令填具请求签证护照事项表两份，以一份呈部备核，一份存查。此项表格由外交部制定颁发之。

第二章 有外交关系国家人民之护照签证

第七条 有外交关系国家之人民来中国，应持其本国政府所发合法护照，向中国驻外使领馆取得签证，方得入境。遇有必要情形时，无论何种护照，须由驻外使领馆电请外交部核准后，方得给予签证。上述必要情形，由外交部定之。

第八条 有外交关系国家人民之护照签证，有效期间为六个月。但驻外使领馆得酌量情形，随时减短之，并以不超过护照本身原有期效为限。

第九条 请求出过境签证者，应先验明其护照上业经备有所欲前往国之合法签证，或验明转往他国之船票或车票，方得给予过境签证。倘上述两种证明无法取得时，而备有其本国地方机关或其驻外使领馆之书面证明，确系过境前往他国者，亦得给予过境签证。

前项过境签证，以应用一次为限。

第十条 有外交关系国家之人民，已在中国，拟暂往邻近中国各地，短期内再回中国者，可于申请给予出境签证时，附带申请给予重来中国签证。出境时，得以保留其原住地方之身份证，如未有重来中国之入境签证者，除最初来中国之签证尚未过期外，须令其补行签证，而以护照上所签之目的地为达到居住地点。

第十一条 外交官领事官与其眷属、随从及外交公文专差来中国，领其本国外交护照者，其请求签证护照事项表，可由经办签证人员代填，并随时予以外交待遇之免费签证。

第十二条 官员来中国，由其本国政府机关向中国驻外使领馆介绍，或备函请予签证者，得予以官员待遇之免费签证，其请求签证事项表，可由经办签证人员代填。

第十三条 外交官领事官或官员来中国，如以所在地距离中国使领馆较远，拟就近请由中国驻领给予外交官或官员签证时，领馆亦得予以签证，并代填请求签证事项表。惟须于签证后，呈报外交部备案。

第十四条 外国船员入中国国境，除订有特种相互办法之国家船员外，均无庸签证。惟登陆时，应携带海员手册，以便中国地方官吏随时查验。登陆限于船只停泊之城市，不得他往，并限原船离境。

第三章 无外交关系国家人民之护照签证

第十五条 凡无外交关系国家之人民，持有其本国政府所发合法护照，向中国驻外使领馆请求入境签证时，除照章应填请求签证护照事项表两份外，并须出示其本国使馆或领事馆发给之保证书，保证下列两点：

（一）请求人向无犯法行为，来中国绝无政治行动之企图。

（二）请求人在中国有固定职业，足以自给，或其经济能力足以在中国维持六个月以上之生活者。

第十六条 无外交关系国家人民请求来中国，如因所在地距离其本国使领馆较远，未能取得前条所规定之保证时，得提供在中国可靠之亲友或关系人之担保。

第十七条 驻外使领馆办理无外交关系国家之人民来中国护照签证，应将请求人来中国目的、拟往地点、入境地点、行期等项，连同证明书及请求签证护照事项表，一并呈送外交部核办。倘请求人提供在中国亲友或关系人之担保时，则应将亲友或关系人姓名、职业、住址详细报部。若请求人以前曾来中国者，其从前在中国期间住址、职业及离中国原因，亦须询明呈报，以便调查。

第十八条 驻外使领馆对于无外交关系国家之人民请求来中国，非经呈奉外交部核准，不得给予签证。

第十九条 驻外使领馆呈请外交部核给无外交关系国家之人民来中国签证，应距请求人行期三个月前办理。倘行期急迫，必须电报请示者，应于一个月前办理。

第二十条 无外交关系国家之人民请求来中国签证，必须经驻外使领馆以电呈部核示者，其往复电费应由请求人担负，并应于请求时缴纳。

第二十一条 驻外使领馆电部请示入境签证，除请求签证护照事项表得随后寄部外,关于第十七条规定各节,仍应于电文内详细叙明。

第二十二条 无外交关系国家之人民请求过境签证,除照章填具请求签证护照事项表外,应先取得前往国之合法签证,然后再由我国驻外使领馆验其船票车票或以其他方法调查,证明确系经过中国转往他处者,方得予以签证,无须呈请外交部核准。惟须注"此系过境签证不得在中国故意停留"之字样。

无外交关系国家之人民来中国签证,无论入境过境,均以一次为限,有效期间为一个月。惟以不超过护照本身时效为限。

第二十三条 国内签发护照机关,对于无外交关系国家之人民离中国时,不得在其所持护照上给以"准予回中国"字样之签证。国内地方机关,亦不得于其身份证或其他旅行证件上签证"准予国内外往返"等字样。

第二十四条 凡持有外交护照或官员护照之无外交关系国人请求来中国,无论入境过境,均不适用本章上列各条所规定之限制办法,中国驻外使馆得按照本办法第十一、十二条及第十三条之规定办理。

第四章 无国籍人护照签证

第二十五条 凡无国籍持"南申"护照 Nan Sen Passeport,或外国政府所发护照,或暂时旅行护照,向中国驻外使馆请求入境签证时,除照章应填请求签证护照事项表两份外,并须提供在中国可靠亲友或关系人之担保,保证下列两点:

(一)请求人无政治行动及犯法行为。

(二)请求人在中国有固定职业,足以自给。倘失业或不能自给,保证人愿担负其生活费用。

请求人不能具备上述各条件时,应即拒绝其请求。即使具备各条件,而经外交部命令暂时停止给予无国籍人来中国签证之期间内,仍应拒绝其请求。

第二十六条　驻外使领馆办理无国籍人来中国签证，应将请求人来中国目的、拟往地点、入境地点、行期及在中国亲友或关系人之姓名、职业、住址、门牌号数详细询明，连同请求签证护照事项表，一并呈送外交部核办。

第二十七条　外交部允准或拒绝无国籍人来中国，须俟国内关系地方机关查明报告后决定之。如请求人提供各节属实，在中国确有可靠担保，并核与第二十五条所规定之条件相符者，始得准其来中国。令行关系驻外使领馆给予签证。

第二十八条　驻外使领馆呈请或电请外交部核给无国籍人来中国签证，应按照本办法第十九条所规定期限办理。

第二十九条　无国籍人请求入境签证，必须经驻外使领馆以电报呈部核示者，应适用本办法第二十条之规定。

第三十条　驻外使领馆电部请示无国籍人入境签证，除请求签证护照事项表得随后寄部外，关于第二十六条规定各节，应于电文内详细叙明，以便调查。

第三十一条　无国籍人请求过境签证暨签证，有效期间适用本办法第二十二条之规定。

第三十二条　国内发照机关，得以外交部制定之护照发给无国籍人为离中国前往他国之用。惟先查明该无国籍人在境内确无民刑未完案件、欠纳税款暨其他纠葛，方得发给此项护照。不得填写"往返"字样，其有效期间定为一年，过期后，非有特殊情形，经外交部核准者外，不得给予签证，亦不得延长有效期间，或换发新照。国内其他机关不得于其身份证或其他旅行证件上签注"准予国内外往返"等字样。

第三十三条　无国籍人持中国护照旅行，外国在护照期满三个月以前，拟重返中国，驻外使领馆得予加签。惟仍应先呈请外交部核准，并以请求人具备第二十五条中所规定之条件为限。

第三十四条　无国籍人所持中国护照已过有效期间，拟再来中国时,即应按照初次来中国手续,依据本办法第二十五条至三十条之规定办理。

第三十五条 无国籍人请领离中国前往他国护照,每照应缴之照费、印花费及请求改往他国之加签费数额,可依照本国人请领普通护照应缴此项费用之数额缴纳。

第五章 附则

第三十六条 各项护照签证应收费用暨国币与外币之折合率,由外交部以命令定之。

第三十七条 本办法自公布日施行。

〔国民政府外交部档案〕

7. 国民政府公布修正外交部组织法

（1943年12月8日）

外 交 部 组 织 法

十七年十二月八日国民政府公布

二十年二月二十一日修正

二十八年九月七日修正

三十二年七月十日修正

三十二年十二月八日修正

第一条 外交部管理国际交涉及关于在外侨民、居留外人、中外商业之一切事务。

第二条 外交部对于各地方最高级行政长官执行本部主管事务有指示监督之责。

第三条 外交部就主管事务对于各地方最高级行政长官之命令或处分,认为有违背法令或逾越权限,或因对外关系认为必要时提经行政院会议议决后停止或撤销之。但有紧急情形者得呈请行政院院长先行令饬停止该命令或处分之执行。

第四条　外交部设左列各司：

一、亚东司。

二、亚西司。

三、欧洲司。

四、美洲司。

五、条约司。

六、情报司。

七、礼宾司。

八、总务司。

第五条　外交部于必要时得设各委员会，其组织另以法律定之。

第六条　外交部经行政院会议及立法院之议决得增置裁并各司室及其他机关。

第七条　亚东、亚西、欧洲、美洲各司掌理左列事项：

一、关于政治事项。

二、关于通商事项。

三、关于经济财政事项。

四、关于军事之外交事项。

五、关于本国侨民事项。

六、关于各国在中国之侨民保护及取缔事项。前项各款事项：关于日本、泰国者由亚东司掌理之；关于苏联、土耳其、伊朗、阿富汗、伊拉克及其他亚西各国者由亚西司掌理之；关于欧洲及澳洲、非洲各国者由欧洲司掌理之；关于美洲各国者由美洲司掌理之。

第八条　条约司掌理左列事项：

一、关于国际联合会及其他国际组织事项。

二、关于国际会议事项。

三、关于条约之研究撰拟及解释事项。

四、关于有关条约之法律事项。

五、关于国际法之研究事项。

六、关于中央各部会对外特殊协定重要合同事项。

第九条 情报司掌理左列事项：

一、关于搜集国内外情报事项。

二、关于宣传外交政策事项。

三、关于撰译中外新闻稿件事项。

四、关于招待接洽新闻记者事项。

五、关于编行出版物事项。

六、关于其他情报事项。

第十条 礼宾司掌理左列事项：

一、关于本国驻外及各国驻华使节之征询同意及递交国书事项。

二、关于各国驻华使领馆之设置变更及使领人员到任离任事项。

三、关于国际间勋章之颁给收受及其他馈赠事项。

四、关于接待外宾事项。

五、关于国际庆吊事项。

六、关于护照签证事项。

第十一条 总务司掌理左列事项：

一、关于收发分配及保存文件书报事项。

二、关于部令之公布事项。

三、关于典守印信事项。

四、关于货单签证事项。

五、关于本部经费之出纳保管事项。

六、关于本部官产公物之保管事项。

七、关于本部庶务及其他不属各司处室之事项。

第十二条 外交部部长综理本部事务，监督所属职员及各机关。

第十三条 外交部政务次长、常务次长辅助部长处理部务。

第十四条 外交部置秘书六人至九人，分掌部务会议、外交官会晤及其记录并长官交办事项。

第十五条 外交部置参事二人至四人撰拟审核关于本部之法案命令。

第十六条 外交部置司长八人，分掌各司事务。

第十七条 外交部置科长二十人至三十五人，科员一百人至一百六十人，承长官之命办理各科事务并得酌用雇员。

第十八条 外交部部长特任；次长、参事、司长及秘书四人简任；其余秘书科长荐任，科员委任。

第十九条 外交部设机要室置主任一人，由秘书兼任之。

第二十条 外交部设人事处，置处长一人，简任，依人事管理条例之规定掌理本部人事，管理事务。人事处需用人员名额由外交部就本法规定之，荐任委任人员及雇员名额中与铨叙部会同决定之。

第二十一条 外交部设会计主任一人，分别办理岁计、会计、统计事项，受外交部部长之指挥监督，并依国民政府主计处组织法之规定直接对主计处负责。

会计室及统计室需用佐理人员名额由外交部主计处就本法所定委任人员及雇员名额中会同决定之。

第二十二条 外交部因事实上之必要得聘用顾问八人至十五人，专门人员三十人至六十人。

第二十三条 外交部处务规程以部令定之。

第二十四条 本法自公布日施行。

〔国民政府外交部档案〕

8. 外交部公布出国护照条例

（1944年7月22日）

出国护照条例　三十三年七月二十二日公布

第一条　护照由外交部制定颁发之。

第二条　护照分外交护照、官员护照、普通护照三种。

第三条　外交护照适用于左列人员：

一、国民政府五院院长、副院长及其眷属。

二、国民政府派往外国之文武官员，负有外交性质之任务者及其眷属。

三、外交官领事官及其眷属及随从。

四、外交公文专差。

第四条　官员护照适用于前条规定以外之中央及地方各政府机关，因公派往各国之人员及其眷属。

第五条　普通护照适用于第三条、第四条规定以外之本国人民。

第六条　外交护照、官员护照向外交部领取，普通护照向外交部，或外交部指定之政府机关或驻外使领馆领取。

第七条　护照用三联式，以正联给领照人收执，其由驻外使领馆或指定之发照机关发给者，以一联报外交部备核，一联存发照机关查考。

第八条　请领官员护照及普通护照者，应缴护照费，其数额由外交部拟订，呈请行政院核定之，并应依照印花税法之规定，缴纳印花税费。外交护照免缴各费，学生或工人护照或由本国甲地至乙地经过邻国之过境护照，其照费减半缴纳。

第九条　请领护照者，应先填具请领护照事项表，附同最近半身照片三张，其请领普通护照者，并应由保证人出具保证书证明领照人身份及本国国籍，送请发照机关核准。

经商：应由当地商会或华侨团体或银行或殷实商号出具保证书。

作工：应由当地工会或华侨团体出具保证书。

留学：应将教育部留学证书呈验，并由当地银行或殷实商号出具保证书。

游历：应由当地银行或殷实商号出具保证书。

外人机关聘用或雇用前往外国服务者，应呈验聘雇合同，经发照机关核定后，再由本国殷实商号出具特种保证书。

上述各项保证书，均应盖用保证机关戳记，并由负责人签名盖章。此项负责人限于中国国籍地址，如有更改时，应通知发照机关。发照机关因地域或特殊情势关系，对于本系所定出具保证书之条件有增减之必要时，得请准外交部随时核定之。

第十条　领照人到达目的地时，应向当地或附近本国使领馆呈验护照，免费登记。

第十一条　外交护照、官员护照，自发给之日起，其有效期间为一年。如任务未毕，应在期满以前，请当地或附近本国使领馆呈准外交部予以延期。任务完毕，应即向外交部缴销。

驻外使领馆人员外交护照之期效及每次延期之期效，得为三年。

普通护照自发给之日起，其有效期间为三年。如欲继续使用，应在期满以前，向国内外发照机关请求延期，延期每次有效期间为一年，其起讫日期以期满之日起算。

官员护照或普通护照延期，应缴签证费，其数额由外交部定之。外交护照免缴签证费。

第十二条　持照人所领护照，如有遗失或损坏，应向发照机关补领或换新照，并缴纳费税。遗失护照，应由领照人取具证明书；损坏护照，应将原照呈验注销，方得换领新照。

第十三条　持照人于回国后再行出国，或在一国改往他国，如护照尚未满期，得请求国内外发照机关核准加签缴纳签证费，无庸另领新照。

第十四条　发照机关不得于本条例规定之费用外，另收他费。

第十五条　国内外发照机关所收护照等费，依法汇解国库，并应按月填具报解表，连同护照副联呈送外交部查核。

第十六条　本条例施行细则，由外交部拟定，呈请行政院核定之。

第十七条　本条例自公布日施行。

〔国民政府外交部驻东北特派员公署档案〕

9. 重庆卫戍总司令部等拟定"维持国军军警宪与盟军间军风纪办法"

（1944年12月）①

一、国军对盟军远来助我作战，应本亲爱精诚互助合作之旨，予以尊重便利，不得稍有歧视。

二、盟军军风纪之纠察，依照条约，由盟军宪兵自负其责，国军宪警对盟军之违反军风纪事件，不得擅自滥用职权。

三、为协助盟军宪兵执行职权，各宪兵团及警察局应派遣能操外语外事宪兵警察，随同盟军宪兵工作，并为避免引起无谓纠纷起见，各外事宪兵警察应佩带特殊袖章，以资识别，并由部呈会转函盟军司令部查照。

四、外事宪兵警察于无盟军宪兵协助时，对盟军违反军风纪事件，亦得单独执行职权，但应予以拘捕时，应立即送往盟军司令部办理，不得迟延。

五、对于国军与盟军间之纠纷，由盟军宪兵与国军宪警分别处

---
①　原件无日期，据该文件的批件时期推断，应为1944年12月。

理,如遇情节重大,并得由双方分别带回办理。

六、国军应有注意事项:

1. 对盟军应注重礼节,对盟军军官并应如同对国军军官同样敬礼。(盟军官阶符号,应通报各级部队知照。)

2. 与盟军共处,应事事予以协助,并帮助其解决困难。

3. 与盟军办理交涉,应呈报上级办理,不得轻率迳与接洽。

七、为避免盟军与人民间引起无谓纠纷,人民间应有之注意事项:

1. 商店货物应彻底以阿拉伯字标价售货,(现时超过限议价物品及违禁物品,皆不标价,事实各店皆有出售。)否则一律禁止出售。

2. 各旅栈、酒店、浴室,应由宪警分区指定专勤负责。

3. 单身妇女深夜最好不必外出。

八、供应盟军特种妇女,应由盟军之友社登记征集,并于郊外指定区域居住,不得混入市区。

〔原批〕此事应由政治部会同副官处,召集有关各单位研讨后,呈请军委会核准施行。

请扶弱兄决定办理

弟可夫
十二、十四

〔国防部战史编纂委员会档案〕

10. 国民政府行政院公布外侨出境办法令

(1945年4月5日)

外侨出境办法　卅四年四月五日行政院令公布施行

第一条　本办法依照中华民国境内外人出入及居留规则第七

条订定之。

第二条 凡外侨于迁出中华民国国境前，须向所在地警察机关申请外侨出境登记。（即在原照上盖印外侨出境登记戳记）

第三条 警察机关于外侨申请出境签证时，应查明该侨确无民刑案件尚未了结，方得给予签证。

第四条 警察机关办理核准外侨登记，应登记姓名、国籍，连同出境家族姓名、原居留证字号及出境登记之年月日字号，并于原照上加盖出境登记戳记，其持有居留证者应令缴销之。

第五条 出境登记戳记应以宽七公分长四公分之木戳刻阳文字制成（式样附后）。

出境签证戳记上之"字"字前应填核准机关所在省市县名简称。如四川省巴县，即填川巴两字。

第六条 各省市警察机关应将出境外侨人数及姓名、国籍及出境登记字号，按月呈报省市政府汇转内政外交两部备查。

第七条 本办法自核准之日施行。

〔国民政府外交部驻东北特派员公署档案〕

(二)外交方针政策宣言声明办法议案报告

1. 国民政府自卫抗战声明书

(1937年8月14日)

中国为日本无止境之侵略所逼迫,兹已不得不实行自卫,抵抗暴力。

近年以来,中国政府及人民一致所努力者,在完成现代国家之建设,以期获得自由平等之地位;以是之故,对内致力于经济文化之复兴,对外则尊重和平与正义,凡国联盟约,九国公约——中国曾参加签订者,莫不忠实履行其义务。盖认为"独立"与"共存",二者实相符而相成也。乃自九一八以来,日本侵夺我东四省,淞沪之役,中国东南重要商镇,沦于兵燹;继以热河失守;继以长城各口之役;屠杀焚毁之祸,扩而及于河北,又继之以冀东伪组织之设立,察北匪军之养成;中国领土主权,横被侵削。其他如纵使各项飞机在中国领土之内不法飞行,协助大规模走私,使中国财政与各国商业,同受巨大损失;以及种种毒辣之手段;如公然贩卖吗啡海洛英,私贩枪械接济盗匪,使中国社会与人种,陷入非人道之惨境。此外无理之要求与片面之自由行动,不可胜数。受一于此,已足危害国家之独立与民族之生存,吾人敢信此为任何国家任何人民所不能忍受,以迄于今,吾人敢言中国之所以出此,期以尽可能之努力,以期日本最后之觉悟而已。及至芦沟桥事件爆发,遂使中国几微之希望归于断绝。

芦沟桥事件之起因,由于日本大举扩张天津驻屯军,且屡于辛丑条约未经允许之地点施行演习。日本此种行为,已足随时随地引起事变而有余;与本年七月七日深夜,日本军队竟于邻近北平之芦沟桥，施行不法之演习，继之以突然攻击宛平县城。我守土有责之驻军，迫而为正当防卫，我无辜之人民，于不意之中，生命财产毁于日本炮火之下。凡此事实，已为天下所共见。

芦沟桥事件发生以后，日本之行动有深足注意者，即其口头常用就地解决，及不欲扩大事态之语调，而其实际，则大批军队及飞机坦克车，以及种种新战争利器，由其本国及朝鲜与我东北，源源输送至河北境内。其实行武力侵略，向我各地节节进攻之事实，绝不能为其所用之语调，所可掩蔽于万一。

中国政府于芦沟桥事件发生后，犹以诚意与日本协商，冀图事件之和平解决。七月十三日，我外交部曾向日本大使馆提议双方停止军事行动，而日本未与置答，我外交部长复正式以书面重提原议，双方约定一确定日期，同时停止军事动作，同时将军队撤回原驻地点。并曾声明：中国政府为和平解决此次不幸事件起见，准备接受国际公法或条约所公认之任何处理国际纠纷之和平方法，如双方直接交涉、调解、公断等等。然而以上种种表示，均未得日本之置答。

于此之际，中国地方当局为维持和平计，业已接受日本方面所提议之解决办法。中央政府亦以最大之容忍，对于此项办法，未予反对。乃日本军队于无可藉口之中突然在芦沟桥廊坊等处，再行攻击中国军队，并于本年七月二十六日致哀的美敦书，要求中国军队撤出北平。此则予双方约定解决办法以外，横生枝节，日为吾人所万万不能接受者。日本军队更不待答复，于期限未至之前，以猛力进扑中国文化中心北平、与中外商业要枢之天津。南苑附近，我驻军为日本轰炸机及坦克所围攻，死亡极烈，天津方面人民生命横遭屠戮，公共建筑文化机关以及商店住宅，悉付一炬。自此以后，进兵不已，侵入冀省南部，并进攻南口，使战祸及于察省。凡此种种，其横生衅端，扩大战域，均于就地解决及不扩大事件语调之下，掩护其进行。

当此华北战祸蔓延猖獗之际，中国政府以上海为东方重要都会，中外商业及其他各种利益，深当顾及，屡命上海市当局及保安队加意维持，以避免任何不祥事件之发生。乃八月九日傍晚，日军官兵竟图侵入我虹桥军用飞机场，不服警戒法令之制止，乃发生事故，死中国保安队守卫机场之卫兵一名，日本官兵二名。上海市当局于事件发生之后，立即提议以外交途径公平解决；而日本则竟派遣大批战舰陆军以及其他武装队伍来沪，并提出种种要求，以图解除或减少中国自卫力量。日本空军并在上海、杭州、宁波以及其他苏浙沿海口岸，任意飞行威胁，其为军事发动，已无疑义。迨至昨（十三）日以来，日军竟向我上海市中心区猛烈进攻，此等行动，与芦沟桥事件发生以后向河北运输大批军队，均为日本实施其传统的侵略政策整个之计划，实显而易见者也。

日本今犹欲以淞沪停战协定为藉口，将使中国于危急存亡之际，尚不能采用正当防卫手段。须知此等停战协定，其精神目的，即欲于某地点内双方各自抑制，以期避免冲突，不妨碍和平解决之进行。

中国今日郑重声明，中国之领土主权，已横受日本之侵略；国联盟约，九国公约，非战公约，已为日本所破坏无余。此等条约，其最大目的，在维持正义与和平。中国以责任所在，自应尽其能力，以维护其领土主权及维护上述各种条约之尊严。中国决不放弃领土之任何部分，遇有侵略，惟有实行天赋之自卫权以应之。日本苟非对于中国怀有野心，实行领土之侵略，则当对于两国国交谋合理之解决，同时制止其在华一切武力侵略之行动，如是则中国仍当本其和平素志，以挽救东亚与世界之危局。要之，吾人此次非仅为中国，实为世界而奋斗，非仅为领土与主权，实为公法与正义而奋斗。吾人深信，凡我友邦既与吾人以同情，又必能在其郑重签订之国际条约下各尽其所负之义务也。

〔国民政府外交部档案〕

2. 外交部关于国民政府对九国公约国会议决定六点方针致顾维钧等电稿

（1937年10月24日）

Sinoembassy Paris 626号 24日

顾、郭、钱大使鉴：极密。政府对九国公约会议决定方针如下：

（一）依照目前形势，会议无成功希望，此层我方须认识清楚。

（二）但我方对各国态度须极度和缓，即对义德两国亦须和缓周旋，勿令难堪，并须表示会议成功之愿意。我方求在九国公约规定之精神下，谋现状之解决，此系我方应付之原则。倘各国以具体问题征询我方意见时，因日本以武力侵犯我领土，应先知日本之意思，故先请其转询日本后，再由我方予以考虑。

（三）我方应使各国认识会议失败责任，应由日本担负，切不可因中国态度之强硬，而令各国责备中国。

（四）上海问题应与中日整个问题同时解决，切不可承认仅上海问题之解决。

（五）我方应付会议之目的，在使各国于会议失败后，对日采取制裁办法。

（六）我方同时应竭力设法促使英美赞成并鼓励苏联以武力对日。

外交部
惠 十、廿四

〔国民政府外交部档案〕

3. 上海市文化界救亡协会国际宣传委员会对九国公约会议开会前后我国外交政策意见书呈

（1937年10月25日）

敬陈者：窃九国公约会议开会在即，敝委员会同仁本天下兴亡匹夫有责之义，特公同拟具意见书一份，附呈钧览，藉供采择。谨上外交部王部长

上海市文化界救亡协会国际
宣传委员会主任秘书全增嘏

中华民国二十六年十月二十五日

对于九国公约会议开会前后我国外交政策意见书

抗战开始以来，赖最高当局之贤明领导，前线将士之壮烈牺牲，抗敌军事节节胜利，国内团结，已成事实，国际形势顿然改观。所惜外交方面，我国迄无坚决明确之表示，外交与军事未能善为配合，实不足以正国际之视听。兹值九国公约会议开会在即，外交折冲，影响抗战局势与国族前途至巨。为此特就民族立场、国际现势与乎国际法之见地，略抒管见，以备我政府之采择。

一则如何对外表示我国抗战之意义与立场也。我国此次集合全民族力量以对日抗战，目的不仅在于保障领土主权，且亦在于维持条约尊严与国际和平，光明正大，有如日月。然我国政府迄无明文表示，而一般同情我国抗战之国家，遂亦踟蹰却步。职是之故，九国公约开会之前，我政府应立即向全世界有所表示。其要点如下：

甲、申述日本违犯国际法及条约，向中国从事侵略战争。国联决议及美国国务院声明已将事实加以认定。中国不得已而抗战，目的不仅在于保卫本国领土主权，且在于维持国际法及条约

尊严，并保全远东及世界和平。在上项目的未达到之前，中国决不停止自卫抗战。

乙、中国既为自卫并履行国际义务而抗战，则因战争所引起之一切责任，自当由日本负之。

丙、中国希望各友邦为维护和平与条约尊严计，予中国以精神的物质的援助。

至于表示之方式，或由政府照会九国公约各签字国及苏联、德国，或由最高当局发表对外宣言，或由外交部发言人发表谈话，均无不可。总之，目的在于申明中国抗战之意义及立场，增强各友邦政府人民对我国之同情，亦以正国际与国内之视听。

二则如何纠正国际希望妥协之错误观念也。近日时论多主张对日宣战绝交，其实我国为自卫而应战，并无宣战之必要。且查日本大使馆人员，早离我国辖境，日本侨民，亦几悉数撤退，我国驻日大使馆亦并无任何外交活动。是则两国外交关系事实上早已中断。矧蒋委员长业已再三声明抵抗到底，牺牲到底，并谓中途妥协，即是亡国。更无须人民鳃鳃过虑。然在外交上为纠正国际希望妥协之错误观念起见，对于敌方亦当有所处置：倒〔例〕如宣布停付对日债务，其一也；对于日侨及日本在华公私财产，按照大战时对德、奥办法，分别加以处置，其二也；即行召回驻日大使馆人员，其三也；委托第三国代任保护我国家及人民在日本之利益，其四也。以上各端，俱为两国发生战后国际上应有之义。

三则中国参加比京九国公约会议应采取何种态度也。就目前国际形势，吾人对于此次会议虽不能希望过奢，然亦不可迁就过甚。我国既已具有决心，抗战到底，则九国公约会议纵使失败，亦与我国无损。反之，我国代表倘能抱坚定之立场，作灵敏之应付，则友邦之观望态度不难克服，敌人之离间手段，无从施展。虽会议本身并无结果，而于我国抗战前途，亦有裨益。兹就管见

所及,缕举我国出席代表应坚持之各点如下:

甲、中国应提出九一八以来日本破坏九国公约、非战公约、国联盟约,在中国从事侵略战争之事实。

乙、中国应主张九国公约签字国及国联会员国共同对日实施经济及武力的制裁。

丙、中国抗日战争,目的在于保障领土主权、条约及国际法尊严,故应要求九国公约签字国及国联会员国,予中国以精神及物质的援助。

丁、九国公约会议如提议休战,中国应以日本军队退出上海一带及冀、察、晋、绥四省为接受休战之先决条件。九国公约会议如提议调停或议和,中国应以恢复九一八以前领土与主权之原状,为接受调停或议和之先决条件。

戊、苏联为太平洋主要国家之一,已与中国订立互不侵犯条约,且在国联及国际上援助中国最力,故中国应坚决要求苏联参加九国公约会议。

上海市文化界救亡协会国际宣传委员会
中华民国二十六年十月二十五日

〔国民政府外交部档案〕

4. 国防最高会议关于中国参加九国公约会议原则致外交部函

(1937年10月26日)

迳密启者:本年十月二十五日,奉本会议常务委员第二十六次会议,关于外交部提议,九国公约签字国会议即将开幕,请议定我国应取之原则一案。决议:"(一)此次会议我方最应注意之原则,即在维护九国公约第一条之规定。各国考虑任何问题或建议任何办法,必须符合该条之文字与精神。(二)中国不独愿与日本进行经济合作,且愿与各国同样合作,以发展中国经济事业。机会均等主义,在中国领土内任何部分,应予普遍适用。"
相应函达,即希查照为荷。此致
外交部

国防最高会议
二十六年十月二十六日
〔国民政府外交部档案〕

5. 国防最高会议关于中国出席九国公约国会议代表会外活动原则致外交部函

(1937年10月26日)

迳密启者:本年十月二十五日,本会议常务委员第二十六次会议,关于外交部部长王宠惠提议,请决定我国出席九国公约签字国会议代表应在会外活动事项,俾资遵循一案。决议:"(一)继续运动各参加国政府及社会,加紧对日一致之经济压迫,(积极的排斥日货,消极的不以财力物力帮助日本,)务使国联谴责日本之决议事实化。(二)向参加各大国请求战费借款及军械贷款,尽量予以满意之条件,关于运输事项,尤须随时予中国以最大之便利,务使国联不减少中国抵抗力,并帮助中国之决议具体化。"相应函达,即希查照。此致
外交部

国防最高会议
二十六年十月二十六日
〔国民政府外交部档案〕

6. 外交部陈述日本违反九国公约行动电稿

(1937年10月26日)

Sinoembassy Paris 632号

顾、郭、钱大使鉴:九国公约会议时,对于九一八以来,日本

违反该约之显著行动,我方代表如有陈述之必要,可列举:(一)辽宁、吉林、黑龙江、热河之占领;(二)伪国之产生与维持;(三)二十一年进攻上海;(四)二十一年进攻冀察;(五)冀东伪组织之产生与维持;(六)干涉冀察行政,庇护匪伪,占领察哈尔之一部;(七)华北大规模走私,并强力阻止中国海关之缉私;(八)日本军用及民用飞机在中国各地尤其华北非法飞行;(九)特务机关之到处设置;(十)纵容日鲜人贩售毒品;(十一)在中国领海内侵犯中国渔业权;(十二)二十五年冬,日军庇护匪伪攻击绥远;(十三)日驻屯军之非法演习;(十四)本年七月七日,日军攻击芦沟桥;(十五)日政府拒绝中国政府撤退军队,用和平方法解决纠纷之建议;(十六)日本增调大批陆海空军来华;(十七)本年八月十三日,日本陆战队开始攻击上海;(十八)日军现已侵入河北、察哈尔、绥远、山西、山东、河南各省,并在占领各地设立所谓治安维持会,操纵一切行政。外交部。

〔国民政府外交部档案〕

7. 国民政府行政院秘书处关于孔祥熙对布鲁塞尔会议意见函

(1937年10月28日)

奉院长谕,孔副院长有电关于九国公约会议贡献意见一案。应抄交外交部王部长参考。等因。相应抄同原电函达查照为荷。此致
外交部
　　附原抄电一件

　　　　　　　　　　　　　　行政院秘书处启
　　　　　　　　　　　　　　十月二十八日

附原抄电

邹次长：胜密。即译呈蒋院长、汪主席、王部长勋鉴。弟返国抵沪，原拟即行来京，以旅程感冒寒甚，未便夜行赴京。医嘱留沪疗治，兼之关于财政金融事件有必须在沪商洽者，故尔耽搁。关于九国公约会议案，中央讨论情形迭据邹次长电告具悉。弟海外新还，对于彼方情形见闻，略切谨贡所知以供参考。当弟在欧美时，初与彼等谈及引用九国公约，皆存规避。迭经运用，始较接近。因英、法皆以美国马首是瞻，遂利用此点，使国联决议援引九国公约，俾拉美国加入，煞费唇舌，幸获如愿。罗斯福主张首次会议我国代表报告后退席一节，弟意似可采纳，以表示我信任其主张。盖我代表在座参加讨论，列强或有不便，我如运用得法，使他国多为我说话，在座与否，实无必要。开会停战一节、弟意我方不妨应允。至于会外进行接洽，实属异常重要，应电少川诸兄严切注意。德、义、日联合形势，务须设法打破。敌、友、我，能分化敌方一分助力，即增强我一分力量也。最低限度亦须使之消极助我，否则会议必无若何成效。专电奉达，幸加察酌。弟孔祥熙叩。有。

〔国民政府外交部档案〕

8．顾维钧报告与美国代表台维斯商议布鲁塞尔会议情形电

（1937年10月28日）

南京外交部（537号，10月28日）：极密。顷与前赴比京之美代表Davis（台维斯）及Hornbeck（霍恩贝克）会谈一时有半，美政府希望比京会议能使用当事双方同意之方式结束战事，并以九国条约为基础，以公平之方法协议和平。Davis提议中国代表团在会议席上应作一种适当之演说，待会议决定首先试行调解时，中国代表团即提请退出会议，俾调解者不致受其影

响，在进行讨论时，得有完全之自由。Davis谓此系一种策略，所以应付日人对于国联大会之攻击。盖日人谓国联大会受中国代表团参加之影响，态度偏私也。钧指明中国不能因日本拒绝履行行其条约之义务参加此种商议，遂亦自行剥夺其参加会商之权利。Davis谓法律上中国固有参加之充分权利，惟为处理时局，就实事求是方面着想，当讨论解决方法之时，中国苟提出回避，则在世界舆论上必能造成有利中国之空气，而使日本不能不表露其真正之用意，即列强亦因此有种种之便利，得以采取共同之办法。Davis并提议我国演说中不妨承认日本对于原料来源之需要，并应为人口过剩辟一出路，同时重申中国在经济方面极愿与日本通力合作，并声明中国愿望致力于政治复兴及保障主权，惟日本之破坏华会条约，侵略中国，轻启战端，致使二者均归于无效。中国之抵抗，实尽其所能，以维护条约，现请求列国亦尽力使条约不失其尊严之性质。渠称上述主旨及策略，罗斯福总统已非正式告知王大使及胡适之博士，钧称无论任何和平，必须以九国条约为基础，凡非以九国条约为基础之和平，中国政府不能接受。否则必将激起对于政府之反对，造成国内之混乱。中国甚愿比京会议之成功，准备极端合作，惟深恐日本无论如何不肯接受调解。能使日本改变对华政策之惟一办法，唯在于各国坚持合一之意志，苟日本有拒绝接受之行为，即对之采取积极之办法是也。渠称日本必能听从，除非自信有完全征服中国之可能，并深信各国决不致有积极之举动。渠认英、美合作，对于现在时局具有一种决定之能力，并询问英国态度如何。经告以美国如能前进至何种程度，英国亦准备前进至同样程度。渠称英国在欧洲事务甚多，不能多所作为。美国极望结束可惨之时局，惟不能首当其冲，取领导之地位。一旦调解失败，究应如何办理，全系于中国时局之发展、美国之舆论及其他各国之态度。即如禁止煤油输出一事，亦须经过国会立法程序，惟美国代表决定努力工作，求

35

比京会议之成功。渠觉上海军事上之局势，殊足令人沮丧。钧解释中国之退至现在战线，乃系有秩序及预定计划，并无足以令人沮丧之理由。关于德国之态度，渠与钧所见相同。德各派意见纷歧，在党诸人其主张多不利于中国，惟军队及外交人员暨商业团体，则对中国均表同情，钧对于义大利之态度，虽尚无所闻，然告以义国心中恐守中立，惟外貌则表示亲日。渠郑重说明中国自身在会议中作何办理，应予决定。惟诚恳建议欲求造成中国有利之空气，俾一旦调停失败，得准备其他之计划，则上述策略，实为一种最好之办法。钧允电京请示，并允在最早时期以内，将复文转知，伏乞电示明确训令。顾维钧叩。

〔国民政府外交部档案〕

9. 钱泰报告布鲁塞尔会议上英美代表所提方案电

（1937年10月29日）

南京外交部（242号，29日）：顷晤台维斯，彼谓欲日本退出中国，只有两途：一以武力，一以调停。现在武力即不可能，如欲日本退出，必须由中国允利益，俾得顾全面子。再三询中国拟让步至何程度。对于日本未必接受调停，且应由日本先提条件，彼谓如欲日本接受，必须日本见有接受之利益。询以日本如不接受，各国拟采何项办法，彼谓不能在调停前先存彼不接受之心，现在各国注全力于调停之成功，其他尚未能计及。HORNBECK（霍恩贝克）在座，谓中国屡欲开九国会议，现九国会议已开，中国希望如何。答以中国希望各国实行维持九国公约之原则。彼谓九国公约第七条并无何项办法。台维斯谓盟约有制裁办法尚且不能实行，九国公约无制裁办法，中国岂可奢望。九国会议中国关系最切，应由事实着想，不能空言恢复原状。彼意中国或先办几种事件，如取消抵制日货，保护日侨生命财产等等。

日本要求中国合作,未知中国何项条件可以合作,答中日合作应以平等相互(?)为原则,根本问题仍在日本反省。最后彼谓愿成立一公道之和平,希望中国方面考量提出条件,帮助彼等觅得解决途径。应如何答复,乞电示。昨日彼与顾大使所提中国退出办法并未提及,泰亦未提及。再,德国已答复谢绝参加会议,但随时愿加入调停。泰。(不鲁塞尔)

〔国民政府外交部档案〕

10. 顾维钧报告探询法国政府对比京会议提议情形密电

(1937年10月30日)

南京外交部(544号,30日):密。顷访法外次长,询法政府对比京会议有何提议,对议程有何主张。渠答法外长与多数阁员均在参与过激党年会,政府对会议方针尚未决定。昨比政府派驻华大使来询意见时,曾谓英政府对会议亦尚无具体议案。美代表则谓到会后尽量合作,亦无具体主张。法政府尚待法外长星期一回来后讨论一切,惟具体主张仍须彼星期二与英外长接洽方能决定。钧言外传会议首将设法调解,东京态度如何?报载前者法大使于发请柬前,曾与日政府接洽,究系如何?渠谓仅系劝日到会,并未谈及具体问题。此次会议全系外交政治会议,与国联大会纯属两事。法方拟本国际合作精神,求其成功。如其不成,则仍可回国联另议其他方法。即采取制裁等事,亦属国联范围,不能在比京会议讨论云。钧言我国参加会议之主旨,亦系与各国尽量合作,望有结果,诼调解云云必本九国公约第二条之原则,舍此别无根据,且为维护条约之尊严计,亦不可有违反条约之提议,渠以为当然。旋钧谓法外长前云将越南假道问题提出比京会议,但此会议有袒护日本之国在场,恐遭反对,似以与主要国密商为妥。渠云此层颇关重要,不可因提出会议而将国联助华之案反受影响。并谓前告钧法政府之议决云云仅属具文，实际仍允假道，务望中国政府勿误会法政府对华有变更其素来友好态度之意。法外长亦已电饬驻华法大使向蒋院长解释。钧又告以前在国联咨询委员会出席之拉格达君，对我态度缺乏同情，每次发言均于我不利，不特我方，即他国代表亦为诧异。询以此次比京会议是否仍派前往，渠言已派东方司长贺伯诺随往。因拉君熟悉国联档案，饬其从旁襄理，但告以勿多露面，一切应由贺氏主持。贺氏对华感情甚好，当能使我满意。渠对钧密告拉氏之实在态度，甚为感谢云。顾维钧。（巴黎）

〔国民政府外交部档案〕

11. 国民政府公布比京会议书

（1937年11月15日）

南非、美、澳、比、玻利维亚、加拿大、中国、法、英、印度、墨西哥、荷兰、纽西兰、葡萄牙与苏联，见日本仍以中日冲突不在九国公约范围内为言，并一再拒绝不允交换意见，以图和平解决，咸有遗憾，日本对此问题及冲突所牵涉之利益所抱之观念，与世界其他各国所抱者完全不同，已可显见，日政府坚持中日冲突，仅与中日两国有关之说，而上述诸国代表，则认此次冲突，与一九二二年九国公约及一九二六年巴黎非战公约各签字国，咸有关系，即各国之列于国际社会者，亦皆有关系焉。签定九国公约者，曾在该约内声明其愿采行规定的政策，俾远东情形得臻安定之意，并依允在对华与对日关系中彼此适用某种规定的原则，而签订非战公约者，又依允对无论何种性质或何种起因之争执或冲突，永不得用和平方法以外的方法，以谋解决，凡此皆莫可否认者也。目前中日冲突，不独使各国权利，且使各国物质利益，皆受不良影响，此亦无可否认者，第三国人民间因有此丧生者，更有许多因此受绝大危险者，国际交通为之阻滞，第三国人民之产业遭其损害，国际贸易被其扰乱而受损失，而各国人民，且因此发生恐慌愤懑之情绪，举世亦莫不因此而起惶虑不宁之感想焉。上述诸国代表，并认此次冲突及其所造成局势，为与不独与会诸国且与全世界咸有关系莫可避免之事件，在上述诸国代表观之，此问题不得视为仅仅远东两国间关系之事，但为法律与程序，世界安全与世界和平之事，日政府曾声明日本对华施用武力，亟欲使中国放弃其现行政策，上述诸国代表，于此不得不指出者，任何国家在法律上绝无施用武力，以便干涉他国内政之理由，苟一般人对于此种权利，予以承认，则冲突将从此不休矣。日政府谓应由中日两国单独进行解决，然此种解决方法决不信其能成立公正垂久之解决也。日本武装军队，现以极大数额集中中国土地，而占据其广大重要之区域，日军当局宣称，日本目的在摧毁中国之志愿与能力，使之不能抵抗日本之志愿与要求，日政府并谓行为与态度违反九国公约者，厥为中国，然中国现已与签订此约之其他各国，从事于完全而坦直之讨论，而日本则拒不与他国讨论焉。中国当局已屡次声明，不愿且在事实上并不能与日本单独作解决之谈判，故在上述环境中未有根据可信中日两国如此时听其单独为之，能在最近将来成立对于两国和平可予希望，对于他国权利及远东政治上与经济上安定可予保障之任何解决，不独不能如是，且有理由，可信如此听令中日两国为之，武装冲突，将继续进行而无已时，而生命财产之摧毁，秩序之混乱，事态之不定，一切之不安定与痛苦，以及仇恨之愈深，与全世界之扰乱，亦将随之发生。日政府在其最近来文中，请出席比京之各国，依据时局实际作助成东亚安定之贡献，在与会各国代表观之，时局中之真正实际，即为上述之事件。各国代表确信因上述理由，中日直接谈判，不能有获取公正而垂久之希望，前此所以致文日政府，请其与各国代表商洽，庶几意见之交换，可导成诸国代表的斡旋之接受,而助成圆满解决之谈判者,即以此故,与会各国代表,现仍相信如中日两国允停止敌对行动,俾给与试行此种手续之机会,则成功未始无望,今中国代表已依此手续,表示办理之准备矣。各国代表对日本之始终拒不讨论此种方法,咸觉费解,上述各国代表,虽期望日本不再坚持,然不得不考虑何者为其在此局势中所应有之共同态度,此局势为何,即签订国际条约之一国,不顾其他各签约国之意见,始终以为其所施之行为,不在此国际条约范围之内,而蔑视其他签约国认为在此环境中仍然有效之该约条文是已云。

〔国民政府外交部档案〕

12. 立法院外交委员会审查修正开罗国际邮政公约第十条丙节报告呈

(1937年11月17日)

呈为呈报事:查修正开罗国际邮政公约第十条丙节一案,前奉本年十月二十日第一九七八号钧令,交付本会审查,当即先交周委员纬、杨委员公达初步审查。嗣又奉同月二十七日第二九八五号钧令,为准国民政府文官处函开,行政院呈报修改开罗国际邮政公约,请鉴核备案一案,奉批准予备案,并行知立法院等由。令仰本会查照等因,遵即转交初步审查委员参考。旋据周委员纬、杨委员公达报告:"查院令交付审查修正开罗国际邮政公约第十条丙节案,前奉大函交纬等初步审查,遵即开会讨论,佥以该公约第十条丙节修正条文,将丹麦属地冠词重加修改,瑞士政务部通知我国,纯属备案性质,且已经交通部令饬邮政总局按照修改,自本年十月十六日起实行,本案无须经过批准手续,亦无须经院会讨论,拟请呈报院长列入院会报告事项。是否有当,敬候公决"等由,到会。即于本月三日开本会第四届第八次会议提出讨论,当经议决,"照初步审查报告将本案呈请列入院会报

告事项。"是否有当，理合备文呈请钧长鉴核。谨呈

院长孙

副院长叶

外交委员会委员长傅秉常

〔国民政府立法院公报〕

13. 国民政府要求审议中国爱沙尼亚友好条约训令

（1938年4月21日）

国民政府　渝字第一四三号训令　二十七年四月二十一日

令立法院

为令遵事：案准国防最高会议二十七年四月十五日汉字第二五六号函开："据行政院函称：'案据外交部部长王宠惠呈称：据驻英大使馆上年十二月二十二日呈称："中国爱司托尼亚友好条约，昨日在本馆签字，兹将条约中英文正本各一份备文呈请转呈国民政府批准"等情。据此，查依照该约第十八条规定，本条约应由两缔约国按照各本国法定手续于最短期内批准，理合抄录中国爱司托尼亚友好条约中英文本各二份，并备具批准书，呈请鉴核，转呈国民政府俯赐批准，将批准书盖用国玺发还本部，一俾便订期互换，以资遵守'等情。经提本院第三五七次会议通过，除将批准书函送国民政府文官处外，相应检同中国爱司托尼亚友好条约中英文本各一份，函请核定"等由。经本会议常务委员第六十四次会议决议，通过，交立法院。相应检同该约中英文本函达，即希查照交立法院并饬行政院知照等由。并附前项条约中英文本各二份到府，准此，自应照办。除函复并分令行政院知照外，合行检同原附该条约中英文本各一份，令仰该院迅予审议具复。此令。

〔国民政府立法院公报〕

14. 立法院委员楼桐孙等审查中国爱沙尼亚国友好条约报告呈

（1938年5月2日）

呈为呈报事：查中国爱司托尼亚国友好条约案，前奉本月二十三日钧令渝训字第七十二号交付桐孙会同和中、仲琳审查，遵于本月二十七日开审查会议，详加讨论，并有外交部代表列席说明，佥以本条约为建立两国亲睦邦交，并以平等及互尊主权之原则为基础而议订。查核内容，亦相符合，似可予以批准。是否有当，理合备文呈报仰祈鉴核，敬候提交院会公决。谨呈

院长孙

副院长叶

计呈交中国爱司托尼亚国友好条约中英本各一份

委员楼桐孙　朱和中　卢仲琳

附中国爱司托尼亚国友好条约

中华民国爱司托尼亚共和国为建立两国亲睦邦交，增进两国人民利益起见，决定以平等及互尊主权之原则为基础，订立友好条约。为此简派全权代表如左：

中华民国国民政府特派驻英吉利国特命全权大使郭泰祺

爱司托尼亚共和国摄行总统特派驻英吉利国特命全权公使史密德

两全权代表将所奉全权证书互相校阅，均属妥善，议定条款于后：

第一条　中华民国与爱司托尼亚共和国，及两国人民间，应永敦和好，历久不渝。

第二条　两缔约国有互相派遣正式外交代表之权，此项代表，在所驻国应享受国际公法通常承认之一切权利，优例，及豁免。

第三条　两缔约国在彼此领土内共同商定之地方，有派驻总领事，领事，副领事，代理领事之权。此项领事官应行使国际通例通常承认之职务，并享受国际通例通常承认之待遇。两缔约国领事官员于就职之前，应向所驻国取得执行职务证书。但此项证书，得由所驻国政府撤回。两缔约国政府不得任命经营工商业人民为领事官员，但名誉领事不在此限。

第四条　两缔约国人民得自由出入于彼此领土，但应持有各该本国主管官厅（驻外外交或领事官员在内）发给及经由所往国主管官厅签证之护照。

第五条　两缔约国人民在彼此领土内，其身体财产应依照所在国法律章程享有游历，居住，作工及经营工商业之权。但以允许第三国人民游历、居住、作工及经营工商业之处所为限。

第六条　两缔约国同意，于最短期内另订通商航海条约。

第七条　本条约以中文爰文及英文各缮两份，遇有解释不同时，以英文为准。

第八条　本条约应由两缔约国按照各本国法定手续，于最短期内批准，自互换批准之日起，发生效力。批准文件，应在伦敦互换，为此两全权代表，将本条约签字盖印，以昭信守。

中华民国二十六年
西历一千九百三十七年　十二月二十一日订于伦敦

　　　　　　　　　　　　　　　　　郭泰祺
　　　　　　　　　　　　　　　　　A. Schinidt
　　　　　　　　　　　　　　　　〔国民政府立法院公报〕

15. 国民政府要求审议中国利比里亚友好条约训令

（1938年4月21日）

国民政府渝字第一四〇号训令　二十七年四月二十一日

令立法院

为令遵事：案准国防最高会议二十七年四月十四日汉字第二五五号函开："据行政院函称：案据外交部部长王宠惠呈称：据驻法大使馆本年一月四日呈称：中国利比里亚友好条约，遵经依照部寄草案议定，合缮中英文各一份，于二十六年十二月十一日上午与利比里亚全权代表在本馆正式签字，理合将所签该条约原本送呈存案，并请转呈国民政府等情。据此。查依照该约第六条规定，本条约应由两缔约国按照各本国法定手续于最短期内批准，理合抄录中国利比里亚友好条约中英文本各二份，并备具批准书，呈请鉴核，转呈国民政府俯赐批准，将批准书盖用国玺发还本部，俾便定期互换，以资遵守等情。经本院第三五七次会议决议通过。除将批准书函送国民政府文官处外，相应检同中国利比里亚友好条约中英文本各一份，函请核定等由。经本会议常务委员第六十四次会议决议通过，交立法院。相应检同该条约中英文函达，即希查照交立法院并饬行政院知照"等由。并附前项条约中英文本各二份到府，准此，自应照办。除函复并分令行政府院知照外，合行检同原附该条约中英文本各一份，令仰该院迅予审议具复。此令。

〔国民政府立法院公报〕

16. 立法院委员楼桐孙等审查中国利比里亚国友好条约报告呈

（1938年5月2日）

呈为呈报事：查中国利比里亚国友好条约一案，前奉本月二十二日钧令渝训字第七十一号交付桐孙会同和中、仲琳审查在案，遵于本月二十七日开审查会议，详加讨论，并有外交部代表列席说明，金以中利两国间关于通商航行以及两国人民在彼此领土内居留及暂住之条件等问题之解决，虽尚有待于另订条约，但本约系为两国创立友好之邦交，查核内容，亦尚妥善，拟可予以批准。是否有当，理合备文呈报，仰祈鉴核，敬候提交院会公决。
谨呈
院长孙
副院长叶

计呈缴中国利比里亚国友好条约中英本各一份

委员　楼桐孙
朱和中
卢仲琳

附中国利比里亚国友好条约

中　华　民　国
利比里亚民国 为维持两国亲睦邦交，增进两国人民相互利益起见，决定订立友好条约。为此简派全权代表如左：

中华民国国民政府主席特派中华民国驻法兰西国特命全权大使顾维钧。

利比里亚民国总统特派利比里亚国驻法兰西国特命全权公使卜日德。

两全权代表将所奉全权证书互相校阅均属妥善，议定条款于后：

第一条　中华民国与利比里亚民国及两国人民间，应永保和平，常敦睦谊。

第二条　两缔约国有互相派遣正式外交代表之权，此项代表在所驻国应享有国际公法通常承认之一切权利，优例，及豁免。

第三条　两缔约国在彼此领土内共同商定之地方，有派驻总领事，领事，副领事之权。此项领事官应行使国际通例通常承认之职务，并享受国际通例通常承认之待遇。两缔约国领事官员于就职之前，应向所驻国政府取得执行职务证书。但此项证书得由所驻国政府撤回。

两国政府不得任命经营工商人民为领事，但名誉领事不在此限。

第四条　两缔约国约定关于通商航行事宜，以及两国人民在彼此领土内居留及暂住之条件，以专约规定之。

第五条　本条约以中文英文合缮两份，中英文业经详加校对，应同样有效。

第六条　本条约应由两缔约国按照各本国法定手续，于最短期间批准。批准文件应在巴黎互换，自互换批准之日起，本条约发生效力。

为此两全权代表将本约签字盖章，以昭信守。

中华民国二十六年
　　　　　　　　十二月十一日在巴黎签字
西历一千九百三十七年

　　　　　中华民国全权代表顾维钧印
　　　　　利比里亚民国全权代表OLo
　　　　　　Begaeroc 印
　　　　　〔国民政府立法院公报〕

17. 国际反侵略运动大会中国分会陈请审核全国响应国际反对轰炸不设防城市办法函

（1938年7月18日）

敬启者：关于响应本月廿三、廿四两日在巴黎举行之国际反对轰炸不设防城市大会事，前曾函陈意见，并请予指导，以利进行在案。本分会以巴黎大会为期将届，为谋充分利用国际集会机会，扩大宣传，藉以获取国际对我之更大同情与援助，并以坚强国人抗战必胜，建国必成之信念起见，特于本月十四日招待本市报界及有关国际宣传各机关之代表，以征集各方面之意见。兹根据会商结果及日来各方面向本会提供之意见，订定全国响应国际反轰炸不设防城市办法一纸，谨另录随函奉达，请予审核。如对于所陈办法认为可行，敢请钧部电令所属各机关团体遵照办理，以期举国一致，作大规模之响应，以加强反侵略运动，实为公便。又本会以会期日迫，为求于短期间获得各方协助，以实现各项办法起见，经将附陈各种办法另行函陈中央宣传部及航空委员会合并陈明。此上

政治部长陈

附全国响应国际反对轰炸不设防城市大会办法一纸

国际反侵略运动大会中国分会启

中华民国廿七年七月十八日

全国响应国际反对轰炸不设防城市大会办法
（一）于七月二十三日召开各团体代表大会：
（1）对被难同胞以庄严之仪式表示哀悼及敬意。
（2）对协助及救济被难家属作广大运动。
（3）劝导民众对防空事业踊跃捐输。
（4）劝导民众协助政府增进消极空防。

（5）致电慰劳蒋委员长及我国空军将士。

（6）广发关于反对轰炸不设防城市运动之宣传品（如传单、标语、小册等）。

（二）以上述大会名义于二十三日致电巴黎大会：

（1）响应反轰炸不设防城市运动。

（2）对国际同情表示谢意。

（3）请以有效方法积极制裁侵略者，并对我国作物质上之援助。

（三）动员各宣传机关团体（包括报章、刊物、播音台、电影院、剧场、民教馆等）从事下列工作：

（1）广播巴黎大会之意义及吾人应有之认识。

（2）宣传我国空防急须加强之必要。

（3）宣传各种空防常识。

（四）发动居留该地之外国人士致电大会响应。

〔国民政府军事委员会政治部档案〕

18．国际反侵略运动中国分会编发 "我们要求国联履行反侵略的任务"文

（1938年9月5日）

我们要求国联履行反侵略的任务

国际反侵略运动中国分会编发

国联是实行集体安全制保卫和平的重要堡垒。在集体安全的一方面，其最容易受战争的威胁的是弱小民族，所以国联当实行集体安全的时候，尤其要注意一切弱小民族的安全；又因为和平是不可分的，例如就欧洲而论，东欧如不能和平，则西欧也谈不到和平；就全世界而论，旧大陆如不能谈和平，则新大陆也谈不到和平，所以国联所要保卫的和平乃是整个的和平。

特别是在侵略国家拚命掀起侵略战火的现在，国联更要集中

全力,履行她的神圣任务,号召一切爱好和平的国家与人士,发动全世界的大规模的反侵略运动,并实施她的盟约与决议案,来制止侵略的战争而实现集体的安全,保卫整个的和平,这样国联才能作中流之砥柱,挽狂澜于既倒。

然而国联是不是已在实行她的神圣的反侵略任务呢?这个问题只能与以否定的答案,因为国联的威信一失之于我国领土在"九一八"后被日本的强占,再失之于对意大利制裁的不彻底与撤消;三失之于侵略者进攻西班牙的战争,其结果不仅令被侵略的国失望,小国离心,就是国联也有岌岌不可终日之势了。

以此全世界上爱好和平的团体与人士,乃当仁不让,急起直追,针对着侵略国家的侵略野心,不进行及时的反侵略运动,因而产生了国际反侵略运动大会。可是,这个大会并不是与国联对立,而是以拥护国联为原则,来辅助国联所不及的,国联非但没有因为这个大会而减色,反因为她而增加声势。

我们要知道国联虽到了现在的地步,但是仍然没有失掉它的所以成立的作用,仍然有它存在的意义,仍然不失为实行集体安全制保卫和平的重要堡垒。观于侵略国家之先后以退出国联来破坏国联,并唆使它们的与国继续退出,或攻击国联,就可见它们都多少顾忌国联,也可见国联对于它们并不是不足轻重的。如果我们对于国联一味采取消极的态度,这只有使国联的作用更难发生,使国联的意义更易泯没。如果我们也认为国联没有存在的余地,这正中侵略的国家心怀,而不知不觉地做了他们的工具。

不过问题是国联如何才能发挥它的作用与意义,而成为我们心目中的国联呢?这在本月九日国联行政院开会,十二日国联大会开会的当儿,是要严重考虑一下的。

其实这个问题并不难答复,我们对于它的简单答复是:国联要趁此次机会,实施它的盟约与议决案才行,尤其是关系我们抗战的盟约与议决案。国联盟约中的第十七条,不是明白表示如何制裁侵略者的吗？去年十月六日国联的决议，不是要劝告各会员国各别援助我国吗？可是一直到现在，不只是第十七条还没有付诸实施，就是十月六日的议决案也成了问题。我们浴血抗战已经过了一年以上，以血肉来拥护国联反抗侵略，而拥护世界和平，我们为其难，国联为其易，实施会章与决议案，本为任何团体的起码工作的，难道国联就不可进行吗？

我国既是一个忠实的国联会员国，又是一个被侵略的国家，有资格要求国联履行反侵略的任务，实施上述的盟约与决议案，制裁日本，援助我国。因此，

（一）我国政府应根据全国同胞的要求，严命出席国联的代表，以全力要求国联实行制裁日本，援助我国，并坚决抗战，保卫武汉，以加强要求的声势；

（二）我国驻有关各国的大使，应在正确的外交路线上，极力联络各国政府，招待各国朝野名流及新闻界，请它们援助我国的要求；

（三）我国出席国联的代表，应秉承政府的意旨，除联络各大国代表外，尤需联络各小国代表，请他们一致赞助我国的要求。此外，一方面须设法支配日内瓦舆论，一方面须运用国际反侵略运动大会及国联同志会的活动，以便在开会前起推动的作用，在开会时起领导的作用，使要求实现。

（四）我全国同胞应为政府及代表的后盾，注意下面三件事情：

甲、由各界或派代表或以书面请有关各国驻华使领致电各该政府，援助我国的要求；

乙、由各界致电各国同性质的团体（最好由国际反侵略运动总会转），请它们施本国政府以压力，来援助我国的要求。

丙、由各界致电国联，表现我国的民意，同时致电国际反侵略总会，请它们实行巴黎大会中关于援华工作的决议（与国联相关的）；

丁、由各报尽量刊载关于要求国联的文字，一方面对外以表现我国的舆论，一方面对内以正全国的视听。

国联大会在本月十二日开会的一天，正是纽伦堡德国国社党大会闭会的一天，这不啻教我们加紧团结和平的阵营，来反对侵略的阵营，所以这次国联大会更具有促成和平或战争的严重性。我们的要求如能满足，国联盟约与决议案如能实施，则不仅有利于我国抗战，而且有利于实行集体安全制，保卫和平。

国际反侵略运动大会中国分会
二十七年九月五日于汉口

〔国民政府军事委员会政治部档案〕

19. 国联行政院公布关于对日适用十六条之报告

（1938年9月30日）

（一）大会于一九三七年十月六日通过远东咨询委员会之报告书，曾经声明："日本陆、海、空军对于中国所实行之军事行动……不能依据现行合法约章或自卫权，以资辩护，且系违背日本在一九二二年二月六日所签订九国条约，及一九二八年八月二十七日所签订巴黎非战公约下所负之义务"。

（二）联合会现经依照盟约第十七条第一项之规定，邀请日本接受联合会会员国为解决争议而负担之义务，日本政府业已拒绝该项邀请。

（三）实施第十六条及第十七条第三项之条件，依照成例，在原则上，虽由各会员国就每一件自行决定其是否具备；惟现行行政院所受理之特别事件而言，日本在中国所采取之军事行动，业经大会认定为违法，即如上述，大会所为上项认定，自仍应尽其完全效力。

（四）日本既已拒绝向其发出之上项邀请，则依照第十七条第三项之规定，在目前情形之下，第十六条自得适用，联合会各会员国不独得根据上述认定，继续其至今所采之行动，且得各别采取第十六条所规定之各项办法。

（五）各会员国采取行动之调整办法，依过去之经验，其应有之各种要素，尚未能确认为已经具备。

（六）大会在其前于一九三七年十月六日所通过之决议案内，为保证中国以精神上之援助，并建议各会员国"应勿采取以减弱中国抵抗力量以致增加其在此次冲突中之困难之任何行动，并应就各该国对于中国之个别援助究能达到任何程度一节，予以考虑"。

又行政院前为特别引用上项决议案，于一九三八年五月十四月，恳切敦促国联各会员国，对于大会暨行政院前关于此事之决议案内所为之建议，尽其最大之努力，使之发生效力，倘或收到中国政府依据该项决议案所提出之请求，并请予以严重而同情之考量"。

（七）调整各政府业已实施或将来实施之各项办法一节，虽尚未能予以考量，然有一事实，现仍存在，即中国此次英勇抵抗侵略者，实有要求各会员国之同情，及援助之权。虽在世界另一区域内已发生严重之国际局势，亦不能使各会员国忘却中国人民之痛苦或其不得减弱中国抵抗力之义务，或其考量个别所能援助中国之义务。

〔国民政府外交部档案〕

20．国民政府外交部情报司译发同盟社所发之近卫声明全文

（1938年12月）

本月廿二日，倭首相近卫文麿发表之狂妄声明，大意已见各报。兹本司接到同盟社日文原文，核其内容不无出入之处，特照译如此，以资参证。

倭首相近卫关于所谓调整中日国交之谈话：

日本政府，一如本年屡次所声明，始终在谋彻底扫荡国民政府之武力，并与中国卓识之士相提携，以向东亚新秩序建设之途迈进。现在中国各地，更生之势澎湃而起，而建设之气象亦日盛一日。政府于此，爰将日本与更生中国关系之根本调整方针，向中外阐明，藉以昭示帝国之真意。

中日"满"三国，应以建设东亚新秩序为共同之目的，互相结合，互相亲善，并实行共同防共，以及经济之提携。因此，中国必须首先消除其从来之偏狭观念，而放弃其抗日与不忘"满洲国"之情绪。质言之，日本率直的希望中国进而与"满洲国"树立完全之国交关系。

其次，日本因不容许东亚有第三国际势力之存在，故当本日德义防共协定之精神，以缔结中日防共协定，为调整中日国交之紧急要件。又鉴于中国现在之情况，为充分保障防共之目的起见，在防共协定继续期间，日本要求中国承认日本在特定地点驻军防共，以及将内蒙地方作为特殊防共地域。

关于中日经济关系，日本既无在中国为施行经济的独占之企图，亦非要求中国对于理解新东亚情势，并顺应此种情势而行动之善意，第三国之利益加以限制，其唯一希望在使中日两国之提携与合作发生实效。即在中日平等之原则下，中国应承认帝国臣民在中国内地居住营业之自由，以增进中日两国民之经济的利益。再鉴于中日间历史的经济的关系，尤其在华北以及内蒙地域内，关于资源之开发与利用，应予日本以积极的便利。

以上为日本对于中国要求之大纲。如能洞悉日本发动大军之真意，自可明瞭，日本所求于中国者，既非区区之领土，亦非战费之赔偿，而其实际，不过要求中国对于分担建设新秩序之职责，予以最低限度之必要的保障而已。日本不但尊重中国之主权，且进而为完成中国之独立，其所必要之治外法权之撤废及租

界之交还,亦不惜予以积极的考虑。(完)

〔蒋廷黻个人档案〕

21. 蒋介石斥责《近卫声明》的讲话

(1938年12月26日)

各位同志:我们抗战已进入一个新的阶段,我们最近屡次指明过去十六个月可名为第一期的抗战,就是抗战的前期。从今以后,乃是第二期的抗战,亦就是抗战的后期。我们现在无论南北各战场上,前方的士气和战斗精神的旺盛,实为自开战以来所未曾有的好气象。

在敌人方面,因为看到我们抗战的坚决,和全国意志的团结,他就于军事行动之外,出于种种威胁计诱的方法,自从十一月三日敌国政府发表宣言,接着他的首相及陆海外当局陆续发表了许多离奇怪诞的谬论,五光十色,矛盾百出,意在内欺其国民,外欺世界友邦,更对于中国国民,妄想肆其麻醉恫吓之毒计,一方面他们的公私舆论,硬软兼施的在旁呐喊,到了最近十二月二十二日,乃有其首相近卫文麿所谓与"更生中国"调整国交的声明,可算是敌人玩弄玄虚的一个总结局,使我们整个的明了他的阴谋的全貌。我要促起大家注意的,是日阀的凶悍,日阀的狂妄,日阀的自欺欺人,和日阀的愚昧无知,而最急要的,是要大家认识日本目前有整个吞噬中国的决心。

现在就以近卫十二月念二日声明为中心,再追叙日本这几个月来舆论所盛倡和实际所进行的各种阴谋和口号,以分析的方法,提供一种综合的认识,为讲述的方便,首先要请大家注意下面的四点:

(一)建立东亚新秩序,这是日本人最自命得意的口号和作法,照他的外相有田十二月十九日的解释,"东亚新秩序"云者，即在"日满支三国政治经济文化各方面之密切连络与互助，以阻止赤祸，拥护东洋文明，撤除经济堡垒，而使中国脱离半殖民地，以期东亚之安定。"而近卫在十四日之谈话，亦谓"中国事件之最终目的，不仅在军事胜利，乃在于中国之新生与东亚新秩序之确立，此项新秩序，系以中国新生后，日满支三方面合作为基础"。

大家要注意他所谓新生中国，是要消灭独立的中国，另外产生一个奴隶的中国，世世受其支配。而此项新秩序，则是根据于中国已变为奴隶国家后，与日本及其造成之"伪洲伪国"，紧密联络而成的。目的在什么呢？以防赤祸的名义，控制中国的军事，以拥护东洋文明的名义，消灭中国的民族文化，以排除经济壁垒的名义，排斥欧美势力，独霸太平洋，再以"日满之经济单元"或"经济集团"的工具，控制中国经济的命脉。大家试想"建设东亚新秩序"这七个字之下，包藏着怎样的祸心，简单一句话：这是个推翻东亚的国际秩序，造成奴隶的中国，以遂其独霸太平洋，宰割世界的企图的总名称。

（二）所谓"东亚协同体"与"日满支不可分"及"日满支互助连环的关系"，造成"东亚协同体"，又是敌国朝野在过去数月中所多方鼓吹的一个口号，他这个口号，是比以前什么"经济单元""经济集团"云云更广义，更普泛，也更进一步了；他是要以他们的"日满支不可分"论为理由，而主张在政治经济文化各方面，整个的将中国及东北吞噬并合为一个单一体，他们的杂志并且公言"东亚协同体"下的日满支应该是立体关系，而不是平面关系，又说应该是家长制，日本为家长，而满支为子弟，换一句话说，前者为治者为主，而后者为被治者为奴，大家想想这不是吞并是什么？这不是整个消灭中国是什么？而且近卫在一月还散发一种荒谬的传单，中间一句极惊心怵目的话，就是"树立日满支政治经济文化互助连环的关系"，这连环关系是什么，大家不是看到枷镣上的锁链吗？这一个连环关系，就是要像锁链般牵曳我们整个民族到十八层地狱之中，而永远不能自脱。

（三）所谓"经济单元"和"经济集团"，这在日本倡导多年了，最近此论依然盛行，而且也猛力进行，这是"东亚协同体"中间的主要环节，他们随时改变着口号，有时称经济提携，有时称经济合作，其政府十一月四日宣言,则称为"经济连系"，十一月底的敌国报纸，跟着讲"日满支将成立经济单位，今后将祸福与共"，接着十二月十九日有田谈话中有这样一句话，"日本决定开经济会议，以谋日满支经济密切的结合，而强化经济单元"。此类经济关系，世人称为"经济集团"，在事实上，他作为经济吞并工具的"华北开发"和"华中振兴"两公司，早已成立了，日满支经济恳谈会开了不止一次了，他的所谓企划院，也于近卫发表声明后，作成"日满支生产力量扩充计划案"了，他这个所谓经济集团，不仅是要操纵我中国关税经融，垄断我全国生产和贸易，独揽东亚的霸权，他逐渐推演下去，势必至于限制我们中国个个人民的衣食住行，都得不到一些自由，生杀予夺，唯其所欲，整个的使中国民族做奴隶，做牛马，在鞭笞吮吸之下，整个消灭我们民族的生存。

（四）成立所谓"兴亚院"，这是承接着敌国闹了许久的对华机关而产生的，过去曾经一度计划，设立"对支院"最近乃改为"兴亚院"，"对支院"已经是够侮辱够可怕的一个名称了，改称了"兴亚院"简直是给全亚洲人以一种重大的侮辱，他这种做法，是要使整个中国支离灭裂，不止亡中国，也要危及整个的亚洲，这是本月十五日正式成立的，先一日近卫发表谈话，说是"要筹组新的行政机关，以建设东亚新秩序，这个机关依国外各机关与中国保持联带关系，将成为执行对华政策之枢纽，以实现日本对中国事件之最后目的"。大家对于这个机关是什么，应该有明白的认识了罢？这是执行一切灭亡中国计划的总机关，也可以说是集日本从前在中国到处制造罪恶的种种特务机关之大成的一个总特务机关。不过从前是他们认为时机未至，只是偷偷摸摸的干，现在索性揭破面幕，悍然不顾，和盘托出来正式的成立起来了。由于"兴亚院"的设立，大家更应该明白日本当我们中国作什么看待？他所要的是什么？他的所谓中日事件最后目的是什么？我们说前期抗战，他们就说"长期建设"，他所要建设的是什么？明白说了吧，就是他长期的执行灭亡中国的计划，不达到目的永不停止，现在他的办法也有了，机关也有了，这也可算是图穷匕见，丝毫无隐了吧！

明白了上述几个概念以后，再来看近卫十二月二十二日的声明里有些什么内容，就可以得真确的认识，不致为字面上的烟雾所蒙住，我现在再列举其可注意之点：

第一：他这一篇声明的骨干，依然是所谓"日满支"协同一致努力于"建设东亚新秩序"的一套，所谓"日满支"协同一致，所谓东亚"新秩序"，野心昭然，已如我上面所说明。中国若承认了他的"东亚新秩序"和"日满支"协同关系，就是将中国整个灭亡，成为日本的附庸，而形成"伪满第二"，所以近卫声明发表后，就再没有一个明大义识事势的中国人，再存和平妥协之想了。

第二：他的声明中主要之点，除了日"满"支协力以外，便是"经济提携"和"共同防共"，所谓共同防共，是要中国和他缔结防共协定，是要在华北驻兵，并划内蒙为防共特区，姑无论他所谓共同防共的涵义如何，而在我们全国一致实行三民主义的中国，若再谈共同防共，完全是无的放矢，我们可以说他不过是要以共同防共的名义，首先控制我国的军事，进而控制我国政治文化，以至于外交，这一点，便是七七抗战以前他历年要求不遂而怀恨的一个主因，我们因为不愿中他的圈套，宁使忍受着千辛万苦，到了最后关头，宁可以举国牺牲来抗战！如果这个共同防共的要求，可以应允，还待今日吗？世上一般舆论，或者以为日本之所谓防共，其真意在防苏俄，实际日本所谓缔结协定共同防共者，目的不在防共，也不在防俄，而实在于借此名义以亡华，即使有对俄的意味在内，也只占一小部的成分，而其大部分成分则在于灭华。不然，他如果为了国防，或真是对俄关系，那么今年七八月间，当张鼓峰军事冲突时，何以他的驻苏大使重光葵向苏俄外长如此卑视却步，而最后终于屈服，就可见他今日对我国提出所谓防共云云，只不过外欺世界内欺国民，而要向中国要求得华北内蒙驻兵的一个幌子罢了。老实说，如果华北驻兵可以允许，内蒙可以划为特区，我们也不会有七七的抗战，如果中国因害怕日本，而允其兵力支配华北，那么，在民国十七年田中出兵济南时，我们国民革命军也不会不顾一切的继续前进到北平，早可以被他阻止下来，内蒙华北亦早就可以拱手让他宰制了。

第三：声明书中后段，要求在华北内蒙与以特别开发的便利，这是他借共同防共名义而垄断中国经济，并且要扼制我经济心脏的企图的自由。

此外，他更提出中国应给日本臣民以内地住居营业之自由权，这一点，看了似乎是很平凡，可惜他没有知道中国人对日本过去在华所造的罪恶，是留有怎样一个深刻的普遍的影响。老实说，中国的老百姓，一提到日本，就会联想到他的特务机关，和为非作恶的浪人，就会联想到贩鸦片，卖吗啡，制造白面，销售海洛英，包赌包娼，私贩军械，接济土匪，豢养流氓，制造汉奸，一切扰我秩序败我民德毒化匪化的阴谋。所以开放内地的居住和营业自由，在中国将来法权完全独立以后，对其他国家，不是不可以讨论的，而对于日本，除非我们愿意受其毒害和扰乱，除非放弃维持治安的权利，除非我们愿意将我们的善良风纪被其破坏，将我们的经济膏血受其吮吸，就没有人会应允的。日本人应该不会健忘所谓内地住居营业自由，不就是和当年所谓东北商租权有同样的性质吗？

第四：除了上面的几个具体要项，已经依次说明外，更要促起大家注意近卫声明中两句极狠毒的话，这就是：

（一）"完成两民族的融和"

其所谓"融和"，明明是要我中国民族"消融"或"熔化"于日本民族之内，而与之"合并为一体"，这不就是要永远消灭我民族的独立存在吗？

（二）"完全无缺之提携合作"

就是说，不完全的合作是不行的。什么才是完全无缺呢？暨之吞噬，要连皮带骨的整个吞噬下去，才快其所欲。亦就是要中国人民完全处于奴隶地位，奉献一切所有，乃至于人身劳力一辈子，供其奴使罢了！这上面就是他声明内主要各点，其毒辣如此，而近卫则总结以一句"此等要求，实为日本对中国最低限度"。这样还是最低限度的要求，试问超过这最低要求以上的，更还有什么？这和以前广州的三原则相对比，不知要广泛毒辣到多少倍，敌人还妄想利诱中国接受此等亡国条件吗？

而且还不止如此，敌人从前一向百计遮掩的所谓"明治遗策"和"田中奏折"的内容，都证明了。田中说"如欲征服世界，必先征服支那"，近卫十二月一日在枢密院报告说是"决以中国建设工作情形为根据，确定事件结束之时限"，所谓中国建设工作情形，就是灭亡吞噬到了什么阶段的意义，这就可以完全明白了中国不灭，日本的侵略工作是不停止的。世界各友邦，这也就可以明白了罢。日本的政策，现在已经是由他的大陆政策扩充到海洋政策，由他的北进政策改进到南进政策，简言之，日本现在的侵略政策，是大陆与海洋同时并进，双管齐下了，在吞并中国的企图中，同时更要推翻国际秩序独霸东亚驱逐了欧美的势力，这一次站定以后，将要更进行什么，已不啻肺肝如揭。

总之，日本已将几十年来秘而不宣的大野心狂想和计划，整个的摆出来了。我们从前提一点警觉日本野心的话，大家或者还认为耸听的危言，以为日本不致于如此，从今以后，敢言自中国以至于世界，对日本的野心，没有人不洞若观火了。

现在他灭亡中国之计划与工具，已经一切齐备，其侵略并吞之手段与心事，已毕露无遗，所缺者，只待中国受其欺蒙，受其威胁，而向之屈服，上其圈套罢了。事势已经明白显露到这个地步，如果我们还要想在虎颔之下，苟求余生，想以和平妥协的方法，求得独立的生存，那就无异于病人一样，精神已经屈服，就将万劫沉沦，锁链已经套上，百世不能解脱。

我还可以说一句，日本的阴谋妄想，虽然到今天才完全暴露，但敌阀的这种毒计和深心，却是衣钵相传，不是一朝一夕。日本这十几年来，重臣宿望，相继凋谢，就没有一个明白存亡至理的政治家，坐听一般军人坏法乱纪，支配一切，危机愈增加，野心愈狂妄，他早就安排好了整套的罗网，使中国无法自脱。我全国同胞，幸而在去年七月，奋起抗战，使他不战而屈的慢性阴谋，不得而逞，并且一步一步的暴露出他的阴谋，到如今，他就不得不尽揭凶恶的肺肝，以陈于世界之前。如果我们去年还不起而抗战，让他步步蚕食，那么，在世界固然是受其欺蒙，在我们中国更将如慢性痼疾，隐而不发，体力则逐渐消蚀，神经也麻木不仁，不过三年五载，也必沦胥以亡。试看他当时灭亡韩国的手段，还不是一方面以亲善提携扶持独立的美言，他方面用胁迫诱引麻醉分割的毒计，最后收之于不知不觉吗？现在我们既从一年半的抗战中，提高国民的敌忾心和警觉心，更由于前方百余万将士后方数百万民众的死伤牺牲，坚强奋斗，始终不屈，使敌不得不整个暴露他狰狞的面目，这一来，不但中国没有被吞并灭亡的危险，而且也使世界及早警觉到这一个野心难制的国家任其猖狂，将要危害世界和平到什么地步。我们固然是牺牲很大，但我们这一次抗战，不但消弥了国家灭亡的危机，也消弥世界的惨祸与浩劫，我们惨酷的牺牲，实在是有重大的意义，我们始终不挠不屈的精神，已为我国家民族生存建立了坚强的保障。

同志们！必须认清这一点，更进一步，尽到我们的责任。由于对日本阴谋的总检讨，发现了敌人的凶狠，也发现了敌人的狂妄。我们真不明白敌人何以失去理智到这样地步，世界上岂有七千万人口的民族，而可以消灭一个有五千年历史四万万五千万人民，一千二百余万方公里土地的外国，岂有一个有主义的革命政府，可以轻易受人威胁，以至于放弃了革命救国的使命？

各位同志！要知道敌阀现在已经是猖狂横行愈走愈趋于迷途绝路，他们现在已经忘却自己历史，忘却自己地位，外看不见世界，内看不见自己的危机，对面又不认识革命时期的中国，他们只有两种思想，不是昧于事实狂想，以残酷的条件，迫我屈服，就是要想以简便取巧的捷径，蒙住世界，攫取便宜，这真是自己愚昧，而以世人皆为愚蠢可欺，自己残暴，而认为世上只有暴力支配一切，即如近卫这一次声明内所列举的几个条项，他就是要以"建立东亚新秩序"来关闭中国门户，打破九国公约，以"东亚协同体"与"经济集团"来排斥欧美在远东的势力，以"华北驻兵"与"内蒙特区"复活他向袁世凯要索的"二十一条款"。整个的说起来，他所谓"建立东亚新秩序"等等的这一套，就是要强迫我们中国自己来破坏门户开放机会均等的原则，要我们中国自己来破坏国联盟约九国公约，以至于中苏不侵略条约等一切国际条约，即要缚我手足，扼我血脉，还要我中国跟着他背信蔑义，助助他独霸东亚，以至支配世界的迷梦，试问我们中国立国五千年，一向以信义为立国的基础，岂能受他威胁，而抛弃我们的立场吗？我们中国的立国精神，就是不惊高富，不畏强御，尤其是不肯背盟弃信，以破坏人类相与维系的正义。曾记得民国初年，田中义一到上海会见我们的总理，那时节，正欧战发生时期，田中说，我们东亚应该摆脱一切与外国既存关系，而别造一个新体势，总理就问他，这样岂不是破坏国际条约，田中说，破坏国际条约，打破不平等关系，不是于中国很有利益吗？总理毅然回答他道，废除不平等条约，也要堂堂正正，循合法的正当手续来做，如果不合法的破坏条约，这种举动，虽于我国有利，亦所不为。诸位同志！这就是中国的精神，这就是三民主义的精神，我们凭这个精神来抗战，我们凭这个精神来抵抗一切霸道强权和暴力，我们更要凭这个精神来恢复东亚秩序，以贡献于世界永久的和平。

总之，这一回争战，在日本是精神道德整个崩溃没落的暴力横行，在我们是毅然担起世界正义责任的义战，日本现在的军阀，正是失了理智逞其兽性，奔骤驰突，可以冲破一切轨范，摧毁人类的一切文明与福祉。本来世界上负有条约责任的各国，为要打开黑暗，重复光明，都应该有制裁强暴维持国际条约的责任，但大家都相顾逡巡，中国就只有不惜一切牺牲来担起了这个正义绝续公理存亡关头的大责任；我们这次抗战，在本国是为完成国民革命之目的，求得中国的独立自由平等，在国际就是要拥护正义，恢复条约尊严，重建和平秩序；我们这一次抗敌战事，是善与恶，是与非的战争，是公理与强权的战争，是守法和毁法的战争，是正义和暴力的战争。我们古语有云："德不孤，必有邻"，世上公理的力量，终必抬头，一切善良的人类，终必为正义而合作，我们只要守定立场，认定目标，立定决心，愈艰苦，愈坚强，愈持久，愈奋勇，全国一心，继续努力，最后胜利，必属我们，只希望同志和全国军民格外冕勉，以底于成。

（完）

〔国民政府外交部档案〕

22．蒋介石关于日军海南岛登陆问题谈话

（1939年2月11日）

（问）日本此次进窥海南岛，其真意究竟何在？

（答）海南岛日军登陆问题，吾人应就远东海洋整个局势上观察，乃可认识其意义与影响之重大，盖海南岛在东亚为太平洋印度洋间战略上主要之重心，敌军若占领该岛，不仅可完全阻断香港与新加坡间交通，切断新加坡与澳洲间之联络，而且使菲律宾亦受其控制，此不仅直接威胁法属安南，实为完全控制太平洋海权之发轫，该岛若归日军掌握，则日本海军向西可由印度洋以窥地中海，而在东面，即可以断绝新加坡、夏威夷岛、珍珠港英美海军根据地之联络，故日军此举，显系对于去年美舰访问新加坡之一种答复。

（问）何以日本此举为控制太平洋海权之发轫？

（答）吾人皆知日本在太平洋上有三个最重要之战略据点，在北为桦太岛，在西为海南岛，在东为关岛，日本欲取得整个制海权，对此三地皆不能忘怀，如三者皆落日本之手，则菲律宾与夏威夷即等于为日本所占领。现在桦太岛日本已据有其半，今又企图占领海南岛，以遮断英国海军向东与美国取得联络，若此种计划不受阻止，则日本进一步，势将更谋控制关岛，如此不仅可阻止美国海军之向西，且将隔绝与菲律宾联络线。日本为遂行其南进政策，且独霸太平洋，其欲造成此三大据点之联络线，处心积虑，已有三十年之久，当民国二十五年（一九三六）日本制造所谓北海事件时，其用意即在作为进窥海南岛之藉口，终因顾忌各国，不敢发动，今竟毅然不顾一切而公然进犯海南岛，若非有意挑起世界战争，即为侵华军事最后冒险之一着，以数十年迟迟不敢轻发者，一旦决定实行，此不仅为中日战争开始以来一件最大

事件，实为三十年来太平洋局势之改变之唯一关键，日本既已不惜揭破其野心，则凡与远东有深切关系之国家，自不能听任此种危险的企图之横行无阻，要知道在日本整个海军形势上说来，海南岛是日本在太平洋西面第二道门户，而关岛则是其在太平洋东面第二道门户。

（问）然则日本在东面之第一道门户，即最前卫何在？

蒋委员长对此笑而答曰，此欧美人士皆已明知，而美国人士，必知之更审，无待赘言。

（问）日本占领海南岛，将影响远东和平至何种程度？

（答）要解答此问题，须知日本今年（一九三九）二月十日之进窥海南岛，即等于一九三一年九月十八日之占领沈阳，换言之，日本之进攻海南岛，无异造成太平洋上之九一八，地区容有海陆之分，影响却完全相同，回忆沈阳事变发生时，除美国当时国务卿史汀生以外，其余各国当局，均不予措意，日本乃得继续扩大其侵略，迄今八年，竟造成其悍然独霸东亚之形势，增长其征服世界之气焰。今日本又进攻海南岛，如任其占领盘据，吾料不及八月，其设计中之海陆空军根据地，即可初步完成，于是太平洋上之情势，必将突然大变，法国纵欲在安南设置海军根据地，美国纵欲从事关岛之设防，亦将时不及待，故日本之决然南进，并非欲藉此以求中日战事之结束，而实证明其不惜最后之冒险，以造成太平洋战局之开始也。

（问）中国对于海南岛方面有何布置？

（答）中国因无海军，故不能专守海岸线，但早已准备一切陆上之布置，在岛上必与敌军尽力周旋，决不使其轻易占领，至对于日军进犯北海一层，我方早周密布置与戒备，必予以坚强之打击，且此举在敌人侵华战事之本身上并无如何意义，只有陷入于更大之不利地位，此在一般军事观察家，均所洞悉也。

（问）日军在海南岛登陆，对于中日战争有何影响？

（答）日军在海南岛登陆，对于我国抗战，并无多大影响，因中日战争之胜败，必取决于大陆上军事之行动，一岛之占领与否，根本无关重要。

〔国民政府外交部档案〕

23．蒋介石手订"现阶段之军事外交宣传要点"

（1939年4月）

委座手定"现阶段之军事外交宣传要点"

甲　军事：

（一）徐州及开封等处之退却，我方军队及军实损失极微，敌人企图在该地区毁灭我方主力之预计完全失败。

（二）我方军略，系一面在广大战区内消耗敌人力量，一面诱迫敌人入我自动选择之地区，以便歼灭其主力，不拘于一城一地之得丧，而作过大之牺牲。

（三）今后战争将渐成为广阔的山地战与河川战，地理上于我有利。

（四）敌人深入腹地，其后方交通及给养之维持愈难，因此我方在东西北各战场袭击敌人后方之部队，应依整个计划加紧推动。

（五）无论从消耗敌人实力，或击破敌主力着眼，武汉必须坚守到底，并应疏散武汉人口，以期减少因敌机轰炸而发生之损失。

（六）战区及接近战区之地域，务须加紧训练民众，使能协助军队抗敌自卫。

乙　外交：

（一）对于德义方面，除因发生特殊重大变化，经中央认为须有积极表示者外，暂以不作任何期望，或不必要之刺激与攻击为原则。

（二）对于英法方面，应不断的表示好感，并不断的促其执行国联援助中国之决议案。

（三）对于苏联方面，应一致表示友好的态度，但不必公开表示特殊期望。

（四）对于美国，应竭力表示好感，并对于美政治家同情于我之言论，随时予以赞扬。对于美国朝野同情于我之行为（如救济难民、继续银协定及捐助中国红十字会医药等），随时予以广泛之宣传。

（五）对于国联，应继续表示维护，不可因其目前权威减低而附和反对国联者之论调。

（六）对于国际形势及外交动态，应为理智之探讨与阐述，凡有损吾国立场及足以惹起国交上恶感之字句均应避免。

〔国民政府军事委员会政治部档案〕

24. 蒋介石等关于策动民众团体电慰被日寇封锁天津租界内同胞及友邦侨民电

（1939年6—8月）

（1）蒋介石电（6月24日）

国民政府军事委员会快邮代电　侍秘渝字第6550

宣传部叶部长、政治部陈部长、社会部陈部长均鉴：据谷主任正纲巳养叶电称：此次倭寇封锁天津英法租界，形势日趋严重。吾人对于租界内数十万亲爱同胞及友邦侨民无限同情，英日外交错综复杂，若能妥为运用，定可增加我抗战声势，似不宜听其自然演变。拟请中央确定办法，密令各战区政治部暨各省市党部，策动所辖民众团体，采取一致行动，用国民外交方式，致电天津慰问及声援，加深英法及暴敌之矛盾，使世界人士认识我民气所在，坚固其援助我方之决心，使英国当局不敢稍存以任何妨害我抗战之条件对日妥协，使美法人民促使本国政府与英国采取一致行动，俾英国对敌经济报复办法得以切实施行，无所顾虑等语。查所陈甚有见地，应即迅速照办为要。中正、巳回。侍秘、渝。

中华民国廿八年六月廿四日　回秘渝发

〔国民政府军事委员会政治部档案〕

（2）谷正纲致董显光密电（6月26日）

中央国际宣传处董副部长显光兄；庭密。此次日寇非法封锁津租界，种种暴行中外共愤。此间各省党政军及民众文化各界一致主张用国民外交方式致电英法美各国政府及其驻华大使，侨民表同情及〔声〕援，已由本部电中央建议直属奉□核准速办。所有今后各省民众团体关事对外电文，统由本部电请贵处译发，以昭慎重而资迅速。事关国际宣传，务请吾兄转饬速□并交驻渝津沪各外国通讯社发稿，以广宣传并盼电复为荷。饶。弟谷正纲。巳，宥。

（3）浙江省人民抗敌自卫委员会等致驻天津英法总领事电（6月27日）

处密。谨交中央宣传部国际宣传处，请速译转驻天津英法总领事阁下：暴日此次封锁贵国在津租界亘十二日，凌辱妇女，拘捕无辜，甚且阻运粮食菜蔬，断绝数万人之生活资料，其蓄意向贵国挑衅，与贵国侨民为敌，昭然若揭。我中国人民对于贵国旅津侨民此时所感受之痛苦，深为同情，对于贵总领事之忍辱负重，尤其无限敬仰。惟望贵国政府从此认识日寇真象，加强经济制裁之决心，贵我两国人民携手并进，以除此人类公敌。除另电贵国首相外相、英总理、外交部长及驻华大使表示同情及声援外，谨电慰问，即希察照并转贵国侨民为荷。中华民国浙江省人民抗敌自卫委员会，浙江省农会，浙江省商会，浙江省妇女会，江西动员委员会，江西省各界抗敌后援会，江西省妇女新生活促进会，福建动员委员会，福建省各界抗敌后援会，江苏第一动员委员会，皖南民众总动员委员会，皖南茶业公会第三区救济分会，浙江省战时文化事业委员会，东南日报，前线日报，正报，江西民国日报，皖报，心州日报，南方日报，闽北日报，苏南日报等同叩。感（二十七日）。印。

（4）浙江省人民抗敌自卫委员会等致
美国总统国务卿国会等电（6月27日）

中央宣传部国际宣传处请速译转华盛顿中国驻美大使馆转美国大总统罗斯福先生、国务卿赫尔先生，及国会下〔上〕院外委会主席毕德门及上院全体议员、下院外委会主席及全体议员、并转前国务卿史汀生先生阁下：日本军阀怀独霸远东野心，以暴力侵略我国，寇军所至，中国人民固遭其残杀，各友邦在华侨民之生命财产，亦遭其排斥危害。最近倭寇被我反攻，军事上迭遭重大失败，乃迁怒英美法诸和平国家，非法封锁天津租界，任意搜捕各国侨民，且禁运粮食菜蔬，断绝无数万人民生活，假借我国人民团体名义，策动反英及排外运动，为二十世纪所未闻，我中华民族与暴日抗争已两年，对此次津租界被困，各国侨民坚忍抵抗军阀暴行之英勇行为，深致同情，并誓以全力遥为声援，特此电达阁下，敬祈代表英国政府人民，全力斥责日阀，排斥第三国利益之暴举，并与各国一致实行对日经济制裁，使暴日早趋崩溃，我中国四万万五千万同胞，誓以继续不断之努力，与全世界和平人士为排除人类公敌之暴日而奋斗到底。中华民国浙江省人民抗敌自卫委员会，浙江省农会，浙江省商会，浙江省妇女会，江西动员委员会，江西省各界抗敌后援会，江西省妇女新生活促进会，福建动员委员会，福建省各界抗敌后援会，江苏第一区动员委员会，皖南民众总动员委员会，皖南茶业公会，第三区救济分会，浙江省战时文化事业委员会，东南日报，前线日报，正报，江西民国日报，皖报，心州日报，南方日报，闽北日报，苏南日报等同叩。感（二十七日）。印。

〔国民党中央宣传部档案〕

（5）国民政府军事委员会政治部电（6月28日）

国民政府军事委员会政治部电　治宣字第1073号

最速件。极机密。各行营行辕各战区政治部：密奉委员长巳回侍秘渝字第六五〇号代电节开："据谷主任正纲巳养叶电称：此次倭寇封锁英法租界……增加我抗战声势，各战区政治部……无所顾虑等语。查所陈甚有见地，应即迅速照办"等因。奉此。自应遵办。除各级党部、民众团体，由中宣部、社会部分别令饬遵照外，仰即遵照。策动民众团体，用国民外交方式，（一）致电天津同胞及友邦侨民，敬致深切之慰问与声援。（二）致电英法友邦朝野，除对不妥协致无限之同情与敬意外，并请立即实施经济报复办法。（三）各该地报纸及刊物，应广泛著论，一致声援为要。渝。陈〇。巳。治宣。印。

〔国民政府军事委员会政治部档案〕

（6）蒋介石电（7月18日）

国民政府军事委员会快邮代电　字第728 共字

国际宣传处董处长鉴：据七月八日天津电称：自天津租界问题发生后，敌对英方之压迫已无所顾忌。自本月一日起，已将北宁、津浦等路之英籍职员完全撤职，又英在该两路原订有先运货后付款及尽先运输等优待条件亦于一日起完全废除。查倭国此种手段大有予英国在华利益以进一步打击之势，应将此项消息向英国国民间接宣传，以唤醒其注意。中正。巧，川。侍六。印。

中华民国二十八年七月十八日

〔国民党中央宣传部档案〕

(7) 军委会政治部函稿（8月16日）

全衔公函　治书巴字第698号

据山西农民救国总〔工〕会等四团体未江电，请转天津英法租界全体友邦侨民及同胞，藉申慰勉等情。前来。本部无人驻津，未便照转，同特抄录原电，送请查照，希予核转为荷。此致外交部

附山西农民救国总〔工〕会等未江电乙件

部长　陈〇

LBN。政治部转天津英法租界全体友邦侨民及亲爱同胞公鉴：2060密。日寇侵华以来，对英法美等友邦之经济利益及侨【民】之生命财产屡加侵害。近更对天津英法租界更（？）加封锁，屠杀我国同胞，污辱友邦侨【民】，使我租界中数十万友邦【民】及亲爱同胞陷于饥饿惊慌之境。会对友邦诸位侨及亲爱同胞致最关切的慰问我〔与〕同情之外，并对诸位反抗日寇之不妥协精神表示最高钦佩。尚希诸位友邦侨民更加认识日寇乃全人类之公敌，支持并督促友邦政府对日寇实行严厉之制裁，对中国抗战加紧正义之援助。谨电奉闻。救国同盟会、主张公道团总团部、山西省农民救国总会、山西省总工会。未。江。印。

〔国民政府军事委员会政治部档案〕

25. 蒋介石关于欧战前之国际形势的谈话

(1939年8月28日)

一、问：最近国际形势，变化甚剧，委员长如何观察？

答：自苏德缔结互不侵犯协定以后，国际变化，至为迅速，其如何演进，自不易遽加判断，但余并不如一般所感想者之惊异，认为系循其必然之道路演进，且最后必归向于世界与人类有利之方向，而与吾人抗战之目的，必相符合。中国两年余抵抗日本之侵略，实已促起世界人士对和平之重视，而不敢轻易破坏，国际形势正在环绕此一事实而演变，现时国际潮流中，虽波浪起伏，迹象不一，但显然已有一主流，为一切国际演变所必循之趋势，此即反对侵略战争与树立国际正义是也。而中国两年余之抗战，实为造成此种主流与趋势的一个主要因素，否则假使中国当前年七七之时，不能毅然抗战，则今日东亚成何局面，世界更将不知成何状态，此固有识者所不难揣想而得也。故吾人于此，当益坚自信，秉既定之方针，奋斗到底，以求达最后之目的。

二、问：以委员长之观察，欧洲战争，可以避免否？

答：除非蓄意破坏和平之侵略者日本军阀，才会希望世界发生战争，余甚望欧洲和平不致破裂，余对于罗斯福总统及其他政治家为斡旋和平而尽甚大之努力者，表示十分兴奋与感佩，而甚望其能成功也。

三、问：目前演变中之局势，对于吾国抗战前途之影响如何？

答：目前一切变迁，其主要趋向，即与吾人在抗战开始时之预期相合，即此后国际演变，亦必与我国之抗战有利，余以为此时，我全国军民应有下列数点之基本认识：（一）两年来国际上逐渐有利之形势，实为我无数军民牺牲奋斗所造成，今日可谓已达预定目标之大半，而欲全部达到吾人之目的，尚须不辞艰苦继续努力，故吾国军民，不必专重于国际形势之演变，而当力求无愧于先烈，无背于三民主义，以善尽吾人抗战之责任。（二）吾人抗战，首为自卫生存，故自始即以独立自主与自力奋斗之决心从事抗战，即不稍存依赖之心，更无利用国际形势之念，吾人只须循平平实实之正当大道做去，以一定不变之方针，应付瞬息万变之时局，必能达到吾人之目的，余以不屈不挠，自主自强、不背信义，不畏强权、为我外交唯一之基础，亦吾革命抗战一贯之方针，中国抗战之特点及其必胜之理由，即在于此。试观两年以来，国际形势无论如何变迁，中国抗战立场，不受丝毫牵动，不感如何困难，即由吾人不侥幸，不偏倚，不存利用取巧之念，只是埋头奋斗，求其在我之所致也。（三）吾全国军民应知前途光明之获得，尚待吾人尽最大艰苦之努力，秉既定目标而奋斗，国际局势，变迁无常，在我长期抗战之过程中，未必能每一变迁均属有利于我，故吾人于今日局势有利时应当戒慎，应当格外努力，不可因乐观而稍有懈怠，则虽遇至不利时，亦不致因悲观而动摇也。总之，我国抗战乃有一贯不变之方针，且有固定不移之目的，决不因国际形势之利害，而稍有更张，此后吾人更应重视自身对国家对世界所负重大之责任，军民一致，贯彻始终，则最后胜利必属于我。简言之，我之国策，早经决定于抗战之初，深信其必能贯彻最后胜利之日也。

〔国民政府外交部档案〕

26．蒋介石对欧战爆发之表示声明（节略）

（1939年9月9—18日）

蒋委员长对欧战之表示（节录）

最后要说到外交，这就是说欧洲战事发生以后，我们将怎样来适应这个新的局势，以贯彻我们的抗战国策。这个问题，最为重大，特别要慎重的研讨，我们都知道，中日战争问题，就是世界问题，而且是世界最大的问题，须知今日世界的战乱，完全是由日本侵略中国，破坏国际公约，扰乱世界和平的强暴行为所引起来的。我们中国抗战，一方面固然是为保障本国的独立生存，而一方面实在要为制裁这个世界侵略战争的祸首——日本，维护世界的正义和平。因为如果中日战争一日不少,世界和平亦就永远不能恢复,简单说,中日战争就是世界战争的起点,亦就是世界战局的重心,这是各位应特别注意的,何况我们中国是拥有全世界四分之一人口的国家,对于奠立世界永远的和平秩序,当然要负有重大的义务和责任。

自九一八以来,我们的一贯国策,是建立在下列几个原则之上:(一)反抗日本侵略,以保障我国主权与领土行政的完整;(二)遵守国际公约,尤其是国联盟约、九国公约与非战条约,以与世界爱好正义和平之国家,共同维护世界秩序;(三)拒绝参加防共协定;(四)外交在自立自主,完全以本国立场与抗战利益为前提,不受任何拘束,以求得中国之自由平等,实现三民主义,重奠世界永久的和平。八年以来,国民政府秉此奋斗,始终不渝。

现在欧战既起,我们更要固守既定的方针,不计前途的险易和利害,亦不计国际形势变化到如何程度,而必求我们一贯的方针贯彻到底。在欧战既起以后,敌国的表示是不干涉欧洲战事,自称要专力解决"中日战事"。他所谓不干涉欧洲战事,换句话说:就是不许欧美干与中日战事,让他可以独霸东亚,建立他所谓"东亚新秩序",这就是我们平时所说的。敌人要在现在世界之外,另造一个世界,这岂不是要使他日本一个国家名称不再存在于现在世界之上一样吗?除非世界上以后没有日本这一个国名,否则无论东亚的中国或日本,皆不能脱离现在世界和国际关系,而能孤立独存的。然而敌人至今还在那里说这些"东亚新秩序"的梦话,于此更可见敌人趁火打劫的心理,分外明显了。但是我们中国却是国策早已决定,立场始终一贯,我们早从最艰难的情况作打算,无论过去现在和将来,从不存丝毫侥幸的心理,敌人如要想全力来解决中国战事,我们就可集中全力来消灭敌人的这种野心,使之粉粹无余。实在说,敌人到今天,还说要以全力来

"赶快结束中日战事"，这一类的话，实在是等于痴人说梦，他不想想他在两年以前，集中全力来侵略中国，尚不能达到速战速决的目的，而在今日，其势已成为强弩之末的时候，还要说这些狂话，这就是问他日本自己，恐怕亦不能相信吧？敌人现在兵刀早已疲惫，内部尤为空虚，若在军事方面说，敌人早已失败，而且已陷于不能自拔的绝境，以后除了军事以外，他自然要加紧进行他所谓政治进攻和经济进攻，实行他所谓"助长支那新政权"，和造成其所谓"更生的支那"的汉奸傀儡，奴隶中国的丑剧。除此以外，更没有第二个办法了。但是这半年以来，汉奸卖国的罪恶，更是暴露无遗，他们的毒计诡谋，和卑劣无耻的行动，不但为国民所共弃，亦已为世界所不齿。我们中国认定凡是在敌军卵翼之下所产生的组织，皆是敌人所谓"兴亚院"的"联络部"所组织的。所谓军用机关，无论他假借任何名义，而我们抗战唯一的敌人，只是对日本，凡受敌军命的，或受其指使的，我们只认他是日本的奴隶，而决不认他是一个中国人，所以以后即使有十个百个汉奸的伪政府出现，甚至任何伪中央与敌人订立几百几十种伪条约，决不会发生丝毫的效力，而对于我们抗战，更不能发生任何影响，而且相反的，更可加深我们全国军民的敌忾，增强我们抗战的精神。所以我们现在的问题，已不在敌人的强弱，或敌人何时失败的问题，实际上敌人是早已失败了，我们以后只在专心一志来充实我们建国的准备，健全我们抗战的本身，从种种方面奠立我们胜利的基础，这就是我们目前惟一的根本问题。
（节录第一届国民参政会议四次大会闭会词）

欧战爆发，为人类又一大不幸，而追原祸始，则日本自八年前今日破坏公约，侵略中国，实为其罪魁焉。我国本三民主义以建国，其一贯之外交方针，为尊公约，守信义，反侵略，爱和平，故尤重视对于国联盟约，九国公约，非战公约等之义务。自九一八以来，不幸各友邦未能充分发扬各国际公约之实效，以制止日本侵略,以致在东亚则侵略战争日益扩大,在欧洲则日受东亚之波动,而崇尚武力侵略之风,遂亦大起。今日欧战之发生,其受东亚之影响者,盖甚大也。本会同人,此次集议,对于外交局势,更加检讨,佥以为我国过去方针,甚为适当,兹愿我全国军民,特加注意者,利害与是非,实际必归一致。我国以道德为立国之本,而三民主义则为我国道德精华之表现,所以民族主义之原则,为自求中国之自由平等,而尊重其他国家民族之自由平等,因而反对一切侵略战争,拥护一切为奠定世界和平之努力,此人类是非之公,即我国立国之利。自抗战以来,我国深得世界之同情,本会第一次大会宣言,业已表其感慨,去冬迄今九国公约主要签字国,多已声明坚决护约之立场,而国联会议,担任援助中国者,亦颇能实践其诺言。欧战虽起,此种形势毫未变更。中国对于欧洲问题,当恪尽其国联会员国一份子之义务,而其尤愿负责者,则为加强抵抗东亚侵略国之阴谋暴行,不但击破其侵略中国之计划,并阻塞其操纵国际,压迫各国之野心。我军民须知,中国之国际地位与信用,已因两年英勇自卫之结果,而不断提高,而中国具有世界四分之一人口,实为世界和平之一大柱石,尤其东亚未来之治乱兴衰,全以中国为其枢纽,同时深望英美法苏各国,当认识中日问题,实为世界之中心问题,而中国国民,深信中国抗战建国之完成,乃世界和平与进步之最要因素也。无论国际情势如何转变,我中华民国所努力负荷道德上之责任,始终不易其趋,此则可以公告于世界者。(节录参政会四次大会闭幕词)

〔国民政府外交部档案〕

27. 国民政府重申伪组织与他国订立文件概不生效宣言书

(1939年10月10日)

民国成立,迄今二十八载,念缔造之不易,禀职责之匪轻,爰于国庆令旦,揭橥数义,勖我军民。溯自芦沟桥事变暴发以来,吾前方将士,为救民族国家而奋斗,为保领土主权而牺牲,前仆后继,百折不回,英勇战绩,光跃史册,各地民众,忍受一切痛苦,毁家纾难,争先恐后,拥护国策,无间始终,凡此种种贡献,均为神圣爱国之心所表现,已使寇氛日戢,国威日张,最后胜利,非我莫属,自兹以往,尚望全国军民,毋骄毋馁,益励忠贞,各尽最大之努力,共完时代之使命。至于无耻叛逆,为敌傀儡,辱及祖先,遗累子孙,非徒人类所共弃,且为国法所不容,本府前于民国二十六年十二月二十日颁布宣言,凡在敌军侵占区内,发现任何伪政治组织,其一切行为对内对外,当然无效,现我抗战,已逾两年,敌知武力侵略之终不得逞,乃多方引诱败类,制造傀儡,希图供彼玩弄,淆乱听闻,合再重行申明,中华民国惟国民政府依法总揽治权,对内公布法令,对外缔结条约,主权完整,不容破坏,倘有汉奸集团,傀儡组织,僭窃名义,擅发文告,或竟与任何国家订立文件,任在何时,概不承认。特此宣言。

〔国民政府外交部档案〕

28. 张忠绂等关于日本对华宣战问题等函令

(1940年1月—1941年2月)

(1) 张忠绂签呈(1940年1月26日)

签呈第173号。谨签呈者:敌政府迄今尚未对华宣战,但今后国际形势与敌国内政之变化,颇有促成敌政府宣战之可能。我方对于此种可能的局势,不可不亟为之备。兹谨将本室对于此事研讨之结果,简单陈述如左:

(一)敌对我宣战之影响 依照国际公法,敌政府对我宣战后,可以行使两项权利:(1)封锁海港权,即封锁我国一切海港，禁止一切船舶之出入（中国船舶及中立国船舶）。（2）海上搜检权，即在公海之上，向一切中立国船舶，执行搜检，遇有军需等禁制品，其直接或间接目的地为中国地域时，则立予扣留。就封锁海港权而言，其对我影响现已不甚重要。因我国所有海口，除宁波、温州等二、三处外，实际上已被敌军控制。惟宣战后，敌对宁波、温州等口既亦可禁中立国船之出入，我出口入口货品之运输，自不免更感困难。然敌宣战后所能给予我方之最大打击，尚在海上搜检权之行使。敌方倘以若干军舰巡戈于海南岛至印度间之洋面，对中立国船舶执行搜检，则我方自海外购买之一切军需品，均将无法运入缅甸或越南，因之我方海上的军需接济将被敌人完全断绝。情形之严重，无俟详陈。

（二）敌对华宣战之可能　敌政府对我作战已逾两载有半，其迄今尚未对我宣战者，原因虽不止一端，究以顾虑美国之反响为主因。盖敌如对我宣战，美国将不仅禁止军器输往日本，且必禁止其他物品（如汽油、铜铁之类）输往日本，甚或禁止日货之输入也。现在日美商约已废，美国如对日实施上述的经济压迫，则日方前此之顾虑，便已不复存在。米内内阁虽由敌国比较温和分子组成，然其命运未必甚长。米内内阁倒后，其后继之内阁难保不为法西斯军人之内阁。果尔，美国对日施行严厉的经济压迫，敌政府之对华宣战愈益可能。迩来日本军人（例如华北驻屯军司令）已屡有美如对日禁运，日必对华宣战之论调。太平洋学会会议及美上议院，近来讨论对日禁运事。论者亦往往以禁运足以引起对华宣战为虑。此诚我政府所当切实注意者也。

（三）我政府之准备　对日施行经济压迫，虽为美政府之确定政策，惟依职等之观察，此种压迫之实施，必取渐进形式。除非国际形势发生急剧变化，美国政府非至本届国会闭会后（约六个月后），似不至对日实施大规模之禁运。果尔，日本之对华宣战，为期亦当在数月以后。我如迅为之备，或非为晚。窃以为我政府应将国际信用借款（美俄英三国信用借款）内现时余存之款，迅即尽量运用，购买抗战上必需之物品，尽四个月至六个月之时限，分别运存缅甸与越南。今后数月内，如能成立新的国际信用借款，亦宜迅速运用，购买此等物品，运存该两地。滇缅、滇越交通线之运输能力诚极有限，但我如不作上述准备，则一年以后，滇缅、滇越诸线，纵有运输能力，亦将乏物可运矣。反之，我若照以上所述，完成必要之准备，敌政府纵即对我宣战，在宣战后一年至一年半之期间，在我则军实尚可维持，在彼则财政经济或已陷于绝境。敌之政治崩溃，先于我之军实匮乏，胜负之数判然矣。以上所陈，如蒙钧长核可，拟请饬令主管部，迅予详细规划，并责令尽一定时限察核。谨呈

委员长

注：〔王世杰于1月25日批示：照发〕

（2）王世杰函（1941年1月24日）

子缨兄：关于日本对华宣战之推测准备，请兄将签呈拟就，以便选出要点。

一、对华宣战后，日军舰依国际公法可采取之行动。（断绝我海上一切军需供给）

二、美国对日压迫（四个月至六个月后）将加重，日本政府届时亦或改组为更强烈之少数军阀政府，故届时宣战大有可能。

三、我之准备——将所有国外未用尽之信用借款（美英苏）假最近数月内买货运存越南、缅甸，不问能否由该地短期运入中国。

世杰 一、廿四

（3）蒋介石手令（2月8日）

机秘（甲）第4150号。王参事室主任：敌国如果对华正式宣

战时之利害与我国应有之对策与预防之处置,望速研究具体方法呈阅。中正。八日。

(4)王世杰签呈(2月11日)

签呈第250号 三十年二月十一日发

谨签呈者:奉手谕研究敌人对我宣战问题等因。兹本室遵谕拟就关于日本对华宣战问题说帖一件,谨缮呈鉴核。谨呈
委员长

附呈"关于日本对华宣战说帖"一件〔略〕

(5)张忠绂说帖(2月11日)

关于日本对华宣战问题说帖

卅年二月十一日

本年二月四日,日本外相松冈于众议院答复议员今井之询问时声称:对华使用全部交战国权利一事,已在政府考虑之中。易言之,日本政府已在考虑对华宣战问题。兹就本问题各方面,为简要之说明,并酌拟我方应采之对策。

一、中日冲突的现状与国际法

中日双方迄今均未正式宣战,故日本迄今尚无法对第三国完全行使交战国权利。易言之,即强迫中立国完全履行国际法上之中立义务。日本对华所已行使之权利,而可目为类似交战国权利者有二:一为在我沦陷区域内对第三国商业与人民之诸种干涉。然因日本迄未正式宣战,此种干涉,仍时遭第三国重大反抗,且不得不常常唆使傀儡组织出面。二为封锁我国海口。此种封锁,其初仅对中国船舶行使,与国际法上所谓"平时封锁"相同,不必即为国际法上"战争行为"。最近则第三国船舶出入我领海,亦受日本限制,其封锁已类于所谓"战时封锁"。然因日本迄未正式宣战,故尚未能在任何公海(即各国三英里领海以外的一切

海洋）之上，干涉第三国对华之运输。因是，我至今尚能利用第三国海口（仰光），以维持对外之海上交通，而取得抗战物资。

二、日本对华正式宣战的可能性

当中日战事发动之初，日本天皇与元老均不满于日本军阀之黩武，日本军阀乃不得不假用欺人自欺之名词以稍掩其罪行。此为日本当时未正式宣战，仅称中日战事为"中国事变"之一因。然除此而外，尚有两大原因：一、日本政府深惧宣战后，美国实施中立法，对日禁运。二、苏联对华接济，可以中苏间陆路为交通线，即令日本对华宣战，势亦无法组〔阻〕绝。

就现状言，上述因素固均未完全消失，然英美均已对日实行局部的禁运；此种禁运且有日益加紧之势。日苏关系，亦较一年以前为缓和。我国共产党问题，尤予日人以中苏关系将日趋疏冷之期待，日本在越南已取得根据地，其海军今后如在南洋对英美作战，或在南太平洋干涉我海上运输线，均较前便利。职是种种，日本对华宣战之可能性，今兹显已较前增高。

三、宣战的法律效果

中国今日对外交通，除西北路线外，几全仰赖于海上之运输。日本如对中国宣战，则除加紧封锁中国各口岸外，可更照国际公法，在一切公海之上，对于一切中立国船舶，行使搜检权。缅甸为中立国家，缅甸之港口日本固不能加以封锁，但日本可在缅甸领海以外之一切公海上，行使对中立国家船只之搜检权。缅甸路线既为中国通海运输之要道，如通达缅甸之海上运输，因日本实行搜检权而被切断或阻碍，则对中国抗战前途之影响，自极严重。

按照国际公法，日本对华正式宣战后，日本海军即有权对中立国商船，在任何公海上实行搜查。被搜查之船只，如发现载有所谓"战时禁制品"，而此项物品最终之目的地为中国，则日本海军可将该货物予以没收。所谓"战时禁制品"，其范围亦尽可作广泛的解释,包括军器以及一切可供战争需要之货物。

质言之,中国军需物资,如由英美取得,经仰光转运中国,在其由香港(或马尼拉或印度或澳洲)往仰光等口岸之公海途中,可被日本海军没收。

四、日本对华宣战后英美方面可能的反响

日本对华宣战后,如向英美等国商船行使以上所述公海搜检权,英美方面之反响究将如何?

在普通状态之下,搜检权既为国际公法所承认,英美方面势不能不采取顺受态度,容认日本之行使。(英国尤其如此,因英国现正大规模行使此权以打击德国。)惟日本对华作战(一)显然为蔑弃非战公约及九国公约行为。(二)作战后未经宣战手续,已对英美等国在华权益,有种种不法之蹂躏,英美政府自亦有重大理由,反对日本行使搜检权。前月罗斯福总统对美国国会论及欧洲战争时,曾表示德国既违反公法,破坏荷比诸国的中立,美国不能片面的受国际公法之拘束。此种理论,自亦可适用于远东战事。倘英美两国因此问题与日本发生争执,终致发生战争,则我海上交通线仍可维持。因英美与日本间既有战争之后,日本海军在未占领新加坡等地以前,颇不易越过新加坡以西,绝断英美与仰光之海上交通也。

惟就目前情形观察,日本对华宣战与执行公海搜检权,虽必遭英美反对,然如无其他国际变动,英美两国大概不致因是而径与日本决裂或作战。英美之反对,大概将采较为缓和之方式,或逐渐加严之方式。

五、我政府之对策

基于以上诸种考虑,窃以为我外交当局,似应即时密向英美政府交换关于日本对华宣战问题之意见,并提出以下诸点,请其切实考虑:

(一)日本对华宣战,并表示执行公海搜检权之意向时,英美政府应以前述日本违约及破坏第三国权益等理由，一致表示反对。

（二）如日本不顾英美政府之反对，实行搜检权，中国政府切望英美政府届时采取次列诸种手段：

（甲）对日完全禁运　禁止日货入口及其他经济报复手段。

（乙）军舰护航　以英美军舰保护英美商船在太平洋航行，拒绝日本海军之检查。（此种护航，与国际公法上中立国之护航权自属两事。中立国按照国际公约，有无以军舰保护本国商船航行之权，被保护之商船有无完全拒绝交战国海军搜检之权，迄今尚属疑问。即令中立国有护航权，其所保护之商船，按照国际惯例，亦应以非运战时禁制品者为限。兹所谓军舰护航，系指以军舰保护输运一切商品之船舶而言，不含何种限制。）

以上（甲）种手段，只能增加日本的经济困难，不能保持我国对外的海上交通。（乙）种手段，如能同时实行，则我仍可藉海上交通以取得国外接济。惟（乙）种手段，容易引起日美英间之战争，目前美国舆论，尚不赞成对欧采用；自非国际间有大变动，恐美国亦不肯在远东采用耳。但我究不妨促其考虑。

（丙）英国政府允依公平之价格，以缅甸所产汽油供给中国一切需要。

（三）为预防日本对华宣战后海上交通之困难起见，美国政府允以美国现有之制品及原料为中国抗战所必需者（如卡车、飞机、汽油之类），依信用购买方式，或依美国军用品租借法案所定之租借方式，供给中国，其数量暂以足供中国一年之需要为度，并尽最短期间（假定为二、三个月），将此数量输往仰光存积，以便徐徐内运。

尤有进者，为预防日本宣战起见，我国对苏外交，亦应特别注意。缘苏联对我之陆路接济，如能继续，敌人方面或终以正式宣战为不十分合算也。

〔王世杰于2月11日批示：照发〕

〔国民政府军事委员会参事室档案〕

29. 外交部为否认汪伪组织致各国照会文

（1940年3月30日）

日本自侵略中国以来，不惜使用种种方法，以达其征服与控制亚洲暨太平洋之目的，奸掠屠杀与空中之滥施轰炸，使平民受生命之残害与财产之毁灭，难以数计。凡此种种，以及其他野蛮行为，更坚中国人民抵抗暴力之意志，以维护人道正义。

中国抗战将及三年，日本军阀既已陷于绝境，乃在南京设立伪组织，皆称"中华民国国民政府"。此项组织，纯为日本军阀所制造与控制之傀儡，日本显欲利用此项组织为工具，以侵夺中国之主权，破坏其独立暨领土与行政之完整，并藉以推翻国际间之法律与秩序，毁灭九国公约，而将第三国在华之一切商务与利益排除净尽也。

所有构成伪组织之人员，不过为日本之奴隶，其丧尽道德廉耻与爱国天良，自不待言。此辈危害祖国助长日本侵略，中国政府与人民视之为国贼之尤者，应依法予以严处。

中国政府于此愿以极端郑重之态度，重申屡经发布之声明：即任何非法组织，如现在南京成立者，或中国他处所存在之其他组织，其任何行为，当然完全无效，中国政府与人民绝对不予承认。中国政府深信世界自尊之国家，必能拥护国际间之法律与正义，对中国境内之日本傀儡组织决不予以法律上或事实上承认。无论任何行为涉及任何方式之承认，既属违背国际公法与条约，自应视为对中国民族之最不友谊之行为，而承认者应负因是所发生结果之全责。

中国政府与人民，不问日本在中国境内所采之方法如何，始终坚决抵抗日方之侵略,直至日军完全驱逐于中国境外,公理战胜强权而后已。

〔国民政府外交部档案〕

30. 王宠惠宣布中国对日德义三国同盟之态度声明

(1940年10月1日)

日德义三国已于九月二十七日在柏林签订同盟,由日本承认德义二国在建立"欧洲新秩序"中之领导地位,而德义承认日本在建立所谓"大东亚新秩序"中之领导地位。此种规定,对于欧亚两洲其他各国之合法地位与权益,以及欧亚两洲以外国家在欧亚两洲之合法地位与权益,完全漠视,并企图摧毁,至为显然。中国政府素来之目的,在拥护合法之国际秩序,使世界各国均能以平等地位友好相处,对于一切以"新秩序"为藉口,而实行侵略破坏世界合法秩序之行动,中国政府必按照过去一贯之政策,予以坚强之反对。中国政府与人民,决定继续为世界合法之秩序努力奋斗,中国政府决不承认所谓"大东亚新秩序",尤不能承认日本在所谓大东亚之领导地位。他国彼此间所签订之约章,不但不能影响中国的法律上之地位或权益,亦决不能丝毫影响中国政府之态度与政策也。

〔国民政府外交部档案〕

31. 外交部关于日汪签订伪约声明

(1940年12月1日)

日本业与南京傀儡组织签订所谓条约,日方此举,实为企图在中国及太平洋破坏一切法律与秩序而继续其侵略行动进一步之阶段。日本始则制成机构,以遂其欲,今则与之订约,藉以助成其独霸与侵略之政策。实则此种机构，不过为东京政府之一部移置于中国领土之上，而为日本军阀实行其政策之工具耳。

中华民国国民政府对于傀儡组织，迭经宣示其态度，兹再郑重声明：汪兆铭为中华民国之罪魁，其伪组织全属非法机关，为中外所共知，无论其任何行动，对于中国人民或任何外国完全无效；其所签之条约，亦属非法，全无拘束，倘有任何国家承认该组织者，我政府与人民当认为最不友谊行为，不得不与该国断绝通常关系。

日本无论在中国，或太平洋之企图如何，中国决心抗战至最后胜利；中国自信必获胜利，盖自由与法律与正义必能战胜一切也。

〔国民政府外交部档案〕

32. 王宠惠为商拟限制驻外使领馆发表言论文字办法与郭泰祺往来函

（1941年7月）

（1）王宠惠致郭泰祺函（7月23日）

复初吾兄惠鉴：顷奉委座机秘甲字第四六八五号手令：饬商拟限制驻外使领馆发表言论文字办法。特将原令照录一份，函送察阅。即请尊处拟订办法见示，以便转陈核定，再由部通饬遵行为荷。专颂勋安。

附抄手令一件

弟王宠惠拜启
七月二十三日

手令原文

王秘书长亮畴先生、郭部长：以后我国驻外使领对外发表言论与文字，其大意方针，应须经外交部核准许可。否则，不得擅自发表。请即商拟办法，通饬各驻外使领，切实遵照为要。

　　　　　　　　　　　　　　　　　　　　中正
　　　　　　　　　　　　　　　　　　　　七月二十一日

（2）郭泰祺复王宠惠函（7月25月）

亮畴吾兄秘书长勋鉴：大札奉悉。关于限制驻外使领馆发表言论文字事，业经转饬主管司拟定办法五条。兹特随函附奉，如荷赞同，即请转呈委座核定后，当再通饬各馆遵照为荷。专复。
顺致
勋绥

　　　　　　　　　　　　　　　　　　　　部长署名

附件
限制驻外使领馆人员发表言论文字办法草案

一、驻外使领馆人员对外发表文字，应遵照本办法之规定。

二、外交部情报司关于对外宣传方针，应秉承指示，分电各使领馆遵照。遇有重要问题，并应随时分电各使领馆指示。

三、各使领人员对外发表言论文字，应遵照指示之范围，不得任意发表。

四、各使领人员遇有临时发生问题，而有对外发表言论文字之必要者，应先将原稿大意电部请示。部电未到，而时间上确有不及等待之情形者，得由馆长斟酌情形，用概括之语气，发表简单之言文。

五、各使领人员发表之言论文字，应将全文呈部备案。

　　　　　　　　　　　　　　　　〔国民政府外交部档案〕

33. 外交部赞同罗邱联合宣言声明

（1941年8月17日）

中国政府与人民，热诚欢迎，并赞同罗斯福总统邱吉尔首相之联合宣言。其所列举反抗侵略之基本目的，不独为各民主国立言，实为一切爱好和平与自由之国，表达其对于真正世界新秩序之愿望，即轴心国国民中同情者亦必不乏人，而此八要点之计划，实深洽乎国民党之主义及国父世界大同之主张，尤中国所引为欣慰者也。战后世界之建设，各国间之经济合作，以平等共享对于贸易与原料之机会，并图生产标准之向上，全体安全之永久组织之树立，凡此诸端，均要求各民主国及其领袖无上之努力与坚毅之政治才能。中国于此准备担负其应负之责任，一如其四年余以来在人力物力上，不惜空前之牺牲，而力尽其艰巨之义务，始终不懈。中国确信世界侵略势力之最后消灭，其捷径厥为加强远东之包围，首先击破日本，而此种包围之构成，日本实为唯一之建筑师。

附罗邱宣言（三十年八月十四日华盛顿白宫发表）

美国大总统罗斯福及英帝国政府代表首相邱吉尔已在海上某地会晤，双方之政府要员及海陆空军高级长官均出席参加，当时即据租借法案以军法供给英国及其他一切反侵略国家与各国武装部队之全部问题重新提出，予以检讨。英供应部长卑维勃鲁克亦参加各项讨论。卑氏即将前往华盛顿，与美主管当局继续研究此项问题。美总统与英首相共会谈数次，当时双方均感觉希特勒统制下之德国政府及其他与希特勒政府有关之各国，现时所采取以武力征服世界之政策，对于世界文明危险极大，故对于两国应以何种方法保障其本国之安全，应付此项危险,均互相通告,同时并决定作下列之宣言：

美国大总统罗斯福英帝国政府代表首相邱吉尔会晤之结果，咸认为有将两国之国策共同之点加以宣布之必要，因彼等认为根据此项政策，世界之局势有改善之希望也。

（一）两国不自行扩张势力或领域或其他。

（二）凡未经有关民族自由意志所同意之领土改变，两国不愿其实现。

（三）尊重各民族自由决定其所赖以生存之政府形式之权利，各民族中此项权利有横遭剥夺者，两国俱欲使其恢复原有主权与自主政府。

（四）两国在适当尊重其现有义务之原则下，将力使全世界各国，无论大小，不分胜负，对于其经济繁荣所必需之原料及贸易享受平等之待遇。

（五）希望促成世界各国在经济方面之全面合作，以提高劳力标准，经济进步与社会安全。

（六）待纳粹之专制宣告最终之毁灭后，希望可以重建和平，使各国俱能在疆土以内安居乐业，并使全世界所有人类悉有自由生活，无所恐惧，亦不虞缺乏之保证。

（七）所有各民族，应可在公海及大洋自由来往，不受阻碍。

（八）两国相信：全球各国无论为实际原因或精神上之原因，必须放弃使用武力。盖国际间倘仍有国家继续使用陆海空军军备，致在边境以外实施侵略威胁，或有此可能，则和平势难保持。两国相信：在广泛永久之普遍安全制度未建立之前，此等国家军备之解除，实属必要。同时，两国尚试行一切切实之措置，以减少爱好和平各民族因军备关系所忍受之重大负担。

签署者：佛兰克林·罗斯福、文斯敦·邱吉尔。

一九四一年八月十四日

〔国民政府外交部档案〕

34. 蒋介石在二届国民参政会二次大会宣布解决日本事件讲演词

（1941年11月17日）

现在所要首先对各位说明的，就是我们抗战形势和国际形势的变迁，并且要向各位说明我们的抗战，到今天实已达到了最重要的决定时期。

第一、这半年多的国际形势，最值得我们注意，自从德国攻苏，英苏成立同盟以及英美两大领袖罗斯福总统与邱吉尔首相海上宣言以来，全世界诸国已显然划分为两个壁垒，一个是侵略国家，一个是反侵略国家，一面是纳粹轴心代表着扰乱和黑暗，一面是民主国家维护着正义与光明，欧亚两地的战争，虽是在两个各别的战场上进行，但实际上都是为抵抗轴心国侵略暴力而战，早已打成一片了。我们中国抗战的力量和我们抗战的伟大意义，已为全世界反侵略国家所彻底认识，东亚与西欧的战争，可说完全是利害一致，成败与共，而有不可分的关系。国际反侵略阵线于今已经不只是一种理想，而是事实，美国之通过援助各民主国法案，苏联之英勇抗战，太平洋上各友邦防务的连系与布置的加强，以及罗斯福总统一再申言援助中英苏荷的决心都表示中美英苏荷五大民主国家业已事实上相互合作，共肩维护人道与正义的使命，而这一个反侵略力量联合发动之时，便决定了侵略者的末日。至于敌人方面，在这半年多来，始而想藉三国同盟的力量，威胁英美退出远东，孤立我国，既而与苏联缔结中立协定，妄想离开中苏的友好关系，稳固了他自己的后方，俾得积极南下，又在那时候操纵泰越，以武力迫订日越联防协定，岂知苏联既没松懈对日的防务，英美且同时对日本禁运物资，封存资金，予日本以经济上的致命打击，太平洋上各友邦军事上经济上的联系，从此皆已宣告完成，因此，最近敌人不得不高唱"中国事变之世界性"的论调。

尤其在这三个月以来，敌寇提议进行日美谈判，对美纠缠，极无赖之能事，但他实际上的行动，着着向扩大侵略的方向进行，自从德苏战局进展以后，敌人一面在国内成立所谓"全国防卫总司令部"，加强军事控制，一面在东北及越南，又不断增加军备，集结大兵，这次东条组阁之初，除了重申"解决中国事变"及"树立大东亚共荣"为他一贯的基本政策以外，并且公然声言，要"以铁石之意志，闪电之行动"，以"根据中国事变之祸因，打破敌性诸国对日之大包围"，他所谓"解决中国事变"，实际就是要"灭亡中华民国"；他所谓"树立大东亚共荣圈"，实际就是要"独霸太平洋，而使太平洋上凡有领土主权之民族，都要成为他的奴隶"。试看他最近改正他的兵役法，要征调到四十岁至五十岁及其三等体格的男子，甚至征调到在学期间的中学生和大学生，而他这四个月中间，又要突然增加三十八万万的军费，可见敌人的侵略政策，不惟不会因美日谈话有什么觉悟和变更，而且变本加厉，更进一步配合轴心扩大战祸的野心和准备，于此更充分暴露无遗了。

第二、从我们抗战局势与我们抗战对于世界全局关系来说，可以说，敌人现在的力量，已被我们打得再衰三竭，他的精疲力尽的真相，可说已完全暴露，而民主国家在远东的准备，亦因之得以完成。这半年以来敌我之间比较重要的几次战役，如四月间的上高会战，五月以后的晋北晋南的会战，以及九月间的第二次长沙会战，敌人无不偿付了极大的代价，遭受了最大的打击。尤其是他最近两月之内，在我们湘北及郑州等地，只能作最短距离之攻势，还不能确实占据，而仍要随时被我军击退，受到无上的损失，甚至像福州等重要据点，亦被我军克服而不克据守，所以敌军至今其实力衰弱与空虚的内容，实已到了世人所不能想像的程度，因之可以知道这四年余以来，我南北各战场将士喋血战斗，实在已经消耗了敌人无限的实力，牵制了敌人对世界对东亚的横行。我们现在从俘获敌军的战利品中，发现他军械质地低劣，与品种复杂的事实,想见其国内多年的储藏,在中国战场上消耗之大,亦可知他的军火生产,已经受到各友邦物资封锁严重的影响，我们从敌军俘虏的供词中，更详悉知道他们军民自感前途茫茫，急求生路,所以他反战厌战投诚来降的情事,又日日增加。敌国军阀虽然还想行险侥幸,以求孤注一掷,实际正是他们极端的苦闷与悲观的反映。试想停战开始已两年有余,而德国侵苏也已将五月，然而敌阀遇到这样千载难逢的机会，乃始终不敢对南对北对远东有所动作，只举止一端，就可知道我国抗战对于世界战局贡献之大，如果没有中国这四年余抗战的力量，如磁吸铁，使敌人深陷泥淖，无以自拔，使敌人进退维谷，不能主动，那这一个野心狂妄的轴心伙伴，还能够这样坐待到今天吗！我们于此应该认识我们抗战对世界贡献之重大，同时更不能不自己警惕，自己振奋，以求无愧于保卫远东和平的责任，最近敌国的更换内阁，他显然的想要竭力挣扎，以冲破所谓"敌性的包围"。他显然想要以军事进攻配合着外交活动以求逞。敌国增加军队于越北，扬言要向滇缅路进攻，实际上我们的云南与缅越泰印，或为毗邻，或相接近，日本如向我云南进攻，就是进攻泰越，新加坡，以及南太平洋各国的领土。简单说，这就是日本实现南进开始。在日本军阀的打算，他进攻云南就是要隔断中国兵力与远东民主各国军事上的联络，以便他可以放胆南进，所以各位同人不必问日本何时南进，事实上他在去年早已南进了。

须知日军此次集中越南，已是其实行南进的第二步。至于我们中国，无论任何方面，凡是寸地尺土，必要全力保卫，决不能放松一步，对于敌军这次行险侥幸的最后一着，我们已有充分戒备，定能予敌人以最后制命的打击，使其一蹶不能复振，我们如果能趁此敌人冒险挣扎的机会，彻底的予以致命的打击，则远东问题，就可随着这一战而得以根本的解决。我们为捍卫国土计，应该如此，为始终贯彻我们保卫太平洋的任务，以及反侵略各国的行动相配合，我们更不能不加倍努力，以达成我们抗战一贯的目的。大家应该知道，今天反侵略各友邦在远东方面军事的准备，已经是完成了，而这种准备之所以能够完成，完全是我们中国四年余抗战，以四万万五千万同胞血肉之躯掩护而成的。这当然不是敌人所能预想其万一，就是一般世人，也未必完全知道，但英美人士是知道的很清楚的。谈到此点，我不能不唤起各位同人的注意，就是我们中华民族已经替世界尽了最伟大的功绩，这种伟大而无形的功绩，惟有我们中国民族不矜不伐不自馁，不自私，不惜损己利他的传统精神，才能于不自夸张之中，达到这十年来预定的目标。我们全国军民必须知道这种功绩，不仅伟大，且是难能可贵，本会同人就应该本此精神，共同一致，自强不息的来完成这空前无上的历史光荣，且亦唯有这种精神，才能造就今天民主各国反侵略力量的基础。

第三、我们说到英美方面对目前远东的责任和他们应有的决策，近来苏联在他的国境内正在作空前壮烈的抗战，消灭了纳粹侵略的力量，英美为反侵略集团的主要国家，无疑的要顾到全世界东亚西欧整个反侵略战争形势而决不能丝毫放松任何轴心国中的一个侵略者，这是我们可以断言的。在这个局势紧张之中，各位一定很注意敌国特派来栖三郎赴美这件事，如果来栖这一次携去条件是自动的脱离轴心，归诚民主，是自动的决心放下他侵略的武器，愿意恢复整个太平洋和平的话，那当另作别说，否则，敌人无论用什么诡诘的技术，无论有什么妄想和骗术，结果一定是成为水底捞月的梦想，英美各友邦决不会也决不能抛弃他们神圣的责任，而放松了侵略戎首的日寇。我这个断案，有下面几层理由，可以为各位同人明白的陈述：

一、罗总统邱首相海上宣言的要点之一，是要"任何国家不得以武力在国境外施以侵略与威胁"。而日本今日不独陈兵于国外，且大量增兵，他驻兵越南，意在广大侵略，实行南进，迹象显然。他们宣言的又一要点，是海洋自由和贸易自由，亦就是交通自由，而美国实施援助民主国法案，是要以军火物资运送到反侵略国家的前线。现在日本陈兵越北，企图截断英美与我国唯一的交通路线，阻害其贸易与交通之自由，这岂不明明是破坏海上宣言，存心与英美为敌，这断为英美所不容。

二、日本在这几十年中间，把国联盟约，非战公约，九国公约，一一都践踏无余了。美国是九国公约的盟主，他不能抛弃他的立国原则，他不能坐视首先撕破条约者的横行，即不能不恢复九国公约之效力。美国毅然宣布为世界上"民主国家的兵工厂"，就是表示负起这个义务的决心。而且英美各国在远东的军事准备最近业已完成，他们民主国家无论为实行条约义务，或保全本国权益，断不能背弃这个义务，而违反其一再宣示之神圣的主义。

三、敌阀要指示来栖和野村对美国如何取媚乞怜，乃至百般欺骗，我们都可以想象得到，但是我们相信美国绝不会忘记近卫去年十月在京都的谈话，所谓"太平洋命运和乎战乎，须视日美是否能相互理解，如美国不理解日德义之立场，则将断然与美一战"。美国绝不会忘记日本外务大臣松冈去年十月间所说"美国如欲坚决维持太平洋现状，则唯有一战"的狂言。试以最近来说，日本各报固然一致咒诅英美，而日阀代表马渊逸雄等更不断的声明"日本要粉碎ABCD包围阵，与该包围阵之主角英美从事一长期战"。从前野村丰田所合唱的一幕，在日本人早就明言是对美侦探与选择战机，现在东条组阁，特派来栖赴美，其背后蓄着如何阴谋，美国岂有不洞若观火吗？

四、我们且不说其他，而只论敌寇侵害侮辱英美的事实，自从中国抗战以来，英国大使可以为日机炸伤、美国军舰可以为日机轰沉，英美军人在张家口，平津，上海被日军扣押与抢劫，英美妇孺在平、津、青岛、上海各地受到日军无比的凌辱，乃至英美的无数教堂医院为日机滥炸而破坏而牺牲，生命财产权益受损害到如此的地步。可以说日本在侵略中国之同时，实际就是侵略了英美，因之，我可以断言，英美不仅在利害上与荣誉上，决不会与日本作任何妥协，而在他们的主义与责任上，也必然要挺身起来，与中国共同消灭这一个侵略祸首，不然，所谓正义人道与文明，都将完全失其意义了。我在今日可以确切的声言，英美是绝不会放弃对远东和平的责任，亦不会失掉制裁日本的时机。

第四、我要说明在今天远东大势和世界全局上最要的一着是"解决日本事件"。日阀现在大声疾呼以"解决中国事件"为唯一目的，这是他内而激励其疲乏的军民，外而妄想欺骗友邦的惯伎，实在说起来，中国抗战今天已与整个反侵略国家成败利害联成一气，便是日本军阀也不能不承认"中国事变的世界性"，所以依我们看来，今天日阀再不要作"解决中国事件"的梦呓狂语，而实在是我们反侵略国家"解决日本事件"最适当的时机。中国古来讲军事有一句重要格言，就是"攻敌先攻弱"，这就是打倒敌人必先攻破敌人最弱的一环。现在世界上主张正义反对侵略的力量，要占全世界人口十分之九还不止，当然要趁此时机，加紧努力的把侵略的火焰遏下去，况且现在苏联在欧洲广大平原上，奋勇卓绝，坚强抗战，已使其中路战场臻于稳定，更配合着有利的天时，战况日见好转，现在纳粹暴力，正如日寇军队一样，深深的陷入泥淖。尤其自英国击沉德国主力舰俾斯麦号并最近击灭义大利运输舰队以后，英国在地中海上的制海权，业已确立了，所以反侵略国家在今冬与明春之间，正是在远东消灭日寇扫除后患的唯一良机。如果等到了明春以后，让侵略者的德日，从东西两面来夹攻苏联，或待德国势力侵入近东，印度洋，和他伙伴日本在太平洋上发动攻势，竟使他们在陆上有一战线可为他们联系，而使欧亚两洲的战线打成一片，在那时候主动之权又要完全操在纳粹的手中，这是反侵略国家所决不能容许的。美国罗总统预计在一九四三年解决世界战争，深信他这句话必有根据，他决不能让纳粹逞其在北方打击西伯利亚的妄想，也决不能坐待德国得志于近东，而使日寇在南洋处在主动地位，来夹击民主国家在远东的实力，须知目前在侵略国方面，日本实为最弱国之一环，就整个反侵略的军略上讲，必先打倒这最弱的一环之日本，才符合这军略的原则，如果此时放松日本，便是舍本逐末，缓其所急，后其所先，无论从政略与战略上讲，都可以种下民主国将来失败的因素。各位同人，试问反侵略各国，又如何能放任这一个轴心盟邦，以骑墙两可的伪装恣态，留在我们后方，使他坐大侍机，以自贻无穷的后患呢？所以论力量，日本被中国四年余抗战已打得精疲力尽，他这一次未必不想猛烈挣扎一下，而实力已经脆弱到不堪一击，论道理，他这一个横行霸道的国家，侵害我领土已逾十年，蹂躏国际条约已有十年，侮辱友邦尊严与权益，向世界挑衅求战，也已经十年了，这种侵略祸首的国家，如不予裁制，则世界尚有何公理可言，而论今日的事势，又是失此不图，后将无及，所谓"稍纵即逝"唯一的时机，这一点更是英美各友邦所详知的，所以我可以断言，日本要与英美求妥协或谅解今天已非其时，如他再欲施其已往十年间虚声恫吓，或投机取巧的行为，今日更非其时，这个时机更是早已过去了。日阀决心与全世界十分之九的反侵略力量为敌，不只违反了人类的公理，也违反了他本国的民心，长此下去，简直是自甘覆亡，自甘绝灭。老实说，敌国今日真是处在四面楚歌的包围圈中，且是立在生存与毁灭的歧途之上，到了形势严重的今天，他如果还想虚声夺人，行险徼幸，那就是自甘毁灭，不然如果还想保持他民族生存的话，那就应该收拾起一切野心和妄念，正视现实，真说悔悟，老老实实屈服于公理正义之下。

然而于此须注意两个要点，必须使其实行，一则应使他放弃侵略政策，撤回他各地一切的侵略军队。须知驻兵于日本国境之外之任何一地即为侵略整个远东之明证，所以不独侵略中国各地的军队必须尽数撤回，而他驻在越南等地军队，亦必须完全撤回。否则驻兵东北，即无异驻兵于西伯利亚，而驻兵越南亦即与驻兵菲岛与马来亚何异，至于中华民国的领土主权，不容有尺寸丝毫的放弃，我中国境内不容有敌军一兵一卒的存在，这是我们抗战的目的，更为世界各国所周知。所以日本非撤退其一切侵略军队，放下他侵略的工具，决不能表示他放弃侵略以求和平之觉悟，这一点决不能让他空言搪塞，而必须有确实证明，必须如此，乃可使太平洋有真正的和平，而进求恢复世界之和平，第二点，必须日本脱离轴心，悔过自赎。今天世界上战场扩大，是日本肇其端，而纳粹扬其焰，今天反轴心与轴心国之间，正如泾渭不能同流，冰炭不能并存，断无骑墙两可的余地，如果日本国民诚欲起而自救，那必须先打倒他的军阀，使能彻底脱离轴心，参加反侵略主义，与民主各国共同致力于摧毁野蛮势力，扶持世界正义之奋斗，换一句话说，就是要他放弃"建立东亚新秩序"的妄念，而诚意悔过，以"建立太平洋民主集团反侵略阵线"。此时日本若不服从正义与公约，则必就毁灭，如尚欲自免于毁灭，那即就必须服从正义，尊重公约，这种存亡祸福的机因，今天还可由日本国民自己决择，过此一刻，就更无悔祸的机会，所以今天日本对于英美要想妥协，要想缓和，要想欺骗，我可断言，决不可能。我以为今日的日本，对于反侵略阵线，只有真心归诚，或公然敌对的两途，决无依违两可的第三条路可走。总之，今天正是太平洋上民主国家要以共同的实力来"解决日本事件"的时候，日本究竟还希望生存吧，还是愿意毁灭呢，这就要看日本国民的自择，而在英美苏荷各友邦，对此一点，我可断言其筹之已熟了。

由于上面所说，可知今天中日战事与远东局势及世界全局关系的密切，是非顺逆，判然分明，成败利钝所系至巨。我们抗战到了今天，已与反侵略各国及整个世界祸福安危完全一致，保卫中国和太平洋的自由，是我们神圣的义务。各位同人须知，世界的光明与黑暗，正在作最后的决战，我们与敌人，也正在作最后的决战，现在远东形势已到正义与暴力各下总攻击令作白刃战的时候了，这一回奋斗的紧张严重，各位一定和我们有同样的体认，这是千钧一发的时期，要我们使用乾坤旋转的全力，我们中华民族在这个时机，更须尽其最大的努力，以求得最后的胜利。抗战以来，各位对国家的赞襄贡献，自然很大，但目前时局愈紧了，时机愈重要了，中国的责任更加重了，敌人要中国绝灭，我们一定要使中国永生，敌人要太平洋成为黑暗的地狱，我们一定要使太平洋成为光明的导炬，为了替民族复仇，为了替国家雪耻，为了世代生存，历史的荣誉，为了世界的福利，人类的自由，我们不辞一切苦斗，一定要贯彻我们的国策，而我相信我们本会同人和全世界人民一致努力，我们一定能贯彻我们的国策，完成我们这一个神圣的使命。（二届国民参政会二次大会闭会词）

〔国民政府外交部档案〕

35．外交部讨论修正关于侵略与制裁之原则案

（1941年12月12日）

一、在任何国际冲突中，凡最先干犯下列任何一款之国家，即为侵略国：

甲、先向他国宣战者；

乙、即不宣战而其军队侵入他国领土者；

丙、即不宣战而以陆海军或空军袭击他国领土海军或空军者；

丁、以海军封锁他国之海岸或海港者；

戊、对于在国内结合而已实行侵犯他国领土之武装团体予以援助者，或虽经被侵犯国之请求而拒绝于本国领土内竭力采取一切措置以禁绝对于此项武装团体之一切援助或保护者。

二、任何政治、军事、经济或其他原因均不得用为前条所举各种侵略行为之藉口或理由，下列各款尤不得作为侵略之理由：

甲、一国之内部情形——如政治、经济或社会之组织行政上之缺点，以及由于罢工、革命、反革命或内战所引起之纷乱；

乙、一国之对外行为——如侵犯或威胁他国或其人民物质上或精神上之权益，断绝外交或经济的关系实行经济上或财政上之抵制，发生对外经济或财政义务之争议及前条所列举各项侵略行为以外之边境冲突。

三、战后国际组织中应设置一制裁机关，其负责人员定为若干人，由各国推选之，或一部份指定若干国之代表，余由各国推选之。

四、制裁机关之任何决议，须得出席代表三分之二之同意，争议国得派代表出席，但无投票权。

五、为有效实施制裁起见，战后国际组织中须成立国际军事参谋团、国际经济参谋团及国际警察。

六、制裁共分三种：

甲、外交制裁；

乙、经济制裁；

丙、军事制裁。

为有效实施制裁与公平负担起见，应规定实施制裁之互相配合、互相扶助之办法。

制裁详细办法由国际军事参谋团及国际经济参谋团商订之。

七、国际冲突发生后，何方为侵略国，由制裁机关决定之。

八、遇有使用武力之威胁时，制裁机关应自动或依争议团一方之申请立即开会决定避免冲突之紧急办法，如有一方违反此种紧急办法，他方得向制裁机关请求作制裁之一切准备。

九、犯侵略行为之存在经决定后，除立即实行外交制裁外，其经济制裁应即由国际经济参谋团付诸实行，同时国际军事参谋团应即作军事制裁之一切准备，随时付诸实行。

十、各种制裁之停止，由制裁机关决定之。

〔军事委员会委员长侍从室档案〕

36．外交部修正拟定关于军缩之原则案

（1941年12月26日）

一、任何国家不得使用化学及细菌战争。

一、任何国家不得制造及使用军用飞机，至于民用航空以及飞机制造业，须受国际监督，以免其改充战争之用。

三、侵略国解除武装后，应设置军缩委员会，其职务如后：

甲、拟定计划使各国逐渐裁减并限制其军备，各国之军备以足供自卫之程度为限。

乙、监督军缩计划之执行。

为执行本项职务起见，得设置军缩委员会分会。

四、军缩计划应规定关于左列各事项：

甲、各国每年军备经费之公布。

乙、军火制造与买卖之监督详细办法。

丙、违反或不履行军缩计划之制裁详细办法。

五、军缩委员会遇有违反或不履行军缩计划时，应即报告制裁机关，请其决定执行制裁之步骤。

六、各国应就左列各事项规定道我军缩之详细办法：

甲、广播。

乙、日报及定期刊物。

丙、公开讲演及集会。

丁、学校课本。

戊、关于国际和平必修课程。

己、其他有关各事项。

七、各国应于刑法中规定罚则，取缔煽动战争之行为。

任何国家感受前项行为之威胁时，得向理事会提起申诉。

八、各国法律应规定各该国人民对于本国政府反抗国际机关之决议时，无服兵役之义务。

〔军事委员会委员长侍从室档案〕

37. 国民政府公布反侵略二十六国共同宣言

(1942年1月1日)

本宣言签字国政府，对于一九四一年八月十四日美国总统及英国首相共同宣言（大西洋宣言）所包含之共同目的与原则，业经予以赞同。并信为寻求适当生活，自主独立，与宗教自由，及保全其本国及其他各国之权利与正义起见。完全战胜敌国，实有必要。同时相信，签字各国正对企图征服世界之野蛮与兽性之武力，从事共同奋斗。爰特宣言：（一）每一政府承允对于与之立于战争状态之三国盟分子国家及其加入国家使用其全部军事与经济资源。（二）每一政府承允与本宣言签字国政府合作，并不与敌国缔结单独停战协定或和约。

凡正在或将作物资援助与贡献以谋战胜希特勒主义之其他国家，均可加入上开宣言。一九四二年一月一日订于华盛顿。签字国包括英、美、苏、中、澳、比、加、哥斯达黎加、古巴、捷克斯拉大、多米尼加、萨尔瓦多、希腊、瓜地马拉、海地、洪都拉斯、印度、卢森堡、荷兰、纽西兰、尼加拉瓜、挪威、巴拿马、波兰、南非与南斯拉夫，共计二十六国。

〔国民政府外交部档案〕

38. 外交部修正拟定解决中日问题之基本原则

（1942年1月29日）

甲、主旨

（一）对于既往之清算，以恢复甲午以前状态为标准，期我领土之真正完整，并维持太平洋之和平。

（二）对于未来之规定，在不使军阀政治复活之条件下，尊重日本固有领土主权之完整。

乙、关于领土条款之原则

（一）东四省与其他沦陷地区，应予收回，其侵占期内之各种设施，准丁项原则处理。

（二）台湾及澎湖列岛，应同时收回，其侵占期内之各种设施，亦准丁项原则处理。

（三）朝鲜应依甲午战前之版图，使之独立，其对日关系之清理及内政建设，有须外国援助时，由中美英苏共同协议行之。

（四）琉球划归日本，但须受下列两项限制：

（1）不得设防，并由军缩委员会设置分会加以监督。

（2）对于琉球人民，不得有差别待遇，一切应遵照少数民族问题原则处理。

丙、关于政治条款之原则：

（一）中日间一切政治的不平等条款与成例，以及各国与中国所订共同条约之政治条款中关于日本部份，均一律废除。

（二）中日新关系，应完全依照国际法上平等原则，并参酌各平等国家间之现行条约，根本另订新条约，以实现本党之主张。

（三）为防止侵略国家之故态复萌，对于日本主权之某一部份（如军权）有特定限制时，关于此点,在中日新条约上,最低限度，应与英美苏之对日新约同样办理。

丁、关于经济条款之原则：

（一）中日间一切经济的不平等条款与成例，以及各国与中国所订共同条约之经济条款中关于日本部份，一律废除。

（二）为防止侵略国之故态复萌，对于日本之经济财政有特殊限制时，关于此点，在中日新约上，最低限度应与英美苏之对日新约同样办理。

（三）除左列特殊问题外，其应否赔偿战费时，适用民主集团对战败国之共同规定：

（1）依日本侵略的军事行动破坏中国官产及官营事业之设备者，以没收日本在中国之官产及商、工、农、矿、交通产业之官股部份抵偿中国国家损失之一部，其夺去运往日本之机械及重要物品，应原物送还，恢复原状，其费用概归日本政府负担，此外不另求偿。

（2）依日本侵略的军事行动破坏中国民产及民营事业之设备者，以没收日本人民在中国之私产及民营事业，补偿中国人民损失之一部，其夺去或以廉价勒买运往日本之机械及重要物品，应原物送还，恢复原状，其费用概归日本政府负担，有必要时，并得另索相当物资，以赔偿我方之损失。

〔军事委员会委员长侍从室档案〕

39. 外交部拟定国际集团会章程及与其他国际组织关系等文件

（1942年2月4日—4月12日）

（1）国际集团会章程（2月4日）

国际集团会 Community of Nations（假定名称）

甲 会员

（一）本约附款内所列之签押国为创始会员国。

（二）凡独立国家完全自治领域或完全自治殖民地未经签押本约者，经大会三分之二之决议得补行签押为会员国。

（三）会员国均有忠实履行本约及依本约设立各机关所为决议之义务。

（四）会员国自通告之日起经两年后得退出国际集团会，但须将其所有国际义务及依本约所负之一切义务履行完竣方得退出，如因解决争议之决议而退出者，履行该决议之义务亦包括在内。

乙　机构

一、大会

（1）大会由国际集团会会员国之代表组织之。

（2）大会开会时每一会员国得派代表三人。

前项代表由会员国最高行政立法司法机关各指派一人。

（3）大会应按照所定时期或随时遇事机所需要在国际集团会所在地或其他择定之地点开会。

（4）大会开会时得处理属于国际集团会动作范围以内或关系世界和平之任何事件。

（5）大会开会时每一代表有一投票权。

投票用无记名式。

二、理事会

（1）理事会由若干会员国之代表组织之。

前项会员国由大会选举之或一部份规定于本约余由大会选举之。

（2）常任及非常任理事之名额（假定理事分为两种）经大会过半数之决议得增加之。

（3）关于非常任理事之选举、任期乃连任等问题之条例，应由大会以三分之二票数决定之。

（4）理事会应随时遇事机所需要在国际集团会所在地或其

他择定之地点开会,但至少每年开会一次。

(5)理事会开会时得处理属于国际集团会动作范围以内或关系世界和平之任何事件,但本约另有规定者不在此限。

(6)理事会开会时出席会员国各得派代表一人,并只有一投票权。

(7)理事会考量之事件与无理事代表之会员国有特别关系者,应请其派一代表列席会议,但不得有投票权。

(8)大会及理事会开会时之决议,应得出席代表三分之二同意,但本约或其他条约另有规定者不在此限。

(9)关于大会或理事会会议程序各问题及指派审查特别事件之委员会,均由大会或理事会规定之,并由出席会议会员国过半数决定之。

三、秘书厅

(1)秘书厅设于国际集团会所在地,秘书厅设秘书长一员,暨需要之秘书及职员若干人。

(2)秘书长应由理事会经大会过半数之同意任命之。

(3)秘书厅之秘书及职员由秘书长经理事会之同意任命之。

(4)秘书长当然为大会及理事会之秘书长。

(5)国际集团会经费由集团会员国依照大会决定之比例分担之。

四、制裁委员会

(1)制裁委员会设委员若干名,补充委员若干名。

(2)前项委员与补充委员由大会就军缩委员会国际经济委员会委员中选举之。

(3)委员与补充委员均不得同一国籍。

(4)委员与补充委员任期定为三年,连选得连任一次。

(5)委员因事故不能执行职务时,由补充委员依所定次序代理之。

委员出缺时补充委员代理至下届大会时由大会依第（2）款之规定选举，与前任同一国籍之人为委员，其任期以前任所余之任期为限。

（6）制裁委员会开会时，得咨询军事参谋团及经济参谋团之意见。

（7）制裁委员会有管理及命令国际警察之职权。

（8）国际警察设总指挥一员、副指挥一员。

总指挥负执行制裁委员会决议之责。

五、军缩委员会

（1）关于军缩委员会之组织准用关于理事会第（1）（2）（3）款之规定。

军缩委员会得设置分会，其详细办法由该委员会订定。

（2）军缩委员会应随时遇事机所需要，在国际集团会所在地或其他择定之地点开会，但至少每年开会四次。

（3）职权（见十二月二十六日讨论修正之"关于军缩之原则"）。

（4）军缩委员会之任何决议须得出席代表三分之二同意，但关于程序问题，以过半数表决之。

（5）在军缩委员会内，附设军事参谋团，其组织由该委员会定之。

（6）军缩委员会得随时咨询军事参谋团之意见。

六、国际经济委员会

（1）关于国际经济委员会之组织，准用关于理事会第（1）（2）（3）款之规定。

（2）国际经济委员会应随时遇事机所需要在国际集团会所在地或其他择定之地点开会，但至少每年开会四次。

（3）职权（由第二组研究）。

（4）国际经济委员会之任何决议,须得出席代表三分二之同意,关于程序问题,以过半数表决之。

（5）在国际经济委员会内,附设经济参谋团,其组织由该委员会定之。

（6）国际经济委员会得随时咨询经济参谋团之意见。

七、常设国际法庭（**仍旧**或改组）。

八、国际劳工（或名社会）局（**仍旧**或改组）。

九、常设公断院（**仍旧**或废止）。

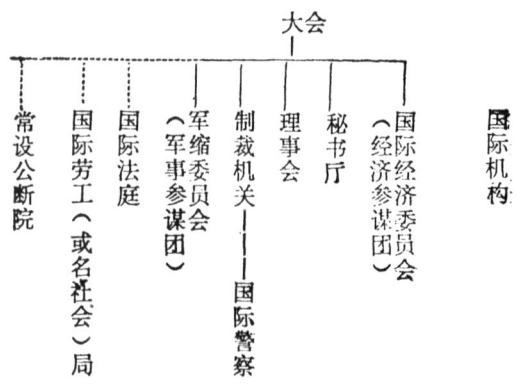

（2）与非会员国关系（4月12日）

一、国际集团会会员国与非会员国发生争议时,应由理事会或大会,邀请该非会员国临时接受国际集团会会员之义务,以**解决**此项争议。

二、如被邀请之非会员国,拒绝接受国际集团会会员之义务**以解决**争议,而向国际集团会会员国使用**武力**者,应即由制裁机关施以制裁。

（3）国权以内之事则处理原则（4月12日）

如争议国之一,对于争议自行声明,并为理事会或大会所承认，按诸国际公法，纯属该国本国国权以内之事件，则理事会或大会应据情报告而不为解决该争议之处理。

（4）与其他国际组织关系（4月12日）

凡依公约业已成立之国际机构，或将来成立之国际机构，如经缔约各国之同意，均应列在国际集团会管理之下。

〔军事委员会委员长侍从室档案〕

40．外交部所编之"抗战四年来之外交"

（1942年2月）

第一章　我国之外交方针

溯自我国开始神圣之抗战以来，已四年于兹。敌寇于其发动侵华战争之初，扬言三个月内即可解决。四年后之今日，敌寇之泥脚犹深陷泥淖，不克自拔，实为其始料不及。我英勇之抗战，使敌人百万之兵力胶着于战场之上，无法进退，经济濒于破产，政治危机潜伏，而国际上树敌愈多。反之，我则愈战愈强。军事上使敌人无法进展，且渐奠定反攻之基础，政治上则团结统一，向民主之大道迈进；经济建设亦积极进展，国际地位则更继长增高。盖我抗战之基本国策，既定环境之顺逆，决不能动摇我之决心。总期无利者变成有利，有利者使之愈形有利。此于我之外交处境尤然。回忆在我四年抗战之过程当中，国际之同情与援助固属不鲜。惟以国际局势之波谲云诡变化万千，我有形无形受其影响亦在所不免。卒以国策坚定，本以不变驭万变之大原则，沉着应付，以致使国际形势终于对我有利。若汪逆伪组织之成立，德义日三国同盟之成立，日汪伪约之签订，日苏中立条约之签订。此数种事件，一时似对我容或有不利影响。然我并不以此而张皇失措，仍本既定国策，有方法有步骤的运用一切可能运用之外交环境，务使敌国阴谋无由得逞。此但观上述该事件发生后，我所获得之援助愈趋广大而有效，即其明证。

我全面抗战之开始，以七七事变为枢纽，但我在抗战期间所决定之方针与立场，与七七事变前我所持之国策固亦不无关系。盖七七事变为九一八事变之延长，为日本于九一八事变后侵略我国行为之总暴露。抗战前我国对日外交，以维持和平与尊重条约尊严为主，期于国力未充以前，以外交手腕维护我领土主权之完整。抗战后，我国外交更牵入世界错综的关系，更满含世界的理想，益努力为世界和平与正义以及维护世界和平之国际公约而奋斗。此足证我政策之一贯性，我立场之光明正大，决非敌人投机取巧，以破坏世界和平为目标之外交政策所能望其项背。

自九一八以至七七，我国对日外交措施坚守两大原则：第一、在政治上保持领土主权行政之完整。第二、在经济上力谋平等互惠之实现。无如日本始终以侵略中国为推行其国策之工具。折冲数年，悬案未能解决，且不断制造新事件，以为压迫我国之藉口。我政府遂于二十四年郑重声明"和平未到完全绝望时期，决不放弃和平。牺牲未到最后关头，决不轻言牺牲"，藉以宣示我国之和平政策自有一定限度，过此限度，即无和平可言。不幸敌阀一意孤言，竟先后制造芦沟桥事件及上海虹桥事件，以为全面侵略之口实。顾我国仍本原定方针向日方交涉，冀以外交途径及国际公法所允许之任何和平办法解决纠纷。乃日方终不悔祸，对我正当提议置诸不理，同时调集大批军队向我方大举进攻。我政府既已竭尽方法，忍无可忍，遂不得不武力自卫，实行抗战。

抗战伊始，我最高统帅蒋委员长即曾揭橥二义，即此次抗战对本国为民族生存独立、对国际为和平正义而战。在整个国际间，我为反侵略之前锋。由于我之抗战，直接使侵略者遭受打击，间接使反侵略者获得鼓励，因而唤起世界人士认识和平之不可分割性，更警觉于世界巨变之将临、知妥协政策之不可恃，乃奋起以保障国际间之安全与秩序。四年以来，举世爱好和平之国家无不对我界予道德的及物质的援助。此诚以敌人为掀起侵略波澜之祸首，而助我，即所以遏侵略之凶焰，维护世界之和平也。

四年来，我国外交始终既秉承定国策及最高统帅蒋委员长之训示，未或稍渝。惟我外交方针之完备的成文的表出，则首推二十七年临时全国代表大会所通过之抗战建国纲领所载之五项外交原则，该项原则为：

一、本独立自主精神，联合世界上同情于我国之国家与民族，为世界之和平与正义而奋斗。

二、对于国际和平机构及保障国际和平之公约，尽力维护并充实其权威。

三、联合一切反对日本帝国主义侵略之势力，制止日本侵略，树立并保障东亚之永久和平。

四、对于世界各国现存之友谊，当益求增进，以扩大对我之同情。

五、否认及取消日本在中国领土内以武力造成之一切伪政治组织及其对内对外之行为。

此数项原则简言之即"对内求自立，对外求共存"。其意义适与抗战之两重意义，即争取国家民族之生存独立与维护世界和平及国际正义正相吻合。我国之外交方针既如此确定，故对于以侵略手段危害我国家民族生存独立之敌人，必竭全力抵抗，以维护我国之自立。同时对首先破坏世界和平秩序与国际正义之敌人，我更不得不奋起予以打击，灭此可燎原之火势，以维护国际之共存。

抗战以来，我国处理对外关系及一切外交上之措施，悉以抗战建国纲领所宣示之原则为准绳。譬如就尽力维护国际和平机构及保障国际和平之公约而言，我即未尝稍放弃其签约国之责任。当时国际和平机构厥为国联，国联之弱点，我国虽早已洞悉，但以其为解决国际纠纷之团体，且为人类理想之所系，故虽仅有微弱之光，亦弥足珍贵。拥护而信赖之，实为我在国联盟约下应享之权利与应尽之义务，故自九一八事变以来，即以中日争端诉诸国联，全面抗战开始后，我仍采同一步骤，并不因其空虚软弱遂否认其存在价值。而于九国公约国联盟约与非战公约尤极力予以支持，盖此三大公约为保障世界和平之重要工具。我国一面对日本之毁约行为既加以抵抗，一面则竭诚维护各该条约之尊严，信守不渝。此正所以振起世人正义之感觉而免凶狡之效尤也。其次，关于增进世界各国之现存友谊一点，我则随时运用国际环境，采取必要步骤，使我国与各国间之现存友谊益臻巩固，且从而加强之。当抗战开始之时，我即与苏联订立互不侵犯条约。嗣复签订商约，以增进中苏两国间之经济的关系。英美两国随我抗战形势之演进，对我所予之种种援助，亦日有增加。此皆其明证也。再就否认及取消敌人武力所造成之伪组织及其对内对外之行为而言，我国政府当各伪组织成立及日伪签订伪约时，义正词严否认伪组织所为之一切对内对外行为。我外交当局在消极方面既声明凡对伪组织加以承认之国家断绝与该国通常之外交关系，且在积极方面运用外交形势，使各国明白表示不承认伪组织。至就联合一切反对日本帝国主义侵略势力制止日本侵略一点而言，则我随国际形势之变化而寻求与国，务求助我者日多，而助敌者日少，以扩大国际对我之同情。数年来，我国所采之外交措施，皆能与抗战建国纲领中所规定之外交任务相吻合，且已获有相当满意之结果。

第二章 国联与九国公约会议

七七事变后，我即将中日争端诉诸国联。综其理由，要为抗战前国联处理中日争端，并未宣告结束。抗战后我仍请国联处理者，是为以前政策之继续。而从国联方面言之，亦有处理中日争端之义务也。七七前国联处理中日争端所表现之成绩，实未能尽满人意。既承认日本在华之军事行为为违反九国公约、非战公约及国联盟约，但以各大国之徘徊观望，终未能根据盟约第十六条对敌实施集体制裁。而于敌国退出国际联盟之际，亦未能责成日本切实履行其国际义务及国联盟约下所负之义务。我国所以仍请国联处理中日争端者，意在使各国能逐渐认识日本侵华之举，为对于整个世界和平及集体安全之直接威胁，而知所应付，进而对日实施经济及其他制裁。国联缺乏执行制裁侵略行为之机构固属事实，但其过去对于国际和平之贡献，亦不能全予抹杀。故我将中日争端诉诸国联之政策，自我维护世界和平机构，保障国际集体安全之一贯外交政策而言，实为应取之步骤。

初我国于廿六年七月三十日向国联递第一次声明书，九月十二日复递补充声明书。我出席国联十八届大会首席代表顾维钧即以上述两次声明书为根据，向国联秘书长递送我国正式声请书。除援引盟约第十、第十一条外，尚援引盟约第十七条，并向国联行政院诉请对于上述各条款所规定之情势建议适宜及必要之办法，并采取适宜及必要之行动，国联秘书长接到我国上项声请书后，当将中日争议一案列入行政院九十八届会议议事日程。在讨论此案之时，行政院主席提议，将此案交由国联大会从前所决议创设之远东咨询委员会首予审核。此举涵义至少包括下列数点：

（一）远东咨询委员会既系大会前为东三省事件所决议创设，今由其就中日争议首予处理，不啻认定芦沟桥事变后之中日争议为九一八事件后中日争议之延长。

（二）我国此次声明系向行政院提出，而远东咨询委员会则为大会所决议创设，并为直隶于大会之临时机关，故此举足使中日争议同时系属于大会及行政院。

（三）美国对于远东实有密切关系，且为九国公约之发起国，以其对于该咨询委员会之各届会议前曾派员列席，故此举足使国联为解决中日争议而取得美国之合作。

国联大会于廿六年九月廿八日通过决议案，对于日本飞机轰炸中国各不设防城市之行为，予以严正谴责。继于十月六日通过决议案，决议采纳远东咨询委员会报告书及由远东咨询委员会所组织之小组委员会（包括拉特维亚、澳大利亚、比利时、英国、中国、厄瓜多尔、法国、纽系伦、和兰、波兰、瑞典、苏联、美国之代表）所提出之第一报告书与第二报告书。在第一报告书之末段称："本小组委员会根据所获事实加以检讨之后，不能不认为日本陆海空军对中国所实行之事军行动，实与引起冲突之事实全不相称，并不得不认为此项行动对于日本政治家所声明日本政策之目标，即所谓中日双方之友好合作不能予以便利或促进，更不得不认为此项行动不能依据合法约章或自卫权以资辩护，且系违背日本在一九二二年二月六日所签定九国公约及一九二八年八月廿七日所签订巴黎非战公约下所负之义务，从此确定日本对于中日事件所负之法律责任。其第二报告书则系建议中日问题之处理方法，全文共分十三项。其要点如次：

（一）中国目前之局势不仅关系冲突中之两国，且对于一切国家均有多少关系（原报告书第三项）。

（二）远东目前之争议，牵涉日本之违反条约义务，故不能认为仅能由中日两国以直接方法予以解决之（第八项）。

（三）现应采取之第一步骤，似为邀请国联会员国中同时为九国公约之缔约国者，于最短期间从事商讨（第十项第二段）。

（四）请求大会对于中国表示精神上之援助，并建议各会员国勿采取足以减弱中国抵抗能力，以致增加其在此次冲突中之困难之任何行动，并应就各该国个别援助中国究能达如何程度一节予以考量（第十三项）。

二月二日，国联行政院通过决议案，重申廿六年十月六日之决议。行政院并表示，凡在该院派有代表之国家，应不坐失时机，而与其有同样关系之其他国家协商研讨任何进一步切实之办法，以谋远东争议公允之解决。同年五月四日，行政院通过决议案，恳切敦促联合会各成员国，对于大会及行政院前次关于此事之议决案内所为之建设，尽其最大之努力，使之发生效力。倘或收到中国政府依据该项决议案所提出之请求，并请予以严重而同情之考量。该案第二部称：使用毒气为国际公法斥责之战争方法。此种方法倘竟有使用情事，决不能逃世界文明国家之谴责，并请求各国政府就其所处地位，可将关于此事之任何情报通知国联大会。同年九月廿九日，国联行政院通过决议案称：中国代表所为声明谓在中国组织一中立观察者委员会，以调查在中国使用毒气各项案件，监视关于此方面之局势，并撰拟报告书，提备审核，殊有迫切需要，故请各国政府在行政院及远东咨询委员会派有代表，并在中国派有官方代表者，应即迳由外交途径，在可能范围以内，并采取最适当之方法，分就提示于各该国之案件从事调查，并将一切有关报告呈备审核及考量。

同年九月，国联行政院开会。我国代表于十九日请求依盟约第十七条之规定，邀请日本承受会员国之义务。廿一日，日本正式拒绝此项邀请。行政院遂于卅日通过报告书，除重申廿六年十月六日以来国联大会及行政院之决议案与报告书外，并称：

（一）联合会现经依照盟约第十七条第一项之规定，邀请日本接受联合会会员国为解决争议而负担之义务，日本政府业已拒绝。

（二）日本既已拒绝向其发出之上项邀请，则依照第十七条第三项之规定，在目前情形之下，第十六条自得适用，联合会各会员国不独得根据上述认定（指日本在中国所采取之军事行动违法而言），继续其至今所采之行动，且得分别采取第十六条所规定之各项办法。

（三）各会员国采取行动之调整办法，依过去之经验，其应有之各种要素尚未确认为已经具备。

（四）调整各政府业已实施或将来实施之各项办法一节，尚未能予以考量。然有一事实现仍存在，即中国因此次英勇抵抗侵略，实有要求各会员国之同情及援助之权。虽在世界另一区域内已发生严重之国际政局，亦不能使各会员国忘却中国人民所受之痛苦，或其不得减弱中国抵抗能力之义务，或考量个别所能援助中国之义务。

廿八年一月十七日，国联行政院开会时，我首席代表顾维钧博士提出我国申请，其要点为：

（一）请国联会员国根据前届行政院决议案，从速实行盟约第十六条所规定之经济制裁办法。

（二）请国联会员国对于援华方法速谋切实有效之措施。

（三）请国联设法保证输入中国军火在运输上之便利。

（四）请国联组织调查委员会，以便推动援华之具体办法。

查前届行政院会议时，因日本拒绝接受根据盟约第十七条规定之邀请，故行政院有采用第十六条规定之决议。惟当时因各会员国顾虑各国立场殊异，变集体制裁为个别制裁，改义务行动为自由考量。此虽与盟约精神不相符合，但我国仍予勉强接受。惜国联对我国申请未有何实际之解决办法。廿八年一月廿日，行政院通过之议决案，仍邀请各会员国，尤其与远东有直接关系之各会员国，于其认为适当时，与其他对于远东亦有同样关系之各国举行协商，就中国代表于廿七年一月十七日向行政院所陈述之各项建议，予以研讨，俾便采取有效措置，尤以援助中国之措置为最妥。同年五月廿七日，国联行政院通过二决议案。议决案一略称：

（一）对于中国为保持其正为日本之进侵行为所威胁之独立及领土完整而从事之英勇奋斗，以及人民因此而蒙受之痛苦，重表深切之同情。

（二）对于各项援助中国办法，包括救济办法，以及随时认为可行之其他办法，认为当尽量增进其效力。

（三）对于某数国已采取援助中国办法之事实，予以满意之注意。

（四）仍望上项援助中国办法仍将继续施行，又前经国际联合会大会及行政院通过之各项决议案，更将予以实施。

（五）邀请国际联合会各会员国，尤其是与远东直接有关之会员国，会同远东咨询委员会，对于实际适用上述各项办法之可能予以研讨。

决议案二：邀请各国政府之在行政院及远东咨询委员会派有代表，并在中国驻有官方代表者，就日本飞机轰炸中国之实际情形随时提出报告，并将由此所得消息尽速提交行政院。时至今日，欧洲之战祸方酣，国联会议已在会期延期之中。战后国际和平机构如国联者是否赓续存在，未可逆料，中日争议是否将为战后新国际和平组织所处理，则惟有视未来局势之如何发展而定其归趋也。

廿六年十月五日，国联远东咨询委员会小组会议所提之第二报告书称：本小组委员知悉按在华盛顿签订之九国公约中国以外各缔约国约定，尊重中国之主权独立及领土与行政完整。各缔约国包括中国在内，并约定无论何时、遇有某种情形发生，缔约国中之任何一国认为牵涉本条约规定之适用问题，而该项适用宜付诸讨论者，有关缔约各国应为完全坦白之互相通知。本小组委员爰认为，大会以国联名义应行采取之第一步骤，应为在最短期间请联合会会员国同时为九国公约之缔约国者，发动此项商讨。本小组委员会提议各该会员国应立即决定最佳最速之方法，俾此项邀请发生效力。本小组委员会尤望有关各国在彼等之工作上能与在远东有特殊利益之其他各国发生联系，俾觅取以相互协意而弥止中日冲突之方法。（原报告书第十一项）此项报告书大会于同年十月六日议决通过。大会休会后，其所建议召开之九国公约会议，由比国政府徇英政府之请求，并以美国政府之赞助，发出请柬，邀请九国公约各缔约国与非缔约国之与远东发生密切利害关系者派遣代表,在比京不鲁舍尔举行会议,其开会日期定为廿六年十一月三日。我国政府于接到邀请后,当即接受。于十月八日之复文中并希望有关各国能不坐失时机,立即进行商讨,采取最有效之措施,以制止日本之侵略。日本政府对于比国政府所发出之请柬,竟于十月廿七日复文予以拒绝。日本外务省发言人并就该项复文发表声明,日本复文中声明下述各点:(一)该项会议之召开与国联大会之决议案有关,日本对于国联之政治活动久经拒绝参加,对于由其建议召开之该项会议自亦同然,且国联前曾指斥日本为违犯条约,故深信该项会议亦未必果能维持和平。(二)日本在中国所采行动,系属自卫性质,因与九国公约之适用问题无关。(三)中日问题可由中国自行解决之。由一庞大国际组织如九国公约者予以解决,徒使问题愈趋复杂,有损无益,故未便派员与会。

该项会议于十一月七日对日本复文中所载各点一一婉词驳复,并希望日本如不愿正式派员与会,可指定代表与与会各国代表举行非正式之商洽。无如日本冥顽不灵之政府,仍于同月十二日复文拒绝。

查当时与会国家计有(一)九国公约之最初缔约国为美国、比国、英国、中国、法国、义大利、日本、和兰、葡萄牙等九国。(二)英国系以大英帝国之名义参加,苟将其所属自治领另作独立单位计算,则尚须加入南非洲、澳大利亚、加拿大、印度、新西兰等五国。(三)厥后玻利维亚、墨西哥、那威、瑞典、丹麦等五国亦先后加入之,共为十九国。德国亦往补入签字,惟未经正式批准,故未取得缔约国之资格。当时有关各国复约定会邀德国及苏联两国列席,此项邀请嗣为苏联所接受,而为德国所拒绝。日本未派员与会,故与会国家共为十九国。与会各国所派外交代表均系外交大员,如英法苏联均系以其现任外交部长为首席代表,故阵容颇觉整饬。惟该会主要骨干之英美两国始终侧重于调解,故其结果似未能尽满人意。该会议于九月十五日发

表一项宣言,首就日本所提复文所重行申述之理由予以驳复。继谓与会各国代表确信公正而和平之解决,不能期之于当事国家之直接谈判。(原宣言第十项)结称:"现存之局势为某特定国际公约之一缔约国与其他缔国之看法悉相背驰,谓其所以采取之行动与该公约无关,并将其他缔约国所认应予适用之该公约条款置诸不问,于此其他各缔约国不得不就其共同态度究应如何一节予以考虑"(原宣言第十二项)。该会议旋于同月廿四日又通过一次宣言,该项宣言重申九国公约内所包括之原则,为对于世界和平及国家与国际生活井然有序之发展上所必不可少之基本原则。复称目前争议之两造若能利用他国之助力,努力于最短期间内停止冲突,则两造皆蒙其利。只以争议两造间直接之谈判,决不能达到圆满之解决。惟有与主要有关国家之商讨,始能达到条件公正可以接受,且易于持久之协定。同时将其休会目的声明如下:"为给与各与会国政府以时间以交换意见,并进而探讨。一足使此次争端获一与九国公约原则与目的,均属相符之公平解决之和平办法。本会认为应暂时休会,但此次远东冲突事件仍将为出席不鲁舍尔所有国家,尤其是在远东之状况与事变中最受密切及直接影响之各国——所关切之事件,以其在九国公约下原负有义务,并在远东有特殊利益也。九国公约之缔约国已明白采行一种意在安定远东状况之政策,并曾为此接受九国公约之约束,在公约中尤以第一条及第七条之规定最为重要"。该会虽宣告暂时休会,但仍宣称一俟恢复工作之时机,业经该会之主席或两国以上之与会国认为业已成熟时,即当重行召开会议。故九国公约会议迄今可谓仍在休会状态中也。

国联处理中日事件,我国自大会及行政院迭次决议案所得之收获,皆有未能尽满人意之处,如二十八年九月卅日行政院所通过之报告书,既经认定日本在中国之军事行动为违反盟约,盟约第十六条关于制裁之规定,对日本已可适用,然仍于该报告书第五段内插入"各会员国采取（制裁）行动之调整办法，依过去之经验，其应有之各种要素尚未能确证为已经具备"等语。从而未能发动集体制裁而存心逃避义务者，遂有自由选择之余地。再我国所提关于组织调整委员会之提议未经采纳，致使国联决议案虽声明第十六条制裁规定可以适用而无执行制裁之机构，盟约中关于执行制裁机构，既付阙如。而国联本身又无海陆空军，以为执行国联决议案之工具，故国联所制裁办法是否发生实际效用，则惟以具有实力之会员国之意向与政策如何为转移，国联之所以软弱无力者，非国联本身之罪也。

大体言之，国联处理中日争议尚能本乎盟约及其他国际公约之精神，主持正义，斥责侵略。我国自大会及行政院迭次决议案所得之收获，约有以下诸端：（一）认定日本在我国之军事行动为违反国际公法及国际公约（包括九国公约、非战公约、国联盟约）之行为。二十八年五月四日所通过之决议案且明白指斥其为"侵略行为"。（二）对我与以精神援助，并吁请各会员国及非会员国之与远东有特殊关系者协商个别援助我国之办法，尤不得采取足以减弱我国抵抗能力，以致增加我国困难之任何行动。（三）请各会员国，尤其与远东有直接关系之会员国与其他对于远东亦有同样关系之各国举行协商研讨援助我国有效之措置。（四）盟约第十六条关于制裁之规定，其得适用于中日事件之法律根据已告确定，将来时机许可，即可发动制裁，无须另经其他审议。（五）在此项制裁尚未发动之前，凡属国联会员国其徇我方请求或愿自动制裁日本者，无论其所采取手段如何严厉，至少自国联会员国观之仅能视为盟约义务之履行，而不能指为对于日本之侵略。（六）我国有向各会员国要求同情及援助之权，此点大会及行政院前所通过之决议案且迭有述及。惟此之所谓援助，似仅限于直接援助我国。而行政院廿八年九月三十日所通过之报告书内所指之援助，则可根据盟约第十六条之精神，解释为包括直接制裁日本在内，盖以直接制日，亦即间接助我也。此外，谴责日本飞机勿轰炸我国不设防城市及警告日本勿使用毒气作战，虽未能实际制止日本之非法暴行，至少在精神上已与彼以重大之打击，同时可唤起国际舆论对日本暴行之愤怒与斥责。

九国公约之成就虽属细微，但该会议宣言中所反复申述之原则与共同态度亦颇有足称道者。其要点如次：（一）中日争议并非仅属中日两国间之问题，在法律上与九国公约各缔约国有关，而在事实上则与世界各国亦均有关。（二）日本政府又主张中日问题应由两国自行解决，而中国政府则声明其不愿——并不能——与日本进行交涉。于此可见，听由中日两国自行解决，不但未能于最短期间成立有裨远东大局之和平。（三）日本谓其在中国之行动与九国公约无关，此与该约其他缔约国之看法背道而驰，且彼将其他缔约国所认为应予适用之该公约条款置诸不问，其他各缔约国遂不得不考虑共同之态度。上述宣言所申明之原则自极严正，而其所表明之态度亦极为坚强有力。惜各缔约国所考虑之共同态度未能产生实际有效之办法耳。

第三章　对英法美苏各国之外交

抗战以来，我国虽将中日争议诉诸请国联及九国公约会议处理，但我并未忽视对各国个别外交关系之运用。查与中日事件有直接利害关系之国家为英法美苏四国，此四国中除法国因其后对德战败局势大变外，其他各国对我抵抗侵略之英勇抗战在精神上无不寄与同情，在物质上亦均予我以援助。其间虽因国际情势之变化及各国自身之利害关系，其对我所采取之态度与政策自难免对我多少有不利之处。及至最近，上述各国之对华政策已趋积极，大势显属有利于我。美国罗斯福总统憬于美国所珍重之自由生活方式与民主政治，将有为侵略者所吞噬之虞，从而由言论上之反侵略变为行动上之反侵略。美国毅然废除对日商约，逐渐采取禁运政策，即其明证。而英国亦因整个缓和政策弱点之暴露，对侵略者渐行采取强硬政策。事实上日本对于英国在华权益毫无忌惮加以破坏，此更增强英国援华制日之决心。欧战既起，国际之局势一变，英国为其自身问题，虽曾谋对日妥协，嗣以日本与德义订立三国同盟，英国转而采取对日强硬之政策。美国政府在欧战发生后，深切体认在东西两大洋海受威胁，对于美国本身之安全以及对于整个人类文明之威胁，实不堪设想，故采取援英援华之积极平行政策。至以苏联而论，抗战开始以后，即与我订立互不侵犯条约。廿八年六月，复与我订平等互惠之商约。从此种政治与经济条约之订结，即可反映中苏之友好关系。本年四月，苏日订立中立条约及发表共同宣言一举，吾人自颇引为遗憾。惟苏联对我物质之援助仍有加无已，中苏关系继续之增进，盖为必然之趋向。总之，四年来中国之外交处境历经几许风涛，终以我把舵坚定，坚持继续为争取国家自由与国际正义而进行之抗战，终能使国际情势完全于我有利，得道者多助，即此之谓。兹就四年来我国与英法美苏各国个别关系之演进与发展之迹象，一加叙述，以证实国际形势于我日趋有利之不虚。

（一）对英外交

就我国抗战后中英外交关系之发展言之，英国行动不免在若干处与其政治家所迭次表示之基本政策不相符合。惟以两国之传统友谊及利害与共之客观情势，两国关系已渐趋巩固。当我抗战开始之初，英国之当政者为采行唯实主义外交政策之张伯伦内阁，彼等认为欲维持英国在远东之利益，须以对日本采取妥协政策为主。当我将中日争端诉诸国联解决时，英国为在国联中惟一有发言地位之国家，法国则惟英国之马首是瞻。倘使英国之态度能更为积极，则我国自国联所得之收获，或不止于各国个别考虑援华办法。九国公约会议时，英首相张伯伦曾谓"在会议中谈及经济与武力压迫实非计之得也，吾人之与会志在寻求和平而非扩大冲突"。我国自九国公约会议中所得之收获，倘当时英国能采取更积极政策,或亦不止于仅加前章所述两项宣言而已。

吾人为明瞭抗战后中英两国外交演进之过程,对于若干不快意事件,亦不能不加以叙述,一以见英国对华政策如何由消极变为积极,由敷衍变为强硬,一以见我国在抗战中应付对列强外交艰难局面之不易。

廿七年五月三日,英日两国在东京成立关于中国海关税收及外债本息偿付问题之谅解。按此项规定,各关凡在日军所控制之区域以内者,所有税均应存放横滨正金银行,其中一部分得由总税务司拨充行政经费,其以关税为担保之外债本息与赔款,即得尽先与以偿付。查此项办法虽经英国政府声明为中日冲突内暂行办法,然此种擅自处理我国关款之协定,不仅妨碍我海关行政,抑且损害我国主权。至该项办法对中国之效力而论,第三国就有关中国主权与行政之事项,与另一国家订立办法,在国际公法上对于中国不发生法律上之拘束力,自不待言,此事后由我外部向英政府提出照会,声明中国不受其拘束,并保留对海关之一切权利与行动自由。

廿八年六月,敌方以要求引渡程锡庚案四嫌疑犯未遂,实行封锁天津英租界。日方旋以此事件为藉口,扩大要求,向英方当局提出种种无理之条件。英方当局初本表示该案愿就地解决。嗣又对日让步,愿从速解决。于是该案改在东京由英驻日大使克莱琪与日外相有田谈判。在谈判期间,英方当局曾不断声言英日东京谈判,决不损害中国利益。不料会议开始,英方未能坚持原有之立场,将谈判范围扩大。结果英日两国竟于七月廿五日成立"初步协定",按该协定之原文为"英国政府完全承认正在大规模战争状态下之中国之实际局势,在此种局势继续存在之时,英国知悉在华日军为保障其自身之安全与维持其侵占区域内公安之目的计,应有特殊之要求。同时知悉凡在阻止日军或不利于日军,敌人之行动与因素,日军均不得不予制止或消灭之。凡有妨害达到上述目的之行动,英政府均无意加以赞助，英国政府将趁此时机对在华之英当局及英侨说明此点，令其勿采取此项行动与措置，以证实英国在此方面所取之政策"。英首相张伯伦于宣布该项协定时同时表示，此与英国政府之对华政策无关，乃事实之问题而已，外相哈里法克斯亦声言该项协议之内容并不影响第三国所负义务与地位。我外部对英日所成立之"初步协议"当即发表严正声明，略称：日军之对华侵略业经英国自身与其他国联会员国予以承认，而英国政府对于在华日军之所谓特殊需要，竟声明知悉，是不能不引为遗憾。英国政府又担任使在华英国当局及英国侨民明悉，彼等应避免任何妨碍达到日本军队之行动或办法，尤堪讶异。同时表示中国政府深信英政府对于所谓天津局部问题之讨论，必将采取一种态度，符合其法律上及道德上对华之责任，并以行动表明其对于日本在华侵略造成之局势，决不变更其固有之政策。

同年八月，英方决定程案四嫌疑犯引渡于天津伪组织。关于此事，我外部曾向英驻华大使馆提出严重抗议，并令我驻英大使向英当局提出抗议。按我方反对非法引渡所具理由极为坚强充分。（一）就政治言，英方将该案四人引渡于由敌人武力所造成在敌人卵翼庇护下所组织之伪政权，实有承认武力行为及由武力所制造之伪组织之嫌。（二）就法律言，引渡范围国际法上一般规定仅限于刑事犯，决不包括政治犯，故英方此举毫无法律根据。（三）就道德言，刺程一案原为我国爱国精神之表现，英方在道德立场上自应对此加以赞助，以维公道正义。但英方竟出于移交一途，自不免有牺牲正义袒护强权之嫌。我外部发言人于八月十三日对本案发表严正声明，指出英方之决定显系违法，且与英国以国联会员资格所负不承认以武力造成之局面之义务，亦相背反。

廿九年六月中旬，欧战局势发生急转直下之变化，法国战败对德屈服，英国之地位陡增困难。日本利用此种局势，于六月下旬开始对英压迫。英日两国遂于七月中旬成立封闭滇缅路运输之协定。按该协定之内容有三：（一）香港自一九三一年一月起即已禁止军械弹药出口。（二）缅甸政府同意停止运华之货品种类凡五：（甲）军械；（乙）弹药；（丙）汽油；（丁）载重汽车；（戊）铁路材料。（三）停止运输时间为三个月。缅甸禁运货物香港亦予禁运。英国所以与日本订立该协定之目的，据称在希望于停闭运输之期间内可以觅得一种公允之解决办法，使中日双方均可自由接受，我外交部于七月十六日发表声明指出，英国接受日本之无理要求，已给予侵略者以巨大便利。故英国之举动，无异帮助中国之敌人，英国政府接受日方要求，停止滇缅路运输之决定，违反国际公法之原则、中英各项条约及国联之历届议决案，并表示，如有人以为中国通海贸易路线受有梗阻后中国即将被迫而求和，或竟接受日本所提出之任何条件，实为最大错误之判断。同时蒋委员长发表严正声明坚称：中国抗战决非任何第三国胁迫所能摇撼。英政府于三个月期满时，以欧战较为稳定，加以日本与德义订立三国同盟、美国对远东所持态度益趋积极，乃正式宣布滇缅路自一月十八日起重行开放。

上述各案或缘于英国政府自身利益之考虑，或由英国政府局势判断上之一时错误，卒因我能本于中英传统友谊之精神，以严正之态度与之折冲，遂使英之对华外交政策卒未有所变更，英之对华态度盖仍积极援助我国，兹举数事如下：

（一）英国政府于二十八年一月十七日为驳斥敌首相近卫二十七年十一月三日及十二月二十二日之两次声明而向敌政府提出之照会，措辞坚决，立场严正，较之美国政府所提之照会尚精辟明朗，该照会放〔于〕逐项驳斥近卫声明后郑重宣称："任何性质之变更，凡系由于武力所造成者，本国政府无意加以接受，亦无意加以承认，本国政府拟坚守九国公约之原则，单方面修改该约条款之行动，碍难承认，本国政府并郑重指明，……日本所称九国公约业已失效，该约规定已不复能适合当前情势云云，本国政府碍难承认。本国政府仅知远东局势系全由日本以违反九国公约条款方式加以改造者……英国此项拥护九国公约之严正表示，为指导英国对华外交之基本原则，不容更易。

（二）二十九年三月底汪逆伪组织产生后，英国外交当局即严正表示，英国政府对于中国政府之态度并未改变。敌汪签订伪约后，英政府复表示其态度，继续承认现在重庆之国民政府为中国之合法政府。

（三）英国政府迭次借我信用贷款及平衡基金，对于我法币信用之维持，财政状况之稳定，裨益甚大，从而增强我抵抗侵略之力量。

（四）英国政府决定继续资助缅甸政府兴筑滇缅铁路，兴筑该路之公告业于四月一日在重庆、仰光同时发表，此举足以便利我西南经济之发展及国防物资之输入，自不待言。

（五）中澳交换使节一事，中英澳三方经数月之磋商，于五月十三日中澳双方发表公告，决定交换外交代表，在最近期间，两国即将互换使节。换使以后，原有之友好关系自必益巩固，而太平洋之和平前途亦将受其裨益也。

（六）廿八年一月十四日英政府致日本之照会中说明，英国准备于战争结束之后，根据互惠及平等原则，与中国政府谈判废除治外法权，归还租界及修正条约。

总之，英国对华外交，虽在若干事例上有过于敷衍日本之处，但时至今日，英国政府深知中英两国利害相同休戚相关，中国在远东所进行之伟大保卫战已使敌人无法与其欧洲之盟友互相策应，以实现其南进政策，攫取大英帝国在远东领土之梦想，中国抗战对英帝国远东属地安全之贡献如此，相信英国必能在其困难之环境中继续增强其对我之援助也。

（二）对法外交

法国远东外交素惟英国马首是瞻。欧战败降前之法国对我国抗战亦极表同情,且与英美等国采取平行政策以谴责日本之侵略。当时法国对敌首相近卫主张树立东亚新秩序之狂妄声明亦表示其严正之态度,向日本政府递致与英美两国照会性质相同之照会。该照会声称:"帝国政府近所发表宣言关于帝国政府拟在远东推行之政策者,曾引起法国政府之特殊注意。法国政府认为此项政策与九国公约之规定殊属不符,法国政府特欲指明,现行条约所在中国造成之局势若有任何变迁,非由各关系国事先协商及同意者,法国政府碍难承认或接受,法国政府现仍认为,一九二二年二月廿日华盛顿条约所规定之各项原则并未损失其任何价值,且惟有尊重此项原则,始可使日本在华行动所引起各项问题获一使第三国满意之解决。

法国在欧战中败降以后,对于远东方面无力维持其原来对我之立场,故徇日方请求停止我假道越南运输,外交部王部长发表宣言如下:"法属越南在地理上与中国毗连,故彼此素有密切之关系。就商务与经济需要而言,互得调剂之利益亦历有年,今则越南尤为我国之国际交通路线,于中国与外国之贸易以及中国本身之安全均有莫大之关系。中国与法国关于法属越南已订有数种条约,其最近者为民国十九年五月十六日之《中法规定越南及中国边省关系专约》,依照此约之规定,法国允许各种货物通过越南,军械及军火包括在内,中国政府鉴于法国所负上述之特定义务,自有要求其履行义务及维持越南国际交通路线之权。惟年来中国政府对于军械与军火均未要求通过越南,实已尽可能范围谅解友邦处境之困难,不幸日本军阀政府得步进步,近日竟更乘人之危,对于法国政府肆为公开及非公开之威胁,逼迫其停止中越间之一般运输,法国政府未能坚决拒绝,中国政府实不能不引为深憾。盖日本之要求在使法国对于亲善之友邦施以封锁。此种封锁,无论中法条约上或国际公法上,均属毫无理由也。法国政府既未能毅然拒绝日本之要求，其结果必更鼓励日本军阀破坏远东和平之行为，中国政府于此自不能不有最大之关切。中国政府确信，日本在亚洲或太平洋上任何区域如有军事侵略行为，无论其出以何种方式，无非欲藉其侵略所得完成征服中国之根本目的。尤属显然者，日本如侵占越南，其目的将不仅夺取法国属地，势必更取道越南以攻华，故日本如在越南等地有武力侵犯行为，中国政府为维持其生存独立与遂行其一贯之反侵略主义，计不能不因日本之逼迫而采取此种局势下一切必要之自卫措施。"八月间，敌人向法要求假道越南攻我，外交部复发表声明如下："中国于抵抗日本侵略中，如日军不利用外国国土攻击中国时，原无派遣军队进入外国之意，故现在越南边境附近驻扎之中国军队，苟日军一日不入越南，当一日留住中国领土而不令其开入越境。乃现得确实消息，日本必欲派军在越南登陆，并在越南境内采取他种军事行动，藉以攻击中国领土，中国政府于此特郑重声明，日本武装队伍果侵入越南时，不论其用何种藉口，并不论其在何种情形之下，中国政府认为此举系对中国领土安全之直接与急迫的威胁，当立即同样派遣武装队伍进入越南，俾得采取自卫措置，以应付此种局势所有因采取此种必要措置而发生之结果，中国政府不负任何责任，而法国当局如在越南准许或容忍日方任何军事行动，则所有因是发生之结果，包括越南中国侨民所受身体及财产上之一切损失，法国政府自不能避免其责任"。同年十一月七日，上海法租界当局与敌伪成立协定，允其接收租界内法院，我当局即向法方提出严重抗议，复由外交部发表声明略称："对于上海法租界内自称为中国法院之任何机关，当然认为非法，其所有裁判及其他任何行动一律无效。"

（三）对美外交

中美两国在立国精神上殊多共通之处，美国独立宣言中所主张之人民生命自由与幸福之利权，与我总理所倡导之三民主义之基本精神若合符节,以故中美两大民族感情素极融洽,邦交亦颇敦睦。美国为门户开放原则之发起人,九国公约之倡导者。九一八事变既起,中日争端发生,美国即大声疾呼,主张公道。惜乎国内舆论尚未成熟,致一时未能有积极之作为。然而以一非国联会员国之资格,热心赞助国联之行动,亦殊足称道。当时美国国务卿史汀生所倡之不承认主义,以后为国联所采纳,成为各国对华互相遵守之义务之一。及我国全面抗战开始,国务卿赫尔于七月十四日发表演说,主张国际正义国际和平,避免以武力为推行国策之工具,遵循和平途径,以解决各国纠纷,尊重条约尊严,裁减军备,取消贸易壁垒,以为建立各国间良好谅解之基础等等,胥为原则之宣示。此项原则即为美国日后采取积极行动之张本。八月廿三日,赫尔又发表演说,重申七月廿四日演说之要旨。十月十五日,罗斯福总统在芝加哥发表隔离侵略者之有名演说,以舆论反应不佳,总统未遽采取积极动作。美国当局鉴于言论之谴责,字面之抗议之未易奏肤功,于是埋头整军,积极扩张国防,以为其采取积极政策之支柱。及至近卫发表以建立东亚新秩序为骨干之声明以后,美国认为不能再事沉默,于是首先仗义直言,谴责日本之毁约行动,力陈美国护约之决心。美国于廿七年十二月卅日致日本政府之照会中有言曰:"关于远东局势之各条约(按特九国公约)规定本甚广泛,但在缔订各该约时在各缔约国者间原有一种'取'与'予'之办法,为实行各该约中某某规定计,约中每个别有规定,为对缔约者获得某某事项之安全,每一缔约者又往往对于其他某某事项自允牺牲。凡此种种同意之规定,均可谓构成一综合的办法,为全体之利益保障互相关联之两原则,即一方面为国家完整之原则,一方面为经济上机会平等之原则。按诸经验之所示,国家完整原则破坏后,机会均等原则之被藐视,恒必随之而来","美国政府明知局势已有变迁,美国政府明知此种变迁若干系由日本行动所造成者,但任何一国对于自己主权以外之地域中擅自规定'新秩序'之条文及情状，并自以为系该地域权力之渊源及命运之主宰。美国政府诚不能承认其有必要或有所依据。"美国提出此项严重之抗议后，英法两国亦相继提出性质相同之抗议。美国援华制日随时间之演进而日趋积极，其关于援华事项可分直接与间接二者。

间接援华事项约有以下三端：

（一）不适用中立法——美国之中立法对远东并未适用，盖以其有利于敌而有害于我。倘使实施该法，美将失去对我直接援助（包括借款在内）之自由，而敌则可根据现购自运之规定，利用其海上之优势，自由自美国输入作战物资。

（二）不承认伪组织——南京伪组织成立时，美国率先发表不承认之严正声明称："美国会再度声明，美国实有根据国际法与现有条约协定所赋予一切权益。十二年前，美国政府一如他国政府正式承认中华民国国民政府，该政府现以重庆为行都，美国政府有充分之理由相信该政府仍受中国人民之拥护。因之，美国政府自将继续承认该政府为中国之政府"。此一声明足以表示自九一八事变以来，美国政府对于远东所发生之事件已有深切之认识，美国决不承认武力所造成之局面。日本军阀所持独霸亚洲及太平洋之计划决将成为泡影。

（三）准备取消对华不平等条约——上述美国致日本照会中称："即在一九三一年以前，已包括该年在内在中国享有此项权利（即治外法权）之各国，包括美国在内，已方在积极谈判，准备放弃此项权利。美副国务卿于二十九年七月廿二日表示，美国愿与中国在和平状况之下，继续谈判废除治外法权问题。本年五月底，美国国务卿赫尔在与我新任外交部长郭泰祺之换文中声称："本国及其他国家因规定领事裁判权及有关之惯例之协定而在华久享若干特殊性质之权利，美国政府将继续所采之政策，希望于和平状况恢复以后，迅速着手与中国政府用有秩序之谈判及协议之手使,以期废除上述之特殊性质之权利。"此举对于中国之国际地位重行予以新的承认,自足加强中国之抗战力量。

美国对华直接援助之具体行动,厥为历次对华之信用贷款。查美国对华贷款前后计共四次:第一次系在二十七年十二月,由美国建设银公司贷我二千五百万元;第二次系在二十九年三月,美国增加进出口银行资本一万万金元,并修改贷款办法。凡曾经贷款而尚未偿还之国家,可再向美国借二千万元,故此次对我贷款之数目为二千万元;第三次系在同年九月,贷款数目为二千五百万元,第四次系在同年十二月,此次贷款中五千万元充作一般用途,余五千万元为平衡基金。另有垫款六千万元,系美国用以向中国购买军需原料。中美平准基金协定已于本年四月二十七日签字。吾人于此项注意者,第一次贷款系在我武汉战局转进之后,第二次系在汪逆伪组织成立之后,第三次系在日德义三国同盟成立之后,第四次系在日汪订立伪约之后,中美两国已成患难之交,于此可见。

关于美国制日事项其所采取之直接行动有二:

(一)废除对日商约——二十八年七月间,英国与日本在东京成立初步协定后,美国为应付此种局势,于七月二十六日宣告废除美日一九一一年之商约。该商约至二十九年一月二十六日失效。对于日本之打击甚大自不待言,同时为美国对日禁运之先导,亦为一种制止日本侵略之有效办法。日本屡图与美续订新约,然美方始终坚持原有立场,不肯与日方续订,致日对美之进出口贸易业极大不利之影响。

(三)禁运——自二十九年六月间美参众两院通过国防法案,授权总统实施出口统制后,我方不断策动促其实施。美总统于七月二日宣布军用原料、化学制造品及机器工具四十六种物品须受出口统制。七月二十五日,总统复宣布将飞机汽油及一等高磷化度废铁两项列为出口统制物品。七月卅一日,总统宣布禁运制造飞机用汽油及乙烷基钵之设备及其设备制造之计基图样,并禁运制造飞机或飞机引擎之图样计划。九月二十六日,总统宣布自十月十六日起,除对于西半球各国及英帝国外,禁止各种废钢、废铁之出口。十二月十一日,总统又宣布,除对英及西半球各国外统制铁砂、铁块、铁混合物及钢铁制造物与半制造物之出口。三十年六月五日,菲律宾亦实施出口统制办法,以上受禁运影响最大者为日本。

本年三月十一日,美国军火租借法案通过。罗斯福总统于同月十五日之演词中明白声诉:"美国业已悉示中国必将得到吾人之援助。"又于四月十五日接见记者时声称:"美国已开始依照军火租借法案之规定,以援华之军火缮列清算,此即所谓美国拟自积储之军火拨用一部分,转让中国,并以新造之军火转让中国。"五月廿七日晚,罗斯福总统复作炉边谈话声称:"希特勒征服世界之计划,几已全告完成。幸赖英国及其自治领史诗式之抵抗及中国伟大之保卫战,始克加以阻遏。余确信中国之抗战能力必可益臻雄厚。"外间有以该项谈话中未提及日本推测美国对日政策软化者。赫尔国务卿遂于同月二十九日对记者称美国对日政策及美日关系均无改变,以清阴霾而明立场。"本(美)国现已迅速成为一庞大兵工厂,用以制造工具,俾自由之人民得以抗拒武力之侵略。我人当尽量发挥继长增高之生产能力,以期达到此目的"。(美新任驻华大使高思呈递国书时之颂词中语)于此可见,在吾国在此后奋斗中,美国定将继续予我以及时与有效之援助。中美两国人民所拥护之主义及所奋斗之目标,初无二致,相信情势无论如何变化,决不能丝毫影响两国间日趋密切而友好之关系也。

(四)对苏外交

中苏两国关系素称密切。在地理上苏联与我国有数千里之接壤,在历史上与我国复有悠久之睦谊,而在政治上则同为日本大陆政策之侵略目标。故利害相同，休戚相关。我抗战军兴以后，中苏关系有长足之增进。苏联于二十六年八月二十一日与我缔结互不侵犯条约。该约规定："两缔约国重行郑重声明，两方斥责以战争为解决国际纠纷之方法，并否认在两国相互关系间以战争为施行国家政策之工具。并依照此项诺言约定，不得单独或联合其他一国或多数国，对于彼此为任何侵略。该约第二条规定，倘两缔约国之一方受一个或数个第三国侵略时，彼缔约国约定在冲突全部期间内，对于该第三国不得直接或间接予以任何协助，并不得为任何行动或签订任何协定，致该侵略国得用以施行不利于受侵略之缔约国。此约缔结以后，就苏联方面言之，为苏联承诺在中日冲突期间内，不与中国之敌国日本作任何直接或间接之援助。事实上，苏联颇能遵守在该约下彼所提供之诺言。在历届国联大会及行政院会议上，苏联代表不断作援我制日之呼吁。廿七年十一月，在比京布鲁舍尔所召集之九国公约会议，苏联虽非九国公约原签字国或参加国，但亦接受与会之邀请，为拥护九国公约反对日本侵略而努力。

史太林于廿八年三月十日在苏联共产党第十八届大会席上之报告书内节称："吾人援助为侵略者所侵略及为彼等独立而斗争之国家。"我国为争取独立而抗战之宗旨，适与苏联援助被侵略国者之志愿站在同一立场。莫洛托夫于同年五月卅一日在最高苏维埃第三届大会发表演说称："吾无需述及吾人对于中国之态度，诸君洞悉史大林同志关于援助已变成侵略之牺牲品国，并为其国家之自由独立而战之宣言。此宣言对于中国及其他为民族独立奋斗之国家完全适用。"同年六月，中苏签订平等互惠之商约，于中苏两国贸易关系之增进上裨益匪浅。现任苏联驻华大使潘友新于同年九月一日向我林主席呈递国书颂词内，不独代表苏联人民对我抗战表示深切之同情，重申苏联政府爱好和平及援助被侵略之政策，更表示其对我抗战最后胜利之热切期望。苏联明朗显豁之援华态度，载于其驻使国书之内，实开外交之新例。此足证明苏联之援华制日，纯本光明正大之立场，毫无闪烁避讳之意也。

当敌汪于廿九年十一月签订伪约及敌承认汪逆伪组织时，苏联表示其严正之态度。同年十二月四日，苏联驻日大使史梅丹宁曾对日方声明："日本政府声称，日本与汪精卫缔结之条约第三条决非针对苏联，并谓对于日本欲调整苏日邦交之愿望亦不致发生影响。苏联政府当注视此种声明。至于苏联政府方面则认为，必须郑重宣言苏联对华政策依然如故，毫不变更。"其态度之严正立场之坚定可知。

抗战以来，苏联不断与我以物资上之种种援助，以增强我抗战之力量。苏联国内舆论对我抵抗侵略之战争作正义之热烈声援，以增加苏联人民对我之同情。此尤值吾人衷心感奋者也。

苏联外交人民委员莫洛托夫与敌外相松冈洋右，于本年四月十三日，在莫斯科签订中立条约及共同宣言，约文第一条规定"缔约国双方保证维持相互间之和平与友好邦交，互相尊重对方领土完整与神圣不可侵犯性。"第二条规定"倘缔约国之一方成为一个或数个第三国军事行动之对象时，则缔约国之他方在冲突期间，即应尊守中立。"共同宣言称："苏日双方政府为保证两国和平与友好邦交起见，兹特郑重宣言。苏联誓当尊重'满洲国'之领土完整与神圣不可侵犯性，日本誓为尊重'蒙古人民共和国'之领土完整与神圣不可侵犯性"。日本已为中国之死敌，苏联竟与之缔结中立条约，保证不侵犯，并保证在与其他一个或数个国家发生军事冲突时，遵守中立。在客观上等于苏联便利日本对华侵战，而对于中苏原有之友好关系大有妨碍。苏联此举显违反中苏条约下所担负之义务，并侵略我国主权，实不胜遗憾。王部长对苏日共同宣言当即发表严正之声明如下："本月十三日苏联与日本签订中立协定时所发表之共同宣言内称，日本尊重所谓'蒙古人民共和国'领土完整与不可侵犯性，苏联尊敬所谓'满洲国'领土之完整与不可侵犯性。查东北四省及外蒙之为中华民国之一部，而为中华民国之领土无待赘言。中国政府与人民对于第三国家所为妨害中国领土与行政完整之任何约定，决不能承认，并郑重声明苏日两国公布之共同宣言，对于中国绝对无效。"就法律之观点言之，第三国间擅自订定损害我领土主权及行政完整之协定，对我当然全无拘束。就实际之观点言之，抗战为我既定之国策，决非第三国间所成立之任何协定所能动其毫末。上述条约经我方与苏方折冲后，相信苏联必能本其一贯之和平政策，对我争取独立自由抵抗侵略之神圣战争，继续与以物资上之种种援助，以裨益中苏邦交及远东和平也。

第四章 对敌之外交措施

抗战以来，我对敌方之外交措施不外拒绝敌方之和平提议与否认敌国武力所造成之伪组织与其一切对内对外之任何行动。

廿六年十二月终，德国驻华大使陶德曼奉德政府训令，转达日本政府所提出之基本议和条件四项，我国以日方所提条件苛刻广泛，拒绝考虑。日本政府恼羞成怒，遂于廿七年一月十六日发表声明称："今后不以国民政府为对手方。"同月十八日，我国民政府发表声明，略称："中国和平之愿望虽始终未变，而领土主权与行政之完整既为我独立国家应有之要素，又经有关系各国以神圣之条约允与以尊重，自不能容许任何国家之侵犯。中国政府于任何情形之下，必竭全力以维持中国领土主权与行政之完整，任何恢复和平办法如不以此原则为基础，决非中国所能忍受。同时在日军占领区域内，如有任何非法组织僭窃政权者，不论对内对外，当然无效。"同年十二月廿二日敌首相近卫文麿发表所谓"更生中国"调整国交之声明，蒋委员长于同月廿六日对该项声明严加痛斥，称之为："敌人整个吞灭中国、独霸东亚、进而企图征服世界一切妄想阴谋的总自白，敌人整个亡我国家灭我民族的一切计划内容的总暴露。"蒋委员长总结称："中国只要守定立场,坚定目标,必获最后胜利。"我外交部发言人对近卫声明亦发表下列之意见:"日首相近卫二十二日晚发表之声明,其内容与日方历次声明并无不同,亦即日本破坏中国独立完整、关闭中国门户之基本政策丝毫未变。近卫宣称日本尊重中国之主权,但同时坚持继续其军事行动、成立伪组织、强迫订立所谓防共协定,所谓尊重中国主权者何在?近卫声明日本不欲中国领土,但同时要求在华驻军及划内蒙为特别区,非变相的划分中国领土而何?至所谓内地居住及贸易自由权,表面上似甚平凡,但苟一思及日本在华控制傀儡政府、驻扎军队,即不难想见日本对中国之真意在凭藉军事与傀儡政府力量,策动日本人力物力对中国实行普遍的深入的经济侵略也。此种行动与日本侵略东北如出一辙。至谓日本无意独占中国之经济权,亦非欲限制第三国在华之经济利益,则全系饰词,欺人之说,藉以缓和国际不利于日本之空气。观于东北伪"国"之现状,以及日本近一年来在中国之经济设施,与夫对第三国在华权益摧残之事实,益可知其不足置信矣。"

廿九年三月汪逆伪组织在南京成立,外交部向各国驻华使节分送照会,郑重声明我国立场。该项照会原文如下:"日本自侵略中国以来,不惜使用种种方法以达其征服与控制亚洲及太平洋之目的,奸淫屠杀与空中之滥施轰炸,使平民受生命之残害与财产之毁灭难以数计。凡此种种以及其他野蛮行为,更坚中国人民抵抗暴力之意志,以维护人道正义。中国抗战将及三年,日本军阀既已陷入绝境,乃在南京设立伪组织,僭称"中华民国国民政府",此项组织纯为日本军阀所制造与控制之傀儡,日本显欲利用此项组织为工具,以侵夺中国之主权破坏其独立及领土与行政之完整,并藉以推翻国际间法律与秩序,毁灭九国公约,而将第三国在华之一切商务利益排除净尽也。所有构成伪组织之人员,不过为日本之奴隶,其丧尽道德廉耻与爱国天良自不待言,此辈危害祖国助长日军侵略,中国政府与人民视之为国贼之尤者,应依法予以惩处。中国政府于此极愿以郑重之态度重申屡经发布之声明，即任何非法组织，如现在南京成立者，我中国他处所存存在之其他伪组织，其任何行为当然完全无效，中国政府与人民绝对不予承认。中国政府深信，世界自尊之国家必能维护国际间之法律与正义，对中国境内之日本傀儡组织决不予以法律上或事实上之承认，无论任何行为涉及任何方式之承认，既属违背国际公法与条约，自应视为对中国民族之最不友谊之行为，而承认者应负因是所发生结果之全责。中国政府与人民不问日本在中国境内所采之方法如何，始终坚决抵抗日方之侵略，直至日军完全驱逐于中国境外，公理战胜强权而后已。"同年十一月卅日，日本与汪逆伪组织在南京签订所谓伪约。外交部王部长发表声明如次："日本业与南京傀儡伪组织签订所谓条约，日本此举，实为企图在中国及太平洋破坏一切法律与秩序，而继续侵略行动进一步之阶段，日本始则制成机构，以遂其欲。今则与之订约，藉以助成其独霸与侵略之政策。实则此种机构不过为东京政府之一部移植于中国领土之上，而为日本军阀实行其政策之工具耳。中华民国国民政府对于傀儡组织迭经宣示其态度。兹再郑重声明，汪兆铭为中国民国之罪魁，其伪组织全属非法机关，为中外所共知，倘有任何国家承认该伪组织者，我政府与人民当认为最不友谊行为，不得不与该国断绝通常关系，日本无论在中国或太平洋之企图如何，中国决心抗战至最后胜利，中国自信必获胜利，盖自由与法律与正义必能战胜一切也。

第五章　我国外交前途之展望

综观我抗战四年之外交，虽顺逆之境互见，然以我目标坚定、立场严正，本"以不变驭万变"之宗旨，肆应波谲云诡之国际局势，卒能得道多助，使国际之同情与援助尽属于我，诚以我对破坏世界和平、危害人类幸福之侵略主义，首举抵抗侵略义帜，誓为民族生存与国际和平而战，于此使罹侵略之祸者有所鼓励，一致奋起，以保卫其祖国。对侵略抵抗则存，不抵抗则亡，此为确定不移之真理。我国抗战之示范作用，其裨益于人类文明者当非浅显。倘使于日本发动侵略中国之初，集体安全制度付诸有效之实施，对始作俑者予以迎头痛击，则吾人今日目睹全世界之战祸或得防止于未然，亦未可知。幸我中华有真知灼见之领袖，对世界侵略祸首之日本毅然加以抵抗，使侵略暴力深陷于大陆之泥沼而不得自拔。早在九一八事变后，我国即曾正告世界，根据和平不可分之原则，远东之和平不保，即世界之安宁无日。居今日之世界，经济文化交互错综，交通运输至为敏捷，故任何国家、任何人民，对于任何地域发生之战争，皆不能不受直接或间接之影响，国际间不复以和平之方式解决其纠纷，而竟以武力为推行国策之工具，则文明必告毁灭，而各地秩序亦必告混乱。诚如此，则不独玩火者自灼其身，即观火者亦岂能免于燃眉。试观四年来战争之由远东蔓延至于欧洲，而益信向使集体安全早经树立勿任破坏，则远东局势固已早告澄清，即欧洲战争当亦不致爆发。

欧战发生以还，对我之抗战并无多大影响，我之抗战不问欧战如何演变，敌人一日不觉悟一日不放弃其侵略政策，则我之抗战即一日不停止，我国如坚定不摇抗战到底，无论国际情势如何变化，敌人侵略狂焰终必为我所熄灭。尤有进者，国际间对我之同情与援助，并未因欧战发生而减少。在欧战过程中，与远东有重要关系之国家，虽间有因其本身处境之困难，致未能坚持其原来对我之立场者，但大多数友邦对于在九国公约下之义务亦仍在恪诚遵守，英美两国对于我国抗战迄今在各方面均予以种种可贵之援助，将来继续此项援助自必毫无问题。盖中英美三国有一共同目标，其目标唯何，则如我新任外交部长郭泰祺所称，即在保卫人类三大经典，英之大宪章、美国之独立宣言与中国之三民主义也。至就苏联而论，则自我开始抗战以来，即不断予我以诚挚之同情，以及物质上种种之援助，而苏联人民对其政府不断援我之政策亦信任有加。苏联当局曾迭次声明苏联政府维持中立和平与援助被侵略国家之立场,此与我为独立而抗战之宗旨恰相吻合,苏联将来继续加强对我之援助亦可断言。我国抗战与各友邦之利害安危一致,故各友邦对我无不予以道德上或物质上之援助,关于此点,我最高统帅早有如下之指示:"各国间对于世界问题之观察现时或不能完全相同,但对于远东大局与中日问题之观察,则没有不一致的。因为中国抗战的成败,实际上是与各友邦利害安危相一致,任何国家没有不为他本国真正的利益打算的,所以敢断言,决没有一个国家会牺牲中国,而与其根本冲突的国家相妥协。"

国际形势无论是否因欧战而愈趋复杂,我中国决坚持抗战,以不变驭万变,不论敌人如何投机取巧威胁利诱,确信各友邦决不能无视我国立场而与敌妥协,吾人尤须重申九国公约会议宣言之宗旨,即"中日问题乃为一国际问题"。敌所争者为整个太平洋之霸权,故中日问题乃为与九国公约各国有关的共同利害问题,因此各友邦务须和衷共济通力合作,为反抗侵略与维持和平而共同奋斗。我国抗战胜利,世界始有和平,否则欧战固不能结束,即欧战纵能暂告结束,亦将为远东之侵略火焰而再度燃烧。根据和平不可分之原则,欧洲与远东有息息相通之关系,盖以远东侵略者为破坏世界和平之罪魁,而远东问题又与欧美各国在条约上与利害上结有深厚之因缘,远东和平与秩序恢复后,始能确保世界和平之重建。

四年来之国际形势虽变化万千,但我国之外交方针与立场则始终如一,坚定不移。迄今不独我已坚定最后胜利之信念,且已获得有利之国际形势。援我制日,为国际间一致之主张。吾人之所期望者,始于抵抗强暴侵略,终于建立世界永久和平。吾人深信独立完整强盛之中国,为安定远东与世界的有力因素,我中国务必为企求重建世界和平之积极而有力之一员,将来在重建世界和平之过程中，我中国务当尽其最大之努力。

〔国民党中央执行委员会宣传部档案〕

41．外交部拟定关于取消领事裁判权之原则

（1942年3月9日）①

一、一切不平等条款，战后应无条件取消。故届时与有关各国接洽领事裁判权之废止，不再根据以往交涉，而应完全以平等互惠为原则，缔结新约。

二、有关各国如提出有损中国主权之任何过渡办法，（例如聘用外籍法官）我方应根本拒绝讨论。

三、在平等与互惠原则之下，左例三点，如经对方提出，可加考虑：

（一）彼此解除境内侨民服兵役之义务。

（二）关于彼此侨民个人身份及家庭关系，均有本国驻外官吏依照本国法律处之。

（三）外人在华附设宗教、医药、慈善等机关及其设备得继续存在，但须受中国政府所制定关于各该机关之管理或监督各特种法规之支配，其地位与待遇以与中国类似机关相同为原则。

四、领事裁判权实行废止后，外人得在内地杂居，惟我方应采取左列方法加以既制：

（一）对于外人取得土地所有权、典权、永租权及耕种等权，在土地法内应有严格之限制。

（二）对于外人在华工商业之投资，在各关系法规内应有限制。

（三）我国应即实施外人居留证制度，对于外人之迁移，规定相当之限制，俾免过多外人聚居一方，以致影响该地之社会经

① 此为军委会侍从室收文时间。

济状况。

（四）必要时得仿照美国及英荷各属地先例，限制每年外人移民来华之数目。

〔军事委员会委员长侍从室档案〕

42．国民政府公布蒋介石告别印度国民书

（1942年3月23日）

余夫妇此次访印，留驻半月，得与印度军政当局以及一般友好，开诚商讨吾人之反侵略计划，与彼此共同奋斗之目的，幸获一致之同情，与全力之赞助，殊觉愉快。余今任务已毕，即将回国，而与我全印友好作别矣。只因留印日浅，对印度国民，未能尽我所言，故于此临别之时，一倾我恳挚向往之心，藉申平生之积愫。余所欲首先提及者，自余到印之后，得悉印度全国对于反侵略战争，皆有一致之决心，此实余所引以为深慰者也。我中国与印度合占全世界二分之一人口，两国毗连之国境，达三千公里之长，其文化经济相互交流之历史，有二千余年之久，然而两国间从未有一次武力之冲突，此种悠久之和平邦交，实为世界上其他各国间所未有，此足证明吾两大民族实为世界真正和平之民族。时至今日，世界和平已为野蛮之侵略暴力所威胁，我中印两国不仅利害攸关，实亦命运相同，因此我两大民族，惟有共同一致积极参加反侵略阵线。并肩作战，以实现真正之和平世界，竭尽吾人应尽之职责。抑中印两国国民之德性，有一共同之特点，即两国均以舍身取义，杀身成仁相崇尚，吾人之传统精神，厥为不惜牺牲自己，以达成救人救世之目的。我中国对于此次战争，亦即为此牺牲精神之表现，故毅然参加反侵略阵线，此非仅为争取中华一民族之自由，实为一全人类之正义争取整个人类之自由也。余敢向我兄弟之邦印度国民建议，吾人在此人类文明存亡绝续之

交，惟有各尽其所能，以取得世界人类整个之自由，盖只有在世界人类整个自由之中，乃能获得我中印两大民族之自由。无论中国与印度，其中如有任何一民族不能得到自由，则世界即无真正和平之可言。至于现在世界大局之形势，只有两个壁垒，凡为国家与人类求自由者，皆必毅然站在反侵略阵线，其间决无中立旁观之可能，盖此时实为我全体人类祸福之总关键，决非一国一人之争，亦非某一国与某一国间各别之利害关系，凡参加反侵略战线之同盟者，无论何国，皆在整个反侵略民主阵线之中共同合作，而非单独与某一国合作与不合作之问题也。吾人于**此憬悟民族主义之意义**，在太平洋战争开始以后，已应乎时代而有一甚大之转变，各民族求得自由之方式，今者实亦有不同，现在各反侵略国家无不要求印度国民在此新时代中，尽其应尽之责任，以求自由世界之生存，印度之将来，实为此自由世界整个之重要部份，同时世界大多数人士皆已同情印度之自由，此种宝贵难得之同情，决非任何有形物质力量之代价所可取得者，余以为应特加珍重，**而使之勿失也**。

诚以此次战争，实为全体人类自由与奴隶之战，换言之，即是与非善与恶之战，亦即世界被侵略与侵略暴力之战，倘此次战争反侵略战线失败，则世界文明必倒退百年而不止，全体人类之惨剧，将不知伊于胡底矣。

姑就吾亚洲而言，日本军阀之暴虐，有非言语所能形容者。高丽、台湾自日人并吞以后，其人民所受压迫与痛苦，**既巨且深**，固已足资吾人之借镜。祗述我中国此次抗战所受日军之**残暴行**为，在一九三八年十二月南京被陷时之一例言之，一周以内，全城人民被屠杀者多至二十余万人，此五年以来，全国人民几乎无日不受飞机大炮之轰炸，凡暴日铁蹄所到之**地**，无论**男女老**幼，非被污辱即受荼毒，尤以智识份子与青年学生所遭之惨劫为更甚，残暴之日寇决不使稍有智识与思想者容留一人于**社会之**

内，故对于学术机关与其稍有文化历史关系之建置，无不彻底摧残，举凡日常生活必需之工具，如炊具之铜，耕具之铁，与手艺工具之类，无不搜括掳掠毁灭无遗，其在军事占领区域内，除奸淫洗劫焚烧残杀不计者外，更复藉其暴力，到处开设烟馆赌场与妓馆，不仅腐化吾人之生活与体质，且图灭绝吾人之心灵，此种惨无人道，暗无天日之丑行，实非全世界文明人类与我仁慈高尚之印度国民所能想像。然余兹所述者，犹不过为中外人士所共见共闻者之一端，尚不足以暴其黑暗于万一也。

当此野蛮暴力横行，黑暗笼罩于全球之时，吾人为世界文明及民族自由计，我兄弟之邦印度国民与我中国国民皆宜共同一致拥护大西洋宪章与二十六国反侵略共同宣言，积极的参加此次反侵略阵线，联合中英美俄等各同盟国，一致奋斗，携手同登此争取自由世界之战场，以求获得最后之胜利，完成吾人在此一时代中无可推诿之使命。

最后，余对盟邦英国政府特致诚挚之期待，余且深信我盟邦之英国将不待人民有任何之要求，而能从速赋予印度国民以政治上之实权，俾能发挥精神与物质无限之伟力。印度此次参战，因为求取反侵略民主阵线之胜利，实亦与其本身自由之得失有莫大之关系。余以客观地位，认此乃为于大英帝国有益无损最贤明之政策也。

〔国民政府外交部档案〕

43.唐保黄建议改进武官工作电

（1942年4月3日）

伦敦　10175

重庆主任贺主任陈转呈委员长蒋：QUA（表）密。谨将我国武官工作过去失败原因及建议要点呈请钧裁。（一）指导机关指导不力，联络不善，致在外工作人员失去重心，多趋苟且偷安之途。此次选派驻英、美、苏盟约国武官，意义重大，设能改由侍从室直接指导，使中心国策与领袖意志得以贯输海外，则工作效力定能增强。（二）武官制不良，权责不分，致常有摩擦，为增强权责便利工作计，依照武官组织，可否援各国惯例，准予分署办公。（三）生在此限用办事员一员，个人薪俸可以维持生活。惟欲展开工作，则绝对不敷。拟请每月拨汇特别费国币一千五百元，准予实报实销，以为增聘人员、特别活动、情报、车马等费开支之用。窃生仰荷党国宏恩，日思图报。惟以工作困难，急待改进，合将所见推进工作基本要素各点，披沥上陈，是否有当，恳祈核示。生唐保黄。江。

〔军事委员会委员长侍从室档案〕

44．外交部拟定关于和平变更条约之原则

（1942年4月12日）

一、任何条约因情势变迁而不适用，经用和平方法，如直接交涉、调停、和解、仲裁、司法解决等而无结果者，依争议国一方之声请，得由大会提请争议国注意，或建议解决办法。

二、任何国际情势，其继续不改足以危害世界和平，经依前条之规定办理，而仍无结果者，得由大会议决解决办法。

三、大会作前条决议时，须有出席会员国五分四之通过。

四、大会之决议，应即通知制裁机关。

五、遇有国家不履行大会决议时，经制裁机关确定后，得施以军事以外之制裁。

〔军事委员会委员长侍从室档案〕

45. 外交部拟定太平洋各国互助条约

（1942年4月12日）

一、中、美、英、苏、日本、高丽（应承认其独立）、坎拿大、澳洲、纽西兰、菲律宾（一九四六年独立后）、荷兰（关于荷属印度）、泰国及其他远东国家，订立互不侵犯及互助条约。以代替九国公约，并加强国际集体安全制度。

二、该条约内容应以左列各款为原则：

（1）该条约不得与国际集团会公约有任何抵触。

（2）该条约所规定之权利义务，以平等相互主义为基础。

（3）签字国如同时为国际集团会会员国时，不得因该条约之义务而规避集团会公约之义务。

（4）该条约应接受国际集团会公约所规定关于和平解决国际争议及关于侵略与制裁之各条款。

（5）签字国间，应设置混合和解委员会，凡外交途径不能解决之事件，应分别交由各该委员会和解之。

（6）该条约应送国际集团会秘书厅登记。

〔军事委员会委员长侍从室档案〕

46. 外交部拟定战后国际经济合作之原则及办法大纲修正案

（1942年5月14日）

战后国际经济合作之原则及办法大纲（补充五月七日之修正案）

（一）战后国际间经济关系之目的，在（甲）使各国能自由贸易，（乙）提高各国国民之生活水准，（丙）加强经济落后之国家之经济发展，藉以扩大国际市场，增进世界财富，并减少国际间经济冲突之因素。

子　国际（货物）贸易方面

（二）各国对国际贸易之种种约束，如保护关税，应逐渐予以减低，如进口物量规定（import quota）、物易协定（barter agreements）、清算协定（Clearing agreements）、外汇统制（exchange contol）等应立予以取消。

（三）为适应各国国内经济发展不同之需要，乃避免于减低关税与取消其他贸易障碍时，在国内经济产生剧烈之调整困难起见，各国间应签订互惠贸易协定。（reciprocat trade agreements）

（四）两国间之互惠贸易协定中之规定，应以无条件方式（unconditional）应用于与其他国家之贸易。

（五）一国之出口货物中，如有为国家经营（statemonopoly）而其出口数量，占世界市场一重要地位，能领导世界市场中之价格者，应由"国营出口物价审定委员会"根据实际供求情形，按期决定其出售价格。

（六）各国之运输公司、保险公司、及金融机关，在执行业务时不得因顾主之国籍不同，而有差别待遇。

丑　国际金融方面

（七）战事结束后，国际经济中最迫切之问题，厥为稳定各国之货币价值，各国之国家银行，应共同合作，在资金及技术上，互相竭力协助，以达此目的。

（八）各国国家银行，应筹集资金，共同组织国际银行，设于国际集团会所在地，其主要工作，有如下列：

一、稳定各国间之外汇汇率。

二、管理各国金融市场间之短期资本流动（Short-termcapital movements），以防止引起金融恐慌。

三、主持各国间之清算（clearing）事宜。

四、在资金及技术上援助财政困难或经济恐慌之国家，使其影响不致危及国际间经济关系之稳定。

（九）各国于货币稳定后，其对外汇率，得视其国内经济变动之需要，经国际银行许可后，予以更改，但更改之程度，由国际银行决定之，俾战前之贬值竞争（competitire exchange depreciation）情形，不再发生。

（十）国际银行及各国国家银行之总裁或其代表，应每半年集会一次，平时应随时交换各国经济情报，讨论各国经济设施所引起之国际金融问题，俾各国国家银行之政策不致发生冲突，而国际银行于推动其工作时，能顺利进行。

（十一）经济先进国家，应以资金生产工具及技术，扶助经济落后国家，发展其资源。

（十二）对外之投资，应受投资事业所在国法律制裁，资本输出国，更不得因投资关系妨碍资本输入国行使其主权。

寅　国际移民方面

（十三）各国对于移民，不得因种族关系，施以差别待遇，关于移民之限制，应逐渐废止。

卯　经济合作委员会

（十四）国际集团会内，设置经济合作委员会，其工作在增进国际经济合作及调解国际间关于经济问题之争执，上述之国营出口物价审定委员会隶属之。

（十五）经济合作委员会应与国际银行取密切之接触与合作，俾双方之政策与工作进行，均方向一致。

（十六）经济合作委员会应随时收集国际经济之统计资料，按月发表。

国际经济合作办法

（一）各国关税应有一最高标准，无论何种货物，其税率不得超过此项标准。各国并应设法分期将关税降低。

（二）各国对于进口税货物，不问其来自何国，不得有差别待遇。

（三）各国之运输公司、保险公司及金融机关，在执行业务时，不得因顾主之国籍不同，而有差别待遇。

（四）各国原料之贸易，应公开平等，其生产与分配，于必要时应由经济合作委员会设法加以管制。

（五）经济合作委员会应筹集资金，设一国际银行，发行国际货币，以便国际贸易之进行。国际银行之总行，可设于国际集团会所在地，但在各国之重要都市，应普设分行。

（六）国际货币与各国原有货币之汇率，应在可能范围之内，设法使其稳定，至少应使其在短时期内，不致有激烈之变动。此种汇率之维持，可由各会员国向国际银行借一外汇平准基金行使之。

（七）工业国应以资金及技术扶助农业国，俾工业国过剩之资金及技术得有市场，而农业国亦可藉以发展其资源，提高其人民生活标准。

（八）各国对于移民之限制，应逐渐废止，并不得因种族关系对于移民，施以差别之待遇。

（九）经济合作委员会，应随时收集下列统计，按月发表。

（1）各国关税税率之修改情形。

（2）各国进出口贸易数额、性质、来源与去路。

（3）各国进出口金银数额、来源与去路。

（4）国际资金流动情形。（包括长期、中期及短期）

（5）国际移民实况。

（十）国际间关于经济问题之争执，如经当事人之一，提交经济合作委员会，该会即应进行调解。

〔军事委员会委员长侍从室档案〕

47. 外交部拟定取消其他特权及特种制度办法

（1942年7月26日）

壹、军事方面：

一、外国军舰根据条约或惯例，在我沿岸领海及港湾江湖中游弋停泊之特权，一律取消。

二、外国根据条约或惯例，在中国指定地区驻扎军队及警察之特权，一律取消。

三、条约规定中国在本境指定地带不得驻扎军队，或不得设立炮台之限制，一律废止。

贰、势力范围：

一、条约规定中国不得将某地割让或租给他国之条款，一律废止。

二、条约承认外国在某地享有之筑路开矿等特权或优先权，一律取消。

三、外国间相互协定强指中国某某地方为其势力范围之条款，一律无效。

四、中国在某地不设某平行铁路之声明或类似之限制，一律作废。

叁、通商方面：

一、外国根据条约或不根据条约在华沿岸贸易及内河航行之特权，一律取消。

二、外侨在中国设立之行栈、工厂、学校、教会、病院，应受中国法律之限制与管理，敌侨在中国所设者，照敌产处理。

三、条约规定中国改善某某河道及其由国际经营之特种制度，一律取消。

四、外籍人员得充当中国境内引水人之特种制度，应即废止。

肆、交通方面：

一、国内铁路，凡由敌方投资或经营者，准用清理敌产之规定。凡系友邦政府或人民投资经营者，由我方备价收回。

此后铁路上用人行政，完全改由中国政府管理，其原来任用之外籍人员，得由中国政府酌量分别去留。

二、外人在华经营及收发一切有线（陆上及海底）无线电信之特权，一律取消。

三、外国在华设立邮政之特权，一律取消。

我国邮政聘用外籍邮务总办及其他外籍人员之特种制度，应即废止。原有外籍人员，由中国政府酌量分别去留。

外国邮件由外籍职员检查之制度，一并废止。

伍、财政方面：

一、外人在华应依法缴纳一切捐税。

二、禁止外人在华所设银行发行钞票。

三、海关任用外籍总税务司及其他外籍人员之特种制度，应即废止。原有外籍人员，由中国政府酌量分别去留。

陆、其他方面：

一、非以平等互惠为原则之最惠国条款，一律废止。

二、日本在东三省，英国在西藏，苏联在外蒙、新疆、北满之特权，一律取消。

〔军事委员会委员长侍从室档案〕

48. 外交部拟定租界租借地及其它特殊区域之收回办法

（1942年7月26日）

一、敌国在华之租界租借地及其它特殊区域，均应立即无条件收回。

二、同盟国在华之租界租借地及其它特殊区域，均应以立即收回为原则。如因当地特殊情形有制定特别法规之必要者，可由我国自动制定颁布施行，但应注意下列各点：

（一）各该地之行政，由我政府依法派员管理。

（二）警察权完全归我国管理。

（三）特区法院不应设置。

（四）各该地公有财产与档案，均应移交我国政府。

（五）在各该地外人专有之购地权，一律取消，中国政府认为必要时，得以公平价格征购外人私有之地产。

三、中立国在华之租界租借地及其它特殊区域，应比照第二款所列原则，分别交涉收回。

四、业经收回之租界租借地，外人仍保留之特权均取销。

〔军事委员会委员长侍从室档案〕

49．蒋介石在纽约先锋论坛报时事讨论会上宣布《中国对自由世界之信条》论文

（1942年11月17日）

（三十一年十一月十七日纽约先锋论坛报时事讨论会上，蒋委员长宣布之论文"中国对自由世界之信条"。）

国父中山先生对于先生的信徒的遗嘱，开始便以"革命尚未成功"一语相提示。我辈于一九二七年以后，虽国民革命已推翻军阀，统一中国，仍自认为革命政府。而不加以深思者常曰，君等即建立全民的政府，为何仍称之为革命,意者其将革自己之命乎，且革命将何时终止乎。

中山先生的国民革命，有三个根本主义：①民族主义，目的在达到完全的国家独立。②民权主义，目的在推行彻底的民主政治。③民生主义，目的在改进群众的生活，使人民普遍满足其生活。我辈相信，经此次战争之后，我中国必已充分的达到国家独

立,民族自由,至其余民权民生两大目标,恐尚须经过长期的努力,方告成功。国民革命的目的一日未完全达成,即吾人革命的责任一日未尽,我辈所以自认为革命政府,即表示吾人革命之责任所在。

先言国家独立。中山先生之三民主义,最终目的在求得全世界人类真正之平等,关于民族被压迫之痛苦,我们中国所去的经验为最深。所以我们对于战后,不仅要求得中国之完全独立,也主张世界上再没有被压迫受痛苦的民族。为着人类永久的福利,大西洋宪章及罗总统所提倡的四种自由,要普遍的为任何人类所共同享受。我们相信在战后决没有变相的帝国主义思想,残留于世界。

再说民权主义。阶级的划分,虽先进的民治国家亦不能避免,然而中国一贯的政治思想,却是"民为邦本"。所谓国民权利是无分区域或贫富的。所以中国在其思想的生活方式上,本来是天然的民治化。中国社会上一向以来,就没有富人可压迫贫人,而从政权利,亦不是那一个阶级所能独享。但表现民意的机关与制度,及现代民主政治的复杂工具,并不能于一朝一夕造成。有经验各自能知之。我们国父的民权主义,是要实现全民的普通选举权,而不采取以财产或职业为限制的选举制度,这种理由的实行,当然更需要较长期的准备,但我们必将不断努力,以达此目标。

再言民生主义。中山先生于在世最后数年中,对于中国经济的建设计划及著述最勤,对于将来中国经济建设所结的果实,坚持其应为全体人民所共有。余相信先生伟大的表现,当无逾于此点者。近数十年来,中国未有强力的中央政府,以负指挥及推进之责,同时受不平等条约的束缚,而处于次殖民地的地位。最可痛恨者,又有日本的百方牵制。为此种种原因,经济的建设,几于完全停滞。此次战事结束之后,中国即已脱离桎梏,中国政府必能完全自主的行使职权，不受牵制，自必专以开发国家为责任，中国的人民，亦必充满欲于物质上精神上建设的志愿。余深切感觉，大时代即将到临。自觉此大时代，终将消纳中国人民数代的力量，造成使友邦人士对中国刮目相看的种种对社会的贡献。中国完成他的经济建设，不仅为本国的繁荣，也要对世界有裨益。民生主义的目的，决不仅为一个阶级或一个国家谋利益，而要使全国人民和全世界人类都能增进其生活。

上面所说种种未来光明的希望，曾经于对日本惨淡的抗战上，给予吾人以不少的鼓励。但若此次世界的合作，不能成为事实，则此种希望行将变为灰烬。

余闻之，余之美国友人，对于实行家的意见较对于理想家者尤为尊重。余一生为革命而奋斗，且半世戎马，是以认识为着重实际之必要，除非吾辈对世界一切不拘大小的民族，忠实愿意待以政治的，社会的，经济的公道，我们任何人将不能得有和平与前途，余深信我们为铲除不公道及暴力压迫而战斗的联合国家，必能成就世界改造的伟业，必能组织有效的国际团体，立刻实现和平及公道，并且向着急迫的，开始将这个原则适用于我辈本身。虽使我们各国有所牺牲而不惜。上次世界大战，卡伐尔被戮时，曾谓，"在此须臾临终之前，余祇觉单知爱国，确尚不足。"我们应勿以此为至理名言，对于新的国际秩序，我们中国人，虽非盲目轻信其能使世界变成桃源，然亦不信其只为幻想而已。四海一家之义，乃中国共同性的哲理所固有者，此种主义于中山先生的思想上最为显著。而中山先生所指示的途径，至少已使我们中国人知之，非幻想家而系最伟大的实际主义者。

最近有为中国将为亚洲领导者之论，一若不成器的日本的衣钵行将传于我国。中国年来历经压迫，对于亚洲沦陷的国家，自具无限的同情，但对此种国家的自由与平等，我们只有责任，并无权利。我们否认我们将为领导者。盖在亚洲"富贵"Eaehrer的原则，不能避开控制与榨取，亦犹"东亚共荣圈"之于日本，只凭荒唐的神话，妄想以一个民族，统治其他受征服的民族。中国并不期望以东方式的帝国主义，或任何种类的闭关主义，代替西方式的帝国主义。我们应赞同盟集团及其他特殊作用的团体，进而作有组织的全世界的结合，我们以为从新的自由国家间，平等互赖的世界，非东方式闭关主义，亦非欧美式的闭关主义，而系全世界整个的合作，乃得消弭任何方式的帝国主义而代之。

〔国民政府外交部档案〕

50．外交部拟定战后借款及整理外债之基本原则及具体建议

（1942年 月 日）

（A） 基本原则

（一）为取得最优条件起见，第一次实业大借款，应向美政府直接商借，以避免必须先整旧债之束缚，并取得从容整理旧债之机会。

（二）第一次实业大借款签订后，大体上按照该借款条件，再向美国及其他各工业国商订，其余各次实业借款，为求力防止财系之联合行动起见，于可能范围内，应尽量采取分别商订办法。

（三）建设所需之国内用款（工款及国内料款），应由国内自筹，以减轻新债借额，及避免以整个个别事业为借款对象。

（四）拟定兵工工矿交通各建设密切配合之远大计划，分期举办。第一次实业大借款，即应第一期所需国外用款之全部。其用途为采购设备机器材料及取得技术援助。

配合举例为培植初期钢铁事业起见，钢轨须尽量自制。国外采购，应以机车车辆为主。故已往以整个个别事业为对象之借款（例如某一铁路借款），应不再采用。

（五）为避免有碍自主经济之发展之附带条件起见，故新借款取（二）及（四）两原则。为取消已往各借款该类附带条件起见，发行统一整理公债Consolidated Conversion Loan，掉换各旧借款债票。

（六）为使原持票人自愿按照比价掉换新票起见，必以最好担保品提供统一整理公债之担保。

（七）为稳定外汇，以恢复国际贸易，保证偿债能力起见，向英美商借金融借款，继续平衡外汇之合作工作。

（八）为加强统一整理公债之信用起见，其逐年应偿债额担保之收入（如关税）不足清付时，由金融借款项下拨补。

（B）具体建议

（Ⅰ）第一次实业大借款，以出口资源逐年偿付之易货方式，向美政府商借。（甲）由美政府垫借全部。（乙）由其担保逐年应付本息，于纽约市场发行债票。

其余实业借款，照上列原则第二条办理。

（Ⅱ）统一整理公债Consolidated Conversion Loan，以关税全部作第一担保，以金融借款拨补应偿差额，作第二担保，发行统一整理公债。确定各旧债〔各财政借款及各实业（铁路）借款〕之掉换比价，欢迎持票人自愿掉换。对于旧债之分别整理与结束，陆续与各该债全体持票人代表商订之。

（Ⅲ）金融借款 与英美商借，并继续平衡外汇之合作工作。关于该借款之大纲，另提建议。惟一部份拨作统一整理公债之第二担保，应为该借款条款之一。

金融借款大纲

（一）为平衡国际收支稳定国外汇兑起见，续向英美政府商借金融借款。

（二）借款总额应以中国战后五年内国际及收支总差额为标

准，英美分摊数额应以我国所需英美汇兑之比例决定之。

（三）借款方式应为信用借款，除应付利息外，不得有其他条件。

（四）金融借款专为稳定外汇及弥补国际收支差额之用，不得移作他用。

（五）由中英美三方共同组织委员会，由中国政府任命之，负运用及保管借款之责。

（六）汇价之决定，运用之方式，应取得中国政府之同意。

〔军事委员会委员长侍从室档案〕

51. 蒋介石关于英美筹议之国际货币问题致孔祥熙电

（1943年5月1日）

孔副院长勋鉴：关于英、美筹议之国际货币问题，经交本会①参事室研究，兹据呈送研究报告前来，特将原件随文抄转，即希核议为盼。中正。辰。东。侍密。

附抄件一件

抄件

英美战后国际货币计划之比较与我国应采之态度

英、美两国之稳定战后各国通货计划，就其目的言之，几全相同，就其所采之手段言之，亦大致相同。惟两计划所拟想之制度及办法，仍有重要之异点存在。将来英、美两国谅可在其初步磋商中，商得一折衷之计划，提出联合国货币会议，以为讨论之根据。故吾人此时不必以英国或美国之整个计划为批评之对象而寄与同情或反对。此种态度，在外交上似亦不智。但两国计划所提议之稳定战后各国通货办法，何者对我有利？何者对我有

---

① 指军事委员会。

害？则不可不先有所衡断，以为将来折冲取舍之准绳。兹就两计划之内容，作一比较，并拟议我国应采之态度。

（一）两国计划之目的：

两国计划之共同目的，主要为稳定战后各国货币之价值，以促进列国间贸易总额之扩增。

（二）方法：

两国提供之方法，名目虽异（美为平准基金，英为联合清算），其所资以消灭因货币而生之扰乱国际贸易因素之方法，则实际相同，即设立一国际货币金单位，以为清算国际收支差额之用。各国货币与此金单位之比值（亦即各国货币之比值或汇率），由参与国共同决定，俟后非得平准基金局或联合清算局之许可，不得随意变更。因此，一国汇率之变动，将为国际间有计划之考虑，而非片面行动之结果。

平准基金局或联合清算局之性质，实际等于现行之票据交换所。美制规定参与国按该国之需要，分别负担基金局之资金，以为清算国际间因贸易而生之债权、债务之凭藉。英制则无须参与国缴出资金。以往一国贸易逆差太甚时，如所存黄金及外汇已告用罄，即须被迫贬低汇率，或采用种种妨碍进口之手段。战后短期间，各国元气未复，对外购买力大为减低。为谋平衡其国际收支起见，此种妨碍国际贸易方法之采用，及贬低汇率之竞争，大有剧化之可能。故此次两国计划，皆拟有救济援助此类国家之方法。依美国计划之规定，一国可以该国货币向平准基金局购买国际货币或外汇，但至多不可超过该国基金分担额百分之二百，同时更可借给该国货币。英制亦允许参与国在清算局透支与其分担额相同之数目。此种措置，在防止货币因素方面之困难，对国际贸易发生紧缩之作用，亦为此两计划比往日制度较优良之共同特点。

一国之汇价，在一短小之幅度内，可自由变动，无须基金局或清算局之许可。超过此辐度，即须得其同意。但如一国之国际收支基金失调时，美制、英制均认为该国汇价有修正之必要，惟自需得平准基金局或清算局之同意。

（三）英制、美制之异点：

1. 国际货币与黄金之联系　两制俱规定国际货币之金成分，但英制规定此成分于必要时可变更之。英制只许以黄金购买国际货币，不许以国际货币兑换黄金，参与国亦不得以高价购进黄金，美制则无此限制。

2. 分摊额　美制规定基金总额五十万万美元，由参与国按其存金、外汇、国民所得变动程度分担之。英制亦规定一分摊额，依进出口总额决定。但英制之分摊额仅为将来向联合清算局支款额之标准，各国无需缴出资金。

3. 汇价之变动，美制规定在一短短之辐度内，各国可自由变更，但未规定辐度之大小。超过此辐度外之变更，须得投票权五分之四的许可。英制规定汇价的变动，如不超过百分之五，及借方差额继续超过分摊额百分之二十五至两年时，该国得自由为之，否则须得联合清算局之允许。但于最初之五年，清算局对各国变动汇率之要求，得予以特别考虑。

4. 资金通融　两制均允许各国向基金局或清算局取得通融借款之便利。美制规定不得超过该国分摊额百分之二百，英制准许参与国向清算局透支，但以不超过该国之分摊额为度。

5. 汇兑统制　汇兑统制、货币集团等在英制下可以保留，美制则要求各国取消汇兑统制，但防止资本外逃之办法除外。美制特别着意不许一国以超过其必需之短期资金存放外国，除非已得后者之同意。

6. 国际收支失衡时调整之责任，英制对各国在清算局帐上有过度之借方或贷方，俱不欢迎，皆须缴纳"惩罚金"，意欲使过度出超或过度入超之国家，皆须负调整其国内经济、金融之责任，美制则无此限制。

（四）从我国利害立场，比较二制拟具办法之优劣：

就我国立场，英制所拟具之办法，似较有利。兹分述如下：

1. 美制要求参与国按存金、外汇、国民所得变动程度比例分担平准基金。我国于战后凋敝之余，即须由国库交出资金，或难于筹措。英制则无须吾人负担资金，事轻效巨。惟吾人不可太过重视此点，两制负担差别，或不致太大。因美制规定一国存金不及一万万美元时，用黄金缴充基金之部分，仅占该国分摊百分之五，其他百分之九十五可用本国货币及证券缴纳，后二者不增加国库之实际负担。

2. 我国将来在两制下取得借款通融便利之大小，亦有不同。美制需要吾人负担之资金，因国民所得无确切统计，甚难估算，但大约不致超过二万万美元。此数决定我国在基金局可能借支之数额，最多亦不能超过此数之二倍。在英制下，我国之分摊额由贸易总额决定，大致可达六万万美元，此数亦即我将来可向清算局透支之数。因此，我在英制下可取得较大之借款便利。

但有一点应加注意者，英制有下项考虑，即一国如于战后获得租借法案之援助时，或须停止给予该国向联合清算局透支之便利。

3. 关于汇率之变更，两制俱要求各国牺牲一部分之主权。英制规定，似较微有伸缩性，清算局对各国在最初五年变更汇率之要求，将予以特别考虑。惟一般言之，一国汇价之变动，在两制度下，俱无若何自由。

4. 在美制下汇兑须废除。我国汇兑统制，施行已有五年，战后经济建设，或亦需要汇兑统制若干时期之继续存在，势难于战后立刻取消。英制并不要求取消汇兑统制，故此点对于我国较为有利。

（五）我国应采之态度

1.英、美计划,为一促进国际合作之计划,纵于我有若干不便,但从全盘考虑,我不宜拒绝参加。

2.英、美计划,尚待两国磋商,将来或另有所折衷之方案提出。我国此时似不必对两国整个计划作赞成或反对之表示,但对涉及我国利害之基本问题,则应提出明确之主张。此项基本利害问题,不外为分摊额及汇率之如何决定。

3.我国应要求此国际货币计划,对新兴的开发中之国家及工业已长成之国家予以区别,共对透支之通融及汇率之改订两事尤应如此。前一类的国家,其可能向清算局或基金局透支之额,应较其他国家之比率为大,其改订货币汇率之程度与手续,亦应较其他国家为宽。

4.分摊款为决定各国向平准基金局或联合清算局借支多寡之准绳,我国自可同意以各国贸易总额为决定分摊额之标准。但一国贸易年度总额不及某数(假定为十万万美元)时,其分摊额应增加百分之二十(或其他比例数),以符助长工业落后国家之开发,及提高此类国家人民生活水准之主旨。我国分摊额之计算,应以一九三四、三五、三六年平均贸易额为标准;而我国将来收复失地(如东四省、台湾等)之贸易,并应一并计入。

〔说明〕以上3、4两项之要求极为重要。关于自由贸易原则之应用,美国政府当局已有分别工业先进国及工业落后国之主张。此种区别,亦宜适用于国际货币计划方面。我为工业落后、资本缺乏国家,战后复需要大量之输入,以实现经济建设。故透支额之比率,不能不较英、美等工业先进国为大,此其一。欧美各国战时物价,汇价变动不大,自不难于战后短期间寻得一适宜之币价水准加以稳定。我国情形迥乎不同,战时物价猛涨,汇率脱节,势难于战后极短期间求出合理之水平。且我国受战祸最烈,疮痍满目,百废待兴,工业建设又须加速进行。故战后经济变动,或甚剧烈,因而所需要之币值,调整亦将较为频繁。如汇价过于固定,其结果或将诱致国内物价及就业之不稳定,成为政治社会骚动之主因,此其二。

5.将来我国汇率之订定,在始宁偏低勿偏高(即应此计算所得之购买力平价较低)、太高则于将来要求减低时,须获得清算局或基金局之同意,或甚为不便也。

〔军事委员会委员长侍从室档案〕

52.郭秉文等报告中国出席国际金融会议问题与孔祥熙往来电

(1943年8月)

(1)郭秉文等电(8月9日)

孔副院长钧鉴:密。顷由魏大使送交令侃兄转来钧座六月十五日寄出关于金融会议之提议及训令。职等谨当先行详细研究,并与魏大使商谈后,再向财政部口头探讨,如有修改之处,拟待电呈钧座核示后,再由魏大使转送国务院。所有进行情形,仍当随时陈报。又美国最近修改金融计划,延至七日晚方送到,除已航邮钧座两份外,并将其修改各点电陈并闻。郭秉文、李国钦、席德懋、宋子良同叩。青。

(2)郭秉文等电(8月12日)

孔副院长钧鉴:青电想蒙钧鉴。关于金融会议,我方提议及训令,经文、良、懋详加研究,并与魏大使商洽后,谨将拙见电呈钧核:(一)我方提议之最要特点为第三章之金融复兴一节。关于此点,佳日文等在美财部与华爱德君谈话时,皆探询美方意见。当据华君切实答称:凡一国之财政、金融、经济等种种问题,与现在拟之币制计划,确有连带密切关系。惟感目前讨论该案,因各国利害不同,关系亦已相当复杂,故不愿扩大范围,益增困难。拟定此次所召集之金融会议,只限于讨论国际币制稳定计划,似乎较易成功。至其他各项复兴问题,均应分别另案讨论,前已有他国代表提及此点,美方亦作同样答复之。文等察美方对于金融会议,以对内对外政治关系,希望能有结果。我方立场似宜助其成功,惟我方金融复兴方面,有需协助之处,或可另行设法商洽。(二)此次美方邀集各国指派专家讨论币制计划,始终以美方计划为基本原则。在专家会议时,英国及坎拿大所提计划,均仅被美方作为参考资料,并未提交大会讨论。文等是否可将我方提议作为意见书,请魏大使转送美方?(三)我方提议,以沿途辗转邮递,副本到此过迟,而正本迄尚未到,提议中有数点业经美方修改。八月七日送来之最近修正本,除已航邮寄呈外,已请魏大使将全文电呈钧座。(四)关于冻结款项一点,美方已允将来可应中国政府之申请随时解冻,惟在英方冻结款项须单独商洽。(五)我方提议设立筹备委员会一节,似与美方提议组织起草委员会用意相同。以上所呈各点,是否有当?仍祈钧核示遵。郭秉文、李国钦、宋子良、席德懋同叩。文。

(3)孔祥熙复电稿(8月16日)

郭次长、李国钦、席德懋、宋子良:△密。文电悉。(二)项我方提议,可作为意见书,由大使馆转送美方参考。美方修正草案,已由外部转到,正并案审慎核议中,附闻。样〇。铣。

〔国民政府财政部档案〕

53.宋子良呈送国内专家所拟联盟国家稳定币制计划之意见电

(1943年8月16日)

请郭局长锦坤兄转呈孔院长庸兄赐鉴:国内专家所拟关于联盟国家稳定币制计划,良等一再研究,深觉我方提议确较美方初次提案更为周详,至为钦佩。惟美方因与各国专家历次商讨,反受此间金融、经济专家之种种评论及攻击，业已屡加修改，较初次原本提议已大不相同。如对于汇率之修改，会员国家之投票权数，及通过会议所需取决票数及其他各点，已悉更改，比之原本较为公道而富有弹性。至于分额支配方面，经同人等一再向美方单独交涉争持，地位已列入四强之中。惟额数美方不愿照我方提议以人口及面积为限，决定原则要素。盖恐英方因印度关系操权太大，故久先提出总额十分之一作为调剂项额，会员国家仍得照原股依成分配，美方暗中已允将其应得调剂项额部分让予我国。此种办法，似较国内提议更为有害（恐系"利"字之误），而易于办到。英方计划，美方始终并未提出会议，亦不愿多加讨论。此因两国立场、地位及利害各殊关系。而英方亦以本身财力关系，已愿退让，趋奉美计划，国际实力亦可概见。良与魏大使等会议时，秉文兄原提议两个办法：（一）将我方提议原本送美。（二）或将提议中复兴等名目加以修改再送美方。良以吾方提议到此时已时变境迁，原本送美，似有未妥。若在此间任意修改，恐失真意，且未得钧座核准及国内专家同意，未敢冒昧。因时间关系，故良提议请魏大使将美方送来最近修改计划全文，电呈钧座核阅，饬交国内专家再行研究讨论。大使及同人等均表赞同，想蒙钧鉴。良私见我方似应避免冲突与磨擦，而专重于本国利益为唯一目的。现僧多粥少，美方与各国感情关系不详，我方似可采明让暗争政策，趋实为是。况美方自开战后，因本身关系，对于我国种种困难，以及过去误会并已谅解，以及钧座六年苦心奋斗，尤极钦佩。我国来日之希望，美方极愿协助我方。惟美方提出下列数点，请赐垂注。（一）稳定币制办法，必须有基金，总数至少有五亿万元以上，美方答应负担最多二亿万元或三亿万元。（二）基金余额须由参加国家按财力之所及共同负担为条件。（三）大会未开以前，入会主要国家须各预先规定初始汇率，否则币制稳定计划无从办起。（四）会员国投票权虽不绝对以分额为比较，然仍须以分额为基础。以上四点，为美方已定方针，并一再宣布稳定币制基金，仅为经常贸易之用，并非中期、长期投资或救济复兴事业之用。拟请钧座饬专家特别注意。良历次列席会议，深感美方不愿各国另提计划，以免问题复杂，并对各国代表表示不愿更改以上四点方针，以免其国内评论及议院种种为难之处。美方更望我方采取彼计划为基本原则，贡献力量。并在会议中予以有力之协助。良以关系重大，未敢缄默。又最近战事急转，意德人心已去，欧战不久当可结束。惟与日战事恐将持久，此间孤立派极为活跃。故美方已允我之种种协助，似应迅速促其早日实现，否则欧战停后，将成另一局面。为免美方已许我一切徒成画饼起见，良主张物资应早购定，借款应早加指定用途，黄金不论运输问题如何困难，似宜速购速运，尤以力避此间反对派注意为要。以上各点，谅钧早蒙明察。良在国外，默察此间政治，瞬息千变，国际情形，复杂异常，极为寒心。谨将愚见电呈钧座。是否有当？仍恳核示。弟子良叩。铣。

〔国民政府财政部档案〕

54．外交部为了解欧洲沦陷各国情形致驻外使领馆训令稿

（1943年10月28日）

训令

　　令土耳其公使馆、葡萄牙公使馆、教廷公使馆、瑞士公使馆、瑞典公使馆

　　查本部为欲明瞭各沦陷国之动态，计关于巴尔干各国、西班牙方面、意大利方面、德法及中欧方面、北欧包括芬兰、那威、丹麦之报告，应由该馆指定馆员，就政治、外交、军事、财政、经济各门调查研究，每月至少报告一次为要。此令。

〔国民政府外交部档案〕

55. 国民政府公布中国与联合国善后救济总署签订之基本协定

（1943年11月9日）

一九四三年十一月九日，联合国及其与国曾在华盛顿签订协定，产生联合国救济善后总署（以下简称联总）。其宗旨为：计划、统筹、执行或设法执行若干办法，以救济在联合国控制下之任何地区内之战争受难者，济以粮食、燃料、衣着、房屋及其他基本必需品，供以医务及其他重要服务，并于足于供应救济之必要限度内，在上述区域内促进上述服务与各种必需品之生产及运输。

中华民国国民政府（以下简称中国政府）曾参加签订一九四三年十一月九日之协定，并经表示同意联总大会对于政策之决议案（以下简称决议案）。

中国政府鉴于中国曾受战争之摧残，其人民因抗敌战争及敌人之占领，已陷于痛苦，爰向联总要求协助，请其供给救济善后物资及服务，以便救济在中国之战争受难者。

联总根据一九四三年十一月九日之协定及决议案，愿以各种实际之救济，给予在中国领土之战争受难者。

根据联总大会第十四项决议案，联总署长业已确定，现在中国无庸以外汇偿付联总给予中国之善后救济物资及服务。

中国政府与联总均认为，彼此间关于善后救济之义务，应以友好合作之精神履行之。而履行是项义务之实际步骤中之细节，应以互相谅解为基础。职是之故：

中华民国国民政府以行政院善后救济总署（以下简称行总）署长蒋廷黻博士为代表

联合国救济善后总署以联总驻华办事处处长凯石先生为代表

互相同意下列各项条款：

第一条 物资及服务之供给

（甲款）总则 根据一九四三年十一月九日之协定及各项决议案，联总得以善后救济物资及服务供给中国，中国政府得为善后救济之目的，接受联总所供之物资及服务，并加以利用。是项物资及服务应依据大会之政策，在联总资源可能利用之物资与交通限度内供给之。联总依据第十四项决议案，决定在若干期间内，供给中国各项物资及服务，并认为中国无庸以外汇偿付之，联总决定不要求中国以外汇付偿联总依据本协定所供给之物资及服务。联总所供物资，倘为若干种长期使用之设备，得与中国政府另订特殊之协定，保留下所有权，而于本协定有效期间内，将该项物资供给中国使用。

（乙款）物资获得之程序 行总代表中国政府得向联总驻华办事处提出关于其所需各项物资之具体请求，并依照每季之需要提出总数，是项要求，至少应于预期交货，期限六个月以前提出，并尽可能列明物资之种类、数量及交卸物资之地点。是项请求，应先经行总适当技术人员与行总邀请中国政府有关部会技术人员及联总驻华办事处技术人员会商后，再由行总就善后救济之全盘计划，斟酌优先程序，然后代表中国政府正式提出。每项请求，应尽可能说明详细理由，此项请求及其说明，有时得包括立需交货之项目，冀于最短时期运到，有时并得包括对于某特定期间内善后救济计划之一大部份，乃至该特定期间之全部计划。请求中必须指明优先之项目，以备遇有不能交给全部所请物资之情事。依照上列程序指出之请求其内容如须修改，仍须遵循同样程序办理，意即经过行总及中国政府有关部会以及联总驻华办事处之充分检讨。

（丙款）服务；服务人员之借调 除中国政府与联总随时得另行商订补充办法外，中国政府向联总借用某种技术行政人员之请求，应受下列诸原则及手续之约束：

（一）中国每次向联总借调一批至华从事善后救济工作之技

术或行政人员时，均应向联总驻华办事处提出具体之请求；并应详细载明所需人员之额数，各该人员之职责，应具之资历，需要借用之先后，以及借调人员预定工作之目的及范围。

（二）联总对于是项请求原则上同意后，应即着手物色所需人员，并应在交通之可能限度内，尽量设法使其来华。

（三）是项人员在华服务期间，由联总派隶驻华办事处在一般事务上对驻华办事处处长负责。

（四）行总署长及驻华办事处处长，或二者之合法代表，应于每一上述人员抵华之前，或甫行到达之后，参酌自提出请求以后可能发生之新情况对原请求会同加以检讨，并应互相同意该员应委之职务，及第一次委派工作之期限。联总驻华办事处处长或其合法代表，得根据互相同意之办法，即行加以委任。是项人员，无论如何，在中国政府任何部会中不得任主要之行政职位。

（五）行总借调人员，除一般事务上对驻华办事处处长负责外，对于其派往服务机关之首长或首长所指定之人，应在技术上或咨询方面（包括日常工作之监督）负全部责任。

（六）行总署长及联总驻华办事处处长，或二者之代表，每隔三个月或任何间隔时期，经一方认为必要时，应就关于每一借调人员之一般情形，会同加以检讨，以查各该人员是否尽职，或关于其工作之支配，是否得当，及派任之契约是否有修改、终止、或不再继续之必要。

（七）凡依据本条委派之人员，其薪水、津贴、旅费、及其他应得之费用，均应由联总发给，联总凡以中国法币发给上列费用之款项，均认作本协定第四条甲款中国法币开销之一部份。

（八）中国政府应以适宜之住所及其他项必须之设备，供给联总委派之人员。

（九）联总依据本条委派之人员，中国政府得准其享有本协定第六条规定之各种便利、优待及豁免。

第二条 业务之推行

本协定第一条所规定联总供给之善后救济之职务,应依照联总与中国政府商定之计划执行之;并须与大会之政策,尤应与第二 第七 及 第十三各决议案所载之政策相符合(参阅本协定附件一)。必要时,中国政府应采取各种措施,保证是项政策推行于整个工作区域。

第三条 物资之移交与分配

(甲款)中国政府既负有在中国境内分配联总所供善后救济物资之责,应采取适当之步骤,保证此种分配当遵循大会之政策,尤以本协定附件一内各决议案所载之政策,并令饬省政府及其他各级政府遵照。

(乙款)联总运华之善后救济物资,将交由驻华办事处收取。是项物资移交与中国政府或其指定之负责者,应由中国政府出具适当之收据,在双方随时会商指定之港口或其他地点办理之。除续约中另有特殊规定外,凡在中国港口卸货之供华物资应于船舶靠岸后立即办理移交。联总移交物资与中国政府时,双方应商定点验货物之数量及品质之合理手续。

(丙款)为使联总顺利履行本协定及一九四三年十月九日之协定及大会各项决议案之义务起见,中国政府应以分配物资之计划及其实施办法与联总商讨。是项商讨内容,至少应包括下列各题:

(一)关于分配联总物资之机关及过程。

(二)关于依照地域及主要消费者而决定之物资分配。

(三)关于物价政策及联总物资之特定价格及其与同样土产货品价格之关系。

(四)关于如何依商品、地域及消费阶级,配发联总所供每项物资并统制其价格,以及如何控制与联总物资分配有重要影响之其他商品价格。

（五）关于处理、搬运、及储藏联总所供物资之方法及设备。

（丁款）为进一步使联总顺利履行本协定及一九四三年十一月九日之协定以及大会各项决议案之义务起见，中国政府应负责使联总充分获悉关于在华分配物资之消息，此外，中国政府应负责给予联总代表以种种机会，以便观察物资每一阶段分配之情形，并就物资分配情形，向行总官员询问咨商，及经行总官员之介绍，与其他有关当局商询，使其在原则上满意中国政府所推行之分配制度系与大会各项决议案符合。中国政府应准许联总代表在必要限度内，进入仓库、货站、分配站，以便获悉搬运分配货品之情形。

（戊款）关于移交及分配联总所供善后救济物资消息之发表，中国政府应予联总以机会，并与联总合作办理之。

第四条 财务条款

（甲款）中国政府，得应联总之请，随时以足数之中国法币代联总付款或拨交联总，以应必须使用中国法币之开销。是项开销，包括（但不限于）发给联总在华人员之薪金、生活费、及其他以中国法币支给之开销，以及租金、仓储费、交通运输、公用事务费等。

（乙款）俟中国政府以联总之物资，在国内售得中国法币进款时，中国政府得以是项进款，扣还以前拨交联总或联总驻华办事处之款项，及为其代垫之款。至于扣还之计算方法，应计算当时以中国法币垫付各笔款项时之购买力。而以同等之价值扣还，而不超过之，以期中国政府收回同等购买力之中国法币数目。中国政府于扣还垫款以外，放弃其他要求。

（丙款）中国政府应按月向联总提交中国政府根据本协定出售、出租或转让联总所供善后救济物资及事业所得之净入帐。中国政府及联总互相同意以一收入总额之概数代替实际之净入帐。

（丁款）中国政府之政策，得为善后救济之用途，动用在购买力上与丙款之净入帐上之中国法币款额相等之款项，惟应剔除（或不得动用）甲款可能支付之款项及乙款可能扣还之款项；至于动用之时间，应在出售联总物资获得入款后之一合理的时间以前。所谓善后救济之用途，举例言之，得包括下列各项工作：

（一）凡中国政府办理或其指导下之有关急赈及卫生工作。

（二）依据本协定第二条所应办理之工作，以及关于照管及遣送难民工作。

（三）凡中国政府所办理或其指导下之有关农业工业及运输之善后工作。

（四）联总为办理其他区域善后救济工作之储存、处置及运输业务。

（五）在不妨害中国经济需要之条件下，联总为办理其他区域之善后救济而需要在中国购取之物资及服务，为各项善后救济之目的，而依照本节规定筹备应用之款额，应由行总代表中国政府权宜解决之。

（戊款）中国政府应与联总商讨本条丁款所订关于善后救济费用之计划。此外，中国政府须供给联总以关于此项费用之定期报告，并接受联总对于是项费用之意见。依据丁款而供联总工作所用之经费，应根据双方会同拟定之计划利用之。

（己款）计算本条所载之相关的购买力，应以双方同意之合理的物价指数为参考之依据。

（庚款）本约签订半年以后，双方应就届时之情形及需要，审查本条之各项规定。

第五条　联总办事处及其人员

（甲款）中国政府准许并赋权联总，在中国设立一办事处（简称驻华办事处），该办事处得在其适宜之限度内，任用为顺利履行本协定及一九四三年十一月九日之协定，以及大会各项决议案之义务所必需之人员。联总驻华办事处之人员包括：实施本协定第一条关于决定善后救济需要之人员，实施本协定第三条供应物资所必须之人员，联总应中国政府之请借聘予中国政府在华服务之若干技术或行政人员，以及依据本协定所需要之其他有关于联总在华之撰写、会计、财务等工作人员。

（乙款）联总委派驻华办事处处长、副处长或处长之主要助理人员时，应商得中国政府之同意。联总应将赋予驻华办事处处长之职权范围通知中国政府。

（丙款）中国政府得给予依据本协定而任用之联总在华工作人员，以入境及行动之便利。

（丁款）联总应保证其在华人员具有优良之行为及健全之道德品性，如有违背是项标准之人员，联总应解除其职务或调回之。

（戊）本协定所载"联总人员"一词，除联总雇用之人员外，倘包括借调予中国政府而在中国政府监督下工作之人员，及在联总权利下工作之国际志愿救济团体之雇用人员。

第六条　各种便利、优待及豁免

（甲款）中国政府应采取一切实际办法，以便利联总工作，并依照大会之决议案，给予联总及其人员以各种之便利，优待及豁免。

（乙款）属于联总之善后救济物资或已运来华，或由中国过境，联总均有权将此项物资转移至其他区域而不受出口统制，及其他限制办法之拘束。

（丙款）中国政府，得依双方互相同意之办法，畀予或设法畀予联总各种照料及便利。

第七条　税务

（甲款）中国政府及其任何附属机构，或在中国之任何其他公共团体,对于联总之资产、财产所得及各种业务交易,一律准予免税,亦不征收任何名目之捐税。联总向中国政府,或其任何附属政治机构或任何其他公共团体,缴纳捐税或任何名目之捐税的义务,均得豁免。

（乙款）联总及在联总监督之下国际志愿救济团体,发给其非华籍或非中国永久居民之官员、雇员及其他联总人员（本协定第五条戊款所载之联总人员）之薪金或报酬,中国政府及其附属政治机构或其他任何公共团体,均一律准其免税,亦不征收任何名目之捐税。

（丙款）中国政府应采取必要之步骤,俾使上述各原则发生实效。此外,中国政府应根据第十六项决议案,采取其他必要之办法,保证联总所供物资及业务,不在缴纳任何捐税之列,以免减低联总之财源。

第八条 报告记录

（甲款）中国政府,应就其履行联总之义务所必需的善后救济工作,作成合理的统计记录,并得联总之请,就是项统计工作,咨商于联总。

（乙款）中国得应联总之请,以上述之统计记录及报告、情报等,供给联总。

第九条

（甲款）缔约双方对于任何一方提出修改本协定之建议,均应予以同情之考虑,关于本约之任何修改,应经双方互相同意。

（乙款）如有必要,双方得另订续约及办法,以补充本协定之各项条款。

第十条 协定之期限

本协定自即日起生效。缔约双方之任何一方,得以书面通知对方终止本协定,自通知之日起满六个月后,本协定方丧失其效力。

（甲款）本约期满后，缔约双方之关系仍受一九四三年十一月九日之协定及大会各项决议案之拘束。

（乙款）为循序结束清理起见，本协定期满后，其第四条、第五条、第六条、第七条、第八条须俟联总工作完成后方丧失效力。

本协定以中英文缔订。

中华民国国民政府行政院善后救济总署署长　蒋廷黻

联合国救济善后总署驻华办事处长　凯　石

一九四五年十一月十四日八时五十三分签于重庆珊瑚坝

〔国民政府交通部档案〕

56．国民政府公布罗斯福蒋介石邱吉尔开罗会议宣言

（1943年12月1日）

三国军事方面人员，关于今后对日作战计划，已获得一致意见，我三大盟国决心以不松弛之压力，从海、陆、空诸方面加诸敌人。此项压力已经在增长之中。

我三大盟国此次进行战争之目的，在于制止及惩罚日本之侵略。三国决不为自身图利，亦无拓展领土之意。三国之宗旨在剥夺日本自1914年第一次世界大战开始后在太平洋所夺得或占领之一切岛屿，在使日本所窃取于中国之领土，例如满洲、台湾、澎湖群岛等，归还中华民国。日本亦将被逐出于其以武力或贪欲所攫取之所有土地，我三大盟国轸念朝鲜人民所受之奴隶待遇，决定在相当期间，使朝鲜自由独立。

我三大盟国抱定上项之各项目标，并与其他对日作战之联合国家目标一致，将坚持进行为获得日本无条件投降所必要之重大的长期作战。

〔国民政府外交部档案〕

57. 外交部关于订定双重国籍华侨持外国护照签证办法训令

（1943年12月2日）

外交部训令　护字第七六〇七号　中华民国三十二年十二月二日发

查驻外各使领馆近时办理双重国籍华侨，持有外国护照者申请回华事件，采取办法殊不一致。兹经本部特行规定划一办法，嗣后驻外领使馆遇有在国外之侨生子女，而其父母并未丧失中国国籍者，持外国护照注明为外国人，申请赴华签证时，应查明其已否丧失中国国籍后，分别办理：

（甲）查明如经依法呈请我国内政部许可丧失国籍，取得证书并经登载国民政府公报公布有案者，即依外国人护照签证办法办理。

（乙）查明如未按照前项手续，依法丧失中国国籍者，一律不在外国护照上签证，另行核给回国证明书，其式样如左：

"双重国籍华侨回国证明书

兹证明〇〇〇君年〇〇岁职业〇〇〇〇系〇〇省市县人，因其出生地关系，取得〇〇国〇〇〇号护照，但依照中国法律，仍应为中国国民，凭此证件，可回中国。此证。
中华民国〇〇年〇〇月〇〇日驻〇〇〇〇〇〇〇馆发给（印）"

该馆自文到之日应即迅速照式制该项证明书，随时填发应用所有发给回国证明书之手续收费各项，仍应依照签证办法办理，按月填报。并仰将开始实施日期具文呈报，切实遵行为要。此令。

〔国民政府外交部驻东北特派员公署档案〕

58. 外交部公布中美英苏关于筹设战后世界和平机构建议案

(1944年10月9日)

中华民国国民政府现已接到中国代表团与英美代表团自九月二十九日至十月七日在华盛顿商谈关于维持和平与安全国际机构问题之报告。

关于国际组织商谈中所同意之各项目,均详载于国际组织建议案中,该项建议案附录于后:

在华盛顿参加商谈之各国政府,允于进一步研究此项建议案后,秘密采取必要之步骤,拟定全盘计划,俾作将来联合国全体会议时讨论之基础。

国际组织建议案(译文)

兹建议设立一国际组织,名称为"联合国",其会章应包括足以使下列之建议发生效力之各项规定。

第一章 宗旨

国际组织之宗旨应为:

①维持国际和平与安全,采取有效及集体步骤,以防止和消除对于和平之威胁,并制止侵略行动或其他破坏和平行动,並以和平方法解决足以破坏和平之国际争端。

②发展国际友谊关系,并采取其他适当步骤,以加强普遍和平。

③在国际经济、社会、人道等问题方面,求国际之合作。

④在一定期间内,应以本组织为中心,协调各国行动,以达成上述目的。

第二章 原则

为实现第一章所述各项宗旨起见,本组织及其会员国应遵守下列原则:

①本组织应以一切爱好和平国家主权平等之原则为基础。

②会员国应依据会章，各尽其责，以保障会员国权利与利益。

③会员国应以和平方法解决其争端，俾免危及国际和平与安全。

④会员国在国际关系中，应避免与本组织宗旨不符之武力使用或武力威胁。

⑤会员国对于本组织，根据会章所采之行动，应尽量予以援助。

⑥凡受本组织制裁之国家，各会员国不得给予任何援助。

⑦倘为维持国际和平与安全所必需时，本组织应使非会员国之行动亦符合上述宗旨。

第三章　会员

凡爱好和平之国家，均得加入为本组织之会员。

第四章　主要机构

①本组织应有以下之主要机构：（甲）大会，（乙）安全理事会，（丙）国际法院，（丁）秘书厅。

②本组织于必要时得设立其他辅助机关。

第五章　大会

第一节　组织

大会包括所有会员国，其代表人数将于会章中规定之。

第二节　职权

①大会得研讨关于维持国际和平与安全之一般合作原则，包括裁军与管制军备之原则，得讨论会员国或安全理事会提交有关维持国际和平与安全之任何问题，并得对于上述任何问题有所建议。任何此类问题，若须采取行动，无论已否讨论，均应由大会移交安全理事会，大会不得自动对于任何有关维持国际和平与安全而正为安全理事会所处理之问题有所建议。

②经安全理事会之建议,大会应有权接受新会员国。

③经安全理事会之建议,大会得停止任何被安全理事会制裁之会员之任何权利与利益。此项被停止之权利与利益,经安全理事会决议,得予以恢复。大会经安全理事会之建议,得将任何屡违会章原则之会员国予以开除。

④大会得选举安全理事会之非常任理事及第九章所规定之经济与社会理事会之理事。大会经安全理事会之推荐,应有权选举本组织秘书长。如国际法院规程,将有关选举国际法院法官之职务委托大会,大会应执行此项职务。

⑤大会得分配各国应纳之经费,并通过本组织之预算。

⑥大会为促进政治,经济,与社会各方面之国际合作,以及调整任何可能妨碍公共幸福之情势起见,应发动研究,并提供办法。

⑦大会应作建议,使各种根据协定与本组织发生关系之国际政治,经济,社会,及其他专门机构,在政策之联系上,取得合作。

⑧大会有权听取察查并核定安全理事会之当年及特种报告,以及本组织中其他单位之报告。

第三节 投票

①每一会员国在大会中有一投票权。

②重要决议,包括有关维持和平与安全之决议,选举安全理事会之理事,选举经济社会理事会之理事,接受新会员国,停止会员国权益,开除会员国,以及预算等问题,均应以到会会员国投票三分之二决定之。其他问题,包括别种问题之应否以三分之二表决一点,概以过半数决定之。

第四节 程序

①大会每年应按例集会,并得召集临时会。

②会议程序由大会自定,并自行推选每次会议之主席。

③大会于行使其职权时，得设立必需之董事会及其他各种机构。

第六章 安全理事会

第一节 组织

安全理事会应由十一会员国各派代表一人组织之。美英苏中以及将来法国之代表应为常任理事。大会应选举六国充非常任理事。此六国之任期定为两年，每年更换三国。第一次选举时，大会应指定三国任期一年，另三国任期二年。非常任理事任满时，不得立即连选连任。

第二节 主要职权

①为保证本组织行动迅速与有效起见，各会员国应于会章中以维持国际和平与安全之主要责任加诸安全理事会。各会员国并同意，安全理事会于执行此项职务时，应即代表各会员国。

②安全理事会于执行此项职务时，应遵守本组织之宗旨与原则。

③为执行此项职务而给予安全理事会之特定权力，详第八章。

④各会员国应负责接受安全理事会之决议，并依据会章，予以执行。

⑤为增进国际和平与安全之树立与维持，而尽量避免世界人力物力之用于军备起见，安全理事会藉军参谋委员会之协助，应负责拟具树立管制军备制度之计划，向各会员国建议。

第三节 投票

关于安全理事会中投票程序问题，尚未决定。

第四节 程序

①安全理事会之组织，应使其能继续不断工作。每一理事国应有常川驻会代表。倘有必要，安全理事会议得在他处举行。安全理事会应有定期会议，各理事国得派政府大员或其他特殊代表

出席。

②安全理事会认为执行职务有必要时，得设立各种机构，包括军事参谋委员会之地方分会。

③安全理事会之议事程序，由该会自定之，包括推选其主席之方式。

④倘安全理事会对任何提出该会问题之讨论，认为某一非理事会员国之利益，将受特殊影响，则该非理事会员国应参加讨论。

⑤任何非理事会会员国，或任何未曾参加本组织之国家，若系争端之一造，均应被邀参加安全理事会关于该项争端之讨论。

第七章　国际法院

①兹设立一国际法院，以为本组织之主要司法机关。

②该法院之组织与职务，悉依规程办理。此项规程，应附于本组织会章之后，作为会章之一部份。

③国际法院之规程应为：（甲）国际常设法院原有之规程而略加修改者，或为（乙）以国际常设法院之规程为根据，而草成之新规程。

④所有会员国均应为参加此项国际法院规程之当然份子。

⑤非会员国成为参加此项国际法院规程一份子之条件，应由大会经安全理事会之建议，就国别情形决定之。

第八章　维持国际和平与安全包括防止与抑制侵略之办法

第一节　和平解决争端

①安全理事会应有权调查任何争端，或任何可能引起国际磨擦或争端之情势，以决定其存在是否将危及国际和平与安全之维持。

②任何一国，不论其是否为会员国，得将此项争端或情势，提请大会或安全理事会注意。

③各会员国遇有任何可能危及国际和平与安全之争端时，应

负责尽量利用交涉和解，调解，仲裁，或司法解决，或其他该国自行选择之和平方法，以寻觅解决。安全理事会应令各会员国以此种方法解决其争端。

④有争端之各会员国，若不能以上述和平方法解决其争端，则各该会员国应负责将争端提交安全理事会。安全理事会对每一争端，应先决定其继续存在是否将妨碍国际和平与安全之维持，并依此而决定安全理事会是否应处理此项争端，以及若应处理，安全理事会是否应根据第五项采取行动。

⑤在第三项所述争端之任何阶段，安全理事会应有权建议适当之程序或解决方法。

⑥在寻常情形下，司法性质之争端，应提交国际法院。安全理事会应有权将与其他性质之争端有关之法律问题，提交法院，请提供意见。

⑦第一节中第一项至第六项之规定，不适用于国际法所认为属于国内法权范围以内之事项所产生之情势或争端。

第二节　威胁和平及侵略行为之判断及应付此种情形之办法

①倘安全理事会认为某一争端未照第一节第三项所规定之程序，或未照第一节第五项所述之建议解决，即成为对国际和平及安全之威胁时，应按照本组织之宗旨及原则，采取必要办法，以维持国际和平及安全。

②在大体上，安全理事会应判断任何和平威胁，和平破坏，或侵略行为之存在，并应建议或决定维持或恢复和平及安全之办法。

③安全理事会应有权决定采取武力以外之外交、经济或其他办法，以实施其决议，并促请本组织之会员国，执行此种办法。此种办法，可包括铁路，海运，航空，邮电，无线电，及其他交通工具之全部或局部停止，及外交与经济关系之断绝。

④如安全理事会认为此项办法尚不充足，应有权采取必要之海陆空军行动，以维持或恢复国际和平及安全。此项行动，可包

括本组织会员国用海陆空军封锁、示威及其他军事行动。

⑤为使本组织之所有会员国对于维持国际和平及安全有所贡献起见,应于安全理事会发出号令时,按照其相互订定之特别协定,负责提供必要之军队及其他便利与援助,以达到维持国际和平及安全之目的。此项协定,应规定军队之数目与种类,以及便利及援助之性质。此项协定应尽速商定。每一协定,应由安全理事会核准,并由签字国依照其宪法手续批准之。

⑥为使本组织得以采取紧急军事措置起见,本组织之会员国应将其国内空军部队加以准备,以便实行国际共同行动时,即可调动。此项部队之实力与准备之程度,及其共同行动之计划,应由安全理事会藉军事参谋委员会之协助,在特别协定范围内,或在第五项所述之协定范围内决定之。

⑦为执行安全理事会关于维持和平与安全之决议而采取之行动,应由本组织全体会员国共同担任,或照安全理事会之决定,由若干会员国担任之。此项义务,应由会员国采取单独行动,或经由其所参加之特种组织或机关,采取共同行动以履行之。

⑧武力使用之计划应由安全理事会藉下列第九项所述之军事参谋委员会之协助拟定之。

⑨本组织应设立一军事参谋委员会,其职务为协助与贡献意见与安全理事会,如关于维持和平之军事需要问题,如提供安全理事会军队之使用及统率问题,军备之管理问题及可能之军缩问题,并在安全理事会之下,对于提供安全理事会之武力,负战略之指挥责任。委员会应由安全理事会中常任理事国之参谋总长或代表组织之。本组织中之任何会员国,凡在军事参谋委员会中未有经常代表者,如该国参加工作,对于执行职务效率上为必需时,应即邀请该国参加,以收协助之效。关于统率军队问题,应以协议办法,再行拟定。

⑩本组织会员国应共同互助,以实施安全理事会之一决议。

⑪任何国家，不论是否为本组织之会员国，如因执行安全理事会之决议，而发生特殊问题，及经济问题时，应有权与安全理事会会商，以谋解决此项问题。

第三节　区域办法

①本组织会章中之任何规定，并不排除区域组织之存在，俾得应付以就地处理为宜之维持国际和平及安全之事件。惟此项办法，或组织及其行动，均须与本组织之宗旨及原则相符。安全理事会对于地方争执□应鼓励依据当事国之请求，或安全理事会之授权，利用此项区域办法或区域组织以解决之。

②安全理事会认为必要时，得利用此项办法或组织，以执行其权力下应采取之行动。但如无安全理事会之授权，区域办法或区域组织，不得有任何执行行动。

③安全理事会对于区域办法或区域组织，为维持国际和平及安全所采取或行将采取之行动，应经常□有完全之情报。

第九章　国际经济与社会合作办法

第一节　宗旨与关系

①为造成国际间和平友好关系所必需之安定与幸福情况起见，本组织应设法便利国际经济社会以及其他人道问题之解决，并促进对人权基本自由之尊重。执行此项工作之责任，应由大会与在大会权利下所设立之经济与社会理事会负之。

③各项特种经济社会等组织，应对其规程所规定之分内事件各负其责。每一此项组织，应与本组织发生关系，其条件应由经济与社会理事会与各该组织约定，而经由大会批准。

第二节　组织与投票

经济与社会理事会应以十八会员国代表组织之，由大会选举，任期三年。此十八会员国各出一代表，有一投票权。经济与社会理事会之决议，以到会投票之多数决定之。

第三节　经济与社会理事会之职权

经济与社会理事会应有权：

①执行大会有关之建议。

②对有关国际经济社会及其他人道事件自动决议。

③接受并考虑各项特种经济社会组织之报告，并经由商洽与建议，而调和此项组织之工作。

④审查此项特种组织之行政预算，俾对此项组织提供意见。

⑤使秘书长得对安全理事会供给情报。

⑥对于安全理事会，经其请求时，予以协助。

⑦执行大会指定之其他有关工作。

第四节　机构与程序

①经济与社会理事会□□□□经济委员会，一社会委员会，及其他必□□□□□。此项委员会应由专家组成之，并应有常川办事人员，该项人员应为本组织秘书厅之一部份。

②经济与社会理事会应允许各项特种组织派遣代表，参加该理事会及其所设立之若干委员会之讨论，但无投票权。

③经济与社会理事会应自订议事程序，以及其推选主席之方式。

第十章　秘书厅

①秘书厅包括一秘书长及若干必要办事人员。秘书长应为本组织行政人员之首长，由大会经安全理事会之推荐而选举之。其任期与条件于会章中规定之。

②秘书长应充大会安全理事会以及经济与社会理事会一切会议之秘书长，并应每年向大会作一关于本组织之工作报告。

③凡秘书长认为可能威胁国际和平与安全之事件，秘书长有权提请安全理事会注意。

第十一章　修正

修正案之成立，必须经由大会会员国三分之二通过，并经安全理事会所有常任理事国以及半数以上之其他会员国依照其本国宪法程序而予以批准。

第十二章 过渡办法

①在第八章第二节第五项所述协定尚未订立以前，依照莫斯科四国宣言第五条之规定,签定该宣言之四国应互相洽商，并于必要时与本组织其他会员国洽商，以代表本组织采取为维持国际和平与安全之宗旨所必要之联合行动。

②本组织会章中之任何规定，并不得妨碍对敌负责采取行动之政府，因此次战争结果而对于敌国所采取或命令执行之任何行动。

附注：除第六章所述之安全理事会投票程序问题迄未决定外，另有若干其他问题，亦尚在考虑中。

□□□□□□□□□精神上不但是毫无违背国父遗教的地方，而正是国父所指示的训政精神之所在。

去年中国国民党十一中全会决议于战事结束后一年内召开国民大会，制颁宪法，定期实施宪政，最近主席更向参政会表示考虑提早结束训政的问题，使国家的事早日由人民大家来负责。这是政府与领袖以至国民党同志对赶速实施宪政建立民主中国的坦白表示，也是全国人民所急切要求的。希望全国人民坚定最后胜利的信念，在目前艰难困苦的环境中，忠诚地在蒋主席贤明领导之下,协助政府,在抗战中短时间以内，完成民主政治的建设。拿民主的力量来渡过胜利来临以前我们自己最艰难的阶段，拿民主中国的地位，来与盟邦争取全世界反法西斯的民主战争的彻底胜利，来奠立民主世界的永久和平和人类的繁荣□□。

〔军事委员会委员长侍从室档案〕

59。陈良辅关于善后救济总署工作情形报告

（1945年1月26日）

廷黻吾公钧鉴：关于救济善后总署方面最近工作情形，谨陈

如后：

（一）我国救济善后需要总报告，上年九月间送交总署后，即由Working "C" under Mr. J.H.gorrin，加以研究，初由彼假定以二万万元为我国第一期约六个月需要额，比较东欧各国，并参照我国需要情形酌分为衣、食、住、医药、农、工、交通、水利、福利等十项。最近与我方洽商结果，暂改为二万一千一百九十万元，其分配如附表：（1）此数并未经总署核定，全系假定，以作初步研究之根据。

（二）工矿部份初期需要假定为二千万元（总报告原列一万一千五百万元），由职参照总报告原列数字，分别缓急，与总署各专家商讨结果，分配十种工矿事业详附单。（2）其中以发电厂为主（九百万元），机器修理厂为次（四百万元），电机修理厂、水厂、面粉厂、沙厂、水泥厂、煤矿（各一百万元），及油厂皂厂（各五十万元），又次之各种机器设备，以轻便简单，易于装置应用，或能移动者为上选，其他如普通修理材料，以及标准配件，亦均尽量包括以广效用。至各项器材之详细说明及规范，因国内寄来之表报资料多太简单，故均须详为补充，或加以修改，迩来正在会同我国留美各种技术专家，与总署方面各专家，分别讨论研究，并随时向美国厂商调查询价，以求确实详尽，而利采购。

（三）交通部份初期假定为五千万元，（总报告原列三万三千万元）以铁路为主,公路次之，水运及电讯又次之，各项器材之分配，大致根据总报告原列数额比例，酌为调整。此事原系陈广沅兄经手，近正会同交部驻美代表王国华兄商拟详单，容再另陈。

（四）住屋部份，总报告原列五百万元。兹假定初期为二百万元，不购木料，暂以洋钉、螺丝、绞链、五金为主。最近请薛次、莘兄与总署专家商谈，结果如附表（3）。

（五）水利部份，原列四百五十万元。兹假定初期为二百四十万元,总署水利专家对我国报告曾提出一意见书(附件4)。此事当由我国派美考察之八位水利专家加以研究,再为决定。

(六)总署对于我国所需器材,一律依照欧洲方面办法,以各种器材在美交货价格,加运费百分之卅五计算,我国第一期假定总额二万一千余万元。除去运费,实在购料款不足一万六千万元。

(七)职自奉命担任救济善后工作以来,因经济部及资委会方面原有工作一时不能放手,故不得不往返于纽约华府之间,顾此失彼,势所难免。最近得翁钱二公准许,请专门委员时昭涵兄常驻美京,协助工矿部份之救济善后工作,故此后诸事推动进行,当较为便利也。

(八)水利专家八人到美后赴TVA月余,留美京又月余,现赴Burean of Reclamation考察各重要水利事业。如欧洲局势顺利,并拟前往作短期考察,再行返国。经过情形,至为满意,并此奉闻,敬请
钧安

职陈良辅谨上　一九四五、一、廿六
〔国民政府资源委员会档案〕

60. 外交部公布《执行收回法权各约须知》

(1945年1月)

查过去各国依据不平等条约在华享受之特权可大别为下列九种:

(一)片面协定关税权;(二)治外法权;(三)租界地;(四)租界;(五)使馆界;(六)驻兵;(七)军舰驶入及停泊各口权;(八)内河航行权;(九)沿海贸易权。自国民政府成立,即谨遵国父遗嘱,对于废除不平等条约倍致努力。关于关税一节,自民国十九年后,已完全自主,租界地及租界,亦已

收回多处。惟与各国缔结不平等条约，将所有特权概行取消，则自中美中英新约始厥后，中比、中那、中加、中瑞（典）、中荷等新约相继订立，其内容大致相同，即现在正在进行交涉中之中法、中葡、中瑞（士）、中澳、中南非、中西、中丹等新约或换文，亦复类是。一俟上述条约或换文订成，废除不平等条约之工作，即告结束，兹将中英中美等新约要点分十三节说明如左：

第一节　对取消治外法权国家之人民实行管辖权。

我国前与各订立不平等条约，允许各国在华享有治外法权者，共计有十九国，除德、奥、俄、墨四国早已取消外，近三年来，在中英、中美、中比、中那、中瑞（典）、中荷等新约中，对于取消此项特权有同样之规定。兹举英约第二条为例：

"现行中华民国国民政府主席阁下与英王陛下间之条约与协定，凡权授英王陛下或其代表实行管辖在中华民国领土内英王陛下之人民或公司之一切条款，兹特撤销作废，英王陛下之人民及公司在中华民国领土内，应依照国际公法之原则及国际惯例受中华民国政府之管辖"。

兹将此项管辖权之范围及与本条有关事项说明如下：

（一）管辖权之范围　所谓受中华民国政府之管辖，不仅指法院之审判，并包括一切行政官厅之管理及处分，且政府所颁之一切法令规章，凡与外国人民及公司有关者，概须遵守，故管辖权之范围，实包括立法行政及司法三方面。

（二）管辖权之实施日期　依原则，自上述某一条约生效之日起，我国即可对某国人民实行管辖权，故在后方中英、中美、中比、中那、中瑞（典）中加等约已于生效之日，予以实施，（中荷新约尚待互换）。惟在收复区应自中央所派任之官吏开始执行职务之日起实行。

（三）执行已判案件　上述各约中均规定各国法院即经停闭，则该项法院之命令，宣告判决及其处分，应认为确定案件，于必要时，中国官厅应予以执行，据此，凡外国法院已判案件，除与我国公共秩序或善良风俗抵触者外，概须承认其法律上之效力。

（四）未结案件　各约中又多规定，在条约发生效力时，凡外国法院任何未结案件，如原告或告诉人希望移交于我主管法院时，应即交由该法院从速进行处理，并于可能范围内，适用该外国法庭所适用之法律，依此规定，我国法院承受此项未结案件时，应于可能范围内，依各国之法律适用条例办理，而不以我之法律适用条律为准据。但我法院认为不能适用外国法时，例如适用外国法而其规定有背于中国公共秩序或善良风俗时，即不应适用之。

（五）领事官与其本国犯罪人之接洽　各约中多规定（一）领事官在其领事区内应有与其本国人民及公司会晤通讯以及指示之权，而缔约此方之人民及公司在彼方领土之内，亦随时有与其本国领事官通讯之权。（二）遇有缔约此方之人民在彼方领土内，彼方官厅逮捕或拘留时，该地方官厅应立即通知在该地领事区内之彼方领事官，该领事官于其管辖范围内，有权探视其任何被捕或在狱候审之本国人民。（三）缔约此方之人民在彼方领土内被监禁者，其与本国领事官之通讯地方官厅应转递与其主管之领事官。上述一、三两点字义明晰毋庸解释，惟须加以注意而已。第二点内"地方官厅应立即通知在该地领事区内之彼方领事官"一语中所称"该地领事区"字样，甚易发生疑问，因我地方辽阔，究竟某地属于某国领事区，地方官厅一时或未能详悉，在此种情形之下，每当上述案情发生时，地方官厅将或不知向何处领事通知，暂时补救之法，惟有通知与该地方距离最近之当事人所属国领事而已。

上述领事与其本国人民接洽办法，对其他取销治外法权之国家（即无条约规定者）亦可酌量适用。

附取消法权国家一览表

（国名）（取消根据）

德国　一九二一年中德协约附件。

奥国　一九一九年九月十日圣日耳曼条约第一百十三条奥国声明放弃在华治外法权。

一九二五年中奥商约第四条规定，两国人民刑事诉讼案件受所在地法庭管辖。

俄国　一九二四年中俄协定第十二条。

墨西哥　一九二九年由墨西哥声明取消。

美国　一九四三年中美新约第一条。

英国　一九四三年中英新约第二条。

巴西　一九四三年中巴新约约首声明将一八八一年之中巴条约即巴西在华享受治外法权所根据之条约取消。同时在新约第三条规定：此缔约国人民及其财产在彼缔约国领土内应受所在国法令之支配及所在国法院之管辖。

比国　一九四三年中比新约第一条。

那威　一九四三年中那新约第二条。

加拿大　一九四四年中加条约第二条。

瑞典　一九四五年中瑞新约第一条。

荷兰　一九四五年中荷新约第二条。

日本　一九四一年十二月九日我国对日宣战，宣告中日间所有一切条约一概失效，因此日本在华享受之治外法权已失具依据，故应认为是日起废止。

义大利　一九四一年十二月九日我国同时对义宣战，宣告所有中义间条约一概失效，故义国在华之治外法权亦应认为自该日起废止。

法国　三十二年五月十九日我国对法之抗议之照会。

秘鲁　业由秘方于一九四三年宣称作废。

在上列表中，除中荷新约须待互换批准始能生效外，其余各国条约或文件早已生效。现在正在交涉取消者，尚有瑞士、丹麦、葡萄牙、及西班牙四国。至于加拿大、澳大利亚、及南非，因其为英国自治领，故其人民前得与英国人民在华享有同样治外法权。如今加拿大已于一九四四年与我国订约，允许取消此项特权。澳国与南非人民，现亦不复享有，因前英国于批准中英新约时曾颁布敕令，废除已往为在华治外法权，业经征得各自所颁布命令，并在治领政府之同意，故事实上澳国与南非人民，在华已无享受治外法权之根据。将来中澳及中南非条约或换文中如或提及此点，亦不过作形式上之规定而已。

第二节　接收北平使馆界

关于接收北平使馆界，中英、中美、中比、中荷四约，均有同样之规定。兹奉英约第三条为例，

"（一）英王陛下认为一九〇一年九月七日中国政府与他国政府，包括英王陛下联合王国政府在北京签订之议定书，应行取消，并同意该议定书及其附件所给予英王陛下联合王国政府之一切权利应予终止。

（二）英王陛下联合王国政府愿协助中华民国政府与其他有关政府成立必要之协定，将北平使馆界之行政与管理，连同使馆界之一切官有资产与官有义务，移交于中华民国政府，并相互了解中华民国政府于接使馆界与行政与管理时，应厘定办法，担任并履行使馆界之官有义务及债务，并承认及保护该界内之一切合法权利。

（三）在北平使馆界内，已划与英王陛下联合王国政府之土地，其上建有属于英王陛下联合王国政府之房屋，中华民国政府允许英王陛下联合王国政府为公务上之目的有继续使用之权。

对该条应说明者有下列两点：

（一）第二项规定与有关政府成立必要之协定一节，现在已无此需要，因有关各国业均无问题也。但对于该项所称应厘订办法，担任并履行使馆界之官有义务及债务并承认及保护该界内之

一切合法权利一节自应照办。惟在厘订此项办法前,北平市政府可斟酌当地情形,组织清理委员会,对一切官有义务、债务及所谓合法权利,一概加以清查。此项委员会有必要时,可请有关各国派员列席说明,俟调查清楚后再行厘订办法,呈请行政院核准施行。

(二)第三项规定准英国政府继续使用以前划与英国其上建有英国政府房屋之土地一节,对所有同盟国可以比照办理。至于其他各国原有之使馆土地及房屋,应由北平市政府,点明财产,妥为保管,呈候中央核办。

附取消使馆界特权国家一览表

国名　(废止使馆界权利之根据)

德国　一九二一年中德协约附件

奥国　一九一九年圣日曼条约第一百十三条。

美国　一九四三年中美新约第二条

英国　一九四三年中英新约第三条

比利时　一九四三年中比新约第二条

荷兰　一九四五年中荷新约第三条

日本　一九四一年十二月九日我国对日宣战布告

义大利　一九四一年十二月九日对义宣战布告

法国　三十二年五月十九日我国对法抗议之照会

俄国　一九一九年及一九二〇年苏联政府宣言

查一九〇一年北京议定书签字国中,除上表所列之十国外,尚有西班牙一国,未正式放弃使馆界之特权,但该国自民国二十六年起,已无使节驻华,实际上早已停止享受此项特权。

第三节　接收上海及厦门公共租界

关于接收上海厦门公共租界,中英、中美等新约均有下列之规定:

"(一)英王陛下认为上海及厦门公共租界之行政与管理应

归还中华民国政府,并同意凡关于上述租界给予英王陛下之权利应予终止。

(二)英王陛下联合王国政府愿协助中华民国政府与其他有关政府成立必要之协定,将上海及厦门公共租界之行政与管理连同上述租界之一切官有资产与官有义务移交于中华民国政府,并相互了解中华民国政府于接收上述租界行政与管理时,应厘订办法,担任履行上述租界之官有义务及债务,并承认及保护该界内之一切合法权利。

查上海及厦门公共租界,现在既经我国接收,则上述条文第二项所谓成立必要之协定一节,已无需要。惟对于厘订办法,担任并履行上述租界之官有义务及债务,并承认及保护该界内之一切合法权利一节自应照办,此项官有义务及债务以及所谓合法权利,情形甚为复杂,尤以上海公共租界为甚,最好组织一清理委员会,有必要时可请有关各国派员列席说明,俟一切调查清楚后,再行厘订上项办法,呈请行政院核准施行,较为妥善。

第四节 接收专管租界

凡租界之行政为一国所单独管理者,通常名为专管租界,如天津英租界、广州英租界是。

关于接收上述两租界,中英新约第四条三、四两项规定如下:

"(三)英王陛下同意将天津英租界(包括英方工部局所管全部区域)及广州英租界之行政与管理,归还中华民国政府,并同意凡关于上述两租界给予英王陛下之权利应予终止。

(四)天津英租界(包括英方工部局所管全部区域)及广州英租界之行政与管理,连同其官有资产与官有义务应移交于中华民国政府。并相互了解中华民国政府于接收该两租界行政与管理时应厘订办法,担任并履行该两租界之官有义务及债务,并承认及保护该两租界内之一切合法权利。"

依上述第四项规定，我国政府于接收该两租界时，应厘订办法担任并履行该两租界之官有义务及债务，并承认及保护该两租界内之一切合法权利，此点自应照办。最好组织一清理委员会，有必要时可请英国派员列席说明。俟将官有义务及债务并所谓一切合法权利调查清楚后，再行厘订办法，呈请行政院核准施行，较为妥善。

查专管租界，除上述天津、广州英租界外，尚有汉口、上海、广州、天津之法租界，天津之义租界，天津、汉口以及其他各地之日租界，关于接收上项租界之办法，分别说明如下：

（一）接收法国租界，可参照收回上述天津、广州英租界之办法办理。

（二）天津义租界内凡属于租界所有之资产与义大利政府所有之资产，应一律由我接收，至关于义大利人民私有产业，准其继续享有，与其他同盟国中立国人民之财产相同。

（三）接收各地日租界，（一）对于日本公私财产其有全国性者，应参照行政院公布之上海区敌伪产业处理办法处理，此外应一概接收或封存，缮造清单，呈报行政院核办。（二）对于日租界官有义务及债务，由日本政府自行清偿。

（四）对于其他各国人民或公司在日租界之产业，应依条约及有关法令办理。

第五节　关于外人在华现有不动产权问题

查在中英、中美等新约中，关于外人在华现有不动产问题，均有同样规定。兹举英约第三条为例：

"（一）为免除英王陛下之人民及公司，或英王陛下联合王国政府在中华民国领土内现有关于不动产之权利发生任何问题，尤为免除各条约及协定之各条款，因本约第二条规定废止而可能发生之问题起见，双方同意上述现有之权利不得取消作废，并不得以任何理由加以追究，但依照法律手续提出证据，证明此项权利系以欺诈或类似欺诈或其他不正当之手段所取得者不在此限。同时相互了解此项权利取得时所根据之原来手续，如日后有任何变更之处，该项权利不得因之作废。双方并同意此项权利之行使，应受中华民国关于征收捐税、征收土地及有关国防各项法令之约束。非经中华民国政府之明白许可，并不得移转于第三国政府或人民（包括公司）。

（二）双方并同意中华民国政府对于英王陛下之人民或公司或英王陛下联合王国政府，持有之不动产永租契或其他证据，如欲另行换发新所有权状时，中国官厅当不征收任何费用。此项新所有权状，应充分保障上述租契或其他证据之持有人与其合法之继承人及受让人，并不得减损其原来权益，包括转让权在内。

（三）双方并同意中国官厅不得向英王陛下之人民或公司或英王陛下联合王国政府要求缴纳涉及本约发生效力以前有关土地移转之任何费用。"

对于该条规定应加以说明者有下列二点：

（一）第一项末句规定"非经中华民国政府之明白许可，并不得移转于第三国政府或人民（包括公司），此点自应注意。但同时又规定一种补救方法，即外国人请求将某项不动产转让于第三国政府或人民而被我拒绝时，我政府当以公平之价格收购之（见中英中美各约所附之换文）。"

（二）依第二项之规定，对于外国政府或人民所持有之不动产永租契或其他证据是否另行换发新所有权状，应由我国政府斟酌决定。如我政府不欲换发时，外人虽作此要求，亦加以拒绝。且我政府在决定欲换发之前，对于当地外人持有契据与其产权之实际关系，必须调查清楚，否则极易发生弊窦。例如在上海公共租界及法租界内，外国人持有之永租契多已成为一种空契，除得用为全租界内选举权之凭证外，已不能发生其他作用，因事实上外国人对于契内所载之土地，大多早已出卖于中国人，而中国人对于此项土地之一切权利,如一旦以新所有权状给予永租契之持有人,则此项土地,复归外国人所有,而中国人不知须受多少损失,且恐纠纷发生无法解决,故上海市政府如欲解决此项问题,须举行登记调查清楚后再行拟定办法,呈行政院核准施行。

第六节 关于外人在华取得并置有不动产问题

关于此项问题,除中美及中加新约未加规定外,在其他各约中,如中英、中比、中那、中瑞(典)、中荷等约均有同样之规定,兹举英约换文第三节为例:

"(三)双方了解通商口岸制度之废止,不得影响现有之财产权,并了解缔约一方之人民,在缔约彼方之领土全境,得依照缔约彼方之法令所规定之条件享受取得并置有不动产之权利。"

关于此项规定应说明者有下列二点:(一)条文中只称人民,并无公司字样,故此项权利之享受应以人民为限。(二)此项权利以条约规定相互允许为原则,故我国与某国所订约中如无此项规定者,该国人民即不能享受。

第七节 关于外国人在华旅行居住及经商问题

查中英、中美等新约均规定通商口岸制度之废止。同时规定各该国对于中国人民在其领土内早予以旅行居住及经商之权利,中国政府同意,对各该国人民在中国领土内予以相同之权利。

依此规定所应说明者有下列二点:

(一)各国对中国人之居住其领土内者,并无地域之限制。此后我国自应允许外国人在内地居住,不复以通商口岸为限,经商亦同。但有关国防及要塞附近区域,依各国通例,得禁止外人居住,我国自可同样办理,又各国对于外侨多采用发给居留证或登记片办法,我国内政部自可参照各国成例,制定妥善办法及证片式样,呈请行政院颁布施行。

(二)各国对中国人之游历其境内各地者,只须随身携带登记片,(如在英美等国只须携带登记片名为 Registration Card）或居留证（如在欧洲各国只须携带居留证）以便警察随地检查，并非如外人之往我国内地游历者须持有内地游历护照。关于此点，内政部自应参照各国成例斟酌我国情形，从新拟定办法，呈请行政院核准施行。

第八节　外国人民及公司享受本国待遇事项

查中英、中美等新约规定：（一）关于各项法律手续及司法事件之处理。（二）及各种租税之征收与其有关事项，给予缔约对方人及公司之待遇，应不低于所给予本国人民与公司之待遇，此即所谓本国待遇（National treatment）我国对于此项规定，自应切实遵行，以昭平允。

第九节　取消沿海贸易及内河航行权

所谓沿海贸易，乃指在沿海各口岸之贸易，如昔日外国船舶往来于广州、厦门、福州、宁波及上海间之贸易是。所谓内河航行，乃指航行于一国之内河，如昔日外轮在扬子江及珠江航行是。此两项权利，依各国通例，大都保留于本国人民，间或有许外国人享受者，必以相互为条件。我国旧约片面允许外人享有此两项权利，实为例外，故中英、中美等新约，特别规定由各国自行放弃。惟附带规定各该国人民或公司用以经营此项事业之产业，如业主愿意出卖时，我国政府准备以公平之价格收购之。

第十节　关于此后我国通商口岸问题

关于此问题，中美新约规定：中华民国领土内，凡平时对美国海外商运已开放之沿海口岸，此后仍继续开放。至中英、中那、中瑞（典）、中荷等新约，仅规定缔约一方之商船许其自由驶至缔约彼方领土内，对于海外商运业已或将来开放之口岸地方及领水，而并无"沿海"二字之限制。但上述四约均附有同意记录规定双方为国防计，有权封闭任何口岸。此后我国应规定何者为沿海口岸，有关机关正会呈行政院核示中。

第十一节　外国军舰驶入我国领水问题

依国际通例，中国军舰非得乙国允许，不得驶入乙国之领水，我国旧约准外国军舰自由驶入我国沿海及沿江各口岸，实为破坏我国主权，危害我国安全最显著情事之一，故中英、中美等新约均明白规定将此项权利取消。惟附带规定，缔约一方军舰访问彼方口岸时；应依照通常国际惯例相互给予优礼。

第十二节　取消外籍引水人之一切现行权利

依国际通例，在一国之领水内，引水一业，皆由本国人充任，其理由因一国领水内之航道与国防有关，不应使外人知悉也。我国于同治七年颁布引水章程，准许外人在我国各口岸充任引水人，实为例外，故在中英、中美等新约皆有明定取消之条文。在过渡时期，如尚有需用外籍引水令处，自应依照我国将来颁行之有关法令斟酌办理。

第十三节　对于条约所未规定问题应适用之解决方法

关于此点，中英、中美等新约均有下列之规定："双方了解凡本约及换文未涉及之问题，如有影响中华民国主权时，应由两国政府代表会商，依照普通承认之国际公法原则及近代国际惯例解决之。"据此，地方政府遇有此项问题，应呈报中央政府核办。

〔国民政府外交部档案〕

61. 蒋廷黻为联总供应物资请饬拨空运吨位呈

（1945年4月5日）

本署正拟开始善后救济工作，已与联合国总署商定，即时供给最低限度之器材，计有药品、卫生训练器材、兽医仪器、改良农业种籽及新式农具样本等，共五十一吨半，以后并每月供应药品四公吨，业由本署函请战时生产局拨列空运吨位，以期迅速输入应用。兹闻空运吨位已限定军用及民生必需物品，但上列救济物资，不仅为我国所急切需要，且联合国总署既允即供给，似尤不宜以滞运关系，有负国际助我之厚谊。敬附具该项物资清单，呈请鉴核转饬特拨空运吨位。谨呈

行政院院长蒋

代院长宋

善后救济总署署长蒋廷黻

附清单乙纸

联合国总署首批供应我国物资清单

一、医药卫生训练器材四十公吨。

二、黔东黔南收复地区需用药品，自五月起每月四公吨。

三、改良农业种籽三公吨。

四、兽医仪器设备四公吨。

五、新式改良农具样本半公吨。

〔国民政府行政院档案〕

〔二〕中苏关系

（一）中苏一般外交活动

1. 蒋廷黻向李维诺夫询问苏联对芦沟桥事变态度致何廉电稿

（1937年7月　日）

致行政院何处长

COTIF。淬廉兄鉴：甫见李外长，弟首先说明芦沟桥事件之起因及日本此次之目的，继问苏俄之态度。李氏答云：苏联明知日本为侵略者，故绝与中国表同情。弟问苏俄是否可负责调停。李云：苏日关系既不佳，苏联单独调停显不可能，与他国共同调停可考虑。然在未与政府当局接洽之前，不敢应允。弟续问如中国根据盟约第十七条提出国联，彼愿协助否。彼云：苏联必力助，惟紧要关键在英国，中国应图先得英国协助之允诺，然后提出。弟告以局势紧急，万一战争发生，苏联能助我乎。李云，非彼所能负责答复。据彼自东京得来消息，日本政府不欲大举，商界亦反对大举。惟东京当局以为张大声势，中国必不战而屈服。彼又言，中国之错在对鲍大使返任后之提案过于冷淡。倘中苏接近，而日本知之，日将不敢轻举矣云。弟意吾人绝不可期望苏联之实力助我，目前外交活动应注重英美之合作。以上各节，弟已电外部。廷黻。○下午五时

〔国民政府行政院档案〕

2. 蒋廷黻报告苏联对列强调停中日冲突态度致孔祥熙等电稿

（1937年7月）

（1）致孔祥熙电稿

Sinoembassy Washington, D.C.

GLIA　译转孔副院长钧鉴，今日复见李外长，递送节略，职趁机问现在英美法三国既已向日本有所表示，苏联是否可采同样步骤，李答云，爱登已于十二日面告其驻英大使Maisky，英国在原则上不反对英法美俄四国行动，但目前似以三国行动为较便。盖俄之参加，更将使日本难于接受劝告也。职续问倘事件扩大，而英美法又乐得俄之协助，俄愿参加乎？李答，彼甚愿考虑云。职意目前如俄参加，诚有如爱登所顾虑之不便，但如事件恶化，则我国及英美法均应欢迎俄之合作。我国外交工作应即时起尽力疏通彼四国间之误会。谨闻。蒋廷黻。○酉

（2）致何廉电稿

电何处长

○电悉。院长言论俄报登于重要地位，惟无评论。当局目前绝不愿表示态度。十七日弟见李外长时，彼示我其驻英大使十三日来电称，爱登云，虽原则上不反对俄国与英美法采一致行动，惟目前俄不必参加，恐更激怒日人也。英国此种态度更使俄国消极。以上弟已报告外部。

黻○

〔国民政府行政院档案〕

3. 国民政府公布中苏互不侵犯条约

(1937年3月21日)

中华民国国民政府，苏维埃社会主义联邦共和国政府，为欲对于一般和平之维护有所贡献，并将两国现有之友好关系巩固在坚定而永久的基础之上，又欲将一九二八年八月二十七日在巴黎签订之非战公约中双方担任之责任重行切实证明起见，因是决定签订本条约。两方各派全权代表如左：

中华民国国民政府主席特派外交部长王宠惠。

苏维埃社会主义联邦共和国中央执行委员会特派驻中华民国大使鲍格莫洛夫。

两全权代表，业经相互校阅全权证书，认为妥善，约定条款如左：

第一条 两缔约国重行郑重声明，两方斥责以战争解决国际纠纷之方法，并否认在两国相互关系间以战争为施行国家政策之工具；并依照此项诺言，两方约定不得单独或联合其他一国或多数国家，对于彼此为任何侵略。

第二条 倘两缔约国之一方，受一个或数个第三国侵略时，彼缔约国约定在冲突全部期间内，对于该第三国不得直接或间接予以任何协助，并不得为任何行动或签订任何协定，致该侵略国得用以施行不利于受侵略之缔约国。

第三条 本条约之条款，不得解释为对于在本条约生效以前，两缔约国已经签订之任何双面或多边条约，对于两缔约国所发生之权利与义务，有何影响或变更。

第四条 本条约用英文缮成两份，本条约于上列全权代表签字之日发生效力，其有效期间为五年。两缔约国之一方，在期满前六个月，得向彼方通知废止本条约之意思；倘双方均未如期通知，本条约定为第一次期满后，自动延长二年；如于二年期间届满前六个月，双方并不向对方通知废止本条约之意，本条约应再延长二年。以后按此进行。

两全权代表将本条约签字盖印以昭信守。

一九三七年八月二十一日订于南京，王宠惠，鲍格莫洛夫。

附外交部发言人为中苏签订不侵犯条约发表谈话

中苏二国，已于八月二十一日签订不侵犯条约。此举不独对于中苏两国间之和平多加一重保障，且为太平洋各国以不侵犯之保证，共谋安全之嚆矢。

中苏两国现已重申一九二八年非战公约之原则，即两方再行声明，不以战争为解决国际纠纷之方法；并否认在两国相互关系间，以战争为施行国策之工具。双方依照此项原则，约定不得单独或联合其他国家对于彼此为任何侵略。又两缔约国之一方，受第三国侵略时，他方约定不得对于该侵略国予以任何协助，或有不利于被侵略国之举动。故此项条约之内容，极为简单，纯系消极性质，即以不侵略及不协助侵略国为维持和平之方法。约文简赅，而宗旨正大，实为非战公约及其他维护和平条约之一种有力的补充文件。

世界各国在最近十年间，缔结不侵犯条约者，不知凡几，即双方所抱主义迥然不同之国，亦多缔结此约者。中苏二国签订之不侵犯条约与各国缔结者，并无异致。虽在太平洋各国间尚属创例，而与世界确保和平之主旨正相符合。中国今日虽受外来极度之侵凌，不能不以武力抵抗武力，然酷爱和平为我国人之特性，今日以武力侵凌我者，苟能幡然觉悟，变更其国策则我人亦深愿与之签订不侵犯条约，共维东亚之安全，而谋人类之幸福。是中苏二国不侵犯条约之缔结，或为东亚大局好转之朕兆；我人所企望，在于此耳。

〔国民政府外交部档案〕

4. 蒋廷黻关于国际问题与苏联外交次长斯多蒙涅哥夫谈话记录

(1937年10月20日)

二十六年十二月二十日下午一点，在苏外委会与外次长斯多蒙涅哥夫谈话记录（用法文，无旁人在座）。

黻：鲍大使已痊愈否？

斯：鲍已去列宁格那，其父母居焉。

黻：伊之返任时期已定否？

斯：尚未定。

黻：阁下是否仍信中日军事愈延长愈有利于中国？

斯：余确仍信时间是替中国工作的，贵大使最近有特殊消息否？

黻：战况大致如旧，上海战绩甚佳，华北则欠佳。

斯：果欠佳，贵国军队似乎仅中央军战斗力可观，北方部队不及远甚，华北作战者概系北方队伍。

黻：华北亦有中央军，惟偕同其他队伍作战，此队伍在军械上、组织上均不及中央军。

斯：山西阎将军之队伍如何？

黻：晋军战斗力亦平常。

斯：好在贵国尚有其他军队在山西，最近并举行反攻，成绩似尚好。山东韩主席之态度如何？

黻：伊将忠于中央，惟其队伍战斗力欠强。日本策略大约将不在上海区域有所图谋，以免过于刺激欧美，并藉以保存其在华北已占区域，是则华北问题十分紧要也。

斯：日本之策略诚如贵大使所言，实则日本在上海亦无所得，无所作为交换品。

戬：华北既若是紧急，不知贵国是否能进一步助我乎？

斯：此乃一重大问题，上次鄙人已对贵大使讲过，我国现须应付者乃整个世界局面，非仅远东一区也，问题复杂可想而知。

戬：吾人是否可劝外蒙古参加作战？

斯：外蒙愿意与否不得而知，且苏蒙互助条约已为世界所公知。外蒙参加作战，吾人不能不负相当责任，现在须待比京会议之推演。主持该会者已约请苏联及德国参加，德国必将捣乱、拖延、打官话。

戬：意大利如加入，恐亦将采取同样策略，吾对该会不乐观。英已表示后退之意，英国重视地中海问题，意大利增兵Libya更使英国不安。近两日伦敦会议推演如何？

斯：余无特殊消息，昨日意国态度甚倔强，吾恐英国又将让步。英国大计只求其军备扩充计划之完成，在完成以前，事事求退让姑息。原英国思诿责于美国，声言英国愿制裁日本，无奈美国不合作。现美国自罗斯福演说以后，可说已将责任推还于英国。远东问题乃英美间之球，英推与美，美推与英。

戬：英国因有其困难，意大利不但在地中海甚积极，且怂恿日本在远东前进，更使英国顾此失彼。

斯：意大利在远东实无能为力，日本虽愚，不致依赖意大利。意之策略全是bluft，实不敢战，不能战。

戬：意虽不能直接援助日本，间接极能使英法为难。现在各大国之中惟独苏美两国能对日本多出力，吾人深望贵国能多助我一份。

斯：吾人须待比京会议之发展，余对该会亦不乐观，然未尝定无作用。第一，国际舆论或可推进一步，不可轻视也。第二，英国虽有后退之意，然大势所趋，或亦不能不前进。

戬：吾人固应利用机会，推动国际舆论，然日本如加入，亦可联络与邦，淆乱视听，更能利用会议延误时间，使为已成，更难设法也。

斯：日本宣传力量薄弱，无足畏也。只有全无幽默者能说中国是侵略者，同时，美国总统之演说十分重要，贵国似应加强在美之宣传。

蒋：余已建议敝国政府拨款与我驻美大使作宣传之用，余意吾人应请美国朋友出面，吾人处后台。现罗斯福所须者即其国人之拥护，吾人之宣传必有利于罗总统的政治地位，想美国政府亦乐吾人多作宣传也。

斯：阁下观察甚是，贵国政府已接受阁下之建议乎？

蒋：政府有此意，现我驻美大使正与宣传专家接洽。日人传出消息，谓鲍大使与雷武官之意见颇不一致，事实如何？

斯：吾人意见完全一致，阁下想已明吾国政府之组织，在整个政府之中，绝无意见不一致之可能。

蒋：李外长闻已返莫斯哥？

斯：彼已返数日矣。

蒋：谢谢阁下今天与我长谈。

斯：无任何时，甚愿与贵大使多谈，望以后吾人时有交换意见机会。

〔国民政府行政院档案〕

5．蒋廷黻向外交部报告与美国驻苏大使会谈情形电

（1937年10月21日）

1152。电部OTAWA廿六年十月廿一日下午四时发

秘。此地美国大使夏季他往，两星期前始返莫。职近与谈数次，彼意中国若趁比京会议与日妥协，虽有所失，亦有所得。不可如交易所投机者，待市价大落后始出售也。职告以中国自始即

203

不孤意独行，妥协方案须真能保持和平，否则徒劳无益。日方策略拟在上海表示退让，藉以得列强承认其在华北之特权，华北五省自治之说，固断非我国所能承认，即冀察亦不能特殊化，盖平津两埠在华北之重要，有如纽约、波士顿，中国民族绝不能放弃也。察省关系国防，倘在日手，日苏关系亦不能好转。此外，海关税则或可略予日本便宜云。彼见职未提东北，即云或者满洲可供妥协之资。职未置可否。五日前，彼约职午餐后又久谈，彼即时照职所言，拟致美总统电稿，并请职校阅后，即拍发。职后问，现罗斯福既已发动，如中国加强在美宣传，总统在国内地位岂不更好。彼大为所动，且愿在后台协助。职已电告儒堂，并电委座拨款。如钧部认此举可行，务请促其从速实现。以上各节，乞严秘。职蒋○○。

〔国民政府行政院档案〕

6. 蒋廷黻报告与苏联外交次长会谈情况电稿

（1937年10月21日）

1151。电部。OTAWA 廿六年十月二十一日下午 二时半发

秘。昨与外次久谈，彼否认鲍、雷意见不一致之说。然据职自另一方得来消息，雷极轻视我国军备，鲍则颇乐观。故实情如何，不易探知。鲍现返里，不能晤面。职问外次，苏政府得鲍、雷报告之后，是否将进一步对日。彼答问题重大，不易答复，苏须对付整个国际局面，非仅远东一隅。现惟有静待比京会议之推演，此外另有收获，亦未可知。英政府虽求推脱，然大势所趋，或将与美合作云。职言英国之欠积极甚为可惜，然有可原英意地中海问题未解决以前，英颇顾此失彼。在当前国际形势之下，惟俄美能专心对日，故吾人甚望俄国多出一份力量，外蒙参战似尔

一计。彼答称，因有俄蒙互助条约，蒙参战，俄难辞责，俄国须顾整个国际局势，中国在美之宣传似宜加强云。职闻俄已秘允法国，不反对承认西班牙叛军战团权利，伦敦不干涉会或可因此成功。果尔，比京会议前途或可好转。谨闻。蒋〇〇。

〔国民政府行政院档案〕

7. 蒋廷黻向外交部报告会见李维诺夫情形电稿

（1937年10月26日）

1153。八八〇及八八一号电敬悉。甫见李外长，阎、白两总领事同意事，李云：已向委座解释一切。至于其对日大政方针，李云：苏政府之政策早已决定，且为中国最高当局所深知。前在日尼瓦亦与孔副座详谈，现无须再声明。鲍之回国与政策无关云。职蒋廷黻。十月廿六日申〇。

〔国民政府行政院档案〕

8. 蒋廷黻报告李维诺夫对比京会议态度致外交部电稿

（1937年10月26日）

1154。电部　二十六年十月二十六日下午七时发

李外长昨今谈话中对比京会议十分悲观，彼谓："我在日尼瓦原主张由国联会员国之与太平洋有深切关系者，如英、法、俄邀请美国共同设法，我已得英法两外长全意，惟英外长坚持邀请美国，应由英国单独先探询美国意旨，不可由英、法、俄三国共同活动，我未反对。后数日，英称：美不愿。英遂改提比京会议。美不愿之说是否属实，不无疑问。我竭力反对，不料中国代表反接受矣。在比京会议中意德必偏袒日本，阻碍进行。苏将来虽加入，实非心愿多此无益之举也云。以上各节，是否与事实相

符，钧部自可参考他方报告。兹谨据实呈报而已。职蒋廷黻。

〔国民政府行政院档案〕

9．蒋廷黻报告苏联驻华大使鲍格莫洛夫返任等事致孔祥熙电稿

（1937年10月26日）

电院长　二十六年十月二十六日下午七时发

敬电敬悉。鲍使现在列宁格勒，尚未与晤面。李外长云：鲍之返期未定，迟早亦无关系。苏之大政为钧座所深知，毫无变更也云。职蒋廷黻。宥。申。

〔国民政府行政院档案〕

10．蒋廷黻报告苏联《消息报》载文对比京会议看法致外交部电稿

（1937年10月29日）

1157。电部　二十六年十月廿九日下午三时发

昨日消息报发表Viqlis论比京会议一文，大旨反映李外长廿六日与职之谈话，认定前途不可乐观。一则因参加者有多数无力量无关系之小国。二则因德意亦被邀请。等于求侵略者来制裁侵略，势不可能云。此地外交团咸重视该文。谨闻。职蒋廷黻〇。

〔国民政府行政院档案〕

11．国民政府行政院政务处长何廉奉命请蒋廷黻向苏方询问援华具体方案电

（1937年11月17日）

何处长来电　二十六年十一月十八日上午十时到

中日战事现到最困难关头，我国为正义和平牺牲已达极点。此时苏俄应有具体办法，李外长在日内瓦对庸公曾有此表示。今

晨庸公嘱弟电兄往谒李外长，谈话结果如何，盼电复。弟廉。筱。十七日。

〔国民政府行政院档案〕

12. 蒋廷黻关于向李维诺夫探询苏联援华具体方案致何廉电稿

（1937年11月19日）

电何处长　二十六、十一、十九或廿

淬廉兄：筱电悉。今见李外长，彼云除在日内瓦对庸公之表示外，现无可复加。弟告以我国之困难，深盼此时能有较好之消息报告庸公。彼又云，惜无可复加。后谈比京会议，彼云英法态度均以美国态度为准，美政府则惟恐舆论不拥护积极政策。弟告以据弟所得消息，比京会议虽至今无具体结果，前途不必悲观。彼答，我亦不悲观。后谈欧洲报纸所传消息，彼云介公辞院长及德国调停之说，均在西洋舆论界发生不良影响，颇使人疑中国意志不坚强云。弟廷黻〇〇。

〔国民政府行政院档案〕

13. 蒋廷黻报告苏联驻华大使换任情况电

（1937年11月29日）

XLXY。1176。电部　廿六年十一月廿九日译发

九〇三号电敬悉。新大使昨晨率译员来见，人极精干，略识英语，生于一八九九，毕业于列宁格拉大学，于上年七月赴新疆任迪化副领事。伊云对我国抱好感，并祝我国胜利，并列举苏联革命初年战事及西班牙对拿破仑抗战，为弱胜强之例。其人出身如何，颇难查明。使团中无一人识其名者，新闻访员至外部情报司访问者，该司即以不知答之。职以苏馆征求政府同意时，钧部

207

必索履历，亦因应酬时节，不便多问私事，故未探问。苏政府撤换鲍大使动机，李外长无具体表示，据其语气，似对鲍有所不满。鲍颇愿与我进步合作，其对我国军情报告似亦乐观，苏外部大概恐其态度之积极超过政府训令，故撤换之。此不过职就平日所闻分析而已，以后如续有所闻，当即电呈。此邦对我政策，全以英美为准衡，使节调动，实无关宏旨也。职蒋廷黻○○。

〔国民政府行政院档案〕

14. 蒋廷黻关于陪李石曾会晤苏联外长情形电稿

（1937年12月4日）

1183。电部 计六年十二月四日发5pm。

昨陪李石曾先生往见苏外长，石老首先说明来俄经过，略谓法国友人如赫里欧等数年前曾劝中国联俄容共，在国际上参加民治主义集团。现中国已走此路线，石老继言，现今国际大困难在中、俄、英、美、法五大国不能切实合作，致法西斯主义三国更横行无忌。苏外长答曰：尊意极是，余平日所主张者即如此，奈欧西及美各国不如是想。法国对日不积极更过于英美，法不但不愿助华，且不愿苏俄助华。法政治家之袒华言论，皆表面文章，毫无实际云。石老加以反驳，列举法助华事实为证。李云，苏联态度已鲜明表示，如英美进，苏亦进。其奈他国不愿明言，如苏联进，彼亦进。主要关键在美，中国在美何不大作宣传，莫司哥无须贵国要人来此游说也云。石老答曰：余之目的不在游说，乃在与阁下研究具体方案。今日谈话已久，他日当再来请教云。职蒋廷黻○○。四日。

〔国民政府行政院档案〕

15. 蒋廷黻关于对陶德曼调停看法致外交部电稿

（1937年12月6日）

1184。电部　廿六年十二月六日发

政府决定接受德使调停与否，自须兼顾内外各方情形。中苏关系之进展乃即先决条件。兹就职所知，分析俄对中日问题趋势，以供政府参考。李维诺夫对庸公对石老对职均言，主要关键在美，美进，俄亦进。此种答复不足以充我政府决议之资，盖美国在短期内决不能前进。李外长又言，苏联所须对付者，非仅日本，实整个国际局面。彼意不外俄东有日本、西有德国为敌，西敌较东敌更能为害，盖俄西部比远东更重要。倘英、法、美不动，俄将陷于孤立，以俄独当日德，势不可能。此种解释与我无实际帮助，盖整个国际局面之转变，非数月内所能实现。万一数月后尚不变，俄将仍不积极助我，我败固不利于俄，究比俄自败为优。彼自为计，势必如此。俄国防部长曾告耿光次长，谓俄内部亦略有困难。李外长且告石老，法不助华，亦不愿俄助华之语，即因法国始终望俄在远东不多事，专养精蓄锐以对德，盖德之为害法国，远过于日本之为害法国。倘整个局势转变，英美抗日，则法国可不阻俄参战。否则不然，法至今与我之帮助，大都为见好于英美，藉以助英美以对德耳。此系实情，但此种困难之解除，似非数月内所能成功，故此种解释亦不能给我政府任何把握。处此进退两难之际，谨建议如下：一、中苏利害关系极深，近数月来，彼助我亦不少，我政府在未接受调停之前，应与苏联切商。二、我应请其明白具体表示，或于几月之内或于日本侵犯至某种地带之际，苏即参战，并即与我签订盟约。彼若再提英美法各国同进条件，我即告以此种答复无补，实际等于不助我，我将不得不自为计。三、最近中苏间接洽途径纷繁，不无困难。现俄新大使计于月中能抵汉,彼乃斯塔林嫡系亲信人员,政府若即与彼在汉谈判,似最便利。倘钧部令职在莫与李外长接洽,职自当尽力。以上各节,请转告庸公。彼昨借钧部电本来电嘱职条陈意见,职复电甚略,故特再呈。职蒋廷黻〇。(十二月六日)

〔国民政府行政院档案〕

16．蒋廷黻在中央大学作关于《日苏的关系》讲演

（1938年8月11日）

日苏近几年的冲突很多,大致可分为两类,一类是枝节问题,一类是根本问题。枝节问题有三个。第一是边境冲突问题。每年到了夏季,两国边境的冲突总有几十次,有些比较严重,有些连报纸都不登了。其实苏联与我东北的界线早有中俄条约的划定,大体上是无争执可能的。近年所以发生争执,一则因为日本及伪满没有中俄条约的底本及界线地图,二则因为当初中俄划界图有些地段不够详细,三则因为自中俄划界以后,河流或河中沙岛的地位形势或有变更,使地图与现状不符。但是苏联与伪满的界线大部分是自然的而又极显明的,绝无争执的可能。在有争执的地点,所争执者不过几方公里,所以这种边境的冲突只能说是枝节冲突。倘日苏之间无更大的,比较基本的冲突,这些边境的冲突不能引起正式的战争。

第二个枝节问题是日本人到苏联远东领海去捕鱼的问题。照国际公法,日本当然不应该到苏联领海去捕鱼,但根据日俄一九〇五年的条约,帝俄政府给与日人这种特权。苏联政府至今承认一九〇五年的条约有效。所以两国近年关于渔权的争执并不是日本人有无这种权利,而是这种权利实际如何执行。日苏之间曾有渔约,详细规定日人捕鱼的各种条件,惟该约已满期,日本要求另订一个长期的新约,而苏联则每到年底只允延续旧约一年。日

本虽失望，不过事实上每年日本人仍可到北海去捕鱼，也可以勉强将就。倘日苏之间无其他根本冲突，日苏也不会因渔约而正式开战。

等三个枝节问题是北库页岛开采石油的问题。日俄战争以后，库页岛分为两部，南部归日本，北部归俄国。日本缺乏石油，而库页岛的油矿正在北部，不在南部。日人对北库页岛的油矿贪得已久。苏联革命以后，苏联政府为解决日苏间的某种问题，允许日本公司在北库页岛指定地点开采石油，日本已正式得着这种权利，苏联政府至今并不图取消这种权利。争执的发生又是在权利执行的细则上。日方常说苏联地方官吏故意给日本公司种种的阻碍和限制。这些争执虽时常发生，但双方至今能在当地谋得双方的相安。倘若日苏之间无其他更大的冲突，这个油权问题也不至引起日苏间的正式战争。

这些枝节问题的本身并不严重而且有妥协的办法，但是全世界都密切注意日苏间的一切冲突，好象一点小事就能立刻变为大事。这就是因为除了这些枝节问题以外，日苏之间还有更严重、更基本的冲突。要了解这一层，我们必须略为回溯历史。

十九世纪太平洋最大变迁莫过一千八百六十年的中俄的北京条约。帝俄根据该约占领了现今的滨海省及其海口海参崴。在此以前，帝俄在亚洲的领土过于偏北，且无良善的海口，不足以危害任何其他国家。占领了滨海省以后，帝俄成了太平洋强权之一，从军事上观察，海参崴在俄国手里，日本的国防就多添了一方面。所以从明治维新到现在，日本的政治家军事家没有一日能忘记海参崴的。近年因空军威力的加增，海参崴在军事上的地位更加重要，日本国防上的困难也大大的加添了。

欧战以后，日本原想趁苏联革命内战的时际在西比利亚的东部树立白俄政权，组织傀儡国家。以后一则因白俄的无能力，二则因美国的反对，日本的计划完全失败了，确是日本那一次的冒险暴露了她的野心，苏联政府及人民至今不能忘记。在日本方面，不但计划失败，国防困难未能解除，而且白费了廿万万的军费。日本出兵西比利亚的事件，是日本军人初次的冒险。那次的失败不但是军人对外的失败，而且是他们在国内争权的一个大失败。

九一八以后，日本占领我东北，组织伪满政府，且与伪满订军事同盟条约，我们所受的损失之大固不待言，苏联间接所受的损失也很大的。因为东北在日本人手里，苏联的国防又发生极大困难了。日本近年在东北所修的铁路，均是对苏作战的铁路。日本侵略内蒙，也偏重以后对苏作战的军事便宜〔利〕。日本可以从满洲里直攻赤塔，或经库伦直攻叶尔库斯克，以图断绝苏联远东红军的后援。苏联也知道日本的阴谋，所以近年竭力发展远东的资源，以求战时的经济自给。

九一八以后，苏联深知事变之严重。那时苏联第一个五年计划尚只推行三年，不但人民生计困苦，国防力量亦十分薄弱，所以一九三一、三二、三三、三四诸年，苏联对日本小心谨慎，简直可说是抱不抵抗主义。苏联自己提议出卖中东铁路。以后经过长期的交涉，苏联可说是把这条铁路送给日本人了，因为苏俄所得的代价不过原价五分之一。同时苏联又向日本提议互不侵犯条约。倘使日本不拒绝，该约早可成立了，因为苏联的提议是出于至诚的。那末远东今日的局势将全不同了。该约倘成立，苏联远东可无后顾之忧，对中日的冲突必须抱中立态度。在日本方面，倘若日苏互不侵犯条约成立，她就不能与德国订反共协定。其实苏联当初提议与日本订互不侵犯条约的用意之一，就是想预防日德的合作。

日德反共协定的重要，在近年的外交史上可与九一八事变比。这个协定使日苏关系完全无好转之可能。苏联痛恨日德协定的程度远在苏联反对日本侵略中国之上。究竟日德反共协定的意义何在？那个协定是反对共产党主义的。但日德久已反对共产党主义，两国国内查禁之严，并无共党之公开活动，就是秘密活动亦数有限，何必签订条约来防止共产主义呢？莫司哥曾根据这个理由向柏林及东京抗议，日德的回答是她们所防备的是第三国际的活动，苏联既屡次声明第三国际与他无关，这个反共协定也与他无关了。此中的是非如何，我们姑置不论。我们应该注意的有两点：第一，日德的用意不外以反对共产主义来博国际舆论的同情。日本自九一八以来即常言她侵华的目的在安定东亚，灭绝共党。日本以反共为名而以侵略为实。她是以反对共产主义的旗帜，来掩饰她的侵略。德国同意大利在西班牙的行动也是如此的。这种事实是很显明的。然而日德的宣传在欧美颇收效力。欧美人士仇视共产主义之深，有非我们所想象的。日德两国的国际宣传战所采的战略是很巧妙的。在这种宣传策略之下，日本的暴行竟得了欧美几分的同情。我不是说日本德国意大利的反对共产主义是假的，我只说除反对共产主义之外，她们假借名义另有阴谋。

第二，日德反共协定成立以后，苏联的国防又加增困难了。因为苏联从此东西皆有敌人。万一战争发生，苏联势须兼顾东西两个战区。这不是容易的事，苏联的东境与西境相隔有十天火车的路程，其中主要交通工具就是西比利亚铁路。苏联的两个战区势必各自单独作战。上次作战，德国也是东西两境同时受攻，但德国的面积不过苏联的四十分之一，从德国的东境到西境不过十二小时的火车路程。并且德国境内交通方便。所以德国的军事当局能斟酌的东西两战区的军事缓急调动军队。在一个星期之内，德国能东西互调五十万人之多。苏联为地形所阻，绝不能互调军队。苏联早已看清了这一点，所以近年力求充实远东军区的军力和经济力量。虽然，日德协定所发生的军事影响是不利于我们的。苏联立国的本部是欧洲的俄罗斯，人口、经济、政治、文化的中心都在欧洲。从苏联本身的立场来看，欧洲的俄罗斯之重

213

要远在亚洲的俄罗斯之上。所以苏联的常备军四分之三常驻欧洲，只四分之一，约三十万人，驻防远东。除非苏联西境的问题得着解决，苏联不便在远东有所大举。这是我们研究日苏关系所最应注意的一点。

究竟苏联西境的问题能得解决吗？德国如要进攻苏联，有三条路可走。第一，由海军保护运兵至波罗的海，或直攻列宁格勒，或假道波罗的海某小国。此路不便，不能作为主要路线，充其量不过作为附攻之路。第二路是由波兰。百年以前，拿破仑进攻帝俄就是由这条路。倘使波兰愿与德国合作，这一路是德攻苏的正路。第三，经捷克、罗马尼亚两国，进攻苏联的乌克兰。据军事家的观察，此路行军极不方便。不但交通不便，地形亦不便，并且捷克及罗马尼亚未见愿假道。实际德国是否能攻苏联，主要关键在波兰。波兰如与德国合作，则德国能进攻；波兰如不与德合作，德国无进攻苏联的可能。那么波兰的政策究竟怎样呢？

波兰是世界大势中的一个大谜。她处于两个头等大国之中，为波兰计，似乎中立是上策。倘使德国战胜了苏联，波兰的前途是很危险的。而且波兰与法国是同盟国，波兰扩充军备的经费是法国借给她的，法苏之间又有互助条约。那么，波兰还能与德国合作进攻苏联吗？据个人的观察，波兰根本还是与法国合作的，不至与德国合作以攻苏联。但是德国政府颇着急，欧西各国对于波兰的政策也不很放心。此中有几层理由。第一，欧战以后，欧洲大陆均设法解决农村土地问题，大致实行耕者有其地，惟波兰少有改革，至今保存大地主制度，农村经济极不键全，农民亦多不安，地主阶级恐惧共产主义之心，远在任何他国人士之上，因恐惧共产主义，遂仇视苏联。欧美各国所行外交政策多少均受主义影响，波兰的外交政策所受反共影响似乎不在日德义诸国之下。第二，十五年以前苏联红军曾进攻波兰，直至瓦尔萨，后赖法国援助，始得收复领土，波兰人至今不忘其仇耻。第三，波兰虽为欧战后新起诸国中之大者,然对世界领土分配甚为不满意。波兰人颇想兼并波罗的海沿岸区域,以便得较好的海口。此外,波兰对白俄罗斯亦似有相当野心。白俄罗斯近年受苏联清党运动的影响颇大,波兰人以为有机可乘。第四,波兰近年外交在反对苏联方面,显有与日本及德国合作趋势。日德两国在波兰的外交活动亦不遗余力。因以上各种理由,世人遂多信波兰必与日德合作以攻苏联。波兰希望远东有与苏联对敌之日本在苏联后方牵制,这是极自然的,但波兰是否已与日德有军事密约,个人以为尚待证实。

我们若再就日苏关系的立场来研究西欧各国的态度,我们亦能发现许多可忧之处。法国与苏联之间订有互助条约,但该约价值如何,不无疑问。法国现今以联英为第一、联苏次之。并且法国希望苏联集中力量于欧洲,以便对德。这是法国订互助条约的用意所在。法国始终不愿苏联对日本采取何积极政策。即使苏联对日不须法国的援助,法国亦不愿意。何况日苏之战有牵动全欧洲之可能呢?倘日德进攻苏联,而法国出兵援助苏联,意大利必出兵援助德国。柏林、罗马轴心在对英方面已减少力量,但对苏联方面反日趋坚固。日本与意大利的关系并不因英意的妥协而减少。英国的态度也有可虑之点。英国现已放弃集体安全。她的外交政策方案,是分区求和平,妥协求和平。对于日苏的争执,英国始终采超然中立态度,对于德苏的争执,准是如此。英国现在所努力的是欧西的安定,换句话说,就是英法德义四国的妥协。英国与法国事实上已是同盟国,不过我们要注意,英国不但努力求与意德两国妥协,且想居中调停,使法德法义均妥协。所以英法之交观意大利反对,日本及德国反而有成人之美之表示。可见得在日德义三国的眼光里,英国安定西欧的计划,不是与她们反共的工作违背的,不利的。所以英国不是鼓励法国援助苏联,是劝法国避免转入欧东的漩涡。欧西四周的妥协如果实现,等于苏联的孤立。所以苏联始终是反对的。不过英国的计划是否能成功，尚在不知之数，吾人只能说颇有成功的希望罢了。

总之，吾人研究日苏的关系，就在研究世界反苏与反法西斯两种势力的关系，法西斯主义的国家，那就是说反对共产主义的国家，已成立一个集团。反对法西斯主义的势力，确不成为一个集团。主要原故在英国。反共与反法西斯之间，英国不愿选择，英国人觉得无从选择，因为共产主义与法西斯主义均是英国人所反对的。这是从主义上着想。若从英国的利益来观察，英国觉得，倘世界的国家分成两个集团，不战则已，战则必成为世界大战。英国外交当局应该竭力避免的。英国如自己不参加，那末战争就不能成为世界大战了。

美国对日苏的冲突比较同情于苏联。但美国舆论尚不容许政府积极参加远东或欧洲的任何冲突。（完）

〔蒋廷黻个人档案〕

17．蒋介石令驻苏大使杨杰力促苏联进一步援华电

（1938年10月1日）

昨日与卢使晤谈下列三点，嘱其转告苏当局：一、李外长在国联为我尽力声援，应对苏特表谢意。二、苏联既在国联主持制裁，谅必能为各国之倡率，未知对实行第十六条所有规定各项军事制裁已加以如何之考虑与准备。三、为贯彻第十六条之精神，中国深觉两国订立互助协定之时机业已成熟，盖根据法苏与苏捷互助协定之先例，与国联并不相悖，英、法亦必默契我方。此时国联应对远东之侵略者作最有效之制裁为对我进一步接洽，一则国联各会员国既有权施行第十六条，则苏联正可实行向日对我之诺言，即谓如国联决议，则苏联即可出兵，二则欧局可暂望安定，不致有西顾之忧，亟宜在远东予侵略者之日本教训，则他日

德国亦无能为患。并告以中国人民一般心理,均认苏联向以帮助被压迫者为国策,实为中国最真实患难之交,现在我抗战已十五个月,抵御侵略亦已达最艰苦之严重关头,中国本身力量已完全发动,使用殆尽,苏联心理不愿中国功败垂成,使东方之狂焰高张,祸患更难收拾,故望从速考虑。等语。希即本此意旨再加以斟酌、补充,即向史、伏二当局恳切详言,询其意见,并向苏外交部活动,务宜尽力促苏积极并动以利害大义,并将谈话结果电复为盼。中正。东。机。鄂。

〔杨杰个人档案〕

18. 杨杰关于苏联对国联制裁日本案态度电稿

(1938年10月5—16日)

(1)杨杰致蒋介石密电稿(10月5日)

委员长蒋:〇密。连日访伏及苏外部,询以国联实施第十六条时苏联如何行动,据称:助我抗战是苏联一贯方针。李维洛夫昨夜始回莫,正整理文件,即向政府报告,政府听取李外长报告后始能决定办法,届时当再详告,等语。谨将接洽情形先行电陈。职杨杰叩。歌。

(2)杨杰致蒋介石密电稿(10月16日)

武昌。委员长蒋:△密。苏联对制裁案,昨李外长正式答复,据称:当国联决议第十六条时,英、法各国对于执行武力一项极不愿意,故仅提出财政、经济二项,虽勉强通过,但波、比、瑞典仍极反对。此项决议,仅能视为道义邦助,并未收到若何效果。苏联以一国力量除本以往一贯之精神,在物质上竭力继续援助外,未便遽有个别行动,中国应一面尽力诱美参加,一面力促英、法履行盟约义务并以舆论攻评波、比、瑞典,以期早日实施集体制裁。至苏对日财政、经济上之关系,仅有中东路一案。且苏尚有责令日付货之权利。对于中苏互助协定之缔结,则称"考虑",等语。谨呈。职杨○叩。铣。

〔杨杰个人档案〕

19. 杨杰报告莫斯科英法苏三国军事合作谈判密电稿

(1939年7月20日)

委员长蒋:○密。据息:一、十七日莫洛托夫接见英、法大使及斯脱伦氏,主为商讨军事合作问题,英、法决定派遣高级军官赴苏协商,英方拟派海军总监依龙塞特将军。二、莫斯科谈判之结果,闻与土耳其亦须军事合作。三、法方派胡京根将军率领参谋团赴安哥拉商讨法土军事合作问题,尤以试验达旦尼尔海峡要塞及蔡塔尔蔡线为主并派要塞部队前往供给必要军需品。(四)法国将派军事领袖卡美兰将军赴波商讨波兰西线防御及英、法、波空军合作问题。(五)海拉尔日关东军公报称,苏联飞机曾往齐齐哈尔附近北满铁路富拉尔基轰炸,在边境击落苏机之尸身上搜获地图,奉天亦为其轰炸之主要目标。又:苏联集中大军于蒙、伪边境及哈尔欣河南岸,形势非常紧张。等语。谨呈。职杨杰叩。二十日。

〔杨杰个人档案〕

20. 蒋介石表示希望英苏谈判早日成功电

(1939年8月3日)

杨大使转伏罗希洛夫元帅并请转呈斯大林先生阁下:接诵七月九日手翰,承对敝国抗战特示关切,并荷赐示与欧洲诸国谈判前途之趋势,实深感奋。日本举动狂乱,实为其极怕和平国家联合成功后共同制裁之恐怖心理所表现,今英、法、苏协定延未成立,必使英国保守派之势力再见抬头,日本军阀侵略之势焰愈高,而英、日妥协之可能性亦将愈大。此种事实,于中国抗战与远东全局最为不利。甚望先生为助益美国废除美日商约之声援,为实际呼应抵制侵略势力与奠定世界和平集团基础起见,尽力主持使英、苏谈判早日成功,是则不仅中国抗战与远东局势受莫大之鼓励,而整个世界和平亦发生无上优良之影响。想阁下必已先我熟筹矣。蒋中正。机。印。江。

〔杨杰个人档案〕

21. 外交部关于苏日共同宣言的声明

(1941年4月10日)

本月十三日苏联与日本签订中立协定时所发表之共同宣言,内称日本尊重所谓"蒙古人民共和国"领土之完整与不可侵犯性。苏联尊重所谓"满洲国"领土之完整与不可侵犯性。查东北四省及外蒙之为中华民国之一部,而为中华民国之领土,无待赘言,中国政府与人民,对于第三国间所为妨害中国领土与行政完整之任何约定,决不能承认。并郑重声明,苏日两国公布之共同宣言,对于中国绝对无效。

附苏日协定全文

条约 苏联最高苏维埃主席团与日本天皇陛下,深愿巩固苏日两国间之和平与友好邦交,兹特决定缔结中立条约,因此双方任命各自代表:苏联最高苏维埃主席团任命苏联人民委员会主席兼外交人民委员长维阿彻斯拉夫·莫洛托夫,日本天皇陛下任命荣膺一等神宝章之骑士日本外相松冈洋右,及荣膺一等旭日章与四等金鸢章之骑士日本特命驻苏全权大使建川美次陆军中将,为各自代表，双方代表互阅国书，均属完好妥善，当即议定条款如下：

第一条，缔约国双方保证维持相互间之和平与友好邦交，互相尊重对方领土完整与神圣不可侵犯性。

第二条，倘缔约国之一方成为一个或数个第三个敌对行动之对象时，则缔约国之他方，在冲突期间，即应始终遵守中立。

第三条，现行条约自缔约国双方批准之日起生效，有效期限定为五年，在期满前一年倘缔约双方均未宣告废弃本约，则有效期限即自动再行延长五年。

第四条，现行条约当从速呈请批准。批准证件当从速在东京交换。

现行条约用俄文日文缮写两份，由上开双方代表签字盖章，以昭信守。

一九四一年四月十三日即昭和十六年四月十三日立于莫斯科，莫洛托夫（签署）松冈洋右、建川美次（签署）。

宣言　遵照苏日于一九四一年四月十三日缔结之中立条约精神，苏日双方政府为保证两国和平与友邦交起见，兹特郑重宣言，苏联誓当尊重"满洲国"之领土完整与神圣不可侵犯性，日本誓当尊重"蒙古人民共和国"之领土完整与神圣不可侵犯性。

一九四一年四月十三日于莫斯科。

苏联政府代表莫洛托夫（签署）日本政府代表松冈洋右、建川美次（签署）。

〔国民政府外交部档案〕

22. 蒋介石关于苏联签订苏日中立条约之用意致各战区将领及各省党部省政府密电

（1941年4月24日）

〔衔略〕密。苏日中立条约之缔结迄今已越十日，经此十来之观察，真相渐明。故其利害得失，亦不难分析判别而获得一正确之概念。自十三日苏日条约订立以来，事实上苏联对我各种武器之接济，一切如常，均无异于往时。十五日苏联外长莫洛托夫约见我邵大使，及十九日苏联大使潘友新前来访余，均声明"苏日中立条约并不涉及中国问题，苏联对中国之政策态度，始终一致，毫无变更，对于我国抗战之援助，仍必一贯继续，且当满足我国之所望"等语。由此可以断言此约将来时苏日两国之本身，究竟孰利孰害，固不可知，而于我国方面至少在抗战之现阶段上，实无任何之影响，唯此事为国际局势上一重大之发展，其余世界大局与敌我之利害关系，自不能不加以研讨。兹综合所得材料，究其内容，判其利害，为我党政军各同志分析言之，俾得窥知此约订立后所能发生之影响与其最后所得之结果也。第一此约之订立，其主动全在苏联，亦可谓为苏联对日计划之成功，其于敌寇，实有害无利，且适足以增加其失败之因素，盖苏联订立此约之用意，不外四点，（一）为欲消灭敌国之海军而策动其南进；（二）为欲消耗敌国在我东北整个之陆军，不得不鼓励其南进或转用于中国之战场；（三）为预防德国攻击苏联而解除苏联本身东顾之忧；（四）其最深刻之用意，则在以此一举，而动摇德意日三国同盟之基础，使德国认清日本之不惜背盟弃信，因而加深对日之疑忌。证以德意方面之报告，日本已不复能得德国之信任，德日关系，已因此约而渐见疏隔，他日将更以此约而根本恶化，即此一举，使日本更陷于孤立地位，已为苏联最大之成功，而敌国表面仅得一纸空文，实际失一个最有力之盟友，其为失败，可不言而喻。第二就敌国方面在远东对英美与侵华战事言之，此约在精神上之号召力，不过为威胁英美，然英国今日之外交，尤其对于太平洋上之举措，势不能不以美国之马首是瞻，美国在太平洋上今日之设防，不仅在关岛而已在非列滨积极增防，以示固守远东决不放弃其在太平洋霸权之决心。至于英国在星加坡方面之增强防务，数月以来未尝中辍，且美英澳荷之联防日见密切而坚强，此一对日之防线已自关岛菲列滨经马来亚而扩展于我国抗日之阵线，故敌人如虚张声势，固决无任何国家受其诱胁而与之妥协，敌如实行南进，则英美诸友邦已早作迎击之准备。至泰越两国和约，完全出于日方之威胁而订立，敌国以为此乃其近年投机最大之收获，而为其南进惟一之基础，然泰越和约至今逾期已久，犹未实行，可谓仍无任何之把握。若敌寇果实行大规模侵略南进之时，泰越终不能不计及其本身之生存而加以毁业，是以今后敌人，无论先以全力侵华，抑或发动南进，而太平洋连系之防势已成，敌国海陆军实已处于整个被人包围之中，而陷于被动之地位。至就敌国在此约中实质上所得之便利言之，至多为其驻屯我东北陆军之一部份，自此可有抽调之自由，然根据最近调查，敌在我东北驻军共为九个师团，驻在朝鲜者二师团，其总数亦只十一个师团，即使苏联之远东红军大部西调，但敌军为维持东北治安与防止朝鲜革命，势不能不驻防相当军队，故预计其可能抽调之最大数额，不能超过在六个师团以上，以此六个师团用于中国之战场，当然不能解决中国之战事。若以之用于南进，亦无济于事。反之因此次苏日中立条约之订立，已使英美对日备战益亟，敌视益深。默察此十日来远东形势之发展，已有不少事实为之明证，是敌国为换取六个师团抽调之自由，而不惜在太平洋上造成最强大之敌势，其得不偿失，又不待言而自明。第三就我国在外交上及对敌政略上而论，苏日条约，其最足遗憾者，当然为苏联与我敌国承认所谓"外蒙共和国"与"满洲国"领土完整，不侵犯性之共同声明，此乃我国始料所不及，但此纯为实际问题，只要我能独立自强，战胜暴敌，则收回失土，恢复主权，势所必至，理亦当然，区区苏日一纸不法之声明，岂能永为我领土与主权完整之障碍，且我政府已作严正之声明，即为表示我主权领土之绝对不能放弃，故就此事而论，在苏联对我国不免损失其在道义邦交上及条约信义上之立场，而于我国固毫无损伤。且可使我军民知立国于今日，所有外交政策，固均以本国利害为首位，正足以警觉自悟，策励自强。虽然，苏日中立条约，对我国抗战自亦不能谓毫无利害关系，若果此约订立于一年或二年以前，则我在外交上与抗战形势上自不免受极不利之影响，但今日远东形势，英美之联防已成，其立场且甚显明，太平洋上对日整个之警备至此实已完成，而且敌国陆军实力已在我国战场消耗大半，而我中国在太平洋上所占军事地位之重要，更非昔比。余尝谓中日战争发展至今，我国单独一国之力量，已足以战胜敌军而制裁强寇，并非过言，况我国对于作战资料已作最艰苦时期之准备，即使国际路线完全封锁，外来接济全被断绝，亦足以支持二年以上独力应战而有余。故此项苏日中立条约订立于今日，只有增加我国在太平洋上地位之重要，而绝无妨害于我国抗战之全局也。第四，就我国军事上直接所受之影响言之，日本在东北所能抽调之六个师团，如实行移调，其可能使用之途径，不外三路，一为由宜昌以进逼重庆，二为袭取昆明以切断我西南国际交通线，三则进窥西安，以截断我西北国际交通线，然证以过去战事，敌人在前年自安庆以攻击武汉，自皖至鄂，江流广阔，地势平衍，彼可配合海陆空军之全部兵力而运用自如，尚须使用兵力至十三个师团以上，耗时至五个月之久，然亦并未能消灭我军之主力而仅得占领武汉为止。若由宜昌至重庆，在里程距离上较之由皖至汉延长一倍以上，而地形之困难，且十倍之而不止，敌军今在各战场均已为我大军所吸引，只须我各战区严密准备，伺其动静，与以袭击，则彼新调入关可能加上抽换之兵力至多不过六个师团，如仅以此兵力进窥川省，姑不论地险路远，所如辄阻，而其所需之消耗与时间，固将数倍于攻袭武汉之时也。惟吾将领于此更应积极准备，与以迎击，孙子所谓"无恃人之不来，恃我有所备也"，实为我军人随时随地所宜服膺之宝训，如我国果能部署适宜，而再如四年来经过之战役，节节设防，寸土必争。不但我陪都可固若金汤，敌必无法进取，而且敌人全力犯川，方在与我鏖战之中，而太平洋形势必已丕变，则各国皆乘隙以袭其后矣，盖世界整个战局与太平洋上形势之突变，最多决不能延至半年以外，而此半年之时间，敌寇无论使用其任何全力，断不能解决中国战事，其理固甚明也。如此敌军首尾不能相顾，自无所逃于整个之崩溃。至其第二可能，即为扰乱滇湎，攻略昆明，然我国此数月来早已洞烛其奸谋，且已完成军事之部署，今西南交通运输与英美补给日益增强，滇省由南而北，亦复地形特殊，且自越南国境进入我昆明，必非区区六个师团兵力所能达其目的，而我精锐部队正可乘机邀击之于中途与我既设之阵地，必可使之遭受莫大之挫折。在西北方面，彼之目标，如欲切断我西北国际运输线，不仅须攻占西安，尤必袭取天水，始能达其目的，然如此战线延长，深入内地，正我磁铁战术愈吸愈深与以彻底消耗之唯一机会。是以敌人在军事上任采何种途径，均不能与我以抗战全局若何之妨害，我军民所宜洞识者，敌谋愈张，则吾人之精神宜愈振奋，守备宜愈坚强，而后成功乃愈伟大，须知在此半年期间，实为世界大势之安危祸福与敌我胜负成败之最大关键也。第五苏日条约订立之后，敌寇可能之动向，世人多纷纷揣测，以余观之，约有三途：（一）敌国自此约订立以后，必待苏联抽调一部兵力回欧或德军攻英得势而不积极对苏之时，则彼必投机南进，然吾人须认识敌寇之南进，乃奉行德国之指示以牵制英美，非真由于对苏谅解而获得行动之自由，敌寇昔日所向德国宣称以规避南进之理由，为恐苏联截其后，故日苏关系之接近，与日本所期望苏日订立互不侵犯协定之议，最初实由于德国之居间，今其所订立者虽非当时德国所仲介之互不侵犯条约，然其中立条约固已成立，日附以共同声明，而敌寇日本亦正在诱取德国之物资与援助，是则德国正可以北顾无忧为理由，而对日本之南进加以迫促，因之敌寇将不能不悉力南进，以赌其全部之国运。此观于近日敌寇向我闽浙沿海之福州、温州、宁、台等据点积极侵占，以为其南进之准备而可知也。惟日本海军决不能与英美相敌，世所深知，而其陆军则早已深陷于中日战争之泥淖而日见消耗，如敌寇欲舍北进而南进，无论其皇室政府财阀甚至其军人之间争论不一，势有必然，即或勉能克服内部之纷争，亦可断言其对美作战之出于被动与压迫，是则其海陆军即有全部覆灭之危机，而岛国命运，自必归于整个之灭亡。（二）敌国自此约订立以后或自以为其对英美已较有自由运用之余地，则必观望英德战局与德苏关系之发展，决不肯轻调全部兵力南下，仍待德国在欧得势而进攻苏联时，彼则对苏乘机夹击，以实行其明治以来多年梦想所谓传统北进之大陆政策。此点在苏日条约与共同声明发表后，骤视之若无可能，但一加考量，则此着当为敌寇将来必然之行径，吾人首须明了敌寇近年来所百计计于苏联者，为订立互不侵犯协定，然结果乃得一苏联所提出之中立条约而归。统观约文内容，只规定条约国一方受他国攻击时，对方应遵守中立，而并未规定两缔约国间不得互相侵袭或攻击，则所谓友好邦交者，只为外交辞令，毫无条约保障，苏日壤土相接，又为世仇之国，而其约文之精神，其基础乃薄弱至此，是明明在苏联为限制日本追随德国以攻苏，而松冈则于签字之时，即根本无守信之意，诚以敌国政策，一为南进以制美，一为北进以攻苏，所谓制美者，盖敌国自始不敢以岛国命运所托之海军，与英美实力相角逐而为孤注之一掷，至今敌国朝野十分之八仍畏惧美国之海军实力而思避免或延缓对美之战争，若就对苏而言，敌国军人与其国民由于其多年来所受之传统思想与一贯训练，其反苏意识，实根深蒂固，且亦十分普遍，敌国朝野军民之反苏者，盖亦在十分之八以上，故一旦德国若发动侵苏，此一反苏力量必表现为对苏之进攻，而其所以自为解释者，必为条约明文中并无互不侵犯之规定也。故德国侵苏之战不发动则已，如德国实行侵苏，敌国必随之而起，以表示其对三国同盟之忠实，此意苏联必能察知，故其远东红军决不能全部西调，是以深刻观际，苏日中立条约，在改善日苏国交之根本关系，可谓不能发生任何之作用。（三）此外又一可能之对策，即敌寇即不北进，亦不南进，而专用兵力以先对我中国，以达其全力解决"中国事变"之目的。此当为敌寇目前所自认为最便捷最有利之途径，吾人不能不严为戒备，然其对我侵战，只能全用陆军，而其海军则无能为役，我国四年之抗战，已牵制其陆军全兵力四分之三于中国战场，今即再加上其残余未用四分之一之陆军，而以我各战区最近整训之加强，作战准备之充实，国际援助之日见增加。彼如倾国而来，亦明为行险而无可徼幸，只须我全体军民，知胜利之日近，明责任之重大，贯彻命令，悉力奋斗，不惮艰苦，不惜牺牲，将见其师老兵疲，愈战愈竭，即不能达其结束中日战事之目的，而其侵华兵力且必为我军所消耗以尽，旷日持久之结果，国际环境则日见开朗，太平洋上联合防御之力量又日见增强，敌如出此一着，不仅为自寻绝路，且可使之尽失其南进北进一切投机之时机，而其主要关键，自在于我全体军人之加倍奋勉耳。综上五点而言，苏日条约之订立，一方面决不影响我国之抗战，他方面又只足增进敌国所已造成之危机，敌人无任采何种途经，可谓尽是绝路，综观世界形势，我国最后胜利之时机，确已成熟，兵法有云："先为不可胜以待敌之可胜"，吾人今日之唯一要务，全在紧扎稳打，而以现在之战线为制敌死命之基础，进而求所以最后胜敌之方，实乃绰有余裕。至于敌后城市与沿海据点一时之得失，实已无关于今后抗战全局之成败矣。盖我国抗战之国策，认定只有在世界整个局势发展中，方能求得我最后之胜利，故联合太平洋上各国以制裁寇敌而澄清远东之局势，乃为我国一贯不变之方针耳。吾全国军民唯当正视森严之事实，确认今日世界惟能自力更生，不摇不夺，无所冀幸，无所倚赖，乃能善用国际变化而不为国际任何变化所支配。本委员长自抗战以来，切认此义，迭次勉我军民守定一贯国策。迄今四载，终因我国能以弱敌强，独力抗战，有持久不懈，刚毅不屈之精神，使友邦观感一致兴奋，国际正义，为之伸张，敌寇狡计，均归徒劳。英美澳荷联防成立以后，更证明我国抗战为关系太平洋安危之主要而必不可少之力量，是以苏日条约，就整个局势而论，对于我国抗战与其谓有害，无宁谓其有利，盖苏联自有其一贯之政策与其整个之打算，惟日寇实已陷于最大之困境而犹不自觉耳。吾人今日所尤应特别注意者，即美国自在远东设防以后之立场，若非达到其恢复国际正义与门户开放之目的，决不对日妥协，此又可以断言。故自苏日中立条约订立与英美澳荷联防以后，远东形势益见光明，在太平洋上无论美英与苏联之任何国家，断无不重视中国抗战力量，更无任何国家肯卖我背我而毁我抗战力量之理，是以我国抗战胜利基础，实已十分稳定，敌寇处此形势，失败已属必然。凡我各战区官兵与全国同志同胞务必振奋精神，切实准备，加倍刻苦，加紧生产，尤其我全体官兵对于战斗技术，应随时随地不断研究，认真改进，共同一致，急起直追，以养成我反攻力量。总之，我国抗战最后胜利之客观条件已由此四年来军民牺牲之代价，而完全具备，吾人只须戒慎警惕，自励自强，继续不懈，努力奋斗，使时机日趋于成熟。敌寇更陷于困危，以期及时出击，完成歼寇全功，求得最后胜利，乃始无负我总理及已死袍泽之英烈，与抗战中牺牲之军民同胞，更须知军民协力，为制胜必要之条件，而政治经济一切战时设施之确实推进，尤必使事事与军事要求相适应。临此重要时机，我中华民族对东亚祸福与世界安危，实应负起重大之责任，而只待于吾人能努力以完成之也。兹特剀切说明苏日中立条约之真相，务期诸同志互相督勉，逐层密谕，俾我全体军民咸明斯旨，共同努力焉。

（民国三十年四月二十四日）

〔军事委员会委员长侍从室档案〕

23. 军委会政治部颁发苏日中立条约宣传要点代电

(1941年4月)

国民政府军事委员会政治部代电　治智一字第二六四五号

兹颁发关于苏日中立条约之宣传要点如下：苏联与日已于四月十三日下午在莫斯科，由莫洛托夫与敌外相松冈等签订一种"中立条约"，并附有关于外蒙及伪满之共同声明书。该约及声明已见各报，我宣传机关及报纸对于此事务希一律切实注意下列之指示：一、日本签订此约之用意。巴尔干之战争已使苏德两国间之关系较前恶化，日本于此时与苏联订立此约，是日本有意逃避于将来苏德冲突中援助德国之义务。因德意日三国盟约中原有"本约对于三缔约国中每一国家与苏联间现存之政治状况在任何方面不发生影响"之规定。倘日苏间无一种互不侵犯之中立协定，则德苏发生冲突时，德国可要求日本以武力援德。此约成立后，苏德两国如果发生冲突，日本仍可维持中立。二、此约对于日德关系之影响。前年八月之苏德协定，曾发生分化日本与德国关系之作用。此次苏联与日本订立此约，能使日本如前所述，逃避援德之义务，故其结果将再度分化日德关系。三、此约与日本南进政策之关系。此约对于日本将否南进之问题，实际上并不能发生重大影响。日本侵略政策包括南进北进两方面，决不因此而变更。苏日间之基本冲突，因之亦不因约而消失。四、我言论界应取之态度：甲、我言论机关如评论此事，应以上列诸点为范围，不必泛及苏联签订此约之动机等事。乙、我言论机关论及日苏共同声明书时，应根据外交部之声明及左列事实，表示惋惜与不满之意。第一、一九三七年八月二十一日中苏互不侵犯条约中曾规定有"若缔约国之一方被一个或数个第三国侵略时，缔约国之另一方，约定在冲突之全部期间内，对于该第三国不得直接或间接予以任何协助,并不得作任何行动或签订任何协定,以致该侵略国得用以施行不利于被侵略之缔约国"。第二,根据苏联立国之精神,以及苏联当局屡次发表之外交政策声明苏联政府有不在法律上或事实上承认伪"满洲国"之义务。第三,根据一九二四年五月三十一日中苏协定第五条之规定,"苏联政府承认外蒙为完全中华民国之一部分,并尊重在该领土内中国之主权"。丙、一切评论此事之文字,对苏应力避攻击口吻,以免损伤苏联之感情,造成反苏之印象,且不必连篇累牍评述此事。是为至要,即希遵照办理。政治部。治智一。卯寒。印。

〔国民政府军事委员会政治部档案〕

24. 驻苏大使邵力子请切告美国先机武力制日致蒋介石电存

(1941年7月3日)

邵大使江电

德国此时承认汪伪,必非片面买好日本,无论日本暂时取何态度,终必与德共同行动。英美一向对德积极,对日拖延,或有其理由,今后实太危险。我国本只要美国援助武器,今情势变更,必须敦促其以武力制日,英美对苏德战事虑苏联受挫后向德言和,故积极表示援助,冀苏联抗战到底。据职观察,苏联决不半途求降,但英美实际上甚难援苏。倘苏联竟败,德日打通,我国甚危,英美亦将不了。现英国难于攻德,而美国不难攻日,此不仅解我之危,亦无异为百万大军无数武器援助苏联,苏联虽与日订中立条约,未敢稍弛戒备,其在远东之大军不能转以战德也。美国先发制倭,欲苏共同行动,职信亦有可能,日本击溃后,中英美苏共同打一希特勒,必不难摧毁之。伏乞钧座切告罗总统等急起实施,勿失先机。

〔军事委员会委员长侍从室档案〕

25. 邵力子大使请积极援助苏联以加强中美英苏合作致蒋介石电存

（1941年8月21日）

（1）邵大使马电（8月21日）

中英美苏合作，为我国夙所期望，亦立后必然趋势。惟目前英美皆积极援苏，我不于此努力，仍有落后之嫌。例如罗总统等发起之莫斯科会议，我即难于参加，此时倘稍落后，战后似多可虑。我国抗战四年，固已对反侵略尽最大责任，同时自身亦多困难，但英国在苦战中首起援苏，我国得天独厚，亦宜当仁不让，伏乞钧断筹划实施。再职思及一事，我国对美贷款所充分年交付之锡钨等品，似可向美洽商延长期限，先以移济苏联急需，照目前情势，美当不致拒绝，此可增我与美苏间之联系，非单纯援苏而已。钧座可以为谬，敬恳电令子文适之向美国政府婉商。子文如能偕美代表一同来英一行，当更有益，并乞钧察。

（2）邵大使马电（8月21日）

马电计达。职近与苏方无所商谈，苏方并未表示要我国锡钨。唯本平日所知，谨陈愚见。再职以为我国此时倘已能对倭积极反攻，则援苏表示自可从缓。倘尚须若干准备时间，则必表示援苏，方足与英美苏真正合作，此时英美苏相互关系既甚密切，我参加援苏，不虞助长苏政府势力，反可促进共党等之服从政府。英克使谈英国情形，即系如此。敬乞钧察。

〔军事委员会委员长侍从室档案〕

26. 邵力子关于苏联坚持抵抗事致蒋介石电存

（1941年12月17日）

昨晚接外部十二日电，以据传苏联对倭仍守中立协定，对德亦将停止反攻,命即注意探询。查职连日迭以拉次长谈话,真理报社论各报态度,艾登将来苏会晤史大林,及波兰苏联军事合作洽商圆满等情电部,计均转呈,可释钧廑。苏联对德必抗战到底,对倭已明白指斥其侵略,对英美仍密切合作,对我亦继续其友好之表示,毫无可以怀疑之处。外部所得情报虽在数日以前,而与事实相反过甚。除已电复请注意德倭散布之谣言外,敬乞钧座特赐垂察。再艾登来苏其性质甚重要。李维洛夫在美亦甚被重视,两人皆对我有好感,我欲促进苏联即时对倭宣战及中英美苏军事同盟,似顷在伦敦华盛顿多所商洽,并乞钧察。

〔军事委员会委员长侍从室档案〕

27. 邵力子报告苏美英三国莫斯科会谈情况致蒋介石电存

（1941年12月20日）

铣电奉悉。苏联迄无何种表示,当即遵谕向其探询。但拉次长未必能作肯定之答复。美国政府此项提议与钧座致史大林电所提议者有关,史公倘对钧座电尚在考虑,则对美国提议必采同样步骤。苏倭关系现极微妙,苏既公开斥倭侵略,显示其对中英美共同作战,则迄无表示。观其屡次称目前主要敌人仍为希特勒,击溃德国,则义、倭皆易解决,似为不愿对倭作战之地步。惟实际如何,必仍视环境战略与各方面之谈判。艾登到莫斯科已数日,且展期回伦敦,美代办且亦由此赴莫,类有极重要之商议,而对倭亦必为主题之一。惟双方严守秘密,在此不便探询,候会议结束,业可明了一切。

〔军事委员会委员长侍从室档案〕

28. 邵力子探询到有关莫斯科会谈情况致蒋介石电存

（1941年12月31日）

今晤克使,综合谈话如下。（1）莫斯科会谈确甚圆满,关于共同作战者之各方面，远东自未除外。（2）史大林曾谓倭不久或将侵苏，苏已准备一切。史又谓，倭所得初步胜利，决难持久。（3）此次未谈作战统一机构问题，苏联对德作战，全由史大林亲自运筹，对倭亦然。倘开战后，有必要可再商。（4）欧洲战后问题，除波兰边界未谈外，余均曾作大体之商讨，双方意见融洽。克使并表示，可以其个人意见报告钧座。渠确信史丹林已决心对倭作战，惟希特勒尚拥有强大之兵力，每月制出坦克飞机为数犹多，苏联必须统筹兼顾，把握胜利，始能断然对倭。吾人亦当加以信任云。

〔军事委员会委员长侍从室档案〕

29. 邵力子报告向苏方探询对中美所提军事合作方案意见致蒋介石电存

（1942年1月3日）

拉次长因公赴莫斯科，今始得以晤询，以对美国电请召集军事代表会议及我国所提军事代表会议大纲之苏方意见。据答：钧座来电，史丹林即已答复，关于此等提案请暂等候时机。拉又称：最近各岛局势之发展，均有和于共同行动。一岛一地之占领，并无决定意义，中国过去对日本单独作战历时数年，虽有战绩，即在目前情势之下，日军临时胜利不必重视，苏联正继续予德军以重大打击，亦即打击各轴心国。按苏联行动向极神秘，在其实行之前一日，犹未必预先通知。对倭准备先已开始，又已有华府宣言，我对前项提案似不必再催答复。惟对重要情报随时通告，以资密切连络，而视同盟作战，则为必要，当否乞钧察。

〔军事委员会委员长侍从室档案〕

30．郭德权关于美英大使敦促苏联援华事致蒋介石电存

（1942年7月12日）

英美大使均回古比雪夫，据美大使十日密告，彼曾与史达林委员长面商援助我国及借道运输问题，史达林先生称对于援华有同情，已在接济汽油，唯中国是否拟经苏联运输唐克车大炮，并由何处而来，该大使答以细部可问中国大使，据美大使判断，辛克莱先生对援华热诚已有增进，似颇注视，若美国向中国运送新兵器将分割补助苏联力量，希中国大使能去莫斯科予以推动。又据英大使昨日密谈，曾奉英国政府命与苏联斡旋援华事，据莫洛托夫表示，已有同情，正在研究中。该大使判断苏联政府或以中国既能抗战五年，想可自有办法，且有妒忌第三国参与之意，深盼我国大使早赴莫斯科接洽，并建议我方宜先拟定运输方案，以备进步研究。彼又谓对我国大使品学崇拜，唯似较易接受对方之困难与推诿。职伏查事关重要，据实呈报，敬请钧鉴。

〔军事委员会委员长侍从室档案〕

31．阎宝航关于《苏倭问题之研究》

（1942年9月）

苏倭问题之研究　　　阎宝航卅一年九月

（一）苏倭战争难以避免

苏倭战争为一难以避免之事实，兹就以下苏倭利害关系、太平洋战争形势及世界战争形势三点论之。

一、苏倭利害关系

苏倭两国由于地理形势造成先天的冲突的因素，海参崴以至东海滨省，在军事上是倭寇之致命威胁。（倭寇有言，海参崴是对

着日本胸膛的刀尖）渔业、油田、矿产一切富源，在经济上是倭寇历来妒嫉争夺的目标。倭寇曾以"东亚新秩序"与"东亚共荣圈"之梦想，将东经八十度以东苏领地区亦划在内，且九一八事变后，倭关东军之一切教育训练、各部队军官之训话，莫不以进攻苏联为中心，一切交通设施、军事配备亦莫不以适合攻苏作战方针为根据。是倭寇为解除本身威胁，实现其独霸东亚之侵略企图，进攻苏联，势在必行。而苏联自革命成功以来，对远东工业移民军事之开发增强，不遗余力，亦正以防御倭寇之进攻，巩固社会主义国家之建设。故苏倭两国由于地理环境及经济政治之对立，其爆发战争将为一不可避免之事实。

二、太平洋战争形势

苏倭战争若以目前太平洋战争形势观之，其可能性质更大，自太平洋战争开始迄今，倭寇几已取得全部战略据点，但梦寐不安者，确为此一利刃直刺倭寇心脏之海参崴军事根据地，其必乘机而占夺之，毫无疑义。

三、世界战争形势

再以世界战争整个形势言之，德对苏之攻势日趋紧迫，欧洲第二战场势将开辟，届时希特拉必迫倭攻苏，使苏联两面作战，以分散消耗其兵力。而倭寇以鉴于轴心命运之一致，德如失败，倭亦随之，必将起而攻苏。美国则利用海参崴根据地，发挥其海军之威力，以助苏联打击倭寇，且美国欲与苏联进一步成立远东军事互助关系，以苏联远东为进攻倭寇根据地，由来已久。倭寇亦正以此为虑，故必朝夕伺隙袭击，制苏于机先。苏倭必战之原因固多，此亦为其主要原因也。

（二）苏倭战争爆发之时期

苏倭战争之难以避免，已如上述，**然其爆发之时期**，则人人言殊，谨就管见推论如下：

一、战略上之时期

论者常以倭寇将配合德军夹击苏联,且待德军予苏军重大打击后,一举而击破之。此固倭寇所日夜馨香祷祝之时期,但须待苏德战争之发展如何以为断。抑倭酋首脑部,亦有不同之主张者,以为在苏德战争相持之际,德军主力未遭受溃败之前,应即发动攻苏,较为上策。盖如是主张者,认苏德战场之胜负,有关世界战争之决定性也。英印关系更形恶化以来,倭寇欲乘火打劫,并为防遏德势将由中东东进,以确保其大东亚共荣圈之设立,似有先行攻占印度之企图,继之以占领澳洲,夺取英美在太平洋反攻之重要根据地,一俟南洋战场肃清稳定后,再以全力攻苏。证之最近倭军发言人声称苏倭关系不变云云,(倭报道部部长长谷川、东条自兼外相后,均曾作如此之声言。)缓和苏倭战争气氛,似为将有事南洋之步骤,但倭寇对印度之攻略,虽跃跃欲试,而亦不能无所顾虑,冒然行之。盖印度之防御力量日见增强。(英海军驻印一个舰队,陆军除印度原有国防军三十万外,现已增援英美陆军若干,加之印人征兵入伍者,实力当在五十万左右,空军则在一千五百架至二千架之数。)倘欲进攻印度,倭寇必须动员海陆空军相等且须超过之实力,则交通运输之困难,倭寇实无法解决。倭寇惯于攻弱取巧,似不愿亦不能付此重大代价也。且美国反攻阿留申群岛进行所罗门海战以来,已予倭寇以重大打击,分散倭寇之兵力,使倭寇攻印之企图亦有所顾虑,而攻苏之阴谋亦因之不得不稍拖延。惟倭寇将不顾一切而立即进行攻苏,则在证实美国借用苏联远东军事根据地时,此可断言者也。

二、气候上之时期

证之历史上苏倭战例,季节与气候亦与爆发时期有关。一九一八年,倭寇出兵西伯利亚时在八月中旬;一九二二年,倭寇撤兵,实亦多由寒带气候可畏所致;一九三八年倭寇在张鼓峰冒险进攻苏边,时在七月中旬;一九三九年倭寇进攻"满"蒙边境之诺门坎,时间亦在夏初。此以往之事实,并非偶然,乃倭寇预定之计划。实因西伯利亚气候冬夏差别甚大,冬季有五个月结冰期(十月中旬至三月下旬),气温常在零下卅度,冰天雪地,活动困难,倭寇军队御寒训练与装备尚不完善,空军无御寒发动机,海军在冰冻期亦难发挥其优势威力。其在春季(三月至五月初旬),则气候虽渐转暖,而积雪渐溶,道途泥泞,建筑工事不易,行军亦感困难,且春末夏初之交雨量亦多,不利于作战也。故一年之中,以七月至十月之间,最适合于倭寇对苏作战。据此,则倭寇倘必攻苏,在九、十两月间,乃是倭寇最理想之时期。

三、苏倭战争实力之比较

苏倭两国对于作战准备,均积极进行,布置戒备,未常稍疏。两方实力如何,胜负攸关。兹据军事有关人员之论断,略述如左:

倭寇对苏之实力

一、陆军二十八个师团,(外有驻朝鲜二个师团作战时可增调),三个骑兵旅团、一个化学联队,另有铁道守备队约七师。

二、空军一千四百五十架。(驻牡丹江一个飞行集团、驻长春一个飞机集团)。

三、海军第四舰队,第一、二舰队之一部亦可增援。

苏联对倭之实力

一、陆军四十二个步兵师、十个骑兵师、十个坦克旅。

二、空军二千八百二十五架。

三、海军舰艇约一百四十七艘。(黑龙江舰队六十艘、太平洋舰队八十七艘)

以上所述,系两方现在之实力,开战后,倭寇自能抽调我国华北驻军并在国内抽调兵力,而苏联之空军亦可随时由西战场抽调,至美国之以海空实力添加苏方作战,亦属必定。

四、苏倭作战之形势与战略

吾人非谙军事者,兹仅据常识以推论苏倭作战之形势与战略,固未敢自以为是也。

倭寇对苏作战之方针,当以集中陆空军主力、海军一部,袭取苏联沿海洲地区,迅速歼灭远东苏军主力,而占领之,解除本土空袭威胁,斯为主攻方面。同时以一部有力部队出满洲里,进攻赤塔附近苏军,夺取贝加尔湖以东地区,斯为助攻方面。盖以牡丹江为倭寇空军主力所在,陆军配备重点亦在佳本斯、牡丹江、绥芬河之间,(驻五一六师团),且战略上此方铁道较多,兵力集中运输均极方便,最合于陆海空闪击作战之条件,由此进攻苏联远东地区,不仅立可截断西伯利亚铁道交通,歼灭沿海州苏军主力,并即可解除倭寇本土之威胁,故倭寇对苏作战之主攻方面,当以出此战略公算为大。进攻赤塔之兵力,在战略上仅为牵制作用之助攻,因该方面之后方联络,仅有中东路一线,且甚辽远,运输集中均需时日,且企图易于暴露,外蒙地形亦不利于用兵也。至于由黑河出兵,以进攻海兰泡,则为中央突破,易受苏军包围,且不能解除海参崴对倭本土之空军威胁,故该方面亦将以少数兵力,作为策应之助攻而已。

苏联对倭作战之形势与战略

苏联对倭作战之战略,除以一部有力部队,固守海参崴,并以空军轰炸倭寇本土及海上运输外,当以更大主力,进攻伪满作攻击战,以摇撼倭寇作战根据地。计有三条攻击线:(一)由伪满之西恰克图,突破满洲里,而入呼伦贝尔,东进至草原地带,以占领大兴安岭地区为目的。(二)由伪满正北蒲勒可斯西克,渡黑龙江,出大黑河,越小兴安岭,以取齐齐哈尔及哈尔滨之线。(三)由极东地区之伯利,溯松花江冲哈尔滨,或由绥芬河沿中东铁路西进,以袭击牡丹江方面的倭军根据地。以上三条攻击线,对伪满取大包围的形势。(其中当然有主攻助攻之别)总之,苏军进攻,以夺取兴安岭地区为第一着。倭寇进攻,以夺取海参崴地区为一着。

五、苏倭开战后中苏美应如何配合作战

轴心之凶焰已燃逼史达林格勒，欧洲第二战场迟早势将开辟，倭寇为配合德军攻苏，解除本身致命之威胁，以确保太平洋之战果，有在西伯利亚蠢动之可能。斯时也，我国与美国急应预筹如何与苏联配合对倭作战。否则，倘使倭寇攻苏得逞，击破同盟国之最主要一环，则同盟国欲立于不败之地难矣。当前急务似应为以下数端：

一、中苏应即互派军事代表团，以谋作战之协调与联系。

二、中国应即准备全面反攻，以牵制倭寇兵力，并驱逐倭寇出中国。

三、中国应即计划策动东北义勇军，毁起东北同胞反满抗敌之浪潮，积极发挥扰乱破坏工作，消极实行对倭不合作运动。

四、中国应即从事于瓦解伪满政府、伪军反正之策动。

五、中国应即加强援助朝鲜革命运动，一方使朝鲜光复潜入东北，发展游击战，一方发动朝鲜本部革命潜力，在敌后骚动扰乱。

六、中国应即运用日本反战同志份子，扩大宣传，掀起倭军反战情绪及倭寇本土革命风潮。

七、美国应即迅速调派大量之飞机，利用苏联之远东根据地，配合美国海军威力，迳向倭寇本土攻击。

八、美国应即以更大量之军火（飞机、大炮、坦克）、更大量之军需供给苏联，并以一部转给中国。

九、美国更应其国际地位，加强中苏美之团结与力量。

十、苏联则应扫除其一向对华游疑观望，而以诚信合作积极互助之精神与行动对华，而与我并肩作战，以争取胜利。

〔国民政府军事委员会政治部档案〕

(二)苏联对华军事援助

1. 蒋介石关于派员同苏联洽商飞机事宜致蒋廷黻电

(1937年11月20日)

蒋委员长来电 廿六年十一月二十一日到

蒋大使勋鉴：沈德燮处长想已到莫，请兄介绍其与俄政府洽商飞机交涉。现在最急需用者为驱逐机二百架与重轰炸双发动机一百架，先聘俄飞行员二、三十人，即请其驾机来甘。如此不过十余次，即可运完也。其联络□决取道新疆，并请使署派干武官在新疆哈密购备多量汽油存储，以备飞行。盛世才已复电赞成此事。中〇。号。亥。机。(二十日)

〔国民政府行政院档案〕

2. 杨杰关于与苏联商洽援华武器情形致蒋介石函电稿

(1937年12月—1938年4月)

(1) 杨杰致蒋介石函稿 (1937年12月21日)

委座钧鉴：兹将最近在苏工作情形摘要胪陈于下：

(一)钧座〇电嘱向苏方商洽二十个师兵器之供给事，职连日与伏罗希洛夫元帅面商，结果如下：

甲、二十个师之兵器，除步枪由我自备外，苏方供给每师十一公分五重炮四门，共计八十门，每门附炮弹一千发，共计八万发；每师七六公厘野炮八门，共计一百六十门，每门附炮弹一千发，共计十六万发；每师三七公厘防战车炮四门，共计八十门，每门附炮弹一千五百发，共计十二万发；每师重机关枪十五挺，

239

共计三百挺；每师轻机关枪三十挺，共计六百挺，共附枪弹一千万发；双翼驱逐机六十二架，并附武器及弹药全副。飞机及轻武器弹药之一部，已下令即日开始陆运，余仍租轮由海道运华，但伏帅以在海防卸货较为安全，请饬向法方交涉准予通过安南。此项货品需载重十六吨货车约一千辆，请早为筹定，以便接运。

上项每师配备之兵器，与职提陈伏帅面商之原案，相差极大（尤以机关枪数相差为多），伏帅以现代师之编制，以富于灵动性及精于运用火力为主、不必过于扩大编制为词，职再四说明敌方装备之优良，请保留请示后再为决定。

乙、上项各武器代价，仍如上次所定。苏方本请我付予全部现金或一部份现金，职再三申述中国在激烈抗战期中，现金筹集既难，消耗复巨，苏联不惟为中国之诚挚友邦，且系我民族抗战之积极声援者，当能理解中国所处之困难环境而仗义相助也。苏方对此深为谅解，但请我尽量供给锡、铅、锑、镍、铜等金属原料，不足之数，以茶、生丝、棉花、羊毛、牛羊皮等补充之。请指定专员，负责办理。

愚见：如能经常供给苏联以上述各项原料，则此后向彼续商接济军火，当较易办到。盖苏联军需工业对上项金属原料甚感缺乏。若能补充其所缺，自可供我所需矣。

丙、双翼机六十二架，已到哈密装配，现又允让六十二架，可编为四大队，已派定人员组织（苏方已派定空军志愿参员一大队，约百五十人来华），惟到华技师仅三十人，当再增派。又：伏帅对新编二十师之专门人员甚关心，彼曾询问：此二十师是否需要专门人员（如炮兵教练等）。若然，则所需者为何种人员？其数量若干？请示知，以便转告。

丁、订购二百万加仑汽油一节，苏方称：事属商业范围，与军部职掌有别，请与苏联驻华大使馆商务员直接商洽，等语。请饬主管机关向苏联商务机关商洽办理，但须提出汽油种类、详数。

（二）前苏方因应我之需要，尽量供给军需各品，彼曾要求对于轻重机关枪一千架、弹一万发、载重汽车陆运费及防毒面具二十万个、通信材料等以现金购买，至今未闻我方之答复，殊以为虑。究应如何答复，乞示，以便转商。

（三）前次报告苏方代为设计在华创办一飞机制造厂，发动机由苏供给，月出飞机五十架至一、二百架。刻苏方一面调查中国飞机制造厂之状况，是否能利用，一面设计，拟在长沙或衡阳设厂，据称半年后可以出品。

（四）炮厂亦为苏方承许在中国旧兵工厂内添设机器，制造各中、小口径之炮，直至能出十五生的重炮为止。如钧座认为可办，苏方当派专家到中国设计制造。

（五）汽油为抗战中不可须臾缺之品，愚见：苏联在新疆已有调查，如钧座以为可以开采，由华自办，利用苏方专家及机器，在短期内亦可采出，以供军用。

（六）由阿拉木图至凤翔间已有公路，如能撤去不用之铁道于凤翔公路向兰州铺设，似于军运有利，在长期抗战中，如欲另辟一欧、亚间之直通交通线，则与苏方商洽合资敷设此段铁道，亦为要图，未悉当否。

（七）总合与苏联当局讨论参战问题，目前苏联不能参战之理由：

1. 中日战争，世界皆认日为侵略者，同情于中国，若苏联加入，则变为日俄战争，英、美更为观望。

2. 苏联原欲造成一反法西斯蒂之战线，奈英、美、法皆存观望。彼认为此战线不能造成以前，彼无保障，深恐应付东西两方之战事，危险殊大，尤以英国为可虑。

3. 英不愿华与日及俄胜利，尤其希望日俄战争，日胜或助俄，若俄胜，彼或助日，故苏对于英，颇深疑惧。

4.职曾提出意见,苏联认为对日作战既有种种顾虑,可否另用一有效方法刺戟〔激〕日本或联合有利害相同之国家出面干涉,以利中国之抗战,伏帅称:于苏联国会开会时提出讨论(一个月后,苏联国会可以开会)。

总之,欲使苏联参战,职见:必须造成使苏联不能不参战之环境。其制造之法:第一、想法使英、美为其后援或使有西欧安全之保障。第二、中苏关系益密,日方感觉不利,对苏联挑衅,则苏联不能忍受,彼必起而与之周旋矣。谨呈。恭谨崇绥

职　杨杰谨肃
中华民国二十六年十二月二十一日于莫斯科

(2)杨杰致蒋介石密电稿(1938年4月6日)

委座钧鉴:○密。俄方提议合组对日情报机关一事,经奉钧座二月微电核准转知周明在案。月来,周与俄耿精中将已将组织及技术问题会商就绪,克日同俄员飞汉,一切均承钧座旨意办理。惟负此项机关之责任者,双方应遴选品术俱优、富于机密性者充之,俄方已派瓦西上校为彼方负责人,至我方负责人,拟请派周明,以资合作(周曾留学日、俄,任参部俄事处长有年,尚忠亮可托也)。另有要件交渠面呈。乞详询之。职杨○。鱼。

〔杨杰个人档案〕

3.孙科关于与苏方商洽购机及聘请志愿军事致杨杰函

(1938年4月16日)

耿光大使吾兄勋鉴:关于购机事项,经连日与兄商讨,佥觉有从速催交续购之必要,以应前方急需。兹请再向苏方商订驱逐机E—15式八十架,E—16式八十架,轻轰炸机R—10式八十架,

同时对于去年经订待交之轻轰炸机SB式四十架，一并催请起运。所有新旧所订之机，均希从速分批起运，于本年七月前全数交竣。又：前方希望苏方志愿军参加作战至为急切，从前招待不周之种种错误，我方自应切实纠正，敬请吾兄即向苏方详为解释。至待遇条件，可据前年十一月周主任至柔兄马电所开各件酌商请派。其各地招待处之管理，如苏方同意。可由其派员负责办理。所有购机及聘请志愿军事项，敬请吾兄从速进行商洽，至纫公谊。专此。即颂

勋祺

孙科（亲签）四月十六
〔杨杰个人档案〕

4. 蒋介石请求苏联援购武器速运来华事致斯大林等密电

（1938年5月5日）

莫斯科。极机密。杨次长转史太林先生并伏罗希洛夫元帅：中国对日抗战，迭承尽量援助接济，俾战局克以支持迄今，敌人消耗甚巨，不独私衷感激靡量，即全体将士与民众，对贵国仗义相助、抑强扶弱之厚意，均表示无限之钦佩与感激。现在中国缺乏必需之武器甚多，尤其需要飞机特别迫切。曾以此意面告贵国大使，并电令杨次长同时洽商，请贵国借给大批之武器与飞机，并准备订立正式贷借契约，想邀鉴察。中国此种希望与请求，实基于与贵国精神相契之道义关系，若以寻常商业手续及普通国际关系而言，直为不可能之举，既不能提供现款，何从取得物资？此在中国已明知之。其上次承借与之武器，款未清还，又承垫付多量之运输费用，亦尚未偿讫，无日不耿耿于心。但中国既深信贵国主持和平正谊之苦心，又鉴于两国在东亚局势上有共同之利害，认为中苏两国关系，乃超过了通常友谊之上，实为共患难之友。余深知

足下之卓虑远识，必与吾人同感，故不惮提出此项出于**通常手续以外之请求**也。

上次垫借之款，未能如期清还，实深歉愧，但请谅解。我国实无外汇现金可资拨付，苟稍有可能，不待贵方催询，早应全偿。贵国如此热肠相助，中国为良知与信义计，岂容有丝毫延迟之理？若在无战事之平时，尚不难于筹给，今则战争正在激烈进行，前线决胜之工具为武器与兵士，而后方所赖以支持抗战者，全在金融之安定。中国现金特别缺乏，如一时汇出如此巨款，则国际汇兑即难维持，整个经济即趋摇动，军队虽有牺牲决心，亦将无以克敌。故我方所希望于贵国者，固为接济武器，更望深谅中国目前之极端艰难而维持其经济力量。惭愧迫切之情，实非言语所能达其万一也。

关于前所借垫三千二百万之货价、运费，余于未接电之前，即面告贵国达武官，中国虽事实上不能立即清还，但必须揭算详细数额，准备可能时清偿。今欲为贵方明告者，中国已决定提出国币三千二百万元尽速购足同额之货物抵运。如此，庶不致影响外汇，而经济得以维持，战事亦可顺利进行。贵国当能谅解中国此种措置之苦衷而予以同意。并恳将商请拨借之武器及飞机从速**允诺**，订成契约，分批起运，以发扬我战场之士气与军心。尤其**飞机**一项，实迫不**及待**，中国现只存轻轰炸机不足十架，需要之急，无可与比，请先将所商允之轰炸机与发动机尽先借给，速运来华。其他整批契约，亦请早日订立实行，使对日战事不致中途**失败**，使贵国援助我国之厚谊，不致因接济后而失其意义，全中国军民将永不忘贵国急难相扶之惠。掬诚奉达，深信本于道义立场，必能慨允我所请。并祈面告杨次长电复为幸。敬颂进步、康健。**蒋中正**。中华民国二十七年五月五日于武昌。

〔杨杰个人档案〕

5. 杨杰关于苏联援华物资运输队在兰州附近遭袭击请加强保护密电稿

（1938年7月15日）

委员长蒋：〇密。元未、元酉电奉悉。苏方称：三日前我运军火之汽车二部在兰州东方数十里之处突遭袭击，致伤苏联运输者数人，苏方颇为震惊，对于今后之运输深抱不安。窃查陕甘大道为我运输唯一之交通线，前请驻兵保护，即备万一之意，现发生此事，必致影响将来中苏间之运输，恳请一面查明真相，安恤伤者，以释苏方之疑虑，一面加强保护，以明责任，并候电复。职杨杰叩。删。

〔杨杰个人档案〕

6. 杨杰关于与苏联商洽设飞机厂事电稿

（1938年8月22日）

委员长蒋：〇密。与苏商洽之飞机厂，年出四百至千架之数。厂址以暂设迪化为有利：一、材料供给，旬日内确实可到。二、开办迅速，短期内可出品。三、由出品地运至供给地较近。四、苏境内有华工数千，刻正移新疆及中亚一带，可利用。若在昆明：一、距材料供给地过远，开办较慢，即以后之补给，亦不可靠。二、海运有危险性，每次之供给，非有两月以上之准备不可，且不经济。在抗战中，自以出品迅速而经济、运输确实安全为主。谨申管见，伏乞钧裁。职杨杰叩。廿二日。

〔杨杰个人档案〕

7. 杨杰为苏联援华武器运经缅、新、越请饬与英法交涉事密电稿

(1938年10月21日)

武昌。委员长蒋：皓日两电奉悉。密。一、仰光、新加坡均英属地，此间无法接洽，预计戍船将过哥伦坡，抵新在即，如俟与英洽妥再转知船主，必须中途停候、悬挂红旗，似此则易泄机，致生危险，恳即饬与英商洽。又、西贡卸货，似亦妥善，于转运内地亦便，如属可行，即恳电饬顾〔维钧〕大使力向法交涉，时间迫促，伫候电示转遵。二、与法商订货事，据孔院长称：现金、原料，均属困难，则职前往交涉自难生效。职是否须即去，并恳电示。职杨〇叩。印。

〔杨杰个人档案〕

8. 杨杰报告苏联援华武器装运情况电稿

(1938年10月24日)

委员长蒋：号电奉悉。〇密。一、所订各种武器，除飞机及其附件由陆运外，悉数约五千吨，已雇定英船于蒸日到敖港装运，因船在北非被英海军封扣，故误期，现虽称释放，迄未到达，俟到，即装运。二、驱逐机现在哈密装竣者四十架，待飞，余装配中。轻轰炸机六十架分三批飞华：第一批二十架，昨离英，十月廿日可抵兰，余每间隔六星期飞兰。三、欧局紧张，苏对波有严重之声明，如波对捷有军事行动，则苏波间之互不侵犯条约作为无效，等语。职杨杰叩。廿四。

〔杨杰个人档案〕

9. 杨杰报告武汉会战后中苏关系电稿

（1938年10月31日）

重庆。委员长蒋。艳电奉悉。△密。一、职访李外长，告以武汉撤退，不过战略上之运用，我抗战国策，毫无改变，外间谣传，幸勿置信。彼不独备致坦怀，并云深信中国只有一致在蒋元帅领导之下方能抗战建国，在集体制裁未能实现前，对物质亟愿继续援助。二、戍船原遵令开新，但宋部长艳电已改驰仰光并派员驰往照料。三、俄货应陆运者，正继运中。航校飞机厂现伏帅送呈苏政府审定，由黄光锐负责商办。四、孔院长有电促即赴法并指示军火偿款可匀拨原料一部抵换并望打通越南路线之军运，又汇英金二千镑作为订定军火之办事费。刻李石曾复来电催促，职遵于本日携VIGOR，RAPIO两密本，以备报告之用。再：职到法后，拟以代表钧座资格与法商洽，以期有相当收获，是否有当，乞示遵。职杨〇叩。

〔杨杰个人档案〕

10. 杨杰关于孙科与斯大林等会谈中苏间合作等问题电稿

（1939年6月26日）

委员长蒋：梗电奉悉。〇密。一、漾午偕哲公与斯大林先生、伏帅、莫洛托夫院〔外〕长晤谈，卡加那维契、米科扬、布尔加宁、沃兹聂先司基等要员在座，斯氏阐明中苏间密切合作之重要及一贯到底帮助抗战之宗旨，并有专函致钧座（交职回国面呈），详情已由哲公电陈，祈免赘报。二、本午谒伏帅，哲公在座，据称：在第二次借款项下拨付之陆、空军武器，日前已详告孙院长转报钧座矣。现决定：甲、飞机两百架由陆运外，余均由海道运仰光。乙、航机到兰州后，须有驱逐机保护，故令其先飞到哈密待命。丙、至我希望补充之武器到达后，再定拨付。丁、本日蒙边日军以飞机六十架来袭，交战结果，击落敌机二十架，苏方损失四架，以此观测，苏联不能不积极备战。三、职俟此间各货起运手续完妥，即回国聆训，当否，祈示遵。职杨杰叩。宥。

〔杨杰个人档案〕

11. 蒋介石催询所购苏联器起运事致杨杰密电稿

（1939年7月）

（1）电之一（7月14日）

真、电悉。所言极是，准照办。前托增购步枪、轻重机枪与迫炮之数，望能首批增运，以目前应用以此为最急也。哲兄处已电其回英矣。中正。侍参。印。寒。

（2）电之二（7月17日）

购货有否起运，何日可到，请速详报，如未起运，应即催促详报。中正。机。印。手启。筱申。

〔杨杰个人档案〕

12. 杨杰报告军火购运情况密电稿

（1939年7月20日）

重庆。委员长蒋：文、寒、删、筱四电奉悉。△密。甲、（一）阿货之已定妥者计：波、比造792轻、重机枪各一千挺附弹四千万发，七九二步枪三万枝，迫击炮六十门，荷兰造福克攻击机廿六架附二生的炮二门机关枪三挺，惟山炮尚在进行中。（二）据陈庆云面告，福克机性能极优，各国多已采用，价亦轻廉,并愿赴福克厂鉴定,前奉转缓订时,阿氏即一再来电申述已订各情并托转恳,未便坚拒,拟请仍准照办,以便同时起运。(三)检验工作,以张少杰奉部令限期回国及黄正赴荷、比、波护照尚未签字之故,迄未成行,除加派武官王丕承赶往协办外,恳即电令顾大使迅予黄正签证并乞电饬荷、比、波各使予以协助,以便早日竣事。(四)检验竣事后包装各手续尚需四星期,预计八月十五左右方能起运。乙、苏货除飞机用弹药陆续陆运外,陆军武器运输因哲公改由贸易部办理,故稍迟缓,刻已遵照催促。职杨〇叩。号。

〔杨杰个人档案〕

13. 杨杰关于与苏方洽商援华武器运输经过密电稿

(1939年8月9日)

重庆。委员长蒋;宥、卅两电奉悉。〇密。(甲)惟致伏帅卅电及斯、伏两公江电四日始奉到,除与伏帅定期面转外,昨贸易部长米科杨约商,据告运械迟滞原因:一、前拟雇熟悉商轮以便保持机密,嗣因吨量过小不敷装载,现改雇英船,本月廿日可抵阿德萨埠,已准备密商运输方法。二、运华货品向由阁下与国防部会办,故顺利迅速,此次因孔科博士坚请代办,不便拒绝,但本人系生手,诸加审慎,故迟延至今,嗣后请照旧案办理为宜。三、雇船虽为本人代办,但雇主究系中国,所有运费、奖金之规定、支付,应如何办理?四、装载以及途次各种技术事项,应与阁下商定。(乙)职比答称:此批武器,伏帅两日前即已拨定,迭奉蒋委座催询,万难再延,总以愈快起运为要。至运费及奖金,据孙科院长回告,已请贵部代垫,如须更改,反又迟滞,仍请照办。俟起运后,垫付若干,即当负责依据电请政府拨还。又:装载暨运输途中技术各项事务,请随时约商。(丙)米部长随答称:甚善。如无孙博士之新请求，一切由阁下经办，想早已将起运手续办竣矣。兹请求三点：一、代垫各费，须由阁下负责在最短期内由中国政府汇还。二、装载、运输等项，明日即开始会商。三、雇船契约，请阁下或派代表签字。（丁）职为迅速起运计，自不便稍涉诿卸，除已完全接受外，谨将商洽经过情形详陈，伏乞准予照办，并候示遵。职杨〇叩。青。

〔杨杰个人档案〕

14. 蒋介石关于苏联顾问班果夫对前方作战意见致何应钦等电

（1939年8月13日）

何总长、徐部长勋鉴：据报：俄顾问班果夫由前方归来后，对于前方作战意见如下：（一）战地情报截至现在止仍是毫无组织，影响抗战前途非浅，今后急应慎择干练军官，编练战地情报搜索队若干队，出发最前线，担任判断敌情责任。同时，并须携带通信用具（如无线电台及军用鸽等），俾能随时报告司令部作为决战之最好资料。（二）下级军官如营连排长等军事学识根底太差，应由高级军官随时随地监督指导，尤其对于空袭时，应令特别沉着处置防卫及隐蔽等勤务。（三）前方甚缺乏防空武器，如高射炮及高射机枪等，前方敌机飞行高度仅三四百公尺，可用普通机枪仰射之即有效力，因机枪过少致敌机能低飞肆虐。反之后方如长沙等市空袭时，各处用机枪乱射，因敌机飞行太高，致毫不发生效力，应将后方机枪多移至前方应用，使敌机不敢低飞，减少威胁，至为重要。（四）炮兵指挥官应特别机警，如敌机在炮兵阵地上空盘旋，即系侦查，应速将阵地移动，再在原地设置伪装，以欺瞒敌人，否则必遭敌机轰炸，此种情形在前方各地曾屡见不鲜，应特别注意改正等语等情。希即参考改进可也。中正。元七。侍参。鄂。

〔国民政府军令部战史会档案〕

15. 杨杰报告与伏罗希洛夫商谈苏联对华军援情形密电稿

（1939年8月16日）

重庆。委员长蒋：本午伏帅约谈，据告如次：一、钧座卅、江两电敬悉。关于武器一节，于六月内即已拨定，迄今尚未起运者，其责任在华方，现雇船已到否，到即可装载，当告以据米科扬部长称〔船〕廿日可到阿埠。二、关于今后接济中国之武器，正斟酌中，约十日后可以具体奉告，请阁下返国面报。三、英、法、苏军事谈判，自十二日来仅讨论各国自身如何保护其国家，至谈判进展之程序，数日后再与阁下晤谈，届时当奉告，亦请返国面报，无庸电陈，以便保密。四、本年秋操系新装特别演习，各国请求参观均已拒绝，贵国之请求自当勉办，惟恐中国代表团到英引起各国之责难，改于明年新操时再为邀请，祈婉陈钧座，等语。谨呈。职杨杰叩。铣。

〔杨杰个人档案〕

16. 蒋介石要求继续向苏联交涉购买飞机致杨杰密电

（1939年11月22日）

我国陆军已开胜利之基，我军亦已略有表显，惟力量尚感不足，尤虑难以为继。兹为配合陆军之攻势起见，请向苏购买下列之飞机，计：DB廿四架，CB卅九架，最新驱逐机53及ZKB—9四十架，E—5十二架，E—6七架，远距侦察机十二架，零件照百分之十五计算，除另函伏罗希洛夫将军外，请先提出交涉为要。中正。侍参。印。养。川。

关于本年冬季向〔苏〕购置飞机案,尚须增购乌特四式（YT—4）驱逐练习机十架,CB双架驶练习机十架,希一并提出为要。中正。侍参。印。祃。

〔杨杰个人档案〕

17. 苏联空军援华志愿队轰炸虞乡日寇车站战斗要报

（1940年5月2日）

极机密　第4号　空军第三路司令官田曦（官章）

一、我志愿大队SB八架于四月二十八日上午九时二十分由温江机场出发,其携带炸弹量：50kg卅枚、10kg百另八枚,预定轰炸目标为运城敌机场。

二、当天十时四十分降落南郑加油,于十一时二十分由南郑起飞,高度为七千公尺,过西安后,因云降低至三千五百公尺,至潼关附近,盘旋升高至五千公尺,终因天气关系不能飞往运城,遂于十二时五十分在虞乡车站附近（此地有敌仓库）投弹,均命中起火。当时有敌驱逐机三架,因不及攻击,尾追至渭南,始逸去。

三、十四时五十分降落天水加油,旋即飞降兰州,于三十日十二时二十五分由兰起飞,十五时安返基地。

四、参加作战人员姓名如附表

　　右报告

军政部长何

我空军参加作战人员表　　二十九年四月二十八日

隶属	职级	姓名	飞机种类及号码	备考	隶属	职级	姓名	飞机种类及号码	备考
志愿队	总领队	吴瓦洛夫	SB 1号		志愿队	飞行员	阿布拉司金	SB 3号	
	领航员	波他年阔				领航员	扎多罗内衣		
	射击士	卢　金				射击员	苦得俩错夫		
	代理队长	史才尼阔夫	SB 4号			飞行员	葛雷楚诺夫	SB 6号	
	领航员	基勒司基				领航员	普拉索洛夫		
	射击士	莫扎也夫				射击员	特洛非诺夫		
	副大队长	特鲁深	SB 9号			飞行员	普罗特尼诺夫	SB 7号	
	领航员	别特里参阔				领航员	顾斯岑		
	射击长	克里棉阔				射击长	喀史岑		
	分队长	马克西棉阔	SB 5号			飞行员	别特罗先	SB 8号	
	参谋长	喀切林楚克				领航员	李西岑		共24员
	射击员	列别了夫				射击长	皮聂诺夫		

〔国民政府战史编纂委员会档案〕

18．吴文华关于修建加固沿线坡度桥梁以利苏联援华重炮车辆通过电

（1941年4月）

(1)吴文华电（4月14日）

绵阳。交通部川陕公路改善工程处昌总工程司季方兄勋鉴：兹准四川公路局工字第802号代电内开："顷奉四川省政府建秘字第三九五八号灰代电内开：准防空学校黄教育长镇球兰州卯支电开；密。球昨抵兰,据查此次所来之大高射炮,行驶公路须曲半径十九公尺，坡度三十度，上空障碍高三公尺五，桥梁渡船须载重

253

十六吨始能通行,敬恳转知公路局从速修建,以便早日到蓉。现在以下各处急待修建者呈明:一过绵阳之涪江木板桥。二剑门关下之路,窄湾多且坡动曲半径小。三将到广元之郭家渡及广元渡船之载重均不够,四广正北行傍江靠山之险峻路面窄且不够高五,其他各处之桥梁均须检查也等由。查本案前准黄教育长寅齐窑电。业经本府转饬遵照办理在案。兹准前由除再电交通部川陕路川段改善工程处查照办理并电复外,合及电仰遵照,就该局主管范围切实迅办具报等因。正核办间,复奉防空司令部防一字第六四九号密灰代电。电同前因。查川陕路改善及养路工程,均系大部川陕路川段改善工程处主办,除分别电复暨电请改善工程处查照办理外,相应电达,即析转电改善工程处迅予办理,以策安全为荷"等由。准此。相应电请查照,并希将办理情形见复为荷。弟吴文华叩。卯寒。蓉。(1092)

(2)吴文华电(4月26日)

绵阳。交通部川陕公路川段改善工程处吕总工程司季兄勋鉴:兹奉总处四月十七日19961号代电开:朱工程司文秀本月灰真两日由兰电报十轮俄车已抵兰,共七吨长5.95米,前轴距后前轴3.35米后前前轴距后后轴1.10米,所拖炮车重约四吨长5.55米,前轴距4.05米,两轴间前后轴距1.25米。炮高23米又牵引车共重12.5吨,宽约1.8米,高约三米,排轮承重连带着地长约5.4米,除牵引车在肃州候油行期尚未决定外,该项炮车由十轮俄车牵引入川约于寒日东下等情。除分电川陕公路川段改善工程处、西北公路管理处、成渝公路改善工程处,分别各将所辖路段桥梁弯口设法加强,务使该项重车顺利通过外,合行转饬知照等因。奉此。查本区卯(9922)蓉(1122)代电略有出入之处,特此电达,敬希查照办理见复为荷。吴文华叩。寝。蓉。(1139)

(3) 川陕公路川段改善工程处电（4月30日）

四川省政府，四川公路局、成都督察区公鉴：

四总段谌密译转川陕线区司令部

前奉钧府卯佳省建准工字803等文工程代电贵局〇〇〇捷密代电嘱加固本路桥渡，以便通过重炮车等由。奉此。准此。查本路桥渡加固工程已告竣，十轮俄车及所拖重炮车六辆，业于本月卅日顺利通过本路，驶抵蓉垣，途中未发生任何障碍。谨此电达。交通部川陕公路改善工程处叩。工。卅。

〔国民政府公路总局档案〕

19. 财政部报告新疆中运会组织及办理苏联援华物资内运情形电

（1941年9月4日）

行政院秘书处蒋秘书长勋鉴：勇肆字第11719号感代电奉悉。查关于新疆中央运输委员会组织详细情形，据前甘肃建设厅厅长陈体诚廿八年二月调查报告称：中运会系由新疆盛督办世才于廿六年呈奉委座核准设立，办理运输向苏订购之各项军用物资等事宜。该会成立于廿六年十月间，除由新疆边防督办公署选派委员数人外，并由中央政府派员参加组织，会务由盛督办指派常务委员一人主持。另设总务、会计、视察、油料四组，分掌所司各事务。至新省各县中运事宜，则视各航空站及汽车站设立地点，分别在各县设立。中途分会，由新疆边防督办公署指派驻在各区县之地方文武官吏组织之。航空站已设有伊犁、乌苏、迪化、奇台、哈密等五处，汽车宿站共有新二台、精河、乌苏、绥来、迪化、鲁番、鄯善、七角井、哈密、星星峡等十处，汽车间站则有五台、达板城、孚远、木垒土河、三堡等五处。惟近来各中运航空站之管理权，实凡揿诸苏联站长之手，省方所派管理员或翻译员，只能办理驾驭本国工友及转译等事。即在迪化中运会，苏联顾问之意旨或态度，凡为决定处理事务方针之根据。其大权业已逐渐旁落，中运会代中央各机关承运各项物资所需运输费，系由新省以新币垫付，报请本部拨还归垫。自廿六年十月份起，截至现在止，准盛督办先后电请本部拨还垫付之款约合美金三，二二〇，〇〇〇元〇国币九，二七七，二二八元二五。其中美金部分，经由本部先后于俄借款项下划拨。该省运省美金壹百陆拾万元(据该省电称：此款苏方尚未照付，业经本部迭电邵大使从速洽催办理在案。)反拨购该省载重汽车价款美金二十二万元，并另由国库代付。该省献机款美金四十二万元，汽车汽油价款美金十八万元，又由国库拨汇。该省运费美金八十万元，至国币部分，经由本部代缴寒衣捐款国币四十五万元，代付该省在港渝购物价款国币二十一万二千元，拨汇该省运费八百六十一万五千二百二十八元二角五分，各在案。特复查照，转陈为荷。财政部。41570904渝。国。印。

〔国民政府行政院档案〕

20．张嘉璈关于调查新疆中运会成立经过及办理苏联援助军用物资运输情形电

（1941年10月9日）

行政院副院长孔钧鉴：案奉勇肆字第15404号江代电略开：关于新疆中运会成立以后，中央系派何人参加，又该会承运物资名称及数量，均希迅行查复等因。计抄发财政部代电一件，奉此。查此案发动于二十六年俞前部长任内，当时为接收苏联东运物资，由中央派陈体诚(代表全国经济委员会)、欧阳章（代表航空委员会）及谭伯英、顾耕野等四人前往新疆。项据顾耕野面陈：当时参加其事之实际情形，略以奉派赴新时，仅知为苏联物资，并不知中运会之名称组织，一行四人，于二十六年十月二十日到达迪化。次日由盛督办召集开会，出席人员并有苏联总顾问及督办

公署办公厅主任、运输处处长、交通处处长、边务处处长、航空学校校长等八、九人，另有秘书一人，担任纪录，由盛督办亲任主席，商讨如何接收物资之步骤，并对沿途食宿招待及加油设备等详加筹划。事后，始如盛督办即将此次会议结果定为中央运输委员会。在新勾留一月，每日开会。经盛督办指定陈体诚为该会主席，苏联总顾问每次均出席，耕野担任接洽运输，谭伯英担任接收汽车。欧阳章担任接收飞机。经过一个月后，接收工作告一段落，亦即离新。二十七年二月，陈体诚与耕野又曾赴新开会二十余日，以苏联到达物资无多，会议时大部份工作为审核收入帐目。至物资方面，第一批接收汽车五百辆，飞机一百七十余架（内有四发动机飞机七架）及汽油等，详细数目已难追忆等语。查该会系新疆督办公署主持组织，其承运物资数量并未呈报到部，无法稽考。惟该会主要目的在代中央承运各项物资，所垫运费随时与财政部核算归垫，所有物资名称数量，未知财政部在运费帐单方面有无足资查考之资料。奉电前因。理合将当时实际参与中运会议之顾耕野面陈情形，肃电陈报，敬祈鉴察。交通部部长张嘉璈叩。佳。秘。印。中华民国三十年十月九日　时　发

〔国民政府行政院档案〕

21. 航空委员会报告新疆省航空站情形电

（1941年11月14日）

重庆行政院钧鉴：本年十月江勇肆字一五四〇号代电暨附件奉悉。遵经转电本会空军总指挥部查照办理去后。兹据该部十一月鱼指站辛字第二四三一号代电称：十月删代电奉悉。遵经询据伊宁教导队前队长杨鹤霄及该队前科长沈延世，报告关于新疆省航空站各种情形前来。谨分陈于下：（一）中运会之组织分航空线及公路线。航空线，系由伊宁至哈密，为伊宁、乌苏、迪化、

257

奇台、哈密等五站。（二）各站之组织有苏联站长一、医官一、无线电员一及测候员一、新疆省仅设事务员（称副官主任）及译员各一员，招待事项。但对中央人员常诡称站长外员则称副站长，实则站中一切权衡悉操诸苏联站长职员之手。（三）有ТВ机二架常往来各站运送物件，ПСЗ机五架则专载人员，不定期飞行各站。（四）往来该线之苏联飞机离站、留站、铺设信号加油击留等项，皆由俄站长亲自指挥之。（五）各站之本国人员事务员工友等，皆受俄员之指挥，形同附庸。（六）该线之天气情形，皆俄测候员担任，每一小时测报一次。（七）各站均附有特种车辆，（如始动车、温滑油车、汽油车、医务车、座车、卡车、牵引车等）皆苏籍人员驾驶。（八）各站皆有无线电台，与公路线各站有电话联络，每周常有45式（系旧侦察机）2架往来各站及阿拉木坭间，连络及传递信讯。（九）哈密常驻有苏联空军队之SB机六架及Е15Е16机共十架。（十）往来苏籍人员，诸凡招待食宿皆由俄方站长指挥。（十一）各站苏籍工作人员之卫生，皆有医官指导。（可称卫生指导员）每日之菜单，由医官开单，交招待所承办，并于每餐之前，由医官先行尝试。（十二）中运会经费，当地高级长官知为中央支付，但低级人员则认为新省所办，往来俄人亦只知为新省所办也。综合上情已确知中运航空站之管理权，操诸苏联站长之手。至调整办法，因新省情形特殊，事关内政，并牵连外交，本部实难策划。除迳报军委会外谨复等语。理合据情电复鉴察。航空委员会。寒。参。辛。渝。
中华民国三十年十一月十四日

〔国民政府行政院档案〕

22. 龙云关于苏联援华军火在海防受阻事致卢汉电

（1942年2月25日）

孝感第六十军卢军长勋鉴：密。此次向俄购得之军火有由迪化至兰州者,有由海道至香港者,有由西贡至海防者,又有由海防入桂转而取道滇省者,凌乱已极。其重量至九吨之坦克车,五百公斤之炸弹则无法输运。……目前未入滇之一部尚在海防,法政府已禁止通过。其理由一则以毫无装置困难应付日方,一则以办理迟缓时间已过为藉口。以此推测运输上之困难,即在港起运者当亦不在例外。目前有少数轻重机关枪及五十门平射炮,于一、二月后可望运到前方、……至其余全部须待全数到齐武汉,待俄国各种人才前来,始能装配。最速亦须本年秋季以后或年底,欲待目前使用,决无希望。委座心中以为不久可得大批武器补充,而不知事实上办理等于儿戏。兄瞻望前途,深受刺激,良心感动,为国家民族忧,为委座责任忧,唯有浩叹而已。特驰电告,对外勿宣。云。有。秘密。印。

二月廿五日
〔国民政府行政院档案〕

23. 邵力子报告与苏方商洽援华物资假道苏联运输事宜致蒋介石电存

（1942年5月28日）

漾侍秘电奉悉。谨查经由收斯湾苏联军济我国军械。三月二十二日接奉外交部电示,军事委员会所拟计划,二十四日即向苏联外交部提出,三十一日复遵部令补提,每月暂限四千吨之数。嗣又于四月十一日访洛外次催询,二十八日再访洛外次,遵照部电示钧座意旨洽商该路接运及供苏锡品问题,本月五日二十二日又两次催询,所得答复均同情我国之需要,而技术上须待研究,方能决定。英美两大使协催,结果大致相同,以上各情,均经电部呈报,此事提出迄今已两月,尚无成议,实深焦急。惟苏方并未谢绝,自应赓续进行,谨当再行催促。但罗总统倘肯迳向史达林提及,必有大效,谨乞鉴核。

〔按：漾侍秘电，系转去宋部长之电，嘱其向苏联提出，并联络英美驻苏使节协助促成。〕

〔军事委员会委员长侍从室档案〕

24. 邵力子要求速将假道苏联运输具体方案
电示致蒋介石电存

（1942年10月15日）

文机电敬悉。职专候行政院之运输具体方案前往莫斯科，迄今未奉电示，想有郑重商讨之点。唯我利在立即开始运输，协商交涉愈早愈好，职未赴莫斯科前，甚难向苏方启齿，呈恸将此方案即日电示，俾可即赴莫斯科。再阿哈下月四日班机飞行，乞饬张部长派机衔接哈渝，否则全会前职难到渝。

附蒋介石致邵力子电

按文电：兄须全会前回国报告，并以此意通知苏联政府，预定机位，请其早协商运输交涉。如届时不能结束，则兄亦可先行回国再商。中〇文。

〔军事委员会委员长侍从室档案〕

25. 军委会侍从室为转发外交部等拟定关于
假道苏联运输方案致邵力子电存

（1942年10月16日）

十月十六日关于假道苏联运输事电邵大使

一、初期运输数量每月定为二千吨，以后国内运输能力增加时，再向苏联政府交涉增加运量。

二、路线以印度之喀拉嗤为起点，阿拉木图为终点，中经印伊铁路终点之都士大布及与苏联铁路交接之马什德。

三、我国接运地点以阿拉木图为起点。但现在以运输工具缺乏，可否暂请苏联由阿拉木图转运哈密，自哈密由中国运输机关接运。

四、各重要起卸站，如喀拉噶、都士大布、马什德及阿拉木图等地，我方拟派员照验物资及签署交接文件。

五、假道运输物资种类，暂照军事委员会运输统制局原列之物资总类表提出洽商。惟汽车及另件项下应加列润滑油。

六、自阿拉木图或哈密内运物资及自兰州外运农矿产品，每月约需汽油一千二百吨，拟请由苏方供给，此项汽油运量不包括在二千吨物资运量之内。

以上所议各点，如属可行，拟即饬由外交部电令邵大使速向苏商洽。并上列办法，系与何总长共同商定。

奉批：可照此意先由侍从室直电邵大使交涉，一面抄交外交部存案。

按上节已由第二组分别办发。

〔军事委员会委员长侍从室档案〕

26. 军委会参事室关于研究援华物资假道苏联运输意见致蒋介石呈

（1942年11月26日）

谨签呈者。关于假道苏联境内输入军需用品事件，奉发下抄电一件（侍从室第一处抄送刘泽荣十一月四日第二六〇〇号电），饬研究等因。兹谨将本室参事研究意见，缮呈察览。可否发交经办此事人员或机关注意，敬祈核夺。尤有进者，本案磋商已久，值兹物资需要正切，英苏态度好转之时，似宜及早与苏成立协定，以期早日付诸实施，纵若干具体事项不能尽如我方所期望，此时似亦不必坚持，可留待将来，利用时机，谋进一步之解决。否则往返磋商，多耗时日，于我方较为不利。以上意见，是否有当，并乞察核。

附呈"关于假道运输问题研究意见"一件

（一）关于第一项之（甲）、苏方声明接受九月十日之方案，即我输入英美物资年二万四千吨，并输出同量运苏物资。此层只要我方在西北把握有足量之运苏物资，应无不利。本室虽不知我十月十七日方案未曾提及此点之原因究竟何在，然从前述原则上说，此层似无坚持之理由。万一我方运苏物资将来感觉不能足量，亦似可在将来再议补救方法，此时不必注重。

关于第一项之（乙），应无问题，因据外交部情报，印伊铁路之被洪水冲断部份，准可于本年十二月底修复。

（二）关于第二项之（甲）、货物以运交哈密最好，如对方坚持运至猩猩峡，在我方密切监视之下，亦未为不可，但于必要时，得随时停止。

关于第二项之（乙）、闻英方已允拨交汽车一千一百十二辆，应无问题。

关于第二项之（丙）、苏方之重视，在彼方立场上自属当然，应可允诺。

（三）关于第三项，苏方虽因未奉训令暂不讨论，然从我方立场说，将来亦须坚持，因为第三项为派员点收物资之规定，此层如办不到，恐蹈过去一部份物资遗失无着或长滞中途之弊也。

（四）关于第四项，应无问题，因苏方根本不应过问英美输入物资之种类。

（五）关于第五项之（甲）、苏方所允最初三月每月供给三百吨之数，似嫌过少，宜力争至少月供四百吨，庶能供我由哈密运共及由兰州运哈密之用，至每月汽油一千二百吨之数，似无须在本案坚持，因本案所重者在英美物资之输入，此时不必因附带条项而危及本案之主要目标。

关于第五项之（乙）、我方似可据理作再度之要求，使苏方所供之月三百吨（我希望四百吨）汽油不包含于二千吨之内，因我九月十日所提请苏方供给汽油五千吨之数，察原意显系供英美输华资在苏方代运路段上之用，不可与我十月十七日提案第五项所指中国自运路段上所需汽油混而为一也。

（六）关于米司长所提出之第一点"苏方运输费请以货物抵偿或缴付新疆省币"一层，似不妨酌予让步。

（七）关于米司长所提出之第二点"新疆境内现有运输人员伙食供给组织应请华方扩大至每月运输二千吨之规模，其条件照现行办法办理"一层，我方似可就事实需要，扩大规模，但现行的"由中国出钱，由苏联人包办"办法，自宜酌加改变，因苏人来新境者愈多，则新省政治或不免增加困难。

〔军事委员会委员长侍从室档案〕

27．蒋廷黻关于苏联帮助中国运输抗战物资与张嘉璈往来函

（1942年11—12月）

（1）蒋廷黻致交通部函（11月14日）

关于假道苏联运输问题一案，前经邀集商讨议定办法五项，呈奉委座核定，并电邵大使按照此项办法提出交涉，同时并由外交部提交潘友新大使在案。兹据驻苏联大使馆将初步交涉结果电呈到院。奉谕："分交有关机关详加研究具复"等因。相应检同原议定办法五项及苏联大使馆来电一件，随函录达，敬希查核见复，以便转陈为荷。此致

交通部

附二件

行政院政务处长蒋廷黻

中华民国卅一年十一月十四日

抄驻苏大使馆来电

（衔略）本日应苏方贸易部商约司长米楚金约，对假道运输问题作第一次正式会商，根据钧部十月十七日四九八号电训示，各项逐条讨论。苏方对各项意见如下：（一）关于第一项（甲）声明苏方接受邵大使九月十日所提方案第一项，谨按诸方案，系遵照钧部九月七日四五八号电提出，其第一项与此次方案第一项之区别为前案，曾说明中国每年应交苏方货物约二万四千吨，我国经苏输入物资拟就此相等数量先行办理，而次方案未曾提及。（乙）苏方声明开办日期在乎英方，惟最要者英方应将印伊间铁路修复方能开办。（二）关于第二项（甲）大意愿将货物迳运猩猩峡，因该处为历来双方交货地点。（乙）必要条件须由英方供给车辆，英方业已允诺。其数目于明、后日即可通知英方。（丙）为避免空军回返程起见，务请华方早日准备货物以便在猩猩峡装运苏方对此极其重视云。（三）彼云：关于三、四两项，因未奉训令，暂不讨论。关于第五项（甲）华方所提每月供给汽油一千二百吨因难太大，允最初三月每月供给三百吨，余再行讨论。当询此项汽油是否代运至猩猩峡，据答云，苏方既完全担任，至猩猩峡之运输所允三百吨，想足够川，当经力争，允报告政府。（乙）所云三百吨汽油应包括二千吨总运量内，主要理由为中亚西亚军运过忙，对华只能担任二千吨，经力争后，允报告政府。此外米司长提出：（一）苏方运输请从货物抵偿或缴付新疆宣币。（二）新疆境内发现有运输人员伙食供给组织，应请华方扩大至每月运输二千吨之规模，其条件照现行办法办理。最后告以报告政府，俟得复后再行商洽。谨请鉴核示遵，因该案重要，调陆秘书丰出席参加担任记录，一并谨陈。

抄原议定办法

（一）初期运量每月定为二千吨，以后国内运输能力增加时，再交涉增加运量。

（二）路线以印度喀拉嗤为起点，阿拉木图为终点，中经都士大布及马什德，但现因我国运输工具缺乏，可否暂请苏联由阿拉木图代运至哈密，以后中国运输能力增加时，再由中国自运，或由中苏组织联运机关，协同运输。其组织与办法另定之。

（三）各重要起卸站，如喀拉嗤、都士大布、马什德及阿拉木图等地，我方拟派员点验物资及签署交接文件。

（四）假道运输物资种类，暂照军委会运输统制局原列物资种类表提出洽商。惟汽车及零件项，不应加列润滑油。

（2）张嘉璈复行政院政务处函（12月12日）

笺函

案准贵处本年十一月十四日机字第1671号函，略以关于假道苏联运输问题，抄同原议定办法五项及驻苏大使馆来电各一件，嘱在核见复，以便转陈等由。当经详加研究，谨将本案意见分述于下：

（一）我方原请苏联由阿拉木图代运至哈密，而苏方反愿照惯例代运至猩猩峡，根据以交通政策促进对新省政治关系，及不必过分假手外人致便深入内地两原则，目前似可仍请代运至哈密，即由我方接运。

（二）每月二千吨之运量，拟分配如下：（1）迪化哈密间，我有驿力可用，至可能承运数量，正在派员调查中，至祈先向俄方说明。（2）哈密酒泉间水草艰难，每月二千吨，全由我汽车担任。（3）酒泉兰州间，汽车担任一千二百吨，驿运担任八百吨。（4）兰州广元间，汽车担任一千四百吨，驿运担任六百吨。（5）目前出口物资仅约一千吨，势必有一部份工具回空，汽车驿运均照比例分配。

（三）于进口物资开运以前，即应将出口物资陆续起运，以免双方工具脱节，贻人口实，再请运输统制局主持调度，随时向各方密取联系。

（四）此项输入系英美供应物品，至输出物品是否专对苏联，抑兼对英美，以及每月输出两千吨中，是否包括新疆省出口物资在内，拟请贸易委员会酌定。"苏联允月供三百吨汽油，是否敷用，以及是否包括在内运两千吨之内，拟请运输统制局酌定。并通知本部，以便调配工具。"

（五）苏方代运之运费，究应以货物抵偿或缴付新币，以请由财政部核定。

查此案原系何参谋总长主持办理，所有一切详细计划拟仍统由何总长洽办，以免纷歧。除分函何参谋总长外，相应函复，敬希查照为荷。此致
行政院政务处

交通部部长张〇〇
〔国民政府公路总局档案〕

28. 军委会外事局抄送苏联援华抗日军事顾问及教官名册函

（1943年5月24日）

笺函

接奉五月二十二日大函，嘱抄寄苏联军事顾问全体名衔，以供参考，自应照办。兹特抄附录名单一份，随函送请察收为荷。此致
外交部交际科

附名单一份

军事委员会外事局秘书室启
五月二十四日

军事委员会外事局所属苏籍顾问及教官名册

姓　名	职　务	备　考
古巴列维赤	军委会代总顾问	
骆道巴巴	通信兵监顾问	正签办中
日列兹内	炮兵监顾问	
骆巴新	兵工署防毒处顾问	
司威威柯巴	军医署顾问	
密哈罗夫	第九战区长官部顾问	
司柯林柯	同上	
伊万诺夫	第二战区长官部顾问	
包搭丹诺夫	五战区长官部顾问	
克林秋克	八战区长官部顾问	
得米特连柯	陕坝八战区副长官部顾问	
亚阔乌略夫	同上	
斯克雷巴	西安三十四集团军总司令部顾问	
搭拉先柯	同上	
斯米尔诺夫	陆军大学顾问	
皮罗高夫	航委会防空总监部顾问	
安得列也夫	第九战区顾问	
司克沃尔错夫	第一战区长官部顾问室技术员	
基和米罗夫	同上	
节林柯夫	第四战区长官部顾问室技术员	
贝赤柯夫	同上	
别洛夫	第三战区长官部顾问室技术员	
刘德金	同上	
奥维赤金	第九战区长官部顾问室技术员	
郭瓦略夫	苏籍总顾问办公室技术员	
包博夫	第三十一集团军顾问	
波尔特诺夫	第七战区长官部顾问	

精利罗夫	第一战区长官部顾问	
喀喀林	第六战区长官部顾问	
格利高里也夫	第四战区长官部顾问	
拔夫雷车夫	第三战区长官部顾问	
侍拉夫尼柯夫	第九战区长官部顾问室技术员	
索罗金	苏籍总顾问办公室技术员	
司米尔诺夫	同上	
奥西波夫	同上	
益万诺夫	军训部顾问	来渝途中
费尔柯	同上	同上
马卡列维赤	正商定中	同上
蔡尔宁柯	同上	同上
别图霍夫	同上	同上
乌沙柯夫	苏籍总顾问办公室技术员	
柯里瓦哈	第六战区长官部顾问室技术员	
别敦	苏籍总顾问办公室技术员	
褚布略柯夫	第五战区长官部顾问室技术员	
考斯特略夫	同上	
长尔布兴	第八战区长官部顾问室技术员	
瓦艮纽克	第一战区顾问	
瓦西里也夫	第三战区顾问	
茹拉乌略夫	第四战区顾问	
多布隆诺夫	第五战区顾问	
阔丽别尼阔夫	同上	
崔木柳阔夫	第六战区长官部顾问室技术员	
车尔诺怕托夫	第八战区副长官部顾问室技术员	
沃罗比也夫	第九战区顾问	
米利肯	后勤部顾问	

卡别罗夫	第三十四集团军顾问室技术员	
叶林斯基	同上	
成都区		
帕尔霍棉科	上校代理空军首席顾问	
依万诺夫	中校轰炸顾问	
巴拉鲁也夫	少校驱逐顾问	来华途中
卡扎柯夫	中校机械顾问	
拉维叶子基	首席顾问秘书	
叶先柯夫	无线电员	
梅子林	同上	
伊宁教导队		
喀热夫尼可夫	中校教导队副队长	
马克也夫	少校轰炸教官代理参谋长	
基谢略夫	上尉第一中队中队副	
格鲁季宁	上尉第二中队中队副	
马里亚年科	上尉第三中队中队副	
施克瓦尔金	医官	
卡拉别衣尼可夫	通信教官	
萨莫杜洛夫	仪表教官	
结连阔夫	战术教官	
怕夫连阔	第一中队教官	
魏列目颜阔	机械教官	
连仁	同上	
别俩也夫	同上	

〔国民政府军令部战史编纂委员会档案〕

(三) 经济援助与通商条约

1. 斯大林、伏罗希洛夫关于苏联援华事宜致蒋介石电

(1938年5月10日)

杨杰上将请转中国陆海空军总司令蒋介石元帅勋鉴：吾人完全理解中国金融财政之困难情况，并亦已顾虑及之。因之，吾人对武器之偿价，并不要求中国付给现金及外币。然吾人愿得中国之商品，如：茶、羊毛、生皮、锡、锑等等，吾人深知此类商品，中国能供给苏联，而对中国之国民经济与国防无若何妨害。因此，希望中国供给此类商品。

关于苏联方面援助一节，丝毫不必疑虑，苏联当尽其一切可能，援助在反抗侵略者的英勇解放斗争中之伟大的中国人民。

阁下所要求之飞机，当即运送。关于给予中国以新信用贷款问题，将付苏联最高机关讨论，吾人希望能底于成。

请接受吾人热烈敬礼，恭祝康健，并庆在中国解放斗争战线上之迭获胜利。

史太林 伏罗希洛夫 一九三八年五月十日

〔杨杰个人档案〕

2. 蒋介石为感谢苏联援华致斯大林等电

(1938年5月31日)

莫斯科。杨大使转史太林先生、伏罗希洛夫元帅钧鉴：接诵尊电，承谅解中国实际困难，同情中国抗战，并允尽一切可能协助，实深感激。又接孙院长来电称：对于第二次接济一万万六千

万元数额之贷款,承蒙慨允,并允以后继续接济,尤为感慰。贵国于中国抗战艰苦之中,一再仗义相助,此种盛情厚意,中国人民将深铭不忘,两国民族深厚固结之感情,必永垂于中苏屏藩之革命历史。最近,敌国内阁改组,其对华侵略必益趋急进。各种武器——尤其飞机之补充,需要迫切,刻不容缓,务请将第二次接济之一万万六千万元贷款契约先行订定,此间已令杨大使全权签订。至于应购飞机、军械之种类、数目,当另开单详报。华货供给,前因所需交通种种关系,运输迟缓,甚觉疚心。现在余决亲自严饬办理,兹后必源源输送,照余所允者办到,以副贵国之望。最后对于贵国屡次援助之稀有的高谊,愿代表中国军民重申恳挚之谢意。敬祝康健。蒋中正。一九三八年五月三十一日于武昌。

〔杨杰个人档案〕

3. 行政院贸易委员会为运苏茶叶交货事致苏联协助会函

(1938年10月)

(1) 函之一 (10月4日)

译贸易委员会本年十月四日致重庆苏联协助会函

迳复者:接准本年十月一日

大函,备悉一切。关于绿茶交货一事,兹将经过情形缕陈如左,即希察鉴为盼。

平水茶:业已运港交付贵会检验者,计有二万四千箱,其中一万四千箱并已由贵会驻港代表接受作为正式交货。此外存沪茶叶,尚有一万六千箱,送请贵处封悌可夫先生验看,另有一万六千箱,正由温州运赴香港,所有存沪绿茶均经设法陆续运港,庶封悌可夫先生毋须久留上海。前嘱本会驻沪代表勿将宁茶样品五百八十八箱送验者,即以该项宁茶样品所代表之三万箱行将运港送验也。祁眉茶:存于温州者,计有三万箱,其样品业已送沪,正由封悌可夫先生验看。本季此种茶产收获据可靠消息约有八万箱，现有一万七千四百箱正运往温州途中，目下内地运输十分困难，温州至香港亦多阻滞，谅为执事所洞悉。惟本会并不见难退缩，仍作最大努力，以期迅速交货。

至英商在湾收湾茶叶十五万箱一节或属事实，其数量之大如用以履行尊处合同亦可敷用。惟有须请贵会详察者，英商所购之茶，系于本会施行统销办法以前业已运至上海之存货也。

（2）函之二（10月5日）

译本年十月五日贸易委员会致重庆苏联协助会函

迳启者：关于贵会封悌可夫先生在沪接受之绿茶三千三百吨一事，本会现据驻港办事处来电，业已决定俯徇茶商请求，改在宁波、温州款货两交，因此须有贵会代表在场监视秤量包装，拟请由贵会驻港办事处即派全权代表一人，前来宁波温州接收该项茶叶，所有因派遣代表而增溢之费用，本会亟愿担任，并希贵会洽订轮船前往温甬装货，直运海参崴。凡此请求皆系出于本会尽力履行绿茶合同之诚意，深信得邀谅察，并能迅予照办，再此事迫于时机，务请急电港处进行为荷。

〔国民政府经济部档案〕

4．蒋介石为催询履行中苏借款条约事与行政院往来电函

（1939年1月）

（1）蒋介石电（1月20日）

行政院孔院长勋鉴：查中苏所订借款条约，我国本年底抵偿应运之农矿产品苏方已有表示，亟应妥定适当办法施行，请兄即召翁部长咏霓详询实情，指示办理为荷。中正。哿。侍秘。渝。
中华民国二十八年一月二十日

（2）翁文灏（1月21日）

院长钧鉴：顷准军政部何部长抄示：中苏借款条约其要点为：（一）第一次借款美金五千万元，年利三厘，自一九三八年十月三十一日起五年内偿还，每年偿付一千万元，并付请已挪用借款之利息。（二）上项借款由我国购运茶丝羊毛等农产品、钨锑锡等矿产品抵付，其运费亦由借款偿还额内拨付之。（三）所运物品种类数量，于每年初按照苏联相当机关之指示，在每年偿还额内规定之等语。查依照中苏借款条约，我国应于上年十月底起开始偿还借款及利息，计第一年即自上年十月底至本年十月底止，我国应运价值美金一千万元之农矿品以为偿还借款之用，同时并须另运相当数量作为偿还已挪用之借款利息。假定第一年应付利息为美金一百五十万元，则第一年应偿还之借款及利息共为美金一千一百五十万元。

（3）翁文灏函（1月21日）

最近苏联出口协会经理格鲁申科来函声称：一九三九年苏方需要钨锑各五千吨、锡四千吨、锌二千吨，盼我方尽量供给，并将实际可以供给数量确数函告等语。窃按借款关系国际信用者綦巨，抗战期间尤为重要，自应遵照条约规定，妥为供给，切实履行。关于矿产部份，向由资源委员会经办，以后按月应供给若干，如何供给允宜预先筹划，谨就计虑所及条陈如左，伏祈垂察。

（一）应供数量及价值

（甲）依照上述估计，我方第一年应偿还美金一千一百五十万元。如以农产品与矿产品各半交付，则应运矿产品价值为美金五百七十五万元，除上年十一月十二月已运及本年一月将运矿产连同运费约值美金二百万元外，尚须续运矿产价值美金三百七十五万元,即自二月至十月每月约需购运钨砂二百吨、纯锑二百吨、锡二百吨,按照目前国际市价,香港交货约值美金四十二万余元。

(乙)如我方还款三分之一以农产品交付,三分之二以矿产品交付,则第一年运苏矿产总值应为美金七百六十六万余元,除去上年十一月十二月及本年一月所运矿产外,尚须续运矿产价值美金五百六十六万余元,即自二月至十月每月约需购运钨砂三百吨、纯锑三百吨、生锑一百吨、锡二百五十吨,按照目前国际市场价,香港交货约值美金六十二万余元。

(丙)按照格鲁申科来函所示需要数量约值美金一千万元。

查苏方所开需要数目超过我方应供数量甚多,自不宜以此为准。至矿产品应占偿还借款半数或三分之二,敬乞裁示。

(二)供应方法

粤南事变发生以后,各项矿产均须绕道经由广州湾或海防出口,途远费增,且以往用火车运输者,现则改用卡车或帆船装运,运输能力相去倍蓰,故事变迄今,已经运抵出口地点矿产数量为数寥寥,此实当前大问题。如运输不能畅通,生产势将停滞,供给亦难继续,钨锑两项已由资源委员会自购卡车尽速赶运,尽先供给,每月二百吨至三百吨之数,如能由西南运输处拨车协运,当可如数供给。

锡系滇桂二省所产,桂锡已确定由资源委员会收购,惟亦因改道关系,运输十分困难,且每月产量有限,即充分供给,亦不敷用。查滇省产锡较桂省为多,且原系海防出口,粤南事变所加诸其他各项矿产运输上之困难并无影响,如能大量供给,自较便利,且目前钨砂内地运输日加困难,故购锡关系亦日益加重,而滇省出锡最多,尤为重要,惟滇锡现由该省统制,政府无法收购,虽叠经磋商,卒无效果,借款还债,信用攸关,且苏方屡次声言,需锡最亟,如何再与滇省洽办之处,并乞核示,以便遵办,并转达苏方。再以上所开矿产美金价值均系约数，将来结帐时自须另行核计，并此陈明。肃此。敬请钧安。

职翁文灏谨上
一月二十一日
〔国民政府经济部档案〕

5．国民政府公布中苏通商条约

（1939年9月16日）

中苏通商条约

中华民国、苏维埃社会主义共和国联邦为巩固并发展两国睦谊及彼此商务关系，决定依平等相互暨互尊主权之原则，订立通商条约。为此简派全权代表如左：

中华民国国民政府主席特派全权特使孙科

苏维埃社会主义共和国联邦最高会议主席团特派人民对外贸易部部长米科扬

两全权代表将所奉全权证书，互相校阅，均属妥善，议定各条如左：

第一条　此缔约国所出之天产及制造之货物，输入彼缔约国国境时，关于一切关税及一切通过海关之手续，彼缔约国不得令其享受异于或较劣于来自及运入自任何第三国同样之货物现在或将来所享受之待遇。

同样，此缔约国出产并输出之天产及制造之货物，其目的地为彼缔约国国境，关于一切关税及一切通过海关之手续，此缔约国不得令其享受异于或较劣于输出于任何第三国同样之货物现在或将来所享受之待遇。

因此，本来所规定之现在或将来任何第三国所享受之最惠待遇，得特别适用于下列各项：

甲、关于关税或附加关税及其他任何入口及出口之税捐；

乙、关于征收上列关税、附加关税及其他税捐之方式、

丙、关于通关手续；

丁、关于使用海关货仓以存放货物，及关于货物到达存积或运出于海关货仓及其他公用货仓之章程；

戊、关于检验及分析货物之方法，关于准许货物之输入，或关于实施依货物之成分清洁及卫生品质等而完纳关税之便利；

已、关于关税之分类及现行税率之解释。

第二条　此缔约国对于彼缔约国天产或制造之货物输入于其国境时，不得设立不适用于来自任何第三国同样货物之任何禁令或限制。

此缔约国对于其天产或制造之货物，向彼缔约国国境输出时，亦不得设立不适用于向任何第三国输出之同样货物之任何禁令或限制。

但凡关系国家安全、社会安宁，维持公共卫生，保护动植物，保存美术上，古物学上及历史上有价值之物品，保护国家专利，或在国家监督下专利之实业，及统制关于白金黄金白银及由该金属作成之货币，及其他物品之贸易，两缔约国各保留随时设立关于输出及输入之禁令或制之权。惟此种禁令或限制，以对于在同样情形下之任何第三国，一律适用者为限。

同样，此缔约国对于彼缔约国之天产及制造之货物，输入于其国境，或其天产及制造之货物输出于彼缔约国境，得设立关于两国现在或将来因共同履行国际义务必要之禁令或限制。

第三条　彼缔约国货物输入于此缔约国国境，或此缔约国之货物，其输出之目的地，为彼缔约国国境，均应经过该国设有关卡之商埠或地方。倘有违反此项规定者，应认为私运，并应照该国之法律及规章处理之。

第四条　彼缔约国输入此缔约国之货物所缴纳之关于某种货

物之出产、制造、出卖、使用之一切地方税捐,此项税捐之征收,无论用何名义,此缔约国应给予适用于其本国同样货物现在或将来所享受之待遇,或现在或将来所给予任何第三国同样货物之最惠待遇,若此种最惠待遇对于彼缔约国较为有利。

第五条 凡依照中国法律及规章认为中国之船舶,同样,凡依照苏维埃社会主义共和国联邦法律及规章认为苏维埃社会主义共和国联邦之船舶,则依照本条约之实施,应分别认为中华民国或苏维埃社会主义共和国联邦之船舶。

第六条 此缔约国船舶进入彼缔约国领水时,应严禁其悬挂本国以外之任何国旗,以顶冒国籍。违反此项规定者,彼缔约国政府得将该船及其所载之货物没收之。

第七条 此缔约国应给予在其商港及其领水之彼缔约国船舶现在或将来给予任何第三国船舶之待遇。

此种待遇应特别实施于关于在其商港或领水内驶入、停泊、驶出,充分利用各种航行之设备及便利之条件;关于船舶、货物、旅客及旅客行李之贸易行为;关于指定在码头装卸货物之地位及各种便利;关于缴纳各种以政府名义,或以其他团体名义所征收之一切费用及税捐。

第八条 凡悬有此缔约国国旗之船舶,进入彼缔约国商港,其目的为装载货物,或卸下原载货物之一部份者,如该船运载货物,再往该国他埠或他国时,则其原装未卸部份之货物,得按照所在国法律规章,除缴纳检验费外,不得令付任何税捐或费用,且此项检验费,不得高于任何第三国船舶在同样情形之下所缴纳者。

第九条 此缔约国船舶,在彼缔约国沿海地方,遇有触礁,遭风、搁浅,或其他类似之紧急情事,得自由暂时驶入彼缔约国最近之碇泊所,港口或海湾,以便避护修理,当地官厅应即通知该遇难船舶所属国之附近领事馆,并依照国际惯例,予以必须之助力。此项船舶,应准修理损坏,并购备必需粮食,其后应即时继续航程，得免纳入口税或港口捐。至关于救济费用，则应按照执行救济事务国之法律办理之。

倘此项船舶，不得已必须卸售所载货物时，则应依照所在国法律规章完纳入口税及一切捐税。

第十条 此缔约国之人民，经济机关及船舶，不得经营彼缔约国之内河及沿海航行。

两缔约国人民及经济机关，得照两国政府所同意制定之规章，在两国共有之河流、湖泊暨公水内，有行船及捕鱼之权。

第十一条 依照苏维埃社会主义共和国联邦之法律，对外贸易，为政府专营之事业，此系苏联宪法所规定社会主义制度之根本原则之一。苏维埃社会主义共和国联邦政府得在中华民国设立商务代表处，为苏联大使馆之一部份，其法律地位，在本条约附件内另定之。该附件视为本条约之一部份。

第十二条 中华民国商人、企业家、人民或中华民国法律所承认之法人，在苏维埃社会主义共和国联邦国境内，依照苏联国政府之法律，经营经济事业，关于其身体财产，得享受不得异于任何第三国人民或法人分别所享受之待遇。

凡享受法人权利之苏维埃社会主义共和国联邦之经济机关及其他依照苏维埃社会主义共和国联邦法律享受公权之法人，并苏维埃社会主义共和国联邦之公民，在中华民国国境内，按照中华民国法律，经营经济事业，关于其身体财产，得享受不异于任何第三国人民或法人分别所享受之待遇。

凡依照此缔约国法律，规章所组织之商业公司、合作社及享受法人权利之政府经济机关，得依照彼缔约国法律规章，在彼约国国境内设立分处，并经营经济事业。

此缔约国之人民或法人，有在彼缔约国法院内，由其本人或其代表，行使或防卫其权利之权，并得向所在国法院自由声诉。

关于此项事件，此缔约国之人民或法人，除彼缔约国之现行或将来实行之法律规章外,不受其他任何限制;并无论如何,得享受适用于任何第三国人民或法人分别所享受之待遇。

第十三条 本约以中文,俄文,英文三国文字合缮两份,如遇解释本约发生意见互异时,以英文文字为有效。

关于本约之解释,或实行发生意见互异时,两缔约国同意将该问题提交调解委员会。该调解委员会应在相当时期内,将其建议陈送于两缔约国。该调解委员会以委员六人组成之,两缔约国政府各派三人。

第十四条 本约应由两缔约国按照各本国法律之规定,在最短期间内批准。批准文件,应在重庆互换。

第十五条 本约应于互换批准书之日,即时生效。

本约有效期间为三年。在该三年期限届满三个月之前,缔约国任何一方,得通知对方国不愿将本约展限之意。倘缔约国任何一方,未曾按时通知对方国,则此约认为自限期届满后,自动展限一年。再该一年限期届满三个月之前,缔约国任何一方,未曾通知对方国不愿将本约再行展限之意,则此约仍继续有效一年。此后依此类推。

为此,两国全权代表,将本约署名盖章,以昭信守。

中华民国二十八年六月十六日
西历一九三九年六月十六日 订于莫斯科

孙 科(印)

米科扬(印)

中苏两国一九三九年六月十六日所签订通商条约之附件

关于苏维埃社会主义共和国联邦驻中华民国商务代表处之法律地位。

第一节

苏联国驻中国之商务代表处,应执行下列职务:

甲、便利中苏两国经济关系之发展;

乙、代表苏联国对外贸易之一切利益；

丙、代表苏联国调整中苏两国间之贸易；

丁、办理中苏两国间之贸易。

苏联国驻中国之商务代表处系执行苏联国专营对外贸易之机关，为苏联国驻中国大使馆之一部份。该商务代表处，设立在中国政府所在地。

苏联国商务代表及其副代表二人，应认为苏联国大使馆职员之一部份，并得享受外交人员所享受一切权利与优遇。苏联国驻中国之商务代表处，□在天津、上海、汉口、广州、兰州设立分处。

关于商务代表处新分处之设立，应由该商务代表处，与中国主管机关商议决定之。

苏联国商务代表处及其分处之办事处，均享受外交上之豁免。

苏联国商务代表处及其分处，有用密电码之权。

商务代表处及其分处之职员凡属苏维埃社会主义共和国联邦之公民，得免纳中央及地方之一切税捐，并免除一切个人服役及捐款。

苏联国驻中国商务代表处及其分处之全部职员，与商务代表处因职务关系而发生之问题，不受中国法院之法律裁判。苏联国驻中国商务代表处，得免守商业登记规划；其有代表该商务代表处之全权人员之姓名及其职权，应在中国政府公报上公布之。

第二节

苏联国驻中国商务代表处代表苏联国政府执行对外贸易之事务。苏联国政府对于商务代表处全权代表将来所签订或保证之一切商业契约，负完全责任。

商务代表处所订定或保证之商业契约，必须有其职员之合法签字，始能有效。该项职员必须为苏联政府或其人民对外贸易部为该项事件而委定之全权代表，且其姓名与职权，均须依照本附件第一节之规定公布之。

凡由苏联国驻中国商务代表处在中国领土内所签订或保证之一切商业契约，均受中国法律及中国法院之管辖。但若中国法律或各别契约有特别规定者，当作别论。

因本节第一段内规定苏联国政府对苏联国驻中国商务代表处在中国境内所签订或保证之契约，负有责任，如该商务代表处被控，所有关于保证行动及保证费用之预备处置之规则，不得适用，并在法院及行政官厅之最后判决之先，不得为预先之执行。

凡依照本节第二段之规定，由商务代表处所签订或保证之商业契约发生诉讼时，须俟法院最后判决生效时，方可对苏联国驻中国商务代表处实施强制执行。

上称之最后判决执行时，仅限于商务代表处之财产及权益。

惟上段所规定之法院判决之强制执行，不能实施于国际法公认为治外法权之物品，以及苏联国驻中国商务代表处因执行职务所必须之物品。

第三节

凡依苏联国法律有独立法人权利之任何国营经济机关所签订之商业契约，未经苏联国商务代表处保证者，仅由该机关负责；执行判决时，亦仅限于该机关之财产。苏联国政府及其驻中国之商务代表处与其他经济机关，对于此项契约，均不负责任。

此项经济机关在中国所签订之商业契约，均须服从中国法律及中国法院之裁判。但若中国法律或各别契约有特别规定者，当作别论。

孙　科

米科扬

换文甲

中国全权代表照会

迳启者：本代表兹特声明：本日所签订之中华民国与苏维埃社会主义共和国联邦通商条约第一条第二条第四条第七条第八条第十二条中所用之"任何第三国"字样，其关于中华民国方面，应了解为指自一九二八年以来，曾与中国以平等为原则，缔结条约之国家。本代表应请贵代表证实上项了解为荷。本代表顺向贵代表表示敬意。

西历一千九百三十九年六月十六日

孙科

换文乙

苏联全权代表复照

迳启者：接准贵代表本日照会内开：本代表兹特声明：本日所签订之中华民国与苏维埃社会主义共和国联邦通商条约第一条第二条第四条第七条第八条第十二条中所用之"任何第三国"字样，其关于中华民国方面，应了解为自1928年以来，曾与中国以平等为原则，缔结条约之国家等由。本代表兹特声明，上项了解正确无误。

本代表顺向贵代表表示敬意

西历一千九百三十九年六月十六日

米科扬
〔国民政府外交部档案〕

6. 杨杰关于与苏方会商借款易货及运输等情况密电稿

（1939年7月—8月）

（1）电稿之一（7月11日）

重庆。委员长蒋：鱼、阳两电奉悉。△密。（一）谨当遵照克日乘机回国，除赶将孔院长交下驻华苏代办备忘录与我财政部所拟关于第一、第二两次借款还本起息暨抵付货物种类、成数以及去年十月卅一日以前我方所交农矿产计抵争执各点，连日继续与苏国防、贸易两部交涉外，昨复晋谒伏帅，催询军械并望在奉命回国前得一确切起运数量。比答：苏联助华，始终一贯，过去如此，将来亦如此，所有第一、二、三等次借款，不必严予划分界限，目前决定运华武器已超过第二次借款数额。以后，能力所及，随时均可办理。不过，苏联敌人过多，东西两方皆须兼顾，尤以伪蒙边境，日在不宣而战之状态中，扩大可虑，苏联不能不积极备战，故助华程度只能以无伤国防为限。嗣后，殷殷咨询奉召原因及其他数事。职以二年来深承助我抗战，公私两面，俱应竭诚。除直告外，谨将伏帅意见胪陈于下。（甲）中法协定，依兵力比较，虽有不平等之感，然中国在艰苦奋斗中能得一强国为与国，功用亟大，且英、法有共同利害，此约成立，英自随之。（乙）阿鲁福为一冒险企业家，余所深知。为求最后胜利，总以多得外援、准备反攻为得计，目前欧洲各国重兵器固难让售，但轻兵器尽可尽量搜罗，现既无需担保，正可利用，多积军火，以备反攻之用。（丙）第一、第二两次借款抵付问题（即孔院长交办者）总以减轻中国负担、便利偿还为原则，余所拟契约四份，已与贵大使会商多次，内列订货金额及起息，均以最后到华日期行市及动用部分计算，即本此意，务望在返国前再行会商二、三次，俾克全盘解决，以昨日后办事之准则，免致再有龃龉。等语。（二）阿氏提供各货，职奉六月梗电核准，始敢积极进行，刻已准备完竣，并派现在法陆大毕业学员张少杰前往检验，预计包装尚需三、四星期，一俟职到法签给收据后，即可起运，除卸货地点请先指示外，并拟请就便派其押运。似此，职返国行程因与苏尚有二、三次之商讨及到法与阿氏签给信据之必要，不能不略有推移，务恳稍予宽限，俾得完成任务，绝不敢故事迟滞，致增郅戾。至归程航线，拟即由法起飞，藉免往返，可否，统乞示遵。（三）苏联国势日强，观英、法一再就商，实有举足轻重欧局之势，依现状观测，若英、法、苏防守同盟成功，则我正可利用此机，促进中、苏、英、法之共同行动，或苏伪、蒙伪间军事冲突扩大时，我可仿照中法军协办法商讨一共同协定，似应随时有大员留苏待机进商之必要。职遵命即返国，拟恳电哲公返英主持，当否，乞鉴核。职杨〇叩。真。

（2）电稿之二（8月10日）

重庆。委员长蒋、院长孔：△密。前奉交第一、第二两次借款还本起息暨抵付货物种类、成数意见一案，经与苏国防、贸易两部会商多次，谨将结果陈报于次并乞核示：（甲）一借款起息：已同意仍按动用部分计算。二、在一九三八年十月以前我方交付货物，约共美金六百三十万元左右，请移作一九四〇至一九四一年应偿付之货物，以免打破苏方之运输计划，并允照年息三厘算还应得之利息。三、偿付货物：可按照条约附单开列各货，以农、矿产各半支付，惟希望矿产部分不比去年减少，并不专要钨、锡。万一矿产缺乏时，亦可多交农产品如茶叶、羊毛、羊皮等，皆所欢迎，并已令驻渝商务代表知照。四、茶叶在兰州交货，亦表赞同，并可按伦敦市价计算，但由香港至伦敦转列宁格勒之运费，较由兰州至霍尔果斯相差太大，仍有异议，刻正由苏方计算、比较（由兰至霍），四、五日内即可答复。五、前四次交我之货，每次应补签一契约以为利息计算之准则，数日内与职正式签订。（乙）苏方建议：一、甘肃兰州、西安区域内每年有羊、驼毛一千二百万公斤，一九三七至一九三八年积货尚多，目下流为走私，甚为可惜，若中政府组织机关统一收集、完全运苏，则于中苏有利甚大。二、由兰至霍之运输路线，望中政府责令甘、新两省负责组织完善运输机关与苏合作，则一切困难不难解决,刻已令熟悉路情者草拟运输组织计划(即何处地带需用何项工具?如:用马车与驼驮地带、汽车地带、木材汽车地带等)备我参考。职杨○叩。灰。

(3)电稿之三(8月11日)

重庆。委员长蒋:佳电奉悉。△密。谨当即日遵令起程:(甲)惟贸易部米部长以运船到达在即,且系初次办理,情形不熟,关于装载、运输以及途次各种技术事项,坚请十一、十五两日再行会商,俾期稳妥周密。又:孔院长交办之第一、第二两次借款还本起息暨抵付货物种类、成数与改变兰州交货等事,为一年来悬案,幸已次第解决(已于灰详陈),所订动用款额算息之契约四份,苏方亦预约于廿日与职正式签字,以昨日后办理准则,免致再有龃龉,职以事关重大,不能不经手完成,谨于廿一日由莫转阿经新、甘飞渝候训。(乙)运船廿日到达后,据米部长称,雇主系中国,须职或派代表与船签字,船既奉命返国,应如何办理之处,乞示遵。(丙)武官王丕承电称阿氏提供各货除飞机廿六架、预备器材五组,已于昨在荷验毕、开始包装,文日赴比点验飞机、枪炮,删日转波验收机关枪、步枪,等语。谨呈。职杨○叩。真。

〔杨杰个人档案〕

7.蒋介石责成各部会专人办理对苏贸易与交涉手令

(1940年8月23日)

对俄货贸易与交涉应专责成一个机关及一个人负责办理,其余机关与人员非经本委员长指定不得任意擅自交涉,此事准由何总长负责主持办理,其他财政、经济、交通、航空等各部会指定一人,日常受何总长指挥,办理对俄贸易事宜可也。

魏秘书长转各部会长

中正
八月二十三日

〔国民政府行政院档案〕

8. 中苏关于易货问题谈话记录

(1942年5月22日)

总长与苏联代表巴古林商谈易货在兰交接问题

时间：五月二十二日下午三时

地点：军委会总长会客室

在座：苏联代表之随员（通华语）一人

翻译：卜道明　　记录：龚学遂

巴古林：今日来见总长，拟商谈中苏易货在兰交接事。

西北现有物资需运往苏联，而苏联亦有汽油千余吨需运至兰州，交与资委会。

计运苏生丝及矿产品共二千余吨，需要运输卡车数十辆，此事已向关系方面初步接洽，惟苏联卡车经新疆至兰州，须请中央及甘肃省政府许可，拟请总长核定。

总长：苏联卡车拟自何处开至何处。

巴古林：过去易货系以猩猩峡为交接地点，嗣因贵方运输困难，拟改往兰州交接，可否命令运输机关及地方当局，给以沿途重要车站卸存油料及司机等食宿之便。

总长：此事以前不知，昨闻贵代表来谈运输问题，乃查得地方当局鉴于过去苏方运输人员在兰州等地因些小事情引起误会，致伤友谊。经电询地方当局，过去曾发现何种麻烦，据复：苏联卡车不受我方检查，而我国公商卡车早有检查制度，倘特别放行苏联卡车，自易引起误会，且我方检查不过查明车上带有何人乘坐，行装物资究为何物，但苏方常以保持行车安全及保守秘密两理由拒绝我方检查人员接近，此外常有随意设立无线电台之举。查在我境设立无线电台，须经中央政府许可，对于波长亦应规定，俾免扰乱其他无线电台之通讯。此即地方当局所顾虑者。就个人意见（尚未曾向政府商谈）此事关系中苏双方利益，最好在和谐中商定。我想办法不外两种：其一，系在猩猩峡交货手续甚为简单，如果顾虑双方便利，改在兰州交货，我们应该详细商定办法，以免地方政府感觉麻烦，兹就在兰州交货临时想起贵我两方应办事项摘述如次：

甲、我方应办事项

1。我方在兰州、肃州、凉州、甘州及安西等五站，代苏方准备存放汽油地点及司机等人员食宿处所，全由我方管理。因该五站早由我国设有站场及招待所，毋须苏方派人筹设，所需食宿费用由苏方照付。

2。苏方车辆由猩驶兰时各站由西北公路运输局派员照料及协助。

乙、苏方应办事项即中国希望事项：

1。苏方来程车辆（约三千吨运力）在甘州、肃州、凉州等地卸去自用油料后，若有空余吨位，应代运我方物资至兰州。

2。苏方来程车辆除装运自用油料（约一千吨）外，其余二千吨拟分别装运资委会汽油一千二百吨、滑油一百吨及本局前购苏联卡车所需配件、五金材料及汽油等项约七百吨，务使勿开空车至兰。

3。苏方先将带入我国之汽油空桶售给我方。

4。苏方车辆行驶兰猩线，应受我方检查所站照一般公商汽车检查办法检查之，并照向例缴纳养路费。

5。苏方车辆行驶兰猩线不准搭带旅客，并不得设立无线电台。

6. 本办法自三十一年六月起至同年十月十一日止为有效期间。

上述办法如果苏方同意，拟再电地方当局洽商，总之地方当局对于苏车应与我国公商车辆同受检查，及司机食宿不得由苏方派人筹办，应由路局代办两点特别注意。倘能与地方政府洽妥，亦仅限于此批三千吨货物之交换而已，嗣后如有继续易货必要时，另行商洽。

巴固林：关于检查问题，过去因是运输中国政府军品曾奉苏联中央政府命令，非运至终点不许开箱，故未受检查，但此次所运入者为汽油及其他材料，而运出者为农矿产品，自可照例检查。

苏联卡车当然不得带客，但经中国政府许可者例外，养路费增加货价，拟请免收，司机食宿等费自应照付，开始运输日期由贵方核定，苏方于下月初即可开始。

附注：本件共油印十二份编为一至十二号

第一号送　对外贸易委员会
第二号送　行政院秘书处
第三号送　经济部
第四号送　资源委员会
第五号送　军委会办公厅
第六号送　军政部
第七号送　军令部
第八号送　本局监察处
第九号送　西北公路局局长何竞武
第十、十一、十二号　存卷

〔国民政府行政院档案〕

9. 傅秉常关于苏方要求签订中苏贸易合同致蒋介石电存

（1944年1月14日）

今据苏对外贸易部SLADKOVSKY称：本年度中苏贸易合同迄未签订，援往年惯例，先由华方提出货物种类、数量，然后磋商价格。而本年度至今尚无所闻，殊属难解，希望能迅速签订。又谓上年所订二千四百多吨油料，苏方过去曾按期运华，此后亦当交付。伊宁教导队所需油料，据本年一月一日消息，该队尚存汽油精二吨、滑油二十四吨，足够现时之用。至飞机汽油当设法运交云。奉批"抄交何总长用主任研究"。原件送第二组办。

〔军事委员会委员长侍从室档案〕

（四）中苏文化交流

1. 邵力子等关于商讨征集艺术品运苏展览事宜函电

（1939年5月）

（1）邵力子致政治部函（5月20日）

迳启者：苏联政府艺术部，定于本年九月在莫斯科举行中国艺术品展览会，藉事宣传我国文化。兹为商讨征集各种运苏展览艺术作品起见，谨定于五月二十三日（星期二）下午八时，在通远门领事巷十号，略备茶点，敬请贵部推派代表，莅临赐教，共商进行；倘因特殊事故不能出席时，即请示复，并恳将所有作品，于六月十五日以前，送交观音岩义林医院中苏文化协会收，以便先行在渝举行预展，再行汇转莫斯科为荷！此上
政治部
　　附孙院长来电一件

中国艺术品运苏展览征集委员会主任委员邵力子

　　　　　　　　委　　员叶楚伧
陈立夫　张道藩　郭沫若
曾虚白　黄仁霖　王昆仑
张西曼　张　冲　沈逸千
　　　　　　　　五、二十

（2）孙科致邵力子电

孙院长来电

重庆立法院转邵力子兄：苏联政府艺术部为宣扬中国文化，定本年九月在莫斯科开中国艺术展览会，已搜集我国艺术品千五

百余件。另请我方搜集我国近代及古代艺术品若干。关于古代作品，已电请孔院长办理。关于近代作品：一、写生画；二、抗战宣传标语画及各种艺术品；三、近代雕刻；四、版画、插画，附漫插画之著作及报纸；五、民间通俗画；六、刺绣、纺织品、磁器、雕刻、景泰蓝等，均请兄负责，商请政治部、中宣部、教育部、重庆市党部、新生活运动促进会及关系艺术团体或个人，会同筹备搜集。至迟于本年七月间航运来莫。其可赠与及必须归还者，均须分别标明。运费由苏联负担。并希电复。拜。

〔国民政府军事委员会政治部档案〕

2．国民党中央宣传部关于解禁《斯大林言论选集》与军委会政治部往来函令稿

（1939年8月）

（1）国民党中宣部函稿（8月4日）

中国国民党中央执行委员会宣传部公函　渝美宣字第6568号

查中国出版社斯大林著之《斯大林言论选集》，奉谕应予解禁。除分行外，相应函达，即希查照，密转所属遵照为荷。此致军事委员会政治部

部长　叶楚伧

中华民国廿八年八月四日发出

（2）军委会政治部密令稿（8月11日）

国民政府军事委员会密令稿

中国出版社斯大林著之《斯大林言论选集》，奉谕应予解禁，仰遵照并密饬所属一体遵照。说明：准中央宣传部渝美宣字第六五六八号公函同前由。

部长　陈

〔国民政府军事委员会政治部档案〕

3. 黄理双等关于办理中苏邮件交换与恢复吉木乃局呈电

（1940年2月—1945年6月）

（1）黄理双呈（1940年2月16日）

案准督署办公厅暨省府秘书处二十八年十二月二十九日会衔公函内开："顷奉督办主席谕：查阿山与苏联往返邮递信件，以前均由巴克图卡通达，往返需时，因之消息迟滞。兹为便利邮寄信件起见，即自一九四〇年一月一日开始，所有由苏方寄阿之邮件，均经由苏方买阔布尺诺卡（译音），至由我方寄往苏联之邮件，则一律经由吉木乃通过。除电阿山行政长转知阿山邮局照办外，应由该厅等函达查照办理，等因。奉此。相应函达贵局查照办理，并希见复为荷。"等因。准此。查吉木乃地方原设中苏邮件交换局一所，嗣因交换邮件稀少，当时无设局之必要，故于二十六年一月十五日起改为代办。现在各交换局邮件激增，友方寄阿山区（承化、布尔津等处）邮件，既以取直巴克图塔城转递为迟滞，自应恢复吉木乃邮局。当于去年十二月三十一日卅电饬知承化局与阿山行政长及友方接洽，并经令知筹备恢复交换局去后，本年二月三日据承化等邮局第一一三号呈略称："遵于一月十二日会同阿山刘代行政长前往苏联驻阿山领馆商讨一切，据领事面云，中苏在吉木乃交换邮件，本人极表赞同，但现时未奉到莫斯科之电令以前，一切进行交换日期及手续，未便办理等语。再此案阿山行政公署，亦奉到省府督署电令，职局已请行政长正式函请苏领办理"等情。据此。除俟接洽情形如何，再行续报外，理合将吉木乃交换局筹备恢复情形备文呈报钧局鉴核。谨呈
邮政总局局长
　　　　　　　　　　　署新疆邮政管理局局长黄理双
中华民国二十九年二月十六日

（2）曾养甫电（1944年5月31日）

交通部代电　发文字第九六八〇号

邮政总局览准外交部三十三年五月二十七日西（33）字第三七〇九号代电开：据驻苏联大使馆本年五月二十三日电称："昨据苏外部称：'苏联寄新疆北部邮件运送甚慢，苏联驻承化领事馆邮件亦延搁甚久，其原因之一系因该处并无交换邮件地点，需绕道运送所致。苏联邮电部曾于本年三月电中国邮政总局提议，在吉木乃开办双方邮件交换。嗣据答称：吉木乃邮局业于一九三二年停办，无法在该处交换邮件等语。但苏外部仍甚盼上述提议实现，请中国大使馆早日促成。'云云。应如何答复，请电示。"等情。相应电达贵部，即请查明核办见复，以凭转饬知照等由。合行电仰，迅即查明具报为要。部长曾养甫。世。邮。甲。

（3）邮政总局电（6月3日）

邮政总局密代电：

交通部钧鉴：三十三年五月三十一日第九六八〇号代电奉悉。关于苏联与新疆北部各地来往之邮件拟在新疆吉木乃地方互换一案，本局前准苏邮政本年三月四日来电，当经电据新疆邮政管理局局长沈养义本年三月二十四日第元号密函报称："职以此案关系国防外交，曾与当地政府有关主管面洽，承告以从缓办理为妥"等情。本局以本案既经新省有关主管表示以从缓办理为妥，爰以吉木乃邮局已于一九三七年间停办在吉互换邮件歉难照办等语，婉复苏联邮政。兹奉钧电，除再电饬新疆管理局迅即审慎研究具报外，谨先复请鉴核，邮政总局叩。江。联。渝。

（4）邮政总局电（9月6日）

邮政总局代电

交通部钧鉴：本年九月二日第一五一二九号代电谨悉。关于苏联要求在吉木乃互换邮件一案，前经本局饬据新疆邮政管理局呈复，略以该省承化及布尔津两局近数年来并未接收发寄苏联任何邮件，进口邮件仅系莫斯科出版之报章，数量亦不甚多，纯就邮政业务而论，吉木乃似无开办互换局之必要。等语。按该两地邮件数量□属不多，本案既送经苏联一再请求，为表示中苏合作起见，似可勉予照办。惟查新疆管理局局长沈养义本年三月二十四日第元号密函内曾有"职以此案关于国防外交，曾与当地政府有关主管面洽，承告以从缓办理为妥"一语。此次该局呈内对予此点并未提及，而事关重要，实有彻底明了必要。爰由本局密饬该局，向主管当局探明具报。嗣以未据答复，复经一再电催，旋据来电，仍无确切答复。又由本局电饬该局迅即查明切实电复各在卷。查新疆局迭次来电对于本局所询国防外交有无影响一节答非所问，或因该省情形特殊不便直陈，惟此点颇关重要，似非彻底查明，未便遽予办理。兹奉钧电，除已于本月四日电催该局迅速查报，并由本局继续密切注意外，为期迅赴事机起见，拟请钧部迳电新疆省政府，对于本案内国防外交关系一节表示意见，是否有当，理合复请鉴核训示祗遵。邮政总局叩。鱼。联。渝。

（5）邮政总局致新疆邮资局电（1945年6月2日）

邮政总局代电：

迪化新疆邮政管理局览：关于苏联要求在吉木乃互换邮件案，应由该局随时与新疆省政府接洽，一俟地方情形许可，即予实行，并将吉木乃设局日期电呈，以便转知苏联邮政。业经本局三十三年九月三十日联渝字第五八八／二七六五三号代电饬知在案。现时阿山区邮运情形较前有无改善，可否即在吉木乃设互换局，仰即详加研究，注意办理，并仰于设局之前电呈本局，以便向苏联邮政接洽为要。邮政总局。冬。联。渝。印。

〔国民政府邮政总局档案〕

4. 北平故宫博物院关于赴苏参加中国艺术展览会工作报告书

（1940年6月12日）

一、展览会缘起及展品征集

苏联政府为使其民众了解吾国艺术精神及抗战情绪起见，其人民委员会艺术部，乃发起中国艺术展览会于莫斯科。去年四月间即拨款五十万卢布，由国立东方文化博物馆从事筹备，嗣汇集莫斯科、列宁格勒、伊尔库斯等八处地方十一博物馆藏品一千五百余件。更由苏联对外文化协会商请我国政府征集近代绘画、雕刻艺术手工品、抗战宣传标语、民间通俗画、附有插画之著作及报纸，以及古代铜器、玉器、陶器、石刻与唐代以来绘画等品，以为补充。时立法院孙院长在苏，即与洽商，由孙院长分电行政院孔院长暨中苏文化协会邵副会长分任征集古今作品之责，其古代艺术品向本院及国立中央研究院征集，现代品则分请政治部、中宣部、教育部及关系艺术团体与个人会同筹备搜集。惟古代艺术品因分存各地，开箱提取费时，运输亦感困难，乃择其易运者参加展览，而中央研究院之安阳发掘品，其易于破碎或落皮不宜运输者，则以放大照片代之。

二、本院展品提选

去年五月，吾国既决定参加莫斯科之中国艺术展览会，本院即令驻黔办事处先事准备，拟定出品目录。六月一日及六日行政院召集谈话会，与本院及中央研究院两度商讨参加展览会办法，本院即就驻黔办事处所拟目录加以修改，令照目提取。至二十五日工作告竣，提选展品一百件，计绘画织绣五十件，古玉器四十件，铜器十件，分装两箱，并拟成说明书一册。

三、征集品运送

行政院徇苏联之请,派职等以专家名义赴莫斯科,担任学术工作,即以出国之便,兼办押运文物之事。中央研究院所选铜器、甲骨之属凡四十件,与照片八十幅分装二箱,载以西北公路局卡车。七月十二日自昆明起运,由杨雨生君押运。十四日至安顺,本院文物百件亦装两箱,同车启运,由庄科长尚严押运。十六日抵贵阳,职等已先期在贵阳等候,次日会同押运前来。十九日至重庆,时中苏文化协会征集展品四箱,亦托代运。交通部又令西北公路局驻渝办事处加派卡车一辆。二十六日离渝,二十八日至成都,八月一日经剑阁,四月过双石馆,七日至兰州。甘肃省征集委员会展品二箱,天水行营征集品一箱,陕西省征集品一箱,均请附车起运。自滇至甘,沿途均由各地方当局派武装士兵分段护送,滇境龙主席派卫队负责,黔至行都由九十九师负责,渝蓉段由重庆卫戍总司令部负责,成都至双石铺分为二段,均由四川保安队负责,双石铺至兰州,由陕西省政府派教导队负责,兰州则由第八战区派队保护。途中在桐梓、重庆、绵阳、兰州均遇空袭警报,车皆开出野外,幸免意外。八月十五日由苏联飞机先运一部文物,乃骥随行押运。十六日抵苏境之阿拉木图,展品即存储该城博物馆,其余留兰展品,存储郊外五泉山银行仓库,由振伦守护。九月十六日亦搭机西行,十七日至阿拉木图。二十三日苏联派专机运送,二十四日职等与征集展品抵莫斯科。其时由吾国中苏文化协会转交苏联大使馆之展品大部已到。惟香港上海征集品,至职等离苏时,尚未抵莫斯科也。

四、苏方筹备

苏联国立东方文化博物馆,自奉令筹备中国艺术展览会后,即向各方征求展览品,更撤去馆内所陈列日土伊朗及苏联东方各物品,将全部馆舍修理翻新,又增拓陈列厅,添置各种新式设备,于展品到齐时,复详细审查,设计陈列,继则编印目录。十月又开始训练参观指导员六人，授以中国历史艺术等科目，最初预计会期六月，参观人数六万，及开幕后，休息日常愈千人，原定房屋不敷应用，乃不得不更加扩充馆舍矣。

五、展品开箱

修缮会场，颇费时日，十月中旬始行毕工。二十日国立东方博物馆长赖基太会同职等，将存储莫斯科海关之展品箱件运至博物馆库房。二十一日开始启箱，到场人员除东方博物馆长、秘书、远东部主任、顾问、学术员、库房主任及职等外，又有吾国驻苏联大使馆代表田秘书宝齐、胡随员济邦，苏联人民委员会艺术部、书报检查委员会、对外文化协会、海关等代表。下午三时开始工作，八时始将展品中之古今绘画审查登记完毕，二十二日铜玉杂项等亦先后启开。吾国展品经此长途运输，均属完好，亦幸事也。开箱之时，即将展品逐一点交国立东方文化博物馆，并缮具清册。二十四日该博物馆将清册用打字机造成一式四份，职等详加检讨，其重要展品（故宫中研院）并注以中文。次日由博物馆分送各参与负责人签字，吾国大使馆、苏联海关、国立东方文化博物馆暨职等各存一份，用备查考。

六、苏方藏品鉴定

苏联国立东方文化博物馆，此次征集苏联各地所藏中国艺术作品一千五百余件，其真伪年代有不能确定者，多经其国专家与职等鉴定，东方文化博物馆所举行大规模之审查会凡四次，一为十月二十七日审查书画织绣，一为十月三十一日审查铜瓷等器及现代作品，一为十一月二日审查铜玉陶瓷等器，一为十二月十六日审查杂项。每次由东方文化博物馆主持，均有苏联汉学家绘画织绣建筑等专家参加，艺术部文化协会艺术报主笔亦每次必到。至职等鉴定展品以外之吾国文物，具见第十项，兹不赘述。

七、会场布置及开幕情形

展览会场即在莫斯科欧布克哈街之东方文化博物馆，虽非市中心，而交通甚便，入门处悬中苏两国国旗、总理致苏联共产党书、列宁斯大林雕像及二氏论中国革命及文化名言。又前为吾国英勇抗战巨幅照片。前行即为陈列室，以时代先后为次。（三代起现代止）一月二日下午五时，国立东方文化博物馆举行中国艺术展览会开幕典礼，艺术部邀请苏联当局要人、外交团体、艺术界、博物馆界及民族英雄参加，入场券中印有中苏文字，以竹为封面，内绘有大刀及梅花之图案，以象征中国英勇抗战不屈不挠之精神。下午四时来宾络绎于途，吾大使馆全体职员亦先后莅临。至十时半，来宾已逾三千人，济济一堂，允称盛会，揭幕时艺术部付长萨拉多尼多夫致词，对吾国慨借古物运苏陈列，首致谢忱，继称华画精腻优雅，盼苏联艺术家研究之，并望中苏两大民族加紧艺术文化之沟通，更祝中国抗战胜利。晚八时苏联对外文化协会设茶会招待吾国留苏人士，由苏联艺术界、汉学界、外交界等作陪，到百余人，并有游艺杂剧助兴，跳舞会则至深夜始散。次日中国艺术展览会开始售票，任人参观，入览者三百余人，莫斯科各大报如真理报、消息报、红军报、艺术报、晚报、莫斯科英文周刊，皆以艺展消息刊登显著地位，且多登载中国艺术论文，并用无线电广播全国。于是参观艺展人数与日俱增，会场几至不能容纳。

八、展览会概况

艺展会场楼下六厅，分十一室，陈列中国古今艺术作品。楼上则为民俗陈列室展品，总分日用、装饰、宗教、抗战四类，计有铜玉、陶瓷、书画、织绣、雕漆、牙刻、竹木刻、景泰蓝、玻璃器、服装、首饰、家俱、文具、版刻、印刷品等都一千四百余件（目录编辑在前仅登载一千一百件），其中瓷器五百件，绘画二百五十余件，织绣百余件，展品以此三项为最多。吾国展品古代者一百四十件，现代者一百五十二件，苏联藏品中、绘画有唐周昉贵妃出浴图，宋苏汉臣婴戏图，明仇英上阳宫上林赋、清明上河等图，虽未必尽为真迹，而大为观众所喜，王振鹏群仙高会玉岭图，卷长三十余公尺，绘云贵某督抚生平事迹，苏报章多盛称之。又有管道昇吕纪边景昭宋旭王凫边寿民沈铨盛茂烨邹元斗万均金楷任颐等画，陶瓷中有唐土俑，有宋磁州罐印州瓷灯，其正德窑青花缠枝花卉及黄地绿龙暗花两碗，铜器多后世仿古为之者，有一嘉靖剔红圆盒，亦精致，其出土品有基爱夫发现之石篆，有西北利亚发现之唐铜镜，有柯斯罗夫之采集品，汉代织绣皆蒙古那颜乌拉所出，元代宗教画则黑水城所出者也。有一北魏铜造佛像，其座上刻字云"大将军时□为亡兄弘（？）国公造□像……"，侧刻回文，乃叶尼塞河流域出土者。

艺展开放时间，正午十二时至下午七时，票价一卢布，团体票一人七十五戈比（百戈比为一卢布），大学生每票四十戈比，中学生二十戈比。上午九时至十二时，未成年人可免费入览。目录附插图三十幅，每册售价四卢布，东方文化博物馆现正编辑纪念册，刊行彩色明信片，拟在会场发售，以广流传。延用参观指导员，成年团体须出费二十卢布，未成年者只收十五卢布，参观人数每日平均三四百人，休息日约千二百余人，一月二十二日观者最多，在一千八百人以上，一月二十四日苏联电影厂实摄制艺展电影一百一十六公尺，拟在各地演放，以广流传。团体参观票，本由莫斯科市政厅介绍发售，二月一日旅行社亦可代售入场券。

九、参加人批评

展览会自开幕以来，参观者极为踊跃，二月一日统计入览团体已达二百三十余，七日统计参观人数已逾二万五千，观众之多，实出意外。会场备有参观人意见册，苏联红军、工人、艺术家、学者、英雄、妇女、儿童之到会者多签注意见，积成巨帙，皆赞扬吾国历史之悠久、文化之精进、艺术之美妙，且一致深信吾国抗战必胜，建国必成。黑白画家摩尔氏谓中国画线条绝美，无与伦比。某艺术家则称，中国绘画以毛笔濡墨为之，顷刻可以写出内心之情感，实乃极平民化之艺术。雕刻家莫尼那盛称中国古画传统之超逸手法，苏联老画家格拉巴谓苏联民众对为国家独立而战争之中国人民寄以无限之同情，中国历史久远、文物灿烂、艺术伟大、深感兴趣。苏联人民参观之踊跃，盖非偶然也。

十、留苏所任学术工作

职等赴苏任务侧重学术工作。除鉴定东方文化博物馆征集品，协助编辑艺展目录外，更至国立历史博物馆与吉西了夫博士商讨中国艺术问题，并与之研究叶尼塞河流域去年新出土古物。今年四月苏联学术界开会于莫斯科，讨论编辑中国艺术史大纲问题，拟有纲目，职等签注意见，为之补订。东方文化博物馆恨未谙吾国募拓器物之法，因传授之，更应各界之请，撰中国艺术论文五篇，拟刊诸报端。休息日参观其博物馆图书馆，先后参观者有历史博物馆、普希金美术博物馆、国家艺术陈列馆、瓷器博物馆、苏联艺术博物馆、西方现代艺术博物馆、封建生活博物馆、波克罗斯基教堂博物馆、中央反宗教博物馆、列宁中央博物馆、革命博物馆、红军博物馆、列宁图书馆。去年冬其首都表演亚美利亚民族艺术，艺术部亦赠票往观其艺术展览会，聆其音乐，观其歌剧。今年一月被邀往列宁格勒参观其爱美迭世故宫博物院、列宁大学图书馆、艺术大学郊外两故宫博物馆，均由对外文化协会招待。列宁大学图书馆并藏有永乐大典十一本，另一本藏研究爱美迭世博物院。去年筹备中国艺术展览，规模甚大，陈列厅二十一所。八月一日开幕，以柯斯罗夫大尉及欧尔登堡博士在吾国蒙古、宁夏、甘肃、新疆、西康之采集品为最有价值，又有汉代漆器、织绣、唐宋卷子、塑像、壁画、西夏版刻、书箱、元代陶瓷等，柯氏采集品以其人已死，其物品发现地点不明，因而不能定其年代者。职亦就所见告之，作为参考。今年二月二十八日更访问苏联博物馆界人士，对于博物馆之设备及改造与古物之发掘等问题，逐一商谈，颇有可资我方借镜者。

十一、返国经过

艺展会本定六月闭幕，旋以各地民众函电请求展期。（远如北极、南俄均有此项请函）故公展期限决定延长，将来结束后，或至列宁格勒基爱夫等名城展览。行政院初拟留苏一人照料文物，后以为期过久，始准职等一同返国。因托吾国驻苏大使馆照料之，保护方法亦与东方文化博物馆再度研究，绘画陈列过久，恐有损坏，因教以舒卷方法，并请其以玻璃罩画上，以资保护。所幸该博物馆备有湿度表、温度表，可以随时调节室内湿度温度，而灯光设备尚好，窗帘布幔，可阻风尘及阳光侵入，或不致损坏也。归计决定后，苏联对外文化协会于钱行时，赠本院中国艺术展览会影片一百十六公尺，并嘱携带赠送吾国之农工展览品及书箱等四大箱，至渝公展。职等于二月二十九日由莫斯科搭火车，三月五日至阿拉木图，十一日乘苏联飞机至迪化。十二日由原机至哈密，十四日乘欧亚公司航机启程，当日即抵兰州，四月四日由兰搭西北公路运输局卡车，十日至广元，改乘军委会运输总司令部回空车，十六日至成都，一度换车，于二十六日始抵重庆。此行任务，遂告一段落。

〔国民政府行政院档案〕

（五）签订中苏友好同盟条约等

1. 国民政府公布中苏友好同盟条约及换文照会①

（1945年8月14日）

中华民国、苏维埃社会主义共和国联邦友好同盟条约

中华民国国民政府主席、苏维埃社会主义共和国联邦最高苏维埃主席团愿以同盟及战后善邻合作加强苏联与中国素有之友好关系，又决于此次世界大战抵抗联合国敌人侵略之斗争中。彼此互助，及在共同对日作战中彼此合作，以迄日本无条件投降为止。又为两国及一切爱好和平国家人民之利益，对于维持和平与安全之目的，表示其坚定不移之合作志愿。并根据一九四二年一月一日联合国共同宣言、一九四三年十月三十日在莫斯科签字之四国宣言及联合国国际组织宪章所宣布之原则决定，签订本条约，各派全权代表如左：

中华民国国民政府主席特派外交部部长王世杰

苏维埃社会主义共和国联邦最高苏维埃主席团特派苏维埃社会主义共和国联邦外交人民委员部部长莫洛托夫

两全权代表业经互相校阅全权证书，认为妥善，约定条款如左：

第一条 缔约国担任协同其他联合国对日本作战直至获得最后胜利为止，缔约国担任在此次战争中彼此互给一切必要之军事及其他援助与支持。

第二条 缔约国担任不与日本单独谈判，非经彼此同意不与现在日本政府或在日本成立而未明白放弃一切侵略企图之任何其

---

① 原文摘自国民政府外交部白皮书。

他政府，或政权缔结停战协定或和约。

第三条　缔约国担任在对日本作战终止以后，共同采取其力所能及之一切措施，使日本无再事侵略及破坏和平之可能。

缔约国一方如被日本攻击不得已而与之发生战争时，缔约国他方应立即尽其能力给予该作战之缔约国一切军事及其他之援助与支持。本条约一直有效，以迄联合国组织经缔约国双方之请求，对日本之再事侵略担负防止责任时为止。

第四条　缔约国之一方担任不缔结反对对方之任何同盟，并不参加反对对方之任何集团。

第五条　缔约国顾及彼此之安全及经济发展之利益，同意在和平再建以后，依照彼此尊重主权及领土完整与不干涉对方内政之原则下，共同密切友好合作。

第六条　缔约国为便利及加速两国之复兴及对世界繁荣有所贡献起见，同意在战后彼此给予一切可能之经济援助。

第七条　缔约国为联合国组织会员之权利及义务，不得因本条约内所有各事项之解释而受影响。

第八条　本条约应于最短可能时间批准批准书，应尽速在重庆互换。

本条约于批准后立即生效，有效期间为三十年，倘缔约国任何一方不于期满前一年通知，愿予废止。则本条约无限期继续生效，缔约国任何一方得于一年前通知对方，终止本条约之效力。

为此两国全权代表将本条约署名盖章，以昭信守。

中华民国三十四年八月十四日即一九四五年八月十四日订于莫斯科，中文、俄文各缮两份，中文、俄文有同等效力。

中华民国国民政府主席全权代表
王世杰（签名）
苏维埃社会主义共和国联邦最高苏维埃主席团全权代表
莫洛托夫（签名）

换文(一)

(甲)苏联外交人民委员部莫洛托夫部长致中华民国国民政府外交部王部长照会

部长阁下：

查中苏友好同盟条约业于本日签订，本部长兹特申明两缔约国间之谅解如左：

一、依据上述条约之精神，并为实现其宗旨与目的起见，苏联政府同意予中国以道义上与军需品及其他物资之援助，此项援助当完全供给中国中央政府即国民政府。

二、关于大连与旅顺口海港及共同经营中国长春铁路，在会商过程中，苏联政府以东三省为中国一部分，对中国在东三省之充分主权重申尊重，并对其领土与行政之完整重申承认。

三、关于新疆最近事变，苏联政府重申，如同盟友好条约第五条所云，无干涉中国内政之意。

关于上列各项所述之谅解，倘荷贵部长函复证实本照会与贵部长复照，即成为上述友好同盟条约之一部分。本部长顺向贵部长表示崇高之敬意。

此照

中华民国国民政府外交部王部长世杰
中华民国三十四年八月十四日
西历一九四五年八月十四日

莫洛托夫(签名)

(乙)中华民国国民政府外交部王部长复苏联外交人民委员部莫洛托夫部长照会

部长阁下：

接准贵部长本日照会内开：查中苏友好同盟条约业于本日签订，本部长兹特申明两缔约国间之谅解如左：

一、依据上述条约之精神,并为实现其宗旨与目的起见,苏联政府同意予中国以道义上与军需品及其他物资之援助,此项援助当完全供给中国中央政府即国民政府。

二、关于大连与旅顺口海港及共同经营中国长春铁路,在会商过程中,苏联政府以东三省为中国之一部分,对中国在东三省之充分主权重申尊重,并对其领土与行政之完整重申承认。

三、关于新疆最近事变,苏联政府重申,如同盟友好条约第五条所云,无干涉中国内政之意。

关于上列各项所述之谅解,倘荷贵部长函复,证实本照会与贵部长复照即成为上述友好条约之一部份等由。本部长兹特声明,上项谅解正确无误。本部长顺向贵部长表示崇高之敬意,此照
苏联外交人民委员部莫洛托夫部长
中华民国三十四年八月十四日
西历一九四五年八月十四日

王世杰(签名)

换文(二)

(甲)中华民国国民政府外交部王部长致苏联外交人民委员部莫洛托夫部长照会
部长阁下:

兹因外蒙古人民一再表示其独立之愿望,中国政府声明于日本战败后,如外蒙古之公民投票证实此项愿望,中国政府当承认外蒙古之独立,立即以其现在之边界为边界。

上开之声明于民国三十四年八月十四日签订之中苏友好同盟条约批准后,发生拘束力。本部长顺向贵部长表示崇高之敬意。此照
苏联外交人民委员部莫洛托夫部长
中华民国三十四年八月十四日

西历一九四五年八月十四日

王世杰（签名）

（乙）苏联外交人民委员部莫洛托夫部长复中华民国国民政府外交部王部长照会

部长阁下：

接准阁下照会内开：兹因外蒙古人民一再表示其独立之愿望，中国政府声明于日本战败后，如外蒙古之公民投票证实此项愿望，中国政府当承认外蒙古之独立，即以其现在之边界为边界。

上开之声明于民国三十四年八月十四日签订之中苏友好同盟条约批准后发生拘束力。

苏联政府对中华民国政府上项照会业经奉悉，表示满意。兹并声明苏联政府将尊重蒙古人民共和国（外蒙）之政治独立与领土完整。本部长顺向贵部长表示崇高之敬意。此照

中华民国国民政府外交部王部长世杰

中华民国三十四年八月十四日

西历一九四五年八月十四日

莫洛托夫（签名）

〔国民政府交通部档案〕

2. 国民政府公布中苏关于中国长春铁路之协定

（1945年8月14日）

中华民国国民政府主席与苏维埃社会主义共和国联邦最高苏维埃主席团，为愿以充分尊重彼此之权益为基础，加强两国间之友好关系暨经济联系起见，议定各条如下：

第一条 日本军队被驱出东三省以后，中东铁路及南满铁路由

满洲里至绥芬河及由哈尔滨至大连旅顺之干线,合并成为一铁路,定名为中国长春铁路,应归中华民国及苏维埃社会主义共和国联邦共同所有并共同经营。

共同所有与共同经营应以中东铁路在俄国及中苏共同管理期间,与南满铁路在俄国管理时期所置之土地及所筑之铁路辅助线而为该两铁路之直接需要者,以及在上开时期所建置并直接供该铁路之用之附属事业为限,一切其他铁路支路与附属事业及土地应归中国政府完全所有。

上开铁路之共同经营,应在中国主权之下由一单独机构办理,并为一纯粹商业性质之运输事业。

第二条 缔约国同意上开铁路之共同所有权,应平均属于两方并不得以其全部或一部转让。

第三条 缔约国为共同经营上开铁路起见,同意组设中苏合办之中国长春铁路公司,公司设理事会,由理事十人组织之,其中五人由中国政府派任,五人由苏联政府派任,理事会设在长春。

第四条 中国政府应在华籍理事中指派一人为理事长,一人为助理理事长,理事会表决时,理事长所投之票作两票计算,理事会之法定人数为七人。

理事会不能获得协议之各项重要问题,应提请两缔约国政府予以考虑,并以公平与友好之精神解决之。

第五条 公司设监事会由监事六人组织之,其中三人由中国政府派任,三人由苏联政府派任,监事长应在苏籍监事中推选,副监事长应在华籍监事中推选,监事会表决时,监事长所投之票作两票计算,监事会之法定人数为五人。

第六条 为管理经常事会起见,理事会委派中国长春铁路局局长一人,由苏联人员中遴选,副局长一人由华籍人员中遴选。

第七条 监事会应委派总稽核副总稽核各一人,总稽核由华籍人员中遴选，副总稽核由苏籍人员中遴选。

第八条　上开铁路各处处长副处长科长及重要车站之站长，应由理事会委派，铁路局长有权推荐上项职位之人选，理事会各理事亦得于征得局长之同意时推荐上项人选。处长为华籍时，副处长应为苏籍，处长为苏籍时，副处长应为华籍，各处处长副处长科长站长应依照中苏两国人员平均充任之原则任用。

第九条　中国政府担任上开铁路之保护。

中国政府应组织及监督铁路警察，以保护铁路之房屋设备暨其他产业与货运，使免受毁坏损失与抢劫。该路警察并应维持铁路之正常秩序，关于铁路警察执行本条规定之职务，由中国政府咨商苏联政府决定之。

第十条　上开铁路仅得于对日本作战时期供运输苏联军队之用，苏联政府有权在上开铁路用加封车辆运输过境之军需品，免除海关之查验，该项军需品之保卫工作由铁路警察担任，苏联不派武装护送人员。

第十一条　经上开铁路由一苏联车站至另一苏联车站过境，以及由苏联领土至大连旅顺二港口往返直运之货物，应免中国关税或其他任何捐税，此项货物在入中国领土时，应受中国海关之查验。

第十二条　中国政府依照另订之协定，对上开铁路业务上所需燃煤之供应担任充分之保证。

第十三条　上开铁路应与中国政府国营铁路向中国政府同样缴纳税捐。

第十四条　缔约国同意供给中国长春铁路理事会以流动资金，其数额由铁路章程规定之。

第十五条　缔约国应在本协定签字后一个月内各派代表三人在重庆会同拟订共同经营上开铁路之章程，该项章程应于两个月拟订完毕呈报两国政府核准。

第十六条 依照本协定第一条规定应归中苏共同所有与共同经营之资产,应由两国政府各派代表三人组织委员会议定之,该委员会应于本协定签字后一个月在重庆组织成立,并于上开铁路开始共同经营后三个月内完成其工作,该委员会之议定事项应呈报两国政府核准。

第十七条 本协定期限定为三十年,期满之后中国长春铁路连同该铁路之一切财产均应无偿转移中华民国所有。

第十八条 本协定自批准之日生效。

中华民国34年8月14日即1945年8月14日订于莫斯科,中文俄文各缮两份,中文俄文有同等效力。

中华民国国民政府主席全权代表

王世杰（签名）

苏联最高苏维埃主席团全权代表

莫洛托夫（签名）

〔国民政府交通部档案〕

3.国民政府公布中苏关于旅顺口之协定

（1945年8月14日）

兹为符合并补充中苏友好同盟条约起见,缔约国双方议定各条如下：

第一条 为加强中苏两国之安全,以防制日本再事侵略起见,中华民国政府同意两缔约国共同使用旅顺口为海军根据地。

第二条 前条所开海军根据地区域之正确界限,应依所附之说明及地图之规定（见附件一）。

第三条 缔约国同意旅顺口作为纯粹海军根据地,仅由中苏两国军舰及商船使用。

关于上开海军根据地共同使用之事项,设立中苏军事委员会处理之，该委员会由华籍代表二人，苏籍代表三人组织之，委员长由苏方派任，副委员长由华方派任。

第四条 上开海军根据地之防护，中国政府委托苏联政府办理之，苏联政府得建置为防护上开海军根据地必要之设备，其费用由苏联政府自行负担。

第五条 该区域内之民事行政属于中国，中国政府对于主要民政人员之委派将顾及苏联在该区域内之利益。

旅顺市主要民事行政人员之任免，由中国政府征得苏联军事指挥当局之同意为之。

在该区域内之苏联军事指挥当局，为保障安全与防卫起见，向中国行政当局所作之建议，该行政当局当予以实行，如有争议则此类事件应提请中苏军事委员会审议决定之。

第六条 苏联政府在第二条所述之地区内，有权驻扎陆海空军并决定其驻扎地点。

第七条 苏联政府并担任设置及维护为该区域航行安全所必需之灯塔信号及其他设备。

第八条 本协定期满后，所有苏联在该区域内建置之一切设备及公产应无偿归为中国政府所有。

第九条 本协定期限定为三十年，自批准之日生效。

两全权代表将本协定签字盖章，以昭信守，本协定中文俄文各缮二份，中文俄文有同等效力。

中华民国34年8月14日即1945年8月14日订于莫斯科

中华民国国民政府主席全权代表
王世杰（签名）
苏联最高苏维埃主席团全权代表
莫洛托夫（签名）
〔国民政府交通部档案〕

4. 国民政府公布中苏关于大连之协定及议定书

（1945年8月14日）

（1）协定（8月14日）

兹以中华民国与苏维埃社会主义共和国联邦既已签订友好同盟条约，苏维埃社会主义共和国联邦业已保证尊重中国管辖中国东三省全部之主权，视其为中国之一不可分离部分，为保证苏维埃社会主义共和国联邦对大连为其货物进出口之利益获得保障起见，中华民国同意：

一、宣布大连为一自由港，对各国贸易及航运一律开放。

二、中国政府同意依照另订之协定在该自由港指定码头及仓库租与苏联。

三、大连之行政权属于中国。

港口主任由中国长春铁路局局长在苏籍人员中遴选，于征得大连市长同意后派充之，港口副主任应照上开手续在华籍人员中遴选派充之。

四、大连在平时不包括在基于1945年8月14日旅顺协定所定之海军根据地章程效用范围之内，仅于对日作战时受该区域所设定之军事统制。

五、由国外进入该自由港经中国长春铁路直运苏联领土之货物，与由苏联领土经上开铁路运经该自由港出口之货物，或由苏联运入为该港港口设备所需之器材均免除关税，以上货物均应用加封车辆运输。

由该自由港进入中国其他各地之货物应缴纳中国进口税，由中国其他各地运出至该自由港之货物，在中国继续征收出口税期间，应缴纳出口税。

六、本协定期限定为三十年。

七、本协定自批准之日生效。

两全权代表将本协定签字盖章以昭信守,本协定中俄文各缮二份,中文俄文有同等效力。

中华民国34年8月14日即1945年8月14日订于莫斯科

中华民国国民政府主席全权代表

王世杰(签名)

苏联最高苏维埃主席团全权代表

莫洛托夫(签名)

(2)议定书(8月14日)

(一)中国政府为应苏方之提请,以所有港口工事及设备之一半无偿租与苏方,租期定为三十年,其余一半港口工事及设备,由中国留用,港口之扩展或重建应由中国与苏联同意为之。

(二)兹同意中国长春铁路由大连通往沈阳在旅顺口海军根据地区域以内各段,应不受该区域内所设定之任何军事或监督管制。

中华民国国民政府主席全权代表

王世杰(签名)

苏联最高苏维埃主席团全权代表

莫洛托夫(签名)

〔国民政府交通部档案〕

5.国民政府公布关于中苏此次共同对日作战苏联军队进入中国东三省后苏军总司令与中国行政当局关系之协定

(1945年8月)

中华民国国民政府与苏维埃社会主义共和国联邦最高苏维埃主席团,为愿使中苏此次共同对日作战,苏联军队进入中国东三省后,苏联军总司令与中国行政当局之关系符合两国间现存之友谊精神与同盟关系起见，议定各条如左：

一、苏联军队因军事行动之结果，进入中国东三省后，有关作战一切事务之最高权力与责任，在作战地带于作战所需要之时内，属于苏联军总司令。

二、中华民国国民政府派代表一人及助理人员若干人，在业已收复之领土执行左列任务：

甲、在敌人业已肃清之区域，依照中国法律设立行政机构，并指挥之。

乙、协助在已收复领土内，树立中国军队包括正规军及非正规军，与苏联军队之合作。

丙、保证中国行政机构与苏联军总司令之积极合作，并依据苏联军总司令之需要及愿望，特予地方当局指示，俾得有此效果。

三、为保证苏联军总司令与中华民国国民政府代表间之联系，中华民国国民政府派中国军事代表团驻于苏联军总司令部。

四、在苏联军总司令最高权力下之地带内，中华民国国民政府在收复区域之行政机构，应经由中华民国国民政府代表与苏联军总司令保持联系。

五、一俟收复区域任何地方停止为直接军事行动之地带时，中华民国国民政府即担负管理公务之全权，并经由其军事及民政机关，给予苏联军总司令一切协助及支持。

六、所有在中国领土内属于苏联军队之人员，均归苏联军总司令管辖。所有中国籍人民，不论军民，均归中国管辖。此项管辖权，并包括在中国领土内之人民对苏联军队犯罪过之案件，此项案件如发生军事行动地带内时，则属例外，应归苏联军总司令管辖。遇有争执之案件，由苏联军总司令与中华民国国民政府代表协议解决之。

七、关于苏联军队进入中国东三省后之财政事项，应另定协定。

八、本协定于本日所签订之中苏友好同盟条约批准时，立即发生效力。

本协定用中俄文各缮成二份，中俄文有同等效力。

中华民国三十四年八月十四日即一九四五年八月十四日订于莫斯科。

中华民国国民政府主席全权代表（签字）

苏维埃社会主义共和国联邦最高苏维埃主席团
全权代表（签名）

〔国民政府内政部档案〕

6. 外交部关于斯大林与宋子文会谈苏军由中国领土撤退时间协议记录

（1945年8月）

记录：

斯大林统帅与宋院长子文在一九四五年七月十一日第五次会谈时，曾讨论苏联参加对日本作战后，其军队由中国领土撤退之问题。

斯大林统帅不愿在苏联军队进入东三省之协定内，加入在日本战败后三个月内将苏联军队撤退一节，但斯大林统帅声明在日本投降以后，苏联军队当于三星期内开始撤退。

宋院长询及撤退完毕需要若干时间，斯大林统帅谓彼意撤军可于不超过两个月之期间内完竣。

宋院长继询是否确在三个月以内撤完，斯大林统帅谓最多三个月足为完成撤退之期。

中华民国三十四年
西历一九四五年 八月十四日

〔国民政府内政部档案〕

〔三〕中美关系

（一）争取美援与中美合作

1. 蒋介石在抗战三周年纪念日对美广播讲话

（1940年7月7日）

美国民众诸君：贵国广播电台要求我今天对贵国民众用广播讲话，我在中国对日抗战第四年开始的重要纪念日，得有机会和美国朋友们讲话，觉得十分欣幸，觉得特别有意义。我们中美两国不只是隔水相望利害密切的友邦，而且在维护正义保持远东和平人类文明的立场上，我们两大民族实在是志同道合负着同等责任的好友，中国抗战的意义，美国人民认识得最清楚，美国对于中国抗战的种种同情和援助，中国全体军民不只是感谢，而且是兴奋！

中国抗战三年了，我不必向诸位详述我们战争的情况，我们作战是艰苦的，但同时是坚强的而持久的，由于我们坚强的抗战，日本的兵力已经大大的消耗，今天日本虽有扰乱太平洋的野心，实际已经没有行动的自由，这一点，便是我们中国军民牺牲奋斗的代价。诸位是知道的，在三年以前中国起而抗战的时候，我们就决定不仅要用我们全力来保卫本国的生存，更要保卫国际信义，人类公理，与远东及世界的和平。

美国政府和人民从种种方面援助我们的好意，我和中国军民认为唯有坚决抗战到底乃是最好的报答，我们一定要战到日本军阀根本觉悟，根本放下他侵略的武器，尊重他对于国际条约，尤其九国公约所负的义务，这个目的一天不达，我们的抗战一天不停，我们认为中国应该不顾一切牺牲而抗战，是中国国民对于民族祖先的义务，也是对于远东大局和世界和平所负的义务，我们觉得世界友邦的同情我们，并不是有所偏私于中国，而是为着共尽其保持人道正义与消灭侵略戎首的责任，在这个世界变动剧烈，日本野心扩展的今天，我们中国更觉得过去抗战价值的重要，和未来责任的巨大。我敢向各国保证，中国一定尽到这一个责任，同时也盼望友邦们及时尽到共同应有的责任！

我深信我向美国人民提出共同制裁日本的要求，是一些也不唐突的，而且一定能得到有效的反响的，我个人对于美国朝野从"九·一八"以来的态度有两点感觉：第一点是美国反对日本暴力侵略，态度始终不变，第二点，我觉得美国在采取步骤之前是审慎的沉着的，但一旦决定有所作为了，却是很坚决而不会含糊的，罗斯福总统所说，"和平非仅赖希望与空言可以求得之"，我从这句话里，看出"美国的审慎，就是美国的坚决。"

但是现在已经到了美国采取必要步骤的时候了，日本现在的行动，他漠视了赫尔国务卿的声明，他更想试探美国禁运授权法究竟能发生多少功效，为着贯彻美国一贯的反侵略政策起见，为着及时遏止太平洋上的火源起见，我以为美国对日停止一切物资的供给增强对华援助，是已到了不可再缓的时候了。美国的国民，不仅要作美国国策的后盾，还应该积极促成美国国策的实现。我在一九三七年曾经说过，"公理正义的力量，一经发动，必至贯彻目的为止！"今天特以中国抗战统帅的地位，为美国友人重述此言。

〔国民政府外交部档案〕

2. 胡适报告美国仍将支持重庆政府致蒋介石电

（1940年12月1日）

三十电敬悉。大借款昨已发表，此为最严重切实之表示。昨美外长又宣言重申本年三月三十日之宣言。三月三十日宣言全文当时曾电达外交部,其结语云:十二年前美国政府间各国政府承认中华民国国民政府,今美国政府仍有充分理由相信现迁都重庆之中国政府,在过去与现在均得中国人民大多数之忠诚拥护,美国政府当然继续承认为中国政府云。

〔军事委员会委员长侍从室档案〕

3. 宋子文等报告美国援华政策致蒋介石电

(1940年12月4日)

今日外部政治顾问与远东司长约文、适作转致外长意见:蒋公前由詹生大使转商各事前已由詹生大使分别奉复。旬日以来此间政府所能为力均已尽力做去,其不能为力之处,皆因美国并未参加战争,亦不愿卷入战争。想中国领袖自能谅解。兹分别言之:(一)借款一万万元为数甚巨,美国政府深盼此款于中国抗战前途有所补助。(二)飞机已定购一部分,其他经主管机关研究决定后,政府当给予定购上之便利。(三)中国政府拟雇用美国飞行师事,如系专为教练员,在不抵触本国法令与新颁之兵役法范围以内,其出国护照等事当可给予便利。(四)美国政制不容与他国缔同盟或作他军事上之承诺,故不能促成他国之同盟。且中国英国皆在战争状态中尤不便干预。(五)在日承认汪伪组织之前夕,美外部本曾草一宣言。倘当时未能赶办借款事,则或先考虑发表宣言。后来大借款竟赶成,故决定不发宣言,因事实远胜于空言也。次日外长答报界询问亦仅重申三月三十日之宣言,亦欲表示日本承认汪伪之举,实不值得特发宣言也。以上外长致意之要点

〔军事委员会委员长侍从室档案〕

4. 胡适报告罗斯福国际政策宣言八点要旨致蒋介石电

(1941年1月10日)

美国之国际政策，数月来急转直下，罗总统上月二十九日之广播词，与本月六日之致国会词，均为最重要之大政宣言。其要旨凡八点：（一）公然承认美国百十七年来之安全，实由于英美海上之合作。英若颠覆，美必孤危。（二）公然承认民主国家之政治哲学与侵略国家之政治哲学势不两立，绝无妥协之可能。（三）公然指出九月二十七日柏林三国盟约是侵略国家对美国之威胁。（四）公然指出美国现时所以暂能避免战祸只是英华希三国之苦力抗战，使战祸不波及美洲。（五）故六日国会词明定美国政策三大纲：（甲）以全力经营国防，（乙）对任何为自由而战之勇敢民族，美国皆担承充分援助之义务。（丙）道谊与本国安全均不许美国默认一切牺牲他国自由换来的和平。（六）为贯彻上述政策计，美国必需加速增高生产力，使全国成为民主国家之大兵工厂，凡敢于抗拒侵略之民族所急需之物资，美国应尽力供给，倘一时不能付现款，亦应许其继续采办，俟战事结束后，陆续抵还。（七）此项援助并不违反国际法，亦并非战争行为，若侵略国家单方欲作如此解释，认为战争行为，美国亦不受其恐吓。（八）吾人所期望之新世界，不是世界侵略者，所号召之新秩序，乃是一种道义的秩序，至少要使世界任何民族皆享四种基本自由：（甲）为言论自由，（乙）为信仰自由，（丙）为解除穷乏之自由；（丁）为解除侵略之危害。以上九条为罗总统两篇大文章之要旨，其魄力之雄伟，立言之大胆，均为三年来所未有。此中关键全在三事：（一）为六月以后英国之危机，（二）为九月柏林盟约，（三）为大选举之揭晓。盖美国政制特殊，立法机关牵制甚大，而反战非政治犯〔原文为此〕之传统政策，亦确深入人民，若无最明确有力之民意表现，则无法实施其主张。而欧战之骤变，与强暴之同盟对付美国，皆最足以造成此有力民意，故罗公大选之胜利，等于国人对彼之信任投票。罗公得此信任投票，然后敢放胆做去。罗公对远东战事，其政策始终一贯，而其政策之逐渐展开，则前后三年有半，至今日始得比较有自由之发挥。当我抗战之始，正当新中立法成立法令之第三月，故总统之最大策略在于不承认中日战争不适用中立法，不承认日本国有交战国权利，使美国人民货物船只可以往来远东，使政府对远东战局有过问权，有应付之自由。此美国对中日战事之第一时期策略。至二十七年十月广州武汉相继沦陷，我方甚危急，罗总统毅然改变政策，于十月二十五日失武汉之夜，许我桐油借款，又于十月二十八日、十二月三十一日发表两个最有力之通牒，皆是此新策略之一部份。自二十七年十月至二十九年十月大选揭晓为第二时期之组成，其主旨为每次我政府最可言之危机或暴敌横行不法之时，美政府辄予我相当援助，对我有打强心针之效力，而其形式皆为依据现行法令，故不致引起国内和平论者之反响。如道义的禁售飞机，日美商约之废止，断定借款〔？〕钨借款，飞机、汽油、废铁之禁运等等，皆足明例。大选以后是为第三时期，其政策为明目张胆的援助抗战国家，虽向侵略者挑战亦非所恤，昨日政府改组海军，成立三大舰队，对海军人员增加四万人，造成十足之战时海军人数。今日白宫又颁铜锌铝等禁运之令，此皆急转直下之变化，皆为对暴日之设施也。抗〔战〕开始以来，介公深谋远瞩，毅然主持长久抗战之大计，虽历尽艰危，始终不渝。至今日此根本大计之明效大显，故适将此三年余之变化大势，作综合之陈述，以供介公之参考。

〔军事委员会委员长侍从室档案〕

5. 胡适报告与美方商谈援华具体计划致蒋介石电

(1941年4月15日)

昨访财长摩根索，彼谓自苏日协定后，美国政府对中国之同情只有增浓决无减退。又谓总统十六日将出门休假，可即请谒一谈。今午适与子文兄同谒总统，在座有摩财长，财次长及居里君。总统谈苏日协定并非全出意外，所不可知者苏俄此后是否继续资助中国抗战，甚盼中国政府有确切消息见告云。适等因向总统陈说一切，远东情势之严重，我国望援迫切，至盼在援助抗战国家新法案之下，能得大量之实质援助。甚盼总统能于最近期中发表援华具体书面节目。总统允于今日下午白宫报界谈话时有所表示。子文兄略陈滇缅铁路及缅广公路计划，并请明将来能有中英美合组之交通委员会，统筹铁路公路运输问题。子文又略述去年所提中英美合组空军教练队问题，总统对此诸事均甚表关切。此次谈话约十五分钟。适退出后又赴外部与政治顾问洪纪克君详谈，彼对苏日协定观察点与总统所见相同。但谓最可虑者是日本乘此时机增加兵力攻压中国云。上月敌西尾大将归国后，即倡并力向中国再作一次大进攻，其论在军人中颇有赞同者，望陈蒋公特别防范云。又本日上午白宫报界谈话，总统声言美政府援助被侵略国家之政策绝不变更，当然中国亦在其中。今晨与中国大使及宋子文君商洽援华详细办法，中国所需各项物资已加以分析考虑，现在筹办中。并闻。

〔军事委员会委员长侍从室档案〕

6. 蒋介石对美国封存中国在美资金表示感谢致罗斯福总统电

（1941年7月31日）

承阁下应鄙人之请实行封存中国在美资金，此举表示贵国在各种方面援助中国，实深铭感。贵国对日本封存其资产之举实予侵略者以重大之打击。余深信关于鄙人向阁下所提其他各项之建议必蒙迅速实施，以增强我国抗战力量而适应远东紧急之局势。特电表达谢忱。

〔军事委员会委员长侍从室档案〕

7. 外交部为美方要求在桂林兰州西安成都设立领事馆致蒋介石签呈

（1942年10月1日）

据美大使高思面称：接美政府训令，美侨因战事关系移向中国内地日多，为管理照料利便，拟在桂林兰州西安成都四处辟设领馆，固知四处均非通商口岸，惟以战事关系，希望暂予通融等语。查桂林方面本非有两广交涉员，彼处美侨较多，前次英方要求将驻广州总领事馆暂迁桂林，已予通融，时美似亦可通融办理，作为美国驻广州总领馆暂迁桂林。至于兰州，将来由美物资经苏来华路通之后，在兰州或亦有此需要，唯查民国二十七年苏联曾要求在兰设领，经我方拒绝，仅允由苏驻华大使馆派人驻兰州办事，似可允美方照苏联办法办理。在西安方面，美侨无多，美若派人驻兰，西安方面似可兼顾，无须另行设领·又成都设领问题，最近英方曾提出此项要求，奉批婉拒，对美似可一并婉谢。是否可行，敬祈核示。（批）可如拟。

〔国民政府军事委员会委员长侍从室档案〕

8. 魏道明关于罗斯福总统欲与蒋介石商讨西南太平洋问题电

(1942年10月9日)

今日访美总统,除接谈情形已摘要电部外,尚有表示性质较为机密,谨另陈如下:总统谓:建议甚欣慰,彼对大局与钧座意见完全一致,甚望战后与钧座面谈西南太平洋问题,如越南迟早均应独立,然越人不知自行治理,恐须经过一训练时期,暹罗情形稍好,战后或可即行自治,爪哇可于范围内任其自治,婆罗州则迥然不同,马来情形亦困难,吾人决无统治他地之心,如菲列宾前曾要求独立,奎松先生来对当时其原则予以承认,但须有相当时期,俾具自立能力,此事关系太平洋前途甚大,故希望能与钧座商决之。

〔军事委员会委员长侍从室档案〕

9. 何应钦等为大量供给美军肉类与龙云往来电

(1944年1—9月)

(1) 何应钦致龙云电(1月21日)

龙主席志舟兄:顷据美国驻中缅印总部史迪威将军一九四四年一月十三日备忘录内开:据驻昆明美军供应处另称:拟请军政部所辖战时粮食管制委员会,准其将云南省所产之新鲜牛肉,输往印度,以供军事人员食用。查该处之有此请求,系悉云南省内特别昆明附近所有鲜牛肉。除经由战地服务团采办,以供驻昆美军食用外,尚有多余可输往印度。查牛肉之采办贮藏及输送等问题之准备,均已布置就绪,此等布置包括建筑房屋,购备器材,任用人员等项,故函恳迅予核准所请将牛肉输往印度是祷,敬请早日赐办示复为感等由。查滇省驻军规定,每人每月给肉类一斤,是否确有多余,每月可给若干公斤,敬请饬与本部驻昆明办事处马处长洽办,迅予电复凭办为荷。何应钦。子。筱。需。盐。印。

(2)龙云复电(1月22日)

重庆何总长敬之兄:子筱需盐电悉。奖密。美军驻昆明年余消费甚巨。自三十二年度人数日渐增加,入春以来,每日猪羊不算,菜牛每日须三十条,鸡千余只,鸡蛋数千枚。现在农村耕牛被其买净,延至盘县购买,此种庞大惊人之消费,不但不能供给印度方面,即在滇者,亦将成问题,谨复。弟龙。子。养。办。机。叩。

(3)蒋介石致龙云电(9月11日)

昆明省政府 主席:据美军总部九月一日备忘录,略以昆明呈贡区美军已增至一万零六百人,每日所需之肉类计牛35头,猪50头,鸡1000只,而滇省府仍照前每日限制数量供应,并不增加,请予协助,设法供应等语。查此肉类供应攸关盟军营养,同作战力量甚大。惟牛只可饬市府在产牛较多之地方代为购买运昆明,其余鸡猪等项在昆明附近似可采购,此项关系较巨,希由该省设法协助,勿使匮乏,以敦睦谊。除函复,径与该省府洽办外,仰即遵办具报。中正。申虞。侍。参。印。

(4)龙云复电(9月18日)

重庆军事委员会委员长蒋:□密。前奉申虞侍参电,当饬主管遵办去后,兹据呈称,滇省向非产牛地区,年来供应盟方,概由黔省贩运而来,前恐影响农耕,妨及粮政,曾经略加限制。嗣准盟方请求,即已取消。惟据商人沥陈,近因盟方人士日见增多,办理愈感困难,实缘产源枯竭,以致供不逮求。查核所称,确系实情。至于猪鸡两项,仅有农户零饲养,素无专业,频岁消耗之巨,亦远过于生产等语。复查所呈,均属事实。除仍遵电伤令务尽可能力予协助外,谨以肃闻。敬祈鉴核。职龙〇,叩。酉。巧。省秘。印。

〔国民政府云南省政府档案〕

（二）聘用美顾问与军事援助

1. 交通部续聘美人谢安为技术顾问呈

（1939年12月）

（1）交通部呈（12月2日）

交通部呈　人甄渝二三九〇九

中华民国二十八年十二月二日

查我国政府聘请美国谢安（M. Eshea man）为公路运输技术顾问，原定期限自本年八月十五日起至十一月十五日止。兹拟续聘谢安继续在华服务，经陈光甫先生在美商妥。准谢君再留华三个月为期，一切条件仍照前本国胡大使七月二十七日与该顾问约定条件办理。除函达谢安顾问查照外，理合抄同前胡大使致谢安顾问英文函件一份，呈请鉴核备案，实属公便。谨呈

行政院

附抄英文函件一份〔略〕。

交通部部长张嘉璈

（2）公路运输技术顾问团咨询委员会
第三次委员会记录（12月6日）

日期：二十八年十二月六日下午四时至六时三十分

地点：行政院会议室

出席者：潘光迥　交通部，缪钟秀　贸易委员会，盛祖钧　行政院液体燃料管理委员会，江锡麟　外交部，罗大秉　军政部，陈耀奎　运输总司令部，谭伯英　滇缅公路运输管理局，王世圻　公路运输总局，曹寿昌　交通部交通技术人员训练所，徐百揆　汽车牌照管理所。

列席者：**周风图** 行政院水陆运委会，**王仲武** 交通部，**何乃民** 技训所，**陈树立** 交通部，**薛文雄** 交通部，**蔡泽** 交通部，**陈宗濂** 交通部，**萧庆云** 交通部。

主席：**潘光回** 　记录：**任显群**

开会如仪

（一）报告事项：

主席报告，本会主任常务委员陈体诚先生因公离渝，未能出席本次会议。

美国公路运输技术顾问团，对于本会编译"中国公路运输概况报告书"，提供顾问团参考，暨诸委员分别书面或口头与顾问团商洽进行公路运输技术问题各项咨询工作，俾能切实明了我国公路情形，而谋有效增强运输各节，深为感激。曾于本月六日由谢团长代表该团，亲笔致函本会申谢。

顾问团来华后工作经过，按顾问团谢安、白熙、范百德等一行三人，系九月三日抵港，六日经河内乘火车入滇，改乘汽车来渝。所有滇筑暨筑渝公路各桥渡段站厂场，均经详细视察。九月十六日到渝，二十日起开始研究我国公路运输问题，先后与我国公路运输专家暨关系人员开会八次，诸凡公路运务机务工程管理各项，均详细讨论。会议既毕，乃进行实际工作。白熙君担任建筑工程运输管理，范百德君担任改善修理厂，谢安君担任规定交通法制章则。十月初间分途出发，白熙君由武书常君伴往同登、海防视察，车辆拥挤情形。范百德君由潘世宁君伴往贵阳，谢安君由本人伴往视察仰光港埠及滇缅公路。关于西南国际路线，目下海防运输工作已加紧努力，至仰光港埠设备确较海防为佳，如变更路线，则运输费太昂，尚待研究经济运输办法。西北国际路线未去。十月底返渝编制总报告，并对南宁失陷后发表谈话，说明不足以影响我国国际运输各点，以促美国各方之注意。

又归纳顾问团工作报告书，其关于改善公路运输建议，约可分为下列六项：

1. **改善公路工程** 路面之研究,如高平经百色至河池一线,路基坚固,只须依照工程标准,切实改善所需修路机器,尽可就现有各种机器择其比较合用者,加以改造利用。又研究川滇东路昆明至隆昌段,可以试行夜间行车,俾充分利用车辆。对于滇缅公路之急待改进各事,如改善坡度湾〔弯〕度添等涵洞,尤应在来年雨季以前办妥,以免影响行车,并应研究滇缅公路商业经济之重要性,应使回空车辆得以充分利用。

2. **车辆保养** 关于车辆保养问题,建议各点最为详尽。因顾问团鉴于交通部所属运输局、邮政局及复兴公司、西南运输处等各在同一地点设置修车厂场,致配件材料人材均不集中,修理能力不能充分利用,似以就各方需要,在适当地点统筹设立修车厂为宜,且亦可按需要程度,将修车厂分为甲、乙、丙三种,藉以分任大修、小修、故障检查工作,揩指陈西南各线需要甲种修理厂六所,乙种八所,丙种二十五所,并添置修理厂,以为流动救济之用。此次美料项下修理工具甚多,白熙君在海防之时曾计划分配修理工具,以便由海防直接分送各处,设置修理厂。

3. **配件与材料** 建议集中购办统筹分配,业奉行政院决议,关于配件材料集中买事宜,由复兴公司担任,并即由复兴直接与美国厂商接洽,希望以信用寄售方式运华,以利周转。关于油料问题,目下液体燃料缺少,管理困难,亦正统筹办法洽询。油商加付保险费,将油料送国内交货,虽成本较高,可采付现交货,至邻近战区各地,仍由我方接运所有油桶,并可即利用装运桐油外运。经三星期之试验,空桶装运桐油,尚有相当成功,正继续试验中。

4. **公路机构与组织** 年余以来,公路运输日趋重要,亦多就铁路人员办理公路运输事业,顾问团每感铁路与公路运输之经营方法根本不同,必须就现有人才分别集中。除里运外所有公运民运建议设立中国运输公司，集中运输机构，另置运输监理机关，主持司机牌照登记暨公路交通规章之严格执行事宜。至公路工程管理，仍单独设置专责机构。

5．司机 各方主张不同，归纳言之以采行。（一）分段驾驶，使司机生活安定，可使用不同车辆，适合于不同路面，藉以减少车辆耗损，而达经济运输目的。（二）严格训练新司机，并不宜照学校授课方式施以训练，多予随车见习机会，以增进实际经验。（三）勿多讲授机构理论，以引起司机对于机械之兴趣，以机件作为试验品，而增加损坏车辆之机会。（四）提高司机之待遇，根本改善对于司机之恶意观念。（五）分段驾驶车辆后，甲司机交车给乙司机之时，应对于车辆详细检查，至车辆保养场所对于日常修理及加油各务应认真办理。

6．其他建议 如研究铁路、公路、水道之联系，浙赣两省货运畅通办法，暨提高滇越运输量。又试行夜间行车，大量装设摩托木船，行驶水道，以及采用飞机运送汽油等等。

以上建议均经政府采择讨论具体实施办法，分别施行。行政院并已于十一月二十八日第四四一次院议通过设置中国运输公司,先就交通部所属西南各线车辆暨复兴公司车辆约共三千余辆，归并管理,资本暂定国币五千万元,视业务范围再行增加,并准许商人入股。现正筹备中，约下年一月一日成立。

查本公司咨询工作已告一段落,按成立之初曾奉院长谕知本会成立之期间以三个月为度,拟以本月十五日为本会结束日期,请诸委员讨论决定。

（二）决议事项：

1．本会咨询工作已告一段落,似应即日结束。呈院备案,请公决案。

决议：通过,并请诸委员报告各该代表机关查照。

2．报告书主编人周凤图先生暨其他编译人员,赶期编竣,备极辛劳，似应由本会分别函谢，请公决案。

决议：通过。

〔国民政府行政院档案〕

2. 杭立武为商请美国就借款中部分以现金借贷请蒋介石召见美国财政顾问杨格呈及军委会侍从室复函

（1940年4—5月）

（1）杭立武呈（4月18日）

中华民国廿九年四月十八日缮发

谨呈者：日前面陈某外籍财政金融家之言未能详尽，谨再书面报告。渠言就研究之结果，已证明各地物价之平均高涨率，与法币数量之增加率几相符合。目前防止物价继续高涨之主要方法有二，一为增加平准外汇之基金，一为缩减不必要之支出。至于增加平准外汇基金之道，向英法借款或以货物抵押预支现金，固不妨设法进行，但恐一时难有结果，或不如先试与美国接洽，即由现在进行商洽中之两千万美金借款拨一部分现金，以充外汇基金。如钧座以为此事不妨一试，乞亲约美籍顾问杨格商谈，杨格顾问现仍在渝，赴沪者则为林顾问也。谨呈

委员长蒋

杭○○肃上

（2）杭立武呈（4月27日）

谨呈者：关于商请美国就二千万美金借款之一部分以现金借贷，俾加强外汇平准基金一议，奉谕请杨格顾问研究。遵经转达，渠已加以考虑，拟俟钧长召见时，乘便将渠月来研究物价高涨与外汇跌落关系之结果，一并面呈。武意倘与美方接洽有成，则尤可表示英美对我法币维持之共同政策，且倘以此而再向英方接洽垫借现款，以益加强外汇平准基金，或较以前之空洞接洽为更具

体。再此,密闻英驻日大使克莱琪爵士,俟天津白银问题解决后即请假三个月,在假期中,由馆中参事代办,此参事对我态度较克莱琪为好,故此亦属良机也。以上统乞钧裁,并恳赐予召见杨格顾问一谈为祷。谨呈

委员长蒋

杭立武　肃上
廿九年四月廿七日

（3）军委会侍从室致杭立武函（5月10日）

迳启者：顷奉委座交下台端四月廿七日呈文为拟请约见杨格顾问由一件,并批示约星期六（十一）日下午四时半见等因,奉此。除通知侍从副官届时引见外,相应录批函请查照,转知并届时引见为荷。此致

杭立武先生

国民政府军事委员会
委员长侍从室第二处　启
五月十日

〔管理中英庚款委员会档案〕

3．美国空军援华志愿大队战史纪要

（1941年12月—1942年4月）

第一节　组织概况

中国空军美志愿大队系于中华民国三十年八月一日奉委员长蒋命令正式成立,派美顾问陈纳德上校为指挥官兼大队长,下辖三个驱逐中队,共有P—40B机一百架、P—40E二十五架,空、地勤人员最多时曾至二百七十余名。其人员系志愿来华参战之美员及航空委员会派赴该队之华员共同组成,并由第五路司令部设管理主任以管理中国人员,该队初用缅甸东爪英空军机场开始训

练，继移仰光明格拉顿机场，是年十二月中旬，因据情报敌空军将袭滇境，十七日陈纳德令第一、二中队迁驻昆明，保卫滇省；第三中队仍留仰光，协助英空军作战，一、二中队迁驻昆明，至十九日晨全部迁竣，其后第一、二、三中队于昆、仰两地轮流换防。并随战局之发展，在缅境作战部队逐次转移腊戍、雷允、保山等地，积极保卫领空，并协助我军及盟军作战。迄三十一年六月初，滇境雨季来临，且缅战告一段落，该大队及〔即〕全部内迁，驻防湘、桂各地，继以自珍珠港事变以来，美、日已正式交战国家，此项志愿性质之部队，已无继续存在必要，遂于同年（三十一年）七月四日将大队撤销，并入美国陆军第十航空队第二十三战斗大队，至此志愿大队遂告结束。关于该大队之组织概况参照表（一）〈略〉（二）（三）〈略〉。

表（二）中国空军美志愿大队人事统计表①

第二节 战斗经过

中国空军美籍志愿队于三十年八月间因器材补充及训练之便，乃在缅甸成立。更因编组训练需时，迄十二月开〔间〕始克作战，是时敌空军进驻安南，有袭滇企图。志愿队乃调两中队至昆明，担任防空，其第三中队，仍驻仰光，协同英空军作战。十二月二十日，敌机十架自越南侵袭昆明，被我机击落四架，是为志愿队作战之始，二十三日敌机五十四架初袭仰光，驻仰光第三中队协同英空军迎战，共击落敌机六架。尔后各中队于昆明、仰光轮流调防任战，或向安南、泰国出击，或在滇、缅地区协助我陆军作战。继随战况之发展，驻缅部队逐次移至滇境雷允、保山等地。迄五月三十一日大小作战约百余次，击落或击毁敌机二百六十余架，击伤敌机可能坠毁者犹未计入。我机仅损毁及受伤六十九架耳。兹将该大队作战统计列表于后：

表（二）　　　　　　中国空军美志愿大队人事统计表①

民国三十一年十二月开始在华服务		飞行人员	地勤人员	辞职者及其他	战死者	受伤者	失踪者	总计
在役	三十年十二月	79	196				2	277
	三十一年一月	53	129					182
	三十一年二月	50	140					190
	三十一年三月	48	129					177
	三十一年四月	19	117					136
出差	三十年十二月							
	三十一年一月	18	59					77
	三十一年二月	19	42					61
	三十一年三月	18	39					57
	三十一年四月	46	45					91
其他	三十年十二月							
	三十一年一月			9	7		2	18
	三十一年二月			7	1	1	2	11

① 该表由选编者根据原件中分月表综合而成，其中三十一年四月之各项数字原件上注明"迄廿四日止"。

续表

民国三十一年十二月开始在华服务		飞行人员	地勤人员	辞职者及其他	战死者	受伤者	失踪者	总计
其他	三十一年三月			14	3	2	3	22
	三十一年四月			7		1	3	11
合计		350	896	37	11	4	12	1,310

附录一：中国空军美志愿大队作战统计简表

任务	次数
战斗	26
攻击	23
侦察	27
掩护	4
拦截	10
巡逻	9
合计	102

敌军损失		飞机	其他
证实	击落	193	
	击毁	75	卡车112 仓库15
	击伤	40	
可能	击落	56	
	击毁	8	
	击伤		
总计		372	127

时间	出动次数	机数	附记	空间	出动架数	美志愿大队之损失		
三十年十二月	3	53		国内	34	人员	失踪	4
三十一年一月	20	117	机数未注明有三次				殉职	9
三十一年二月	8	5	机数未注明有六次	安南	9		受伤	6
三十一年三月	12	48	机数未注明有一次	泰国	7		阵亡	11
三十一年四月	32	138	机数未注明有三次					
三十一年五月	22	131		缅甸	52	飞机	损失	68
三十一年六月	5	20						
合计	102	512		合计	102			

美志愿队飞行员击毁敌机最高纪录表
（包括空战击落及地面炸毁者）

队别	职别	姓名	籍贯	击落架数	备注
第一驱逐中队	中队长	尼尔	美国爱奥华州	十六架	
第三驱逐中队	分队长	李得	同前	十一架	
第二驱逐中队	分队长	希尔	美国德克萨州	十一架	

续表

队　别	职别	姓名	籍　贯	击落架数	备注
	分队长	麦克格里	美国加里福尼亚州	十一架	执行任务时失踪
	分队长	尼特尔	美国华盛顿州	十架	阵亡
	分队长	白皆得	美国宾西尔凡尼亚州	十架	
	分队长	夫斯特得	美国奥勒岗州	十架	
第二逐驱中队	中队长	牛科克	美国密歇根州	九架	
第三驱逐中队	分队长	欧尔得	美国加尼福尼亚州	九架	
	分队长	邦德	美国德克萨斯州	九架	

附录二：通信组织（略）

〔国民政府军令部战史会档案〕

4. 美国陆军部长史汀生关于证实美方对派遣中国战区美国陆军司令官并充任蒋介石的参谋长职权之了解与宋子文往来电函

（1942年1月）

（1）史汀生致宋子文函（1月29日）

宋先生：

关于推进派遣一高级美国陆军军官充任蒋委员长的参谋长及

中国战区美国陆军司令官的计划，有若干点必须明确了解，俾得与英国参谋长完成各种重要的磋商。根据我们过去关于本问题的谈话及通信，我对于美国陆军代表的职权的了解大致如下：

监督并管制一切美国对华有关国防的援助事宜。

在蒋委员长节制下统辖一切在华的美国部队以及经指定的中国部队。

在任何在中国召开的国际军事会议中，代表美国政府并充任蒋委员长的参谋长。

改进、维持并管制中国境内的滇缅公路。

倘若上述各节可以代表蒋委员长对于美国陆军代表的职权之了解与同意，英国愿同意在缅甸及印度合作，俾能增进美国陆军代表的努力之效果。

关于人事问题，下面一点前荷询及，兹奉答如次：

蒋委员长1月21日来信，主张美国代表应随带高级空军军官一员。我们本想照这意思派遣，但从非正式方面听说蒋委员长或愿挽留陈纳德上校为美国在华最高空军军官。倘若果然有这情形，陆军部方面很愿意照办，在相当时期内陈纳德可以提升为准将阶级。

我们正尽一切努力，以便总计划得以迅速实施，因此希望您早日见复。此请

大安

亨利·L·史汀生
1942年1月29日于华盛顿
〔军事委员会委员长侍从室档案〕

（2）宋子文复史汀生函（1月30日）

史汀生先生：

接到1月29日大函，甚为感谢。兹愿证实我们关于美国陆军

代表的职权之了解大致如下：

监督并管制一切美国对华有关国防的援助事宜。

在蒋委员长节制下统辖一切在华的美国部队以及经指定的中国部队。

在任何中国召开的国际军事会议中，代表美国政府并充任蒋委员长的参谋长。

改进、维持并管制中国境内的滇缅公路。

关于任命高级空军军官事，蒋委员长确愿尽可能挽留陈纳德上校为美国在华最高空军军官，因为他对贵我两国都有卓越的功勋，至于在这事件上考虑周详，亦至深感荷。

您打算于相当时期升任陈纳德上校为准将，闻之甚为欣慰。

此请

大安

宋子文

1942年1月30日于华盛顿

〔国民政府外交部档案〕

5. 云南省政府关于保护美国军事代表团人员训令

（1942年4月7日）

云南省政府训令　秘外字第22号

令外交办事处

案奉军事委员会委员长昆明行营三十一年三月五日代电开："奉国民政府军事委员会灰支外办代电开：密查现时来华之美国军事代表团，因任务上之必要时，须分遣团员往来各地视察，对其途行自应予以周密之维护。嗣后各地检查及护路之军宪警并交通机关部队，对持有本会来宾证或军用证明书之美代表团团员，于其沿途及到达站点，均应随时注意，切实妥为维护，并予以一切便利,不必施行检查。除分电外,随电抄发美代表团团员中西文名单一份,希即转饬各军宪警机关部队所属一体切实遵照为要。附抄美军事代表团中西文名单一份,等因。奉此。自应遵办,除分别电令外,合抄同名单特电查照,希即转饬各军宪警机关部队遵照,并饬所属一体遵照,妥为维护为要。附抄美军事代表团团员名单一份"等因。奉此。除分令外,合行抄同名单,令仰遵照,并转饬所属一体遵照,妥为维护,切切。此令。

计抄发美军事代表团团员中西文名单一份。

主席 龙云

中华民国三十一年　月　日

美国驻华军事代表团团员名单

（一）阿德支　（二）阿诺德　（三）阿斯托　（四）欧士伦　（五）巴德根　（六）柏廉礼　（七）吉索礼　（八）克纳胜　（九）顾德瑞　（十）费澜溪　（十一）迦纳　（十二）佐治　（十三）葛禄敏　（十四）义师宓　（五）葛朗莱　（十六）韩勃登　（十七）赫伍　（十八）韩瑞克　（十九）贺懿德　（二十）赖贲　（二一）李德　（二二）麦慕仑〔参谋长〕　（二三）马格德（团长）　（二四）梅瑞克　（二五）孟德纯　（二六）慕励尔　（二七）苇尔　（二八）诺伦　（二九）纽津　（三〇）欧格登　（三一）罗梭　（三二）司赖里　（三三）沙特和　（三四）沈约翰　（三五）萨德伦　（三六）丁格尔　（三七）特维悌　（三八）范思　（三九）文司基　（四〇）汰南　（四一）魏直尔　（四二）怀德　（四三）威尔逊

〔国民政府外交部档案〕

6. 军委会运输统制局关于聘用美军麦慕仑上校为中国交通区总顾问电

(1942年4月)

外事局公鉴：奉交下美国驻中缅印派遣军总司令部本年四月十六日备忘录，略以关于美国供应部及美国航运路线之组织与运用，应成立指挥机构一事。有关中国交通区者。拟定任命美籍军官一人为总顾问，以协调在中国交通区内所有协助运输养路修筑及电讯等事项各美国顾问之工作，并代表中国政府与英国方面联络，以谋解决共同用印缅交通路线而发生之各种共同问题。现已指定麦慕仑上校担任是项职务，立即进行组织中国交通区总顾问办事处。该员并同时兼任中缅运输总局及中国运输公司之总顾问等语。奉委座批照办等因。到局。除分行外，相应随电抄附原备忘录译文一份，即希查照，并照会英大使馆为荷。运输统制局外感。秘人。印。

附抄美国驻中缅印派遣军总司令部备忘录一份。

中华民国三十一年四月　日

最机密　最速件　美总字第二十五号

美国驻中缅印派遣军总司令部一九四二年四月十六日备忘录

主题：关于指派麦慕仑上校为中国交通区之总顾问事。

送致：商局长

（一）关于美国供应部及美国航运路线之组织与运用，应成立指挥机构一事，已获史迪威将军之赞同。因此种机构之设立必须将中国交通区与印度缅甸两地英国当局之关系，加以说明，故于四月十四日举行之军事联席会议中，对于各项适当规定，曾予以审慎之考虑。此种规定经略加修改后，已获得何总长及卜鲁斯将军之同意。

（二）业已同意之项目，有关中国交通区者，其中一条为任命美籍军官一人，并辅以美籍军事及非军事人员若干人，以协助中国交通区内之技术工作。该军官之名义，拟定为中国交通区总顾问，其重要职责为协调在中国交通区内所有协助运输、养路、修筑及电讯等事项，各美籍顾问之工作。此外，则代表中国政府与英国方面联络，以谋解决因共用印缅交通路线而发生之各种共同问题，亦为其责任之一。

（三）史迪威将军希望立即进行组织总顾问办事处，并已授命本人指定麦慕仑上校担任是项职务。吾人深信指派总顾问一人，以协调现服务于中缅运输总局与中国运输公司之美籍技术人员之工作，诚属必要。因职责关系，该顾问对于共同事务，势必将与俞飞鹏将军及陈延炯君时有商洽之处。至于彼与英方联络之工作，将有待于中印路线之完成。

（四）指派麦慕仑上校为中国交通区总顾问一事，拟请转征蒋委员长之同意，并训令俞飞鹏将军及陈君，告以麦慕仑上校同时兼任中缅运输总局及中国运输公司之总顾问。此外，并请将该员负责代表中国政府与英国联络一事，转知英国大使为荷。

马格德（陆军少将）

〔国民政府军委会外事局档案〕

7. 马格德等关于聘用美国顾问教官函件

（1942年5月—1945年8月）

（1）马格德备忘录（1942年5月2日）

最机密　　美总字第四十三号

美国驻中缅印派遣军总司令部备忘录（一九四二年五月二日）

主题：关于请派中缅印公路顾问事

送致：商局长

接五月一日第二十四号台函，关于阿萨缅甸公路之建筑派遣顾问事，查刻有美国工兵军官欧士纶少校魏直尔上尉二员，系以全部时间在曾督办养甫处服务，彼等作事勤奋，在工作联系方面对于曾督办堪资臂助。

本部对于有关增进阿萨与中国交通事项，屡经促请本国政府提前予以实施，今后在军事情况许可之下，我方将继续催促，并将尽我方之能力，促使此重要交通线早日完成。

总务主任马格德（陆军少将）

（2）俞飞鹏函（8月4日）

启予吾兄勋鉴：查美国陆军部前派来我国之公路运输技术人员四十四员，除自愿回美及各方调用暨行止不明外，所余路来治等六员拟改调本局及所属运输局厂服务。兹拟就分配服务名单一份，函请察照，转商美国军事代表团

勋安

附名单一份

弟俞飞鹏敬启
八月四日

Chinese Names	English names	Experience in the states	Prop. Assignments of Serviee
路来治	J. Rufledge	Foreman	派本局汽车司机技工管训委员会 Motor Men Traming and Discipline Commission transport Cont Bureau

续表

Chinese Names	English names	Experience in the states	Prop. Assignments of Serviee
伍德	R.E Woo D	Mechanics	派本局汽车配件管理委员会 Motor Parts Control Commission Transport Control Bureau
鲍猛	C.V. Bowmaw	Superintendent	派滇缅公路运输局 The china Burma Transport Ganeral Administration.T.C.B
罗斯	H.Ross	Mechanics	派滇缅公路运输局 The china Burma Trancport Gencral Administration T.C.B
巴特莱	P.S. Bartley	Mechanics	派本局易隆整车厂 yi-lung Auto-repair Shop.Transport Control Bureau
梁格	R.I.Lang	Mechanics	派本局易隆整车厂 yi-lung Auto-repair Shop.Transport Control Bureau

YC/Gen.T.

（3）美国驻中缅印派遣军总司令
史迪威备忘录（1943年3月11日）

美总第三六九号

主题：关于聘用美国教官事

送致：商局长

关于聘用美国教官事，贵局一九四三年三月九日第三五三号大函奉悉。敝人现已根据由宋部长转来蒋委员长对于此事指示之方针，与陈诚司令长官面洽。此计划乃系在昆明区域设立训练班，以训练现在云南之部队，并在各单位配置连络军官，以利工作进行。

史迪威启

（4）史迪威备忘录（6月18日）

美总字第五七二号

主题：承嘱派美籍炮兵教官赴炮校服务一节，歉难照办。

送致：商局长

接奉本年六月六日第五〇七号大函，承（嘱）调派美籍炮兵军官一位赴炮校服务一节。敝部已详察本战区所有炮兵官员，目下实无军官可调上项服务。事实上兰加与昆明之炮兵训练中心区尚急需增派炮兵军官，故在最近之将来，恐不能调派。

敝部因人手缺乏，歉难遵命。尚祈鉴谅为荷。

史迪威
贺安代启

（5）史迪威备忘录（1944年3月8日）

美军字第484号

主题：函送巡回教官名单

送致：何总长

关于核派"巡回教官"至中国远征军各师及昆明战地司令部事，曾于本年二月二十八日以第451号函达左右，旋奉本年二月十九日复函谷在案。兹将派至五十二军第一百九十五师、七十一军第八十八师及五十四军第五十师之教官姓名随函附上。派至第八军第八十二师之教官姓名，俟得悉后再行奉达。

即请命令中国远征军及昆明战地司令部转饬所属知照，以便此批教官早日前往工作为荷。

史迪威
贺安代启

附名单一份

巡回教官名单

派往第一百九十五师者：

步兵上尉瓦德　Captain Ben H.ward Infantry

派往第八十八师者：

机械化兵上尉白金竿　Captain Rlptley Buckingham.MC

步兵中尉阿步罗佐　Ist Lt Frank S.Abruzzo.Infantry

兽医中尉边德　Ist Lt Henry A.Bender.VC

步兵少尉白特莱　Znd Lt Rolert P. Butterly.Infanfry

步兵少尉莱德　Znd Lt william R.Ladd.Infanfry

派往第五十师者：

步兵上尉斯梯仲斯基　Captain victor L.stedronsky Infantry

机械化兵上尉特克尔　Captain francis C Tucker MC

兽医中尉汉福累斯　Ist LT Virgil J Hu mphreyes VC

（6）史迪威备忘录（6月22日）

美军字第六六四号

主题：关于美炮兵教练组赴六战区之手续问题。

送致：何总长

关于本月十八日本部第六五七号函所述，美军炮兵教训组两组，派起三十军及七十五军所属炮兵营工作一案。该批人员已于本月十九日抵渝。

查该批美员及译员等之护照，已着手向外事局请领，尚祈阁下赐助，俾该项护照迅速发下为感。

前函曾请示知该三十军及七十五军司令部之所在地，可能时并盼将该两军所属炮兵营见示。

该批一行共十八人，内有军官六员，士兵六员，译员六员，即请查照并预为准备由渝至巴东之交通事项。本月二十日本部柯文少校已与黄上校在电话中商妥，由贵方转饬第六战区派代表赴巴东迎候该批人员，该两组组长将前往恩施与当局接洽，其余各员则仍留巴东。

敬请为该两组组长各备一函，介绍见该两军军长，并授权彼等执行职务，以协助训练该项美方装备之七五糎山炮营。

因彼等未有通讯设备，拟请准许其使用一切军用及民用之通讯工具，此项通讯将限于公务上之用，且极少使用。

史迪威
弗利斯代启

附件

第三十军：

范尔伯上尉　李浦里上尉　贝尔少尉　萧亚上士　琼斯上等兵　赖都克上等兵

第七十五军：

威尔逊上尉　布朗地中尉　艾丹士少尉　许斯上士　伯兰特上等兵　丕烈脱上等兵

（7）国民政府军委会外事局函（1945年4月8日）

贵所本年三月十五日征办籍字第一七一七号公函，嘱将现任职全国各军事机关学校部队之高级外员姓名、年龄、出身、经历等项逐一查填赐告等由。准此。查各军事机关部队学校聘用外员多系自行呈准后，签订合约办理，本局无法登记。准函前由，相应检附本局任用外员调查表一份，函请查照为荷。此致
本会铨叙所
　　附调查表乙份

全国军事机关部队学校任用外员调查表

服务单位	现职阶	原官阶	译名	外文原名	国籍	学　略	经　历	备考
外事局	顾问		毕范宇	Frank W.price	美	大卫逊学院文科学士 耶鲁神学院神学学士 哥伦比亚大学教育学院硕士、耶鲁大学博士	传教牧师一九二三年历任金陵大学之江大学金陵神学院西华大学教授	

续表

全国军事机关部队学校任用外员调查表

服务单位	现职阶	原官阶	译名	外文原名	国籍	学　略	经　历	备考
外事局	联络专员		丁克生	Frank Dickinson	美	雅利生大学文科学士 康奈尔大学农科硕士 松山学院神学博士	传教牧师 西华大学教授	
外事局	联络专员		倪必礼	Buford L Nichols	美	德沙士大学文科学士 加尼福利亚中国学院硕士 西南浸信神学院神学硕、博士	传教牧师一九三七年后任开封神学院教授多年	
外事局	联络专员		那约翰	John A Abruathy	美	北加路林那大学文科学士 西南神学院神	传教牧师一九二〇年后在山东济南传教二	

续表

全国军事机关部队学校任用外员调查表

服务单位	现官阶	原官阶	译名	外文原名	国籍	学略	经历	备考
						学博士 浸信圣经学院 神学硕士 支加高大学研究院	十余年	
外事局	联络专员		乐连森	Max A Lorensen	美	威海卫中学 英国剑桥大学	商人一九〇五初至一九四一年任职美亚保险商业公司	
外事局	联络专员		魏蕴和	Edgar C Lorik	美	圣粤利夫学院 文科学士 路得学院神学士	传教牧师一九三五年来华传教多年	
外事局	联络专员		戴锐	Reuben A Torrey Jy	美	拉菲烈学院文科学士 普林斯敦大学硕士 普林斯敦神学院读神学	传教牧师一九一三年以来在山东传教三十余年	

续表

全国军事机关部队学校任用外员调查表

服务单位	现职阶	原官阶	译名	外文原名	国籍	学　略	经　历	备　考
外事局	联络专员		秦模	Geraid R Jimmed	美	亚士必理学院文科学士 福音神学院神学学士 肯尼地神学院神学硕士	传教牧师一九三六年来华传教多年	
外事局	联络专员		安督思	Egbert W. Andrews	美	宾省大学文科学士 威士敏士特神学院学士硕士	传教牧师一九三五年起在山东省传教宾省大学任中文讲师一年	
外事局	联络专员		讳卫亭	Perry O Warison Jr	美	明尼苏他大学文科学士 联合神学院神学学士	社会服务者牧师自一九三八年起任纽约万国教会中文部主任	

续表

全国军事机关部队学校任用外员调查表

服务单位	现职阶	原官阶	译名	外文原名	国籍	学　略	经　历	备考
外事局	联络专员		贾锡真	E.A Crapuchettes	美	西亚图太平洋学院文科学士	传教牧师自一九二九年起在中国传教	

（8）国民政府军委会外事局函（5月12日）

案查前据美顾问毕范宇博士报告，以联络工作繁剧，所有联络专员不敷分配，请增十员一案。经签奉钧座本年二月八日第五二八号丑庚侍参代电，准援例由局聘任在电。兹查业已到渝，并经分配工作者，计有魏好仁、令阜顺、高德士、卫格尔、丁克生、涂凡克等六员，除丁克生一员系华西大学教授，由毕顾问范宇介绍聘任，其合约在渝签订外，魏好仁等五员合约系在美与商团长签订。理合将各该员中英文姓名及到差日期分配工作，列表签请钧座鉴核备查。谨呈

代总长程
委员长蒋　转呈

　　附呈一览表一份

　　　　　　　　　　　　　　　外事局局长何〇〇

军事委员会外事局增聘美籍联络专员一表

姓　　名	到差日期	分配工作	备考
魏好仁　Horace Swillams	三月一日	留局办理联络工作	
令阜顺　Sten F. Lindberg	三月一日	派译员训练班工作	
高德士　Stephen E Goddard	三月一日	同　　上	
卫格尔　Wieeiam N. Wager	三月一日	派战地服务团工作	
丁克生　Dr Frank Dickison	三月一日	同　　上	
涂凡克　Frank E Too	四月一日	同　　上	

本表中文缮就后英文请□□用打字机打

（9）国民政府军委会外事局函（8月17日）

案准贵团本年八月八日务渝（三十四）字第七一九七号公函。以美籍联络专员仍属需要，嘱于任用期届满后继续聘任，并将各员任期列表见示，以资参考。至各员薪旅费如需本团负担，则该人员似可径用本团名义聘用。其续聘期限，亦可由本团决定。请查照见复等由。准此。查战事行将结束，复员在即，各该员任期尚有相当时日，其薪旅费仍可由本局支给，不必再请贵团负担，以免多费手续。准函前由。相应将派驻贵团服务之联络专员任期列表，送请查照为荷。此致

本会战地服务团

附联络专员任期表一份

局长何○○

美籍联络专员任期一览表

姓　　名		任期	约满日期	备考
中文	英文			
戴锐	Reuben A Touey	一年	三十四年十二月十六日	
贾锡真	Eugen A brapuchettes	一年	同　上	
魏蕴和	Edgar B. Sovik	一年	三十四年十二月十八日	
乐连森	Max A Locenyen	一年	同　上	
涂凡克	Frank E. Toothe	一年	三十五年四月二十五日	
高德士	Stepheng Goddard	一年	同　上	
丁克生	Frand Gickinson	六个月	三十四年八月三十一日	

（10）国民政府军委会外事局函（8月30日）

查本局奉准增聘美籍联络专员十员，前经商团长在美聘任魏好仁等六员先行来渝服务。且于本年五月十二日以局人（三十四）字第15565号签请核备在卷。嗣商团长续聘钟士礼等四员，亦已于前月到渝，并经分配工作。理合将各该员中英文姓名及到差日期、分配工作情形列表，签请钧座鉴核备查。谨呈

代总长程
委员长蒋 转呈

附呈一览表一份

外事局局长何〇〇

军事委员会外事局续聘美籍联络专员一览表

姓名		到差日期	分配工作	备考
中文	英文			
钟士礼	Tracey K.gones	七月二十九日	派译员训练班服务	
柯理培	B.L Buepepper	同上	同上	
许及之	D.L sherertg	同上	同上	
舒邦铎	William E Shubert	同上	派战地服务团工作	

本表中文缮就后英文请秘二科用打字机打

〔国民政府军事委员会外事局档案〕

8. 蒋介石为美国军官聘用办法致外事局电

（1943年1月6日）

外事局商局长勋鉴：兹抄附美国军官聘用办法一件，希即与史迪威将军洽商，于三日内具报为要。中正。子。鱼。令。一亨。整附件如文。

美国教官聘用办法

一、凡美国政府派遣来华协助我军训练与作战之陆军军官,一律由军训部呈奉军事委员会委派为部属教官,先以一年为期,期满如有必要,再行续聘。

二、聘用之美国教官,以分派至中国驻滇各部队,协助我军训练与作战为主。如有多余人员,得分配军训部、军政部所属各军事学校,协助教育训练。

三、第一次聘用之美国教官壹百五十员之分配办法,如附表。至细部事项,应由军训部会同外事局商局长与史迪威将军洽办。

四、美国教官分配各部队后,应受各该部队主官之指挥及参谋长之指导,就各部队组设之干部训练班,担任各兵种(尤其迫击炮)战斗技术及战术之训练,与军需兵站,军医兽医、兵工业务之改进,其训练计划由美国教官拟定,呈准后实施之。

五、作战开始后,美国教官仍应随军行动,服行左列任务,协助我军之作战。

1. 对于各部队战斗技术及战术提供改进之意见。
2. 对于各级司令部参谋业务提供改进之意见。
3. 对于交通通信补给卫生等后方勤务,提供改进之意见。

六、关于美国教官分派及驻在各部队协助训练事宜,由军训部负责指导之。关于美国教官随军行动协助作战事宜,由军令部负责指导之。

附记

1. 关于译员准备及招待事务,由外事局办理并与各部队洽办。
2. 关于各部所需训练用之器材及经费,由军训部会商军政部办理之。
3. 关于美迫击炮之编配办法,由军政部会商军令军训两部办理之。

〔国民政府军令部战史会档案〕

9. 财政部等检送美方草拟美军物资运输运费计算合约及结付办法呈

（1945年3月10日）

财政部、军事委员会战时运输管理局呈

本年二月六日准美军函送所拟关于美军物资运输之运费计算合约及结付办法合约各一份，函请查核，并以该项合约希望于本年三月一日签订，三月十五日起实行。等由。准此。查该项合约内容迭经会商，似可照办。兹特检具原送草拟合约一份附具译文赍呈钧院拟俟批准后，即行签订，俾利联合作战。是否有当？伏乞鉴核示遵。谨呈

行政院

附呈美军物资运输之运费计算合约及结付办法合约各一份

财政部部长　俞鸿钧

战时运输管理局兼局长　俞飞鹏

中华民国三十四年三月初十日

合　约

一九四五年三月　日中华民国财政部与美国军政部驻华美军总司令部，订立合约如后（此约应备具双份存执）

兹因中华民国战时运输管理局业经会同美国军政部订立合约，于中国境内承运美军物资，并同意运输业务运用之预付款项内一部份迭退还美军，特另订此约。上述之合约，应即作为本合约之附件。（二）并认为构成本合约之一部份。

复因订约双方业于前述合约内规定预付及退还运费，其调整办法，应由财政部负责办理之。

为使中国战时运输管理局得以依约收入，其应得之预付款及其应退还一部份款项之清算及调整起见，财政部同意将此项结付款记入财政部按月供给美军之无息法币垫款帐之贷方，将来此项无息垫款最后清结时，亦准此计算。

双方同意关于各项预付款及退还一部份之款额，应依前述合约规定办法办理，并由签订该项合约之双方共同作成会计帐目证明无讹，开列数目送交财政部。

双方进一步同意，运输管理局与美军部应协同厘定一九四四年十月二十一日至一九四五年三月一日间承运物资之运费，其中应由局方退还军方若干款项；此款应依据国家总动员会议颁布之法定运价率，比照双方同意之优惠率调整结算之，其数字一经决定以后，应由双方备具证明通知财政部，财政部当依照前述同一方式，将此项退款数额记入无息法币垫款帐目之贷方。

本合约在此次战时未结束前为有效期间，须经双方同意始得解除，由双方指派代表于上述日期签订。

双方全权代表人
中国财政部代表
美国军政部代表

合　约

一九四五年三月　日中国战时运输管理局(以下简称局方)与美国军政部驻华军总司令部（以下简称军方）订立合约如下：(此约应备具双方存执)

局方同意于中国境内以汽车承运军方交运之物资，关于此项运输，局方当尽量利用可能之工具，并依平时运输业务惯例办理簿记，向军方开具运费清单。军方当依照后列条件，偿付此项运输用费。

（名词定义）

法定价率 指国家总动员会议规定有案施用于酒精及木炭二种车辆之运价率。

优惠价率 按照法定价率分别确定如下

酒精车 按法定率百分之五十八收费

木炭车 按法定率百分之五十三收费

预付运费

双方均承认为预购交通必需器材，履行运务，有预付运输费款之必要，军方同意自二月十五日起，约于每月十五日预付运费一次，此项预付款之数额，应依以下方式决定之。自二月起，在每月十日以前，由军方预估次月份运输之货量及运价，关于酒精汽车之运费估计，当依照下列之综合率（即各项价率之总额）决定之。

一、前述法定运费所规定每吨公里之运费。

二、以每十六吨公里用酒精一加仑计，所耗酒精之官价价款（除去政府税额以外之价款）。

三、酒精运费应依优惠率计算，并取具液委会货单证明。

四、货运所耗之全部酒精之价款之百分之一。

至于木炭车运费之预付，其估计方法当依据法定每公吨之运费。此项运输之预付款，局方仅可用于本合约所规定之运输业务。

一九四五年五月三十日或稍早之日期起及以后每月月底，应按月将预付运费及实际运费之差额加以结算。如局方应得之运费少于该月份军方之预付数，此项差数应扣除作为次月份预付款之一部份。如实际运费超过预付款时，军方当立将差额如数付与局方，以资调整。

双方认为本合约将来终了时，如仍有待清之预付款，当依后述之规定偿付之。因此双方同意此项待清之预付款率依照本合约附件（一）之中国财政部与美国军政部于本日所订立之另一合约所规定之折扣率清付办法,并认为构成本合约之一部份。

退款办法

双方了解并同意法定运费率中,实际包括美国所供应之租借法案物资政府税捐及分成本在内,此项物资税捐及人力成本应不适用于为美军行驶之车辆。为调整起见,军方应得低于法定费率之运价,俾昭公允。

付款及清结方式

局方每月按照法定价率所收之预付款及实际上按照优惠价率所应收之运费,参照本合约附件(一)所规定之办法调整清算付给美军。

军方所担任运输

双方同意军方为局方所担任之运输,亦按照以上所述之优惠价率,加燃料价减去税捐再加燃料之运费(按优惠价率),并按液体燃料管理委员会货单,再加所耗燃料总额之百分之一,此款由美军在次月预算内扣除。

合约期限

本合约之期限,应以目前世界大战为期。如有一方拟中途停止此项合约时应于三十日以前提出通知。

双方全权代表人
中华民国战时运输管理局代表
美国军政部代表

〔国民政府行政院档案〕

10. 交通部关于美军驻华总部赋予总稽察司丹纳稽察援华租借法案物资全权训令

(1945年3月28日)

交通部密训令　材字第三三五号　中华民国三十四年三月二十八日

令交通技术标准设计委员会

案准战时生产局三十四年三月二十二日渝优字第零二零六号代电内开："抄录美军驻华总部发致其总稽察 INSPECTOR GENERAL（现任司丹纳，STEINER 上校）令一件，赋予该总稽察对于在华租借法案物资稽察之全权，请转知贵部所属接收机构及用料机构一体知照，俾资接洽"等由。准此。除抄发该总部原令一件，并分令外，若该部总稽察前来稽察美租借法案物资时，应尽量予以便利，藉敦邦交，并将其稽察情形随时具报，以备查核。合亟令仰遵照办理，并转饬所属一体遵照为要。此令。

附抄发美军驻华总部发致其总稽察令一件。〔略〕

交通部长俞飞鹏

〔国民政府交通部档案〕

11．国民政府兵工署公布美租借法案武器弹药统计表

（1945年5月5日）

美租借法案主要武器统计表

品名＼数量区分	已到印度数	在途数	沉没数	前卸缅甸数	总计
三〇步枪	96,836	82,792	0	0	179,628
三〇三步枪	47,649	0	0	0	47,649
四五手枪	3,150	1,000	0	0	4,150
四五手提机枪	32,125	0	1,020	11,000	44,145

续表

数量 区分 品名	已到印度数	在途数	沉没数	前卸缅甸数	总　计
三〇三轻机枪	18,483	0	2,416	1,000	21,899
三〇重机枪	9,930	0	0	0	3,930
五〇高射机枪	922	0	0	285	1,207
五五战防步枪	4,179	0	1,950	0	6,129
三七战防炮	1,182	0	250	0	1,432
六〇迫击炮	2,692	0	0	0	2,692
八一迫击炮	830	100	18	0	948
四二化学迫炮	267	0	0	0	267
七五山炮	511	0	54	20	585
七五榴炮	137	0	0	24	161
一〇五榴炮	392	0	89	0	481
一五五榴炮	36	0	0	0	36

续表

数量\区分\品名	已到印度数	在途数	沉没数	前卸缅甸数	总计
九〇高射炮	28	0	4	0	32
火箭筒	1,886	0	0	0	1,886
枪榴弹筒	8,723	0	0	0	8,723
火焰喷射器	310	0	0	0	310
M3A3轻战车	604	0	0	0	604
二磅战防炮	332	0	28	0	360
二五磅榴炮	40	0	20	0	60
四〇高射炮	178	0	0	0	178
附记	一、本统计截止三十四年四月底止。 二、在途数量之装载船只为580、583、592、597、602、603、604号。 三、航委会租借械弹未列入本表内。 四、本表共制三份，呈次长俞司长陈及存查。				

兵工署公布美租借法案弹药统计表

品名\数量\区分	已到印度数	在途数	沉没数	前卸缅甸数	总　计	附记
七九二子弹	635,590,290	0	44,807,760	0	698,398,050	
三〇子弹	123,295,000	10,793,000	0	0	134,088,000	同
三〇三子弹	135,215,732	0	0	10,001,442	145,217,174	
四五手提机弹	105,623,600	0	2,000,000	2,000,000	109,623,600	武
五〇高射机弹	10,599,107	0	120,000	659,200	11,378,307	器
五五战防步弹	2,402,940	0	137,440	0	2,540,380	表
三七战防炮弹	1,235,391	0	105,000	0	1,340,391	
六〇迫击炮弹	4,094,948	0	40,000	0	4,134,948	
八一迫击炮弹	1,043,963	32,480	1,800	0	1,078,243	
四二迫击炮弹	249,696	10,125	0	0	259,821	
七五炮弹	2,491,723	136,536	88,350	6,500	2,723,109	
一〇五榴炮弹	448,375	0	56,190	0	504,545	

续表

区分 数量 品名	已到印度数	在途数	沉没数	前卸缅甸数	总计	附记
一五五榴炮弹	53,996	0	0	0	53,996	
三吋高射炮弹	12,000	0	0	0	12,000	
九〇高射炮弹	29,300	0	0	0	29,300	
战防火箭	219,468	25,000	0	0	244,468	
战防枪榴弹	475,220	0	1,200	0	476,420	
手榴弹	883,633	100,000	0	0	983,633	
二磅战防炮弹	327,234	0	19,996	0	347,230	
二五磅榴炮弹	167,797	0	22,712	0	790,509	
四〇高射炮弹	249,528	0	0	0	249,528	

〔国民政府兵工署档案〕

12．交通部报告向美国购买轮船调配驶用事致行政院呈

（1945年7月18日）

查我国向美政府正式申请购买交我代营之十艘自由轮及中

山、中东两轮,业经电请华府物资供应委员会王主任守竞办理在案。兹以急需自行调配驶用,经径商妥,马歇尔将军已于六月廿一日将该自由轮十艘正式交我接收,于中山、中东两轮之接收日期,现在洽商中。除已电知王守竞外,理合备文报请鉴核。
谨呈
行政院院长宋

        交通部部长俞○○谨呈
         〔国民政府交通部档案〕

（三）对华经济援助与合作

1. 郭子勋为代购运美滇锡五百吨运美事致资源委员会呈

（1939年12月15日）

接准云南出口矿产品运销处十二月九日函开：财政部委托本处运美之滇锡伍百吨，兹据个旧报告，业已陆续启运，其中有云南炼锡公司所产本牌锡叁百拾吨，其成份为99%，其余壹百玖拾吨中，有98%者廿九吨、94%者四十四吨、91%者廿六吨、85%者六十六吨、82%者六吨、75%者十九吨，亦均曾精炼，并有Y.T.C. 91%牌号，可以径销。兹据云南炼锡公司函称：查敝公司所产九九力锡，实际成色平均为九九。三Y.T.C.三字在国外市场，信用早著，所以敝公司在过去抛售此项锡条，均凭招牌出活，并不经过化验手续，办理至今，已五六年矣，买方并无丝毫异议。此后贵处出售敝公司九九力锡，应请注意此层，藉维原状，而免周折等由。又据该公司负责人面称，美国对锡无进口税，锡铅合金或铅之进口税则颇重，故报运上项百分之七五至九八滇锡时，只可报为Low Grabe metal，切勿以合金报运等语，相应函请查照等由。查此项滇锡五百吨，系代财部收购转运往美，交世界公司接收。将来或即由该公司在美洽售。现云南出口运销处函告各节，应否于滇锡外运时由所详函告知该世界公司，俾有接洽。理合具文报请鉴核令示祗遵。谨呈
资源委员会主任、副主任、委员翁、钱
　　　　　　　资源委员会国外贸易事务所所长郭子勋
中华民国二十八年十二月十五日

〔国民政府资源委员会档案〕

2. 贝志翔报告钨锑装轮运美情形致资源委员会电

(1940年8月)

(1)电之一(8月3日)

快邮代电　越字第二一七八号

资源委员会翁主任委员、钱副主任委员钧鉴：存防钨砂外运及派员前往西贡办理矿品外运情形，前经于本年七月梗日代电陈报在案。美轮第一艘BIPMINGAM CITY于七月十八日离防，同月二十二日到贡，经将南定运往之钨砂赶先装船，于七月二十六日装竣，共装三〇三八三包，计一五一九吨〇七〇公斤。（详附说明）包装均经重行整理完整。惟查前由越港务局搬运出仓之钨砂，除未离防仍行搬回者外，其运往南定者为三〇四〇〇包，此次运抵西贡短少十六包。又在贡装轮时轮上堕水遗失两包，业已分别设法追究。现该轮业于七月三十日离贡驶美，至于前装苏轮存贡之钨锑包装，亦均已重行整理整妥须俟交涉妥就方可装运。现在Mr.Petro及事务员潘立成雇员钟松州暂仍留贡，会计员麦发英于七月二十八日先行离贡返防报告。兹谨将该员报告连同说明一份，一并缮具附呈，敬请鉴核。国外贸易事务所海防分所长贝志翔叩。冬。印。

附说明及报告各一份〔略〕。

(2)电之二(8月9日)

快邮代电　越字第二二〇七号　民国二十九年八月九日

资源委员会翁主任委员 钱副主任委员钧鉴：冬代电计已呈达。美轮第二艘Puerto Rican已于鱼日离防，经马尼拉赴美。该轮共装纯锑三万三千八百九十二箱，应为净重三千三百八十九公吨二百公斤，又生锑四千二百四十一箱，应为净重四百二十四公吨一百公斤。当因该轮吃水太深而防海港口砂积水浅，该轮已不能再装，不得已余剩生锑五千八百六十箱，应为净重五百八十六公吨，暂时退关。经即报告美总领事电美另轮装示，据轮船公司声称：在十七日前有美轮一艘可到防，此项余剩生锑当可全数装该轮运美。除已电港所及纽约华昌公司知照外，敬电呈报。再各货运出提单副本，均由福公司具总经理转呈，谅蒙钧洽。被运南定滇桂锡，共计三百十八公吨，据美领称不久可以放行，正向港务局交涉，将该项锡块全数运回海防待装，并以报闻。国外贸易事务所海防分所所长贝志翔叩。佳。

〔国民政府资源委员会档案〕

3．翁文灏请奖励洽办中国存越物资售美有功人员致行政院呈

（1940年9月14日）

经济部　呈　秘字第68452号　中华民国廿九年九月十四日

案据资源委员会呈称：查本会经管钨锑锡等矿产品，其外运路线自粤汉铁路断绝后，即改由越南海防转运香港出口。乃本年一月间海防当局忽奉令禁止我国钨锑出口，广州湾方面亦有同样禁令。又同月装由苏轮薛伦加号运往海参威之易货钨锑锡矿产品一千七百吨，亦经法方扣留卸存西贡，综计前后在越湾为法方阻运出口之矿产品，计钨锑各达六千余吨，锡品亦有数百吨。经数月交涉，法方迄未准放行。惟关于存越钨砂部份，法方曾派代表来华与孔副院长订约收购。嗣因法德停战，局势已非，法国对该项钨矿已无需要，遂延不付款。是时越局日趋紧张，该项矿品久留越境损失堪虞，乃急商美国驻华大使，并托纽约华昌公司李国钦转向美政府洽售存越全部矿产品。经李君努力接洽，当与美政府洽定由美方收购存越全部钨锑，并即派船到越装运。现该项已售钨锑及其他未经售定之矿产品，除薛伦加轮卸下矿

产，苏方对运美尚有异议，正在洽商仍运苏联外，均已大部装运美方所派之两专轮运美，尚有少数未经装竣之矿产品最近亦可装出。此事前后办理经过，业经另缮节略呈报委座鉴核。并奉八月九日侍秘渝字第三〇七九号未佳代电令，对各出力人员代致嘉慰等因。查此次售美矿产总值达美金八百余万元，其他附装美轮运美之我方自有矿产尚不在内，以如此巨大价值之矿产品，得能迅速脱离险境，深赖在事人员上下努力，而李国钦君之在美接洽得力，尤关重要。查钧部对于实业方面著有功绩人员原定有奖励实业规程，规定颁发奖章办法。李国钦此次接洽大批矿产售美事宜，保全国家重要资源，厥功甚伟，拟恳准照该规程第二条之规定给予金色民生奖章，以资激励。是否可行，理合检同本案办理经过节略，呈请鉴核示遵。等情。据此。查该会此次售美之矿产品，总值达美金八百余万元，其他附装运美之我方自有矿产尚不在内，能于局势紧张之时顺利运出越境，深赖各在事人员办理得宜，尤以李国钦在美接洽成功最关重要，原请给予金色民生奖章，核与奖励实业规程规定尚属相符，仍应予以照准。据呈前情，理合缮同原附节略备文呈报，仰鉴赐核准指令祗遵。谨呈
行政院

　　附缮呈原节略一件

　　　　　　　　　　　　　　经济部部长翁文灏

中华民国二十九年九月十四日

存越钨锑售美办理经过节略

　　一、薛伦加轮事件，资源委员会为经办对苏易货，于本年一月初在马尼拉交由苏轮薛伦加(Selenga)号钨砂一千二百吨，纯锑四百吨及锡一百吨，运往海参威。该轮一月八日由菲启行，于驶抵台湾附近时突为英舰所截留，于十三日晨押往香港，受战时禁制品之检查。我方当即经由外交当局向英方提出交涉，说明该项矿产品

原属按照中苏易货协定运往苏联之货,但在该货未到达苏联边境前,仍为中国政府所有,务请即日释放,但英方迄未正式答复。至三月下旬,英方宣称将该轮移转法方继续检查,并即由法舰将该轮由港押往越南西贡。我方随即向法国政府提出交涉,并同时商请英方从旁协助,仍将船货早日释放。几经交涉,法方于六月初开始正式表示该轮所装矿产可由彼出价商购,俾我不受损失,至该轮既属苏联,当可释放云云。复经继续交涉,仍请将该项矿产释放运苏,并说明苏方对我所供易货矿产已正式书面保证。绝不转运德国。惟法方仍坚持释放薛伦加轮上载矿产仍须卸留西贡,由法代表欧德南(Audient)在渝与孔副院长洽商处置办法。旋经孔副院长与法代表商定,将薛伦加轮卸下钨砂,全部暂行售法,但由法代表致函孔副院长声明,如法政府允该项钨砂仍行运苏,则仍当运苏云云。此事嗣因法方未能依约付款,已洽准法代表同意。将该项合同取消,由我将薛伦加轮全部钨锑连同原存海防钨锑一并售美政府,但嗣后装船时,越南当局忽奉法政府令,拒绝释放薛伦加轮矿产品。苏联驻华商务代表亦奉政府训令,向我要请仍将该项矿产运苏。现正由我方向美政府商洽取消购买该部份矿产,俟得美方同意,即将该货运苏。

二、存越钨锑被扣事件 资委会经管之钨锑锡等矿产外运路线,自粤汉铁路断绝后,均改由越南海防转运香港出口。乃二十九年一月初,海防海关忽奉令禁运钨锑出口,又奉命禁运锑品出口。同时广州湾亦禁我钨锑等矿产出口。一月十日,海防市长并亲临勘查本会到越钨锑。十一日晨,正式签递征收令及收条,将到防报关进仓之钨砂均行封存,并指定本会驻防代表为负责保管人。查当时我国存防及即可到防矿产计有锡锑各三千余吨,若全任法方征购,则对外易货及外销均将无法交付,影响国际信谊,当即转请外交部并急电顾大使向法国政府提出严重交涉,取消征购办法,仍允钨锑照常经防出口。同时本会亦在渝与法大使及法商务参赞往返洽商迅速解决途径。法当时表示愿知我国存越钨砂之分配办法，我方乃答以该地钨砂计共三千余吨，拟以六百吨售法五百吨，供对英易货四百吨，供对苏易货一千五百吨，运美销售（其中事实上拟提出一千吨转运苏联，但此节不向法方说明。）一月下旬，法国军备部Braye及Deeaquaise二人来渝商洽此事，彼等对于上述办法表示异议，要求以一千七百余吨售法只以五百吨运美，且要求每年须售法钨砂八千吨，定价应特从廉。双方意见相去甚远，因之洽谈未获结果。该二代表随即离渝赴越，由法大使在渝继续交涉。我方为谋该项钨锑得以迅速出口起见，对钨砂分配办法乃略为变更，允以一千吨售法，一千吨运英，一千二百余吨运美，四百吨远苏，并请法方即行同意出口。至锑品部份法方即无需要，亦请早日放行。关于价款方面，亦经同时与法方商洽，以纽约国际市价为计价标准。法方对我所定运苏四百吨一节坚不同意，对于早日放行事亦迄无具体答复，惟表示我方所提价格标准太高，难以同意。法方为谋此事最终解决起见，乃派欧德南于三月中旬由法飞渝，襄助法大使继续接洽。法代表欧德南抵渝后，即与孔副院长进行磋商，旋经洽定，以存越钨砂五千九百四十吨（内有薛加伦卸下之一千二吨及续到之货）全部售于法国，价格照各单位八十四先令计算，海防及西贡交货由孔副院长与欧德南于六月十日正式签约，按照该约之规定，法方应于签约时先付价款百分之九十。故欧德南于该约签字后，即行飞往越南，原定到越后即可付款。乃是时适值欧战形势突变，法方对德屈服，法方遂延不付款。

三、在越钨锑售美事件　自欧局剧变后，越南形势亦日趋紧张，我国存越矿产计有钨砂，五千九百四十吨，锑品五千六百七十吨，锡品一百五十吨，此外存广州湾者尚有锑品约千吨，其总值不下美金八百余万元。法既屈服，越南局势岌岌可危，强邻窥视，随时有损失之虞。为急图挽救起见，乃一面与英商福公司总经理贝安澜接洽，请其即日飞越以福公司名义设法雇船将存越及广洲湾各矿产品运往马尼拉或新加坡，一面并于六月二十一日致电纽约华昌公司李国钦君，请其即商美政府，承认我存越湾两处矿产已由美方收购，并即电驻越美领事，通知越督放货，以免运出时或受敌干扰。同时又致函驻华美大使，告以我方存越矿产拟即设法运到马尼拉或新加坡，并已托由华昌公司在美接洽，美政府且有收购之意，请其转请美政府协助向越方交涉放行。此时福公司贝安澜君已应我方之请，于二十二日飞越办理出口交涉。华昌李国钦君于接获本会去电后，即于二十四日由纽约飞往华盛顿，与美政府有关各部门洽售存越矿产钨砂五千九百四十吨及锑品五千六百七十吨。是时美政府已接美大使电，说明我方洽请协助各情形，复赖李君与美国各方人员多有熟稔，故接洽异常顺利。经分别与美国防委员会(National Defense Council)陆海军军备部(The Armyand Navy Munitions Board)财政部 (The Treasury) 及建设银公司 (Reconstruction Finance Corporation)磋商后，于二十五日即得获各机关同意，收购我存越钨锑之全部，并议定钨砂纽约交货价为每短吨单位美金十五元八角二分，纯锑每磅一角四分，此项价格超出美国现下市价。此固由于美国政府之特予协助，亦李君折冲之力。此事洽定后，李君乃立即商请美国务部(The Deparment of State)于廿五日晚致电驻越美领事，即与法越当局交涉放货，同时并商准美船务局 (The Maritime Commission) 于七月内先后派专轮两艘驶越装运该项矿产品。资委会于接获李国钦君及美大使此项报告后，一面电知驻防代表及驻河内许总领事迅与美领取得联络，向越方洽领全部钨锑出口证，俾美轮到后即可装船。一面并电复李君，请续与美政府接洽，将广州湾存锑千余吨亦一并洽售美方。惟查存越钨砂原已与法方订有售货合约。但法方延不付款，我方自难无限期等待，因即由我驻越总领事馆致函法代表欧德南，商请取消合同。越督此时并已奉法政府电令，对于钨砂暂禁出口，锑品则可运至新加波。惟我方以时局紧急不可久待，乃数电李国钦君请转商美政府，即向法方说明该项存越钨锑均已售美，为美国货物，应即放行运美。同时美方所派两船已在西贡海防间候命，俟货放行后，即可召往装货。我政府驻越代表宋主任子良，于六月二十五日接法代表欧德南函，声明放弃购钨合约。于是乃由河内许总领事及资委会驻越代表与贝安澜，会同美领事积极向越方交涉放货。至七月一日晨，越督始正式签准放行存防贡全部钨锑运美。美领当即电召船舶来防装运，至存广州湾锑品约千吨，经我驻美人员与美政府洽商后，美政府亦已同意全部收购。此外，我国存越及存湾尚有续到少量钨锑锡矿产品，并经洽准美政府允予附装美轮运美，由我自行销售。七月十日，第一艘美轮Birmingham City驰抵海防，装载钨砂三千一百十二吨及纯锑九百吨。十八日离防驶贡，在贡续装新自海防移往之钨砂一千五百二十吨，装毕于七月三十一日离贡径驶纽约。第二艘美轮Puerto Ricant，十九日到达广州湾，当即开始装货，计装锑一千七百六十六吨，钨二百四十吨、锡一百七十七吨，装毕即驶防，续装存防之纯锑三千三百三十吨及生锑四百二十二吨，于八月六日离防驶美。此外未能装运之矿产品尚有少数锡锑及薛伦加轮卸下之钨锑一千七百吨，前者后因舱位无余当俟下次美轮来越时续装。关于薛伦加轮货，法方因苏联政府要求，该项矿产仍须运苏，故不允放行运美。我方以目前越南局势日趋紧张，该货既不能运美，若能及早运苏，亦可免于损失，现正由我方向美政府商请取消该货售约，一俟美方同意，该货即可运苏。如此全部在越值美金八百万元以上之矿产，在各方协力进行之下，得于最紧张之时运出越南。此固办理人员努力之结果，亦国家之幸也。

〔国民政府行政院档案〕

4. 胡适报告美国援华五千万元借款合同签字致蒋介石电

（1941年4月25日）

敬电奉悉。本日上午五时，平衡基金五千万元借款合同在美财政部签字。毛财长嘱适等转达我公云：此次借款完全由于罗总统对中国热忱援助及对蒋先生敬重与信任云。当即由适代表政府致谢总统与财长之好意。

〔军事委员会委员长档案〕

5. 宋子文关于中美平准基金事宜与摩根索往来函

（1941年4月25日）

（1）宋子文致摩根索函

美国财政部长摩根索先生阁下：关于本年四月一日中国政府、中央银行与美国财政部成立中美平准基金协定，规定以美金购买华元一节，谨呈我国政府意见如下：

我国政府研究此项协定之目的，深信与中国福利至关紧要，特建议应再取其他措置，以补充此项协定之实施。我国政府准备将全权付与一中国政府所组之机构，使其遵照现有对美国政府及其附属机关之各种合同，专司管理我国所有外汇之责。此处所谓我国外汇，包括我国政府与中央银行已有之外汇，与今后行将获得之外汇，凡我国政府与中央银行今后由美国政府或其附属机关获得之外汇，均在其内。惟有应存放于本协定所载之基金，或同日所定中英平准基金中之外汇则除外。

我国政府之准备将全权付与此中国政府之机构，使其监督现行外汇管理之法则，至外汇管理之系统扩大时，亦将畀以一切必需之权力。如是则该机构将有下列各种权力：（a）用适当方法对中国国民得查究统制或禁止其各种外汇之交易，以及金银、钱币、证券等物之进出口与储积。（b）凡中国国民所有之外汇，包括金银、钱币、证券以及国外存款在内，得付以公允之价格，使其让与我国政府。（c）得使中国国民供给一切有关上述外汇管理之报告。

现在我国政府拟设立一统一平准基金委员会，由华方三人，美方一人，英方一人组成，执掌管理外汇之事。至上述中国政府之机构，即以此三位华方委员为当然委员，如此则我国政府建议采取之步骤，即经此转达于平准基金委员会，而平准基金委员会认为我国政府在其权限内应取之步骤，亦可经此转达于该机构。中国政府对此双方所决定之步骤，当以适当方式使其实行。

我国政府及其附属各有关机关对该机构与平准基金委员会自当充分合作，以期切实达到中美平准基金协定之目的。在该协定有效期内，我国政府在财政、银行、经济、货币各方面，均当采取一种政策，最利于达成此目的。凡此各种政策，只要有实益时，亦必充分通知该机构与平准基金委员会合作，决不参加任何足以妨碍其工作之举动。

我国政府、中央银行与该机构，亦当用一切方式辅助平准基金委员会之美籍委员，对上述各种外汇管理之实情，包括该机构与平准基金委员会之工作实情在内，获得全部情报。

余谨向阁下表示我国政府今后愿取一切适当措置，以达成此次协定之目的，并希望经由中美两国间之继续合作，此种目的可圆满成功也。

宋子文

一九四一年四月二十五日

（2）摩根索复宋子文函

宋子文先生阁下：台端本日来函敬悉。关于本年四月一日中国政府、中央银行与美国财政部成立中美平准基金协定，规定以美元购买华元所示各节，已经阅悉矣。

摩根索

一九四一年四月廿五日

〔国民政府财政部档案〕

6. 费立浦关于中美中英两平准基金谅解事宜与摩根索往来函

（1941年4月25日）

（1）费立浦致摩根索函

美国财政部长摩根索先生阁下：关于本年四月一日中国政府、中央银行与美国财政部成立中美平准基金协定，及本年四月一日中国政府、中央银行与英国财政部代表成立中英平准基金协定，美国财政部与英国财政部当有下列谅解：

（a）苟有关上述两项协定之环境并无变动时，英、美二国财政部将敦促中国成立一统一平准基金委员会，由中国政府任命华方三人，美方一人，英方一人，五人组成之，专司管理上述两项平准基金之责。

（b）倘若英、美之一方决定通知中国对（a）款所载一种或两种基金有意清算时，则在通知中国前，应预先将其通知中国之决议告之另方。

（c）倘若英、美之一方或双方同时通知中国对（a）款所款基金加以清算时，则两方应会商如何处理该基金中所有华元之问题。

上述谅解如蒙允准，不胜欣感之至。

费立浦

一九四一年四月廿五日

(2)摩根索复费立浦函

英国财政部代表费立浦爵士阁下：台端本日来函内载各节《照录费立浦致摩根索函》业经阅悉，余对台函所开谅解欣然允准。

摩根索

一九四一年四月廿五日

〔国民政府财政部档案〕

7. 翁文灏关于采购国营工矿电建设事业器材所需款项列入美国军火租借法案与蒋介石往来电

（1941年7月）

（1）资源委员会致蒋介石电（7月1日）

委员长蒋钧鉴：查资源委员会经办国营工矿电建设事业，日益扩展，所需国外器材，虽历经奉准在国外借款内酌为列购，但以限于借款支配数额，离开实际需要甚远，因之一部份产生能力较大之厂矿，为器材之缺乏，未能充分出货。若不及早补充，更将影响工作。资委会主办各事业，直接间接均与国防有关，在此抗建期间，自应加紧生产，而各项必需器材之购置，实属刻不容缓。兹经拟定待购器材清单一份，计共需美金一千七百万元，所列各项均与偿付外债或军用品之供给有关。最近美国方面通过对我军火租借法案，该项器材依照租借法案规定，可以包括在内，再我国于租借法案内可以得到之物资为数必大，本会此项所拟购置之器材为数有限，决不致影响其他军用品之订购。理合检同拟购器材清单一份，电呈钧座，务恳赐准列入此项美国军火租借法案内，训示知照，以便电美洽订，是否有当，敬祈鉴核示遵。单内所列各项，一部份为前呈国防工业三年计划所列入，而为目前所特为急需者。又一部份则为各厂矿所必需之器材，均已在单内分别注明，并以□□。职翁〇〇叩。（东）资。

(2) 蒋介石复翁文灏电（7月12日）

国民政府军事委员会代电　　　侍秘川字第8184号

经济部翁部长勋鉴：密渝字第（5142）号东资代电及附件均悉。所拟急须补充之器材共计美金一千七百万元，应准列入此次美国军火租借法案内。除电知孔副院长外，即希商承洽订可也。中正。午。文。侍秘。川。

中华民国三十年七月十二日发

〔国民政府资源委员会档案〕

8．孔祥熙为向美国请求政治战时借款五亿美元致摩根索电

（1942年1月9日）

中国抗战已四年半，资源耗丧，牺牲惨重。目前中国经济及财政情势已临危险境地，物价高涨，民生困难，前方英勇战士衣食俱缺。为使生产不致减损，管制通货及物价是必要的。如果现已濒危的经济财政现状崩溃，战争将无法继续。

民主国家的生存是互相依靠的，因此，现阶段的世界大战的发展使得这些国家必须把它们的经济与军事资源汇合起来。为此我向您请求政治战时借款五亿美元。我们也曾向英国商请借款一亿镑，以凑足所需的总数。我们正等待英国的回音。如果你们肯带头，我相信他们一定会学你们的榜样。这项借款打算用以补充准备金，以便恢复对货币的信心，增加生产以抵销输入之减少，控制物价并以应付急迫的战争额外需要。这项借款无论从经济立场，或从联合作战的立场，都有充足的理由。但是，坦白地讲，我向您磋商的理由首先是政治的。这种性质的借款比租借法案的取得更重要。这个举动的要件就是时间性，必须在立即到临的几个紧要关头的月份中，证明中国对同盟国的信任，是和同盟国对中国的同等信任相配合的。不仅是要激动舆论，这借款之早日宣布将

会在整个亚洲发生立刻的影响,包括对我们共同敌人日本的影响。我深知您对中国有不断的敏锐兴趣,因此使我有信心给您写这封信。

1942年1月9日于重庆

〔军事委员会委员长侍从室档案〕

9. 孔祥熙关于美英对华借款成功致蒋介石电存

（1942年2月7日）

（1）电之一

（加尔各答）美国借款成功,裨益抗战之财政金融及增加经济生产极巨,此皆钧座四年来领导抗战深得美国朝野人士之拥护钦佩,有以致之法案手续完成之迅速,开美国未有之纪录。美总统即可签字,为公为私,曷胜欣幸。目下关键厥为条件之磋商,已两电宋部长,告以此项借款在我方视之纯为政治性质之军事援助,当与普通借款完全不同,特嘱遵照钧电原则而对于国家权益之保持行政支配之自由,必须特别注重,条件之措词,请其随时电洽。知关廑法,敬电奉陈。

（2）电之二

此次英国公布借款成立,旋接倪米亚爵士来函,转告英政府公布原文语气之中尚有条件及时间问题。弟已将指示子文各点电知顾大使,慎重运用。顷接郭次长来电,略谓晤英财次询其性质如何,据答租借办法与美国租借军械于中英同一性质,军械可免费供给,但战后如军械存在,将要求我方归还,并称英政府已电缅甸英军当局对于我方所需军械,即免费供给。借款性质条件当然最优,拟探询美政府态度,并愿先知我方意见及用途,英方以为主要目的在使我国可在国外购买需要物资类,如信贷用途,但我方如有用于国内事业之计划，如充公债担保或发行准备等，英方亦愿予同情考虑等语。除电复指示外，并附陈。

（3）电之三

临行手示敬悉，自当遵办。现正详加研究，核拟办法，容再奉陈。长途跋涉，请祈为国珍重。

〔军事委员会委员长侍从室档案〕

10. 孔祥熙关于福克斯协助与美方洽商借款等事致蒋介石电存

（1942年2月）

（1）电之一（2月20日）

（一）据可靠密息松一冈洋右已赴苏联，企图加强互不侵犯条约。此事关系国际局势，攸关军事，印度方面将来恐亦不免发生影响，此息虽不尽可信，然亦宜加注意，特电密陈参考。

（二）接福克斯来电，到美后已两谒财长，毛氏对于此次借款迅速完成至感欣慰，并谓拨款手续虽未完成，倘兄及财政当局欲先拨一二万万，亦可照办。另据华府电讯，已先拨一万万元，我方用途各方案亦均分别拟定，俟钧节回渝核定，即可公布施行。知法驰陈。

（2）电之二（7月21日）

顷接子文巧申电，转示上兄电稿，报告与福克斯谈话情形，径谅达钧鉴。弟已复去一电，文曰应付福君各节至妥。此次借款用途，我方原则志在充实准备，增加币信，发行金公债，吸收游资，平抑物价，增加抗战必须生产。均系秉　委座决定原则拟定，进行接洽之时，曾由公私电讯分向美当局说明，电毛财长提出之时，即已详为述及，原电曾转弟参考，想均察及原案本拟有成分分配,后以军事时期瞬息万变,办法过于详细,拘束力随而加大,将来应付为难,故予取消。此事美方法案手续均经完备,观总统财长及两院诸君言论,对我用途情形已极明了,当不致再有问题,亟望迅速观成,条件方面切避拘束,必须由我自由支配,庶我政府可酌量情形,作适宜之措置,以合抗战需要。福克斯君为人爽直,勇于任事,对我同情且为财长亲信,我方情形以往渠向财部报告于我有利,故此次委座与兄派其赴美,旨在代我说明遇事解释疏通,以期我弟接洽时进行顺利。昨接渠电,返国后与财长晤谈数次,财长及各方均甚融洽,诸事进行顺利,不致有何困难,务希努力周旋,促早实现。至福君所提重订汇率,规定每百元合美金四元一节,查汇率原系平衡会诸君根据市价议定,当时舆论即有过高过低之说,现既已实行多日,此时提议减低,想为枝节问题,与借款本身无关,不宜混为一谈。当此借款成功,法币价值上涨,币信坚定之时,若予减低,深恐影响社会人民信仰过巨,且虑于全公债之推行有碍,应以不提为宜,想弟亦有同感也等语。谨电陈察。

〔军事委员会委员长侍从室档案〕

11. 孔祥熙与宋子文磋商借款内容与美方交涉经过往来电

（1942年3月）

(1)孔祥熙致宋子文电（3月8日）

华盛顿。宋部长子文弟勋鉴:密。顷发英文电,谅达。此次借款原商不附条件,因念美方既经提出,不便多持异议。详审内容,大体尚可,故尽力避免修正,惟其数要点奉告如下：（甲）引言中（六）推行社会及经济措施,以保障中国人民之团结一节,因牵涉广泛,恐致误会,故拟将后段改为"以谋中国人民之福利"。（乙）引言（七）供应军事需要一节,因已另有租借法案，为免复重及误解起见，故拟加"除利用租借法案外"数字，以资明确。（丙）关于条件者：（一）原文第二条对于借款之用途，须随时通知并洽商美方，似觉拘束太大，故拟改为对于此款之用途，愿随时通知美财长，并对与用途有关之技术事项与之洽商，以示限制。（二）原文第三条文字似嫌单方面立场，故对为最后决定一段之上，拟加"签约双方"数字，以免日后误解。（丁）条文中美方既以财长为主体，对我方则用中国政府名义，就国家体制及主管责任言，似觉欠妥，故拟一律改为财政部长，以示对等而明确权限。上列修正各项，均遵委座意旨修正。特再详告。祥熙。齐。

（2）宋子文寒电（3月14日）

庸兄勋鉴：三月八日专电奉悉。关于借款，美财部对我方所提各项建议，皆可接受，惟对第二条认为不拘形式如何，应予保留。复经详细考虑结果，将第二条条文修正稿交来，弟以为较原条文及兄拟改之条文似尤堪接受。其条文如下："为表现中国与美国双方共同作战之合作精神起见，双方政府之适当官员对于此项财政援助所发生之技术问题，将随时互商，并交换关于运用此项资金最有效方法之报告材料与建议，俾达到双方政府所期望之目标"。请即请示委座，电复为祷。弟子文叩。寒。

（3）宋子文马电（3月21日）

孔部长庸之兄勋鉴：筱、巧电奉悉。委座意见，除最低限度一节，因稍有放松口气未译转外，余均转达财长。经国务、财政两部开会讨论，颇费斟酌，以为此次借款较之任何借款皆优，毫未述及苛细云云。文阅悉之下，即向最高当局及有关主管作私人之疏解。今晨代理国务卿约谈，重行声明美政府之立场，表示第二条可删除，但要求由文另具函证明：（一）中国政府愿与美财政部长对于借款用途，随时交换意见，磋商有效之办法。（二）中国政府愿将此项借款用途，随时详细通告美方。文谓中国政府关于此项借款用途，绝无对美国政府守秘密之意，且愿得美方技术之援助，但不能有任何表示中国政府负有交换意见及磋商之义务，极力坚持之。结果经代理国务卿以电话与各方商洽，始决定第二条删除，协约签字后，仅由文函致财长，声明中国政府愿以本约借款详细用途不时告之。要点如下：关于今日中美两国政府订立之借款协约，为表现中美两国协力抗战之精神，鄙人谨奉告阁下，中国政府愿以此项借款之详细用途，不时由财政部长详告贵财长云云。此为美国最后让步，且不悖委座屡次指示之方针。借款协约遂于本日午刻双方签字，并约定协约条文公布，文致财长函不发表。谨呈鉴察。弟文。马未（廿一日）

〔中国银行档案〕

12. 国民政府公布美国给予中国五亿美元财政援助声明及动用意见

（1942年3月）

（1）声明（3月21日）

美国和中国本日成立协定，以执行参众两院一致通过的国会法案，以五亿美元财政援助界予中国。此项协定，经总统及蒋介石委员长批准后，由摩根索部长代表美国，宋博士代表中国签字。

这个财政援助，对于中国政府及人民，为了应付将近五年来日本不断的攻击所加于他们在财政经济的负担，所作的伟大努力，将有很大的贡献。

这个协定具体地表现了，在我们共同为争取自由的战争中，美国没有吝啬地给予中国援助的意向及决心。

这笔五亿美元财政援助，给予中国的条件，包括中国酬报美国的好处，最后的决定，留待战后，等到情势的发展，可以更看得清楚，何种最后条件及好处对美中两国互有利益，并能促进持久世界和平及安全的建立。

协定原文如下：

"鉴于美国及中华民国政府，连同其他意志相同的国家及人民，现正协力进行反抗共同敌人的事业，以奠定公正持久的世界和平，并为自己及所有国家获致在法律下的秩序，又

"鉴于美国及中国同为1942年1月1日联合国宣言的签字国，该宣言宣称：'每一政府承允对于与之立于战争状态之"三国同盟"分子国及其加入国，共同使用其全部军事与经济资源'，又

"鉴于美国国会于全体一致通过1942年2月7日批准的公法四四二号时曾宣称：对中国财政及经济的援助可以增强中国反抗侵略势力的能力，称保卫中国是有极大的重要性。国会得到总统的核准，已授权美国财政部长给予中国财务援助。又

"鉴于这种财政援助可以帮助中国做以下各事，使中国对抗共同敌人的作战努力，得以大大的加强：

"（一）加强其货币、金融、银行及经济制度；

"（二）资助并促进生产，获取并分配必需的物品；

"（三）缓和物价的上升，促进经济关系的稳定并在其他方面制止通货膨胀；

"（四）防止粮食及其他物资的囤积；

"（五）改进运输及交通工具；

"（六）实行进一步的社会及经济措施，以促进中国人民的幸福；以及

"（七）满足在租借法案供给之外的军事需要，并在作战中采取其他的适当措施。

"为达成上述目的起见，签字人各经本国政府正式授权，议

定条款如下：

"第一条 美国财政部长同意，立即在美国财政部账上，以中华民国政府名义开立存款五亿美元。美国财政部长应根据中华民国政府经由中国财政部长提出的请求，随时以所请求的数额，从上项存款拨交纽约联邦准备银行内之中华民国政府账户或中国财政部长所指定的任何代理机关之账户。中华民国政府得直接或通过由中国财政部所授权之人或代理机关请求上述拨款，并从纽约联邦准备银行的账户上支款。

"第二条 本财政援助之条件，包括对美国酬报的好处，缔约双方延缓其最后的决定，等到战后情势的发展，更能看得清楚，应该以怎样的最后条件及好处，可以对美国和中国互有利益，并能促进世界持久和平与安全之建立。在决定最后的条件及好处时，应充分认定中国在战后有如在战时一样，需要维持一个健全稳定的经济和财政局面，并认定促进美国与中国之间互利的经济及财政关系，以及改善全世界经济及财政关系之必要。

"第三条 本协定自本日起生效。

"本协定缮成两份，于1942年3月21日在哥伦比亚特区华盛顿签字盖印"。

美利坚合众国代表财政部长
亨利·摩根索
中华民国代表外交部长
宋子文

（2）动用意见（1942年3月）

奉交研究美国政府对华借款五万万元动用办法一案，遵经密加研究，谨拟具意见如下：

一、接洽方式：查此案借款，前奉钧谕知宋部长曾经电告，美国财政部已通知我方随时接洽动用方式，以便划入联邦准备银行,再凭拨付,等因。我方自宜即将接洽方式拟定提出,以为商榷根据。惟接洽方式,本有一次提出与陆续提出之别。职等以为此项借款,首应把握实惠,如零星接洽,则未洽妥之款额,便无从运用。为期运用迅速及减少手续上之周折起见,似宜就全部借款决定用途,要求美政府一次予以确定,庶接洽手续臻于简单。

二、动用方式:关于借款动用方式问题最为重要,各方所发表之意见亦较多,但其共同之点,则在如何能使该借款悉数移入我政府直接支配之下及如何方能予以迅速处分。兹经综合各方意见研究之结果,认为似可全部借款按百分比划分为四种用途:(一)用于购买黄金者百分之二十(即一万万美元)。(二)用于购买美政府所发行之公债者百分之二十(即一万万美元)。(三)用于存放美国银行为定期存款者百分之三十(即一万五千万美元)。(四)用于随时结汇者百分之三十(即一万五千万美元)。

盖:(1)黄金与任何货币之比较,无论战后局势如何推移,其地位均属重要。我方动用借款购买黄金或运回自存,或在美存贮,均无不可。惟以此举未必为美政府所愿,故其数仅定为百分之二十。(2)美政府战后所发行之 Baby Band 额小量多,如由我方自动提议购买一部分,似可使美政府发生好感,而在我则有利息收入之利益,只能在市场上随时运用,或指定为法币之保证准备金,故拟定为百分之二十。(3)此项借款为数甚巨,在第二项提议,于我固属有利,而在美方或不免有过于精核之评。故拟以一部分,商请其以中央银行定期存款方式,存于联邦准备银行,将来指作发行准备,或于到期后再定用途,均有自由。此种存款为定期性质,一时既不动用,自必为美方所赞同,于进行接洽较见便利,故拟定为百分之三十。(4)查此项借款,美方既有用于生产建设之希望,我方似亦甚感需要。故拟于借款总额中,酌定百分之三十,为随时结汇、自由运用之需,以与前述各项用相表里。

三、借款用途：查此次美政府对我借款，系以助我解决财政上及经济上之困难为目的，故借款用途分配是否得当，与其所能产生的效果互有关系。兹择其最合于目前之需要者，分配如下：（一）用于发行金公债之准备者百分之二十（即一万万美元）。（二）用于偿还四行垫款者百分之五十（即二万五千万美元，其用途指定为充实法币准备者百分之三十，外币储蓄准备者百分之二十）。（三）用于生产建设及购买日用必需品者百分之三十（即一万五千万美元）。

查：（1）本年美金公债业已确定发行一万万元②，其准备基金尚未筹议，拟在借款项下指定一部为发行金公债之准备，自属相宜。至此项准备，或以前述购进之美国公债抵充，或指定银行定期存款拨充，均无不可，故拟定其数为百分之二十。（2）军兴以来，国家总预算所列之军政建设各费继续增加，国库咸赖四行赊借收入，以资挹注。本年垫款利息虽已减为五厘，但仍须支付十六万万元之巨，为减除国库负担起见，似宜以借款之一部分，先行偿还四行垫款，一方面既能减轻政府负担，一方面又能充实四行实力，使其对于战后克负复兴金融之使命，故定其数为百分之五十。至偿还方式及偿还之比例，应俟原则确定后，再行妥议。惟偿还之款，应指定为充实法币准备及外币储蓄准备，以期与政府原意相合。（3）本案借款中已有得供生产建设用途之规定，于借款中酌留一部，以为随时动用，自极必要。惟其中得准以一部分由商民结汇，以增加国内日用生活必需品之供给，藉以改善人民生活，以支持长期之抗战。

以上借款动用方式及用途分配意见，系照目前情形酌加拟议。是否可供采择之处，谨请鉴夺。

注：①1942年3月21日，国民党政府外交部长宋子文与美国财政部长摩根索在华盛顿正式签订《中美借款（五亿美元）协定》。该《协定》签订后，对于如何运用美国贷款，蒋介石交军事委员

会参事室议。此件即为该室对蒋所提出的关于美国贷款中的接洽方式、动用方式和借款用途的意见上。此件标题系编者所加。其形成时间当在1942年3月以后。

②1942年3月24日孔祥熙对记者宣称：政府决定发行1942年同盟胜利公债一万万美元。

〔军事委员会委员长侍从室档案〕

13. 王芃生关于中国军队在缅油料供应及宣传等事宜致蒋介石电存

（1942年4月21日）

（甲）英油统局长戴思德停止供油一事，俞兄已有详呈。职思史亚在彪白函电迟缓，定明晨赴苗湄诘问缅督，以迅获大量汽油及继续供应为主。曾涤生败困祁门流水，沈纫丹忽停协饷，曾迄未动奏，但书函婉商，卒使感服得饷，盖操切反多波折，今英在缅号令不行，而戴久任油经理，多其爪牙，如求严究或激变，少实益曾公处世之慎可师也。

（乙）奉支电，遵分途取得连络，择组分会，因缅民杂而道组，须分区举办。期普遍（一）腊戍办掸报，叙浦办缅报，密支那办印报，均小型，以宣传援缅意义、军民合作持久制胜为主，各需开办费九千盾左右。（二）现仅腊戍一华报眉一缅报未停，拟酌津贴，加登稿件。（三）酌津眉台译播重庆广播，并聘高僧及缅掸人演播专稿。（四）择要区分缅简单缅掸人抗战歌咏队，巡演乡镇。彼议陋而好望，易奏效。（五）另印中日团体传单，交空军及前线散布，以上均待款举办，恳将前饬迅汇腊戍中行贱名户头，当与林俞曾兄商同支配，如外汇需时，祈腊军需为先拨两万盾济急。

〔军事委员会委员长侍从室档案〕

14. 农林部关于中美经济合作之意见

（1943年11月7日）

战时经济合作

（一）物资交换

（甲）美国如因作战需要中国之农牧产品或半制品，中国应尽量供给，并努力增产，改进品质，不计国内收购成本，以期增加输出数量。

（乙）中国因增加战时农林畜牧生产事业，其所需之仪器、图书、药品、器材等，希望美国尽量供给，并酌拨专用飞机，以便自印度运入中国。

（二）技术合作

（甲）中国因改进农林畜牧事业，以增加战时生产，得商请美国选派专家来华协助。如有必要时，得酌量延长其在华工作之年限。三十三年度拟请选派之专家种类及名额如下：（1）农具（调查设计等）一人，（2）玉蜀黍育种一人，（3）防治植物虫害药剂制造一人，（4）植物病害防治一人，（5）农田灌溉排水一人，（6）农业统计（研究确立全国农业统计制度）一人，（7）农业推广（研究确立中国农业推广制度及方法）一人，（8）兽医一人，（9）畜牧育种一人，（10）森林利用一人。（以上共计十人）

（乙）中国每年选派农科大学毕业生，曾在国内服务五年以上成绩卓著者一百名，赴美国著名之农业研究试验推广机关或有关之制造厂等，从事研究与实际工作，以培植中国各级农业干部人材，而应战后之需要。

战后经济合作

（一）中美经济建设上之合作

中国战后工商勃兴，交通发达，农业人口逐渐转移，边远荒地陆续开发，农家生产规模势将随之扩大。而调整耕地、改良农具，增加畜力，采用机械等，亦须适应需要，逐步实施，同时更求农事技术猛进，农田水利发展，农产加工兴起，不但使物资大量增加，足供国内应用及友邦需求，且使农村气象蓬勃，农业经济繁荣，农民生活改善，以期在战后十年之内实现建国之初步理想。

中美两国为实现上项理想，从事于下列之合作：

甲、美国战后农业机械生产势必过剩，而中国农村动力极感不足，望美国以大量新式农具贷与中国，以期盈虚相济，双收其利。

乙、中国得向美国继续聘用各项农业专家，并购买必需之农业仪器、图书、药品、器材、机械等，以供改善农业之需要。

丙、美国所需要之农产品或半制品，其本国产量不足，而中国可以供给者，由中国尽量输出。

丁、欢迎美国著名厂商来华，与中国合办新式农具厂、肥料厂、防治病虫药械制造厂、兽医用具药品制造厂及其他有关农林渔牧等生产与加工事业。如经中国政府同意之业务，并得由其单独投资。

戊、中国为供应农用改良器材、兴办农田灌溉排水及创设自耕农所需之大量款项，希望美国长期贷与。

己、中国得借重美国之人才技术，合办西北水土保持事业。

（二）国际贸易方针

（甲）凡中美两国相互需用之农产品或半制品，得互派商务官，或设立公司行号，专理其事。关于中国运美之特种物产，如桐油、丝、茶、药材、毛革等，并得分别订立生产运销契约。

（乙）凡合于美国人民生活所必需之农产品，为该国所不能自产或产量甚少不敷需求，而必须向外国输入者，我国应视国内环境之所宜，**努力增产**，依美国市场一般价格，大量售给，以应其需要。

（丙）凡美国所不能自产或产量甚少之**农产原料**，而可由我国供给者，应仿照生丝输美免税成例，由政府向美国交涉，一律免征进口税。

（丁）凡美国农产原料品或半制品，为我国所必需而不能自产或产量不足者，得由政府酌量减免其进口税，鼓励其输入，但不得有故意跌价倾销之行为，以免妨碍我国自产品之生产。

（戊）凡美国所需之我国农产品，如因成本过高，致不能在美国市场与他国竞争，或超过美国市场一般价格时，得由政府酌予出口商或予对外贸易专营机关以特别津贴。

（己）**农产品经加工制造后**，如推销美国较之未经加工制造者为有利时，政府应尽力提倡，先经加工制造，并得与美国政府商订互惠方法，酌量减免其进口税。

（庚）凡战时由政府贸易机关专责推销美国之**农产品**，战后应仍由该项机关负专销之责。此外，凡我国已能大量自产之农产品，如粮食、棉花、烟草等类，倘仍有自美国或其他国家输入之必要时，应由政府贸易机关负责专营之。其他农产品对美之输出入贸易，得暂由人民经营。

（三）技术合作

（甲）中国为改进农业所需要之技术人才，得视国家之需要，商请美国尽量供给其办法要点如左：

（1）聘请美国农科大学第一流教授，或农业研究机关或制造工厂或其他机关之高级技术人员担任顾问。如利用其休假期间来华服务者，除供给旅费及招待费用外，不另给薪、其服务时期以休假期间为限。如非利用休假期间者，其在华服务期限，得自三年至五年，所需薪旅等费由中国担任。

（2）聘请美国农科大学毕业生、具有数年服务经验之技术人员,来华担任各种农业技师。其人员数额种类及在华服务年限,视中国实际需要而定。服务三年至五年后,得休假一年。(此项人员以中国缺乏者为限)

(乙)中国每年考送农科大学毕业生,曾在国内服务两年以上者若干名,赴美国留学,分别研究各种农林科目。此外,并选派农科大学毕业生,曾在国内服务十年以上成绩卓著者若干名,赴美研究考察,或从事实际工作,以培植干部人才。

(丙)中国得选派农科大学教授或农业机关之专家,赴美担任交换教授,从事讲学。

(丁)为发展中国农产加工事业,以扩大农产品之应用起见,得聘请美国专家来华指导,技术协助设厂,(例如面粉、大豆之改良制造等)以资倡导。

〔国民政府资源委员会档案〕

15. 粮食部关于中美经济合作之意见

(1943年11月7日)

一、粮食生产属农业范围,归农林部主管。一般农产品之输入与输出,属于国际贸易范围,归财政部主管。其合作方法,农财两部必有周详之意见,本部不另建议。

二、一般粮食之加工制造,属于轻工业范围,所需机件比较简单。在战时,无急切希望外洋输入机器从事扩充改进之必要。在战后,我国钢铁工业机器工业发展以后,此类机件当能自制,可不必专赖外洋输入。且过去输入之面粉机器,大多为英国出品,故对美国要求此类机件之供给,不能过存奢望。只希于战事结束之初,供给我每日产粉五千袋至一万袋之制粉机器二十套至三十套,俾在沿海沿江各重要市场,迅速恢复一部分制粉工业,以应需要。

三、中国为农业国，普遍食粮应求自给。战后农业改进发展以后，粮食更当有余，不须依赖外洋输入。其在战时虽在若干地区感觉粮食之不足，但为运输力量所限，不能仰赖友邦之接济。至于美国为农产丰富之国家，普通食粮不需由中国输入，故中美两国间普通食粮之交换可能性质甚少。其比较需要而又有可能性者略举如左：

1．中国动物性食品比较缺乏，乳酪类食品之生产尤少。战前牛乳及乳制品如淡奶、炼乳、奶酥、乳粉、乳油等有相当数量之进口，大多来自美国。战时此类食品来源几绝，儿童及疾病老弱者之营养大受影响，为便于保存并顾及运输上之可能起见，希望美国在战时每月能供给我乳粉十万磅至三十万磅，以应后方需要。畜牧事业发展较缓，人民生活水准提高以后，对于动物性食品之需要亦多，**战后关于乳类肉类等食品，仍须由美国大量输入。**

2．中国植物性食粮历由美国输入者，以小麦为大宗。战时限于交通，无法输入。战后我农业生产改进以后，需要输入者亦必减少。但在战事结束之初，恢复地区民食之救济极为需要，其在沿海沿江各重要商埠人口较多之处，需要尤为迫切，希望美国于战事结束之六个月期内，每月能供给我沿海沿江各口岸小麦十万公吨至十五万公吨，以补我沦陷地区收复初期粮食之不足。

3．中国对美输出之杂粮，仅花生一类，数量较大，而美国输入之花生百分之九十五为中国产。一九二五年中国输美之花生达七千二百万磅，至一九二八年尚维持五千万磅之对美输出。战后可依美国之需要大量供应。

四、一般粮食之加工制造储藏分级检验等工作，并无特别困难，不能自行解决之问题，在技术方面无要求协助或合作之必要。

〔国民政府资源委员会档案〕

16. 经济部关于中美经济合作之意见

（1943年11月）

贸易部份

中美两国贸易自一七八四年美船 Harriet 号第一次开达中国——广州，发生直接通商关系以后，迄今已有两世纪之悠久历史。中国对外贸易因国情迭有变迁，在两世纪过程中，对于每一外来贸易势力屡有发生波折冲突，甚且致生不良反应者。唯独对美贸易关系，则始终融洽如一，从未发生若何波动，而中国政府及人民对于美货输华贸易，则更向持欢迎态度，历久无间，美国对华贸易在门户开放机会均等及互惠平等之原则下，亦得到充分而合理之发展。一九二八年七月，中美缔结通商新约，良足以表示两国间贸易合作之精神。此一融洽敦睦之贸易合作关系，实亦为中国对外贸易之异微迹者。中美同为太平洋东西两岸之民主同盟国家，基于战时同盟作战关系及战后两国对于国际市场所同负之任务，两国间之相互贸易更当日趋密切，互为合作。兹以下列两大端为两国战时及战后贸易合作所应遵守之原则：

（一）在战时，两国贸易关系应建立于同盟作战之基础上，以争取胜利为共同之目的。因此两国之贸易商品，应以适应战时需要为主，两者所极需要之输入物资，应随时互为洽知，由两方政府运用各方简捷方法，使能迅速互为输进，以应需要。为实行此一目的，其详细实施事项，自可由两国主持贸易部门。详加研讨洽议，加紧进行。同时在军事方面，亦须妥谋配合。如两国之贸易运输路线之及须打通——中国沿海口岸须即以军事力量图谋恢复，并维持其正常状态。至少于滇缅路之重行打通，应即速谋实现。目前之空运力量，更应迅予加强。此为两国战时贸易合作之先决问题，在军事方面须能达此最低限度，然后两国战时贸易关系始能建立。

（二）战后两国贸易合作，应以互惠平等为原则，其相互输进物资，并应以适合彼此国情及重要为主，两国政府对于左列各事，目前即应开诚布达，妥为洽定。

（一）此次战事中国沿海遭受侵略蹂躏特甚，将来沿海工商业之恢复整饬，自有赖于同盟国家之协助合作。即中国西南、西北，在战时所建立之经济建设事业基础虽具，犹待将来之推动发展，故中国在战后所需要之外来输进之贸易物资，厥为轻重工业之原料及机械。美国对华贸易物资，向以原料居多，制成品较少。中国在战后所希望美方输进之物资，除原料外，尤盼对于机械一项特为注意，此项物资之输进，在适应需要之原则下，其先后缓急，亦宜按照实际情形预为之处。如粮食一项，中国沿海面粉工业备受摧残，自须相当时日，故将来战事一告平息，中国自盼美方先能输进大量面粉，供应沿海地区需要。在相当时间后，则望能以小麦输进，俾供正待恢复之面粉工业所需。再次。则以机械增加生产设备能力。此虽举例言之，实为适合国情之措置，亦即为相互合作要旨所在。又如战后中国轻工业所需要者为原料，而重工业所需要者则原料机械并重，而以机械尤切。机械方面在初所需者，自为整个装配完备之机械，俾能即予使用。而在若干时日以后，则以输进机械零件为主，庶能就地装备使用，或即在我国取材，以收事半功倍之效。此种实际情形，美方自难尽为明了。为使贸易合作无间，中国政府自不妨先将此种实际需要情形向之详切说明，请其切实予以合作。在此合作原则得到谅解以后，关于我国所需及美方所能输进各项物资之种类名目，以及输进之先后缓急，均可即由两国政府主管部门详商洽定，用资准备。其为战事平息后，刻即需要之输进物资，更不妨由两国政府于洽定范围，指导商人预为订约售购，并由两国政府对其本国之输出或输入商予以相当保障，使其安心经营，俾需要方面能于战后迅赴事机,而供应方面亦可预筹战后销路,以为将来恢复生产之计。

（二）中国输出物资不论在任何国际市场,均无独占或任何侵略欲望,此为我国之实际国情,自亦为美方素所明了者。因此中国对美之输出物资,除本着合作原则亦应以适合美方需要为主外,其于美方对我所需物资有所过为顾虑者,应恳切向其洽明,并请其放弃不智之措施。例如桐油一项,美方向赖我国输入供应。乃在南部弗罗达州提倡种桐,以谋自给。又猪鬃一项,亦日在研究其代替品。此虽为防止入超之应有设施,而事实上则非积年累月不为功,此次大战如告平息,美方对于各项经济复员工作正当筹划之不暇,此种抵制外来输进物资之消极工作,当属力不遑及,应与禁止移民律同一观感,予以放弃进行。此虽于我国输出物资之销路不无裨益,而对于美国战后国力之珍惜使用,亦不无相当贡献。至于美方需我输入之物资种类名目,及其先后缓急,自亦可如美方输我物资例,即由两国政府主管贸易部门先为洽明。

（三）我国战后对外贸易所采之制度,测其大势所趋,要不外趋于下列二途,即（1）对于各项指定物品,如有关军事用途或为大宗出口,而国内用量较少者,将仍由政府设置专管机关,从事经营。（2）其属于一般输出物资,概由人民自由经营,而由政府指导奖励。此为战后贸易制度所在,亦为将来贸易合作应取之途径。其由政府专管机关从事经营者,我国政府自应以直接方法取得合作。属于民营者,则应由两国政府厘订切合实际之合作办法,督导两国商人遵行。故我国将来各项输出物资,何者由政府专设机关从事经营,何者奖励人民经营,在相互合作谅解之原则下,不妨向美方先为说明,并进而研求其各该物资之贸易合作具体方法,俾为将来实行合作之准据。美方在战后对外贸易所采之制度如何,及其对于各项输出物资之设施差别如何,我国自亦可要求其先为告知及洽议其合作方法。夫如是,然后两国对外贸易之国情及制度始能相互明了，藉供合作之助，即于将来两国议定商约，亦可不背彼此国情而求其行之永久也。

（四）关税政策为每一国家防止奸货倾销之正当设施，我国将来对于关税政策之运用，亦当不外乎此。惟两国之间倘以贸易彻底合作为原则，则彼此之运用关税政策，自须以互惠平等为旨，不容有所偏颇。凡彼此急需之物资，一经商议洽定，即不宜互筑壁垒，以关税相拒。其为对方所不需或反有妨害国情之物资，亦应互为洽明，限制其本国商人之输出，并可于洽明谅解下，运用关税政策，以资防止。此为合作原则所在，端在两国政府之能彻底互为明了，并须竭诚实行者也。

美国投资中国企业之利益保障

一、中国在战时及战后加强经济建设，促进工业化，必当利用外来资本及技术，发展各项企业。对于美国方面尤优先欢迎，充分予以便利。

二、美国资本及技术来华从事企业，得依左列方式承受保障其利益：

（甲）特许经营：凡美国企业之具有特殊经验技术，而为中国所需要者，得特许其经营，酌免税捐，并予以经营上特殊之便利。

（乙）合资经营：凡中美合资经营之企业所受之一般保护，与中国自营企业同。其合办条款，依公平合作原则商订之。

（丙）民间企业借款：凡中国民间企业，经政府核准向美国借款，得由中国政府负责保证。

三、对于美国在华原有之企业，在法律准许范围内，准其继续经营并协助其恢复。

〔国民政府资源委员会档案〕

17. 财政部关于中美经济合作之意见

（1943年11月）

甲、战时合作办法

（1）物资交换

自我国抗战开始，美国先后以信贷借款及租借法案供给我国抗建物资，我国亦以农矿产品用易货或商销方式，接济美国。惟自太平洋战事发生以来，中国海口悉被封锁，两国物资交换全恃中印空运，而租借法案以外之物资，所得吨位极属有限。最近虽经增至每月千吨左右，而较之滇缅路通时，则运量相去尚远。目前胜利在望，我国策划反攻，准备复员以及支配后方必需用途，所赖于美国物资之供给者，为量正多。同时我国主要外销物资之主要产区，尚在政府控制之中，后方大量土产，早经依照一定计划，逐年改良增产，以应盟邦需要。惟在现状之下，倘欲促进中美物资交换，则首应注意国际运输问题，次为物资之品类数量，次乃及于抵偿及清算方法。兹为分别述之：

（一）中美物资交换，在现况势须经由印度转输。惟美印间关于输华物资之轮运吨位，初则限于每月二百吨，现仅间能增至每月七百吨，且远在中印航空吨量之下。我国在美购料及输美物资，均大受轮运限制，无法畅通。拟请将美印间轮运吨位酌量增加，俾应事实需要，而与中印航空衔接。

（二）中印航空除租借法案物资以外，每月虽有千吨左右之运量增加，惟在实际需要相差甚远。我国借款购料滞积印度，无法内输，同时后方交通工具、工业器材、医药用品、动力燃料及部分民生必需品，极感缺乏。不特复员准备无从着手，即对当前战事，亦有牵制。拟请美方增拨运输机，加强中印间运输力量，使租借案外之物资每月亦得达七千吨至壹万吨之运量，则中美物资交换，当可大为增进。

（三）假定于相当时期内，滇缅运路恢复。西南陆路畅通，物资交流自可大增。惟在沿海口岸打通以前，对外运输仍多困难，于时除小部分物资仍须利赖空运外，大部分物资自须集中缅路运输。滇缅公路及后方公路系统所需客货车辆为数甚巨，旧有车辆亦须修理补充。拟请美方于时增拨运输卡车叁万辆至五万辆，配备适当零件及所需燃料，以供国内外运输需要。

（四）抗战期间需要物资为类甚多，为量亦巨，现除美购军品可由租借法案供给外，余如建设器材及一部分民生必需品，仍须仰赖外来供给。就美方而言，我国所极须购运者，约有下列诸种：

一、公路车辆及其配件　车辆系供滇缅公路西南区公路所需，并须配足应需零件。

二、铁路材料　后方铁路及车辆需用之必要材料器械工具。

三、民用航机配件　西南各段民用客机所需配件。

四、汽车柴油及润滑油　后方车辆及滇缅公路开放后车辆行驶必需之油料。

五、通讯器材　西南电话网无线电台广播电台及收音所需之各项器材。

六、冶炼动力燃料电气、机械、化学等重工业器材。

七、纺织、造纸、印刷等轻工业器材　制造军民所需要布匹，并书籍报章钞券所需纸张及印刷工业之各项器材。

八、化学原料及医药用品　后方工业所需原料及防疫卫生各项药品。

九、图书仪器工具等必需品　科学上需用之图书、杂志、报章、试验器械及工具等必需品。

估计总重量　四八〇、〇〇〇吨

估计总价值　美金：四八〇、〇〇〇、〇〇〇元。

（五）中美物资交换数量既为大增，其抵偿方法自须顾及。惟战时我国财力有限，而输出物资因售价及成本悬殊，亦难如数抵偿。兹拟（一）关于运输机、运输车及配件燃料等项，商请美方暂由租借法案内拨用。（二）关于在美采购工业器材、化学原料、通讯器材及其他物料，商请美方另仿照桐油借款之例大宗借款，即以销美物资抵付，或先由已订大借款中拨款购办。

战时我国所需进口物资既如上述，兹将我国战时可能供美物资列表如次：

战时出口农产表：

货品	每年产量（后方）	战前每年对美输出量	战时每年可能供美量	估计价值（美金）	备注
桐油	一四〇、〇〇〇公吨	六四、〇〇〇公吨	二〇、〇〇〇公吨	一七、一六〇、〇〇〇元	桐油可能输出量系假定滇缅路恢复后之估计
猪鬃	三八、〇〇〇公担	二二、〇〇〇公担	八、〇〇〇公担	八、三六〇、〇〇〇元	
生丝	三五、〇〇〇公担	二四、〇〇〇公担	三、〇〇〇公担	一八、五一〇、〇〇〇元	

续表

战时出口农产表：

货品	每年产量（后方）	战前每年对美输出量	战时每年可能供美量	估计价值（美金）	备注
茶叶	一〇〇、〇〇〇、〇〇〇磅	五〇、〇〇〇、〇〇〇磅	二五、〇〇〇、〇〇〇磅	二〇、〇〇〇、〇〇〇元	可供量部分须滇缅路恢复后乃能运足
羽毛	一〇〇、〇〇〇公担	六、五〇〇公担	五、〇〇〇公担	三七五、〇〇〇元	
总计				六四、四〇五、〇〇〇元	

乙、战后合作办法

（1）物资交换

美国为工业先进国家，其所产工业器材适我国战后建设亟需之品，而中国若干农矿产品，亦适为美国工业界及一般消费者所需。战前十年以来，中美贸易早有上涨趋势，对美国贸易额率占我国总贸易额百分之二十五左右。抗战期间，则中美贸易额更远超过他国之上，约占百分之二十八。至于战后，一方我国正需加紧建设，一方美国急需工业原料，两国需要适相配合，加以国际航运畅通，世界金融稳定，则中美间物资交流，必当数倍战前。

自属毫无疑义。兹先就战后十年我国所需美国物资之种类数量及价值,约略估计如次:

(一)物资种类

1. 冶炼工业器材　包括钢铁工业及铜、铅、锌、铝、锰砂、硫等非铁金属工业

2. 燃料工业器材　包括煤矿工业及汽油、柴油、滑油等液体燃料

3. 电气事业器材　包括供给工厂及人民所用之火力、水力发电工业

4. 机器工业机材　包括原动机工具机及各种专门机械之制造工业,汽车、自行车、火车、船舶、飞机等运输工具之制造工业以及发电机、电动机、有线无线电器器械、电线、电池、并一切附属器材之制造工业

5. 化学工业器材　包括有机无机之各项化学原料工业

6. 窑制品工业器材　包括水泥玻璃瓷器等工业

7. 胶体工业器材　包括橡胶天然胶人造胶等工业

8. 炸药染料工业　包括工用炸药及各种染料工业

9. 民生工业器材　包括棉纺织、毛纺织、麻纺织、丝纺织、面粉、碾米、制革、造纸、油脂、制糖、木材、冷藏、罐头、印刷等工业

10. 水利工程器材　包括灌溉、航行等水利工程所需器材

11. 交通器材　在运输工具制造产品未敷需要以前,所需交通上之各项器材工具

12. 其他器材　包括医药、化学、教育、纱布、毛呢等必需品

(二)估计总重量　六、〇〇〇、〇〇〇吨

(三)估计总价值　美金:六、〇〇〇、〇〇〇、〇〇〇元

至于我国可供美方农产,在战时政府为易货偿债及供应盟邦起见,对于主要外销物资已有增产,计划注意提高品质划一标

准，增加产量，以应外市需要。对于桐油、生丝、茶叶、羊毛、皮张及手工艺品致力尤多。惟查我国若干外销物品，在美所征进口税额颇重，如皮毛征税百分之二十五至五十，蛋品征税每磅十一分至十八分，地毯增税百分之三十至六十，草帽缎征税百分之十五至二十，挑花刺绣品征税高至百分之七十五。凡此对于华货输美不无相当窒碍，甚冀中美间将来能以互惠方式调整上项税率，减低华货成本，俾中国特产得以对美源源供应，同时加强我国在美购买能力，则于美货销华亦有莫大裨助也。兹将战后我国可能销美物资估列如次：

战后出口农产表：

战后出口农产表

货名	每年产量	战前每年输美产量	每年可能供应量	估计价值（美元）	备注
桐油	二○○、○○○公吨	六四、○○○公吨	一○○、○○○公吨	九○、○○○、○○○元	
猪鬃	六五、○○○公担	二二、○○○公担	六○、○○○公担	三九、六○○、○○○元	
生丝	四○○、○○○公担	二四、○○○公担	二五○、○○○公担	一一五、○○○、○○○元	

(续表)

战后出口农产表

货名	每年产量	战前每年输美产量	每年可能供应量	估计价值（美元）	备注
茶叶	七八一、〇〇〇、〇〇〇磅	五〇、〇〇〇、〇〇〇磅	二二〇、〇〇〇、〇〇〇磅	九九、〇〇〇、〇〇〇元	
羊毛	三五〇、〇〇〇公担	一三二、〇〇〇公担	二五〇、〇〇〇公担	一四、三〇〇、〇〇〇元	
麻类	五〇〇、〇〇〇公担		二五〇、〇〇〇公担	一〇、〇〇〇、〇〇〇元	
蛋品	一、〇〇〇、〇〇〇公担		八〇〇、〇〇〇公担	四〇、〇〇〇、〇〇〇元	
肠衣	三〇〇、〇〇〇公担		三〇、〇〇〇公担	四、五〇〇、〇〇〇元	

(续表)

战后出口农产表

货名	每年产量	战前每年输美产量	每年可能供应量	估计价值（美元）	备注
羽毛	二〇〇、〇〇〇 公担		五〇、〇〇〇 公担	一、七五〇、〇〇〇 元	
皮张	五四、〇〇〇、〇〇〇 张		二七、〇〇〇、〇〇〇 张	四〇、五〇〇、〇〇〇 元	
大豆	六〇、〇〇〇、〇〇〇 公担	三六八、〇〇〇 公担	二〇、〇〇〇、〇〇〇 公担	二〇〇、〇〇〇、〇〇〇元	
子仁	二六、〇〇〇、〇〇〇 公担		七、〇〇〇、〇〇〇 公担	一四〇、〇〇〇、〇〇〇元	
药材	三〇、五〇〇、〇〇〇 公担		八〇〇、〇〇〇 公担	三二、〇〇〇、〇〇〇 元	

(续表)

战后出口农产表

货名	每年产量	战前每年输美产量	每年可能供应量	估计价值（美元）	备注
手工艺品				九,〇〇〇,〇〇〇元	
共计				八三五,六五〇,〇〇〇元	
附注	表列各项系我国在战后主要出口货品可能输出之总量,其中统批约有百分之七十可以对美输出				

（2）技术合作

中国输美物资农产品居其大半,今后为改进农产品质、增加产量、划一标准起见,拟作左列之联系：

（甲）指定代表合作机关　中美两国各在其国内指定农产贸易之有关机构,谋取密切联系,以达到技术彻底合作为目的。

（1）交换研究材料,如仪器、机械、种子、种畜、种苗等。

（2）交换研究方法,包括已成功者及正在进行者二种。

（3）交换出版物及进行报告（指试验未达最后阶段者）。

（4）接受请托代办以上有关事项。

（5）接受并协助相关机构派来调查及研究人员。

（乙）促成学术团体联系　中美两国对于国内有关**农产贸易**之学术团体，应予以各种便利，使能与他国同类之组织充分合作。

（1）交换出版物。

（2）在出版刊物上互登他方会员作品及报告。

（3）互派会员访问或合组座谈会。

（4）互选荣誉会员以资鼓励。

（5）遇必要时得召开联席年会。

（丙）互延专家交送学员　中美两国在**农产贸易上之**特种问题，得互延专家至其本国协助解决之，并得互相遣派学员出国求学或在农场及工厂实习，并由两国政府予以便利。

（丁）设立奖金鼓励合作　中美两国应各设立奖金，鼓励国外专家就地研究其本国所需要解决之问题，但其报告或论文须先经其所在地政府核阅。

战时与战后棉纺织工业需要美国协助事项纲要

甲、战时

（一）纺织配件及机械物料之供应：后方花纱布均感缺乏，如运输能力充足，希望大量运入供应。惟目前纺织上需要之配件物料染料，较花纱布更为迫切，如运输上不能同时兼顾，则请尽先供应纺织配件、机械物料及染料。谨列成一表（附表）。

（二）纺织技术之协助：我国纺织技术人材缺乏，请选派专家来华担任技术指导及训练人才，同时我国亦选派人员赴美实习或研究，请其协助。

乙、战后

（一）纺织机器设备及物料之供应：

1．纺织机器设备：战前我国自有纱锭约为三百八十万枚。其在后方者约为二十五万枚，将来战争结束，在沦陷区者，姑以能保存七十五万枚,计连同后方现有纱锭二十五万枚,共有一百万枚,比战前减少一百八十万枚。拟于五年内增加新锭三百万枚,平均每年增加新锭六十万枚,拟请美国酌量供应。

2. 纺织机器设备:我国战前原有织布机六万台,假定战争结束尚能保存二万台,战后除在国内制造外,拟另增购布机三万台,期于五年内完成,平均每年增加六千台,拟请酌量供应。

此外关于染整及印花机器设备制造机器之母机设备、动力设备及物料配件等,并请酌量供应,尤以动力设备需要最为迫切,如与所拟新增纺纱织布机器设备配合,约需动力十七万基罗瓦脱。

(二)花纱布之供应:我国四亿五千万人民每人每年用布按十五码计算,全年约需棉布一亿七千万匹。估计战事结束后之第一年,除国内自织布匹外,约尚不足七八千万匹或其相当数量之棉纱,请酌量供应。此后可视纱锭增加之数,逐年减少纱布供应数量。又在战地收复初年,国内棉田尚不能完全恢复与尽量扩充时,优良之棉花,亦望有一部分之输入补充。

(三)纺织技术之协助:战后我国纺织事业逐年发展,需要技术人材更为殷切,拟请仍照战时办法继续协助。

战时纺织业需用国外重要物料表

项次	名称	规格	单位	数量
Item 1	Card-Clothing for cylinder	Counts of clothing 90^s, C.C.W.C. foundation width of clothing 2$''$, length 268$'$ per coil	coil	500

(续表)

项次	名 称	规 格	单位	数量
Item 2	Card-clothing for doffer	Counts of clothing 100', C.C.W.C.foundation width of clothing $1\frac{1}{2}''$, length 189' per coil	coil	500
Item 3	Card-clothing for flats	Counts of clothing 100', C.C.W.C.foundation width of clothing $1\frac{3}{8}''$, on wire 40"108 pas.per set	set	500
Item 4	Stripping fillet	Wire 28 gauge, for stripping cylinder and doffer	ft	15,000
Item 5	Bwrmshing fillet	Wire 28 gauge, for burmshing flats	ft	4,000
Item 6	Grooved emerg fillet	1"Wide,16,grooves per inch,for grinding card	ft	8,000
Item 7	Groored emerg fllet	$1\frac{1}{2}''$ wide,16 grooves per inch,for grinding card	ft	16,000

(续表)

项次	名　称	规　格	单位	数量
Item 8	Taker-in wire	thickness of wire, base 720 18g.4$\frac{1}{2}$ leeth per inch	lbs	2,000
Item 9	Sheep skin	for covering top rollers of textile	aozen	1,000
Item 10	White woolen cloth	1608, per yard, for covering ditto	yard	1,000
Item 11	White woolen cloth	1808, per yard, for covering ditto	yard	1,000
Item 12	Traveller	No.410	box	2,600
Item 13	Traveller	No.310	box	2,000
Item 14	Traveller	No.210	box	2,000
Item 15	Traveller	No.1/0	box	800
Item 16	Traveller	No.1	box	800
Item 17	Traveller	No.2	box	1,500
Item 18	Traveller	No.3	box	1500

(续表)

项次	名称	规格	单位	数量
Item 19	Traveller	No. 4	box	800
Item 20	Red engine oil		gallon	40,000
Item 21	Spindle oil		gallon	20,000
Item 22	Yellow grease		lbs	30,000
Item 23	Trans bormer oil		gallon	500
Item 24	High grade motor oil		gallon	5,000
Item 25	Turbin oil		gallon	5,000
Item 26	Dyestufb for cotton cloth	black fast	ton	30
Item 27	Dyestufb for cottow cloth	blue, fast	ton	60
Item 28	Dyestufb for cotton cloth	yellow, fast	ton	10

附注：以上配件机械物料、染料等，估计约重2,500吨。

〔国民政府资源委员会档案〕

18. 国民政府某部门所拟中美战时及战后经济合作方案草案

（1943年11月）

一、原稿

本案所指经济合作限于军事以外之经济合作，注重工业交通贸易以及农业与粮食，分战时及战后两部分，战时特别注重利用美国助力，加多工业生产，增强运输能力，配合作战效果，对美国所需农矿产品则尽量供应。战后特别注重利用美国财力物力人力，助我整个经济建设，并以工业及交通为主，促成建国之大业，对美国所需物品当增多输出，换取外汇，以补充经济建设财源之不足。兹将战时战后经济合作要点分述如后：

（甲）战时

（一）物资交换

目前美国运华物资与军事有关者悉在租借法案项下借给，此外在借款内或用现款所购之物资，因限于运输吨位数量极属有限，现中印间租借法案以外物资可得航运，吨位每月仅约千吨，美印间轮运则尚不足七百吨，除直接军品外，我国急须运入之物资约如左列，交通运输方面所需器材并于增加运输一节详列。

（子）沿海口岸未打通以前：

（1）卡车轮胎及配件；

（2）民航机配件；

（3）汽油机油；

（4）通讯器材；

（5）动力燃料电器机械化学等工业器材；

（6）纺织配件物料及染料；

（7）布匹。

（丑）沿海口岸打通以后：

（1）公路车辆及其配件；

（2）铁路材料；

（3）汽油机油；

（4）通讯器材；

（5）工业器材；

（6）布匹。

后方工业现已略具基础，凡反攻时所需之通讯等器材，可就国内自行制造者，可充分自制供应。因此而向国外补充之器材，得优先购运上开进口物资中卡车、配件、航机配件、油料及一部分通讯器材，商请美方由租借法案内拨用，其他物资则以销美物资抵付。中印航运吨位在沿海口岸未打通以前，盼能增至每月五千吨之运量，差即轮运，特定亦应照此增办。

我国战时供美物资目前每月约近二千吨，以钨砂为大宗，锡、茶叶、猪鬃、生丝等次之，桐油因运输所限，须俟滇缅路恢复后始能出口，明年如滇缅路打通，可能输美之农矿产种类及数量列表如次：

桐油　二〇、〇〇〇吨；

茶叶　一二、五〇〇吨；

猪鬃　　　八〇〇吨；

羽毛　　　五〇〇吨；

生丝　　　三〇〇吨；

钨砂　六、〇〇〇吨；

锡　　五、〇〇〇吨；

锑　　一〇、〇〇〇吨。

右列物品约共值美金八千余万元，内矿产须供还债需要，农产则均可充外销之用。如能洽妥借款暂时缓还，所有农矿产品全部抵充向美换取上开必要物资，则后方物资供应，当可充裕，并即以输入物资之代价拨充主管出口物资机关之资金。藉以维持出口农矿产品之生产。

（二）技术合作

目前美国国务院派遣专家多人，分别在我国政府各部门工作。此项工作仍宜加强，并应着重增加战时生产配合作战需要。兹将战时技术合作方式分述如下：

（子）聘请美国专家来华工作：美国国内需要专才亦至迫切，我国聘请应限于确实有实际需要，而对作战直接间接有关系者。

（丑）派遣优秀青年赴美实习。

（寅）使用新式技术方法：拟商洽近时最有功效之技术方法，得归□国使用，以促进后方工矿及交通之效率。

（卯）交换技术资料：如矿样、种子、种苗、种畜等以及技术进步资料。

上开聘请之美国专家到华以后，均应受我国政府有关机关之指挥监督，执行任务。

（三）增强运输：增强运输，首须从事空运，拟议如次：

（子）将丁江至宜宾航线每月运量增至二千吨，需运输机五十架。

（丑）开办白莎瓦至莎车航线月运二千吨，需机五十架。

（寅）自宜宾及莎车接运输入物资与维持国内交通，需运输机二十架。

以上除原有者外，共需补充载重二吨运输机一百二十架。此外尚需经常油料及修补器材与配件，均向美方在租借法案内续给。

（乙）战后

（一）中国经济建设上之中美合作

战后经济建设需要外国器材特多者，厥为工业与交通，交通方面所需器材。至五年建设计划完成时，当可由国内工业供给相当数量。但在建设初期，不能不恃国外器材之运入，估计在最初五年间，工业交通所需外资约为美金五十万万元，连同农业、水利以及其他需要，假定为美金六十万万元。此项巨款除可以出口农矿产品换得外汇以及华侨汇款抵充一小部分外，大部分均须向国外筹措。其他国家固亦可酌量助我，而主要来源不可不推美国，故战后中国经济建设上之中美合作，不外由美。（子）贷我款项，（丑）供给我器材，（寅）参加投资，（卯）供给我技术及专家。除（卯）项于后节技术合作另行陈述外，兹将（子）、（丑）、（寅）三项分述如次：

（子）借款 假定战后经济建设第一五年共需外资美金六十万万元，（此数系依据各机关所拟战后五年建设计划草案内数目开列，此项数字亟宜汇总审查核定。）假定其中十五万万元可由外商合资经营，五万万元可由输出物资及华侨汇款弥补外，尚需美金四十万万元，应向美国洽借。借款数目较外商投资为多，意在使之权操之在我，并盼美国政府以世界眼光，易于为力。至借款方式，拟议如次：

（1）由政府出面整个向美方商借，此项借款为数甚巨，自非由政府运用整个政治力量统一筹借不能成功。如美国不能全部照借时，应向其他国家商洽贷款或以器材输入，分期偿还。

（2）借款条件 借款期限宜特为从长。袁世凯执政时之英国借款期限六十年。此次借款商洽偿还期限时可以此为例，最〔近〕五年至十年仅还利息，不还本金。利率宜特别从低，如照上拟期间每年应还之款，平均不足美金一万万元，应可以出口物资换得外汇之一部分抵付。

（丑）供应器材 上项借款一部分，可为现金一部分，可为器材。美国政府在此次战时扩充之工业设备为数甚多，战后当可商请拆卸一部份贷与我国，即作为借款之一部。此项办法于美于我实属两利，如能在战争结束以前与美国政府洽定原则，战后当可迅速实行。

（寅）合股经营　与国防直接有关之事业，应避免外人参加经营，宜由政府主办或使政府确有控制之权，尽量利用借款。至与国防关系较少或一般民生工业，自宜尽量欢迎外资参加合股，但外资所占资本之比例，普通仍以不超过百分之五十为准，以期主权在我。如须超过百分之五十者，应得政府之特许。即如美属之菲律宾，亦明定外人在菲开矿参加资本不能超过总资本百分之四十，足为例证。董事长应由国人担任，外籍董事不得超过半数。如与国防有关之事业，其主持之人如总经理，仍宜由国人担任，同时予外人以相当之职位。民营事业与外人合营，亦受同样限制，并须先得政府之准许，以杜流弊。此外，外人经营事业之区域，亦应予以适当之限制。如新疆省内事业，不宜由外人前往经营。

（二）物资交换

战后我国加紧建设，极需向美输入大批工业及交通器材，而美国需要工业原料，可由我国输出，彼此需要恰相配合。我国战后出口主要物资，仍为农矿产品，而以农产品尤为重要。农产品包括桐油、猪鬃、生丝、茶叶、羊毛、麻类、蛋品、大豆、子仁、皮料、药材等，战后每年可能输出之价值如以现值计算，约可达八万万美金，矿产品则以钨、锡、锑、汞、铋、钼等约可达一万万美金以上，如假定以半数输美，约可换得四万万五千万美金，拟议借款每年应偿本息每年不足一万万元，以出口物资及华侨汇款直接抵付之外汇估计约需美金五万万元，如分五年分偿，每年亦需美金一万万元，两者合计共为二万万元。输美物资所换得之外汇，依上估计，约可得美金四万万五千万元，应可敷用。除经济建设所需物资外，在复员期间国内农产尚难达到正常生产，粮食必感不足，在战争结束后六个月内，盼美国能供给我沿海沿江各口岸小麦或面粉十万至十五万吨。凡美国所需甚多之农矿产，由我国供给者，应商请美国能以互惠方式酌量减免进口税。

（三）美人在华经营事业之合理保障。

（子）美人投资在法律上给与我国人民所享有之同等保障，美商应遵守我国法令。

（丑）我国与美人合资经营之事业，美人得承购优先保息股票。合资经营之年限，应加规定期满，由我国将所有外股收回。

（寅）凡办理特殊交通工程或工业制造，在适当范围内，得由政府特许，完全由外资经营。预先约定准许若干数目之我国人员参加工作，并规定于相当时期后全部财产由我国政府收买。

（卯）为吸取外资协助我国建设某项新兴事业起见，我国政府得斟酌情形，在其创办之最初数年内，酌量减轻其税租之负担。

（四）技术合作

战后中美技术合作约可分列左列各项：

（子）聘请美国专家　按照战后五年计划内工业交通农林水利各部门分别聘致工程及管理方面之专家。请其贡献改进意见，训练新进人员，或直接参加工作。

（丑）派遣各级技术及管理人员赴美考察实习，特别注意学习实际制造及管理经营。

（寅）购买专利权

美国之特殊发明或制造方法为我国所必需者，应商美方供给，并可与美国主要厂家商定合作办法，经常供给我国最新发明，以期我国技术方面得与先进国家齐头并进。

（卯）交换技术资料。

〔国民政府资源委员会档案〕

19. 资源委员会所聘美籍专家萨凡奇拟定扬子江三峡水力发电计划摘要

（1945年6月）

扬子江三峡水力发电计划摘要

扬子江三峡，蕴藏水力至为宏富。此次世界水利工程权威萨凡奇博士，应资源委员会之聘来华研究，曾冒敌人炮火，亲临宜昌附近实地考察，认为三峡之开发确有可能，且可为我国复兴建设之中心工作。兹根据其初步报告，将开发计划要点列举如后：

甲、工程布置

（一）建混凝土拦河坝于宜昌上游南津关附近，坝身连底脚部份高二百念余公尺，抬高低水时期之水位一百六十公尺。坝身中部设泄水管一百零四孔。坝顶装活动钢质鼓门，以调节流量，控制水位。坝旁建筑特种船闸，以便航行。

（二）电厂设于两岸岩内，以求防空之绝对安全。共装水轮发电机一百座，总计容量一千零六十四万千瓦，全年可发电八百万万余度。全部工程十年可以完成，自第六年起，每年完成约二百万千瓦。

乙、经费之筹措　全部费用包括所有土木建筑、电厂、船闸暨肥料厂设备，建筑期间利息以及一切杂支等，共美金十三万万元，拟向美国借款兴建，将所发电半数制造肥料，销售国内国外，其中国外销售部分所得外汇，即作偿付借款本息之用，预料全部工程完成后二十年内，可将本利还清。

丙、完成后之利益

（一）电厂一千余万千瓦，可能供给范围甚广，东至安庆，西至重庆，南至衡阳，北至郑州，均可被其福泽。

（二）蓄水库可消纳洪水二百七十万万立方公尺，足以控制有纪录以来之水灾，武汉一带可永免被淹之虞。

（三）如宜昌下游及渝万间之航道同时改进，海洋轮船可达重庆。

（四）有九百万万立方公尺之多余水流，可供直接灌溉之用　受益田亩当在六千万市田以上。

（五）工程雄伟，风景天然，世界人士前来游览者必多，每年外汇收入必甚可观。

〔国民政府资源委员会档案〕

20. 交通部拟具关于美国国际电话电报公司"战后与中国及在中国境内之电信"备忘录意见呈

(1945年8月12日)

交通部呈　邮七七五号　中华民国三十四年八月十二日发

案准外交部六月二日转来美国驻华大使馆五月二十三日检送国际电话电报公司具呈美国国务院"战后与中国及在中国境内之电信"备忘录一件，嘱研究并开示意见，尤其关于战后国际电话电报公司在我国经营业务之一部，以便照复美国大使馆，转呈国务院等由。查此项美国国际电话电报公司备忘录，叙述该公司在我国之电信事业，有上海电话公司、马凯无线电公司、太平洋水线公司、中国电气公司四个单位。除说明战前成就及战时蒙受之影响外，并表示战后希望五点。经查第二点希望各方平等优惠，第三点希望准许外人企业，第四点希望公平征税，第五点希望保障发明，皆属一般性质。中央当另有法令规定可依据办理。第一点国际电话电报公司希望我国政府准予维持该属四单位战前设施，继续办理一节，系本部主管，经本部缜密研讨，拟具签复草案如下：

查中美邦交敦睦，美国对于我国向多协助。此次对日抗战，美国主持正义，在物力、人力上不断予以援助，并以极大之毅力，促成平等新约，其对我国之友谊，实为我国所深志不忘。兹美国国际电话电报公司经由外交途径，表示愿与我国政府战后继续合作，我国自应以充分诚挚慎为考虑。

备忘录内，美国国际电话电报公司希望我国政府准予维持该属上海电话公司、马凯无线电公司、太平洋水线公司、中国电气公司四个单位战前设施继续办理一节。查上述各项战前设施自须加以合理之调整。倘美方战前设施在战后继续维持办理，一仍旧惯，则其他各国或将纷纷援例要求，不但我国感觉应付困难，抑且失去平等新约之精神。此点不得不请美方特予谅解。我国仍当保证竭诚与美国商谈，并尽最大可能觅取密切合作之具体方法，俾双方互有利益。关于上海电话公司者——上海电话公司前在公共租界法租界及越界筑路区域经营市内电话，情形甚为复杂，且上海租界内公用事业不仅电话一端，现敌人业已投降，正在办理接收，似宜根据实际情形通盘筹商，再行确定。故所有上海电话公司如何处理之处，现拟暂时保留。

关于马凯无线电公司者——马凯无线电公司与我国通报尚称满意，原订报务合同，系于本年六月二十六日满期。本部曾于一年前通知该公司，对于报费摊分办法拟酌加调整，以期合理。惟迄今尚未商妥，致原合同于本年六月二十六日起不复生效。兹本部已另电公司通知暂时维持通报，一面仍继续商洽报费摊分等办法。如将来商洽顺利，则战后马凯公司与我国各地国际电台继续通报自无问题。至马尼拉至成都电路，以马尼拉业已收复，可视需要情形，随时商洽恢复。

关于太平洋水线公司者——我国国际电信，拟以无线电为主，此项国际无线电信，根据战时经验，已能应付需要。战后如积极扩充设备，则对于大量通信，亦可应付裕如。故水线之需要，并不最为迫切，仅视作辅助性质。又我国国际通信向以国营为原则，战后我国处理水线方针，凡水线两端均在国境内者，拟由我国政府自办。凡一端在他国者，我国政府拟至少保有该水线在国境登陆处至海中若干长度之所有权。太平洋公司沪菲水线登陆执照于一九四四年十二月三十一日满期，本部经于一九四四年六月经由外交部通知，不再续发执照。如公司诚意提出其他水线通信合作之建议，本部愿根据上述原则，并视将来该水线实际情形，善予考虑。

关于中国电气公司者——中国电气公司原订合同条文，确有可取之处。惟以我方未加重视，致执行结果不尽满意。现原合同已取消，如国际电话电报公司有合作诚意，本部愿会同另商合办方式，遵照我国法令，调整组织，重订合同。

以上各点，关系我国今后处理中外电信事业合作，极属重要，业已函商外交部同意。理合抄录美方备忘录原文及译文各一件，呈请鉴核示遵，以便函请外交部照复美国大使馆。谨呈
行政院

附呈美方备忘录原文及译文各一件〔略〕

交通部部长俞飞鹏
〔国民政府行政院档案〕

（四）中美抵抗侵略互助协定

1. 外交部公布中美关于进行抵抗侵略战争期间适用于互助之原则之协定（译文）

（1942年6月2日）

译文

鉴于中华民国政府与美利坚合众国政府声明，两国政府现与具有相同志愿之国家或人民从事一合作之任务，以期奠定公正及持久之世界和平基础，俾其本身及一切国家获得法律秩序。

又鉴于中华民国政府及美利坚合众国政府，既经签字于一九四二年一月一日联合国宣言，业已接受美利坚合众国总统及大不列颠与北爱尔兰联合王国首相于一九四一年八月十四日所为联合宣言，即通称大西洋宪章所包含之宗旨与原则之共同纲领。

又鉴于美利坚合众国总统依照一九四一年三月十一日之国会法案，已决定中华民国抵抗侵略之防卫对美利坚合众国之防卫至为重要。

又鉴于美利坚合众国对中华民国已给与并正继续给与援助以抵抗侵略。

又鉴于中华民国政府接受此项援助，及美利坚合众国由于给与此项援助而应获得之利益之条件，宜延缓至援助防卫之范围已明悉时，及至局势之进展足使对中华民国及美利坚合众国有相互利益，且对世界和平之建立与维持有所促进之最后条件及利益，更为显明时再作最后决定。

又鉴于中华民国政府及美利坚合众国政府俱愿对于援助防卫之供应及对于决定此项条件，应予注意之若干事项，在目前成立初步协定，且对此项协定之订立，业经在各方面合法授权，而所有按照中华民国或美利坚合众国法律在订立此项协定以前，应履行完成或执行之一切行为条件及手续，均已照例履行完成或执行。

为此，左列签署人经由各本国政府合法授权议定条款如左：

第一条 美利坚合众国政府继续以美国总统准予移转或供应之防卫物品，防卫服务及防卫情报供给中华民国政府。

第二条 中华民国政府对于美利坚合众国之防卫及该防卫之加强，将继续予以协助，并将以其所能供应之物品服务便利或情报，供给美利坚合众国政府。

第三条 中华民国政府非经美利坚合众国总统之同意，不得将依照一九四一年三月十一日美利坚合众国国会法案所移转之任何防卫物品或防卫情报，移转其所有或持有或准许非中华民国政府官员雇员或代理人之任何人，予以使用。

第四条 如因将任何防卫物品或防卫情报移转于中华民国政府之结果，而中华民国政府需要采取任何行动或给付任何款项，以充分保护。对此项防卫物品或情报有专利权之美利坚合众国公民之任何权利时，中华民国政府经美利坚合众国总统之要求，当即采取此项行动或给付此种款项。

第五条 凡依照本协定所移转之防卫物品，其未经毁坏、灭失，或消耗，而经美国总统决定，对于美利坚合众国或西半球之防卫为有用者，或对于美利坚合众国另有用途者。中华民国政府依美利坚合众国总统之决定，在现时之紧急状况停止之后，将即以其返还美利坚合众国。

第六条 中华民国政府所应给予美利坚合众国之利益，于其最后决定时，对于一九四一年三月十一日以后中华民国政府所供给，并经美利坚合众国总统代表其本国接受或承认之一切财产服务情报便利或其他利益或事项，应充分予以计及。

第七条 由于美利坚合众国依照一九四一年三月十一日国会

法案所给予中华民国之援助，中华民国政府所应给予美利坚合众国之利益，于其最后决定时，其条件不宜加重两国间商务之负担，而应促进两国间互利之经济关系，及改善普及全世界之经济关系。为此目的，此等利益之条件内，应包括条款规定中华民国与美利坚合众国应行商定，并得由具有相同志愿之一切其他国家参加之行动，以期经由国际间及国内之各项适当措施，增进为人类自由及福利之物质基础之生产与就业，以及货物之互易与消费，取消国际商务上一切形式之歧视待遇，并减低关税及其他贸易障碍，总之，以期达成美利坚合众国总统及大不列颠与北爱尔兰联合王国首相于一九四一年八月十四日联合宣言内所列相同之经济目标。两国政府间应及早于一适宜日期开始谈判，并参酌主要经济情况决定最妥善之方法，俾得经由其所商定之行动，达成上述目标，以及觅取具有相同志愿之其他政府之同意行动。

第八条 本协定自本日起生效，并应继续有效，直至两国政府所议定之日期为止。

本协定分缮两份。

公历一九四二年六月二日在华盛顿签字。并盖章

中华民国政府代表：中华民国外交部　　部长　宋子文
美利坚合众国政府代表：美利坚合众国国务卿　　赫尔

〔国民政府外交部档案〕

2．蒋介石为议复中国协助美国办法致孔祥熙电

（1943年6月24日）

孔副院长勋鉴：据外交部吴次长呈报：美国提议根据互助协定规定中国协助美国办法，经详加审核认为美国提议尚无不同。谨将美方所提说明及代拟宋部长致国务卿照会各一件，请核示等情前来。兹特将原案随文转发，即希核议具复为盼。中正。敬。

侍秘。附抄发外交部原呈一件及中西文说明照会各一份
中华民国三十二年六月廿四日发

抄件

查上年五月美国政府根据其国会通过之一九四一年国防法案（即租借法案）提议由中美两国订立"中美抵抗侵略互助协定"，协定中，除规定美国应以物资及情报援我外，并于第二条及第六条规定我应供给美国各种物品人工便利及情报，当经呈奉核准，并由宋部长代表签字在案。

顷奉宋部长函称：美国政府提议，依据上项协定由宋部长与美国务卿换文，规定中国对美协助办法，并名之为"反转"租借协定。盖租借协定系美助我，此则我助美也。谨将换文要点择陈于左：

一、中国对美协助大致分为下列二类：（甲）直接以材料或人工供应美国部队及机关，此项供应拟记入租借帐内中国政府户下。（谨按此项办法业已部份实施，我现供给美国驻华部队伙食，即其一例）（乙）供给中国华币，俾美国部队及机关得用以在中国获得材料及人工之供应，并支付其他用途，中国政府所供给之中国货币总数，由双方随时商定比例，其中一部由美国政府以美金按照官价折合付与中国政府，其另一部则记入租借帐内中国政府户下（再按：美国务院对于此点有所解释。美国政府拟以中国货币支付其驻华军队之费用，其用意为防止其官员利用黑市得其所不应得之利益）。

二、此项协定无强迫性，两国政府对其本身能力与责任之考虑，仍保留其最后决定权，遇有一方政府被请求协助时，如其政府自认可以供应，始依照规定原则办理。

三、此项协定只规定原则，实施办法则仍将由美国正式授权当局与中国政府主管或指定机关随时提出议定。

再查英美政府于签订"互助协定"亦曾由英驻美大使与美国务卿作一换文，其字句与此次美国向宋部长所提议者大致相同，其惟一不同之点，即在英美换文中美国声明对于支付美国驻英军队之费用及薪金，不需要英国援助是。至其解释则已于按语中注明，不再赘述。

职部详核认为美国提议，尚无不合之处，理合检同美国国务院所提说明及代拟宋部长致国务卿照会各一件，签请鉴核示遵！
谨呈
委员长蒋

说明

所谓反转之租借协定，其要义与租借协定之要义相类似，两者均仅规定一般原则，俾缔约国政府之资源可以依之对共同作战尽其效用，至依协定而实施之各项任务，其细节则仍由双方商洽办理。

一九四三年五月十五日艾其森君以反转租借协定草案递交宋部长，其中规定各种可能办法，俾中国政府将来得按照情形，对于美国武装部队或其他正式派遣机关予以协助。协助方式，可概括分类如左：

一、直接供给材料或人工，为美国武装部队及派设机关之用。

二、供给中国货币，俾美国武装部队及派设机关在中国政府所控制之区域内用以获得供应品及人工，并支付其他用途，美国政府则按时将原指定作此项用途之美金拨交中国当局。

办理上述各类事务之详细条件及手续，自当由中美主管当局协议订定。关于第一类之事务，拟将供给美国当局之中国货币之数额中，由双方随时商定划出一部，以美金按照官价折合，付与中国政府，其余部份之中国货币则记入租借帐内中国政府户下。

租借协定之整个性质,当然为自动而非强迫性之协助,租借协定仅规定双方同意遵守之原则,俾一方政府在彼请求依照协定供应物品或人工,而该政府自认可以供应此类物品或人工之情况下,可依照规定之原则办理,又规定范围外其他获得物资办法,仍可继续不受租借协定之影响。

照抄宋部长致赫尔国务卿照会

径启者:查在一九四二年一月一日联合国宣言中,缔约国政府保证使用其全部军事与经济资源以对抗与其作战之国家。又在一九四二年六月二日之协定中,中国政府与美国政府约定彼此供给其所能供给而为进行共同战争所需要之各种物品,人工,便利及情报。中国政府又了解,依照一九四二年六月二日协定,在交互供应中,所应遵从之一般原则为:两国之作战生产及作战资源,应由两国及其他联合国家之武装部队就现有材料、人力、生产、便利,及航运容量,以最有效之利用方法使用之。

兹为补充一九四二年六月二日贵我两国政府间之协定第二条及第六条互助协助之规定起见,关于中国政府对美国实行协助时所适用之原则及手续以及此项协助对于美国维持其部队与其设置机关之联系方法,本部长特将中国政府所有之了解提述如左:

一、资源之最有效利用方法,应尽可能按照共同作战计划共同决定之。惟各国政府对其本身能力与责任之考虑,仍保留最后决定之权。

二、如左列各种协助以在中国获得为最有效时,中国政府当以之供给美国及其武装部队与设置机关,作为交互供应。

(甲)军用配备军火,及陆海军军需品

(乙)在华美国部队及其他正式机关所需之其他物品原料,便利,人工及财政供应。其由美国部队与机关,依后列丁款或在本协定所规定办法之范围以外,所为之采购除外。

（丙）军事计划军事任务等建设，及为共同作战之其他重要工程所必需之物品原料人工，如是次物品原料、人工之供应，以中国获得较从美国或另一联合国更为适宜。

（丁）为使美国当局在认为适当时，可以直接购买获得上列甲乙丙三款所载之物品原料，便利，及人工，并为适应美国政府方面及军事方面对于中国货币之其他重要需要起见，中国政府当以中国货币供给美国正式授权之当局，其数额与时间，由双方议定之。

三、本照会所定原则之实施办法（包括双方政府请求协助及实行协助之手续）应由两国政府经由其军政主管当局相机随时议定。美国政府对此等协助之请求，当由美国正式授权当局，向中国在重庆或美军驻扎区域为便利交互协助所指定或设立之官署提出之。

四、中国政府之了解认为：美国大总统或其授权代表，根据一九四二年六月二日协定第六条从中国政府所得上述各种协助以及其他协助（包括情报）当作为美国依一九四一年三月十一日之法案所得之利益。依本办法所得之协助，应尽情形所许，由两国政府各予以适当之记载。

如美国政府同意上开各节，则本部长提议本照会及阁下之复文，当视为已将贵我两国政府对于此事之了解纪录在卷。

〔国民政府行政院档案〕

(五)中美新约

1. 国民政府公布中美关于战后修改不平等条约换文往来函

(1941年5月26日)

(1) 郭外长致赫尔国务卿函:(上略)

日前造次拜晤,承以美国对于有关全世界之经济政治问题所持之态度与政策见告,对于有关贵我两国政治经济问题所持态度与政策,尤蒙详为见示,际此举世骚动,暴力横行,水深火热之时,获聆宏论,钦佩无极。阁下前曾于一九三七年七月十六日公开发表声明,阐明美国政府一般之政策,该项声明内容为本人所熟稔,是以阁下于前次谈话中说明贵国如何重视世界法律秩序之原则,国际间待遇之平等,并认为国际间应实现更自由之贸易,文化上应实行更大规模之交流各节,本人自能充分理解其重要性之所在。本国政府与贵国政府亦具同感,希望国际间可赖协议以求有秩序之进步。阁下所述之原则,必可获国际上普遍之接受与实行。本国政府前曾于一九三七年八月十二日照会贵国政府,对于阁下于一九三七年七月十六日声明内列举之原则,表示赞助,并说明中国之政策,因而与贵国政府之观点适相吻合,此事想为上下所能忆及。当时中国之立场,已经阐明无遗,迄今仍未稍易。本国为自卫而实行抗战,将满四载。四年以来,美国政府与人民素能对中国之政府与人民表示伟大之友谊与同情。美国政府之态度政策与行动,中国政府与人民深为感激。吾等且信吾方之态度目的与政策,其演进也,与美国□而日益完全吻合。吾国人民夙信国际商务关系中不应有歧视之情事,且应进一步实行广泛合作公正之原则,亦即应忠实履行国际条约。国际间一切问题，应由和平谈话之程序及自由协定之方式求其解决。吾人对于商务机会均等及待遇平等之原则，甚表信仰与赞同。将近一百年前，中国与西方国家首度谈判条约之际，我国政府即已有明显之表示。在和平恢复之时，中国政府甚愿并希望在本国经济方面及对各国之政治与经济关系上，力行上述之原则，至于最大之限度云云。

（2）国务卿赫尔复函

略称：阁下来美，吾人至表欢忭。尊函重申中国政府及人民信守一般基本原则之意志，展读之余，欣慰莫名，缘美国政府认为独立国家彼此自由合作，互增福利之国际秩序，唯有以此各项原则为其基础故也。阁下固知美国政府及人民所信赖之计划，系根据并遵从各国间待遇平等之原则。此项原则包括之意义，在法理方面为国际关系之平等；在商业关系方面为机会之均等待遇之平等；在文化发展方面则为互利之交换。此项原则之含义，即系每一国家尊重根据条约而来之权利，以有秩序及自由谈判之手续，而非由武力所造成之协定之修改，国际经济关系中之公平交易国家生命中对和平有主要关系之发展，及彼此互利之国际贸易之成长。此项计划目的之一，即取消经济及其他方面足以引起政治冲突之错误。美国政府及人民对于中国之福利与进步，久抱深切之关心，亦为阁下所素知。中国希望修正国际关系间之变则，美政府业已采取步骤，适应中国之希望。本国及其他国家因规定治外法权及有关之惯例之协定，而在华久享若干特殊性质之权利。美国政府将继续所采之政策，希望于和平状况恢复之后，迅速着手与中国政府用有秩序之谈判及协议之手续，以期废除上述之特殊性质之权利，且不待言。美国政府对于任何国家以和平安全安定正义以及一般福利各种情况为标的，按照合法与正常程序所作之每一要求，均示欢迎与鼓励。阁下来函曾明示中国拥护经济关系方面待遇平等以及不作任何歧视各种原则之至意，是项保证于扰攘之现世界以及战争结束以后,均有良好影响。美国政府以致力于拥护全国人民所信仰之原理起见,对于本国与中国及其他各国所遵循途径(即国家安全,国际间以公平交往相处和平与正义之途径)之行将普及于全世界一节,自属深具信心,而毫无保留之余地云。

〔国民政府外交部档案〕

2. 魏道明为美方交草拟取消治外法权等问题草案致蒋介石电

(1942年10月24日)

今日美国务卿面交关于取消治外法权等问题草案约共十八条,要点如下:(一)取消领事裁判权。(二)一九〇一年九月七日辛丑条约认为应废止,同意在此协定下美国享受之权利即予废止,并将〔与〕中国合作向他国政府商洽解决北平使馆区域移交问题。(三)上海及厦门公共租界认为应归还中国管辖,同意美国所享受之权利即予废止,并将与中国合作向他国商洽解决该两租界移交问题。(四)规定互相内地杂居及通商。(五)依照国际公法原则与应有定例重定友好通商航海条约。美国务卿声明两点:(一)美政府草拟此条约从最大范围着想。(二)在商洽期内草约内容表示严守秘密。

〔军事委员会委员长侍从室档案〕

3. 国防最高会议秘书厅参事室关于中英中美新约中涉及沿海贸易及内河航行问题研究意见致蒋介石签覆①

(1942年12月17日)

奉交下外交部呈报关于中美中英新约中涉及沿海贸易及内河

---
① 该件选自国民政府军事委员会委员长侍从室《要件辑存》。

航行问题意见及谈判情形,嘱会商具报。等因。谨将研究意见胪陈如下:

一、关于中美新约,本月十日外交部致魏大使电所拟内河航行及沿海贸易条款,尤其"……倘日后任何一方以内河航行及沿海贸易权给与第三国船舶时,则应给予彼方船舶以同样之待遇……"一段,完全以平等互惠为原则,甚属妥善。据最近魏大使电话,政府对于此项条款原则上业已表示同意,惟因恐其他国家一时不肯放弃此项权利,致使美国商业利益独遭歧视,不免有所顾虑,且恐为议会方面所反对,故拟将我外部原电中"日后"二字删除。按照我外部所提条款美国对于在华之内河航行及沿海贸易权,将立予放弃,而不问其他国家是否采取同一步骤。至于将来中国政府再以此种权利给予第三国时,则美国自可要求平等待遇。若将外部电中"日后"二字删去,非但将来中国政府以内河航行及沿海贸易权给予第三国时,美国得要求同样之待遇,即在今日若有任何国家拒绝放弃此种权利,美国亦可要求继续享受其原有之权利,但自美国立场言,亦自有其理由。盖美国一旦放弃此种权利,而其他国家仍继续享受,对于美国利益实不啻为一种不平等之待遇,故美方仍坚持删去"日后"二字,我方似亦不便拒绝,且在华享受内河航行及沿海贸易权之主要国家为英国,现亦表示放弃此种权利,故事实上当不致有重大流弊。

二、中英新约中,关于内河航行及沿海贸易问题,似应照中美新约办理,未便独持异议。至伊洛瓦底江查系国际河流,依照国际通例,华船本有经该江入海之权,与外人在华所享受内河航行之特权未可相提并论,似不应在新约中规定我方放弃此种通常权利。

以上两项是否有当,敬候钧裁。

〔军事委员会委员长侍从室档案〕

4. 国民党中央宣传部公布中美新约概要

(1942年)

中美条约概要

中美条约及换文,依照美国惯例非经其参议院批准,不得宣布全文,故由双方在华盛顿会商,拟具中美条约及换文之概要发表如下:

中国政府与美国政府本日签订之条约及附带换文规定,美国放弃治外法权及其他特权并规定,对于放弃上述特权有关各事件予以调整,此项特权系美国一如其他国家根据以往条约及规定在中国行使以迄于今者。

其中比较重要之规定如下:

自本约生效之日起,美国放弃其治外法权与一九〇一年北京议定书所赋予之特权,(包括在中国驻兵之权)以及关于通商口岸制度,北平使馆界,上海厦门公共租界(包括上海特区法院)等一切特权,两国政府同意合作俾与其他有关政府成立必要之协定,将公共租界及北平使馆界之行政与受理移交于中国政府,中国政府将厘订办法担任并履行公共租界及使馆界之官有资产与债务,在北平使馆界已划与美国政府之土地其上建有属于美国政府之房屋,中国政府允许美国政府为公务上之目的有继续使用之权。

美国人民在中国现有之不动产权利,不得取消作废,惟此项财产须遵守中国关于征收捐税征用土地及有关国防之法律,在中国之美国人民予以在华旅行居住、经商之权利,一如中国人民在美国全境久经享受之权利,两国尽力予对方人民关于法律手续习法事件之处理及各种租税之征收,不低于所给予本国人民之待遇。

每一国家之领事官得在对方境内双方所同意之地方驻扎，彼等享有与其本国人民会晤与通讯之权利，遇有其本国人民被拘留监禁以候审时，应立即予以通知，彼等并得探视此等本国人民及接受其书信。

美国放弃关于内河航行与沿海贸易之特权，以及美国军舰迄今在中国领水内所享有之特权，倘任何一方以内河航行或沿海贸易之权利给予任何第三国之船舶，则此项权利亦应给予对方之船舶，关于准许商船驶入对海外商运开放之口岸，商船之在此项口岸之待遇及军舰之访问等，每一国家将给予对方以一现代国际关系中所通行之权利，鉴于通商口岸制度之废止，中国同意在中国境内凡平时对美国海外商运已开放之沿海各口岸将继续对此项商运开放。

两国政府将于适当之时间，进行谈判签订现代广泛之友好通商航海及设领条约，在过渡时期，如有涉及美国人民在中国之权利问题，而不在本约或以前条约或协定现存各条款之范围内者，将依照普通承认之国际公法原则解决之。

条约及换文在中国将提出于立法院，在美国将提出于参议院，并于互换批准后，发生效力。

〔国民党中央执行委员会秘书处档案〕

(六) 有关美军在华违法处理案

1. 唐毅关于中国桐油船与美舰相撞及美兵行凶呈

(1940年8月1日)

案据本局侦缉队队长蒲岗本月一日报告称:"据侦缉队员宗冰报称:'查财政部贸易委员会于七月三十一日午后四时许雇两木船各载桐油两百桶,由五桂石地方运海棠溪。讵行经龙门浩水码头时,因水流甚急,不能上驶,其中一只即被水冲退,而与停泊该处江边之美国兵舰《拉挪威》号相撞,但无损坏,乃该兵舰舰长詹姆列竟饬水兵用斧将该木船上所运桐油两百桶及船板等完全劈坏,抛于水中,并将船夫扣留,交由该处警察第十一分局严究。该舰长且称必向我外交部提出交涉。理合据情转报钧部鉴核令遵。
谨呈
重庆卫戍总司令部

重庆市警察局局长唐毅
〔国民政府重庆卫戍总司令部档案〕

2. 蒋介石为美军在华指定驻地以外之不法行为应采取必要措施电

(1942年8月)

(1) 齐电 (8月8日)

军令部:密。案据美国驻中缅印派遣军总司令史迪威将军函称:为美国驻华共同作战之该国军队官兵,嗣后如中国各地方当局认为有犯罪嫌疑时,拟请通知驻在地之美国宪兵或美军兵局予以逮捕,按照美国军法裁判。等情。查核所请在两国共同作战期间,依据已往国际贯例,尚属可行,应准照办。惟美国陆海空军官兵，在我指定驻地以外之不法行为有危及治安秩序者，当地负治安责任之机关部队得采取必要措施，随时予以先行保护，看管或扣留，一面即迅速通知美方移交办理，以免其犯罪之继续或扩大。除函复史迪威将军查照，请转饬美国驻华官兵应尊重我国法律习俗，与我军民保持永恒融洽与友善之关系，并通令外，特电仰饬属一体切实遵照为要。中正。未。齐。外。渝。

（2）寒电（8月14日）

军事委员会快邮代电　局办（卅一字第0657号）

重庆卫戍总司令部：密。查关于美国军队官兵遇有不法行为之处置办法，业经本会以齐外渝第六一五号代电饬遵在案。兹复据史迪威将军呈函：对于本案办法，业经令饬所属切遵。事件发生时，如各地情形许可，美方得于当地警察局内临时派一宪兵驻守，以便协商办理等情。前来。万一遇有此类事件发生，希即斟酌情形，予以商办。再各地如遇有不法行为之美官兵，必须采取看管或扣留时，应以和平及优待之方式达成任务，不得有粗野举动，并仰饬属一体遵照为要。中正。未。寒。外。渝。

〔国民政府军令部战史会档案〕

3. 艾其森关于处理在华美军人员刑事案件与吴国桢往来照会

（1943年5月21日）

（1）美国驻华代办艾其森致外交部政务次长暂代部务吴国桢照会

迳启者：本代办为证实贵我两国政府代表在渝由商谈而得之了解各节，兹奉达贵次长代理部务如下：查美国政府之意愿系于此次对共同敌人作战存续期内，凡美国海陆军人员，如或在中国触犯刑事罪款，应由该军军事法庭及军事当局单独裁判。

如间有以特别原因，美国政府军事当局或认为此项裁判以不受理为宜，则建议每次均应以书面，经由外交途径通知中国政府，俾可由中国当局从事裁判。

兹保证在华美军军事法庭及军事当局，对于该军人员被控于中国犯刑事罪而有充分证据者，愿加审理，且有审理之能力，并于宣判后，按所犯刑事罪予以惩处。美国当局对于美国军队被控在中国犯刑事罪者，无论系准中国该管机关通知，或系美国当局自行发觉，原则上均愿调查并予适当处理。

美国军队之任何人员，如对平民有犯罪行为，美国军事当局于不妨害军事安全范围内，当于离被控犯罪地点相当距离之中国地方，迅速公开审理，庶案内人证毋须跋涉长途，即可到案受审。

美国主管当局并准备与中国当局合作，对于美国军事人员被控罪之侦查案情及搜集证据，妥定互助办法。按通常规例，如拟向其取供之案内人证等，并非美军人员，则应由中国当局代美国当局向证人等办理初步取供手续。至于中国法院办理之案件被控者，非美军人员，而彼等与案情有关时，美国军事当局于可能内，亦乐于协助，向其取供或于案情作适当之侦查。

上述办法如能根据互惠原则施行，则为共同目标计更觉有益，故美国政府准备，如中国在美国辖境内驻军，亦以同样办法担保该中国军队有与在华美军相同之地位。

兹建议上开办法，于此战争期间及战后六个月内有效。

如中国政府接受此项办法，则本照会及接受此项办法之复文，当视为两国政府间之了解文件而存案。相应照请贵次长代理部务查照为荷。

本代办顺向贵次长代理部务表示敬意。此致
中华民国外交部次长代理部务吴

西历一九四三年五月廿一日于重庆
中华民国卅二年

（2）吴国桢复艾其森先生照会

贵代办本日照会内开：本代办为证实贵我两国政府代表在渝由商谈而得之了解各节。兹奉达贵次长代理部务如下：查美国政府之意愿系于此次对共同敌人作战存续期内，凡美国海陆军人员，如或在中国触犯刑事罪款，应由该军军事法庭及军事当局单独裁判。

如间有以特别原因，美国政府军事当局或认为此项裁判以不受理为宜，则建议每次均应以书面，经由外交途径通知中国政府，俾可由中国当局从事裁判。

兹保证在华美军军事法庭及军事当局，对于该军人员被控于中国犯刑事罪而有充分证据者，愿加审理，且有审理之能力，并于宣判后，按所犯刑事罪予以惩处。美国当局对于美国军队被控在中国犯刑事罪者，无论系准中国该管机关通知，或系美国当局自行发觉，原则上均愿调查并予适当处理。

美国军队之任何人员，如对平民有犯罪行为，美国军事当局于不妨害军事安全范围内，当于离被控犯罪地点相当距离之中国地方，迅速公开审理，庶案内人证毋须跋涉长途，即可到案受审。

美国主管当局并准备与中国当局合作，对于美国军事人员被控犯罪之侦查案情及搜集证据，妥定互助办法。按通常规例，如拟向其取供之案内人证等并非美军人员，则应由中国当局代美国当局向证人等办理初步取供手续。至于中国法院办理之案件被控者非美军人员，而彼等与案情有关时，美国军事当局于可能内，亦乐于协助向其取供或于案情作适当之侦查。

上述办法如能根据互惠原则施行，则为共同目标计，更觉有益。故美国政府准备，如中国在美国辖境内驻军，亦以同样办法担保该中国军队有与在华美军相同之地位。

兹建议上开办法于此次战争期间及战后六个月内有效。

如中国政府接受此项办法，则本照会及接受此项办法之复文，当视为两国政府间之了解文件而存案。相应照请贵次长代理部务查照为荷。等由。本次长代理部务业经阅悉，对于贵代办来照所称：两国政府关于管辖在华美军人员触犯刑事罪款一事，所成立之了解暨规定该项了解应依互惠原则办理，以担保中国军队如驻在美国辖区境内，亦有与在华美军相同之地位各节。本次长代理部务兹奉命代表中华民国国民政府，予以证实。

本照会及贵代办前项来照，自应视为已将该项了解纪录在卷。相应复请查照为荷。

本次长代理部务顺向贵代办重表敬意。此致
美利坚合众国驻中华民国暂行代办使事艾其森先生

吴国桢

中华民国三十二年五月二十一日于重庆

〔国民政府外交部档案〕

4．军事委员会转饬知照《处理在华美军人员刑事案件条例》令

（1943年10月13日）

国民政府军事委员会训令　办四二外字第43488号

奉国民政府三十二年十月一日渝字第六二一号训令开：查处理在华美军人员刑事案件条例，现经制定，明令公布，应即通饬。等因。附抄发处理在华美军人员刑事案件条例一份。奉此。除分令外，合行抄附原条例，令仰知照，并转饬所属一体知照。此令。

附抄发原附处理在华美军人员刑事案条例一份

委员长蒋中正

处理在华美军人员刑事案件条例　三十二年十月一日公布

第一条　中华民国政府，为便利共同作战，并依互惠精神，对于美军人员在中国境内所犯之刑事案件，归美军军事法庭及军事当局裁判，其处理依本条例之规定。

第二条　美军人员在中国所犯之刑事案件，经美国政府军事当局声明，愿归中国政府办理者，由中国法院裁判之。

第三条　本条例所称美军人员，谓依美国法律，现受美国陆海军法律管辖之人，但服务于美军之中国人民及美军在中国境内雇用之第三国人民或无国籍之人，不在此限。

美军人员应提出现受美国陆海军法律管辖之证明文件，以证明其身份。

第四条　第一条关于裁判之规定，并不影响于依中国法律对于美军人员犯罪，或有犯罪嫌疑时，行使之讯问、拘提、逮捕、羁押、搜索、扣押、勘验之权。

前项美军人员，经查明确有犯罪行为，或嫌疑时，应即将其犯罪事实或嫌疑，通知有关之美国军事当局，并将该人员交该当局办理。

第五条　美国在华军事法庭及军事当局，对于在华美军人员所为之裁判，中国法院或有关机关，得请抄录其原文，在裁判前，得向其询问进行之程度。

第六条　不问何人对于美军人员之行为，如系出于善意，且不识其为美军人员时，不得因其本条例之规定，而使其负任何民事或刑事责任。

第七条　本条例自公布日施行，其有效期间至共同作战结束后满六个月为止。

〔国民政府军令部战史会档案〕

5. 重庆卫戍总司令部关于禁止及规定美国宪兵维持治安职务权限训令

（1945年3月10日）

重庆卫戍总司令部训令　坤三甫字第0330号

令本部办公室

案奉军事委员会三月二日办四二外字第五六七一号代电开：据昆明行营龙主任二月七日呈称：案据昆明警备司令禄国藩呈称：为呈鉴核事：案奉滇黔绥靖公署云南省政府秘一四字第三八一三号训令：略以美国宪兵外勤职务，其行为有时已超越其应有之职权，对于地方治安妨害甚巨，饬即函知该主管立予纠正。若仍意肆行无忌，即不能再如已往之缄默不言等因一案。遵经函请该美空军司令部，立于纠正，以后不得再有此类事件发生去后。兹准美国空军第十四航空队总司令部三十三年十二月十八日公函开：迳覆者：案准贵部三十三年十一月二十四日大函：据警务处第五九〇号呈报：关于十一月十三日美国宪兵由贵贡机场尾追第三二一三六号中国军用灰色小汽车至昆明市区，并擅入龙旅长公馆施行检查。嘱即查明禁止等由到部。当经彻查属实，除通令禁止，并制定美国宪兵检查小车及中国人民财产办法，饬属遵照外，相应检同此项办法两份，函请贵部查照，并向贵司令官证明，嗣后不致再有此类意外事件发生等由。附抄件两份。准此。除分别呈报令行外，理合检同附件，具文呈请钧营核备。附呈抄附件二份。等情。据此。除分令驻滇各集团军总司令部知照外，理合抄同附件，具文呈请钧会查核备案等情。附美国第十四航空队通令译文两份，据此。除电复外，特抄同原附译文电，希知照为要。等因。附抄原译文两份。奉此。除呈复，并分令外，合行令仰知照为要。此令。

中华民国三十四年三月十日

总司令王缵绪

抄原译文第十四航空队通令第四六号

美国陆空军宪兵维持治安职务规定如下：

一、查美国陆空军宪兵及守卫宪兵之基本职务，为保护美国陆空军财产，维持美国陆空军军纪风纪，及执行一切军法规章，凡非美国陆空管理区域美国陆空军，无干涉中国人民之权。

二、美宪兵或其他人员之奉派守卫巡逻及维持交通秩序者，仅对美国车辆有干涉之权。所有中国人民车辆，除在美国政府管理区域内，美国宪兵得干涉外，其余一概不得加以干涉。凡非美国政府管理之区域，所有中国人民之车辆，美国宪兵及维持交通之巡逻，人民不得加以干涉制造或追逐。凡中国车辆之在美国管理区域内达犯交通规则者，美军只能在该区域内加以扣留，然后连同其违犯章则之全部报告，移转中国军事或行政机关处理。凡属中国人民无论任何情形，不能在美国武装部队所属之卫兵室或其他处所加以拘禁。

上述办法，通令所属一体遵照。

参谋长何华德
副官长莫理士
一九四四、十二、十七

〔国民政府军令部战史会档案〕

〔四〕中英关系

（一）对中国抗战同情与支援

1. 外交部抄转驻英使馆关于货物贷款致英国外长说帖之代电

（1938年9月28日）

财政部勋鉴：据驻英使馆呈送关于货物贷款案面递英外长之说帖抄件一件前来。兹特抄同原说帖一件，电请查照为荷。外交部。俭。

译致英外长说帖

自本年三月以来，中政府曾屡向英政府请求商订借款，或以出口赊贷方式，作为财政上之援助。中政府于提出此种请求时，深觉现有地位确能予以切实担保，并且实际上已经提供担保。此种担保在平时即系正当商业手续，若非联想及不靖之时局，原属无可顾虑。中政府且以为对于此事在英政府似应予以更远大深切之观察，而不应仅视为纯粹商业性质之建议。

中政府敢有深信不疑者，英政府实已倾心实践国联会员国应给中国以可能协助之诺言，尤特别关切国联行政院本年五月十四日所通过之议决案，促请各会员国"应尽最大之努力，使历届国联大会及行政院通过之各项议决案发生效力。凡中政府为实施上项议决案有所请求时，各会员国应予深切同情之考虑"。尤有进者，中政府彻底明了英政府所处之地位，无论以其与中国友谊之历史而言，抑或就其在远东政治与商业上之特殊地位而言，在目前局势之下，英政府固无时不注意中国经济与财政之机构。盖英政府重大利益，近年实与此机构已渐成交织不可分离之势，而此种机构又因我国抗日战争之延长而蒙受重大损失也。

中政府一方对于英政府应有之决心，虽不免失望，惟一方对于其批准政治借款所当引起之困难，亦非无所觉察。所可引以为慰者，厥为七月二十六日首相在众院之报告，与同月二十七日外相在上院发表之演说，对财政上援助中国一点，均已重申同情态度，并表示准备考虑关于货物贷款之请求。

根据是项诺言，中政府经已向出口信用保证部咨送数项贷货方案。尚有他项方案，亦在准备中。但该部在便利出口商家范围内，自必逐处以一般业务手续与技术上之条件为依归。设非英政府对于我国各项方案准备特加赞助，恐其结果，在赊贷数量上必将不足以应目前大量紧迫之需要也。

中政府现犹忆及七月二十九日首相答众院质问时所作声明，除借款以外，英政府对于援华问题准备予以考虑者，厥为特种货物贷款之批准。至实践国联历次会议，关于会员国应分别予中国以财政及技术上之援助一案，本届国联大会及国联行政院又将提出研讨，以求实施途径。英政府于此若能以实际行动为之倡率，则会员国在日内瓦讨论援华问题时，当得极有价值之引导与推动。

本说帖之意旨，系欲提请英国政府对于中英间现正进行之货物贷款交涉，加以善意考虑，并采必需步骤，以促是项交涉之成功。

伦敦中国大使馆
廿七年八月卅一日
〔南京国民政府国库署档案〕

2. 郭秉文关于在英活动借款情形致孔祥熙呈

（1938年12月24日）

译一九三八年十二月二十四日郭秉文呈孔院长文

最近此间接洽诸事，谨为分陈如次：

（一）平衡基金

在过去一周中，职与李滋罗斯晤谈二次，其中一次谈话时，职曾以拨借中国平衡基金之建议，探询英政府有无实际赞助之可能。据称，此事正在内阁考虑中，一如以前借款事件，有关政府保证责任，故在内阁采取行动之前，渠不愿有所表示。职现随时与渠接晤，并请其鼎力促成此事。盖渠现任各部联合委员会主席，并为内阁主脑部顾问，颇有左右内阁政策之能力也。

（二）出口信用贷款

（英国出口信用保证部主任）聂克生氏，近遵贸易部胡迭森之训示，业已正式通知郭大使，英政府确已决定，准为中国担保信用贷款五十万镑，以之购买客货汽车。职从多方探悉，中国可望于一千万镑特种担保额中获得三分之一，于七千五百万镑通常信贷额中更可获得一较巨之数。此即言，设使我方能提出充分之具体计划，则很有获得大量信用保证贷款之可能，故职等现正伫候钧座关于需用出口信用保证之训谕。且闻出口信用保证新法案若得通过，将其贷款原则确定，则嗣后欲求增加信贷总额，极易获得国会之核准也。

（三）与英伦银行发生联络

职经李滋罗斯爵士之介绍，得与英伦银行费休君晤识。费君为该行海外部副主任，总裁诺尔曼关于中国方面之消息，皆由彼供给。罗斯爵士嘱职与费君保持密切接触，俾可藉以联络英伦银行。

英政府于考虑我国所提各项计划时，该行态度颇有举足轻重之势，想早为钧座所洞悉。费君对我国财政问题表示深切关注，并承告霍伯器君已首途来英。霍君行动若何及将作何报告，职自当留意探察。

（四）滇缅铁路

关于滇缅铁路事，职自前次邮呈后，寻即晤见中英银公司班拿特君（Mr. Bernard）、汇丰银行巴莱士君（Mr. Barnes）及中国建设银公司外国经纪人施德士伦与但尼司二君。据彼等观察所得，该路一切计划均遵正当途径，正在演进之中，一俟彼等驻华代表与交通部商妥办法，拟送具体建议，即当奋力推进。将来筹集所需资金，或须采用特种借款之方式。

（五）拟设之中国贸易委员会

关于设置中国贸易委员会事，上年十二月钧电嘱予修改之处，职等咸表赞同。惟窃以为委员会字样似有保留必要，以别于将来指定之代理经纪人。至该会外籍委员人选，据李滋罗斯爵士及费休君见告，宜以班拿特君充任。且班君原为钧座拟委人员之一，职遂禀明郭大使，征询班君意见，渠当欣然表示愿为效劳，业已与职等商讨委员会应有之工作。职与葛纳士君（Mr. Guinness）复作一度谈话，藉悉渠亦愿为服务，惟请稍待时日，以观中政府拟派之经纪人，究属顾大使所荐之利业公司，抑渠本人所介绍之乌喀公司。

（六）与利业公司洽商之经过

前呈中职已禀明，业遵钧谕与利业公司进行商谈。几度会议之后，近已拟就合同草约，正由郭大使及本委员会同人审查，职并将此事咨询律师。

新近班拿特君参与本会，并拟于圣诞假期中研究此约。待班君假期归来，即将重开会议，俟得具体结论，当作详细报告，敬呈钧座察核。

（七）英籍友人对于我国抗战前途之乐观

近日职又欣遇不少英籍友人,彼等都认为中国此次必获胜利。如华爱脱爵士、罗斯爵士、泼莱脱爵士及洛滋主教,均持此见。而班拿特君更进而向其友人预言,一年以内,全数日军将自中国撤退。职答复各英友,彼等观察甚是,盖中国团结精神及抗战决心日益坚强,但求最后胜利起见,英国政府必须给吾人以大量之援助,毋再存观望。等语。

另附报纸新闻数则〔缺〕,录供钧座参考。

〔国民政府贸易委员会档案〕

3. 财政部报告最近办理英国信贷经过情形代电稿

（1939年2月21日）

代电　渝资字第2159号

军事委员会委员长蒋钧鉴：极密。庚侍秘渝一代电奉悉。查英国出口信用贷款一案,进行磋商已逾一载,其间周折颇多,往来电文亦繁,迄至近两月始稍具端倪。兹谨将最近办理情形,撮要分陈如次：（一）关于信贷数额者。对英磋商之始,希望数额颇巨,嗣于本年一月六日接郭大使电告,谓英国对外特种信贷,限额一千万镑,我国至少可得三百万镑。旋由本部电请洽增贷额,未得具体结果。最近据罗杰士顾问来电,有扩增之希望,而增数若干亦尚未定。（二）关于信贷条件者。先后据郭大使等来电,向英购料先付现百分之二十五,其余货款由英政府出口信用部在相当条件下担保,经部复请切商具体条件,一面仍催各机关编送购料方案。嗣于上年十二月二十一日据郭大使电称,交通部购汽车案五十万镑,初步洽妥,其条件由我方迳向厂商付现四分之一,其余货价由英出口信用部保证,由我方以英镑库券限四年分八期偿还。此项库券须由中国银行或中央银行担保,并付年息六厘。当经本部电复,付现四分之一,余额以库券分偿,并由中国银行担保各事，均可照办。惟库券利息及偿还期限，请照美国借款例，认付年息五厘，以五年分十期清偿。旋于本年一月十二日会同交通部，授权郭大使，签订购车合同。惟关于利息、偿期两点，据郭使最近电称，英方仅允减为年息五厘半，偿期仍坚持四年，其他各案条件，应俟分别洽定。（三）关于购料方案者。中英贷款磋商之始，本部即经召集军政部、兵工署、交通司、交通部公路处、经济部、资源委员会工矿调整处等机关，编拟购料方案，准备送英赊购。嗣因美国借款先行成立，而英方接洽尚未就绪，乃将各机关清单详册改送美国。其核准向英赊购者，仅有交通部之滇缅公路车辆案五十万镑，军政部电话机料案四万四千余镑，故英方洽定信贷数目三百万镑，尚约可余二百四十余万镑。同时复据陈光甫电告，先后送美购料案总数几达美金一万五千万元，美方借入仅二千五百万元，不敷分配甚远，除大部分军品难于列购外，其余各案亦经分别酌减，请予核示前来。当经召集相关长官及主管人员会商，将向美购料各案分别核减数目，电美在借入款额中照购。惟兵工署二十八年度兵工储料案，关系特殊重要，而英方信贷额内尚余二百余万镑，未经定案，因决将其中急需部分，转送英国尽先购买。如有余额，再行分配商品。业于本月铣日照此意电郭大使洽办，并一面通知军政部，所有该储料案国币五千六百万元，除已由中央信托局订购国币五百万元，暨核准在美订购美金二百五十万元之材料外，其余未购部分，请再饬切实核减，另编详册送部，以便转英洽购。至各机关向英购料之付款办法，亦经会商决定，分别处理矣。奉电前因，理合将办理本案经过情形报请鉴核。财政部长孔○○。马。渝。资。印。

〔国民政府国库署档案〕

4. 财政部为中英信用贷款成立请备案呈

（1939年10月30日）

财政部呈 渝资字第一三六七号
民国二十八年十月卅日发

案查关于本部向英接洽出口信用贷款一案，自二十七年八月开始磋商，至本年三月成立滇缅公路购车信用贷款英金十四万一千镑（合约原定十八万八千镑，嗣郭大使电告，改为十四万一千镑）。继因英国议会通过信贷法案手续繁重，延时甚久，复因银行担保暨债券发行各项条件往返磋商，亦费周折，直至八月十八日始签定第二批信用贷款英金二百八十五万九千镑之合约。两次贷款共计英金三百万镑，适合最初洽定之数额。关于本案二十八年五厘英金购料公债之发行条例及还本付息表，经于八月十三日以第一一八〇号密呈鉴核，并奉吕字第九一六七号指令，准予照办在案。兹准郭大使八月二十五日伦字第二六九〇号代电，附送代表本国政府与英国贸易部代表签订之出口信贷合约英文原本到部，查核约内所载条款，均与历次电商条件相符。理合检同该合约英文原文暨译文，连同滇缅公路购车信贷合约英文本暨译本各二册，一并呈请鉴核，并转陈国防最高委员会备案，实为公便。
谨呈
行政院长

附件〔缺〕

兼财政部部长　孔祥熙
〔国民政府行政院档案〕

5. 孔祥熙请速为中英信贷担保致宋子文电稿

（1939年7—8月）

（1）7月13日电稿

宋董事长子○弟鉴：○密。中英信贷案，郭大使迭电谓英方坚主中国银行担保，并以此为减轻利息为五厘之条件，业经电复照办。希饬伦敦中行与郭大使洽办为荷。祥熙。元渝资。

（2）8月2日电稿

宋董事长子○密：○密。关于英国出口信用贷款三百万镑一案，日前据郭大使电称，须由行政院指令财政部发行库券，并将院令副本送交驻华英国大使馆转达英外交部。经即分别照办，并由财政部咨达外交部转送驻华英国大使馆各在案。顷接郭大使东电称，一切手续均已就绪，专待发行库券院令及中国银行董事会通过担保议案送达英方，即可签约，并称业经迳电吾弟等语。除已转催外交部迅为转送外，务请速办，俾早签约，并希电复为荷。兄祥熙。冬机渝。

（3）8月13日电稿

宋董事长子○弟鉴：德密。七日电悉。中行担保决议已转达大使馆，至为欣慰。英信贷案先据郭大使电称，贷款总额定为三百万镑，除滇缅公路汽车价十四万一千镑已发库券不计外，余额二百八十五万九千镑由中政府发行国库券，作为担保，规定年息五厘，偿还期限十四年，最初四年仅付利息，第五年起开始还本，等因，经即照办。嗣据电称，信贷协定最后草案规定发行债券，首由中国银行担保，再由贸易部担保，英方对于库券改为债券认为必要等语。现经部拟具明文条例呈院核准，并转陈国防最

449

高委员会核准施行。除条例文字俟与郭大使商妥再行抄送外，特先电达，即祈转电伦敦分别与郭大使洽办为荷。兄祥熙。元。

〔中国银行档案〕

6. 杭立武为转达卡尔大使函附麦克尔关于中国西部运输节略致蒋介石呈稿并复电

（1939年9月1—3日）

（1）杭立武呈稿（9月1日）

廿八年九月一日中午

八月廿六日奉英大使卡尔函附英人麦克尔先生关于我国西部运输节略一份，嘱为密呈。兹连同译文奉请核阅。（谨按：麦克尔氏在汉口旅居甚久，曾任汉口市英国商会会长，人甚精敏强干，其所拟节略颇有参考之价值。）闻行政院对于公路运输现正力谋改进，可否即由钧座核转密交审议。至英大使处，拟即函复，代为致谢，并请其转达麦氏。以上所呈是否可行，敬乞核示。专上

委员长蒋

杭〇〇谨呈
廿八年九月一日

中国西部运输问题

目前战事已渡过时常有显著战绩的时期，而变为持久斗争。在此种斗争中，中国应占优势。惟其先决条件为能否将内部经济组织妥善，俾能应付因海口沦陷而发生之困难。此事关系全局，各方均所公认，然是否已采取充分之步骤以赴之，似是问题。

倘用较远之目光观察，凡极易被袭而随时有放弃可能之交通线，似可不必注意。由湖南湘水东达浙省海岸之铁道公路尤然。湘水应当作西南诸省之东界，在此西南境内之交通，须加以组织与发

展。因此力量应集中于自越境北上之各线及西达仰光之新开公路。虽在目前以经过或终止邕宁诸路为最宝贵,惟因地处要害,恐遭损失,故在滇缅公路未能充分利用之前,当以滇越铁路最为重要。

据本人目睹之现状,大致如下:

一、滇越铁路闻能每日运货车二十七辆,即每月可运货九千吨,其中三分之二可供中国之需。据报现正接洽将中国可运进部份增加至每月八千吨。

二、各公路上约计有卡车三千辆,另有六千辆已经订购,几全部系政府各机关所有。惜各政府运输机关相互间极少联络,而运输机关与运输商人之间之联络更几无有。

三、现有入口航运之支配,未经科学设计,致海防方面货物之堆积盛传一时。而直至最近始有限制进口货数量之举。此外,对于各种货物进口之前后,似缺乏妥善之统制,往往奢侈品及笨重货物如铁路材料捷足先登,而急需材料反遭落后。

四、关于沿途汽车修理设备及适当数量之燃料与配件之存储,似毫无准备。结果每辆卡车须自备燃料,计占其运输容量三分之一,且跋涉长途时需修理及配换零件。如无是种设备,车辆损坏无从修理,惟有任其在路旁腐烂而已。修理卡车之机匠中闻多数缺乏知识与能力。

五、卡车在回程中,装载多未达最大限度之容量,因出口货物不易觅揽,其故有二:(一)根据法定汇价,因运输代价之高及危险性之大,出口贸易难以获利。(二)军人对于因装卸回程货物而发生之耽误,不能通融。(按粤汉铁路常因此发生争执)

中日战事已大部变为经济战,而中国经济生存之能力将为主要关键。倘此言不虚,则下列显属必要之点。

一、必须查明现有各路确能运到货物之数量。

二、各路之最大运输量,于进出口双方必须尽量利用。

三、严格统制进口货,以必需品为限,俾减轻运输问题,并减少外汇之需要。

四、凡有销路之出口货应尽量运出。

隶属财政部各贸易公司似未充分认识中国财政之责任，固不仅为依照各种信用借款及货物交换合同，履行运出货物等义务，而几于忘却出口贸易对于全国经济及外汇需要实有其重要性。本人以为运输为整个问题之关键。公路及公路运输因时势之压迫，已取铁路而代之，故于技术及行政双方，应由专家管理，如铁路然。因缺乏背景与经验，一有效之公路系统，其组织与管理均比平时例行管理、或即战时之铁路管理更为复杂困难。人选应以最干练而富经验者充之，并一经任命，应畀以最充分之执行权。

有上述之集中组织及合适之管理人选，无欲有圆满之结果，仍须政府一切机关统力合作，扫除历来各自为政，甚而互相冲突之倾向。

此项组织之应给予极广权限，殊为明显。各公路之管理均应由其直辖之局担任，各路线行驶车辆之数量、车辆之用途、各种货物交货时间及地点均应受其统制指挥。修车站之设立与维持，自亦由其负责。并应与各部会，尤与财政、军政两部密切合作，俾对于各种货物之数量、装运之先后、外汇之供给等等有适当之规定。至第□页所提出之四项经济要点，亦必有此项组织之合作，方期贯彻。为避免误会起见，兹尚应行说明者，即滇越铁路及西南境内所有其他铁路与向各公路输送之河流，在本文内均视作应属整个运输系统之各部份，欲令运输计划发生效率，在管理上必须将整个系统包括在内。

（2）蒋介石复电（9月3日）

国民政府军事委员会代电　　侍秘渝字第7615号

杭参政员立武兄台鉴：据呈送麦克尔所拟关于我国西部运输节略悉。已转送行政院审议，即希函复英大使酌致谢忱，并请其转达麦氏可也。中正。江。侍秘。渝。

中华民国廿八年九月三日

〔军事委员会委员长侍从室档案〕

7. 国民党中央宣传部海外部编发《缅甸访华团团长宇巴伦近赴印度为我宣传状况》

（1940年5月）

缅甸前日来华访问团团长、缅中文化协会主席宇巴伦氏，最近前往印度出席扶轮社会议，并乘机宣传、鼓吹组织中印缅文化协会，以沟通中印缅三国之文化。彼到印度时，曾与甘地、尼赫鲁、太戈尔，及现任印度国民会议主席莫赤拉克朗等会晤，对我国抗战精神及建国事业备极赞扬，尤在菩提学会所演讲《访华之经过》一文，内中称颂我领袖，敬重我民族，情词表露，出自肺腑，殊为国际友人中所罕见者。其对我侨胞演讲一文，以第三者立场忠告旅印华侨应为祖国艰苦奋斗，影响之力甚大。兹将以上两文分别摘译印发，以供对中印缅三国文化有关各方之参考，并引起吾人今后对国民外交工作之注意与促进。

一、宇巴伦在印度演讲《访华之经过》

诸位士女：余此次组织缅甸访华团之动机，乃因缅甸之一切的须〔需〕要。余之到华后感想及来印代表缅甸扶轮社参加印度扶轮社年会意义等，自均以东方文化为立场，须知东方之自由中国，实为东方各国之模范。当余未往华前，原拟赴日考察，嗣以护照及心境如上述所感等等问题，故作罢论。自是即下最大决心组织缅甸赴华访问团，前往访问正在艰苦奋斗中之中国。余等一行共九人，由仰光至腊戍而至重庆。

余此次来印为第三次，千祈诸位切勿以余为外人。盖以文化观点而论，余与诸位为一家也。余在中国倍受优待，而在印度今竟亦然。果吾人能将东方各国，如中国、日本（日本此时当为不可能)、缅甸、暹罗、锡兰、印度一齐联合起来，其力量之大，自非任何力量所能及。余有一言须说明，即余所讲者，决无政治作用，实在讲起来，乃"我与尔"之关系。此次余到达重庆之时，受各方面之赞扬与欢迎，因中国人士并不以余为外人。如本团有一印度人，名甘格逊者，余亦不以其为外人然也。

在重庆时，首使吾等敬仰者，即蒋夫人。渠之对服务抗战工作，由各方面看来，实为伟大之自由中国唯一之妇女领袖。凭情而论，任何东方各国妇女皆不及蒋夫人之伟大。渠向余称："中国之英勇抗战，不仅为中国本身生死关头，抑且为东方弱小民族之生死关键。"据情思之，吾人真不如中国民族之伟大，中国抵抗日本，无论前方与后方，秩序井然，毫不紊乱，所以说自由之中国仍全在中国人手中。中国有伟大之领袖蒋介石将军及有广大之土地与民众，其抗战英勇之精神，与夫全国上下团结一致，相信必能获得最后胜利。言念及此，想到吾缅甸人口仅六百万，尚不如印度傍遮普一省之人口，印度亦为大国，有能牺牲之领袖，有高瞻远瞩之学者，且政治革命运动正在澎湃发展中，然吾缅甸现亦在从事研究政治运动。故中国之英勇抗战，乃为东方弱小民族之模范，印度政治运动当为吾人之良友也。

蒋介石统帅，实余素日敬爱之人。彼有伟大之人格，犹如上帝之博爱。彼于戎马倥偬之余，复倡导新生活运动，给予中国伟大民族以新生命。如果中国在彼领导之下抗战胜利，则此后自由之中国对东方各国将有重要之贡献实无疑义。故中国实为东方唯一仅有之民主政治国家。

另有一事，应向各位陈述者。即余在重庆时，正与中国某要人谈话时，忽日机数十架来袭，警报发出后，市民以最有秩序及镇静之态度，避入安全地方，余亦随之。第二次余正在某大学演讲时，突警报频传，余仍演说不已，直至演毕，男女学生及听讲之群众，以极有秩序之步伐，避入安全地方，毫无惊惶情形。第三次遇日机时，余正在午餐，但余仍坦然处之，大吃大嚼，有人问余，余答曰："余不愿躲避，既怕死，则不必来中国访问。"某次当余躲避日机时，妇女们仍在河边洗衣担水，余心不禁为之感动。中国之妇女尚能如此镇静，尔我（指印缅）应该效法中国上下不怕艰险困苦。至其精神道德均足以为吾人之楷模。

孙逸仙先生致力国民革命凡四十年，彼为中国民族而生，彼亦为中国民族而死，一生心血无不为伟大之自由中国民族而奋斗。新生活运动，为中国转风移俗改造社会之唯一法门，即为孙逸仙先生之信徒蒋介石将军所倡导。吾人见有整千累万之青年，起居、行路、说话、衣服，均有条不紊，无论是大学、中学、小学均然，其建筑物均为庆色，学生有男女，均有早起早睡之习惯，飨食、寝食、牙刷、被单安放井井有条。大学生伙食费及用费，每月仅中国国币十六元，合印币仅四盾左右，按仰光大学学生每月至少须六十盾左右，由此吾人足知中国学生之俭朴与中国节约之一般。教授薪俸不过二百四十元至二百五十元，诚余向来未见。中国如此之俭朴，诸位每每学欧化，但吾希望切莫忘掉了学中国，即吾人东方固有之文化。

中国女学生除读书外，每日且到各地去服务，每个女学生既清洁，又精神，更活泼，不特作一般妇女应作之事，且有许多许多上了前线，女生之勤俭，一如男生。反观吾缅印设立大学一所，开口必须百万盾或数十万盾，每一教授月支数千盾，倘与中国比较，吾人不知浪费了多少，所以要说中国未曾忘掉东方文化，试问吾人感想为如何？中国妇女保育之合作，在吾人内地虽或有之，但其服务保育精神，实为吾人有所不及。中国妇女能忍苦耐劳，实有其伟大民族一部之特长。

当余访问中国后，余之精神为之一振，大为所感，遂毅然决然组织缅中文化协会，俾对两国文化作进一步之沟通。中国人在缅甸者甚多，缅人称曰"伯波"，意即同种兄弟。且有大多数之缅甸女子同中国人结婚，据说因为中国人之家庭组织良好，在缅甸之华人，无论男女，均能操极流利之缅语，此即情感易于互通，缅甸女郎每每喜跟中国人，亦即是羡慕中国人人格之故。但印度人则在缅者不同，时有小集团之结合，如孟加拉集团、傍遮普集团，顽固不化，是以余希望印度友人打破此种习惯，吾人应学习中国之伟大。

当余访华时，每至一地即受阻，但所至之地必受欢迎，否则中国人说是对不起朋友。余曰："余果不死，决重来拜访。"余深觉中国、日本、缅甸、锡兰、印度果能联合起来，则东方将成功一种有力集团。可惜日本现在走错了道路……

缅中文化协会，中国政府曾拨有巨款，用以沟通缅中文化之需，如交换留学生，即是由文化沟通而走上实践之路。是以余希望印度兄弟，亦从事中印缅文化沟通工作。

二、缅中文化协会主席宇巴伦向我印度侨胞演讲词

各位今日来给我这样盛大的欢迎，我实在非常感谢。我的本意，只想和各位领袖交换意见，实不敢烦扰诸位开这大会，是以今日烦蒙各位前来参加，兄弟实感觉无限的歉意。不过我这次来印目的，是欲将贵国伟大的斗争转达于印人，同时欲促进中印缅的文化关系，藉作沟通中印缅的桥梁。在敝国有极多贵国的侨民，我也知道此地有数千的侨众，我为了实际参观贵国的现状，新近曾到华游历二十三天。在这时期内，我看见许多中国伟大的〔的字衍〕东西，我也学习到了许多有价值的事物，今天我所欲告诉诸位的是中缅的关系和我这次到华所见所闻的东西，并将诸位祖国同胞所做的伟大工作报告一下。

中缅的关系和我与你们的关系，不是外国人的关系，实等于自己一样的看待，因为中缅两民族根本上找不出什么分别，我这次到华的时间很匆促，只有短短的两星期，同伴九人中有七人从未乘过飞机，但我们决心到中国参观去。当我们在重庆初履中国土地

的时候，我们并没有觉得身在异国。当时到场欢迎的，不特极多官方的人员，且有无数中国各阶层的民众，我们所至各处，不论长老、青年、学生、妇女，他们都衷心的欢迎，他们所表现的，都是使我们永远未能忘怀、始终忘记不了的诚恳热烈和欢哈的情绪，我们虽未能说贵国的方言，但我们永远是铭记五〔心〕中的。同时我们在华所受的感动，不光是贵国同胞的热烈欢迎，还有更大的感动，就是中国的伟大斗争和建设。

最先我要告诉诸位的，就是你们或许尚未到过的地方——重庆。我们逗留在重庆的九天内，参观过许多学校和新制度，并且访问过极多各方的领袖，蒋统帅而至政府各部会长我都访问过，在访问过程中，我发觉蒋统帅以下的中国各领袖，与印缅的领袖完全不同，我对印缅的政治有多年的研究，印缅的政局我知道得很清楚，我知道印缅的领袖不过表现其本身的伟大而已，可是中国的领袖，除本身的伟大以外，还有为民服务为国牺牲的伟大精神，而且他们都是过着极端简朴的生活，这自然是受着革命导师——孙总理奋斗精神所影响的结果。孙总理伟大的精神和造就，诸位是知道得很详细的，不过我们永远要牢记的就是，孙故总理而至蒋统帅以下的全国领袖，他们不辞劳苦，不惜牺牲性命，为的都是你们和我们，因为中国倘若不幸而被征服，则不特你们要陷于悲劫的命运，就是我们也要遭受同一的命运。所以中国的领袖，不仅为你们而奋斗牺牲，也为我们奋斗牺牲。

其次我这次访华，不光是看见了你们的领袖为你们的国家干着英勇伟大的斗争，并且目击他们在大破坏的战争情形之下而埋头建设。诸位的祖国这种建设的精神，使我本人深受感动。譬如以教育而言，前在战争区域内的所有大学，现在都迁到自由的中国后方，他们携着学校的设备和学生，长途跋涉到后方，经过无数的艰难困苦，我曾经参观过不少的大学，我也曾观察他们如何读书研究和劳作苦干的精神，他们也是过着极端简朴的生活。说到此地，我要不客气说我心里的说话，我这些话不是以外国人的立场而说，而是当作同胞兄弟的一席话，就是海外的华侨和国内的同胞多少有些不同，这种不同的地方，也是极其自然的事，因为海外华侨居留于不同的环境（意即谓我侨胞还有一部过着奢侈奕乐的生活），不过我们要勇于承认事实和真理，徒然恭维是没有用的。换言之，诸位要晓得国内同胞为你们而作战，为你们的祖宗和儿孙而作战，为你们而牺牲，也为我们而牺牲。在此我要附说几句，就是蒋夫人听见我们到重庆了，她虽是身体违和、医生劝其切勿见客，她还是下山来接见我们，我们一看见她病态的颜容，便立即知道她是身体不适，可是她还与我们畅谈四十分钟，她说："我极快慰和感激的就是，海外的华侨能够不忘记他们的祖国，而且都能慷慨帮助祖国的战费。"还有一点要附带而言的就是，海外的华侨不特慷慨捐助救国的战费，并且还有极多华侨回国服务和参战。就是我的学生，也有两名是军官学校的学生，他们都伴同我们到成都，这些都是我亲眼看见的。

再次，你们远离战斗中的祖国，或许不知国内有着许多惊人的伟绩，中国不独有伟大的人口，还有悠久的文化历史，如果诸位要是忘记祖国，那就是忘恩了。我虽然不是中国人，但我对贵国伟大的事物，却有极深的感受。中国是统一的，全国统一的精神，就是抗战成功的要素。我们的印缅并不如中国的统一，所以以你们的奋斗精神，成功是毫无疑问的。在贵国游历时，还有使我极受感动的，就是所到各处，不论男女老幼，没有一个人失望，他们都以最诚恳和忠实的态度，在前后方去做他们各自的工作，就是乡村的人民，也一样非常爱国，没有一些恐惧失败的现象。我曾遇着一位八十五岁的老妇人，她也侃侃而谈抗战和游击队的事实。这种全国上下忠诚为国的精神，煞是令我感动。换言之，我极欣慰的就是看见许多中国的伟大事物。

此外，你与我居留在印缅，应该人人尽责，要认定帮助中国为我们最神圣的责任，不要以为我们住在和平的国家就可以放弃我们的义务，就是小学生也要各尽各的责任。如果我们人人能够如是，则敌人必然崩溃的。国内的同胞确实已做到了各尽各的责任，比方中国本部已经成立的六千工业合作社、经济合作社，不特自己制造自己的产品，而且大家都能购用自己的货物，大家从血的教训中，都认定购买仇货者要付之于枪决，所以不论大小工厂、不论哪种工人，全体都能相互合作，大家也不购买仇货。在此，我又要坦白批评就是一部华侨，还与印缅人士一样的涉于欧化。其次，我在重庆和仰光听见你们的国歌都非常的激昂悲壮，所以你们看着国旗，唱着国歌，就要更加联合起来，一心贯注于祖国的战争，不要光是注意自己的家庭，要知家庭以外还有祖国。我说这话你不要以为无礼，这是我以第三者地位，在贵国亲自观察所得。我知道贵国人民不论国内、仰光及此地，处处都是很亲切，我也知道中国自由，我们也能自由，是以我明白希望的，是人人要有取有舍，我坦白的批评，也只望我们人人能为国服务罢了。

最后，在时间已促，而我离位于前，还要附带报告的就是我们组织中缅文化协会的经过。我在重庆时就提出组织的计划，当即得到贵国领袖们的赞许，于是召开第一次会议，以后到成都、腊戍、仰光各地也相继组织起来，我极欲以告诸位的，就是中国政府还拨有巨大的款子，用为中缅交换教授及创立博物院等用费。我诚恳希望加城的华侨，也能组织同一的中缅文化协会，与我们共同努力起来，然后再由加城扩大到各地去。我这次是请假而来，我也不是有钱的人，但我今日所做的，不是为个人家庭或一国，是为整个东亚的前途。我希望大家都有同一的信念，然后才能共同提倡和实现。还有我不过一个教员而已，我并不欲做伟人，也不想求我个人的声誉，不过聊尽我个人最大的服务罢了。今日烦蒙诸位到来，给我这个难得的机会，我一方面极感歉疚，一方面却极感谢。我坦白批评和说话，全由爱护你的一念，要有

不对的地方，就请原谅罢了。（完）

〔国民政府军事委员会政治部档案〕

8. 杭立武关于香港辅政司斯密士欲来渝观光及建议蒋介石电催邱吉尔重开滇缅路等事呈稿

（1940年9月29日）

谨呈者：（一）香港前任代理总督、辅政司斯密士来函谓，曾以武劝其来渝观光之意与现任港督及卡尔大使谈，均不反对。惟因事务繁忙，须至十月始能考虑日期云云。兹十月将届，如钧座认为可请其来，当再去函。如渠决来，当与外交部及国际宣传处接洽办理。（按斯密士任辅政司十余年，港中事务均由渠经办。现新任港督为军人，政务方面渠负责尤多。）

（二）滇缅路禁运三月，即将届满。除已与宣传部王部长商洽，致电英国各方面呼吁外，愚见钧座如能致电邱吉尔首相，则尤为有力。曾以此意与卡尔大使谈，渠谓在滇缅路未禁运前，钧座曾电邱吉尔首相，此次如于届满前数日再去一电，亦甚妥适。谨此呈备参考。肃上

委员长蒋

杭○○谨呈

廿九、九、廿九、发

〔国民政府军事委员会政治部档案〕

9. 杭立武报告与卡尔大使商谈滇缅路开放问题情形等致蒋介石密呈稿

（1940年）

（1）呈之一（10月4日）

顷晤英大使卡尔，谈及滇缅路。当告以我方人士认为英国有不能不无条件开放之势。渠云，就现时各种因素论，大概可以开

放，但我方万不可轻视此问题，或以为开放系必然结果而忽略其重要性，因滇缅路之禁运系代表一种妥协政策，今日英国非已完全决定抛弃妥协政策，故仍须全力以赴之。倘一旦决定开放滇缅路，则妥协政策告终，以后种种互助办法即可顺利进行。武意如钧座能再电邱吉尔首相，藉可表示中国政府重视此问题，必可发生甚大效用，且最好于两三日内发生。渠揣测英政府或将于数日内召集特别阁议讨论此事也。（上星期日虽曾由外交部王部长转达钧座对德意日三国同盟之意见，并附带请以开放滇缅路为一种政策上之表示。但此电系致英政府，渠只有电陈英外长，并非致邱吉尔首相者。谨此附呈。）谨此密呈

委员长蒋

杭立○肃上
廿九年十月四日晚
送陈核转

（2）呈之二（7月25日）

报告

兹谨将为滇缅交通事与卡尔大使往返电报译呈，敬备参考。

六月廿九日致卡尔大使一电文曰："关于港缅交通，外间传说英将让步。至感不安，敬盼竭尽全力，阻止妥协。我政府人员认为，对于天津问题曾作最大让步，以协助贵国。至国际交通乃一重大问题，亦盼贵国采取强硬政策。否则中英外交将受严重影响。

七月六日卡尔电嘱英使馆驻渝代表向武示意，英政府正为此事与美国政府接洽。当即报告参事室王主任及外部，由王主任及外部分电胡大使，请其汇意。

七月十四日再致卡尔一电文曰："伦敦传来消息甚为不利，情势迫切。此时必须力谋挽救。"

十五日再去电文曰："传闻英国妥协办法，各方反响异常强

烈，我政府与人民认为此项屈服为背弃信义，不合法约。新加坡代督昨日演说谓，英国希望中日和平。一般人认为系英国放弃我国之先声，是否为政府所示意，盼复。

廿日得卡尔大使电复文曰："十五日来电至感，君所欣虑各点绝无根据。"

廿四日再去一电文曰："缅甸交通限制，对我精神上之打击至大。幸赖委座意志镇定，识虑超远，始能把握舆情，渡此艰辛。按贵国在东京使节与日政府常能保持联络。此间则不免相形见绌，故台驾若能早返，至为企盼。中国政府及此间爱护中英邦交人士咸切望先生能及时努力于下列两事：一即谋使缅甸当局对于未禁运各货之运输，尽量予以便利，而对于禁运各货之范围解释勿太宽广。一即务须达到三个月期满后，废止禁运办法之目的。一般舆论贵我两国为今日东西唯一反抗侵略之两大国，且均系独力支持，故绝不可再互相减消抗战力量也。"关于此事自当继续努力，如承指示，尤可感幸。谨呈

委员长蒋

杭〇〇肃上

廿九年七月廿五日　送陈核陈

（3）呈之三（7月30日）

报告

顷接卡尔大使廿九日电，其文如次："廿四日电悉，关于应努力之两点，自当注意。来渝一节，决当提前，大约为期不远。惟现时即返，恐不免引起讹议耳。"谨呈

委员长蒋

杭立〇肃上

廿九年七、卅送陈核转

〔国民政府军事委员会档案〕

10. 蒋介石为英国重开滇缅路感谢邱吉尔电

(1940年10月9日)

兹将致英首相一电请译成英文，连同汉文，即为转达。文曰：邱吉尔首相阁下：近两月来，贵国人士在阁下领导之下，英勇作战，使欧战局势转入新阶段，敝国政府与人民咸深钦佩。顷读阁下在国会演词，指（新政）三个月来，日本对华暴行有增无减，及中国民族痛苦日深，因而决定恢复滇缅路之一切运输。中正闻之欣慰无量，尤其阁下演词提及日本对华公正和平之机会已失，尤佩卓见。日本军阀政府好言武力，亦唯畏惧武力。和平正义之言决不能入一切妥协之策，徒长其氛，此中正十数年之苦痛经验，固亦阁下所洞察无遗，凤特布感佩之忱，敬祈鉴察。蒋中正。佳等语。中正。佳。侍秘印。西佳。渝。

〔驻英国大使馆档案〕

11. 郭泰祺关于与英方洽商平衡基金借款与信贷事致蒋介石电

(1940年11月10日)

致外交部二十五、三十两电，计邀尊鉴。平衡基金借款与信贷，英方正考虑中。惟对基金就技术立场，有数疑点：（一）恐被敌套取；（二）在华市面金磅〔镑〕已多过美金，如再增加，益减低金磅〔镑〕对美金之兑率；（三）目前尚称顺利，认为无增加必要。祺旬日前曾电子文解答，迄未得复。六日政次又询子文来否，谓"如来有利无害，飞行甚便，逗留旬日，仍可返美"等语。祺以为英方既迭询及，实含好意，拟恳钧座加电催其来英一行。英方对基金状况常接报告，祺则甚隔膜，且系外行，未便商谈。至信贷问题，祺以我方所需之物资英国目前多不能供给，因请其通融办理，俾在金磅〔镑〕区域如印缅坎澳，我方均可适用信贷。英政府颇采纳此意，现正研究中。又，各自治领及印度政府，关于对日经济制裁政策，现均与英政府渐趋一致。如英美再能合作，则可期顺利推行。

原电呈阅。一、闻罗斯福明日（星期一）来谒孔副院长，此电拟抄转孔副院长及王外长。

二、应否酌复，乞示。

〔军事委员会委员长侍从室档案〕

12. 郭泰祺关于英国援华事致蒋介石电

（1940年11月29日）

本午访外长，遵达有电大旨，彼甚欣感，谓：英方系亦信苏联之远东政策，不因莫洛托夫之访德而有所变更，对德亦无何政治上之承诺，此于中俄关系及全局均有益云。继询苏联武器如何运华？祺答谓：笨重之件由海道运输，经黑海苏伊士至仰光。外长笑言："又是滇缅公路。"嗣祺提及二十五日政次之说帖，谓：闻财政部意见，仍以平衡基金就财政技术而言，目前无增加必要，但就政治立场言，则另一问题，须由外交当局主持。祺又复就各政治理，略加申述，并谓：子文兄亦正与美国政府商洽大借款事。外长言："此事及其他相连问题之紧要为英方所了解与注意。同时须与华府及各自治领联合行动，正在协商中，进展良好。余相信不久可予重庆一有裨实际之结约，但余此尚不能详切言之"云。祺末谓："日本近较收敛，因英美之坚强，亦因中国之抗战。盖此抗战乃远东时局之一重要事，故助我即无异对日本妄动之保险。"外长谓："然。中国抗战乃远东时局唯一重要之事实，吾人自应互助"云。

〔军事委员会委员长侍从室档案〕

13. 郭泰祺关于与英方商谈具体援华计划情形致蒋介石电

（1940年12月6日）

支电敬悉。祺前昨分访工党阁员亚特力及外财当局，切陈对华财政实质之援助尤重适时性，力促早日宣布。若彼增加我方抗战勇气与对民主国家友好之信念，尤促使轴心及中立国家感觉英美之一致及反侵略阵线之加强，当裨益欧亚时局匪浅。彼等均表赞同。按英政府助我诚意与政策，确已无问题，惜无人积极主持推动。故祺往访亚氏，请就其个人及工党素来主张，于此时积极援我。并谓"日本为轴心最弱之国，易使溃败。盖义虽在希腊受挫，德必难坐视，终将赴援。日本则频频于枯竭，英美以财政经济力量即足制其死命。日败，则德义胆寒，影响全局至巨"云。亚氏谓："诚然。吾人专致力于欧陆近东，或不免勿视他处之机会。"允为促进，并询及吾国近况。昨午后晤政次催促。彼切言决无意延滞，一切均在积极进行中。英方亦了解我方之注重时间性，对钧座合作大计划，虽因种种关系不能完全答复，但盼日内能就大体并先举数点奉答，因密告即将遣一高级武官赴渝云。关于飞机厂及在缅装配所购美机事，印度部长表示愿予便利，并已与政次商谈。政次谓英政府现正拟在印度南部择地建设飞机厂，如我方厂同设一处，双方均便。祺已告以我方愿意迁移，彼谓如此甚好，当并同计划办理，惟尚需时日完成，装配事当视为我飞机需要之一连带问题云。昨下午访财长，首谢其对我政府要求增加基金与信贷之同情，考虑现请各增为一千万镑。为政治与各方心理上作用，并请其早日宣布。彼允即商外长，日内答复。次告以子文兄暂不能来，请其电令现在美之财团，就近作细节上之商洽。彼允即电洽。以上及近与各方接谈，大致均甚欢洽。顺陈。此电请饬抄送外交部财政部参考。

〔军事委员会委员长侍从室档案〕

14. 郭泰祺为英国援华贷款事致蒋介石电

（1940年12月10日）

英借助平衡基金及信贷各五百万镑，今晨已宣布，闻英大使已奉令转达钧座矣。此数本系根据孔部长及子文兄先后来电交涉，奉支电后曾面商财长各增至一千万镑，惟稍嫌迟顿〔钝〕。复据财长来函，以英国负担奇重，歉未能照办云。此次收获未能如钧座之期望，殊为歉咎，但对其余合作各问题，仍当继续勉力。

〔军事委员会委员长侍从室档案〕

15. 郭泰祺为与英方商谈进一步援华事宜致蒋介石电存

（1940年12月13日）

两灰及文电敬悉。顷访外长，遵达谢意，彼表示欣慰，谓近得寇尔来电，颇为不安。祺言："钧座本希望英能贷我加倍之数，以应时局之需要，但谢意并不因此稍有所减，且信此后视我方之需要可再提请。"外长谓："然。蒋公如因时局有所提商，英方愿予考虑。"祺因提及建筑滇缅铁路事，如美国愿参与，询英方如何态度。彼谓："迄未闻美有此意，亦未能立即有所表示，容与有关方面商谈再答。在原则上英自欢迎美方合作，但此举似无美参加必要。惟因购料关系，或因自有其便利。"祺谓："此路为重要国际交通路线，美方因援华故，或亦感兴味。"彼谓："然。"义军在埃及边境大败，祺致贺意，彼为欣然，谓此乃军事上一重要好转，影响墨索里尼命运及全局匪浅，认苏联态度近较有进展。又，驻美英大使逝世，祺便为致唁，谓吾国亦失一良友云。

〔军事委员会委员长侍从室档案〕

16. 杭立武抄呈蒋介石之英国"来华经济调查团之职责"文稿

（1941年1月28日）

中华民国三十年壹月廿八日抄呈蒋

来华经济调查团之职责

一、经济调查团之使命

（一）建议国民政府关于中国经济战争物资之充分与迅速发展。

（二）建议英美两国政府关于以经济财政援助中国战时经济之最有效办法。

（三）建议中英美三国政府关于中国战后建设与英美合作之一般政策。

二、经济调查团应有之便利

关于中国经济与财政之现状及可能使现状恶化之原因，经济调查团应提出完满与客观之建议。此为该团之最初基本任务。此项建议应勿稍迟延及早提出，因此，左列各点实为必要：

（一）给予经济调查团以毫无留难及迅速调查之全权及各种便利，此项调查不限于政府机关之资料。

（二）国民政府应立即设立一调查事实之委员会，俾经济调查团到达之日，可向该委员会接受关于进行下节所述调查团职责所需最完之初步资料，或其后决定更详细之调查事项。

（三）经济调查团如认为必要，得扩大其调查范围及建议事项。

三、调查团职责（或称调查事项）

经济调查团之职责为，调查并向国民政府建议关于左列六项之以下各点。

（一）应立即实施之紧急办法；

(二)须相当准备之长期抗战政策；

(三)战后建设政策。

一、财政金融

甲、中央及地方政府之支出预算书，及其可能减少或更为有效之运用。

乙、中央及地方政府之收入（非由于借贷或发行公债）及可能范围内之增加税收，或更有效之征收暨计划新税收方法，以协助统制物价政策之推行。

丙、向公共团体借贷，充分利用一般社会之游资及改革政府举债之一般可能办法。

丁、政府与私家银行之地位，整个银行制度之愈益紧凑与改进及与国民政府密切合作，以执行一般财政暨经济政策之可能办法。

戊、在非占领区域对于货币流通之限制，与此项限制之可能宽弛，以平衡各地物价之相差过巨。

己、通货膨胀之程度，即在占领与非占领区域中所有中央及地方银行之纸币，暨日本控制下及其他外围通货之流通总额，信用总额之增长情形，纸币储款等之流通之速度，以及通货膨胀之可能限制。

庚、外汇情形及其可能之改进。（参阅下列第四项乙）

二、物价、生产及贸易

甲、物价上涨之事实与原因。

乙、现在统制物价政策及其可能改进。

丙、粮食暨其他农产品之供需情形及其可能改进。

丁、工业出产品及其在国营企业、私人企业暨合作事业范围中之可能推广与合理化。

戊、对内对外贸易机构之组织现状及改进国内分配与增加国外贸易之可能。

三、运输

甲、水路、人力、驮兽、汽车及航空运输之实际数量与可能数量，及调整其组织并使之合理化，以增加运输总数量、减少运费之可能。

乙、利用现时不在前方作战之士兵与壮丁担任运输工作，及增加其对于战时一般经济之效用，暨为此目的而征兵之可能。

丙、交通新计划，例如滇缅铁路、沟通国外贸易之新公路等等。

四、经济战争

甲、占领区与非占领区间现在贸易之数量与性质，此项贸易中不必要部份之制止，需要部分之增加及充分利用占领区之资源，防止日本巩固其在占领区之经济地位，及增强经济的游击战之种种可能。

五、行政机构

财政及经济方面政府种种机构相互调节之现状，与改进中央及省政府之行政机构，以增进此项调节之可能。

乙、财政及经济行政机构中之现有人员，对于执行更严格管制政策之能力，及提高其效率之可能。

丙、现拟之各种行政机构计划，例如经济作战部或物资管制部。

丁、现在政府各机关之调查事实，统计与研究机构之工作情形，及如何使其工作可能合理化与集中，俾对于财政与经济之发展情形，能供给完满、详密、可靠及迅速之资料，以为政府决策中之参考。

六、战后建设计划

关于战后建设政策之建议，仅能涉及大体，但也须认为经济调查团报告之一部分。因一和谐之经济与财政计划，着眼点在使战时政策与战后政策有最大可能之连续性，必于战时经济、战后建设两有裨益，而立使中英美三国之合作获得最大可能之范畴。

〔管理中英庚款委员会档案〕

17. 郭泰祺为与邱吉尔商谈军事合作事致蒋介石电存

（1941年4月）

（1）郭大使寒电（4月16日）

前电计达。今日午访首相辞行，询其对日苏中立协定感想。邱似不甚重视，谓苏畏德甚，尤俱（惧）巴尔干半岛战事震动，故亟欲免除东顾之忧。彼意德必图取苏之乌克兰粮地及其高加索油田。英苏国交无何进步，苏对克使仍冷淡。土耳其态度颇圆滑，图避战祸云云。邱对巴尔干半岛战事颇不乐观，惟对北非埃及局势则觉有把握。关于中英军事合作应以敌攻昆明及新嘉坡为实行起点一节，邱似不甚接期〔？〕，嘱祺函说明。英在美转让飞机事，已遵转谢意，同时并请英方再让机关枪，彼谓当设法，但亦英所亟需，可与外交部商谈云。临别，邱赠公照相一帧，并代致候。

（2）郭大使号电（4月20日）

合电敬悉。军事合作事，前与首相接洽，经已电陈。嗣又分与外相及工党领袖阿特立切谈，并遵照来电大旨，以书面致首相，并告彼等，敌攻星岛，我国既有赴援之义务，则敌攻昆明，英国亦有同样义务，否则形同片面而非合作云云。惟彼时正值巴尔干半岛及北非战事吃紧，故英方不愿作肯定之答复，阿特立表示较好。又，印度西康公路事，已分问外相及印度大臣商洽，彼等允予同情之考量，当告顾继续进行。又，顾使午后抵此，祺明晚飞美。

〔军事委员会委员长侍从室档案〕

18. 杭立武报告与卡尔大使闲谈其去留等事致蒋介石呈稿

（1941年7月20日）

再呈者：近与卡尔大使闲谈，渠以家室分离、居处无定，而出使我国三年之定期虽已展至明春，但以后问题今秋即当决定，问武续留或让贤孰于我国有益。武答以国人当盼续留。惟渠则似以续留不可能发生最大效用为虑，渠又言因罗杰士事或将咎于钧座，但此事渠不愿报告于其政府，因除非渠决定离去，以不使政府得知为便利。但连日政府常有训令，嘱其趋前面谒，诚使渠为难云云。以上仅私人闲谈，本诸有闻必报之义，密呈鉴察。

〔军事委员会委员长侍从室档案〕

19. 顾维钧为与英国洽商空军援华事致蒋介石电存

（1941年8—11月）

（1）顾大使艳电（8月29日）

有电敬悉。顷晤外次，遵即重新交涉，要求英在新嘉坡空军中指拨一部在滇缅路担任志愿队工作，与美队一致行动，表示援华合作精神。彼谓此较另组一队似为简便，惟空军难以调动，然变更驻扎地点所需设备繁复，尤以调动轰炸机队为甚。钧言缅甸必须驻扎空军，当已有一切设备。彼询美队已否成立？是否现驻华境？答未得确息，谅尚在缅境装配队机。彼允即商陈外长后〔后字衍〕与首相后作复。

（2）顾大使齐电（9月8日）

艳电计达。外次在假，顷晤副次，催询指拨驻新空军担任志愿队工作事，彼答业经报告政府，尚在研究，惟感调动轰炸机队驻扎地，困难甚多。且如遇事与美队一致行动无异对日作战。钧谓英之任务无逾美方，彼谓英美处境不同。察其语意，前者似系托词，后者实为其顾虑，而在此美日谈判期中，似尤主慎重。

（3）顾大使巧电（11月18日）

昨宴艾外长等，顺便告以日本外强中干，如能于调遣舰队至远东外，复调拨大量驻新空军助华，以寒敌胆，益足使其有所顾虑而退步。艾亦如此断曰，惟惜可拨之机师与飞机为数不能如愿之大。又询以舰队已否出发？彼答已起程，惟能否如欲驶目的地，不无忧虑。

〔军事委员会委员长侍从室档案〕

20. 财政部委托英福公司在英镑区域购料合同及修改延长函

（1941年9月—1943年3月）

（1）购料合同（9月9日）

公历一九四一年九月九日立合同人：中国政府财政部、伦敦福公司（以下简称中国政府、福公司）。为委托福公司在英镑区域购办材料事，爰经双方同意签订合同条文如次：

第一条　中国政府（财政部）同意在英信贷款五百万镑，项下委托福公司为购料经理人，在英镑区域及其他经英政府同意之区域（但不包括英本国及人群岛）办理购料事宜。并授权公司代表签订各项购料合同，但中国政府保留在特殊情形下有直接购料或其他途径自行购料之权，中国政府只对于福公司经购之物料给予手续费。

第二条 前条英镑区域"英本国及人群岛除外"一语，系指英属坎拿大及纽芬兰以外之任何领地而言。亦即一九四一年英国 S、R、d。o 第七十三号保卫法令关于财政及英镑区域定义所规定之范围。

第三条 公司经理期间定至一九四三年四月三十日为止，但期满后如经双方同意得延长之。

第四条 除本合约另有规定者外，中国政府允于每宗购料合同仰光交货。价款（C、if、Rangoon）在十万镑以下者,给予福公司百分之一。五之佣金；在十万镑以上者，百分之一之佣金作为服务报酬。

第五条 凡中国政府通知福公司购料其价值一次在十万镑以上而仅属一种货物者，可按照第四条之规定。认为一宗合同若购料在一种以上而可由独家厂商供给，其价值虽在十万镑以上，仍照一宗合同办理。若所购各种货物为独家厂商之能力及他种原因限制不能全权供给，须由多数厂商分立合同者，则公司应得之手续费亦须分别计算。

第六条 如遇合同规定就厂交货时，福公司应尽力设法代为转运至仰光，并代投保险，福公司应得之手续费即按照该批货物出厂价格与由产地□仰光运保各费之和数计算。

第七条 福公司应觅付最便宜之运保费率。

第八条 在本合约施行期间，倘福公司由购料所得之手续费不足一万镑时，中国政府担保补偿其差额，俾福公司得免遭开办费及筹备费之损失。

第九条 上项中国政府由信贷借款下拨付福公司之手续费，即包括福公司所需办公旅杂邮电等费，一如普通代理商所需各项费用。

第十条 福公司将设办事处于德里（Delhi），并于必要时设办事处于其他各地。其驻印度代表须经中国政府之同意委派之，中国政府认为必要时,亦得派代表一人作为该地办事处之监理人。

第十一条 中国政府需购各项物料,由财政部通知重庆福公司,再由该公司通知其驻印度代表,该代表即据以与东方供应委员会中之各英属代表及印度政府供应部洽商,以确定可能之物资及供应之条件等事项。

第十二条 所有购料均须经过投标手续,惟由印度政府供应部或其他领地殖民地政府直接购买之物资不必投标,但售予中国政府之价格除经其同意外,不得超过英政府所付之价格。一切购料案均须先经中国政府与东方供应委员会主任委员或出口信贷部之许可,方得照订。如经上述各机关之同意,亦得迳向私营商行洽订购料合同。

第十三条 除本合约另有规定者外,所有购料均须在仰光交货,如不能在仰光交货,福公司应尽其所有能力设法代由购地转运仰光,并代保海险,其费用由中国政府在信贷借款项下拨付之。惟投保兵险必须特别议定,货物运抵仰光时中国政府代表应即在船边接收办理起卸及报关手续,并遇必要时租赁仓库,所有起卸费日在仰栈租及由仰运至中国之运费等均由中国政府在信贷借款项下拨付之。

第十四条 每一合同订定后应摄要电(由中国政府付费)达伦敦中国大使馆,俾便洽拨价款。又福公司须将所有经过东方供应委员会洽定,经其主任委员签证之合同付本二份,随寄中国大使馆备查。

每一合同之摘要应包括下列各点:

一、参考号数或符号。

二、售主之名称及其国籍。

三、货品说明。

四、约定价格。

五、付款条件及特种规定。

六、本合同曾经东方供应委员会同意之证明。

第十五条　遇有必要及可能时，货物检查可由福公司或印度政府供应部洽办之检查费，由中国政府在信贷借款项下拨付。惟须先得中国政府许可开支，方得办理检查。

兹为证明双方同意起见，经授权代表于前载年月日分别签字盖印如次：

中国政府财政部代表郭秉文　签字盖章

陈维城　签字盖章

福公司　盖印

董　事　签字

秘　书　签字

（2）郭秉文致孔祥熙函（1942年5月14日）

关于修改与福公司签订之购料合同事：前奉四月二十八日第一〇二号电，当即进行洽商，所有应加修改之处，业经以第一七八号电呈在案。兹将本人与福公司洽商往返函件抄呈备查。附件三件。

（附件一）译郭次长致伦敦福公司函

五月二日

本部与贵公司一九四一年九月九日签订之购料合同第十三条"除本合约另有规定者外，所有购料均须在仰光交货"兹奉本部孔兼部长电，以仰光撤守嗣后，英属各地购料须改由运输统制局指定地点交货，由部转电英伦敦付款，故上项合同第十三条自应酌加修改。相应函请查照。见复为荷。

（附件二）译伦敦福公司复郭次长函

五月六日

顷接来函，敬悉——承示孔兼部长建议，以仰光撤守拟修改一九四一年九月九日所签订之合同第十三条一节，本公司完全同意。惟查本公司贝总经理刻在新德里，现已电其就近考察运输实况，俟得复后即可进行修改。

（附件三）译伦敦福公司致郭次长函
五月十一日
前函计达顷接本公司贝总经理自新德里复函，以孔兼部长之建议尚无困难。所议修改一九四一年九月九日所签订之合同第十三条一节，可照办。

（3）郭秉文致福公司函（1943年3月11日）

迳启者，关于一九四一年九月九日贵我双方所签订之购料合同，现已邀得本部核准，将该合同有效期限延长一年至一九四四年四月三十日满期。即请贵公司加以证实为荷。此致
福公司

郭秉文（签字）

（4）英福公司致郭秉文函（3月17日）
译福公司三月十七日致郭次长函
迳复者：本月十一日大函敬悉。关于一九四一年九月九日贵我双方所签订之委托购料合同现已荷贵财政部核准，将该合同有效期限延长一年至一九四四年四月三十日满期一节，本公司兹特予以证实此项决定，具见中国政府对于本公司继续信任，至深感幸。此致
郭次长

吴德罗夫（签字）

〔国民政府行政院档案〕

21．杭立武为建议与英国经济代表团倪米亚爵士商谈英美经济援华方案与孔祥熙往来密函稿

（1941年12月8—11日）

（1）杭立武致孔祥熙密函稿（12月8日）

极密。庸之副院长先生勋鉴：现时英美既已与日宣战，中英美之合作自当加紧，对于目前我国财政上之困难，似亦可乘时商请英美之援助。侧闻我国原有向美国大量借款之计划，筹虑用密，至可钦佩。惟密闻外籍专家方面对于其成功之可能颇有怀疑者，然中美交通既发生困难，此计划恐亦不易送出矣。武因受先生之嘱，协助招待倪米亚爵士，故亦常与谈及英美对我之可能援助。渠一度曾大略相告，谓来华后即考虑一种方案，期以英美之货币为担保，吸收我国游涨之通货，最初不求大量，逐渐推行必收宏效。渠已非正式向各方接洽，惟未到成熟前，不愿提出。今武以此密报者，盖觉倪米亚爵士为人稳健可靠，经验异常丰富，似可多加利用。倘先生与委座认为可与商洽向英美请援助之办法，则不妨与之切实一谈，但请勿将武所奉告之事言明也。事关财政，深知先生高瞻远瞩、谋虑周详。但既承不弃，自当就所知以奉告也。

卅、十二、八、

（2）杭立武致孔祥熙函稿（12月9日）

庸之副院长先生勋右：昨上书谅邀垂察。武尚有未尽欲言者，兹并陈之。英美与日宣战后，平准基金之功用已大为减少，其工作方面亦势将转移，故原拟请美国大量增加平准基金借款之需要已不如前，而倪米亚爵士之计划乃益见其可行。且密闻渠曾与柯克朗先生交换意见，英方亦并可考虑。则当兹中英美开始切实合作之际，实千载一逢之良机也。谨再密陈，聊备采择。专此，

祗颂勋祺。

　　　　　　　卅、十二、九　范生
　　　　　　杭○○谨启陈延祚秘书转

（3）孔祥熙复函（12月11日）

立武仁兄惠鉴：两奉惠书，祗承一一。承示各节，俱极中肯，为国贤劳，良用佩慰。自当相机与之切实商讨，期能有所成就。卓及所见，仍希随时惠教，毋任企幸。耑复布忆，祗颂公绥

　　　　　　　　　　孔祥熙印启
　　　　　　　　　　十二、十一、
〔军事委员会委员长侍从室档案〕

22. 驻华大使卡尔为转送英国外交部长对蒋介石函件之复文致中国外交部函

（1941年12月13日）

十二月二十日外交部译送英卡尔大使十二月十三日来函

十二月八日阁下面交之蒋委员长之函件，内述中国政府提议由抵抗日本侵略之列强缔结一军事同盟，并成立一协约规定各同盟国不单独媾和，本人业经照转英国政府，兹奉本国外交部长之命，特请阁下将下开复文转陈蒋委员长。

"本人兹谨向阁下保证，吾人热烈欢迎阁下之英勇民众得为吾人在与共同敌人斗争中之盟友，本国首相曾于十二月十一日在国会中力言此点，其言曰：'蒋委员长曾致余一函，表示其对日本暨其罪夥德义宣战之决定，蒋委员长并对余保证中国之全部资源可供英美之使用，中国之立场亦即吾人之立场，此以无上英勇抵抗日本攻击至四年以上之国家，实属一有价值之盟友。从今以后，吾人将与中国处于同盟国地位并肩前进，以致于胜利，不独

战胜日本而且战胜轴心国家及其一切活动。

本人对于阁下之慷慨合作及提供人力物力之援助,尤深感纫,兹亦藉此机会重申英国政府曩日所为之诺言,竭力尽量协助中国从事战事。阁下提议缔结正式盟约一节,英国政府当就有关各国所表示之意见,予以缜密及同情之考虑"。

〔军事委员会委员长侍从室档案〕

23. 杭立武关于倪米亚爵士借款计划致孔祥熙蒋介石等函稿

(1941年12月16日—1942年1月20日)

(1) 杭立武致孔祥熙密函稿(12月16日)

极密。庸之副院长先生勋右:日前倪米亚爵士已将渠计议中之借款计划面陈,就武所知,此计划有以下三特点值得慎重考虑。(一)一般财政专家意见认为,外币借款对于国内物价已不能发生绝对之作用,而利用国外借款之最有效办法,即为藉以吸收法币。(二)倪米亚爵士来华后即计划此事,并早与柯克朗谈过。又英财次菲力浚斯在美似已与美财部有非正式之交换意见,是英美两方或在期待我方具体方案之提出,故成功有相当之把握。(三)现时英美通货既在跌价,而沪港隔绝,所可吸收之游资已不必如理想之多,故不如分期以外汇借款之保证吸收法币,则成效或较大。当然倪米亚爵士原拟之数额不免过少,我方固可于提出时增加数倍,但数额并不影响计划之原则。又今适当中英美开始合作之时机,无论何项借款计划一经决定,均以乘时及早提出为妙。即就我国之财政经济情形而论,亦无延误之必要。兹谨再作最后之敦促,尚祈原其冒昧。

(2) 杭立武致蒋介石函稿(12月16日)

中华民国三十年十二月十六日送陈转

前呈谓倪米亚爵士拟有借款计划，兹已由渠面陈孔副院长，并承允为面报钧座，以备采择。此计划之大纲为向英美政府商请允诺某一数额之借款作为准备金，即照法币对外币之某一价格予以担保，分期发行债票，俟至某定期后，照偿付持票人与外币价格相等之法币。例如假设一美元值法币二十元，则以英美允诺借款为担保发行债票，凡以二十元向银行购买债票者，届若干年到期后，倘美金一元已值法币四十元，则还本时照以四十元计算。就武所知，此计划有三点值得特别考虑者。（一）（二）（三）（照致孔庸之函内文抄）今当中英美开始合作之时机，无论何项借款计划似可乘时及早提出，而国内之财政经济情形似亦不宜于延缓也。统乞鉴核是幸。谨呈

委员长蒋

杭○○　肃上

（3）孔祥熙复函（12月20日）

立武吾兄大鉴：手示诵悉。关于尼米亚君所谈各节，经已转陈委座，现正研审中。弟病迄未痊，可稍瘥，当谋约晤，再详悉。复颂

筹祺

弟孔祥熙手启　印
十二月廿日

（4）杭立武致蒋介石呈稿（12月26日）

谨呈者：关于倪米亚爵士所提由英美政府担保发行债券，分期吸收法币计划，已由孔副院长转呈，并嘱俞、顾两次长及杨格顾问与作数次之商讨。渠意无论采取何项计划，愈速愈好，因国内情形不容延缓，而国外亦正期待我方之计划。至其他各项计划，就渠所见，用意虽相仿，但多不易实现也。

日昨有与提及美金十万万借款以发行长期公债及定期储蓄券之计划者。渠认为该计划对于现时财政金融状况之分析至为精透，惟具体办法则难能实行。因现时法币总额约一百五十亿，即将货币通常流通加最大之限制，亦不能希望每年有一百亿法币之回笼，此在英美财政部与政府既知为不可能，即甚难望其赞助。此外，该计划尚有两技术上之弱点。（一）现时中英美已进入联合作战之阶段，英美政府直接担保债券并无窒碍之处，故不必再由平准基金会出面，反使其工作因担保债券而趋于复杂，致受其影响。（二）债券分别于第二、第四年还本，每年将增加十亿以上之负担，在最近数年内不无过重。以上系转述倪米亚爵士之意见，至渠对原计划草拟人之财政经验固甚钦佩，惟既函财政当局之垂询，自当尽其所知陈备参考。渠并一再声言，希望对于借款事能早采定一计划，向英美提出云云。谨呈

委员长蒋

杭〇〇肃上

（5）杭立武致孔祥熙函稿（1942年1月19日）

庸之副院长先生勋右：上星期六奉召承教至感。连日晤卡尔大使暨倪米亚爵士，当将尊意转达。渠等甚为明了，卡尔大使拟下月底前离渝，武曾与详细商讨增进中英美经济合作办法，盼其于行前对于借款事有具体之决定。渠以为似可依照中英美之联合军事委员会，成立一中英美经济委员会，商讨财政上经济上互助合作办法。尊意以为可否，渠拟亲向委座建议。惟以先生实负财政经济之全责，甚愿知先生高见也。耑泐，肃颂

崇绥

杭〇〇　谨启
卅一、一、十九、

481

（6）孔祥熙复函（1月20日）

立武吾兄大鉴：手示诵悉。卡尔大使所称成立委员会，商讨互助合作办法，自无不可，即希转达，建议委座核示可也。复颂
勋祺

　　　　　　　　　　　　弟孔祥熙手复（印）
　　　　　　　　　　　　　　　一月廿日

〔军事委员会委员长侍从室档案〕

24. 顾维钧为报告与英外交次长商谈盟国军事合作事致蒋介石电

（1941年12月19日）

铣电敬悉。原拟密告邱相，因彼已赴美而艾外长未回，故顷访告外次。彼称谢，并谓与苏联告美记者相符。现苏军对德正见得手，如能获胜利不仅欧局受裨，亦足使日胆寒。其可惜者，苏联不即对日参战，则民主阵线不易在远东予日以痛击。（二）钧座以我提之订立军事同盟及设立总指挥二层，彼答正与美总统之意见在重庆、新嘉坡、莫斯科三方开军事会商订作战策略相同。英已由新嘉坡派员赴渝，当已到达。不知苏联代表能否赶到，将来三处所议结（果）统由华府方面汇总编成通盘计划。邱相偕陆海空军参谋当局赴美即为此事。至政治问题，如订同盟一层，当在适定军事计划之后。钧又询谓传闻英拟分欧亚两部分先订英美苏对欧同盟及英美华对亚同盟，然后再将两约设法连合彼答此因莫斯科方面之商议较难，因苏联对日尚未参战，故非全部同盟。（三）钧谓马来关系重要，询以报载英遣远征军至新嘉坡确否？英能于短期内增强该处实力否？如调遣空军之类。彼谓美援英并未中断。现利比亚军事殆已在最后段落，一俟完全告竣可自该处调援，较有把握。

附12月20日外交部译送英卡尔大使12月15日来函

十二月八日阁下面交之蒋委员长之函件，内述中国政府提议由抵抗日本侵略之列强缔结一军事同盟，并成立一协约规定各同盟国不单独媾和。本人业经照转英国政府，兹奉本国外交部长之命，特请阁下将下开复文，转陈蒋委员长。

"本人兹谨向阁下保证，吾人热烈欢迎阁下之英勇民众得为吾人在与共同敌人斗争中之盟友，本国首相曾于十二月十一日在国会中力言此点，其言曰：

'蒋委员长曾致余一函，表示其对日本暨其罪伙德义宣战之决定，蒋委员长并对余保证中国之全部资源可供英美之使用，中国之立场亦即吾人之立场。此以无上英勇抵抗日本攻击至四年以上之国家，实为一有价值之盟友，从今以后，吾人将与中国处于同盟国地位并肩前进以至胜利，不独战胜日本而且战胜轴心国家及其一切活动。'

本人对于阁下之慷慨合作及提供人力物力之援助，尤深感纫，兹亦藉此机会重申英国政府曩日所为之诺言，竭力尽量协助中国从事战争，阁下提议缔结盟约一节，英国政府当就有关各国所表示之意见，予以缜密及同情之考虑。"

〔军事委员会委员长侍从室档案〕

25．顾维钧为与艾登洽商援华事致蒋介石电存

（1942年1月5日）

顷晤艾外长，遵照艳电向商借款，说明理由，希望于旦夕成功。彼谓最近阅悉卡尔大使所陈相同，彼感数额颇巨。钧谓沪、港、小吕宋、新嘉坡、荷印等处华侨殷实资力甚厚，我国财政金融赖其调济匪鲜。今各该处或已沦陷或正被侵攻，使我失此奥援，影响亦大。彼甚注意，允即与财长商议设法，并称次英美海军在远东受挫甚大，出彼意料，但缅甸、新嘉坡必图保守，业已

调拨,盼我勿视为英于我国前途不甚关切。钧答我政府当局颇能了解,惟民众方面难免顾虑。故如英美能于此时予我以整批贷款询属必要之表示,可以挽救民众敌忾心理,渠似动容,谓于四五日内予我答复。(二)钧询以苏联对日态度并概要以史丹林复钧座电大致,彼谓在莫斯科据史氏面告大意相同,苏联为增对德阵线曾将远东红军大部调此,空军亦同,非俟苏联重将远东红军力量加强至原有力量,无从加入对日战争。艾意此系实情,目前亦不便强苏所难。(三)又询及苏联军况及军用品产量,艾谓据史丹林所称空中对德已占优势,该系英在北非得手逼德将驻苏一部份空军调义增援,现苏联飞机产量已超过英国。惟视坦克车为尤要,其产量亦增加甚速。但英方所允许者仍继续运苏。(四)艾谓适与邱相长途电话,悉在华盛顿商议各事进行顺利,美方军工制造产量增加甚速,对于远东所需尤为注意云。

26. 顾维钧为与英方商谈借款事致蒋介石电存

(1942年1月8日)

下午访英财长,商谈借款事,请其重视政治关系,勿顾手续与条件。其态度颇佳,谓正拟与外长商谈或须提交阁议。但彼意现在中英已成盟约国,自宜同舟共济,通力合作,故彼对我借款之议一如前次对苏借款,拟主张不可过事磋商条件,只求英方财力所及,深愿尽力协助。钧询对策办法,彼表示俯允仿照美之租贷办法,凡英供苏之材料,记帐候偿,由苏陆续交货或付现归还,但实际无异赠予,且苏方所交款货甚少。钧谓此次我国所需系现款或俟议定可由我随时支取,情形与苏不同。彼允设法并询及美方态度。再,钧又邀李滋罗斯午餐面谈,请其居中协助。彼意法币问题复杂,恐非贷款所能解决,似宜着重政治关系,但甚愿为我居中帮助促进。

庚电奉批抄送财政部，已将原电送四组。

一、十四、

〔军事委员会委员长侍从室档案〕

27. 杭立武报告卡尔大使提议设立同盟国情报委员会及英美商洽对华借款情形致蒋介石呈稿

（1942年1月22日）

谨呈者：（一）我国为远东方面抗战之中心，而钧座领导全局，英美方面自应随时尽量供给军事上之情报，并交换意见，为促成此种密切之联系。卡尔大使拟请组织一委员会，以钧座（或代表）为主席，以英美大使暨荷兰公使为委员，必要时每委员并可携带武官列席报告。如此既可将英美在远东之军事计划配备及作战情形尽量报告，并可听取钧座之指示。至会议日期每周一次或两次，悉由主席决定。各委员如有特别报告，亦可随时呈报主席决定召开会议。此意如承钧座核可，或即由钧座召集各使节一谈，或由卡尔大使先与其他使节商定后，呈请钧座召集。统乞核示，以便转达。

（二）关于借款事，卡尔大使及倪米亚爵士均曾分别电其外交部、财政部，请视作政治借款，早日答复。惟据云，自罗总统邱首相晤面后，英美合作益为严密，此事已由英财次与美财长在华盛顿面洽。至于倪米亚爵士之计划，则（一）总数并无限制，不过为进口有效计，可分期举办，每期两千万镑，即此数亦不过假定。（二）不似以前借款须以担保为条件。（三）在目前昆明等地物价又渐增高之情形下，及为防止冬节期间一段物价再行高涨计，此为收回通货平稳价格最有效方法之一。此计划盼能在大借款计划下迅速实行，与借款并行不悖，且为促使借款之进行，并加强中英美之经济财政合作。卡尔大使与倪米亚爵士拟向钧座建议设立同盟国经济委员会，由中英美三方面各派代表一、二人组

织之，以中国委员为主席，并设秘书一人。此议当由卡尔大使面为呈述，另已由武报告孔副院长。谨先密呈。肃上
委员长蒋

杭立〇
卅一年元月廿二日
〔军事委员会委员长侍从室档案〕

28. 杭立武报告同卡尔大使商谈争取英美对华借款事致孔祥熙函稿

（1942年1月28日）

庸之副院长先生勋鉴：关于建议组织同盟国经济委员会事，（上星期五）廿三日承教后，复切实与卡尔大使谈商，请其（向委座建议时）注意将借款案与委员会之进行截然分清，免使建议有敷衍借款案之顾虑。嗣为明确计，复去一函声述，并谓此系先生代为筹谋之盛意。渠当时至为赞佩。今接渠复函之切确表示，并谓经再三研究后，（据探悉系与倪米亚爵士商谈结果）认为如能由先生与委座商定，即由我方分向英美提议以为最妥。武揣其衷曲，大约系为避免使美方感觉系英方建议之故也。但如先生（认为不便代为提出）宁愿由渠提出，渠亦乐愿为之。尚乞核示，至为感幸。附呈原函，统乞察阅。耑泐，肃颂
政祺

杭〇〇谨启
卅一、一、廿八、
陈延祚转
〔军事委员会委员长侍从室档案〕

29. 杭立武为询问蒋介石对成立同盟国军事委员会意见与陈布雷往来函

（1942年1月30日—2月1日）

（1）杭立武致陈布雷函稿（1月30日）

布雷先生勋右：○（廿二）日上书委座，关于卡尔大使拟建议在渝成立同盟国军事委员会或谈话会议事，兹因渠将提前赴苏，如属可能，尚祈酌示应否进行，以便酌为答复为幸。

卅一、一、卅

（2）陈布雷复函（2月1日）

立武吾兄大鉴：展诵一月卅日大翰祇悉。一是一月廿二日来件已转呈，委座对此无表示，仅批一"阅"字，当系不甚赞成之意。特此覆请察存，即颂时祺。

弟陈布雷　印

二、一

〔军事委员会委员长侍从室档案〕

30. 杭立武关于卡尔大使建议成立同盟国经济委员会事与孔祥熙往来函

（1942年1月30日—2月1日）

（1）杭立武致孔祥熙函稿（1月30日）

庸之副院长勋右：廿八日上书关于同盟国经济委员会事，现因卡尔大使恐须提前赴苏，尚乞核示后备存遵循是幸。

卅一、一、卅

（2）孔祥熙复杭立武函（2月1日）

立武吾兄惠鉴：两奉手书，祇承一一。同盟国经济委员会事，诸荷尽筹，至深感佩，径将来函转呈委座察核，请转告英大使为荷。专复，即颂公绥。

弟孔祥熙启（印）二、一

〔军事委员会委员长侍从室档案〕

31．财政部为英政府宣布以军火器材及财力协助中国致英国驻华大使馆备忘录

（1942年3月26日）

本年二月间，大英帝国政府宣布协助中国盟邦各项办法，大中华民国政府暨人民对此同深欣佩。本部长谨于兹向贵大使致其敬意，并请为转达于英国政府之前，吾人深信两国间此种彰著之合作精神，适足为吾人共同胜利之光明朕兆也。贵国拟在能力范围内，依照租借法案之规定，以军火器材供给中国，敝国深觉欣慰。此外，贵国更决定愿以最高额五千万镑之贷款，供应敝国作战所需，尤足感幸。中国政府拟将上述之经济协助，支配于下列各项用途，以加强中国作战力量，击败共同敌人。

（一）充实中国货币、金融及经济之机构。

（二）增加必需品之生产、收购及其分配。

（三）平抑物价上涨，稳定经济关系，或用他法防止通货膨胀。

（四）防止食粮及他种货品之囤积。

（五）改善交通运输。

（六）兴办促进民生福利之各种社会经济事业。

（七）供给军火租借法案以外之军事需要。

本国政府希望中英两国间得以早日签订协定，俾加强中国国内经济，增进抗战力量，以加速盟邦胜利。本国政府有欲附带为贵国政府告者，即本国政府业于本年三月二十一日与美国政府签订协定，由美政府协助美金五万万元，其用途与上述各点相

同。

大中华民国三十一年三月二十六日

〔国民政府档案〕

32．孔祥熙关于向英方交涉借款用途电稿

（1942年4月25日）

伦敦。顾大使、郭次长：△密。铣电谅达。英、美借款同一目的，本应一例办理，绝不能两歧。美约签后，英方交涉有移美办理之议。经弟主张，兄等外交老手，仍应由兄等洽办。近日进展情形如何？至念。昨霍伯器来见，经告草案条件如不照美方办理，我方不能接受。霍谓英财政困难，且照目下运输及统制情形，我方有款亦难利用。弟当告以我方贷款用途，早经决定并通知，系在充实法币准备，巩固信用，吸收游资，平抑物价，安定人心。盖法币现虽因英美借款准备补足，但我国本年预算一百七十万万，实际追加各项，势必达二百万万，将来只有增加法币以应需要。如准备空虚，人心摇动，影响实巨。过去，英方劝我维持上海自由买卖外汇市场，目的为维持币信，我曾牺牲几达一亿英镑，法币准备及银行外汇几全部丧失，此诚不足为外人道者。现中英共同作战，应以胜利为目的，不必计较于小节。英方困难，我所深悉。此次借款不用于英镑区外，且不发英金公债，而以借款指充国币公债基金，即系体谅英方之意。照草案所提条件，我如宣布，必使国人失望，影响对英心理及战局非浅，即为英人体面计，亦应与美约一致方妥。特电详告。即盼照此意与英交涉为要。弟孔祥○。有。

〔军事委员会委员长侍从室档案〕

33. 孔祥熙关于同英方商洽借款协约修改问题电稿

（1942年5月27日）

伦敦。顾大使、郭次长：密。十九日来电已悉。详核协约草案修正各点暨经过情形，较前已属进步。斡旋贤劳，良堪欣慰。惟目前战局转进，交通益感困难，采购物资，固为作战便利。但以物资因统制及运输路线关系，英镑区域所能购者极少，且亦不易运到。如专规定作为购物之用，与我不利，故此种办法等于空谈。只好商洽将此项借款用以充作法币准备或内债发行基金，当较切实有效。为方便英方计，亦可拨出一部购买英国公债暂存英国。仍盼将洽商情形随时电告。弟祥〇。感。

〔军事委员会委员长侍从室档案〕

34. 孔祥熙关于中英借款协约补充意见电稿

（1942年5月30日）

伦敦。顾大使、郭次长：密。感电谅达。兹再补充两点如下。（一）采购作战物资，我方极为需要，不但须向英镑区域采购，更复在国内尽力搜购，因此，增加发行，为数颇巨。英国物资在此自身需要亦切及运输极度困难不能运到之时，采购应用款额为数不至太大，自非另想易行实效办法不可。本年支出，因印缅军事及筑路等等需费浩繁，英、美借款仅够供平衡本年度预算不足之数，**绝非有余为战后打算**，故发行增加势所不免。充实准备，增厚信用，至关急要。以之充作发行准备及内债基金，实为最可行而有实效之办法。如英方诚意援助，盟国当无异议之理。（二）借款一部购买英国公债，实系体谅英方困难。不提现金，而以公债暂代，在我国用作准备，收效相同，且债券可存英国，尤属简便，决不为夺取公债利息而提此议也，商谈时请为声明。情形如何，仍盼电复。弟祥〇。卅。

〔军事委员会委员长侍从室档案〕

35．孔祥熙报告中英财政协约条款交涉一案函稿

（1942年6月24日）

介兄钧鉴：谨密陈者，关于中英财政协约条款交涉一案，前接顾大使、郭次长来电报告，交涉修改经过情形，当经抄同来电附注意见陈请签核。顷据顾大使铣电转述艾登外长复弟前函大意，于指充法币准备一节，仍表异议。经复告少川，为求切实有效起见，我方应主张此项借款，除以一千万镑充内债担保之用，一千万镑充在英、印购货之用外，其余三千万镑，拟请英政府指拨英方债券存入英兰银行，充作法币准备。此于英方轻而易举，在我可增强抗战力量。兹谨将来往电二件抄奉，敬祈鉴核示复为祷。肃颂

钧绥

弟　孔〇〇谨上六月二十四日

附件一　顾维钧六月十八日电

孔副院长：密。顷艾外长面交尊函，大致称，承示中国政府对财政协定修正草案意见敬悉。中国政府提议此五千万借款，应可用于中国内债担保及增强中国法币准备两途。英政府准备同意本借款在一千万镑限度以内，得充中国内债担保之用，前已奉告。闻中国以美国借款担保之内债，销售有若干困难。此项经验似可表示，如中国政府发行内债以英借款担保时，无论现时或最近将来，为数当不致超出一千万镑之限，中国政府对此限度谅无困难。故就内债担保一节而言，甚盼中国政府可视为吾人已接受其

要求也。关于此五千万镑借款，全可用于增强中国法币准备之提议，余以为苟非有法币市场存在，而其间多存〔原文如此〕外，价值殊难生效。在战事期内，中国所需外货之大部，将由英、美两国依照租借办法供给。如实际上尚有其他对于外币之需求，亦可由美国借款项下供给至数倍以上。故以商请充增强中国法币准备之用，在战事期内不能发生效力，仅能用于战后，惟本借款业经中英两政府同意，充战事用途，须在战事期内在金镑区内使用。因此，对于增强中国法币准备之提议，恐不适用。但余尚引为欣慰者，中国法币对外地位，已由英、美政府依照租借办法或信用借款，以及美政府之以大量美金，供中国政府需用之各项协约，充分保障。中国借款当借款〔"借款"两字衍〕依照事实，维持其法币地位也。甚望中国政府鉴于以上解释，能同意即照前次送达贵大使之草案，早日将财政协定签字。余信草案并不反对英方将于战事期内，尽明财政援助给予贵政府，不得有何限制与规定。此乃吾人之诚挚期望也。云。请察核。钧。铣。

附件二 孔祥熙致顾维钧密电稿（6月24日）

伦敦。顾大使：△密。铣电祗悉。艾登外长所提意见，似于弟四月有电及五月感电、卅电之意尚未十分了解。我国在抗战初期，为尊重英方意见，对于维持自由买卖外汇市场，便利国际贸易，业已消耗国家巨额外币准备，而银行外汇亦大部借用。诚从维持币信，不得不忍受牺牲。年来增加军事设备，充实机械化部队及飞机，所费至巨。其中一部分除支用外币，大部分多系增加国内发行。此次在缅境与英军比肩作战，此项部队损失甚巨，本亦英方之所深悉。而发行既增，不能不加等准备，以维持法币之信用，而免有恶性膨胀及物价再涨之虞。且自滇缅路阻断之后，其以租借法案或借款购备之物资，如汽油、酒精、五金材料等来源已滞，而子弹及轻兵器之制造、补充，只好增发法币，在国内设法因应，因而发行数额更增。况太平洋战争方殷，印度危急。

为适应支持盟邦作战需要，国库支出更为浩繁，法币发行势将再增。如英政府对于借款一部指充法币准备变更原议，于我抗战前途大受打击。弟迭电请照原案办理者，一则为顾全英方对外信用，二则为表示盟邦真正互助之精神，以免予敌方造谣之机会，并坚固中国民众对英之信仰。况此五千万镑数额，不过等于英国三日之战费，即在我国亦仅敷现在三个月战费之支用，而英方对我并未负战后之援助。衡情度势，我之要求并不过分。惟我政府亦不愿稍增英方付现之困难，故建议以一千万镑充内债担保，一千万镑充在英、印购货之用，其余三千万镑，请英政府指拨英方偾券存入英兰银行，以充法币准备。此于英方较为轻而易举，在我可增强抗战力量，亦即于盟国整个战局有利。仍希照此大意，再向英政府婉切交涉，俾得早日订约为盼。弟孔祥〇。敬。

〔国民政府财政部档案〕

36. 杭立武报告电请倪米亚爵士从旁协助中国获得五千万英镑援华贷款事致孔祥熙函稿

（1942年6月26日）

庸公副院长勋鉴：昨承面示各节，至为感佩。因念现任英国财政部长伍德爵士对于英格兰银行总裁那门爵士至为信赖，而倪米亚爵士又为那门之左右手，故昨日下午再电倪氏，请其务必从旁协助。谨再奉闻。

〔军事委员会委员长侍从室档案〕

37. 杭立武关于同英国大使薛穆等商讨英国援华五千万镑贷款方案情形致孔祥熙函稿

（1942年7月5日）

庸之副院长先生勋鉴：今晡薛穆大使，再经商量，谨将谈话结果详呈供备参考。渠明日上午来谒时最初必以英政府所拟之协定草案计五点征求○同意，此五点即规定以壹仟万镑为国币公债担保，一千万购买战时器材等等，最后一点则声明其余款项用途由双方另行协商之。

此草案实等于拒绝同意以三千万镑充中央银行发行准备金之建议，换言之，即仅同意于二千万镑之支用，自未能达到我方之目的。故于渠征求拙见时，当告以我方恐难同意，因此事已久悬不决，今若解决应为整个之解决也。

旋经邀集台克满参事、盖士利秘书等会商约一小时半，仍认为昨面呈之办法，即重拟一协定，规定五千镑之用途为公债基金，购买器材及其他中国政府认为适当之事项，为最爽快。此协定成立后，我方即可去函指定以三千万镑充中央银行发行之准备金。惟英国财政家之专家或将反对此项笼统之词句，则为英方易于通过起见，尚有下列办法，即由英方对我以三千万镑充准备金之建议予以默契，而在签订英方所拟之上述五点协定时同时换文，规定以三千万镑充准备金。上述两办法方式不同，结果则一。私意明日英大使来谒时，我公如表示必求整个之解决，可望得一结果。尚乞密察为幸。耑泐，祗颂勋绥

卅一、七、五、发

〔中英庚款管理委员会档案〕

38．杭立武密报与英大使商谈英国对华五千万英镑借款事致孔祥熙函稿

（1942年7月28日）

庸之副院长先生勋右：关于英金五千万镑借款案，昨英使馆接其外交部长来电，谓对尊拟办法未能同意，因借款原案系仅为战时之用。尊处或已得顾大使报告。武闻悉后，今日再与英大使长谈，请其向英政府作最后之建议，并以私意提出一点，即如英方同意移作战后建设之用，亦可订明分期支付。如此办法于中英

均为有利,渠颇为所动,已照电其外部矣。谨此密报。

七月廿八日发

〔军事委员会委员长侍从室档案〕

39. 王世杰与杭立武关于外交部拟请商洽英议员访问团参观程序往来函稿

（1942年10月3—14日）

（1）王世杰致杭立武函（10月3日）

立武吾兄左右：参政会秘书处顷接外交部来函,商洽英议员访问团参观程序。兹将原函抄送察阅,并拟即烦兄代表本会接洽一切。如须一、二同人会同部署,请即迳行商办,或由秘书处备函邀约,并希酌定为荷。专此,顺颂

近祺

附抄件

王世杰敬启

十月三日

照抄外交部公函

查英国议员访问团即将抵华,顷据驻英顾大使电称：该团拟留华壹个月,除应有之拜访宴会谈话外,参观程序宜注重下列各原则,藉以表现（一）我自助精神,如引观我最大规模之兵工厂、军校、飞机场、滑翔学校等机关。（二）我抗战期内建树成绩,如参政会、新建公路桥梁河运水利等建设,工业合作社、识字运动、孤儿院、难民所等新政。（三）少年中国之气象,如青年团、童子军、学校集团歌唱等。（四）华西资源之富厚,如新办水电厂、五金矿等。（五）驻华空军之活动。以增英助华之兴趣等情。用特函达,即希查照,请就有关方面拟定参观节目及需要时间,迅予赐复,以便编排招待日程为荷。此致

国民参政会秘书处

（2）杭立武致王世杰函稿（10月14日）

雪公遵右：奉十月三日惠鉴，关于招待英议员访问团参观程序，承检示外交部来文，业已诵悉。经向外交部接洽，并与伯苓先生及雷　　商量。（一）访问团到渝时拟请先生与伯苓先生亲往欢迎；（二）举行欢迎会，（三）举行座谈会。其余程序或可由外交部斟酌。武现抱病，一俟稍痊即与诣，前承教详商一切。先此奉复，祗颂

勋祺

　　　　　　　　　　　　　弟杭〇〇拜启
　　　　　　　　　　　　　卅一、十、十四、
〔管理中英庚款委员会档案〕

40．王芸生报告与英国议会访华团谈话节要致陈布雷函

（1942年11月26日）

布雷先生侍右：久未请谒，维道躬清泰为慰。日前芸曾与英议员团作三小时半之长谈，英人颇说了几句心里的话。附呈谈话节要，用备参考。专此，敬颂
道安

　　　　　　　　　　　　　后学王芸生谨上
　　　　　　　　　　　　　十一月廿六日晚

十一月二十三日上午八时至十一时半，大公报记者王芸生君与英议会访华团谈话节要。

卫德波（保守党）：现时英国生产情形，正如春潮泛滥，飞机生产已超过德国。

王：这是我们所引为乐观的，英国的飞机生产已超过德国。

最近报载美国的飞机生产已超过德义的总和，同盟国已居绝对优势。中英两国在文化上同属成年，在工业上中国尚是小学生，中国在战后必须建设工业，所以需要英国的帮助与合作甚切。

团员诸人：是，是。

王：前阅报载，叶公超君在伦敦参加一个广播座谈会，讨论中国战后问题，谈到移民问题，英国朋友颇有一种疑虑，以为中国劳工出国以平等工作获平等工资，必致影响白人劳工的生活。我以为中国在战后经济复员时，因多数壮丁死亡，农村需要补充劳力，而在加紧工业建设上，更将吸收大批劳工，所以事实上中国在战后不会有大量劳工出国。

劳森（劳工党）：在战后的国际机构上，类似从前国联的国际劳工局仍然需要，到那时中国有何意见，并以何方式参加？

王：我对此问题无研究，我想这种国际的劳工机构，大家平等参加，遵守共同原则，中国是绝对赞成的。

王：近阅美国三杂志合著的关于太平洋问题的备忘录，中间似乎有一点误会，谓中国战后工业建设，欢迎外国政府的政治借款，而不欢迎外国私人投资。据我所知，孙中山先生的实业计划，极力主张欢迎外国投资，不但普通工业欢迎外资，即在独占性质须由国营的工业，也部分欢迎外资。国民政府的政策也是如此。

泰弗亚（自由党）：这有两个问题，一、投资要安全，要看政府的法律是否保障外资；二、中国在战后若大量输入机器及资本，将如何平衡财政，是贸易方式呢？还是借款方式？

王：中国法律对外资必有保障，舆论界，尤其大公报必如此主张。中国战后工业需要外国帮助，并非救济性质，而是合作性质。中国输入机器及资本，第一要贸易平衡，中国有许多有余的原料为英美所需要的，矿产农产均有，将输出以贸迁有无。但或以中国内地交通不便，或他种关系，一时难有大量出口，则外国政府的借款，以及私人的投资，购买股票，经营实业，均所欢迎，则三方并进，以求平衡。

卫德波：战后的趋势，必行统制经济，私人资本必受政府干涉，所以私人投资到国外的必甚少。

泰弗亚：不然。英政府若不准私人向国外做生意，则大英帝国也就完了。

王：卫德波先生的话也是一种趋势。但实际情形，中英战后必能互剂合作。战后经济复员时，英美在国防工业上，将剩余大量机器，而中国战后需要建设国防工业，英美把剩余机器运来中国，正为中国所需要，彼此互利。

卫德波：这类机器也大部属政府所有。

华兹（英使馆新闻专员）：政府可任私人购置这类机器，然后卖给中国，则可变为私人投资。

王：换换话题吧。目前大公报有一篇社评，主张中英两国应该建立战时同盟及战后互助的关系，譬如英苏之间于二十六国联合宣言之外，另订有战时同盟战后互助二十年有效的条约，中英之间是否也应有进一步的关系？

泰弗亚：当然需要。

卫德波：英苏条约系为欧洲的需要，战时要击败德国，战后也要防备德国。若中英订此类条约，必为在远东防日本，则必须请美国参加。

王：当然。

卫德波：关于这个问题，中国政府意见如何？

王：我不确知政府的意见，但相信政府必愿中英关系之更进一步。我曾与薛穆大使及顾维钧大使分别谈过，他们都表同情。

王：各位都系经过印度而来，印度的情形怎样？

卫德波：印度国大党拒绝克利浦斯案，发动不合作运动，到处暴动，是叛乱，就如同中国的汪精卫一样。

泰弗亚：印度最大可能，出一千万兵，皆属西北部的回族，普遍印度人不能打仗。甘地以宗教方式不能号召贱民阶级。

卫德波：英国若退出印度，任甘地、尼赫鲁等组织政府，其可能的后果，是印度起内乱，便利日本进攻，对同盟国家均大不利。

王：我们不主张英国立即退出印度，我们在原则上同情任何民族的自由要求，我们希望英国帮助印度逐渐得到自由，并协助印度作战。

（此时已十点多钟，卫德波、劳森等去参观工合，泰弗亚独留续谈。）

泰弗亚：我们两次见面，已成好朋友，王先生你有何问题尽管坦白的问我。

王：战后的世界，纵使同盟国胜利，也不能回复旧世界的原样子了。

泰弗亚：是的。

王：英国或不得已而所失较多。

泰弗亚：是的。

王：我所谓英国或所失较多，并不是中国有所求。英国既已放弃在华特权，商订中的平等新约，我相信必公平美满，中国不再多望；但英国可能在其他关系中，要有所失。

泰弗亚：过去的已全过去，今后英国必尽力与中国合作。

王：邱吉尔首相最近说他不作清算大英帝国的首相。美国舆论很有批评，对其他国家恐也有不好的影响。

泰弗亚：从前的所谓大英帝国，业已完全过去了，一九二七年英国会通过一个法案，英国成为联合王国，已与前不同，各自治领差不多已等于独立国家。在战后，英国虽不要清算，各自治领也有清算的自由。

王：那是自治领。但一般殖民地人民，听了邱吉尔首相的话，难免要误会英政府在战后将不修改现状，因而影响他们的作战情绪。

泰弗亚：英帝国的各份子都很自由。（若不甚了解）

王：请你发问吧。

泰弗亚：我们在由伦敦出发之前，感觉中国人对英国有所不满，甚至有不友好的情绪，但到中国之后，中国人待我们很好，毫无恶感，是不是因为英国打了胜仗，并放弃了治外法权的关系呢？

王：英国打胜仗，我们喜欢，英国放弃在华特权，我们更高兴；但却不是贵访问团受欢迎的原因。你所谓中国人对英不满，甚至有不友好的情绪，那根本是你们的误会。其实这种感觉，是完全由于中国对英太关切也太友好了而起。大公报前几天有一篇题为"习俗与心理各有距离"的社评，就曾解释这个问题。中国独战四年多，到去年十二月八日太平洋战争爆发，我们得到英美两大强国共同作战，中国人都兴奋，以为胜利不远。但英美由于事前无准备，连续打败仗，中国曾派兵赴援九龙，未成功，又曾助守缅甸，而遭受失败。中国人因对英关切太甚，而感到失望与不满，那正如莺莺骂张生"可憎才"，乃是爱之极。中国人对英国利害相同，命运相连，所以特别关切，根本无恶意。贵团到中国之受热迎，乃是极自然的事。

泰弗亚：你的解释，我完全同意。使我们知道中国人对英国的友好情形，是我们此行的最大收获。这几年作战的经过，英国实在太困难了。假使去年德国不打苏联，我们今天能否在一起作战，英国究竟是什么样子，都不可知。法比投降，英军自敦刻尔克撤退，伦敦痛遭轰炸，举国皇皇，不知所届。在那时日本压迫英国停止援华，封锁滇缅路，英国无办法，只有接受日本的要求。中国对那件事很不满意。好在不久滇缅路重行开放，英国也得到休养生息，而能与中国共同作战，中国应该谅解英国的苦衷。

王：封锁滇缅路的事，我们就不满意，大公报曾著文抗议。那完全站在中国国家的立场，不是单对某一国，也不是单对某一政治家。去年罗斯福总统曾说，美国供给日本汽油钢铁是为了使日本不侵略荷印。大公报就曾著文质问罗斯福总统，政府虽不准我们说话，但我们不顾政府的干涉而发表了。大公报的言论是独立的、自由的。是的，就赞成；不是的，就反对。

泰弗亚：我再问一个问题，假使去年德国不进攻苏联，苏联以后是否会参战？

王：不会的，它将继续中立。

泰弗亚：假使没有珍珠港事件，美国会不会参战？

王：会的，这可由来栖赴美一段交涉证明。来栖带到美国的条件，罗斯福总统与邱吉尔首相都知道，拒绝了它的要求，就是战争。但到十一月廿六日，美国完全拒绝了日本的要求，那就已准备打仗了。

泰弗亚：要知道，英国拖美国下水，曾费了很大工夫。美国人现在还有反战的，他们遇机会就攻讦英国，并挑拨离间同盟国的关系，尤以德国血统的美国人为然。（谈至此，泰弗亚要王之全名详址，谓回英国后将常来信报告英国的大势与内情。）

王：贵访问团之来，对中英两国加强作战联系和谅解及战后合作，均有大影响。贵团成功了。谢谢早餐及你们的宝贵意见，再见。

泰弗亚（紧握王手）：我希望战后再来中国，那时我们见面，应该谈生意了。再见。

〔军委会委员长侍从室档案〕

41. 财政部关于与福公司签订中国购英货物在印度接运合同

（1942年12月18日）

公历一九四二年十二月十八日立合同人：中国国民政府财政

部、重庆英商福公司（以下简称财政部、福公司），为办理中国政府英购货物在印度接运事宜，兹经双方同意签订本合同。

第一条 财政部兹同意委托福公司在印代办由英国第一次信贷借款英金三百万镑及第二次信贷借款英金五百万镑项下所购一部份货物之接运及储存事宜。

中国政府机关以现款在国外所购物料如须适用本办法，得由财政部与福公司另以换文规定之。

第二条 福公司负责接收凡由英国本部或其他英属各地运抵印度口岸货物，并在印境指定地点接收在印所购之货物。

第三条 福公司对于上项货物应负责在印度境内办理保管储存转运等事项，并在空运吨位许可范围□□内，将上项货物陆续运入中国境内，在财政部指定地点交由指定机关代表接收。

将来运输路线如有变更时，另以换文规定。

第四条 福公司对于受托办理之货物应代保一切普通险，遇必要时并投保兵险。除不可抗力外，并应负货物安全及完好之责任。

第五条 财政部应于第二次英信贷款内拨周转金十万镑，作为该项货物运储保险等费用之开支。

此项周转金之划拨及支付手续另以换文规定。

第六条 财政部按月付给福公司劳务费用英金一千二百五十镑，以充邮电旅费及办理受托劳务上必要之开支，于停止委托时即予停支。此外，每年并另致酬金英金五千镑，如委托时间不满半年时，以半年计算。如在半年以上，不满一年时，以一年计算。

第七条 关于货物之保险储存搬运起卸等项费用，应由财政部负担，即在本合同第五条所规定之周转金十万镑项下开支。

第八条 福公司对于运往中国之货物，应随时依照中国政府优先管制办法之规定办理。

第九条 本委托合同得随时终止之，惟应于三个月前以书面通知。

第十条　福公司于每次在周转金内开支运储保险等费时,应随时检同表单送财政部备查,该项表单应包括下列各项:

一、费用种类吨额及单价。

二、货物种类及数量。

三、购货机关名称。

第十一条　福公司于每批货物在中国境内航空终点交接后,应将中国政府代表接收签证之单据送财政部备查,作为已交货物部份任务终了之证明。

兹为证明双方同意起见,经授权代表于前载年月日分别签字盖章如次。

中国国民政府财政部代表

重庆英商福公司代表

〔国民政府行政院档案〕

42．孔祥熙为敦促英方实现借款诺言与顾维钧往来电

（1943年7月）

（1）孔祥熙致顾维钧电稿（7月7日）

伦敦顾大使少川兄：密。都门畅叙为快,归任后英方对于借款案态度如何?至以为念。前闻英方有谓当初商洽借款时,我方曾谓借款可存英不用,只作发行准备一节。查当时环境,英、美尚未对日宣战,我方单独作战,求人帮忙,自与英、美加入太平洋战事后约定共同负责,经济、人力情形不同,随后美国借款成立,英乃自动宣布借款,英方此时提及前言,恐有误会。当今谊属同盟,负共同作战之重任,国内军事需款以及为盟军修建机场、公路及一切供应,需要浩繁,亟待增厚实力之设备,以为盟国共同作战之用。对于上项借款,即以买得中国人民之感情,亦

觉值得，故以早日解决为妙。最近英方意旨如何？盼兄相机促进。又前托携致艾登外相书，不知已否面交，统盼电复。

弟祥。阳。

（2）顾维钧复孔祥熙电（7月10日）

孔副院长庸之兄勋鉴：密。陪都承教，至感殷拳。此次病体初痊，匆促赴美，既而转英，飞航三万余英里，心脏疲乏，旋因流行感冒，患病旬日，颇感不支。近虽告痊，仍形疲惫，修候稽迟，幸祈鉴谅。顷奉阳电，深荷远注。兄致艾登书已交去，彼六月廿一日复书，由弟于廿二日加书尊处，交英外交邮袋航渝，托外交部转陈，不日当可递上。借款事上周曾与英方前主管人员非正式商谈，研究各种办法，大致如下：（一）收回我国在伦敦市发行之金镑债票固有裨益，英方惟恐引起在他方如美国等处发行之中国债券持票人之不满，反损我国之信用，妨碍我战后在外募债之举。（二）在印采购商用品运华出售，吸收法币一节，现印方正忙供给近东，认为太多，各项军需如我国所需之棉花、布匹亦无富余。（三）然在金镑区用途将来必需与日俱增，如英船载运美予我各项租贷品运费为数必巨，可以支用。（四）且预料亚洲战事结束必在欧洲之后，将来欧战告竣，英国产品尽有剩余，为我所需，尚可购用运华者，因亚洲战事一日未了，借款仍有效，不受战后不能用之限制。（五）至增加现款额数，以充我发行国债之担保，但收回法币，减少流行额，当可商议。要在说明，现在吸收游资比一年前希望为优。拟发行之新国债票，应注明由英政府拨款担保，存放伦敦，俾鼓励销路。此项担保款数，可增至一千五百万或二千万镑，可视债票推销情形而定云。上述三、四、五三项，似尚属实惠，尊兄如何？再彼询我去年发行之金公债及储蓄券成绩如何？经答以自本年初迄今，销售甚速。最近情形如何？统乞并示为祷。弟维钧叩。蒸。

（3）孔祥熙致顾维钧电稿（7月16日）

伦敦顾大使少川兄：密。蒸电诵悉。转节辛劳，贵体比当康复为念。查英国五千万镑借款，自英政府宣布迄今，屡经接洽，迄未成立，中外颇多怀疑，而与英国声誉不无影响。且自比肩作战以后，休戚与共，此项悬案尤有解决必要。月前兄回国述职，面谈各节，及阳电请相机促进，用意皆在于此。英方目前负荷之巨，情况之难，亦所深悉。惟我方以共同作战，需款加多，及为盟军备办一切，负担更为增重，亟需另商增援，以资应付，英方已应允之借款自未便再为拖延。如英方以拨给现款或供应多数物资为难，则除已允拨之一千万镑公债基金外，再拟以一部分收回我国在英发行之英镑债票，以一部分划归中央银行发行准备账，似不失为双方兼顾之办法。如更能划一部分在南非酌购黄金运华发售，对于收缩法币作用更大。至尊电所示：（一）英方对于收回英发债票，恐妨碍我方债信及战后募债一节，还债只有增加国信，自不致妨碍将来募债。（二）采运印度商品，据我方所知，少数物品尚无困难。（三）具征英方之好意，惟美方租借物资系由美运印交我接受，在未交付前，仍系美方所有，故无须由我给费。（四）如英方能确实答应欧战一了，即可给我物资，并许我现时在英镑区域定购货品，则较切实。（五）公债基金如能增至二千万镑甚好，至于票面注明由英政府拨款担保，似无必要。因我在发行公债本已声明指定英借款为偿还本息基金。特电奉复，仍希洽商见复为盼。弟孔○○。铣。

〔国民政府财政部档案〕

43. 国民政府文官处关于组织中国访英团致杭立武公函

（1943年10月29日）

国民政府文官处公函　渝文密字第一七○号　中华民国三十二年

十月廿九日

奉主席谕:"为增进中英友谊,加强中英合作,组织中国访英团,选定王世杰、王云五、胡霖、杭立武、温源宁为团员,并派李惟果为该团秘书"等因,奉此。除分函外,相应函达查照。此致杭立武先生。

文官长魏
〔管理中英庚款委员会档案〕

44. 艾登顾维钧为财政援助协约有关事宜往来照会

(1944年5月2日)

(1)艾登致顾维钧照会

关于本月〔日〕签订之财政援助协约,除第一条第一款(丙)项所称之一千万镑外,联合王国同意:(甲)另以一千万镑用于战时期间在金镑区域内备付现欠,及将来运输费、钞券印价与以前信贷协约内其他订购不敷之数。(乙)以二千万镑指定在金镑区域内购买充战时用途之物料,以及备付关于此类购买各项事务之费用。(丙)余一千万镑可充本约内规定之其他需要用途。

(2)借款协约第一条第二款内所称合同,系经联合王国政府同意而订之合同。

(3)此项合同内应付价款之全部或一部,虽于对日本敌对行动为终止后到期,仍由联合王国政府付给,在借款项下开支。

(4)如荷阁下证实中国政府接受本函第二段之谅解,并同意本函内之其他规定,无任感幸。

此致

中华民国驻英大使顾阁下

(2)顾维钧复艾登照会

接准贵部长本日关于五千万镑借款之照会内开：〔内容同艾登照会〕等因。业经本大使闻悉。兹特代表中华民国政府证实，贵部长、照会第二段内之谅解，为中国政府所接受，又第一及第三段内之规定亦为中国政府所同意。此致
联合王国外交部长艾阁下

〔国民政府行政院档案〕

45. 财政部为抄送中英五千万镑财政援助及租借物资协定致行政院呈

（1944年8月25日）

查中英五千万镑财政援助协定与租借物资协定，业经我方驻英大使顾维钧于本年五月二日与英国政府于伦敦分别签订。兹接英国驻华大使薛穆爵士函送该两项协定之英文抄本二份及顾大使与英国外相艾登有关换文之英文抄本二份，除将上两项合约及换文原抄本妥为保存外，理合检同该两项合约及换文之英文抄本及中文译本各两份，呈请鉴核转陈国防最高委员会备案。谨呈
行政院

附呈合约及换文之英文抄本及中文译本各二份。

兼财政部部长孔祥熙
政务次长俞鸿钧代

财政援助协约

大不列颠及北爱尔兰联合王国政府依据其对中华民国在财政及军事方面作最密切合作与共同敌人作战之政策以若干决定，协助措施，提供与中华民国。

联合王国政府在西历一九四四年五月二日所签协约中承允，对于其所能供给于中华民国军队使用之武器械弹及军事配备之价

款，不要求偿付。

中华民国政府（以下简称中国政府）为作战之用，对于由战事引起有关中国国家用途之必需物料，愿取得购买之便利，并愿备付关于此类购买各项事务之费用与因战事所需其他各项事务之费用。

中国政府及联合王国政府鉴于上开理由，议定条款如左：

第一条　（一）联合王国以中国政府之请，应供备中国政府使用英金各数于下列一切或任何一项用途，但其总数不超过五千万镑。

（甲）用于战事期内购买由战事引起有关中国国家用途之必需物料。此项物料应为金镑区域内各国所出产或制造，并为中国政府在对日本敌对行为终止前订立合同内所购买。

（乙）用于金镑区域内关于前项购买所需事务之费用，此项购买合同系中国政府在对日本敌对行为终止前所订立者。

（丙）用于中国政府为收回市面流行过多之购买力之唯一方法，并为防止通货膨胀之一助而发行之国内公债之担保。（子）此项公债能发行成功之办法与条件，须经双方政府同意。（丑）供备上项用途之款，第一次不得超过一千万镑。

（丁）用于供给中国政府需付在印度、缅甸中国军队饷给及当地支出所需之卢比。

（戊）用于发生于金镑区域内，因战事所需，其他各项事务之费用，经两政府随时同意者。

（二）本条第一款（甲）（乙）（戊）三项用途所需英金，除两政府另有约定者外，应由联合王国政府为中国代付有关合同价款。

（三）本条所称"金镑区域"，应按照联合王国现行有关外汇统制章则中所规定之意义解释，但如联合王国政府在任何时期因应该项章则之用修正金镑区域之定义，此项修正自联合王国通告中国政府之日起，得适用于本约内金镑区。

第二条 除两政府间另行约定外，所有按照一九三九年八月十日及一九四一年六月五日两协约条件与办法，所订购或所签合同之供给品，仍应继续照上项协约规定办理。

第三条 两缔约国对于给予此项财政援助之各条件，包括对联合王国应酬答之利益在内，延至战后，俟情事进展足使此项最后条件及利益之于中英相互有利，并可促进永久世界和平及安全之建立，愈为明显时，始作最后决定。在决定最后条件及利益时，对于应维持中国在战后及战争期内之健全与稳固的经济及财政关系，及中英两国间相互经济利益之改进与世界经济及财政关系之改进诸端，应有充分认定。

第四条 本约所称"对日本敌对行为之终止"一语，应以中英两方均为缔结一造之对日停战协定或和约（以发生在先为准）之签字为解释。

下开签字，一经双方政府适当委托，爰于本约签字盖印，以昭信守。

西历一九四四年五月二日订于伦敦

租借协约

大不列颠及北爱尔兰联合王国政府依据其对中华民国在财政及军事方面作最密切合作与共同敌人作战之政策，决定以若干协助措施提供与中华民国。

中华民国政府（以上简称中国政府）为作战之用愿取获有武器械弹及军事配备之便利。

中国政府及联合王国政府鉴于上开理由，议定条款如左：

第一条 联合王国政府对于其所能供给于中华民国军队使用之武器械弹及军事配备之价款，不要求偿付，中国政府在对日本敌对行为终止后，愿将在本约规定下取得物品之未遗失损坏或消耗而为联合王国政府所请归还者,归还于联合王国政府。

第二条 本约所称"对日本敌对行为之终止"一语,应以中英两方均为缔结一造之对日停战协定或和约之签字(以发生在先者为准)为解释。

第三条 本约应视为自一九四二年四月三日起生效。

下开签字人,经双方政府适当委任,爰于本约签字盖章,以昭信守。

西历一九四四年五月二日订于伦敦。

换文

(1)英外交部长致顾大使照会

关于本月签订之财政援助协约,除第一条第一款(丙)项所称之一千万镑外,联合王国政府同意:(甲)另以一千万镑,用于战时期间在金镑区域内备付现欠及将来运输费,钞券印价与以前信贷协约内其他订购不敷之数。(乙)以二千万镑,指定在金镑区域内购买充战时用途之物料,以及备付关于此类购买各项事务之费用。(丙)余一千万镑,可充本约内规定之其他需要用途。

(2)借款协约第一条第二款内所称合同,系经联合王国政府同意而订之合同。

(3)此项合同内应付价款之全部或一部,虽于对日本敌对行为终止后到期,仍由联合王国政府付给在借款项下开支。

(4)如荷阁下证实中国政府接受本函第二段内之谅解,并同意函内之其他规定,无任感幸。此致

中华民国驻英大使顾阁下

换文

(2)顾大使复英外交部长艾登照会

接准贵部长本日于五千万镑借款之照会为开:关于本日签订

之财政援助协约，除第一条第一款（丙）项所称之一千万镑外，联合王国政府同意：

（甲）另以一千万镑，用于战事期间在金镑区域内备付现欠及将来之运输费，钞券印价与以前信贷协约内其他订购不敷之数。

（乙）以二千万镑，指定在金镑区域内购买充战事用途之物料，以及备付关于此类购买各项事务之费用。

（丙）余一千万镑，可充本约内规定之其他需要用途。

（二）借款协约第一条第二款内所称合同，系经联合王国政府同意而订之合同。

（三）此项合同内应付价款之全部或一部，虽于对日本敌对行为终止后到期，仍由联合王国政府付给，在借款项下开支。

（四）如荷阁下证实中国政府接受本函第二段内之谅解，并同意本函内之其他规定，无任感幸等因。业经本大使阅悉。兹特代表中华民国政府证实，贵部长照会第二段内之谅解，为中国政府所接受。又第一及第三段内之规定，亦为中国政府所同意。此致联合王国外交部长艾阁下

〔国民政府行政院档案〕

46．中国访英团为抄送访英报告等致国民参政会公函稿

（1944年9月9日）

中国访英团公函　　国民参政会

为送访英报告等请查照由。查世〇等于上年十月廿九日奉国民政府文官处渝文密字第一七〇号公函开：奉主席："为增进中英友谊、加强中英合作，组织中国访英团，选定王世杰、王云五、胡霖、杭立武、温源宁为团员，并派李惟果为该团秘书。"等因，奉此。遵即积极筹备，于上年十一月十八日由渝出发，十

二月三日到达伦敦。计留英六星期,备受其朝野之欢迎与招待。在遄归前,世杰、霖、惟果奉政府命经由美国非正式访问其国会,云五、立武、源宁亦奉命访问土耳其、伊朗等国,均于今年一月底二月初离英,三月间先后返国。关于访问报告,现皆编就。除连同经费收入帐目呈送国民政府外,相应抄同访英报告、访土耳其、伊朗报告及访问美国与加拿大报告各一份,函送贵会,敬希查照为荷。此致
国民参政会
　　附报告○份

　　　　　　　　　　　　　中国访英团团员王世○
　　　　　　　　　　　　　　　　　　　　王云○
　　　　　　　　　　　　　　　　　　　　胡　○
　　　　　　　　　　　　　　　　　　　　杭立○
　　　　　　　　　　　　　　　　　　　　温源○
　　　　　　　　　　　　　　　　　　秘书李惟○

访英报告

本团于卅二年十二月三日飞抵英境之Poole地方,即有英政府外交部及宣传部代表各一人,会同我国驻英大使馆馆员二人在此迎候。偕乘特挂专车至伦敦。傍晚抵维多利亚站,英朝野及我国人士在此相迎者不下百人。英国方面外交部政务次长Mr. George Hall(代表部长艾登)、常务副次长Sir Mourice Peterson、远东司司长Mr. Ashley Clarke、远东司顾问Sir Arthu Blackburn及英国驻华大使Sir Horace Seymour、宣传部政务次长Mr. Ernest Thurtle、前英国访华团团员Lord Teviot及英国广播公司新闻记者等数十人。我国方面有顾大使、钱大使、金大使、郭次长、王主任、叶主任及使馆人员、侨胞代表等数十人。下车后,由外交部政务次长及宣传部政务次长在车站先

后致欢迎词,即由本团王世杰致答词,均由英国广播公司收音广播。(British Broadcasting Corporation)四日伦敦各报均载本团抵英并受欢迎情形。伦敦泰晤士报标题称本团为"友谊的大使团"(Ambassadors of Good Will)。十一时三刻,本团全体团员由顾大使导往王宫,签名致敬。本日系星期六,下午英政府不办公,明日星期亦然。英政府以本团团员长途旅行,有待休息,故访问程序规定从六日星期一开始,本日下午及明日星期,由本团团员与顾大使及我国驻英各机关主持人谈话,先行探询英方意见、英国最近状况及访问程序等。

六日程序开始,午前由本团全体团员接见各报馆记者,分别谈话约两小时,双方情意至为融洽。午间由顾大使宴请英国副首相Major Attlee(时英首相在国外)及上下两院议长,与本团团员作首次会见。席间由顾大使、英国副首相及上议院议长Lord Simon先后致词,本团王世杰答词。下午三时,本团团员同赴英外交部拜访代理外交部部务之不管部长Mr. Richard Law及政务次长Mr. George Hall等。同日,由大使馆派员持本团各团员名片分投各机关长官。

七日午前,赴下议院参观并旁听。午间由上下两院议长邀请,在院内餐室午膳,席间由两议长简单致词,本团王世杰答词。午餐后续赴上下两院旁听。四时半赴两院议长欢迎茶会,出席者上下两院议员七八十人,先后由两议长致欢迎词,由本团王云五致答词,均由英国广播公司收音广播,并摄影纪念。晚八时赴英外交部公宴,部长艾登因公出国,由代理部务之不管部长Mr. Michard Law主席,在坐者有英国阁员及议员二三十人,主席致词后,由本团王世杰答词。

八日下午三时,本团团员同访伦敦市市长,承款以茶点,畅谈时许。下午六时,由代理外交部部务之不管部部长及部长艾登之夫人会同招待茶会,出席者政府议院及朝野名流四百余人。晚间由英国国会中之中英议会委员会Anglo-Chinese Parliamentary Committee公宴，由会长前访华团团员劳森及副会长卫德波先后致欢迎词，本团杭立武、温源宁各致答词。

九日午间，由顾大使公宴邀请与我国有关系之文化实业团体领袖与各团团员相见。晚间由顾大使宴请本团一部分团员与英国实业界领袖十数人交换意见。

十日晚间，由顾大使招待英国学者作家H·J·Laski、kinsley Martin等，交换意见。

十一日午前，本团团员同访英国战后建设部部长Lors Woolton氏，原系实业家，战事初起时被任粮食部部长，于调剂民食甚著成绩，最近改任新设战后建设部部长，计划战后建设。晚间由顾大使宴请英国名著作家H·G·Wells、J·B·Prie-stly、Julian Huxley等，与本团团员交换意见。

十二日下午，由旅英华侨各团体开会欢迎本团，各团员均有简单演说，说明国内努力奋斗情形，并表示国人对侨胞之敬佩与期望。

十三日午前，本团王云五访英国总工会总干事Sir Walter Citrine，面交中国劳动协会等团体致英国工人公函，交换意见，并摄影纪念。午间由伦敦市市长招宴，在坐朝野名流数十人，市长致词后，由本团王世杰答词，均由英国广播公司收音广播。下午本团团员先后拜访宣传部部长Mr·Brendon Bracken、政务次长Mr·Ernest Thurtle及商务部部长Mr·Hugh Dalton。晚间英国政府公宴，由教育部部长Mr·R·A Butler主席，在坐英方十余人，均与文化教育有关系者，主席致词后，由本团杭立武答词。

十四日，赴英国西部各省参观。本团团员分为甲乙两组，甲组为王世杰、杭立武、李惟果三人，由外交部代表一人偕行，乙组为王云五、胡霖、温源宁三人，由宣传部代表一人偕行。其招待事宜，在伦敦时由外交部主持，在外省时改由宣传部主持。甲组先参观Bath名胜，下午参观中等程度之男女学校各一所，学生并有献捐，由本团王世杰接受，并致简词。乙组先参观Bristol飞机制造厂。下午四时半，两组在Bristol市政府会合，先接见当地记者，略述本团访英目的。嗣由市长茶会欢迎，市长致词后，由本团王云五答词。

十五日晨，由Bristol赴威尔斯首府Cardiff。两组同时受当地市政府欢迎，市长致词后，由本团胡霖答词。嗣分组参观，甲组参观威尔斯博物院及大学，乙组参观Messrs．Currans Ltd．军械厂。晚间两组会合，应区长官Commissioner Bruce之宴，该长官即前英国驻华军事代表团长布鲁斯将军之父。主席致词后，由本团杭立武答词。

十六日晨，自Cardiff赴Birmingham。午间应当地市长之宴。市长致词后，由本团王世杰答词。下午分组参观，甲组参观制造Spitfire式飞机之工厂Castle Spitfire Factory。乙组参观Birmingham大学。傍晚两组复合，受大学海外俱乐部之茶会招待。晚间赴British Council当地分会之宴，主席为大学代理校长，致词后，由本团温源宁答词。

十七日晨，自Birmingham赴Coventry，午前抵当地市政府，受市长招待，致词毕，由本团王云五答词。此地受德机轰炸最烈，已由市政府拟有重建计划，由市长及工程专员详为说明。旋分组参观，甲组参观Messrs．Alfred Herberts机器制造厂，乙组先后参观Armstrong Whitworth机器制造厂及Bournville地方之Messrs·Cadburgs果古力公司及新村与附属学院。晚间两组复合，赴宣传部当地分处之宴，主席致词后，由本团杭立武答词。

十八日晨，甲乙两组分途出发，甲组参观English Election Co．Ltd，该公司现改造飞机及坦克车。乙组赴Stoke，中途至当地军火制造厂附设女工宿舍，参观其教育及福利设施。午间抵英国磁窑工业之集中地Hanley，赴当地国会议员Sir G.W. Fox之宴，主席致词后，由本国王云五、温源宁分别答词。旋乘火车赴Liverpool，两组即于此处会合。晚间由市政府招宴，市长致词后，即本团王世杰答词。

十九日午前，赴华侨各团体欢迎会，出席者五六百人，本团团员五人均有简单演说，除报告国内奋斗情形及厉行新生活外，多勉华侨以自爱自重。旋赴海员俱乐部参观，并由本团捐款壹佰镑，以提倡业余教育及正当娱乐。下午参观当地图书馆，并赴当地中英友谊会之茶会。晚间赴Liverpool大学之宴，由大学董事会主席及曾来华讲学之Roxby教授致词，本团杭立武、温源宁分别答词。

二十日上午，两组会合，参观当地船坞及海军军舰。午间，由海军部办事处招宴。下午分组参观，甲组参观兵工厂Royal Ordnance Factory，乙组由飞机制造部次长Mr.Royal陪同参观Messrs.Automatic Telephone and Electric Co。晚间两组会合，受当地报界俱乐部招宴，主席为Liverpool Post报之总经理，致词后，由本团胡霖答词。

二十一日晨，离Liverpool【赴】Manchester。午间应当地市政府邀宴，市长致词后，由本团王云五答词。下午分组参观，甲组参观Manchester大学，乙组参观Messrs.Metropolitan-Vickers机器厂，并及其新设之飞机制造厂。傍晚两组会合，赴当地报界茶会。晚间参观Manchester Guardian报馆。

二十二日午前，王云五应当地之中央图书馆招待，与其馆长交换意见。下午乘火车返伦敦，晚间到达。

二十三日午前，赴United Aid to China Fund总务所参观，由Lady Stafford Cripps等招待。午间一部分团员应此间银行家之宴会，主席为汇丰银行总经理，致词后，复由麦加利银行总经理致词，本团王世杰、杭立武答词。下午赴教会联合招待会，主席团三人致词后，由本团王云五、杭立武、李惟果相继答词。晚间赴China Campaign Committee之谈话会，在前英国牛津大学女子学院院长曾来我国之Miss Margery Fry 寓所与许多学者名流交换意见，并于主席致欢迎词后，由本团王世杰、王云五、杭立武先后致词。

二十四日至二十六日，因圣诞节休假，乙组王云五、胡霖、温源宁三人赴剑桥大学King's学院院长家中作客。院长首次宴会时，致词后，由本团王云五答词。三日之间先后受其他院长教授数人之款待，与许多学者交换意见，并参观各学院。甲组留伦敦，杭立武于廿五日赴乡间寓倪米亚爵士宅，于廿七日返伦敦。

廿七日乙组返伦敦。

廿八日王世杰赴薛穆大使乡居。

廿九日十二时半，本团各团员由顾大使导往王宫，觐见英王及王后，由本团王世杰呈递蒋主席致英王一函后，各团员与英王及王后谈话约二十分钟，承甚欢洽。午间各团员赴我国驻英购料委员会之宴，与英籍各委员及许多实业家、金融家晤谈。主席顾大使及该委员会副主任委员英人Sir Ralph Widgwood先后致词，本团王云五、杭立武相继答词。

三十日午间，甲组赴Cable and Wireless之宴，乙组赴英美烟草公司之宴。

三十三年一月一日一时半，本国各团员及秘书同赴英国广播公司，以国语对国内广播，每人二分钟。下午二时，同至中央大会堂，赴伦敦市民欢迎会，出席者约二千人，主席为英国副首相Mr. Attlee，致欢迎词毕，由本团王世杰、王云五、温源宁三人相继演讲，每人约十五分钟，讲毕，由前英国访华团团员Lord Teviot致词答谢。

一日至三日，甲组王世杰、杭立武、李惟果赴牛津大学Oxford，分别由各院长招待。二日晨，由副校长邀集各院院长举行谈话会，交换关于促进中英文化关系之意见。乙组王云五赴出版家Gollanz乡居，交换出版意见。

三日午间，本团各团员赴United Aid to China Fund之宴，会长Lady Cripps及副主席Mr. Gull先后致词，本团杭立武答词。晚间一部分团员参观伦敦泰晤士报馆。

四日午间，王世杰、胡霖、李惟果三人赴路透社Reuters之宴，王云五、杭立武、温源宁三人赴不列颠全国商会联合会之宴，由上议院院长Lord Simon及商联会主席Mr. Henry Morgan致欢迎词，本团王云五致答词，末由前访华团团员Lord Teviot致词。下午一部分团员赴China Society茶会，主席致词后，由本团温源宁答词。另由胡霖代表中国新闻学会，参加英国报界在伦敦报界俱乐部举行之茶会，伦敦泰晤士报社董事长主席致词，胡霖演说，并将中国新闻学会致英国报界函面交主席。晚间赴曾至重庆之中外人士聚餐会。

五日午间，胡霖、杭立武应Uni-lever公司之宴，主席致词后，杭立武答词。下午本团各团员赴英国空军司令部参观，由总司令Sir Authur Harris招待，展示轰炸德国各城市之摄影片，知德国精华损失大半。晚间，由顾大使邀请新返国之英国外交部长Mr. Eden及大部分阁员与本团各团员宴会。席间顾大使致词后，英外交部长及本团王世杰均有演说，并由英国广播公司收音广播。

六日午间，赴China Association之宴，此为与我国有关之实业家所组织，已有六十年之历史，由前访华团团员Lord Aylwin主席，致词后，由本团杭立武致答词。同时温源宁应英国王家国际问题研究会邀约讲演。下午，British Council邀请茶会，主席致词后，由本团温源宁答词。同时杭立武应国联同志会等三团体邀请讲演，由李顿爵士主席，嗣又在中央大会堂向二千余男女学生讲演,由英国广播公司收音广播。

七日午间,甲组王世杰、杭立武、李惟果赴Federation of British Industries之宴,主席及远东部主任致词后,由本团王世杰、杭立武分别致答。乙组王云五、温源宁二人赴Mr. Gollanz所邀约之出版家代表宴会。下午,两组同赴Universities China Committee茶会,前香港大学副校长Sir William Hornell致词后,本团王世杰、杭立武分别致答。晚间,杭立武、李惟果赴克利斯夫妇赞助之国际青年会所,分别对到会青年致词。

八日午前,赴Greenwich之海军大学参观,该校有我国见习生廿六人,校长导观各处后,留本团各团员及我国见习生午膳,校长致词后,本团王世杰致答词,均由英国广播公司收音广播。即晚乘夜车赴苏格兰及英国东北各省参观,亦分甲乙两组,甲组为王世杰、杭立武、李惟果三人,乙组为王云五、胡霖、温源宁三人。

九日晨,甲组抵Edingburg。午间赴宣传部驻苏格兰顾问委员会副主席Sir Gilbert Archer之宴,主席致词后,由本团王世杰答词。下午四时,接见中国学生。晚七时,由王世杰、杭立武公开演讲,听讲者约九百人。乙组抵Glasgow后,即转赴Ayr,由市长招待午膳,致词后,本团王云五答词。下午参观苏格兰大诗人Robert Burns故居及纪念室,旁及农村畜牧情形。晚间赴当地电影院,出席民众欢迎大会,到者约千五百人,由本团王云五、温源宁公开演讲,即晚复返。

十日晨,甲组参观Edinburg船坞及最新式最巨型之航空母舰。午间,赴当地海军司令之宴。下午参观Duke of York主力舰。乙组乘轮船沿Glasgow之Clyde河下驶,视察两岸船坞厂,旋至Alexander Stephen船厂参观。午间赴当地市政府之宴,市长致词后,本团王云五答词。下午参观North British

Locomotive Co.后，即乘车赴Edinburg与甲组会合，同赴市长茶会。晚赴此间苏格兰政府宴会，由苏格兰事务部政务次长Mr·Joseph Westwood主席，致词后，本团杭立武答词。

十一日，两组会同参观当地古堡垒及第一次欧战纪念堂。午间赴British Council当地分会之宴，由区长官Earl Roseberry主席，致词后，本团温源宁答词。下午本团王世杰、王云五、李惟果三人受前访华团团员卫德波之招待，于其乡居住一日，其他团员三人仍留Edinburg。下午接见新闻记者。晚应苏格兰事务部农务局局长之宴，主席致词后，本团杭立武答词。

十二日晨，赴Newcastle。下午两组分别参观，甲组参观Swan Hunters造船厂，杭立武并参加驱逐舰下水礼，乙组参观Vickers Armstrong在Elswick之工厂。晚间两组会合，应市政府之招待，市长致词后，本团王云五答词。

十三日晨，甲乙两组分别出发，甲组由Newcastle赴Durham，由前访华团团员劳森导观煤矿工人联合会所、十一世纪之古堡、Durham大学及教堂。午赴大学副校长之宴，由副校长及本团王世杰各致简词。乙组由Newcastle赴Billingham，参观Imperial Chemical Industries工厂，由词公司董事长招宴，致词后，本团王云五答词。下午两组同在York会合，由附近之空军机场派员导往该场参观。场主任Air Commodore Walker及空军司令招待导观一切。晚膳时，空军司令及王世杰各致简词。旋乘车赴Leeds。

十四日上午，甲组拜访Leeds市长，并参观市政府主办之平民住宅，下午返伦敦。乙组由Leeds赴Sheffield。午间受市政府招待，市长致词后，本团王云五答词。下午由市长导往United Steel Co·参观。晚间参加当地民众欢迎会，出席者五、六百人，由本团王云五、温源宁公开演讲。晚餐由当地商会招待，主席致词后，本团温源宁、胡霖致答词。

十五日，甲组杭立武赴剑桥大学讲演，午由副校长及各院院长公宴。乙组晨由Sheffield返伦敦，下午到达。

十六日，杭立武应前外交部次长Lord Stanhope邀，赴其乡居午宴。王云五、胡霖赴英报界巨头Lord Kensley乡居午宴。晚王世杰、杭立武应British Council之Prof.Evans之宴，温源宁应英国广播公司之约对英国民众广播。

十七日上午，本团各团员出席宣传部召集之记者谈话会，先由本团以书面发表此行观感，复由王世杰、王云五相继致词补充。旋参观宣传部各种工作。午间赴宣传部公宴，因部长患病，由政务次长代表主席致词后，本团王世杰致答词。下午赴海外记者联合会茶会，嗣又赴顾大使之送别茶会，到者五百余人。

十八日，一部分团员参观Cooperative Wholesale Society之伦敦总事务所。旋赴中英合作事业促进会Anylo-Chinese Developement Society午宴，由合作派国会议员Mr.Aered Barines主席，致词后，本团杭立武答词。下午出席Inter Parliancentary union，此为英国上下两院一部分议员所组织，由本团王世杰讲演约半小时。

十九日午间，一部分团员赴英国红十字会之午宴，主席致词后，由杭立武答词。

二十日午间，赴英国外交部长Mr.Eden之送别宴，主席致词后，由本团胡霖答词。下午王云五赴英国出版家协会茶会，演说中国战时出版状况，并与各出版家交换意见。晚间温源宁应英国广播公司之邀，对美国民众播讲。

廿一日以后，依本团之请求，停止正式招待，本团各团员分赴乡间，受顾大使或其他友朋之招待，专候英首相接见。

廿五日午间，赴英首相官邸，谒见首相邱吉尔，先由本团王世杰呈递蒋主席致首相一函，随由首相以英王答复蒋主席函亲交王世杰转递。嗣由本团各团员与首相谈话约半小时，摄影纪念后，兴辞而出。晚九时，温源宁应英国广播公司之邀，为苏格兰诗人Burhs纪念广播。

廿八日，本国王云五、杭立武、温源宁三人离英返国，英国朝野人士到站送别者有宣传部政务次长Mr.Ernest Thurtle、外交部常务副次长Sir Mourice Peterson。远东司司长Mr·Ashley Clarke及国会议员Lord Jeviot、J·J·Lawson等十余人及我国顾大使、钱大使、郭次长等多人，由伦敦乘火车至Bristol。下午四时半起飞。飞行前数分钟由王云五、温源宁、杭立武三人在飞机内应英国广播公司之邀，对英国人民广播。告别前半小时，另由王云五以国语对国内广播。

非正式访问美国加拿大报告

二月三日，王世杰、胡霖、李惟果由英启程赴美。于二月十日飞抵纽约，在纽约居留约十三日。先后应美国报界人士如纽约时报社长Sulgierger、生活杂志等社社长Henry Luce暨合众社社长Baillie等之餐约，与谈中国内政，并与洛氏基金会会长Fosdick、哥命〔仑〕比亚大学教授Peffer、美国外交协会会长Bueil等会见，详谈中国外交政策暨文化教育等事。

二月二十二日，王世杰赴华盛顿。

二月二十三日，王世杰晤见国务院副国务卿Stetinins（国务卿赫尔时正在外省休假）暨国务院多人，又晤海军部长Rnox，谈时均着重中国与美国军事合作暨国际安全组织等问题。

二月二十四日，王世杰往访副总统Henry Wallace于参议院（时罗总统在外省休假），晤谈半小时。午间应美国最高法院推事Douglas之餐约。

二月二十五日，王世杰偕刘公使及毛邦初等应美国众议院民主党领袖Sol Bloom之餐约，国会上下两院各党派领袖均参加，咸表示愿与中国永远为密切友邦。王世杰致答词，就中国民主化问题之近状及其未来予以说明。与会者情绪均极诚挚热烈。

二月二十七日,王世杰往华府近郊谒华【盛】顿墓及其故居。

二月二十九日,胡霖自纽约来华盛顿参加罗总统所召集之记者月餐。王世杰应英国驻美大使之餐约,并与众议院议长Sam Rayburn详谈美国国会情形暨议长职权。

三月一日至三月三日,王世杰晤见陆军部长Stimson,又约晤参议院议员多人及美国太平洋学会会长Carter、美国名记者Lippmamn等多人,大都讨论中国财政经济暨共产党等问题。

三月四日,王世杰、胡霖、李惟果启程返国,并应加拿大总理Mackengie King之约,绕道过加拿大首都Montreal。

三月五日,王世杰、胡霖、李惟果应加总理之餐约,与加拿大内阁阁员晤谈,并午餐。加总理席间致欢迎词,王世杰答词。是日并往访加国会上下两院暨其众议院议长glen氏。

三月十日,王世杰、胡霖、李惟果由Montrual乘英国飞机启程,经纽芬兰、大西洋、北非埃及、印度返国,于三月二十七日晨抵重庆。

访问伊朗报告

三十三年二月二十五日,本团团员王云五、杭立武、温源宁自开罗赴伊朗,晨六时乘机起飞,十时半抵伊拉克国境之哈宾尼亚,因临时得伊京德黑兰一带大风雪之信,改期次日续飞。

廿六日晨六时起飞,八时半抵德黑兰,我国驻伊朗李公使等及伊朗外交部交际司司长等来迎,由伊政府招待至军官俱乐部寄寓。因今晨国会举行开会式,本团团员被邀参加,先至外交人员休息室,由李公使介绍于各国使节。十一时开会,国王出席致词,词毕礼成。

下午一时一刻赴英大使之宴,下午先后拜访外交部长、国务总理及宫内大臣,午后五时因国会议长已选出,遂往拜访。

廿七日午前往王宫及博物院参观,得见其美术品受我国古代影响颇多,又参观女子中学及师范学校等。一时半赴外交部部长之宴,在坐有国务总理及阁员、议员多人。外交部部长致欢迎词后,由本团团员王云五答词。下午三时赴大学参观,本团团员王云五被邀在大礼堂讲演,听讲者除教授、学生外,政府人员有外交教育两部部长及国会议员多人,并有八十余岁之前任国会议长特从乡居来此。王团员云五讲题为战时中国高等教育,以英语讲后,由该校等教授译为波斯语。六时赴外国使馆茶会,到者二百余人,政府全体阁员皆至,足见其重视我国。

廿八日午前十时半赴王宫参观谒见伊王,由宫内大臣导入王之客室,握手后,延入上坐,王坐主位,与常人宾主之间无别。王除询我国抗战情形外,其发言大旨如下:(一)中国率先艰苦作战,政策至为明显,全国因此益统一;(二)中国有一强大之政党,当此艰巨时期,便于指挥;(三)对我蒋主席表示万分敬佩;(三)深望中伊两国交换学生及教授;(五)盼望中国领导战后世界和平。谈话约一小时余。嗣参观中学教师二所,师范学校一所,闻其小学系六年制,乡间小学则四年结束学业,其愿深造者得入城市补读二年。中学亦六年制,前三年为公共必修科目,四五两年为一圆周,按志愿升学与就业者分别训练,第六年则专为升学者分别训练。午后一时一刻赴美大使馆之宴。午后接见新闻记者。五时半赴国会临时议长欢迎会,国务总理、宫内大臣及许多阁员议员皆出席,议长致词后,由本团团员王云五答词。双方互述古代文化关系,甚愿由此发展更□今后文化商业及种种之密切关系。晚七时应伊朗派驻我国大使之招待,观剧半小时后,即赴我国汤武官之宴,伊朗国务总理以次多在坐,盖特例也。七时杭团员并应伊朗广播电台之邀,用英语广播。又其外交部长今日上午九时半亲自回拜。

廿九日晨七时半乘机飞离德黑兰，送别者有伊朗外交部交际司长等及我国李公使等。

〔管理中英庚款委员会档案〕

47. 龙云关于英国战时生产部在昆明设立办事处并与我合作收买树胶电

（1945年1月18日）

国民政府军事委员会委员长昆明行营代电　行秘一字第九四八号

民国三十四年一月　日发

云南省政府：案查前据外交部驻云南特派员公署呈称：本年九月二十五日，案奉外交部代电密开：关于英国战时部在昆明组设办事处，与我合作收买越南树胶一案。准英大使函，以卡雷氏Y、G、P、Career为主任等由。经呈奉委员长核准在案。现准昆明英代总领事毕维思函开：该国大使馆已得我国政府之允许，准由该国战时生产部派甘言仁少校赴蒙自成立分处等语。函复。在未奉外交部及钧营训令以前，请其暂缓启行有案。除函令外，呈请鉴核，转令有关军政机关知照，并祈示遵等情。据此。当经指令去后，兹据该特派员呈复称：案查关于英国战时生产部，与我合作收买越南树胶，拟在云南蒙自设立一办事处一案，职署奉到外交部训令后，曾经分呈钧行营及省政府鉴核，旋奉指令昆行秘一第八六五号，以"滇越边界早经中央通令封锁，来往商人均在禁止之列，交通既断，树胶无从收买，仰即遵照"等因。正办理间，复奉省政府指令开："呈悉。正核办间，并准外交部电同前由，除分令各有关机关知照外，仰即知照"等因。下署当经并同呈复外交部后，兹奉欧〈33〉八一五九号佳代电开：（略）关于英国战时生产部与我合作收买越南树胶，据在云南蒙自县设一办事处，本年十月三十一日滇字第二二零号世代电悉。查关于此事，前准英大使薛穆爵士来函建议，经即呈奉委员长本年九月二日申冬侍秘第二三九四五号代电开:"欧(33)字第五九七四号回代电悉。英方所请在蒙自设立办事处一节,可准照办"等因。经即函复英大使表示同意,事关盟国合作,未便变更。原议若滇越交通发生困难,无法进行收买,英方自负其责,无须我方代为顾虑。据电前情,仰遵照,向委员长昆明行营说明洽办具报为要等因。奉此。理合具文,呈请钧营俯赐鉴核施行,仍祈指令祗遵等情。据此。除分令第一、第九两集团军知照,并指复外,特电知照。龙云。昆。行秘一子。(巧)叩。

〔国民政府云南省政府档案〕

48．英国大使薛穆关于协定驻在彼此领土内之军队管辖权问题与吴国桢往来照会

(1945年7月7日)

(1) 英使薛穆致吴国桢照会

迳启者:英王陛下之大不列颠与北爱尔兰联合王国政府及印度政府,愿与中华民国政府,基于相互原则,协同决定驻在彼此领土内之军队人员管辖权问题,并建议此项问题应依照本照会附件之规定决定之。倘将来中国军队驻在英王陛下之联合王国政府管辖下之任何领土,而该领土不在本照会附件所规定之范围内者,英王陛下政府准备将附件中之规定推广适用于驻在任何此等领土内之中国军队。如荷阁下以中华民国政府名义证实,中华民国政府接受此项建议,本照会(及其附件)与阁下复照,即认为构成英王陛下联合王国政府代表其本国及缅甸暨印度政府与中华民国政府间之协定。

本大使顺向贵代部长重表敬意。此致
中华民国外交部政务次长代理部务吴阁下

薛穆

西历一千九百四十五年七月七日

（2）吴国桢复英使照会

顷准贵大使本日照会内开："英王陛下之大不列颠与北爱尔兰联合王国政府及印度政府愿与中华民国政府基于相互原则协同决定驻在彼此领土内之军队人员管辖权问题，并建议此项问题应依照本照会附件之规定之。倘将来中国军队驻英王陛下之联合王国政府管辖下之任何领土，而该领土不在本照会附件所规定之范围内者，英王陛下政府准备将附件中之规定推广适用于驻在任何此等领土内之中国军队，如荷阁下以中华民国政府名义证实中华民国政府接受此项建议。本照会（及其附件）与阁下复照，即认为构成英王陛下联合王国政府代表其本国及缅甸暨印度政府与中华民国政府间之协定"。等由。本次长兹奉命代表中华民国政府接受贵大使之照会及其附件所记录之建议，本照会与贵大使来照及其附件（该附件抄附于后）即认为构成中华民国政府与英王陛下联合王国政府代表其本国及缅甸暨印度政府间之协定。本政务次长代理部务顺向贵大使重表敬意。此致

英王陛下钦命驻中华民国全权大使薛穆爵士阁下

吴国桢

中华民国三十四年七月七日

附件

第一条 （一）在本协定中所谓

（甲）"英国军队人员"系指身着军服在联合王国政府印度政府或任何海外属地、殖民地或受大不列颠爱尔兰及英国海外诸领地君主兼印度皇帝陛下保护之领土之政府所维持之海陆空军中居有级位，并于其在中国领土内执行之职务，系属英国驻华任何海陆空司令官指挥之人员而言。此项人员包括身着制服之（1）附属于英军之政治或文职人员。（2）辅助英军之妇女队人员。

(3)男女看护人员。(4)海陆空军慰劳组织之人员。(5)在任何英军司令官指挥下作战并服从英国军法辅助英军之游击队。此项人员并不包括英军所雇用或随从英军,但非编入英军或受英军委任之中国人民,亦不包括英军在中国招雇之第三国人民或无国籍人民。上称"英国军队人员",并包括与英国海军当局协同作战属于联合王国政府印度政府或任何海外属地、殖民地或受大不列颠爱尔兰及英国海外诸领地君主兼印度皇帝陛下保护之领土之政府或被各该政府所租用或征发为各该政府而租用或征发之商船上之船员(中国人民除外)。

(乙)"中国军队人员",系指身着制服在中华民国政府所维持之海陆空军中居有级位,并关于其在印度或缅甸执行之职务,系属中国驻印或驻缅任何海陆空军司令官指挥之人员而言。此项人员包括身着制服之(1)附属于中国军队之政治或文职人员。(2)辅助中国军队之妇女队人员。(3)男女看护人员。(4)海陆空军慰劳组织之人员。(5)在任何中国军队司令官指挥下作战并服从中国军法辅助中国军队之游击队。此项人员并不包括中国军队所雇用或随从中国军队,但非编入中国军队或受中国军队委任之。英籍人民亦不包括。中国军队在印度或缅甸招雇之第三国人民或无国籍人民。上称"中国军队人员",并包括与中国海军当局协同作战,属于中华民国政府或被该政府所租用或征发、或为该政府而租用或征发之商船上之船员(英籍臣民或受英国保护之人民除外)。

(丙)"军队人员",系分别指"英国军队人员"或"中国军队人员"而言,"军队"系分别指英国或中国而言。

(丁)"军事法庭",系指各有关之人员所隶属军队之海陆空军事法庭,而该法庭系依据各该军队海陆空军军法行使管辖权者,其关于第一条(一)款甲项中所述之商船上之船员者系指英国海事法庭,其关于第一条(一)款乙项中所述之商船上之船员者,系指适当之中国法庭。

(戊)"军事当局",系分别指英国军队在中国之该管当局或中国军队在印度或缅甸之该管当局。

(己)"领土",系指挥队人员所驻在之领土。

(庚)"地方当局",系指当地之(民事或军事)当局。

(二)本协定适用于驻在中华民国领土内任何地方之英国军队人员及驻在印度或缅甸任何地方之中国军队人员。

第二条 (一)关于一切刑事案件,军队人员应受军事法庭之管辖。除遇特殊案件经被告所属军队驻在地之最高军官请求或同意,当地法庭行使管辖权者外,军事法庭之管辖权应排除当地其他一切法庭之管辖权。上项请求或同意应以书面为之,并应直接致达于该驻在地之政府或行政机关,为此目的而指派之适当地方当局。

(二)如由于损害当地居民或当地财产或其他理由所发生,而地方当局对之有正当利害关系之案件,提交军事法庭时,地方当局得请求军事当局告知该案之进行情形,并于案件终结时,将法庭之判决书抄送一份。

第三条 (一)除本条第二款及第三款另有规定外,军队人员仅得由其军事当局予以逮捕搜查或拘禁。仅军事当局有权进入或搜查专为军队占用作为营地兵房办公室储藏室仓库或住宅之任何房地。

(二)为维护公共秩序,所必要时军队人员得由地方当局逮捕之。遇此情形应将被逮捕人立即移送于军事当局,如被逮捕人是否为军队人员发生疑问时,地方当局应接受该军队之陆军少校官级或陆军少校官级以上之军官或相当于陆军少校官级或陆军少校官级以上之海空军军官签字之证明书作为确定。

(三)地方当局经军事当局之请求,应侦缉被控犯罪之军队人员,如经查获应予以逮捕,并移送于军事当局。

第四条 军事当局对于军队人员之被控犯刑事罪者,经地方主管当局之通知或自行发觉时,均应予以侦查,并作适当之处理。军事法庭对于被控在驻在地犯刑事罪而有充分证据之军队人员,应予审理,如判定有罪,并应加以惩处。

第五条 任何军队人员,如对驻在地平民有犯罪行为(除为安全起见不能公开外)应公开审理,并设法在驻在地离被控犯罪地点适当距离之内迅速举行。务使证人等不须经涉长途参加审讯。

第六条 军事当局与地方当局应合作设置妥善机构,俾于军队人员被控犯罪或与罪案有关时,对于侦查案情及搜集证据作必要之互助。如证人或拟向其采证之其他人等非为军队人员时,地方当局通常应代军事当局采取此项初步措置。反之如在驻在地法庭被控犯罪者非为军队人员,而需要向任何军队人员采证或为侦查案情(包括向军队人员取得证言在内)需要军事当局之协助时,军事当局应予协助。

第七条 (一)军队人员在驻在地所为或被控所为之损害或伤害之,任何赔偿要求应先向军事当局提出。如不能解决时,军事当局应与地方当局磋商办理。

(二)如任何赔偿要求军事当局与地方当局不能解决时,得由外交途径办理之。

(三)本条前两款不适用于因"作战行为"而发生之损害或伤害(即指在军事行动系属对敌攻守行动之一部者),此项损害或伤害应为此协定之双方政府将来讨论之问题。

(四)本协定一经生效,英国与中国主管当局应即商讨并决定依本条第一款审查与处置赔偿要求所必需之详细办法。

第八条 地方当局对于所在地人民被控对军队人员或军队之财产或安全犯刑事罪者,经军事当局之通知或自行发觉时,均应予以侦查,并作适当之处理。地方当局对于被控在所在地犯有此项罪案之人民,如经提出充分证据时,应予逮捕审理。如判定有罪时，并应加以惩处，此项惩处应与对驻在地政府所维持之军队人员财产或安全犯同样罪案者相同。地方当局应将依照本条规定所为一切措置之结果，通知军事当局。

第九条 （一）本协定应自本日起立即发生效力。

（二）本协定继续有效，以迄英王陛下驻华大使代表联合王国政府及印度政府向中国政府通知废止，或中国政府向英王陛下驻华大使通知废止时为止。此项通知不得于对日战事结束前或因普遍停战协定而对日停战前为止，上述任何废止之通知，应自通知之日起，满六个月后生效。

〔国民政府外交部档案〕

(二)改订中英新约

1. 英国大使卡尔为商讨取消治外法权修改条约等事与郭泰祺往来照会

(1941年7月)

(1)卡尔致郭泰祺照会(7月4日)

卡尔大使来照"迳启者,本大使兹奉英国外交部大臣命,特通知贵部长,候远东之和平恢复时,英国政府愿与中国政府商讨取消治外法权,交还租界,并根据平等互惠原则,修改条约,相应照请查照为荷,本大使顺向贵部长重表敬意。此致中华民国民政部外交部部长郭阁下。卡尔,一九四一年七月四日"。

(2)郭泰祺复卡尔照会(7月12日)

郭外长复照,"迳启者,准本月四日贵大使照会,略以英国政府拟俟远东和平恢复时,与中国政府商讨取消领事裁判权,交还租界,并根据互惠平等原则,修改条约等由,业经阅悉。中国政府对于英国政府此种友谊表示,深为欣感,相应复请查照为荷,本部长顺向贵大使重表敬意。此致英国驻中华民国特命全权大使卡尔爵士阁下。郭泰祺。一九四一年七月十二日"。

〔国民政府外交部档案〕

2. 国民政府关于中国与英、美改订新约废除不平等条约令

(1943年1月12日)

国民政府一月十二日令:互尊主权,原属国际之公谊;独立平等,尤为建国之始基。溯自清季以还,因吾国势之不振,受不

平等条约之束缚,迄已达一世纪之久。爱国志士呼吁奋斗,未尝一日忘此。国父遗嘱之昭示,亦视不平等条约之废除为最短期间应促实现之急务。

现本府已与美国及英国政府分别签订条约,废除英美在华之治外法权及其他有关之特权,并各废止一九〇一年九月七日在北京缔结之辛丑和约;同时英美两国政府宣布上海与厦门公共租界内之行政与管辖权应归还吾国,租界内之所有权利亦均放弃;其与英国签订之条约中,英国政府更放弃天津及广州租界内之各国权益;此外英美两国复将其在吾国内河与沿海航行之权一并取消。

上项条约之缔结,我全国民众及文武官吏之不断努力固肇其端,而英美两国政府一九四二年十月九日之友好建议实促厥成。其有合于吾国四万万五千万同胞一致之愿望,而足以为恢复正义和平之基础,举世周知。今吾国既获以完全独立平等自由之地位,与维护和平正义之国家齐驱并进,自必益懔其所以得之之艰难,淬砺奋发,自强不息,冀毋负友邦密切合作之期许。凡吾国民对于各友邦人士,应更宏扬其自尊自重之心,勉循讲信修睦之训,推诚相与,务使一切言行悉合国际最高标准,藉与友邦共负重于世界之重责,以进人类于永久之和平。特将此旨昭告全国,咸使知之。此令。

〔国民政府外交部档案〕

3. 蒋介石为中国与英美改订新约废除不平等条约发表告全国军民书

(1943年1月12日)

蒋委员长为订立中美中英平等互惠条约,昨日发表告全国军民书,原文录次:

全国军民同胞,去年双十节,美国与英国自动的声明放弃他们在华不平等条约的特权,我国政府昨日与其在重庆及华盛顿签订了平等互惠的新约。同胞们，我们回想我国自清季开始与列强订立不平等条约以来，到了去年，正是百周年。我们中华民族经五十年的革命流血，五年半的抗战牺牲，乃使不平等条约百周年的沉痛历史改变为不平等条约撤废的光荣纪录。这不仅是我们中华民族在历史上为起死回生最重要的一页，而亦是英美各友邦对世界人类的平等自由建立了一座最光明的灯塔。尤其是我们同盟联合各国证明了此次战争的目的所在，是为人道为正义而抗战的事实，这实在是英美的政府和人民最光明最正大的举动。尤其是美国，对我政府的希望，完全一致，并无一点保留的要求，更为欣慰。他们这个举动，不仅是增加了我们同盟国战斗的力量，尤其对侵略各国在精神上给予了他们一个最大的打击。然而我全国军民必须知道，独立自由的地位，都是要"求之在我"的。我常常告诉我们同胞说："要自立，才可以独立，要自强，才可以自由"。中华民国要能自立自强，才可以做独立自由的国家。全国军民更要能自立自强，才可以做独立自由的国民。所以不平等条约的撤消，与独立自由地位的取得，对于我们的国家，只有加重其责任，对于我们的国民，只有激发其义务感，而加强其责任心，绝不能稍有一点"骄矜自慢"，或"一得自足"的感觉。我全国军民如果此后不能各尽其所应尽的义务，和负其所应负的责任，建设中华民国为完全独立自由的国家，以尽其对于世界人类的任务，则独立自由的地位，行将得而复失，即在此次战争完结以后，我们整个民族全体同胞还是免不了要受往时的桎梏的束缚和无限的痛苦。倘竟不幸，而到此地步，那以后如想再要恢复我们民族独立自由的地位，不知要到几百年代以后，而我们民族世代子孙之牛马奴隶的悲运，亦必永无穷期了。简括的说，中国今后的命运，皆在我们现代这一辈国民的双肩之上。我们为要确保祖宗所遗留的广大领土，为要确保世代子孙的生存和幸福，就要从恢复独立自由开始的今日起头，必须人人抱定决心，立志报国，共同一致来善尽其自立自强的责任。

世界反侵略战争，到了今天，已见胜利的端倪，暴力侵略的日本与德义轴心各国最短期间必归于溃败。而我们中国抗战的胜利，亦将在今年一年之中，为决定的重要关头。有些人以为中国的命运，将取决于世界战争结束时期的国际会议；更有些人以为中国抗战一旦获得光荣的胜利以后，中国只要依其既得的地位，就可与世界各国共享正义和平的幸福，其他一切皆无问题。这些见解，都由于自慢自足与依赖盲从的心理所发生。我全国同胞必须深切觉察这种心理的错误。要知旧中国的命运须决之于奋斗自强的今日，而决不可坐待于结束战争的和会之中。我们中国在今日，真是不存则亡，不主则奴，而生存与灭亡，自主或奴役，都要叫我们全国同胞在这一年之中，自己来决择。我全国军民至此再不可如过去之麻木因循，或复有违徘徊的时间，而必须从今日起，比五年以来的血战更要刻苦忍痛，急起直追，决不许我们有苟且偷安的余地。

各位同胞们：我们在今日以前，还可以说我们革命建国失败的主要原因是因为有不平等条约的存在之故。百年以来，中国在不平等条约重重压制之下，政治陷于割裂，经济流于偏枯，社会趋于黑暗，积习所至，竟使国民心理卑怯而不知自拔，伦理颓废而不知羞耻，国民道德的堕落，民族自信的丧失，至此可谓已到了极点。凡此种种，莫不直接间接受不平等条约的影响所造成，而外国租界与驻兵区域，尤为颓风污习万恶的渊薮。然而今日不平等条约既经取消，从前因缘而生之不健全的现象，皆将失其掩护，而颓风污习亦必绝其根源。凡构成此等现象的势力，沾染此等风习的份子，亦没有诿过卸责的余地。但是这些现象和风习，因循积累至百年之久，或仍潜滋于国民生活之中，或尚潜伏于社会风习之内，甚至为背逆潮流，妨害国民革命，障碍民族生存的封建思想所寄托，而犹不自觉。所以我们全国同胞，必须同心一德,互相激励,痛自悔悟,彻底革除,而一致归宿于三民主义共同信仰之下,致力于抗战胜利与建国成功的大业。

至于我们所当致力的目标——国民革命的成功早已很明显的摆在我们全国国民的面前了,所以今后中国的命运,就要在我同胞共同一致向此目标作最大最苦的努力。我们必须真诚接受国父的遗教,信仰三民主义,遵循国民革命方略,服从国民政府命令,各就其职责与地位,竭智尽忠,践履笃实,人人厉行战时生活,执行物价管制方案,遵守国家总动员法令,崇尚节约,增加生产,一面加强抗战的努力,一面以从事于心理伦理社会政治经济各项建设,期于最短期间,实现我们文化经济与国防三者合一的整个建设的计划,奠定我们国家民族永久生存的基础。

全国同胞们:当此国运转代的枢纽,正是我们国民矢志报国的机会。而又欣逢此雪耻图强获得独立自由的非常时代,实在是我们人生最大的幸福。因此我愿再向我们的同胞更进一言,就是当此存亡绝续之交,我们更应该警戒惕励,尤其是要自重自爱。我们国家今日既取得了平等地位之后,各友邦在华人士就都要受我国法律的保护,所以我们对于他们,无论其来华游历的,或在中国侨居的商人和教士,凡是以平等待我而遵守我们中国法律的,我们都要对他们敦睦友爱,优礼相待。因为我们在过去不平等条约时代,讲不上敦睦,亦无所谓优礼,乃是一种屈服和奴辱,而今日不平等条约既经取消了,我们与英美各国就处在平等地位,就是我们已立在自由的地位,这才算是真正成为友邦了。我们中国民族自古以来,对朋友必是重礼尚义的,所以我们对友邦比过去更要优礼,更要友爱,庶几不失我们中国固有礼义之邦的风度。务望我同胞深自体察我国过去百年历史的教训,善尽其本身当前的责任,而且要切记国家的独立非可坐待而得,必须我全国上下,正要明廉知耻,自重自爱,同心一德加紧努力,方可争取真正的胜利与平等自由,如此方能与我们各盟邦并驾齐驱,来分担其改造世界保障和平与解放人类的责任。我在今日，对我全国的同胞，惟有以无限的信心与热望，迎接此独立自由的纪念日,而开拓我中华民族的新命运；亦只有此一片热忱,报答我们全国同胞抗战以来始终与中正共生死同患难不惜牺牲痛苦的爱国精神，并以此安慰我们总理以及殉国的军民先烈在天之灵。最后敬祝我们同胞共同的胜利。中华民国平等自由万岁！国民革命成功万岁！三民主义万岁！

〔国民党中央执行委员会秘书处档案〕

4. 国民政府公布中英新约全文及换文附件

（1943年1月）

中华民国国民政府主席阁下：大不列颠爱尔兰及海外诸自治领君主兼印度皇帝陛下愿以友好精神，使两国间之一般关系更为明显，并藉以解决若干与在中国之管辖权有关事件起见，订立本约，为此各派全权代表如左：

中华民国国民政府主席阁下特派中华民国外交部长宋子文博士为全权代表，大不列颠爱尔兰及海外诸自治领君主兼印度皇帝陛下（此下简称英王陛下）为大不列颠北爱尔兰联合王国特派英王陛下钦命驻中华民国全权大使薛穆爵士为全权代表，印度特派黎吉生先生为全权代表,各全权代表各将所奉全权证书互相校阅,均属妥善，议定各条款如左：

第一条：（一）本约所适用之缔约双方领土，在中华民国国民政府阁下方面，为中华民国之一切领土，在英王陛下方面，为大不列颠及北爱尔兰联合王国，印度，一切殖民地，海外领土，英王陛下之保护国，及在英王保护或宗主权下之一切疆土，以及联合王国政府所执行委任统治之一切委任统治地，本约以下各条所称缔约此方或彼方之领土，即系指本约所适用之各该方领土。

（二）本约所称"缔约此方（或彼方）人民"字样，在中华民国方面为一切中华民国人民。在英王陛下方面为本约所适用之领土内一切不列颠臣民及受保护之人民。（三）"缔约此方（或彼方）公司"字样，在本约适用上应解释为依照本约所适用之各该方领土之法律而组成之有限公司及其他公司合伙暨社团。

第二条：现行中华民国国民政府主席阁下，与英王陛下间之条约与协定凡授权英王陛下或其代表实行管辖在中华民国领土内英王陛下之人民或公司之一切条款，兹特撤销作废，英王陛下之人民及公司在中华民国领土内，应依照国际公法之原则及国际惯例，受中华民国政府之管辖。

第三条：（一）英王陛下认为一九〇一年九月七日中国政府与他国政府包括英王陛下联合王国政府在北京签订之议定书应行取消，并同意该议定书及其附件所给予英王陛下联合王国政府之一切权利，应予终止。（二）英王陛下联合王国政府愿协助中华民国政府与其他有关政府成立必要之协定，将北平使馆界之行政与管理，连同使馆界之一切官有资产与官有义务，移交于中华民国政府，并相互了解。中华民国政府于接受使馆界行政与管理时，应厘订办法担任并履行使馆界之官有义务及债务，并承认及保护该界内之一切合法权利。（三）在北平使馆界内已划与英王陛下联合王国政府之土地，其上述有属于英王陛下联合王国政府之房屋，中华民国政府允许英王陛下联合王国政府为公务上之目的，有继续使用之权。

第四条：（一）英王陛下认为上海及厦门公共租界之行政与管理，应归还中华民国政府，并同意凡关于上述租界给予英王陛下之权利，应予终止。（二）英王陛下联合王国政府愿意协助中华民国政府与其他有关政府成立必要之协定，将上海及厦门公共租界之行政与管理连同上述租界之一切官有资产与官有义务移交于中华民国政府，并相互了解，中华民国政府接收上述租界行政与管理时，应厘订办法，担任并履行上述租界之官有义务及债务，并承认及保护该界内之一切合法权利。（三）英王陛下同意将天津英租界（包括英方工部局所管全部区域）及广州英租界之行政与管理，归还中华民国政府并同意凡关于上述两租界给予英王陛下的权利，应予终止。（四）天津英租界（包括英方工部局所管全部区域）及广州英租界之行政与管理连同其官有资产与官有义务，应移交于中华民国政府，并相互了解，中华民国政府于接收该两租界行政与管理时应厘订办法，担任并履行该两租界之官有义务及债务，并承认及保护该两租界内之一切合法权利。

第五条：（一）为免除英王陛下之人民及公司或英王陛下联合王国政府在中华民国领土内现有关于不动产之权利发生任何问题，尤为免除各条约及协定之各条款因本约第二条规定废止而发生之问题起见，双方同意上述现有之权利，不得取消作废，并不得以任何理由加以追究，但依照法律手续，提出证据证明此项权利系以诈欺或类似诈欺或其他不正当之手段所取得者，不在此限，同时相互了解此项权利取得时所根据之原来手续，如日后有任何变更之处，该项权利不得因之作废，双方并同意此权利之行使，应受中华民国关于征收捐税征用土地及有关国防各项法令之约束，非经中华民国政府之明白许可，并不得转移于第三国政府或人民（包括公司）。（二）双方并同意中华民国政府对于英王陛下之人民或公司或英王陛下联合王国政府持有不动产永租契，或其他证据，如欲另行发新所有权状时，中国官厅当不征收任何费用，此项新所有权状，应充分保障上述契租或其他证据之持有人与其合法之继承人及受让人，并不得灭损其原来权益，包括转让权在内。（三）双方并同意中国官厅不得向英王陛下之人民或公司或英王陛下联合王国政府要求缴纳涉及本约发生效力以前有关土地移让之任何费用。

第六条：英王陛下对于中华民国人民，在英王陛下各领土内，早予以旅行居住及经商之权利，中华民国政府同意对英王陛下之人民在中华民国领土内予以相同之权利，缔约双方在各该方领土内，尽力给予对方之人民及公司，关于各项法律手续司法事件之处理及各种租税之征收与其有关事项，不低于所给予本国人民与公司之待遇。

第七条：缔约此方之领事官，经彼方给予执行职务证书后，得在彼方领土内双方所同意之口岸，地方与城市驻扎，彼方领土内之缔约此方领事官，在其领事区内应有与其本国人民及公司会晤，通讯以及指示之权，而缔约此方之人民及公司，在彼方领土内，亦随时有与其本国领事官通讯之权，遇有缔约此方之任何人民在彼方领土内，被地方官厅逮捕或拘留时，该地方主管官厅应立即通知在该地领事区内之彼方领事官，该领事官于其管辖范围以内，有权探视其任何被逮捕或在狱候审之本国人民，缔约此方之人民在彼方领土内被监禁者，其与本国领事官之通信，地方官厅应转递与其主管之领事官，缔约此方之领事官，在彼方领土内，应享有现代国际惯例所给予之权利，特权与豁免。

第八条：（一）缔约双方经一方之请求，或于现在抵抗共同敌国之战事停止后至迟六个月内，进行谈判，签订现代广泛之友好通商航海设领条约，此项条约，将以近代国际程序与缔约双方近年来与他国政府所缔结之近代条约中所表现之国际公法原则与国际惯例为根据。（二）前项广泛条约未经订立以前，倘日后遇有涉及中华民国领土内英王陛下之人民或公司，或英王陛下联合王国政府或印度政府权利之任何问题发生，而不在本约及换文范围内，或不在缔约双方间现行而未经本约及换文废止，或与本约及换文不相抵触之条约专约及协定之范围内者，应由缔约双方代表会商，依照普通承认之国际公法原则及近代国际惯例解决之。

第九条：本约应予批准，批准书应于重庆迅速互换，本约自互换批准书之日起发生效力。

上开全权代表爰于本约签字盖印，以昭信守。

本约用中英文各缮两份，中文英文均有同等之效力。

中华民国三十二年一月十一日，即西历一千九百四十三年一月十一日订于重庆。

中英新约换文附件

换文

甲、中国外交部长宋子文博士致薛穆爵士照会

中华民国国民政府主席阁下与大不列颠爱尔兰及海外诸自治领君主兼印度皇帝陛下（代表大不列颠及北爱尔兰联合王国及印度），本日所签订之条约于其谈判时，曾讨论若干问题，双方均已同意，兹将关于各点所获之谅解，记录于本照会之附件，该项附件，作为本日所签订条约内容之一部份，并由该约生效之日起发生效力。如荷阁下以联合王国政府之名义，证实此等了解，本部长至深感幸，本部长顺向贵大使重表敬意，此致英王陛下钦命驻中华民国全权大使薛穆阁下，中华民国三十二年一月十一日。

附件

一、关于本约第二条及第八条第二项双方了解：

（甲）英王陛下放弃关于在中国通商口岸制度之一切现行条约权利，中华民国国民政府主席与英王陛下相互同意缔约一方之商船许其自由驶至缔约彼方领土内对于海外商运业已或将来开放之口岸地方及领水，并同意在该口岸地方及领水内，给予此等船舶之待遇，不得低于所给予各该本国船舶之待遇，且应与所给予任何第三国船舶之待遇同样优厚，缔约一方之"船舶"字样，指依照本约所适用该方领土内之法律登记者。

（乙）英王陛下放弃关于上海及厦门公共租界特别法院一切现行条约权利。

（丙）英王陛下放弃关于在中华民国领土内各口岸雇用外籍

引水人一切现行权利。

（丁）英王陛下放弃关于其军舰驶入中华民国领水之一切现行条约权利，中华民国国民政府与联合王国政府，关于缔约一方军舰访问彼方口岸，应依照通常国际惯例相互给予优礼。

（戊）英王陛下放弃要求任用英籍臣民为中国海关总税务司之任何权利。

（己）所有现在中华民国领土内设置之英王陛下一切法院，既经依照本约第二条之规定予以停闭。该项法院之命令，宣告判决及其他处分应认为确定案件。于必要时，中国官厅应予以执行。又当本约发生效力时，凡在中国之英王陛下法院任何未审案件，如原告或告诉人希望移交中华民国政府之主管法院时，应即交由该法院从速进行处理，并于可能范围内，适用英王陛下法庭所适用之法律。

（庚）英王陛下放弃给予其船舶在中华民国领水内，关于沿海，贸易及内河航行之特权。英王陛下之人民或公司，用以经营此项事业之产业如业主愿意出卖时，中华民国政府准备以公平价格收购之，中华民国政府放弃一八九四年三月一日在伦敦签订之专约第十二条所给予中国船舶，在伊洛瓦底江关于航行之特权，如缔约一方在其任何领土内，以沿海贸易或内河航行之权利，给予任何第三国之船舶，则此项权利，亦应同样给予缔约彼方之船舶，但以缔约彼方准许缔约此方之船舶，在彼方领土内经营沿海贸易，或内河航行为条件，沿海贸易与内河航行依照彼方有关法律之规定办理，不得要求彼方之本国待遇。惟双方同意缔约一方之船舶在缔约彼方之领土内，关于沿海贸易及内河航行所享受之待遇，应与任何第三国船舶之待遇同样优厚，惟须遵守上述但书之规定。

二、关于本约第五条第一二节最末句中华民国政府兹声明该条内所指现存不动产权利之转让权所受之限制，中国官厅当秉公办理，如中国政府对于所指出之转让拒绝同意，在被拒绝转让之英王陛下之人民或公司请求收购时，中国政府本公平之精神及为避免使与英王陛下之利益关系人民或公司损失起见，当以适当之代价收购该项权利。

三、双方了解通商口岸制度之废止不得影响私有之财产权，并了解缔约一方之人民，在缔约彼方之领土全境，得依照缔约彼方之法令所规定之条件，享受取得并置有不动产之权利。

四、双方并同意凡本约及本照会未涉及之问题，如有影响中华民国主权时，应由中华民国政府与联合王国政府之代表会商，依照普遍承认之国际公法原则及近代国际惯例解决之。

乙、薛穆爵士复中国外交部长宋子文博士照会

顷准贵部长本日照会内开："中华民国国民政府主席阁下与大不列颠爱尔兰及海外诸自治领君主兼印度皇帝陛下（代表大不列颠及北爱尔兰联合王国及印度），本日所签订之条约于其谈判时曾讨论若干问题，双方均已同意，兹将关于各点所获之谅解，记录于本照会之附件，该项附件，作为本日所签条约之一部份，并自该约生效之日起发生效力，如荷阁下以联合王国政府之名义证实并得谅解，本部长至深感幸"等由，本大使兹特代表联合王国政府证实贵我双方成立之谅解，正如贵部长照会之附件所记录者，该项附件作为本日签订条约内容之一部分，并自该约生效之日起，发生效力。本大使顺向贵部长重表敬意此致中华民国外交部长宋阁下西历一九四三年一月十一日。

丙、中国外交部长宋子文博士致黎吉生先生照会

中华民国国民政府主席阁下，与大不列颠爱尔兰及海外诸自治领君主兼印度皇帝陛下，（代表大不列颠及北爱尔兰联合王国及印度）本日所签订之条约，于其谈判时，曾讨论若干问题，双方均已同意，兹将关于各点所获之谅解，记录于本照会之附件，该项附件作为本日所签订条约内容之一部分，并自该约生效之日起，发生效力，如荷阁下以印度政府名义证实此等谅解，本部长

至深感幸,本部长顺向贵代表表示敬意。此致印度驻中华民国专员公署黎吉生先生。中华民国三十二年一月十一日。

附件

一、关于本约第二条及第八条第二项双方了解。

(甲)英王兼印度皇帝陛下放弃关于在中国通商口岸制度之一切现行条约权利,中华民国国民政府主席与英王兼印度皇帝陛下相互同意,缔约一方之商船,许其自由驶至缔约彼方领土内,对于海外商运业已或将来开放之口岸地方及领水,并同意在该口岸地方及领水内,给予此等船舶之待遇,不得低于所给予各该本国船舶之待遇,且应与所给予任何第三国船舶之待遇同样优厚,缔约一方之"船舶"字样,指依照本约所适用该方领土内之法律登记者。

(乙)英王兼印度皇帝陛下放弃关于上海及厦门公共租界特别法院一切现行条约权利。

(丙)英王兼印度皇帝陛下放弃关于在中华民国领土内各口岸雇用外籍引水人之一切现行权利。

(丁)英王兼印度皇帝陛下放弃关于其军舰驶入中华民国领水之一切现行条约权利,中华民国政府与印度政府关于缔约一方军舰访问彼口岸应依照通常国际惯例相互给予优礼。

(戊)英王兼印度皇帝陛下放弃要求任用英籍臣民为中国海关总税务司之任何权利。

(己)现有在中华民国领土内设置之英王兼印度皇帝陛下一切法院,既经依照本约第二条之规定,予以停闭,该项法院之命令,宣告判决及其他处分,应认为确定案件,于必要时,中国官厅应予以执行。又当本约发生效力时,凡在中国之英王陛下法院,任何未结案件,如原告或告诉人希望移交中华民国政府之主管法院时,应即交由该法院从速进行处理,并于可能范围内,适用英王陛下法庭所适用之法律。

(庚)英王兼印度皇帝陛下放弃给予其船舶在中华民国领水内关于沿海贸易及内河航行之特权,英王陛下之人民或公司用以经营此项事业之产业,如业主愿意出卖时,中华民国政府准备以公平价格收购之。中华民国政府放弃一八九四年三月一日在伦敦签订之专约第十二条所给予中国船舶在伊洛瓦底江关于航行之特权,如缔约一方在其任何领土内,以沿海贸易或内河航行之权利给予任何第三国之船舶,则此项权利,亦应同样归给予缔约彼方之船舶,但以缔约彼方准许缔约此方之船舶在彼方领土内经营沿海贸易或内河航行为条件,沿海贸易与内河航行依照彼方有关法律之规定办理,不得要求彼方之本国待遇。惟双方同意缔约一方之船舶在缔约彼方之领土内,关于沿海贸易及内河航行所享受之待遇,应与任何第三国船舶之待遇同样优厚,惟须遵守上述但书之规定。

二、关于本约第五条第一节最末句,中华民国政府兹声明该条内所指现有不动产权利之转让所受之限制,中国官厅当秉公办理,如中国政府对于所提出之转让拒绝同意,而被拒绝转让之英王兼印度皇帝陛下之人民或公司请求收购时,中国政府本公平之精神,及为避免使英王陛下之利益关系人民或公司损失起见,当以适当之代价收购该项权利。

三、双方了解通商口岸制度之废止,不得影响现有之财产权,并了解缔约一方之人民在缔约彼方之领土全境,得依照缔约彼方之法令所规定之条件,享受取得并置有不动产之权利。

四、双方并同意,凡本约及本照会未涉及之问题如有影响中华民国主权时,应由中华民国政府与印度政府之代表会商,依照普遍承认之国际公法原则及近代国际惯例解决之。

丁、黎吉生先生复中国外交部长宋子文博士照会

顷准贵部长本日照会内开:"中华民国国民政府主席阁下与大不列颠爱尔兰及海外诸自治领君主兼印度皇帝陛下(代表大不列颠及北爱尔兰联合王国及印度)本日所签订之条约于其谈判

时，曾讨论若干问题，双方均已同意，兹将关于各点所获之谅解，记录于本照会之附件，该项附件，作为本日所签订条约内容之一部分，并自该约生效之日起，发生效力，如荷阁下以印度政府之名义证实此等谅解，本部长至深感幸"，等由。本代表兹特代表印度政府证实贵我双方成立之谅解，正如贵部长照会之附件所记录者，该项附件，作为本日所签订条约内容之一部分，并自该约生效之日起发生效力。本代表顺向贵部长表示敬意，此致中华民国外交部长宋阁下，西历一九四三年一月十一日。

双方同意之会议记录（中华民国三十二年一月十一日于重庆）

关于本日签订之条约中国外交部长致英大使照会中附件第一节甲项，彼此了解缔约双方为国防计，有权封闭任何口岸，禁止其一切海外商运。

关于本日签订之条约中国外交部长致英大使照会中附件第一节庚项，英大使通知中国政府印度与缅甸或与锡兰间之贸易向以为沿海贸易。

〔国民党中央执行委员会秘书处档案〕

（三）开辟过境运输线

1. 外交部办理英国皇家航空有限公司飞机经过我国领空情形致行政院呈

（1937年12月22日）

案查英国皇家航空有限公司，于上年三月间开办槟榔屿香港间航空邮运，经航空委员会与参谋本部会商，认为该航空路线势领经过我国领空，函由本部向英大使馆提出交涉。惟迭准英大使馆函送航空线路图，坚谓该线系属绕道飞行，并不跨越中国领土，案悬未决。

本年三月间，英大使晋谒蒋委员长时，曾提出希望两点：（一）准许槟榔屿与香港间飞行之皇家航空线飞机得经过中国领空；（二）准许开办港沪航空，将现在槟榔屿香港间航空线由香港展至上海。蒋委员长是时曾表示第一点可以考虑，第二点因某种关系应予缓议。该大使一面并以书面向本部提出，经本部函由航空委员会呈奉军事委员会批：英国开办槟榔屿至香港航空线路原则上同意，但须英方以书面将航线经过地点通知我国核定后再议等因。转复到部。当经派员与英国大使馆接洽，请其照办。

嗣准英代办来函，谓英外部拟定航线二线：（一）槟榔屿西贡土倪广州湾飞越海南岛及雷州半岛，直达香港，中间经过中国领空；（二）槟榔屿西贡土倪香港间直接飞行，必要时经过中国领海及香港之南暨西南各岛屿，惟如与暹罗谈判成功，拟采用曼谷、乌杜拉、义安、广州湾线，飞经雷州半岛而达香港等语，经函由军事委员会发交航空委员会邀同参谋本部及交通部会商，决定对于第一线未便同意，第二线可予同意，呈奉蒋委员长批准，转函到部。复经与英大使馆接洽，请其备具正式公文送部，以便正式答复。

本年十月间，准英代办照称："奉本国政府训令，并于暹罗政府准予英国皇家航空有限公司飞机在曼谷降落，及飞往暹罗领土之协商，将告完成，因该公司联接欧洲香港之最短航线为经由曼谷义安或河内及广州湾，本国政府拟恳中国政府准许该公司飞机在义安或河内至广州湾及广州湾至香港间作一直线，飞越雷州半岛而并不降落。请转行核办"。等由，经分函军事委员会总办公厅及航空委员会核办去后，旋准航空委员会代电，以关于英国开办槟榔屿至香港航线，请改道经我领空一案，经签奉委座手批照办，复请查照等由，准此。

正核办间，又准英代办照称："前次照会内，有拟恳准许该公司飞机在义安或河内至广州湾间及广州湾至香港间作一直线等语，此项语句颇易引起误会，兹特声明本国政府之所向中国政府请求准许者实系包括两线在内，即由义安至广州湾一线，及由河内至广州湾一线，照请查照"。等由，当以"英方所请准许英国皇家航空有限公司在由义安至广州湾间，及由河内至广州湾间，并由广州湾至香港间作一直线，飞越雷州半岛而并不降落一节，中国政府愿予允准，惟此项允准之有效期间，须明定为五年"，等语，照复查照去后，本年十二月十八日经英代办将上项决定各点与本部正式换文讫，此案遂告一段落。除函请军事委员会总办公厅查照转陈，并函航空委员会查照外，理合将本案办理经过情形，并抄录该项换文全份，计英代办致本部部长照会原译文各一件，又本部部长复英代办照会原译文各一件，共四件，具文呈请钧院鉴核备案。谨呈

行政院

附四件

外交部部长王宠惠

中华民国二十六年十二月二十二日

英代办致外交部部长照会译文
（二十六年十二月十八日）

照会

迳启者：本代办兹奉本国外部训令，特向贵部长提供英吉利国政府与中华民国国民政府订立协定如下：

（一）皇家航空有限公司有权开辟定期航空事业，依下列各直接路线，来回经过中国若干部分领土之上空：

（1）义安至广州湾

（2）河内至广州湾

（3）广州湾至香港

（二）皇家航空有限公司除遇有意外事变时，无论如何，无权在上述中国领土内降陆。

此项提议倘为中国政府所接受，本代办谨再提议本照会及贵部长对于此事之覆照即认为构成关于本事件之协定。该协定立即施行，并自本日起继续有效五年。

本代办顺向贵部长重表敬意。此致

中华民国外交部部长王宠惠博士阁下

照录外交部部长复英代办照会原文
（二十六年十二月十八日）

照会

迳复者：本部长准贵代办本日来照内称："迳启者：本代办兹奉本国外部训令，特向贵部长提议英吉利国政府与中华民国国民政府订立协定如下：

一、皇家航空有限公司有权开辟定期航空事业，依下列各直接路线来回经过中国若干部分领土之上空：

（一）义安至广州湾

（二）河内至广州湾

（三）广州湾至香港

二、皇家航空有限公司除遇有意外事变时，无论如何，无权在上述中国领土内降陆。

"此项提议倘为中国政府所接受，本代办谨再提议本照会及贵部长对于此事之覆照即认为构成关于本事件之协定。该协定立即施行，并自本日起继续有效五年"。

上项提议之协定，中国政府允予接受。所有本照会及来照即认为构成关于本事件之协定。该协定立即施行，并自本日起继续有效五年。

本部长顺向贵代办表敬意。此致

英吉利国驻中华民国代办使事贺武先生

附译文一件

〔国民政府行政院档案〕

2. 经济部为我国订购德货通过公海问题致资源委员会训令

（1939年12月9日）

经济部训令　商字第39971号

令资源委员会

准外交部本年十二月一日欧28字第二一五七五号先代电密开："查英法最近采取报复德国水雷政策之办法，凡公海上之德国来源货物均须扣留。此事对于我国由德购运物资关系切要，经分电驻英法大使馆向各该政府切商，对我务予除外，顷据驻英法大使馆电复称：经与英战时经济部长李兹罗斯商洽，据复称：彼深知此事关系我国之重要，请我方事先将每次所运货物品名数量及开驶日期、船名与口岸通知英方，当尽速交由审查委员会审查办理云云。并面告此仅系手续问题，当无何困难。又谓希望我方与德易货能早日结束，如能与英成立易货协定更好等语。已电谭伯羽专员洽照等情。据此。除俟英法正式通告送到再行转达，并分行各有关机关外，特此电请查核办理，并见复为荷"。等由。除电复外，合行令仰知照。此令。

中华民国二十八年十二月九日

部长翁文灏

〔国民政府资源委员会档案号〕

3. 行政院为审议杜镇远筹建中印公路计划书事致蒙藏委员会函及训令并附审查会纪录

（1941年2月1—16日）

（1）行政院函（2月1日）

杜镇远呈建筑康印公路计划书：兹定于本年二月八日（星期六）上午九时，在本院会议厅开会审查。除分函有关机关派员参加外，相应抄同计划书内路线形势一段，函请查照，提定人员详加研究，拟具意见书，届时携同出席审议为荷。此致

蒙藏委员会

计抄送计划书内路线形势一件

行政院秘书长魏道明

康印公路之路线形势

（1）拟采路线 按由西康过印度有二线可遵，第一线由康定西经雅江、理化、义敦、巴安、宁静、盐井、察隅，以接印度阿萨密省铁道终点之塞地亚站，全线约长一千公里，此即总理实业计划中高原铁路系统"成都门公线"之一段，再由此经印度铁路，至脑卡里以出海。第二线由西昌经盐源入滇境之永宁、中甸、德钦，再入康境，以接第一线之盐井，即沿第一线之西段路线入印度，与塞地亚铁路衔接，共长约一千零五十公里。第一线起自康定，贯通西康中部，无论就国防政治经济文化任何一点而言，均

551

有赶速修筑之必要。惟因经过区域多属崇山峻岭，人烟稀少，粮食缺乏，不仅工程艰巨，而工人招募工粮购运尤感困难。为欲速辟国际路线，以应抗战需要起见，拟先筑通第二线。查第二线由西昌至盐井一段，在康境者约二百三十公里，在滇境者约三百公里，地势虽亦崎岖，但较康定至盐井一段平易多多，且沿线居民颇众，粮食产量亦丰，路跨两省，招工备粮均无困难。第二线完成以后，即可继续兴筑第一线，所需工人、材料、粮食，东可取之于川陕，由康定运入。南可取之于滇印，由盐井转输。天然困难可望克服，完成之期更有把握。一二两线完成以后，再进而图扩展，可由察隅西顺雅鲁藏布江，向西北经大昭至拉萨，此即总理实业计划中"拉萨大理车理线"之一段，再由拉萨向南经江孜、亚东，而与印度铁路终点大吉岭相接，由此经铁路至加尔各答以出海，并可由察隅西南之瓦低出岔，循滇边以至缅甸铁路之密支那站，为通仰光海口之又一线。

（2）两线形势　第一线所经须横过大雪山、沙鲁里山、宁静山、怒山、雪山等山脉，及大小金沙江、澜沧江、怒江等四大河流，但在雅江及巴安附近地势平坦广阔，故路线自康定至雅江须先逐渐向西南下降，至小金沙江支流（即雅砻江），过江再逆江北溯至雅江后，始渡金沙江，逐渐向沙鲁山脉盘旋，经理化平原，达义敦后，沿山下降至巴安，过大金沙江，又盘旋宁静山脉，经宁静下降达盐井，过澜沧江，沿怒山山脉向南穿越丫口，再过怒江，沿雪山山脉北上科麦，南下湼罗瓦西，抵察隅后，顺河南下，直抵塞地亚。第二线所经须横过磨盘山、小高山、毛牛山、大雪山等山脉，及雅砻江、清水河、俄洛河、金沙江诸河流，但在盐源、永宁、中甸附近，地势平坦广阔，故路线自西昌而行，过安宁河，升至磨盘山顶，海拔二千五百五十公尺，降至雅砻江一千四百八十公尺，再西行越过小高山三千三百六十公尺，达盐源县，由盐过清水河，一路平坦，更越毛牛山三千八百五十公尺，渡俄洛河二千零二十公尺，达滇省之永宁二千八百公尺。沿途起伏二次，由永宁顺抓子河直上，达中甸县，由中甸县大路上大雪山，经往钦达康境盐井，而接此线。自西昌至此，计程约五百三十公里。

（2）行政院训令（2月16日）

行政院训令　勇肆字二五六二号　中华民国三十年二月十六日

令蒙藏委员会

据杜镇远呈拟建筑康印公路计划书到院。经交有关机关审查后，提出本院第五〇三次会议决议，原则决定一面踏勘一面交涉。除分行外，合行抄发审查纪录，令仰遵照办理。此令。

计抄发审查会纪录一份。

院长蒋中正

杜镇远建议建筑康印公路案审查会纪录

时间　三十年二月八日上午九时

地点　行政院会议厅

出席　外交部尹明德　财政部李俶　经济部左其鹏　交通部康时振、杜镇远　蒙藏委员会熊耀文、黄子翼　中央大学地理系胡焕庸行政院蒋廷黻、章祐

主席　蒋廷黻　　纪录　何霜梅

一、路线比较：原计划书所拟两线，其第一线系由康定西行，经盐井而达塞地亚，第二线系由西昌西行，至盐井与第一线汇合，而抵塞地亚。第一线康定、盐井段，沿线人口稀少，粮食缺乏，运输困难，及匪患未清，工程难于着手，似无采取之价值。第二线西昌盐井段，并无上述各项障碍，较之西康盐井段段为优。又第二线中甸以西，可分南北二线，北线自中甸经盐井至塞的亚，（即原计划第二线之西段）此线自中甸向北转西，途

程较远。南线则自中甸直往西行,迳达寨的亚,颇为近捷。惟此线须经中甸未定界,划界问题不易解决,工程即无从进行。又所经野人山等地,土人多猓族野蛮异常,工程设施将感不利,故此线亦无采取之可能。至北线途程虽较远,其自盐井以抵塞地亚,虽其人口粮食气候等问题,与康定盐井段情形相若,其与西藏地方政府之合作问题,亦尚待商洽,但较南线自易为力,在运输上亦较为安全,故以仍采北线为宜(附图)。〔图略〕

二、经费概估:原计划第一第二两线里程相差不远,全长约为一千二百公里,乃至一千五百公里,须俟勘测后方能确知。依照目前物价工价概估,每公里需费约自十五万至二十五万元,(交通部代表康帮办报告,现在乐西公路每公里需款十五万元,康印公路须经藏印诸地,须用藏币及外汇,每公里约需二十五万元)。如以全长一千五百公里每公里二十五万元计算,即需三万万七千五百万元。

三、工程期限:据原建议人杜局长镇远报告,倘政府对于印境修筑联络公路交涉成功,对于西藏商洽妥定,工程款如期如数拨发,并授予主持人以征调工程师之权,则可负责于六个月内筹备就绪,于二年内全线打通,即最低限度可于二年半内筑就。该路(连同踏勘测量时间在内)行驶三吨卡车往来无阻,小河有桥,大河有轮渡,路面一部份铺成,至运量问题乃关于业务方面目前尚难估计等语。(杜局长并声明关于工程机关之组织无论称督办或其他名义,须另置一员专负外交、政治、军事、经济等事之责)又据中央大学胡教授焕庸及交通部代表康帮办时振估计,在具备上述各项条件之下,自筹备以至完成为期必须五年,方可适应运输之用。

四、建议两点

(甲)政府如决心修通康印公路,则应下最大决心,充分筹集经费,并授予主持者以全权,俾克期赶筑。若不如此,则将来所费更多，为期更长，路成之后，其效用亦更微。

（乙）进行步骤：（一）政府初步应即时与英国交涉二事：（1）从塞的亚至我国边界之联络公路之兴筑问题。（2）印度铁路将来转运我国物资之优待及便利问题。（二）政府应及时与西藏地方政府接洽，在建筑期间，应负地方治安之责，对工程员工充分予以便利。（三）政府应即时与西康、云南两省政府商定征工征粮征购材料骡马火药等项办法，对于工程进行并予以充分之协助。

〔国民政府蒙藏委员会档案〕

4. 行政院关于审核中印公路工程经费概算等项详细办法的训令

（1941年2月9日）

行政院训令

令蒙藏委员会

案据交通部三十一年二月二日路工俞字第二○号呈为遵拟筹建中印公路详细办法检同概算，请核示等情。经提出本院第五四九次会议决议"先修筑龙陵经腾冲至密支那一段，由交通部另拟工程计划及工款概算呈核，其他路线并着由该部筹备。"除指令遵照办理具报，并分行有关机关知照外，合行抄发原呈，令仰知照。此令。

计抄发原呈一件

院长蒋中正

交通部原呈

案奉钧院三十一年一月二十三日机字第一四○三号梗院四代电开："三十一年一月十二日会同运输统制局何兼主任摺呈悉滇缅铁路仍应如期赶筑并加紧筹建中印路一案，原则上应准此议办理,至详细办法仍希妥拟呈核"等因。奉此遵查中印公路本分南北两线勘测,北线以藏方阻挠,交涉尚未就绪,故迄未入藏施测。至南线则已勘测完毕,惟中印路工程艰巨,工人粮食均感困难,无论采取何线均须两年以上,方克完成。现在缅甸南部已受敌人威协,经由缅境仰光入口物资,恐多危险。为争取时间计,必须于较短时期内接通印度以维国际交通路线。兹拟即利用已经勘测之南线,先自印境阿萨姆(Assam)省铁路终点之列多(Lsdo)向东修筑公路,经葡萄(Pretao)附近之南渡(Laugtao),并将南渡至缅境铁路终点之密支那(Myikgina)间有原驿道加以改善,此线已奉委座核准,正与英方接洽,请印缅两政府迅速进行。该线约需缅币三千七百余万元,并为预防缅边交通万一受敌威胁起见,拟同时将密支那八莫间原有公路加宽改善,以与滇缅公路衔接,如此于短期内可得一中印交通线路。唯为永久中印交通安全起见,自西昌至中甸线仍同时进行,中甸至南渡一段,越分水岭甚多,工程较为困难,拟稍缓即行兴工,该段所经都属深山大泽、人烟稀少,将来工粮工具运输困难必多,故同时须将下关经丽江至中甸附近之其宗一段须筑一简单公路,便转输而利赶工,又查西昌至中甸一段修筑事宜,前奉委座本年一月三日机秘甲等六〇一五号手令指派滇缅铁路督办曾养甫及杜镇远负责兼办自应遵照,依据上述情形,谨将完成时期工程计划经费概算等项详细办法分别拟列如次:

一、时期 中印公路正线全长一四六〇公里,简单运输线由下关至其宗计三八〇公里,缅甸交通线(一)由密支那至南渡计三三〇公里,(二)由密支那至八莫计二〇〇公里,共长二三七〇公里,拟自开工之日起两年内全部完成之。

二、工程 第一年自印境之列多经葡萄附近之南渡达缅境铁路终点之密支那,全长六一〇公里先行筑通。

又同时请由英方将密支那至八莫计长二〇〇公里之联络交通

线全部加宽改善。

又同时自下关经丽江至中甸附近之其宗计长三八〇公里建筑简单运输线。

自西昌至中甸计长五〇〇公里积极兴工,又自中甸至葡萄附近之南渡计长六八〇公里则择要施工并举办全线各项准备工作,以便两年内一气呵成。

第二年继续将西昌至南渡全线赶筑完成。

二、概算　第一年工款概算

1. 中印线

甲、西昌至中甸工款　国币200,000,000.00

乙、中甸至崖阳工款　国币60,000,000.00

丙、崖阳至南渡（未定界）工款　缅币6,000,000.00

2. 滇省联络线

下关至其宗线　国币95,000,000.00

以上第一年全年工款应需　国币355,000,000.00,缅币6,000,000.00。

第二年工款概算

1. 中印线

甲、西昌至中甸工款　国币125,600,000.00

乙、中甸至崖阳工款　国币292,500,000.00

丙、崖阳至南渡工款（未定界）　缅币13,600,000.00。

以上第二年全年工款应需：国币418,000,000.00,缅币13,600,000.00。

合计全部工程概算计需：国币773,000,000.00,缅币19,600,000.00。

列多经南渡至密支那工款,需工款缅币37,300,000元,如缅印两政府须请求吾方分担,则尚须照数增加。

四、组织　遵照委座手令,并为节省总务费用及争取时间计，不设专管机关，即交由滇缅铁路督办公署兼办，分设工程处十处分别趱赶。

五、料具　所有运用材料工具除先由滇缅铁路暂行拨借一部份，俾可及时开工外，所有美国租借法案内请拨交九百万元美金，工具器材应立即购运，以便全面施工。

六、工人及粮食　应按照滇缅铁路及西祥、乐西两公路征工征粮办法，饬由康滇两省府负责办理，并由英政府在印缅境内设法招募征购，另由其他各省征募，工人组织兵工队前往协助。

七、外交

1．片马以北未定国界问题，拟请外交部与英大使洽商暂行保留，俟战争平定再行解决。

2．印度境内一段及缅甸境内一段或由印缅两政府完全负责修筑，或由印缅两政府担负经费，我方代办工程。上述两项迭经本部与英大使洽商，并经缮送备忘录（附抄备忘录中英文各一份），拟请外交部与英大使再行磋商，以期早日解决。

所有遵拟筹建中印公路详细办法各缘由是否有当，理合检同概算备文陈复，仰祈鉴核训示祗遵。谨呈

行政院

　　计附呈抄件

　　　　　　　　　　　　　　　　交通部部长张嘉璈

〔国民政府蒙藏委员会档案〕

5．俞飞鹏对于商震与缅甸首席参议员克罗讨论滇缅公路问题分项叙述意见

（1941年7月3日）

对于商主任震五月三十一日与缅甸首席参议克罗氏讨论缅甸公路问题，克罗氏所述意见各点分项，将办理经过情形叙述如次：

一、原第一次所述，滇境路面太坏，致汽车被损坏者增多一节，确系实在。现正洽商滇缅公路局督促赶修，路面浇铺柏油。一面陈请行政院迅予拨款，以便赶办。在路面未完全改善以前，须请缅车开保山，俾运量增加。

二、原第三项所述，仰光港口内堆存中国货物一节。查此事鹏前次赴仰视察，与各机关代表会商时，对于交通部存仰铁路钢轨，主张让售缅方。兵工署及其他机关存仰笨重机器等，公路既不能运，徒耗仓租，亦主张售与缅方。各机关迄未照办。现在滇缅铁路虽议续修，但缅境需时二年，滇境者更不知若干年月，该项钢轨等似仍以让售缅方为宜，拟请运输统制局，责成各物资机关照办，并应从速。

三、原第四项所述，西南运输公司与缅甸港务局、海关、铁路、公路方面有相当误会一节，此事或由西南运输公司与各方面联络不善所致。鹏此次赴仰当饬仰光西南运输公司经理陈质平，迅加改善。

四、原第六项所述，仰腊与仰八两线运量，缅甸当尽全力维持至满意程度，问题仍在中国境内之运输能力一节，顾虑甚是。

五、原第九项缅方希望保山有相当设备，供缅印司机适当之膳宿一节，此为我方极应协助办到之事。鹏前次视察滇缅沿线，于整理滇缅公路及整理西南运输处建议案内，均经详细叙及。复与西南运输处及滇缅公路主管人员一再商榷进行，尚未照办。缅车驶入我国境内，我竟不能协助，使司机等食宿得到便利，邦交与人情均有欠缺。此事应由西南运输处与缅方接洽，赶速进行，在我方只须设法觅得房屋，租与缅方，彼即可以自行办理。又沿途停车场关系亦至重要。鹏前次整理建议案内主张，从速办理。西南运输处方面曾嘱吴副主任计划赶办此事。滇缅公路局及西南运输处均应上紧进行。

六、原第十项缅车开至保山之后皆空车而返，希望西南方面能分一部物资与缅方车辆一节，此事原可照办。惟我国出口物资根本不多，华车尚往往无货可装，放空西驶。事实上如有货可装，断无不分之理。

七、原第十一项，美国将有大批物资运华。克罗氏希望中国对于此事予以注意一节，友邦人士对我诚意至可纫感。关于滇缅公路工程管理各事，希望各主管方面积极进行，勿可再事蹉跎，致使友邦失望。

〔国民政府行政院档案〕

6. 杭立武为转告卡尔大使函称缅甸总督对滇缅铁路事愿意与中国合作致曾养甫函

（1942年8月6日）

养甫先生勋鉴：顷接英大使函称：准七月十五日大札所附节略第二段关于滇缅铁路事项，兹得缅甸总督表示，罗兰先生极愿与中国政府合作，并一俟缅方工程组织就绪，即来重庆或昆明一行。相应抄同来函，迳请察照。祗颂

勋绥

附卡尔大使英文电〔略〕 　　　　　卅、八、六、

〔管理中英庚款委员会档案〕

7. 航空委员会研拟核议开辟中印定期航空运线一案意见呈电

（1943年4月）

（1）航空委员会呈（4月12日）

事由：英国军事代表团请准开辟中印定期航运线一案，经研讨办法，签请核示由。

准英国军事代表团空军军官华伯敦一九四三年二月十九日来函：请准在定疆、阿萨姆及昆明、重庆、成都间辟一定期航运线，

经遵总长批示，会同航委会，外交部，交通部派员集议两次，详细研讨。查英方所请，专为军用性质，以运输物品供给在华工作机关为主，倘任其以军用机名义自由飞行国境，我方势难探知其内容，更无法限制其数量，殊碍我方权益。为便利双方运输，并确定航线，限定时间，便于控制约束起见，似以组织中英航空公司为宜，业由交通部参照中美（即中航），中德（即欧亚）及中苏航空公司合同优劣各点，拟具中英航空公司草约一份，经会同审议修正，似可作将来与英方谈判开辟中印定期航线之根据。在未决定成立以前，英方如因军事上需要派运输机来华时，应暂依本会公布之"外国航空器飞航国境统一办法暨检查暂行办法"办理。是否可行？理合检呈中美、中德、中苏各航空公司办法利弊说明，暨中英航空公司合同草约各一份，敬祈鉴核示遵。谨呈
总长何　转呈
委员长蒋

航空委员会主任周至柔
兼外事局局长商　震

附呈中美、中德、中苏合设航空公司办法利弊说明〔略〕及中英航空公司合约草案各一份。

中华民国国民政府交通部与不列颠联合王国订立合同草案

中华民国国民政府交通部（以下简称中方）与不列颠联合王国（以下简称英方）鉴于在中华民国与印度之间开辟航空运输业务于双方均有便利，特愿共同组设股份有限公司经营此项运输事业。因此签立本约，订明条款如左：

第一条　名称

第一节　双方愿本合作精神，依照中华民国之法律共同组设一股份有限公司，定名为"中印航空股份有限公司"（以下简称公司），以经营本约第二条规定航空路线之邮件旅客货物行李之

航空运输业务。

第二节 公司之英文名称定为"　　　"①公司之简称中文定为"中英航空公司"，英文定为"　　　"②

第二条 航线

第一节 公司应经营下列各线之航空运输业务。

第一线 成都、重庆、昆明、阿萨姆、加尔各答。

第二线 阿萨姆、西昌、宜宾。

第三线 重庆、兰州、肃州、安西、婼羌和阗莎车白沙瓦。

公司须于本约签定之日起三个月内开办第一线，六个月内开办第二线及第三线。

第二节 公司经中方之特许，得开办中华民国境内其他航空运输路线，经英方之特许得开办。印度及缅甸境内其他航空运输路线，经中英双方之特许得开办通达中华民国、印度、缅甸境内及其他航空运输路线。

第三条 资本

第一节 公司资本总额定为中华民国国币一万二千万元，分为六千股，每股二万元，中方认四千股，英方认二千股。

第二节 双方须于本约签立后两个月内先将资本之一半缴公司，即中方须先缴交二千股，英方须先缴交一千股，其余资本之缴交日期与方法，由公司董事会议决定之。

第三节 公司之股票为记名式，任何一方绝对不得转让。

第四条 管理监督

第一节 公司由董事会管理监督，董事会设董事九人，由中方指派六人，英方指派三人。并设监察三人，中方指派二人，英方指派一人。

第二节 董事会应就董事中举出董事长一人，副董事长二人。董事长及副董事长之一人，由中方提名后应即被选。副董事

①② 原文如此。

长之一人,由英方提名后应即被选。

第三节 董事长当然为董事会议之主席,董事长不克主持董事会议事务或不克执行董事长职务时,得委托中方提名之副董事长代理之。

第四节 董事会最少须有董事五人之出席,方能开议,议决案须以出席董事过半数之同意通过之。

第五节 凡关于公司资本之继续缴交,公司债之发行,其他方法之借款或担负债务不动产或飞机或任何需款超过中华民国国币二十万元之购置,均须经由董事会议之通过。

第六节 自本约签立日起,双方须于七日内组成董事会,并由董事会于七日内议定公司章程,随即开始经营公司业务。

第七节 公司设总经理一人,由董事长或中方提名之副董事长兼任。

第八节 公司董事经各该方股东之委托,得兼充股东代表出席股东会。

第五条 组织

第一节 公司于总经理之下,分设左列三组:

(一)机航组。

(二)营运组。

(三)财务组。

各组均设主任、副主任一人,由董事会议依照以下提名方法通过任用。机航组主任、营运组主任、财务组副主任由中方提名,财务组主任、机航组副主任、营运组副主任由英方提名。

第二节 公司得于本条第一节规定各组之外加设秘书室或总务室。

第三节 公司各组各室之详细组织,由董事会订定之。

第四节 公司之总事务所应设于中华民国境内。

第六条 各地设站及办事处所

公司应于所办航空路线经过之各地设站及办事处所,派置人员办理业务,惟电台、气象台、机场等,须先请双方主管机关核准后,方可办理。

第七条　财务

第一节　本约第三条所规定之公司股款及公司载运业务,与其他所收之一切款项均为公司之资财,应存储于双方同意之中国国籍银行。

第二节　公司付清营业开支后,所余之款项须另行存储,以备增加或改善设备之需,并派给股东股利,但股利须俟公司一切营业费用开支付清债务,本息算结并提出相当公积金后始得派给。

第三节　公司之一切支出均用支票,支票须由受委派之二人签名,其一人由中方董事委派,另一人由英方董事委派。

第四节　公司之簿记会计均须用最新式之制度簿记,中英文兼用,惟以中文记载为凭,并于每半年须有可靠之注册会计师审核之。

第八条　技术人员

第一节　英方须于本约签立后,即将关于航空运输业务之技术与经验尽量供给公司,通力合作以促进本事业之发展。

第二节　英方须于本约签立日起,在英国及公司内训练,经中国政府甄核合格之。中国驾驶机械电讯等项人员,并予以研究及练习航空运输、空线经营、飞机修理厂管理及其他各项有关航空运输事业之学识与技术之种种便利与充分之机会。

第三节　除本合同另有规定者外,公司一切职务应尽先任用中国人员担任。

第九条　飞行器材

公司所用之飞行机、发电机、无线电收发报机、无线电话收发机各种零件,以及一切关于飞行所需之器材,均应选购世界上最新式最优良并合于公司航线之用者。所有飞行器材公司如向不列颠联合王国境内任何处所购置或租用时，英方应予以一切可能之协助与便利。

第十条　升降场所

第一节　双方在可能范围内准许公司使用其所开办航空路线上经停地点之民用升降场站，如因环境需要，须借用军用机场时，应先经特准。

第二节　公司所开办航空路线上必要之地点，如无升降场站时，得由公司呈准主管官署自行担任此项设备。

第十一条　无线电讯

第一节　为使飞行安全起见，双方暂允予公司以装置适宜之收发无线电报之权，并允以相当波长供给公司使用，但中方声明一俟中华民国国民政府主管官署有此项设备时，中方得随时收回此权。

第二节　本条第一节所指之无线电报机只准专供公司与各站及各飞机之间传递消息之用，以维持公司业务之效能，但一切商用之通讯及其他与公司无直接关系之通讯，一概不得传递。

第三节　该公司所有电台遇中国空军有需要时有随时协助之义务，或由中国空军派遣人员利用之权。

第十二条　注册登记

公司必须遵照中华民国之法令，向中华民国国民政府主管官署注册登记。

第十三条　禁航

公司在中华民国与印度境内必须分别遵守中华民国国民政府主管官署或印度政府主管官署一切禁航法令。

第十四条　设备

公司在中华民国境内设置之升降场站修理厂，无线电报、无线电话、无线电定向台以及其他各项技术设备必须遵照中华民国国民政府主管官署之规范与命令。

第十五条　法令

公司在中华民国及印度境内，必须遵守中华民国国民政府主管官署或印度政府主管官署对于空中交通及航空运输管理检查之一切法令。

第十六条　邮运

公司有载运邮件之义务，并必须尽先载运邮件，其载运办法由公司与有关之邮政管理机关订立合同办理。

第十七条　合约

第一节　本约一经双方签字即时发生效力。

第二节　本约自签立日起以五年为有效期间，在期满前一年若双方之任何一方未以书面通知对方表示解约之意，则本约于五年期满之后再继续有效一年。

第三节　本约兼用中英两国文字订立，一式缮备五份，均由双方逐一签字，每方各执二份，另一份交由公司存执。关于本约解释发生疑义时，以中文合约为标准。

中华民国民政部交通部

（2）孔祥熙致蒋介石电（4月27日）

代电　机字1824号

委员长蒋赐鉴：奉交核议航空委员会周主任至柔等签呈为英国军事代表团请准开辟中印定期航运。经研讨结果，拟以组织中英航空公司为宜，拟具公司草约，拟作与英方谈判之依据。在未决定前，英方派机来华，应依我方规定办法办理一案。遵经详加审核，认为原拟意见当属妥适，合约草案亦甚完善，拟请准如所议办理。谨复，请鉴核。祥熙感院四（机）。

〔国民政府行政院档案〕

（四）中英交涉事项

1. 杭立武关于与英国驻渝代表裨德本商谈英日谈判及外汇等事情形报告稿

（1939年7月24日）

报告

日来因英日谈判及外汇高涨两事，曾与英使馆驻渝代表裨德本接谈多次，并由使馆代发致卡尔大使及贾德干外务次官两电。兹谨简呈，以备参考。十八日与裨德本晤面，渠谓卡尔大使欲武将重庆方面对于英日谈判意见告彼。武当谓我国当局对英根本政策虽仍不致变更，但亦不能谓如何放心。因所谓地方性事件，亦可引伸至甚关重要。如天津之存银问题。又英国官方态度之不显明，甚足影响我国之外交。例如法国对我借款，因观望英国而功亏一匮。现在外汇如此高涨，我国急待继续借款，倘英国因顾虑英日谈判而不及时有所决定，将使我人失望。并告以据武所知，委座对此两事均极关怀云云。渠□就上述意见发两电，一致卡尔大使，一致贾德干外务次官。廿二日晨，裨德本代表电话相告，谓卡尔大使有电致钧座，（实即系据裨德本去电，又外交部王部长亦于同日奉钧座面谕去电，说明关怀英日谈判之意。）谓财政上援助我国，实渠主要目的与任务之一，当随时留意等语。随即由使馆办事处将该电径呈钧座。今日下午，裨德本代表来谈，谓曾奉召简单谈话，关于英日谈判钧座甚为关切。惟本人并不知悉谈判内容，但信除地方事件外，英国政府不致对大问题有所让步，惟如何可使我国当局不致过虑。武当答以第一当视明日英日公布结果，事实为凭。倘所公布仍属含糊，则应由英国政府向我国作具体之表示，以坚我国对英之信赖。渠已允明日俟英日公布发表后，再行商酌电请卡尔大使向政府请示。至于继续借款事，武切实告以此事之急迫，并云希望卡尔大使作最大之努力。渠谓此事已数电英大使，惟信渠尚未接政府任何训令，并云在英日谈判期间，恐不易有所决定。裨德本代表在数次谈话时曾屡言英大使因使馆财政顾问已返国，对于财政方面虽知继续借款为必需，但因己身非经济学家，对于此次外汇高涨严重到何程度，恐不甚明悉，盼约略告之，以便转达。武当向财政部徐次长请教如何答复，渠谓可告以如法币继续跌，则物价必涨，物价涨将使法币价益跌，如此循环，马克之覆徽然若。维持法币价格，实与英美友邦商业有关，故继续借款，实有切急之必要。当即照此电告英大使。又在历次谈话，渠尝以外传财部将有更动为问，武当告以绝不足信。渠再追问，宋子文先生为何不加入政府，并谓英方颇有多人怀此疑问。武当谓现在问题并非宋先生加入政府便一切有办法，亦非宋先生不加入政府，便一切无办法。且事实上宋先生工作亦系受政府之委托云云。

〔管理中英庚款委员会档案〕

2. 杭立武关于英日谈判公布原则与英代表裨德本商讨给中国明确保证事致蒋介石密呈稿

（1939年7月25日）

谨密呈者：关于英日谈判公布原则，今已由英大使馆驻渝办事处送外交部王部长转呈钧座。裨德本代表于下午以副本示武，询问意见。武当告以个人以为，所商定之原则虽较一般传说及推断为优，但自我国立场亦不能认为满意，希望能照昨谈办法请卡尔大使再向英政府建议，另予我国以明确之保证。渠当即照电英大使。至今日十时，渠复来谈，谓得英大使电，渠亦深恐此项原则或使我方相当失望，已建议英政府即予我以确实之保证，并拟一保证电稿并送英政府核定。此电稿大意略为"我国（指英国）愿向贵国（指我国）政府保证，英日所商定之原则丝毫不变更以前情形，对于贵国事件仍照一贯政策等语。此稿英政府或略有修改，但大意不致有更动。又此项保证电将专供政府之参考，不必公布。裨德本代表又云，希望政府今明日即可有训令，当将保证电呈送外部王部长转呈。惟为求免钧座不致或有疑虑，嘱为预呈，并声明此系至密事件云云。渠临行时复两次说明英驻华使馆对英日商定原则认为丝毫不变更以前情形，即"战争"与"中立"两名词均避免引用，实属英方胜利等语。附此报告

〔管理中英庚款委员会档案〕

3. 杭立武为抄录奉谕以私人名义致卡尔大使电致王宠惠等函稿

（1939年7月29日）①

亮畴、叔谟先生勋鉴：敬启者：武今晨奉委座谕以私人名义致卡尔大使一电，兹为供先生私人参考，谨录奉电稿如次后。武并另向英大使表示，关于英日谈判，凡遇重要决定之前，□□□通知美法两国，对我国似亦同样办理，故甚盼于□□天津地方事件谈判遇重大情节时，传达我方，我方自当负责遵守秘密等语。统此密函奉达，尚乞赐察是幸。并颂

勋祺

弟杭〇〇签

请示

谨签呈者：现拟电英大使卡尔爵士，缘由如下：

（一）英日谈判所商定之原则或称方案，在英国官方虽极力声明对于中英关系仍无变更，但在我方，则不能不至少认为一种挫折。

（二）卡尔大使个人在英日谈判前及谈判以来，确曾尽其甚

---

① 此为拟稿时间。

大之努力。昨晨由使馆呈送之英政府对我政策不变更之保证文电,可谓英大使努力之结果。因大使对我表深切之同情,故敌方对之极为不满,甚至有要求撤换之传说。又因卡尔爵士之来我国,系出艾登前外相所简派,盖以其精明强干、能与自身见解相似。孰意渠未到任,而艾登已辞外相,故大使所处之地位相当困难。

(三)英政府既表示英日谈判方案不影响对我之政策,则我似可敦促其作具体之表示,而我国目前最急切之需要,莫过于为维持法币之新借款,尤其在美国废弃美日商约后,英国实不应再以美国共同行动为条件,而应单独有所举动,以证明其未变更政策。此外则附带可提出者,为关于英日进行中之天津事件谈判,希望其不作于我有损之让步。

基于上述三点,谨拟电稿,并拟以武名义拍发,作为传达钧意,所以如此者,因径用钧座名义,似过郑重,且亦未至适当之时机。

(电稿)

(上略)。委座对英日谈判方案颇感失望,但对阁下努力,甚为钦佩,奉谕传达谢意,并盼阁下力促贵国政府对于维持我法币事,有迅速具体之表示,俾对我保证有急切之事实上证明。又进行中之天津地方事件谈判,委座亦深切关注。(下略)

此外,武尚拟乘机向英大使表示,关于英日谈判,英国既能于任何决定前通知美法政府,则对我似不应绝对秘密,甚盼关于天津地方事件谈判,遇重大问题时,传达我方,我方自当负严守秘密之责。

上述各事,敬乞核示,如有其他应行注意之点,并乞谕知为祷。谨呈

委员长蒋

杭立武
二十八年七月廿八日

【管理中英庚款委员会档案】

4. 杭立武询问政府对英方同意引渡天津租界程案疑犯的态度致陈布雷函稿

（1939年8月12日）

布雷先生尊右：奉上密呈一件，敬乞于外交部将此案呈明委座后随时转呈，（因此事应由外交部先行呈明，且现时尚为极密消息，我方应如何及何时发表均待研究。）如有核示，当紧随抗议转达，以期步骤恰当也。耑肃，敬颂时绥

杭○○

中华民国二十八年八月十二日缮发

密呈

密开：英方对天津之四嫌疑犯已允引渡。（详情当由外交部密呈）此事我方当有抗议。惟正式外交抗议外，如有非正式应行转达或对于英方覆文，希望作如何保证，尚乞核示祗遵。谨呈

委员长蒋

中华民国廿八年八月十二日己发

〔管理中英庚款委员会档案〕

5. 杭立武转呈致卡尔大使电原文及译文致陈布雷函

（1939年8月13日）

布雷先生尊右：顷已照请英使馆办事处代发一电致卡尔大使兹将原文及译文附呈备查。耑肃，祗颂勋祺。

杭立武拜启

中华民国廿八年八月十三日

译文

委座对贵国政府决定引渡中国嫌疑犯引为憾事，盼对我之抗

议即有迅速答覆，声明此种举动在事实上或情理上决无承认天津伪组织之意。

〔管理中英庚款委员会档案〕

6. 杭立武报告与卡尔大使商谈处置天津存银问题情形函稿

（1940年2月16日）

布雷先生勋右：关于处置天津存银事情形相当之急，外部王部长日内即将晋见委座，口头陈述，故拟恳将此件早赐呈阅为感。专此，祗颂勋祺。

附报告一件

杭○○拜启盖章

连日英大使卡尔约谈关于天津存银事。渠谓，此事渠实疚心。但英政府因天津英商之不断呼吁，欲以此为取消封锁之条件，故亟欲解决"此事"。而英驻日大使克莱琪间日必电政府催促，故英政府日前甚至有训令致卡尔，质询华方之"延宕"。卡尔大使自深知我方并非延宕，且新近提出以汇丰及正金银行名义存款事，尤使我方感觉棘手。惟英政府则因英商呼吁及驻日大使之催促，反以我国为延宕也。武当告以我方对于此事原则反对，顾因英方之友好关系，尤其渠个人数年来之努力，故愿就可能范围内妥协解决。不过，在此美方正加紧援助我方时，英方又有所让步，殊可抱憾耳。渠云，"对于此意至表同情，但渠敢保证此绝非英方对华政策有任何变更之表示。英方负责人员历次声明仍以九国公约为依据，实出诚意。倘如有所变更，渠必不愿留任也。"武观此事英方似急切谋解决，故我方对于动用十万镑一点最好能予以考虑；又存放办法至少亦需提对案。关于此案，卡尔大使原拟直接向钧座商洽，武历次均加劝阻，允为转达。尚乞察核。

中华民国廿八年二月十六日发

〔中英庚款董事会档案〕

7. 外交部关于英国阻挠我国钨锑矿产运往苏联致资源委员会电

（1940年2月27日）

国民政府外交部快邮代电　欧29第二三六二四号

经济部资源委员会公鉴：关于钨锑等矿产外运事，叠准一月二十九日密渝秘字第一二四七号函暨资（二九）矿字第一七四〇号梗代电，均经诵悉。查英方表示，对于本年一月以后运苏矿产之能否放行，须依据苏芬纠纷发生以后之新局势审核各节。业于上月二日以欧29字第二二二二五号函达，请查照在案。嗣后虽屡经继续交涉，英方迄未允我所请，且自Selenga案发生以来，此事益形复杂。在全案未与英方商定办法以前，所有我方矿产大量外运，无论系明白通知运往苏联之货物，或英方有充分理由可信为运往苏联者，若欲假道香港或仰光，均恐难邀许可。为今之计，似应先对运苏数量继续力争，如英方对我所提数量可予同意，则外运问题自亦迎刃而解。除仍相机进行随时奉达外，相应电复，即请查照为荷。外交部。感。

中华民国二十九年二月二十七日

〔国民政府资源委员会档案〕

8. 杭立武关于奉谕向英大使表明中方对天津白银案立场情形致王宠惠函稿

（1940年4月15日）

亮畴先生勋鉴：昨日上午奉委员长面嘱，向英大使说明对于天津白银案之意见。当于下午与英大使晤面，并说明五点。（照抄全文)①关于天津白银事,今日下午已将钧意面达英大使。(一)对英最近所提办法甚为愤慨;(二)此项办法表示英方与日妥协,不顾我方利益;(三)倘使英方不顾我方反对而迳自行动,我方将认为甚不友谊之举动;(四)我方最后提出方案为最大之让步;(五)以上钧座个人意见,盼英大使转达其政府。至正式答复,自当另由外部随后致送。英大使聆悉后,甚感不安。渠云,此次英方所提此项办法,系渠与英外部及驻日大使与日本迭经争辩后之妥协办法,渠虽不完全满意,但实已尽最大之努力,认为与我方权益并无重大损失。如我方完全拒绝,实为不幸。至钧座意见,渠以友人之资格,不愿直率转电外部,因英法正在北欧与法国进行大规模战争,政府人员此际心绪不宁,恐生反响。但必当婉转将钧座坚决反对之意急电外部,并恳政府从长计议,勿有行动。渠并托将下列各点转达钧座:(一)对钧座之愤慨甚为了解;(二)为中英双方之友谊,希望不即正式完全拒绝;(三)存银问题原非第一等重要问题,但英政府因天津英侨之不断呼吁,亟思解决,以求解除封锁,绝非拟与日本妥协或更合作;(四)渠当再竭尽人事,与英外部及我方商洽。等语。上述情形已于昨晚向委员长报告。兹为便于先生接洽起见,特函奉尘。敬乞赐察为幸。专此,祗颂

勋祺。

　　　　　　　　　　　　　　　　弟杭〇〇签
　　　　　　　　　　　　　　　　四月十五日发
　　　　　　　　　　　　　　〔管理中英庚款委员会档案〕

---

① 以下内容与4月14日杭立武致蒋介石呈的内容相同。

9. 国民参政会参政员联名要求英国议会议员勿对日妥协以保证我国抗战交通电

（1940年7月13日）

伦敦夏晋麟先生转薛西尔·李顿勋爵暨四月致本会各位议员先生：同人谂先生等对我国之热忱与同情，谨以民主政治之名，迫切恳请先生等主张对日采取强硬政策。贵国政府虽经迭次宣言，将不变更远东政策，但东京之谈判关系我国交通至为重大，使吾人发生严重之怀虑。倘对日稍有妥协，则徒足鼓励更进一步之侵略，实与贵我两国之最高利益皆至不利。吾人深信惟有我国之抗战胜利，始足奠定远东之和平也。

副议长张伯苓暨参政员三十人同叩
〔管理中英庚款委员会档案〕

10. 国民政府对英国封锁滇缅路声明

（1940年7月16日）

蒋委员长对中央社记者询问关于英国政府允日本封锁滇缅路，并以此为中日媾和时期意见，答复如下："余深信守法重信之英国决不至有此违背公法条约，丧失国家信誉之举。如果以滇缅路运输问题与中日和平并为一谈，即无异英国协助日本迫我中国对日屈服，其结果必牺牲中国之友谊，且必牺牲英国在远东之地位。须知中国抗战三年屹立不动，决非任何第三国胁迫所能摇撼，如英国果有此种行动，余可断言，英国必获极端相反之结果，其本身必遭无穷不测之祸害。如英国认为停止滇缅路运输可以缩短远东战争者，余复断言，其结果必更助长远东之战祸，扩大远东之战局。至我中国抗战之目的在求领土行政主权之完整。此目的一日不能达到，抗战一日不停止。中华民族今日之抗战，决非任何压力所能阻止，此不惟英国及各友邦政府所深知，即全世界人士亦莫不公认我中华民族精神与革命力量之深厚,为不可欺也。"

同日外交部发言人发表谈话,略称:英国政府对日本压力表示屈服,中国政府对于英国决定,不得不表示严重关切,并认此种举动,既不友谊,且属违法。英国接受日本之无理要求,已给予侵略者以巨大便利。故英国之举动,无异帮助中国之敌人。英国政府接受日方要求停止滇缅路运输之决定,违反国际公法之原则,中英各项条约,及国联之历届议决案。如有人以为中国通海贸易路线受有梗阻后中国即将被迫求和,或竟接受日本所提出之任何条件,实为最大错误之判断。

〔国民政府外交部档案〕

11. 重庆市轮船商业同业公会请制止英商太古公司长江内河航行权致行政院呈

(1942年11月7日)

窃据重庆市各华商轮船公司报告:英商太古公司业经作开航重庆三斗坪间之准备,最近即将派轮前往揽货载客等语。经属会调查属实。复查本年十月十日英美两国同齐声明,将放弃在华特权,国人莫不期待其即早实现,而内河航行权,要系不平等条约中之所订定是在应行收回之列。该太古公司即为英国之有名公司,对在该国政府既有上项声明后,更不应企图开航于未有条约规定之三斗坪地方。此应恳钧院予以制止者一也。查太古公司轮船因籍隶英国,对于我国政府向未承担若何义务,如许多捐税及供应兵差外,商轮船皆不与及,尤以民国二十六年以后华商轮船担任抗战运输,莫不遭受巨大损失及亏折,而太古轮船自武汉及宜昌军事转进时,则尽量揽装商货,当时公物运川每吨不过收费三四十元,但商货收费则达三四百元。衡情度理,该公司既于抗战发生后曾有最好之收获,此刻华商轮船服役政府之时,尚未终止三斗坪，仅留之一线航业泉源，自不能分润予对抗战毫无功绩之太古公司。此应请予以制止者二也。查三斗坪地方为距宜昌上游五浬半之一僻静江村，向无贸易可言。自二十七年宜昌军事转进时，民生公司为抢运政府物资，乃派人驻扎该地办理转运事宜。此年以来，复锐意经营，致上下客商贸迁该地，遂使争取于前方之物资，如棉纱、棉花、纸张等类，及由后方输出之物资，如盐、糖、药材等类，皆得赖该地为转枢场所。不过当开辟期间，民生公司实付有巨大之损失与牺牲。如二十九及三十两年，敌机将该公司之民元、民裕、民权、民众等轮先后炸沉炸毁，及三十一年民熙轮之因应差沉没。苟未先将三斗坪开辟，则上述各轮乌能行驶下游，致确危险，故为追溯原委，太古公司在三斗坪既非参与开辟，当无坐享其成之理。况三斗坪并非条约规定之商埠，外轮更无在其地揽货装客之自由。此应请予以制止者三也。抑有进者，英国既系我之盟邦，太古公司轮船似亦可帮助我国军运，以加强抗战后方水上运输力量。今则大量之差运，悉由华商轮船分担，而三斗坪有限之客货，该公司则欲前往染指。将来演变结果，必成为华轮仅有差运，该公司轮船独享商运。盖该公司既无差运夹杂其间，一般客商自系乐于搭载外轮。还论该公司资本雄厚，竞争结果华轮势必失败，此为保护本国航商，使后方航运免至紊乱不可收拾之境，此应请予以制止者四也。以上四端，皆系属会据报英商太古公司准备派船开航三斗坪后，加以郑重考虑，与集商认为，不特有失保护本国航业之旨，且值此英美声明放弃在华特权之时，若一旦该公司开航实现，不免有损国威，有伤国权。因敢不避咎戾，冒昧渎恳钧院查明该公司将派轮航行三斗坪始末，即予有效制止，则航业幸甚，国家幸甚。所有呈请各缘由，是否有当，理合具文，呈请钧院俯赐察核，批令祗遵。谨呈
行政院院长蒋、副院长孔

重庆市轮船商业同业公会常务委员邓华益

姚一鸣

欧阳百达代

中华民国三十一年十一月　日

〔国民政府行政院档案〕

12. 交通部为办理英商太古公司长江内河航行权经过致行政院秘书处函

（1942年11月28日）

准贵处本年十一月十八日孝四字第六一三六二号通知：关于重庆市轮船商业同业公会呈请制止英商太古公司派轮航行三斗坪，以维本国航业一案。奉谕"交通部核办具报"等由。准此。查英商太古公司前请恢复川江上游航运，因在约章上未便予以拒绝，经本部会同外交部，呈准钧院准予通航。嗣据该公司函请发给万流、康定两轮往返行驶于古林沱云阳夔府万县间之通行证书，经以古林沱等处原不准外轮上下客货，为顾全中英邦交，特予通融，准许该公司于两轮之中自行选定一轮，往返上述各埠之间，但以自领得通行证书之日起三个月为限。嗣后期满，选准换发通行证书，继续航行。同时长江区航政局依照核发外国轮船通行证书办法第二条之规定，调验万流轮各项有关证书，查得该轮检查证书系由康定轮船轮机长所签发，但该轮机长并未领有验船师执照，尤非英国政府委任人员，该局对于该证书未曾认为有效，并经于丈量万流轮客位时派员一并施行检查，以其尚堪航行，权准先行发给万流轮重庆至宜宾、重庆至巴东通行证书各一纸，船舶检查证书、乘客定额证书正副各一张，仍以航行三个月为限。但该公司对于检查证书一项，拒不接受。复请将万流轮航线展延至三斗坪，并以庙河为停泊地点，均经该局转请核示到部。当以庙河三斗坪各埠客货稀少，本国轮船装载已感不足，若再准外轮行驶，势必影响国轮业务，所请展延一节，未予照准，仍饬以巴东为航行终点。最近迭准外交部代电，以准英国大使馆来文催请发给该公司三斗坪至庙河之内河航行执照，请查照核办见复等由到部。经以英美两国于双十节同时宣布放弃治外法权及一切权益。航行权为外人既得权益之一种，现正亟谋收回。于此收回航权之际，若准许扩展外轮内河航行权，似非所宜，但约章在未经废止之前，又未便遽予拒绝。两者之间，何去何从。经派员与外交部商洽，谓宜作有条件之准许。乃以"三斗坪接近前线军事运输以轮船为唯一之工具，故航行该线之华轮以军差为主要任务，军事征用给费既少，因其接近前方航行，又多危险，一遭损失，政府赔偿有限或竟不予赔偿。为维持华轮之生存，惟有将三斗坪仅有之少许货运留给华轮，此种措施，当为同盟友邦所共谅。今英方既一再商请，本部自亦未便过于拒绝。惟既同为盟友，则应苦乐与共，权义均等。太古公司轮船既欲航行该处，以分货运之利，则对于我国之军事征用，亦应与华轮同负其义务，始昭公允。再则航行以安全为第一，检丈为保证安全之必要措施，太古公司轮船既无合法之证明，以保证其船只之是否可以航行，则我国航政局殊有实施检丈之必要，以后太古公司各轮并应绝对接受我航政局之检丈，遵守一切适用章则，上列两点如能同意，本部可以发给万流轮航行三斗坪之通行证书等语。复请外交部转询英方意见，以凭办理在案。现在外交部尚未答复，拟俟答复后再行核办。接准前由，相应先行复请查照转陈为荷。此致

行政院秘书处

部长张嘉璈

〔国民政府行政院档案〕

13. 蒋介石为研究英国海雷勋爵在太平洋学会会议上演讲并拟定对策方案与参事室往来电

（1943年2—3月）

（1）蒋介石电（2月26日）

侍秘 存第16199号。参事室王主任勋鉴：兹随文抄发英国出席太平洋学会代表海雷勋爵演词译文一件，即希研究后拟定我国之对策，即对此主张及其中各问题之处置办法与方案，呈报为要。中正。丑寝。侍秘。

附抄件一份
中华民国三十二年二月二十六日

英国出席太平洋学会代表海雷勋爵演词

吾人所须讨论之范围如是广阔，开始必须明确树定几项原则。兹姑认定吾人所应研求之基本问题为安全问题，则战后处置必须能为太平洋区域诸民族取得新秩序，否则殊无意义。

战后处置必须能予彼等以较高之生活标准，其在政治上经济上倚赖世界比较进步国家之民族，并应使其能超出此种局面。

战后处置须予彼等以达到普通所谓"四种自由"之展望，但四种自由之整个基础惟在安全，如无安全，则自由之展望徒属幻影。

联合国为保证全世界将来免于侵略，所应采取之机构之确定形式，吾人此处实无须考虑，此项机构可能采取之形式甚多。吾人目前之要务，即为研究太平洋地带安全保证之必要条件。无论联合国将采取何种机构以保证全世界安全，但在太平洋区域必须有一种地方机构，从事种种普通活动，藉以辅助海陆空之军事设备，此理至明。交通必须维持，航空站网必须建立，工业便利必须组织，此类甚多，无庸具述。再为发展远东经济利益起见，必须维持自由通商口岸,如香港、新加坡对于国际运输贸易曾有不少贡献。此外更重要者,为确保安全,必须在上述地带努力合作,造成一种经济与社会环境,使一切地方性质之磨擦与冲突不致发生。过去屡屡惹起干涉,终至演成侵略者,多系此类性质之地方情形所致。在此地带尚未独立民族必须改进其地位,使其有志有力组织自卫。此种努力不仅应包括此地带内各有关独立国家之积极合作——吾人希望美国亦在其内——且应包括现在尚隶属欧洲殖民列强之各民族。欲达上述目的,吾人必须设法创造善意与互信之空气,使有关各国对于促进合作效力,同感深切之兴趣。

依据此项基本原则,本人拟讨论若干要点,藉以说明产生与维持此种合作精神之必要措施。兹仅择中国、日本及在吾人会议节目中所称为东南太平洋地区之战后地位讨论之。

中国

以前他国中对中国之态度无非依据两种相反的政策。一为藉土地之占领以图独占经济权利,如帝俄与近代日本是。一为门户开放政策,此为美国显明政策,英国多年来对华亦复如此。

战后和平处理时,此两种政策究将如何?苏联政府已放弃土地占领政策,其现在所关切者,大体只限于其在外蒙自治共和国,并少许对于其在新疆之利益。关于中国对外蒙之宗主权一点,中苏两国间应不难自行解决,使其相互地位明朗化。但摒除日本于中国领土之外所引起之一切问题,则困难甚大。吾人仅可认为中国对满洲主权当然必须恢复。但满洲物质上之发展多有赖于日本。如日本统治终止,则是否能另谋方法,使由日本所介绍之各种工业,得继继进行?再如日本对朝鲜统治撤销,则将使朝鲜无建立自治政府之基础。

此两问题,对该区和平与对该两地人民同属极端重要。若无某种中间努力之参与,殊难获一解决之方,此点本人于下方当再论之。

再论吾人对于英美政策（即门户开放政策）现在的观念所引起之问题。此项政策并不要求土地权利，但牵涉保护外商之治外法权问题。英美业已同意治外法权须予终止，吾人且相信此项特权之撤销将彻底无遗。

但吾人可否因此项步骤，即认为中国已达到其所追求及吾人所为中国追求之地位？吾人可否即认为在其疆宇之内，任何外界势力将从此不复占有特权之地位？有人谓英人在华之巨额投资，造成此种地位，如在战后处置之中不予清结，则完全"无特权"之局面不能谓为存在。但据吾人所知，英国在华之商务关系方面，对治外法权之撤废并未表示任何反对。反之，彼等且申言彼等所要求者惟在不在英政府之干涉，能与中国本身商订条件，使其能在中国境内继续进行其活动。果尔，则困难之发生殊不在此一方面——无论如何就中英两国关于此一方面而言，当是如此。

但中英关系并非仅此一端，香港依然为一显著问题。提及香港，一切事实立即涌现于吾人之前。香港隶英已有百年历史。在此期间已由一荒瘠之岛进为国际贸易之一繁荣中心。有人口一百五十万，但百分之九十八为中国人。其水源之供给、空防之设备以及其工业便利之大部均仰赖于一租借地，而此租借地在一九九七年必须归还。此种情形至为特别。若认为香港之将来，仅以现行旧约权利为基础进行中英间交涉即可决定，将不可能。因现在已增加其他更广阔之关系。

据本人意见，香港之将来，须视中国与太平洋集团各分子间关于维持交通贸易及保障安全之重要口岸（Key Points）之各种规定而定。在英国方面不应有任何措施，使既得权利妨碍香港之处理，使其不能执行此种规定所显示之任务。

此外尚有另一重要问题，不仅关系英国，并关系太平洋集团其他各份子，即移民与卜居各国之华侨之地位问题。此一问题至难措辞，但不得因此而勿视之。

中国和平之恢复，必将使其人口数字激增，一如其战前历史所显示者然。移民问题再起，将不仅有关于蒙古满洲，并且有关大多数之海外地域——独立国与属地均有之。对此问题不仅美国及英自治领等自主国予以国家性之注视，缅甸、马来、荷属东印度、菲利滨群岛亦莫不予以国家性与种族性之注视。彼等关切此问题，理所宜然。如将此问题听诸个别行动亦甚困难，仍需要一种居间势力之联合意见与指导。

然则中国本身所应贡献于安全保障之需要，及所应贡献于安全保障所要求之共同谅解者究将如何？中国在其疆宇之内须完全自主，此为共同要求，自无疑义。但通行之路，必须有往有来。中国对安南、朝鲜之地位所采之态度须有节制。对于保障公共安全所须维持之重要口岸的规定，须尽其担负，关于此层，台湾之地位将为一重要问题。再关于运输便利之设备，上海地位之重要不减于香港，中国所应贡献于公共利益者即在此等方面。

〔日本、东南亚部分略〕

在论及战后中日之局势时，本人曾提议此事不宜任当事双方自行解决，需要如本人所称之居间势力之指导与合作。对于该区我国属地之局势，本人亦将适用此项原则。本人建议应成立一太平洋地方会议，以各有关独立国家之代表组织之。此会议将有两重任务。第一，此会议将为联合国保障亚洲及全世界和平任何组织之本处代表机构。盖和平之保持，前已言之，不仅需要海陆空军事设备，亦须有广大范围之种种普通事业以辅助之，此种普通事业即为太平洋地方会议之直接任务。

第二任务，在以联合商讨及合作行动方式在本区域内对于经济发展及关税处置，尽力谋一共同政策。此会议将设一技术参谋部门，以便对有关行政如卫生、农业、经济、文化等问题提出建议。本区域内如有财政上不能应付其发展者，则可经此机构以获得所需之协助。此会议将接受本区域内各国政府之经常报告，并有权向各国要取情报与说明。最后——本人欲着重此点——此会议应负责在固定时间考察各属地自治组织之进展以及生活程度之改进。

当然有若干人士以为此区域之问题,尤其关于属地之管理问题,非建立某种国际管理不能解决,但此项性质之国际组织之管理,究应扩至何种程度?吾人于此处所求觅之合作努力,不仅限于诸属地,且包括有若干独立之地区,其管理亦将及于彼等否?更有一点,直接之国际管理迄今仅为一种试验试行于有限之数处。美末尔、萨尔或拉的希亚之治理,其职掌均规定于一成文之宪法,其解释纯为一法律事件。彼并不包括发展之计划、教育制度之设计与政治制度之培植。无论但泽或新黑伯利特,均不能认为国际制度运用之成功。

此外复有若干人士,虽不支持国际管理制度,然计划置属地于委任统治之下。本人无意贬低委任统治之价值,但必须指出其所保障之原则,纯属消极性质,而不能推进新政策。彼可适应各种不同之教育、行政、经济与政治之制度,而不能指示其各个之优劣。其唯一之价值仅在公开,但此亦将为本人所提出太平洋会议之主要作用。

总结一言,在此种困难问题之讨论中,本人所提出者皆具体之建议,所树立者为具有把握可以达到之目标。此并非谓吾人无高尚之目的与高尚之愿望,以为吾人正所考虑各民族之前途计。但当吾人高瞻远瞩之时,幸勿忘记欲达高远目标,吾人所须应付之实际问题。此等人民中许多曾有不幸之过去,许多正受战争蹂躏之苦,吾人幸勿再以失望之悲剧加之。

(2)张忠绂所拟对策与方案(3月6日)

一、海雷演词中主张之要点

英国出席太平洋学会代表海雷勋爵之演词,其全文之命意在为英国辩护,并以英国之利益为出发点,而提出若干有关战后中国、日本与东南亚细亚之具体主张。演说之目的似在试探各国代表之意见,并希冀能藉此造成一种空气,以便利推进英政府之政策。

在历届太平洋学会会议中,英方代表之意见向正确代表其政府之观点,与美国代表发言较为自由之情形迥乎不同。在此次太平洋学会会议中,各国现任官吏亦得充任代表出席会议,是太平洋学会会议虽号称为学习团体,但各国代表之言论至少当具有半官方性质之意义。此点尤以英国为然,故海雷勋爵之演词特别值得吾人注意。

海雷之演词,其措词颇为巧妙。彼以安全问题为研讨之基本,谓战后处置必须能为太平洋诸民族取得新秩序与较高之生活标准,并使其能达到"四种自由"之展望,因之而主张在太平洋区域建立一种地方机构,从事种种普通活动,例如维持交通、树立航空站网、组织工业便利等。

以上述之基本原则为烟幕,海雷乃进而提出有关战后中国、日本与东南亚细亚之若干具体主张。

其有关中国之战后地位者,海雷主张中苏两国自行解决外蒙与新疆问题;东北与朝鲜境内之日本统治撤销后,应有居间势力参预,使朝鲜能有建立自治政府之基础;香港与九龙租借地不能以旧约为基础,而由中英两国自行洽商,应视中国与太平洋各份子间关于维持交通、贸易及保障安全之重点(Key Points)之各种规定而定;以及中国对外移民与华侨问题亦应接受一居间势力之联合意见与指导。至于中国本身之贡献,海雷认为中国对安南与朝鲜之态度须有节制;对保障公共安全所维持之重点,尤以台湾为最,须尽其责任,对上海等地,关于运输便利之设备,应有所贡献。

其有关日本之战后地位者,海雷主张日本自一九三〇年以来所占领之土地必须归还；在中国东北及朝鲜可能容许其经济活动之限度尚待讨论；日本人民之生活标准不能使其严重低落；他国不能放弃日本所代表之消费市场；日本国内工业设备应转移于邻国，尤其是中国；日本对外工业，尤其是销行东方与其他各处之轻工业应使其有出口之道，因之而英国对其各属地、荷兰对印度群岛，所施行之定额交易制度，以及英自治领地与美国之关税税率，均须受其影响，而构成一种确定的牺牲。

在其论及有关东南亚细亚之战后地位时，海雷首先为英国传统之殖民地政策辩护，以答复美国一部分之舆论。次述英国殖民地政策之两项原则，一为道义之信托原则，一为附属单位自然归趋为独立负责之自治政府之原则；并附带表示反对委任统治制度。再次述及英国对于属地之新观念，即"合伙"观念，与政治自由必须建立于社会与经济进步上之观念，以暗示尚未成立自治政府之英国各属地，多由于其本身经验、能力以及社会与经济之进步尚未达到此种阶段，而非英政府有意与〔予〕以阻碍或延迟也。更次表示英国无意使用政治力量，牺牲他国，以为本国人民谋取任何独占或优先之利益；英国必将与各国通力合作，以废除一切差别待遇（包括商务方面与原料出口方面之差别待遇）；以及联合王国对其属地之贸易亦将适用此项原则。最后主张成立一太平洋地方会议，以各有关独立国家之代表组织之，其任务为：（一）保障亚洲及全世界和平任何组织之本处代表机构，以从事于种种普通活动；（二）在本区域内对于经济发展及关税处置尽力谋一共同政策，并负责在固定时间考察各属地自治组织之进展，以及生活程度之改进，并连带反对国际管理制度。

二、吾人研究海雷演词所得之观感

总观海雷之主张，其有利于英国自不待言。吾人研究全篇演说后之观感如下：

（一）英方对于中国将来之强盛恒有疑惧，故对中国东北、朝鲜、中国移民与华侨问题均主张居间势力参与；对外蒙完全交还中国一层未提；对于香港九龙，殊无意交还中国，并明言中国对安南与朝鲜之态度不能无所限制，以及台湾须为一保障公共安全之重点。

（二）英方对于日本似尚有意保持其好感，故对于日本占领地之归还，其明白提及者只限于一九三〇年后日本所占领之土地，以及对日本在中国东北及朝鲜之经济活动，尚有意容许其保存一部分。

（三）英方有意拖住美国，使其与英国合作，以维持英国属地之现状，故反对任何委任统治制度或国际管理制度，而主张成立一太平洋地方会议。

（四）英方不愿意因外蒙与新疆问题而开罪苏联，且似有意追随苏联之后，而巩固其在西藏之地位，故对于中国东北、朝鲜等地均主张有一中间势力参预，而独对外蒙问题主张中苏两国直接交涉。

（五）英方似有意将来操纵其所主张设立之太平洋地方会议。盖依据英方之建议，太平洋地方会议将由有关独立国家之代表组织之；而此等有关之独立国家，其中必将包括荷兰、葡萄牙、比利时诸国。荷、葡、比三国一向亲近英国，而其太平洋区域之利益又复与英国相似。在将来之太平洋地方会议中，此等国家与英国合作，则中、美、苏或其他任何国家之见解若不为英国赞助，殊难望通过。

三、我国应采取之对策与方案

（一）我国对于太平洋区域各项具体问题提出处置办法以前，似亦必须在理论上有一基本原则或一广泛之观点。吾人对于为太平洋诸民族取得新秩序与较高之生活标准以及"四种自由"之展望，均无异议。对于设立一太平洋地方机构，吾人亦可不表示反对，惟此种机构之任务与活动应限于对世界和平机构辅助性之工作，而不应具有任何含有政治性之决定权。一切含有政治性之决定，概应交由一世界和平机构处理。

世界和平机构中之国家既多，英国自难操纵。且世界和平机构对于任何问题（包括太平洋问题）之处置，必将具有广泛性和普遍性，其不能适用于欧美以及其他各区域者，自亦不便强行引用于太平洋区域，此于中国有利自不待言。加以若依据英方之建议，太平洋地方会议应由各有关国家之代表组织之。此种理论扩充之结果，其他各区域之地方会议亦必将限于有关国家之代表。若然，则我国将无法参与任何其他区域之地方机构。此不仅将剥削中国对世界其他各地事件之发言权，且将严重影响于中国对太平洋问题发言的效力。因中国届时将不能以牺牲对世界其他各地主张之方式，为获得列国认可中国对太平洋问题主张之交换条件。

（二）关于中国之战后地位者。

（甲）日本在东北兴办之工业，必须移交中国，无须中间势力参预。我国政府似应从速训练技术人才（包括技术工人），以便于战后立即接收此种工业，使之继续进行，藉以祛除外人之藉口。为充实资本计，我政府似可立即与美方交涉，以普通借款之方式，由美国以资金贷我。

（乙）香港与九龙应交还中国，至少应暂时依照旧约办理。依照旧约，九龙租借地应于一九九七年归还中国。港九地面水源之供给、空防之设备以及大部分之工业，均仰赖于九龙租借地。此地若依约终须归还中国，则香港与九龙割让地将失去其屏障与重要性之大部。至于港九所能贡献于维持国际交通、贸易及保障安全之处，应由中国将来视实际情形及国际间有关此种之各项规定，再行自动决定。

（丙）中国对外移民与华侨问题，应由中国与列国个别磋商，而勿须一居间势力参预。若是，则将来纵美国及英国自治领地对中国移民与华侨问题之态度与法令一时不易修正,而中国对东南亚细亚一带其他各地移民与华侨问题亦可先行获得合理之解决。此外,则我政府应鼓励学者多所著作,以阐明此次和平恢复后,中国人口数字不致如海雷而云将如昔激增。因此次战争期中,中国人口直接间接之损失正大,加以战后中国人民之生活水准必将大量提高,因是而人口繁殖率必将锐减。

(丁)对于安南、朝鲜等地,中国本无领土欲望,我政府不妨早日发表正式声明,以祛除此种疑忌。至于对于此等国家,我政府自将采睦邻政策,并促进中国与此等国家间之关系。

(戊)台湾应交还中国,但若战后有一保障公共安全重点之广泛规定,中国自可使台湾尽其一部分之责任。此种态度不妨于适当时间与〔予〕以声明,但不必特别指出台湾。

(己)关于运输便利之设备(例如在上海),以及与列国通力合作,以促进商务与经济之繁荣各点,中国自将遵守大西洋宪章与中美租借协定而努力。对此我政府已有所表示,勿须赘言。

至于日本在朝鲜境内之统治撤销后,中国不能主张应有一中间势力参预(因此为干涉朝鲜内政,与保障朝鲜安全不同)。惟此种原则若适用于其他类似各地,且系由一世界机构,而非由区域机构办理,则中国亦勿须反对。我政府且似应于战争期中,竭力鼓励并辅助韩国自由党人,使之能于战后立即接收朝鲜政权,以祛除外人之藉口。至若中苏关于外蒙与新疆之交涉,自应由两国直接办理。惟他日若有争端发生,仍可依照将来世界和平机构处置此类争端之办法,请求世界和平机构予以协助。

(三)关于日本之战后地位者:

(甲)关于日本土地之处置,我方应主张不以任何年限为标准,而应以维持世界和平并防此日本再度侵略之可能为目的。换言之,即日本在海上之一切战略根据地必须交出,或归还中国,或交给美国或苏联(例如库页岛南部),或在一广泛之国际管理制度下，交由国际管理。

（乙）日本在中国东北及朝鲜境内之一切公有经济事业均应交出，但日本此后得遵照普通国际公法及战后和平条件之限制，在中国东北与朝鲜境内从事正当之经济活动。

（四）关于战后东南亚细亚之地位者，我方似应主张一广泛之国家自决与国家民族平等之原则，凡此等地方之文化水准，经列国公认不弱于现存文化水准最低之独立国家者，即应立即准许其独立。其他地方不足此程度者，应在一广泛之国际管理制度下，交由国际管理，而以促进土人之利益并加速其完成自治为目的。

四、结论

上述系就海雷之主张而提出之对策与方案，其他问题并未述及，于此吾人建议，我政府应采取之立场与办法如下：

（一）关于广泛之原则：

（甲）关于国际问题，一切含有政治性之决定，均应交由一世界和平机构处理。

（乙）任何区域组织（包括太平洋地方会议）之任务与活动，应限于对世界和平机构辅助性之执行工作，而不应具有任何含有政治性之决定权。

（二）关于中国战后地位：

（甲）日本在东北之工业应交还中国，勿须中间势力参预，但中国政府必须早日准备资金与人才，以为战后立即接收并继续推进此类工业之进步。

（乙）港九应交还中国，至少亦应暂依旧约办理。至于港九对于国际贸易与保障安全所能贡献之责任，应由中国将来视实际情形及广泛类似性质之国际规定再行决定。

（丙）中国对外移民与华侨问题，应由中国与各国个别直接商定。我方学者并应著论，阐明中国战后人口数字因人民生活水准提高,不致激增。

(丁)对安南与朝鲜之态度,我政府似应早日发表声明,以祛除外人之疑忌。

(戊)我政府似可于适当时期声明,若战后有一广泛性之保障公共安全重点之规定,则中国必愿与各国通力合作。换言之,即台湾可以供作一重点之用。

(己)我政府似应扶助韩国自由党人,使之能于战后立即接收朝鲜政权,以祛除外人藉口,以居间干预。

(三)关于日本战后地位:

(甲)关于日本土地之处置,我方应主张,不以任何年限为标准,而以防止日本再度侵略之可能为目的。

(乙)日本在中国东北及朝鲜境内之一切公有经济事业均应交出,嗣后日本得遵照国际公法及和平条件之限制,在此等地方从事正当经济活动。

(四)关于东南亚细亚战后地位:

(甲)我方似应主张一广泛之国家自决与国家民族平等之原则。

(乙)凡东南亚细亚各地之文化水准,经列国公认不弱于现存文化水准最低之独立国家者,应即许其独立,其他地方应暂交由国际管理。

(五)关于一般论点:

吾人应认定下列各点,以驳斥海雷之不正当论调。其中一部分最好由专家用学术性之著作方式与〔予〕以阐扬。

(甲)安全之基础,惟在"四种自由"之确保,而非如海雷所云:"四种自由"之整个基础惟在安全。

(乙)发展远东经济利益之措施,必须与发展世界经济利益之措施打成一片,诸如设立自由口岸制度,与"造成一种经济与社会环境,使一切地方性之磨〔摩〕擦与冲突不致发生"之原则,均应适用于世界。

(丙)地方事件可能造成小规模之冲突,而不能演成大规模之侵略。过去引起大规模侵略之地方事件,实侵略政策之结果,而非其原因。

(丁)善意与互信空气必须建筑于广泛之平等与公正原则之上。

(戊)英商若果不欲藉英政府之干涉,而愿与中国自行商订条件,则英国在华所尚未交还或撤废之一切特殊利益均应放弃(例如在港九与西藏之利益)。

(己)先有日本之侵略,而后有一九四一年秋美英等国之"冻结"命令,故欲不使日本商务再度陷于麻痹,吾人必须同时使日本无再度侵略之可能。

(庚)过去英属各地进步之迟缓,大部分应由英政府之政策负其责任。

(辛)大西洋政策应适用于全球各地。

(壬)力主树立国际管理制度,并阐明过去委任统治制度之失败不在其原则非属妥善,而在其具体办法未臻健全,且接受委任统治国家亦未能遵守委任统治制度之精神,为土人谋求福利。

〔国民政府军事委员会参事室档案〕

14. 外交部关于劝阻英国大使勿再提干涉中国西藏内政事务呈及蒋介石批

(1943年5月8—10日)

(1)外交部呈(5月8日)

本月七日下午四时准英大使薛穆来部面称:"据西藏当局告知英国驻藏代表,四月三日有中国骑兵七百名抵达青海结古以南之某地,又步兵二百名到达离昌都约三日行程之某处。中国军队现在结古集中已有三千步队，由西宁开至青海南边。西藏当局深感不安，英国政府以为中国政府在中亚细亚有所举动不甚相宜，希望中国政府能表示无此事实，以便转告西藏当局，使其安心"。我当答称："余为英国之诚挚友人，余认为中英各自利益均需要两国之关系日益增强，故从此立场希望阁下能谅解余之言论，余希望阁下能撤回此项询问，余对于我国军队之调遣不甚明了，就余所知，阁下所述或竟毫无根据。然如果余将阁下提出之问题转达我政府及军事当局，余不知究将引起何种反响。一国之内部队之调遣，实与另一国无关，至于一国之中央与地方接洽事件，无论其友国如何友好，亦无友国代为转达之必要，因余个人志愿使中英关系日益增强，故希望阁下不提此事。

薛穆答称：余亦知此事甚微妙，但西藏与中国其他部分不同，似系自主。

职谓此最多亦不过英之印度类似，最后两人相约三四日后再谈，讨论是否提出此项问题，附此究应如何应付，请指示。

（2）蒋介石批（5月10日）

批：西藏为中国领土，我国内政，决不受任何国家预问。我西藏之事，如其不再提时，则我方亦可不提。如其再提此事，应请其勿遭干预我国内政之嫌，以保全中英友谊，并此事决不能向政府报告之意，拒之可也。中〇

〔军事委员会委员长侍从室档案〕

〔五〕中法关系

（一）过境运输与中法合作

1. 龙云等关于向法越当局妥商借用滇越铁路公司沿途各站电话密令函

（1937年10月13日—11月5日）

（1）龙云致王占祺密令（10月13日）

滇黔剿匪总司令部密令

　　令外交部驻云南特派员王占祺

　　查本省积极推进防空业务，对于情报网配备，业经统筹办理。兹查滇越铁路为重要交通路线，沿线均多法越侨民住在，附近各市县又系本省重要地区，自应妥为防护，以策安全。除令由路警总局训练组织防空监视队哨，切实监视外，关于应需通信线路，为迅速完成计，并饬商借滇越铁路公司沿途各站电话，以供应用。合行令仰该员迅向法越当局妥为商洽，传知沿途各站予以便利，在发现敌机时，得尽先用以传达情报，俾期完密。仰即遵办具覆勿延，切切！此令。

　　　　　　　　　　　　　　　　　　　　主任龙云

中华民国二十六年十月十三日

（2）王占祺致法国驻滇领事葛礼邦函（10月23日）

致法领函

　　敬启者：顷奉滇黔绥靖公署密令：以本省积极推进防空业务，对于情报网配备，业经统筹办理。兹查滇越铁路为重要交通路线，且沿线复多法越侨民住在，自应妥为防护，以策安全。除令由路警总局组织防空监视队哨，切实监视外，仰即迅向驻滇法领商洽借用滇越铁路公司沿途各站电话，以供应用。如发现敌机时，并请尽先供传情报，俾期完密等因。奉此。相应函请贵领事官查照，烦即转达铁路公司饬沿途各站予以便利，交必要时并请尽先供用。仍希见复为荷。此致

大法驻滇领事官葛

王〇〇

民国二十六年十月廿三日

(3) 法国驻滇领事葛礼邦致王占祺复函（11月5日）

译法领公函

敬覆者：案准贵处一九三七年十月廿三日大函，请转知滇越铁路公司对于路警予以便利，俾于发现敌机时，得应用沿途各站电话，迅速传达情报等由。本领事业已阅悉，当即函达该公司总办去后。顷据该公司驻滇专员本月三日函称，已令饬沿途各站遵照办理等情前来。相应函覆贵处，请烦查照为荷。此致

外交部驻云南特派员王

一九三七、十一、五、

葛礼邦拜

〔外交部驻滇特派员公署档案〕

2. 王宠惠关于开辟昆明河内航线与法使交涉呈

（1937年12月4日）

关于开辟昆明河内间联络航空，拟由本部与驻华法国大使正式换文，以便即日实施一事。前经会同交通部呈奉钧院二十六年十一月十八日京临字第三号指令内开："会呈已悉。准予照办。已报请最高国防会议追认矣。此令。"等因。奉此。兹经于本年

十二月三日与驻华法国大使正式换文讫，并准法大使来照声明，中国政府将来如允准外国航空公司在中国着陆之便利时，法国政府保留请求享受最惠国待遇之权利等由。核与原议相符。除咨行交通部并分令驻法大使馆及驻河内总领馆外，理合抄录该项换文全份，计本部部长致法大使照会原译文各一件，法大使复本部部长照会原译文一件，又法大使致本部部长照会原译文各一件，共六件〔缺〕，呈请钧院鉴核备案。谨呈
行政院

外交部部长王宠惠

中华民国二十六年二月四日

〔国民政府行政院档案〕

3. 云南全省防空司令部等为向法领交涉要求法越电台停播滇省气象以免日机空袭往来函

（1939年1—2月）

（1）云南全省防空司令部致外交部驻滇特派员公署公函（1月5日）

云南全省防空司令部公函　防情字第584号

案据本部情报处称："签为签请核办事，据确实调查，法属越南有一广播电台（此电台似在河内），呼号Fnk_3，波长39米突，每日于七时四十分至九时零五分、又十时十分至十二时十五分及十六时二十分至十八时三十分（均系海滨时，即上海时）之间，用国际通用气象电码广播越南全境之气象，内中有云南府之气象在内。查此项气象电报之广播纯为航空参考之用，滇省系抗战后方重镇，敌机时谋空袭轰炸，该广播台逐日广播昆明气象，实有诱致敌机来袭之虞，应请钧部函请外交办事处与法领交涉，停止该Fnk_3广播台之云南府气象广播。若越境内其他电台有同样之广播，亦请将云南部份停止，以策安全。云南府气象报告来

源，亦请查示。理合签请钧部鉴核施行"等情，据此。查所称各节关系重要，相据应请函贵处婉商法领署查照办理，并冀见覆为荷！此致
外交部特派云南驻滇办事处
中华民国二十八年一月五日

（2）外交部驻滇特派员王占祺致法国驻滇领事葛礼邦函（1月7日）

致法领函

敬启者：案准云南全省防空司令部公函开：据确实调查，法属越南有一广播电台（此电台似在河内），呼号Fnk_3，波号39米，每日于七时四十分至九时零五分、又十时十分至十二时十五分及十六时二十分至十八时三十分（均系海滨时，即上海时）之间，用国际通用气象电码广播越南全境之气象，并有云南府之气象在内。查此项气象电报之广播纯为航空参考之用，滇省系抗战后方重镇，敌机时谋空袭轰炸，该广播台逐日广播昆明气象，实有妨碍，应请转商停止该Fnk_3广播台之云南府气象广播。若越境内其他电台有同样之广播，亦请将云南府部分停止，以策安全等由，准此。查本国现值抗战紧张之际，昆明为后方重镇，日机难免不有时加空袭之企图，该越南广播电台逐日广播昆明气象消息，日机藉以参考，对于本省空防关系甚大。用特函达贵领事官查照，希即转达越南政府协助饬各广播电台，对于本省气象消息即日停止广播，以防不虞，实为睦谊。并希见复为荷。此致
大法驻滇领事官葛

王〇〇

民国二十八年一月七日

（3）葛礼邦致王占祺复函（2月17日）

译法领公函　第78号

敬覆者：案准贵处一月七日大函，以滇省防空司令部据报越南有一广播无线电台逐日广播昆明一带之气象消息，请转达越南政府，祈对于播送该种消息，在现时环境下所可能引起之危险予以注意，并希采取适当办法，以防不虞等由，本领事业已阅悉。当即呈请越南布总督鉴核施行去后。顷奉复文略开：越南气象台早在六个月以前，于接到中国气象台台长招金桂（译音）之请求后，即已加以注意，故越南各电台至今迄未播发有关滇省之任何气象消息等因。准函前由。相应函复，即希查照为荷。此致
外交部驻云南特派员王

葛礼邦　拜
一九三九、二、十七、

〔外交部驻滇特派员公署档案〕

4. 外交部为增加运量事宜要求驻河内总领事馆同越方磋商电

（1939年5月29日）

国民政府外交部快邮代电　欧28第17271号

驻河内总领事馆：准财政部渝资字第10471号代电，以行政院水陆运输委员会，前以海防积货已约有十五万吨，再加自美购料由海防入口约十五万吨，若单恃滇越铁路每日三百吨之运量，则须三年以上方能运完。拟具报告，建议增加运量，添设堆栈，分段运输，由相关机关分负责任各节。经本部参酌实际情形，分别签具意见，呈奉院座批可。关于增加运量办法，拟请贵部与越方交涉，准我方车辆照纳短期过境牌照税，并酬给养路费，一体通行，其他捐税免予缴纳。一面商请越方征租红河船舶，利用水道疏运，以便利物资运输。抄同水陆运输联合委员会原送报告及本部签奉院座核准意见书各一份，请查照洽办等由。特抄同财政

部意见书,仰即以免税行使卡车问题及红河征租船舶问题转商越督办理,并将办理情形具报为要。外交部。艳。

附件

签呈

查关于向外购料交货地点及内运办法,本部前于本月十二日邀集相关机关代表会商,所有商决各项,业经签报鉴核在案。兹准水陆运输联合委员会拟送关于向外购料入口运输之报告一件,请予查照采纳。前来。大意以海防积货现已约有十五万吨,再加自美购料由海防入口约十五万吨,若单恃滇越铁路每日三百吨之运量,则须三年以上方能运完。即能增加车辆,尽量利用水道、汽车及其他分线运输,亦当需时一年零数个月,故预计进口各货须由仰光分运一部分,而仰光亦需增加车辆,利用水道,并促成八莫至边境公路,方足以分负疏导之责等语。查原报告中建议增加运量,添设堆栈,由相关机关分负责任,并由政府从外交、财政、交通各方面予以协助各节,确属当前切要问题。兹谨参酌实际情形,分别签具意见如次:

(甲)关于增加运量办法

一、洽增滇越路车辆及改装汽车暂代机车。原报告请与越方交涉,由路局增购车辆及机车,以增加路运吨位。在未实行增车以前,暂以卡车三百辆改装铁轮拖带平车六百辆,约计每日可运二百吨等语。查路局增车问题,以往交通部曾商请自行**拨车借路使用**,已获越方允准。此次若请越方增车,困难较多,不如一面仍由交通部添拨机车及车辆,以每日增加二百吨为度,商借越路行使。如实无车可拨,无妨将叙昆、滇缅铁路预定应购车辆,提前购进一部分应急。在购车未到以前,可商越方用卡车改装铁轮,作为过渡办法。以上关于拨车及交涉借路等项,均应由交通部迅速洽办。

二、利用水道　原报告请利用富良江由海防通航至滇境之蛮耗,再由蛮耗添筑公路四十五英里以达蒙自,或即于此距离中利用人力或兽力转运等语。查此点关于添筑公路或组线驮运,均非难办,似可饬由交通部与滇省府切商办理。惟由海防达蛮耗河道是否待疏濬,船舶是否足用,及上项办法与越政府目前交通行政有无扞格之处,一切均待详密调查磋商,似亦应饬由交通部积极进行。

三、分线疏运　原报告拟将内运货物一部分,先由宜良直运贵阳,次要者可分运镇南关,再分转内地。惟南镇铁路自同登至镇南关迤北一段,应由交通部转饬尽先钉道等语。查货物由宜良及镇南关分运,原为减轻滇越路负担及免使滞积昆明起见,自可照办。南镇铁路尽先钉道一节,似亦应饬交通部克期办理。

四、利用新车进口　原报告以预定由海防进口汽车约三千辆,装配完毕后,应饬每年于海防、镇南关间来回装货驶行三次,再交回原购机关。如是,约可疏运滞防货物一万七、八千吨。除设专员管理此段疏运外,并应由外交方面商请越方准我方车辆照纳短期过境牌照税,并酌给养路费,一体通行,其他捐税免缴等语。查此点主旨在利用外购车辆,自运滞防货物,其法确属经济而有效。惟利用疏运期间,不必以三次为限,应视各机关车辆所需缓急情形,酌为增减,即由行政院水陆运输委员会派员主管调配疏运事宜,并饬外交部迅向越政府磋商车辆运货过境领照纳税及免税办法。

五、运量之调节　原报告请于海防设堆栈四所,每所至少须容一万吨,那岑方面设堆栈一所,准备可容二千吨,至国内堆栈容量之分配则:(1)昆明四万吨,(2)宜良四万吨,(3)蛮耗二万吨,(4)凭祥二千吨等语。查堆栈之设立与运量之多寡有密切关系,应由水陆运输委员会估计切实需要,统筹办理。

(乙)堆栈之设计管理及费用

原报告请于国内中转地点各设一万吨之堆栈，在海防建立一大规模之堆栈，均由水陆联运会负责建筑管理，其建筑及管理费用，先由财政部垫拨事，后由各机关按吨位分摊归垫等语。查国内外起卸及中转地点堆栈设备虽尚不充，惟一部分仍可租用当地商栈民房，设非确实需要，勿庸大量建筑。此节似应由水陆联运会与相关机关详切商讨，就货物之流通及停贮状况，估计一最低限度之容量，并根据此项最低需要，编制关于建筑及管理等费用之概算，送请财政部酌核办理。

（丙）关于各机关应负责任问题

一、原报告称"水陆运联会负统筹支配之责"等语。查该会职权兼括军运、商运，自可任统筹支配之责。惟除水陆运输工具之调度而外，尚应兼任堆栈设计建筑及管理等项事务。

二、原报告称"复兴公司负责支付过境税、关税、运费之责"等语。查四月十二日财政部邀集各机关会议，商定越南过境税，因求报关便利，由复兴公司暂行垫付，由各购料机关向财政部照数申请外汇归还。惟国境关税应由各机关自行负责，业经记录在卷，似应仍照前议办理。至货物所需运费，系复兴公司交货以后之事，原属各机关本身应负责任。如在外国境内，自可照实需数目申请外汇。如在国境内，则更不需复兴代为垫拨。

三、原报告称"西南运输处负运输之责"等语。查该处运输储藏设备较为充实，各方联络亦颇周到，以负运输全责，尚能胜任，似可准予如拟办理。

四、原报告称"各机关负验收之责"等语，查各机关购料多属专门用途，当复兴公司对外负责收货时，应由购料机关自派专门人员，前经会同验收，查验无讹时，即由所派人员自行加条封固，点数入栈，同时复兴向该机关交货之手续亦于此完竣。如是即可免点验货品之讹误，复可省辗转交收之周折，似应通知相关机关各派专员或托人办理。

(丁)分段运输

此点系运输上之技术问题，似可饬主办运输机关与购料机关商洽办理。

(戊)关于协助问题

一、原报告请由行政院令饬外交部，与越方交涉免税行使卡车问题及红河征租船舶问题等语，此点似可照办。

一、原报告请由行政院令饬交通部，与滇越铁路交涉，增加机车车辆及改良站场设备，增加装卸效率，及交涉滇南路凭祥、同登提前钉道事宜等语。此点似亦可照办。

综括上述关于水陆运联会所拟报告之意见：(1)关于增加运量者，应商越方增加越路车辆，准许借路驶车或由我方卡车载货通过。(2)关于调节运量者，应于国内外添设堆栈，以资储藏。惟须估计切实需要，编制费用概算，送由本部酌核办理。(3)关于各机关责任分配者，运输储藏之设备调度，应由水陆运联会负责统筹货物之运输，由西南运输处单独办理货物之验收，由相关机关派员会同办理。向外接收货物，由复兴负责，并垫付越南过税〔境〕税。至国境关税及内外运费则仍由各购料机关自行筹付。(4)关于政府协助者，由行政院分饬外交、交通两部向越方交涉增车借路免税等事，衡以目前需要，似均应迅予分行，各机关分别积极办理。所拟是否有当之处，理合签请鉴核示遵。

本件呈奉院座批："可"。

五月三日

〔中国驻河内总领事馆档案〕

5. 蒋介石为法国巴黎广播电台灌音讲演中国抗战情形词

（1939年8月23日）

灌音讲演　巴黎广播电台特派德夏墨Decharme来华收音
二十八年八月二十三日下午五时

今天得到这个机会和法国的朋友讲话，我觉得十分愉快。中国为抵抗日本侵略而作战，已经两年多了。在这两年余抗战之中，法国政府和人民所给予我们的援助和同情，是我们永远不能忘记的！

日本这一次狂暴的侵略，不仅想征服中国，实在要压倒世界，尤其是要驱逐英法在东方的权益。日本宣布的国策是要"建立东亚新秩序"。所谓东亚新秩序，老实说，就是只许日本用暴力独霸亚洲。日本人自己说，他是亚洲的主人翁，欧美人的地位和利益必须由他承认，必须由他维护，国际的任何条约，凡是和他的企图冲突的，通通必须消灭。在日本人心目中，什么国际信义、世界和平、人类福祉，一切都不值一顾。日本象一只狂犬，他的行动不仅危害中国，同时必危害世界。日本实在是中国和英美法苏列强共同的敌人。中国的抗战，固然是为了保障自己的独立与生存，同时也就是决心为世界除掉这一个共同的祸害。

在抗战开始的时候，日本还假惺惺的说什么尊重列强的合法权益一套话。现在呢，假面具早已揭开了。日本压迫列强的步调一天天的加紧，独霸东亚的野心一天天的更显露。和远东有关系的列强，尽管被压迫的程度有轻有重，被驱逐的时间有先有后，但是受压迫受驱逐却是完全一样的，现在各友邦已经觉悟到退让的无益，而且深感团结的必要了。本来侵略者的敢于横行，就是看定了爱好和平的国家不能团结。只要各友邦能够积极团结，表示主持正义、制裁暴力的决心，侵略者就不敢不中止他狂妄的行动。

我可以告慰法国友人的：中国经过两年多的苦战，抵抗侵略的力量比战前已经增加了。中国全国的将士和人民，感觉自身对于世界所负责任的重大，不论战事如何艰苦，而奋斗到底的意志只有日趋坚强。因为我们深信：我们的奋斗，有全世界正义公道的力量作后盾，我们的牺牲，必能驱除暴敌，实现全世界共同崇高的理想。

法国民族是现代文化的先驱。西欧的种种理想与制度，都是脱胎于法国大革命而产生的。法国人民意志的勇毅，气概的豪迈，最足令人敬慕。法国革命经过了八十年的惨淡经营，奋斗牺牲，最后卒底于成。我们今天的抗战，也正为禀承孙中山先生的遗教，发扬自由平等的真谛，完成国民革命，以建立三民主义的新中国。我相信法国人士必能格外了解中国目前的痛苦与艰难，必能格外同情我们争取自由保障正义的奋斗。必须中国的抗战建国成功，东亚才有真正的安宁与繁荣。正如必须法国大革命成功了，西欧才有真正的光明与进步。法国已经完成他的历史使命，中国也一定能完成他的历史的使命。

唯有崇高的理想能引导人类奋斗和进步。我相信中法两国必能在共同理想之下，彼此信赖，一致奋斗，使弥漫远东的黑暗逐渐消除，侵略狂焰终于消灭，世界人类永享和平。

〔国民党中央宣传部档案〕

6．外交部等关于交涉我国物资假道越南运输与经济部往来电

（1939年9—10月）

（1）外交部致经济部代电（9月27日）

抄外交部二十八年九月二十七日欧28字第二〇〇〇三号代电（密字230号）

经济部勋鉴：据驻河内总领事馆本月二十三日电称：越督告以接巴黎训令：不准军火汽车汽油经过，嘱在途之货，从速阻止，在越之货、限日出清等情。查自欧战爆发后，本部为防患未然计，深恐法方应日方要求禁止我方物资假道越南，经预电驻法大使馆暨驻河内总领事馆分向法政府及越南政府交涉，切勿牺牲中国，以求与日妥协。嗣据驻河内总领事馆九月八日电称：越政府今日对我国有民有物资予一概括的例外，照常通过。惟德货仍须证明国有，始可放行等语。各在案。兹忽接上项消息，是法政府态度显又变更，除再电驻法顾大使暨驻河内许总领事，分向法政府及越南政府力争。一面另电驻英美大使馆，请英美两国政府转劝法方仍予我假道越南之便利外，特电查照。外交部。感。

中华民国二十八年九月二十七日

〔注：此件奉批"存"。〕

（2）外交部致经济部代电（9月29日）

抄外交部九月二十九日欧28二〇〇六四号代电（密字233号）

经济部勋鉴：关于越督转知巴黎禁止军火汽车汽油过境事：欧28字第二〇〇三号感代电计达。兹续据驻河内总领事馆本月二十五日电称：越督告以军火绝对禁运，已令海关开箱检查，至汽车汽油仍暂可通过，即使嗣后禁运，当另筹过渡办法。越督此次所谈，显与前次不同，测其用意不外（一）警告我方速运，（二）汽车汽油因美货关系特予便利，（三）或为将来禁运先声。复据顾大使电复：越督面告许总领事各节，与殖民部面告钧〔署〕者相符，法动员期间一切取缔限制办法，均由军事当局规定，全属普通性质。除分电顾大使及许总领事继续交涉注意因应外，相应电请查照为荷。外交部。艳。

〔注：此件因前电批存亦存备查考。〕

（3）外交部致经济部代电（10月2日）

抄外交部二十八年十月二日欧28字第二〇一〇号代电（第39685号）

经济部勋鉴：关于物资假道越南事：欧28号第二〇〇三号暨二〇〇六四号计达。顷据驻法顾大使电称：法殖民部长表示，法方对华协助政策并无变更，本月二十六日尚电令越督将河内至滇省公路继续积极建筑，以便中国之运输。惟据报滇省时疫流行，工人染病，而海防昆明堆积中国材料甚多，不免引起日方注意，而派飞机轰炸。最近日机赴云南轰炸，波及越境，死伤七十人。现欲向日方抗议，须先将海防所积中国材料搬清，免为口实，即为便利运输，亦须常川搬运，不可屯在一处。法方尽力协助，务望我方亦尽力设法。至于禁运某种材料出口一节，系一般战时处置，并非专对越南，更非独对中国，现对中国已予特别便利，如实际发生困难，愿我见告，允为设法。乞鉴核等语。特电查照。外交部。宋。

〔注：已转电海防贝所长知照。〕

（4）外交部致经济部代电（10月9日）

抄外交部十月九日欧28字第二〇二七三号代电（第40141号）

经济部勋鉴：关于法方新颁限制我物资运输办法事：本月七日欧28第二〇二二三号代电计达。顷据驻法顾大使电复：遵当向法政府切实交涉，窃以越南新颁限制办法不无隐示对我转变政策与企图与日作进一步之谅解。上周法殖民部长催我清运海防积货甚切，或亦为此。该部长对我主管机关已否拟定办法，于若干时期内清运海防昆明积货一节，甚为重视。缘我欲交涉取消限令，彼或以此责难。请速电示等语。除将我方目前存积越南货物总额数量一时无法如限运清情形电告顾使,令其仍向法政府力争外,特电请查照,转行迅予设法疏运,以免法方有所藉口。再此后物资应否暂改道缅甸,勿再假道越南,以策安全之处,并请查核办理为荷。外交部。佳。

〔注:已分行各有关机关知照。〕

(5)外交部致经济部代电(10月12日)

抄外交部二十八年十月十二日欧28字第二〇三一〇号代电(第40285号)

经济部勋鉴:顷据驻河内总领事本月十日电称:今日政治部长面告:日来越方对我要求皆通融办理,希望我对越要求亦予以便利。现法国需要我国出产之钨锑锡猪鬃,盼我供给已往之数量,乞转行核示等语。查自抗战军兴,我方物资假道越南,法越政府尚能应我方要求,予我便利。欧战发生后,法国颁布战时法令,对我物资假道亦能于法外设法通融。查核上述要求既非苛刻,其最近对我态度又极关重要,似宜允其所请,以示互助之意。特电请查核,迅予办理见复,以便转复为荷。外交部。文。

〔注:已电复外交部说明钨锑锡猪鬃向系公开定价出售,对法并不歧视,法如需要按价收购,中国自当充分供给。请查照转知,一面并令函资委会贸委会查照。〕

(6)外交部致经济部代电(10月12日)

抄外交部十月十二日第二〇三二〇号代电

经济部勋鉴:关于物资假道越南事:欧28字第二〇二二三号代电计达。顷续据驻河内总领事馆电称:越总税务司奉命面告,对我官运德货之限期取消。惟九月三日前付讫物价证件一项,仍坚持不让。我有无证件可供提出,乞示知,以利交涉。兹拟办法三项(一)有证件之货应将证件从速寄越提运。(二)无证件之货而其数量较小性质紧要者，可采担保方式先行提运。（三）所余无证件者，如能补即补办，否则统作一次总交涉。恳商各主管机关核办示复。商运德货又展五天至十月三十日截止等情。除电饬继续注意洽办外，特此电请转饬所属各机关知照，并见复为荷。外交部。锡。

〔注：已分行各有关机关知照。〕

（7）外交部致经济部代电（10月14日）

抄外交部二十八年十月十四日欧28字第二〇三六六号代电（第40538号）

经济部勋鉴：关于法国要求我方供给钨锑锡猪鬃一事，欧28字第二〇三一〇号文代电计达。兹据驻法顾大使电称：法殖民部长称，据越督电告：英政府续准英商福公司代运资源委员会之钨砂出越境至香港，并根据东方汇理银行密报：中国正与英商密订借款，以云南所产钨锡为担保，并称钨为法急需，应请注意等语。查法对我钨产素极注意，现值战时，需要尤切，当此交涉取消越南对我物资假道限制办法之际，我如乘机表示好意，提议商订供给办法，藉示互助之意，必为法所感荷。若供英以外，所余不多，似可提议中英法三方面会商分配办法，较诸由越坚持禁令，截留我所运者为得策，此事真相如何，请讯予商讯电示等情。查英商福公司代理赣粤湘三省钨砂出口贸易一事，前准贵部咨行本部有案。兹东方汇理银行所报以云南所产钨锡为担保与英商进行借款之说，是否属实，真相如何，顾大使所称法方需要钨砂甚切，建议供给方法，以期法方继续予我假道便利，不为无见。特电请查照，本部文代电并案核办，迅予见复为荷。外交部。寒。

〔注：已查案电复外交部，并述明所谓以云南所产钨锡为担保与英商进行借款之说与事业〔实〕不符，请转电顾大使向法切实说明。〕

（8）行政院致经济部代电（10月15日）

抄行政院十月十五日机字七五〇号代电第40551号

经济部：密。据外交部本年十月十二日欧28字第二〇三二〇号代电称：关于物资假道越南事，欧28字第二〇二二三号代电计邀钧察。顷续据驻河内总领事馆电称：越总税务司奉命面告对我官运德货之限期取消，惟九月三日前付讫物价证件一项仍坚持不让，我有无证件可供提出，乞示知，以利交涉。兹拟办法三项（一）有证件之货应将证件从速寄越提运。（二）无证件之货而其数量较小性质紧要者，可采担保方式先行提运。（三）所余无证件者如能补即补办，否则统作一次总交涉。恳商各主管机关核办示复。商运德货又展五天至十月三十日截止等情。除电伤继续注意洽办外，特电请鉴核示遵等情。除分电外，合行抄发外交部欧28字第二〇二二三号代电，电仰迅予核办。行政院。删。四。计抄发外交部代电一件。

抄代电

行政院钧鉴：关于物资假道越南事，欧28字第二〇一〇九号代电计邀钧察。顷据驻河内许总领事电称：越方新定我官商所运物资办法（一）政府德货须出示在九月三日前付讫物价证据，而在十月二十五日前运清，为通融起见，不能出示证据，可向官产处请求担保，在此期内提运。逾期未曾证明付款提运均封存，封后如何办理，官产处称未奉通知。总税务司禁封后，即不能提运。（二）商运德货，须出示九月三日前付讫物价证明，在十月六日前运清，逾期扣留。在途之货，已于九月三日前付款者，准予退回。未付款者，即行扣留，总税务司封扣后，即暂时征用。官产处禁止限期似可通融，已请律师协助进行。（三）越南禁止出口之货，我政府所运者，目下尚可通行，但越督令总税务司定一限期，期满后概须封存。仅美货物纳税后可通过。由中国假道越南出口之货，如在禁止之列，同样办理。现越督正要求美贷货种类数量。（四）商运禁止出货须在十月三十日前运清，逾期未运及继来者均封存。（五）上项日期定后，普通货物不在禁止之列，亦须纳税始可通过。至关于德货官运，定二十五日截止。现正与宋主任谒总督谅亦难有结果，商运限期尤促。以上两项所需付款证明系指法领签证付款证明，限期坚争展缓未允，如此规定，直欲挟为己有。关于禁止出口物品商运定三十日截止，惟商人运输能力有限，官运虽未定限期，但一经规定，除美货外，无异停运，而入口亦无形取消。盖我官运各货如卡车、汽油、五金，均在禁止出口之列。所谓除禁货外之普通货物纳税通过，实仅空言。嗣续据该总领事电称：商运德货经指示方针，并经本馆协助官产处允展缓十九天，故可延至十月二十五日截止。现商家选派代表二人分赴沪港，请求法领签发九月三日前付讫物价证件各等语。除电顾大使，并向法大使交涉取消上次限制办法，一面仍请法大使馆转行沪港法领事，遇有我商请求签发此项证明时，特予便利。一俟得复，再行奉陈外，特电请鉴核。外交部部长王宠惠印。曷。

〔注：已分行各有关机关知照。〕

（9）外交部致经济部代电（10月16日）

抄外交部二十八年十月十六日欧28字第二〇三八八号代电（第40659号）

经济部勋鉴：关于物资假道越南事，欧28字第二〇三二〇号代电计达。兹续据驻法顾大使电称：法殖民部长函知，关于我方所举下列三点，彼已电饬越督遵照。（一）凡我政府所运各种物资，均仍免税。（二）凡官运所订一切清运期限均取消。（三）凡商有物资之清运期限均斟酌当地情形，再为延长。至在途官有德货，由我政府或由领事馆发给付款证据，以代法领证据及取消保证金各点。彼正与法外部商议，俾得再酌定办法等语，乞鉴核等情。查值此国际形势变化不定，法方政策常有变更之时，越方对我物资运输之限制办法，虽经交涉大部取销，然为防患未然计，我方自应于短时期内，迅速出清积货，特电查照，转饬所属各机关知照为荷。外交部。谏。

〔注：此件在商业司拟办中 十八日〕

（10）外交部致经济部代电（10月17日）

抄外交部二十八年十月十七日欧28字第二〇四三四号代电（第40729号）

经济部勋鉴：关于物资假道越南事，欧28字第二〇三八八号代电计达。兹续继驻河内总领事馆电称：越督函复，官运德货证件可由我财政部部长签具已付物价证明，连同货物清单，循外交途径送由法大使馆转交越方。又德货过境已通过者不计外，继来者不能免税等语。查越方此次态度虽一再变更，最后尚属迁就，除已与此间西南运输处接洽外，证件手续恳请迅办等情。除呈报行政院并分行外，特电请查照为荷。外交部。筱。

〔注：此件本日到部，现在商业司拟稿中 十八日〕

〔国民政府资源委员会档案〕

7．经济部为继续供售法国钨锑锡矿产品与资源委员会往来文件

（1939年10月）

（1）经济部令（10月13日）

经济部训令　商字第36227号　中华民国二十八年十月十三日

令资源委员会

案准外交部欧28字第二〇三一〇号文密代电开："顷据驻河

内总领事本月十日电称：今日政治部长面告，日来越方对我要求，皆通融办理，希望我对越要求亦予以便利，现法国需要我国出产之钨锑锡猪鬃，盼我供给已往之数量，乞转行核示等语，查自抗战军兴，我方物资假道越南，法越政府尚能应我方要求，予我便利，欧战发生后，法国颁布战时法令，对我物资假道亦能于法外设法通融，查核上述要求，即非苛刻，其最近对我态度，又极关重要，似宜允其所请，以示互助之意，特电请查核迅予办理见复，以便转复为荷。"等由。查继续供给法方物资事关促进邦交，自可允其所请。中国钨锑锡猪鬃等出产，向系公开定价出售，对法国并不歧视，法国如有需要按价收购，中国自当充分供给。除电复外，合行令仰遵照办理为要。此令。

部长翁文灏

（2）资源委员会呈（10月16日）

呈

案奉钧部本年十月十三日商字第三六二二七号训令：以准外交部代电，法国需要我国出产之钨、锑、锡、猪鬃等物，盼我供给已往之数量等由。令即遵照办理等因。奉此。查法国所需之各项物品，除猪鬃一项，不属本会范围外，其他钨、锑、锡三项，自应依照通常贸易办法，充分供给。除另令国外贸易事务所遵办外，理会呈复鉴核。谨呈

经济部部长

金衔翁〇〇
钱〇〇

（3）资源委员会令（10月16日）

训令

令国外贸易事务所

案奉经济部本年十月十三日商字第三六二二七号训令内开："案准外交部照抄之，合行令仰遵照办理为要。"等因。奉此。查法国所需各项物品，除猪鬃一项不属本会范围外，其他钨、锑、锡三项自应依照通常贸易方法充分供给。除呈复外，合行令仰遵照办理，具报为要。此令。

（4）国外贸易事务所呈（10月24日）

案奉钧会十月十六日密渝秘字第八九三号训令饬知，转准外交部代电；据河内总领事电称：今日政治部长面告，日来越方对我要求皆通融办理，希望我对越要求亦予以便利，现法国需要我国出产之钨、锑、锡、猪鬃，除猪鬃不属本会范围外，其他钨、锑、锡三项，自应依照通常贸易办法，充分供给，合行令仰遵办具报。此令。等因。除原贸易常例，照公开行市定价，妥与接洽办理，理合具文复请鉴核。谨呈

资源委员会主任委员翁

　　副主任委员钱

　　　　资源委员会国外贸易事务所所长郭子勋

〔国民政府资源委员会档案〕

8．经济部等会商我国订购德货假道越南交涉情形令文

（1939年10月—1940年1月）

（1）经济部训令（1939年10月20日）

经济部训令　商字第36676号　　令资源委员会

案奉行政院本年十月十五日机字第七五〇号删密电开：据外交部本年十月十二日欧28字第二〇三二〇号代电称：关于物资假道越南事，欧28字第二〇二二三号代电计邀钧察。顷续据驻河内总领事馆电称：越总税务司奉命面告对我官运德货之限期取消，惟九月三日前付讫物价证件一项仍坚持不让，我有无证件可供提出，

乞示知以利交涉。兹拟办法三项（一）有证件之货应将证件从速寄越提运。（二）无证件之货而其数量较小性质紧要者可采担保方式先行提运。（三）所余无证件者如能补即补办，否则统作一次总交涉，恳商各主管机关核办示复。商运德货又展五天，至十月卅日截止等情。除电饬继续注意洽办外，特电请鉴核示遵等情。除分电外，合行抄发外交部欧28字第二〇二二三号代电，电仰迅予核办等因。附抄发外交部代电一件，奉此。查本案前准外交部本月七、九两日代电，业经电部于本月十四日以工字第三六二九二号训令分饬遵办，并代电国外贸易事务所海防分所知照在卷。奉令前因。除分行外，合再令仰遵照。此令。

部长翁文灏

中华民国二十八年十月二十日

（2）贝志翔致翁文灏呈（11月7日）

准西南运输处海防分处二十八年十月三十日海秘字第0595号函略：以接许总领事函照译NO1211ca

迳启者：本月二十三日本司曾奉寄第1202号函，谅达查照。兹为便利贵国进出口物资运输起见，遵奉越南督令关于贵国政府现存海防或在途中之德货进出口运输照常免税。惟该货价应于一九三九年九月三日前清缴一项。应请备且清缴货货价之证件，且该货应于该日期前运出德境，方为有效。至于贵国政府存防或在途中之军用品或非军用品之运输，亦一律免税。并即将十一月一日以后官运物资纳税之规定令行取销，以副尊意。耑此布达，即颂勋绥。

总税务司署

（3）经济部训令（11月11日）

经济部训令　商字第38145号

令资源委员会

案准中央信托局本年十月二十七日港购发字第二八三一号函开：关于我政府德货通过越境及越当局对我政府货物收取之过境税等事宜，兹据本局驻防沈专员祖同报称：本月十四日各机关驻防代表在西南运输处开联席会议，许总领事念曾出席报告。兹特电陈，敬祈鉴核。（一）我政府所有之德国货，越督限本年十一月二十五日以前运出越境，运出时（甲）须提示正发票上经上海或香港法国总领事签证，该项货款确于本年九月三日以前付清。（乙）如无正发票足资证明者，可由中国财政部长证明货款确于九月三日以前付清，交由中国外交部送达驻华法国大使，转请越南总督准予放行。查德货如本年十一月廿五日以后，未能按照以上（甲）或（乙）之手续办理，以致不能运出者则由越督府官产局予以接收。在官产局接收以后，我国政府如仍能提出以上（甲）或（乙）之证明文件，可由官产局发还内运。至于德货过境税，截至现在止，已准免税者照免，未能免税者一律照纳过境税。（二）中美借款之美国货内有属于越南海关所公布禁运品者，仍准予无限期内运，以运完为止。惟须将美货总清单送达越南总督查核，至于以上美货在本年十一月一日以前到达者，准予免纳过境税。在本年十一月一日以后到达者，仍须缴纳过境税。（三）非中美借款之货物内有属于越南海关所公布禁运品，确为中国政府所有者，准予无限期内运。惟须预请越南总督许可。至于该项过境税本年十一月一日以前到达者免纳，本年十一月一日以后到达者照缴。（四）非禁运货品，准予随时内运。惟过境税在本年十一月一日以后到达者，仍须缴纳等语，相应转达查照为荷。正核办间，并准外交部十月卅日欧28字第二〇八一八号代电开：关于物资假道越南事欧28字第二〇四三四号代电计达。经电饬庚续力争去后。兹据驻河内总领事馆复称：准越南总税务司函称：（一）官运商运德货，除九月三日前已付物价证件办法仍然维持外，清运限期一律取消。（二）官运商运禁止出口物品，无论已在越南及继来者，均得无限期通过。（三）官运货物均仍免税等语，请鉴察等情，除陈报行政院，并分行外，特电请查照为荷各等由。到部。查此案前准外交部及中央信托局先后函电，节经转令知照在卷。兹准前由，除分行外，合行令仰知照。此令。

部长翁文灏

中华民国廿八年十一月十一日

（4）经济部训令（11月20日）

经济部训令（密）　商字第38752号

令资源委员会

案准外交部十月欧28字第二一二九一号笺代电开：关于物资假道越南事，本部曾将越南政府取消清运限期及恢复官运货物免征通过税情形，于十月卅日电请查照在案。嗣据顾大使电称：准法外部答复，殖民部长已训令越督（一）恢复官运免税办法，不加限制。（二）取消官运清运限期。（三）对清运商品期限酌量当地需要，妥为设法。至在途德货，则谓依照战时法令，凡请求例外办法须将战前付价证明各件，送请法外部附设之例外委员会申核办理。至德货以外货物假道，须由购买国驻巴黎代表出具声明书，保证专为本国使用，并不直接或间接以原货或改造后运往德国等语。请将关于在途德货清单及付款证据示知，以凭交涉。至法方所需声明书，应否俟奉到前项单据，即由本馆拟具办理，并请电示等情。节经以法外部所云在途德货，须将已付物价证明送例外委员会审核。手续虽称简易，然政府购货机关向不统一，承运人员亦各有统率，故就收集单据而言，内部接洽已颇费周章，加之目前海运困难，海防积货充塞，各货起运孰先孰后，若非由办理运输人员与地方当局就近洽办，难免先后倒置，空耗时间。来电所述办法，系指明在途德货。兹据许总领事查复：指一切已到及在途官商德是所有存越德货目下均不能启运，不啻将已允便利复行取消。至德货以外货物须备具单据，送由该馆声明不转运德国一节，自系形式问题，但手续上亦感同样困难。中德既不接壤，海运亦在英法控制之中，我方需要物资又如此迫切，断无转供德国之理，法方不必多所顾虑。总之，我方并不反对在巴黎办理，然法方既有履行诺言，予我援助之意愿，对我实际困难及迫切需要，自应加以善意考虑，仍希婉商通融，不妨在巴黎作原则上之决定概括之声明。至查核单据等细节，仍授权越南当局办理，庶我可得法方所允便利之实惠等语。电令该使剀切转商，务期通融去后。兹据复称：本馆前以在途德货尚多注重，要求越方仍准入口，故所致法外部之说帖内另列一款，而法对德货则注重付款证据，虽其复文承我要求而言，然所云提交证件一层，系包括一切德货，不分存越与在途者。顷复用个人名义向法方述明我方各种困难，仍望其设法允准越当局就地办理。据亚洲司长答称：此事碍难交越南政府全权审定，付款证件是否有效，一因中央与地方职权关系。二为避免地方当局不顾大体办理不妥，引起华方误会。如上次地方擅自取消过境免税办法，惟为解除华方困难，彼极愿协助尽力疏通，俾能办理，或在巴黎只决定原则，以何种为有效证据，其每批货物之证据查验，交由地方办理。一面由我将存越及在途德货数量种类清单及所能交验之付款证据性质示知，俾德凭以竭力从旁设法。复经告所云，此项证件如指德方收条或银行付款单据，则无从提交，因历来德华交易多系以货易货，约期抵销，现帐未清结。据闻我所运往德国货物，其价值已超过运华德货。该司长谓：中国政府虽无收据，但必有交换货物之帐目清单，此即付款证据之一种。彼意我财政部草出证明书，邀驻渝法使馆人员过目一次后，即予证明，亦是一种办法。但此全属个人意见，例外委员会能否赞同，容代为接洽，设法疏通云云。又禁止出口货品弛禁，不再转运德国一节，其系运华者，如由本馆作一总声明，谓现在及将来所有经越运华货物，中国不再转运德国，当足应付，似可不必每次按批声明。至运赴外国者，如系运至与德毗连之邻国，碍难允准出口云。现正拟具详细说帖，以备例外委员会讨论。我主管各机关对上述各节意见如何，请速电示等情。查目前所有存越及在途德货，据越南政府通知。因奉巴黎训令，在研究未有决定以前，暂行停运，现正由顾使在巴黎切商通融，及待电训。兹定于本月廿一日下午三时在本部召集有关各机关会商决定，以便克日转电顾使进行。除分电外，特电请查照，指派负责人员，带同贵部所购存越及在途德货数量种类清单暨所能交验之付款证据性质，届时莅部参加会议等由。查德货假道越南一案，迭准外交部示电，节经分令在案。准由。前由。除分令工矿，调整处外，合行令仰该会，指派负责人员一人，携带所购存越及在途德货数量种类清单，暨所能交验之付款证据及有关证件，于本月廿一日下午二时来部，会同本部余科长茂切前往与会，为要。此令。

部长翁文灏

中华民国廿八年十一月二十日

（5）外交部电（1940年1月19日）

外交部快邮代电渝29字　第十七号

经济部资源委员会勋鉴：关于物资假道越南事，一月十三日密渝秘字第一二〇〇号代电诵悉。查此事兹准法国大使馆正式答复：（一）廿八年十二月一日以前到越之官有德货：（甲）备有财政部孔部长付款证明之七批德货内包括贵会拣钨机件一批，一经外交部证实其易货或付款手续，均在廿八年九月三日以前履行完毕，即可放行。（乙）现款购买之德货，须将九月三日以前付款证件送交法国大使馆审查，以便通过。（丙）曾以货物相易之德货，一经外交部检同清单，向法国大使馆声明，曾登入中德易货帐内，并已于廿八年九月三日以前完全结帐，即可放行。（丁）尚未以货相易之德货，可由中国政府检同清单，向法国大使馆声明，系归中德易货帐内结算，并保证决不将制造军火之原料运德作抵，以便通过。（二）十二月一日以后到越之官有德货，须将付款证件，由外交部交法国大使馆送往巴黎审查。贵会如尚有其他现款购买或以货易货之德货，如属于前者，应请将付款证件及清单，如属于后者应请将货物清单，迅行查照。附列清单格式填写六份，检送本部，以便办理。除关于甲项七批德货，业由本部备文证实其易货及付款手续业在九月三日以前履行完毕，送请法国大使馆查照，转电越南政府迅予放行外，特电请查照办理为荷。外交部欧美司。皓。

附清单格式表二件〔略〕

中华民国廿九年一月十九日

〔国民政府资源委员会档案〕

9. 经济部关于与法国银行团签定叙昆铁路合作合同训令

（1939年12月13日）

经济部训令　矿字第40305号

令资源委员会

查叙昆铁路矿业合作合同，业于二十八年十二月十一日与交通部所商定之叙昆铁路合同，同时与法国银行团及中国建设银公司代表在重庆签订。除交换函件，除检同该项合同函件中文法文正本，呈请行政院鉴核外，合行检发上项合同函件中文及法文抄本各全份，并抄附关于探矿顾问事交换函件法文抄本二份，令饬该会知照，俟奉正式核准时，当再另知照。此令。

附发叙昆铁路矿业合作合同中文及法文抄本各一份（法文抄本略）。

经济部关于合同效力事致法国银行团中国建设银公司中文及法文抄函各一份（法文抄函略）。

法国银行团中国建设银公司关于合同效力事复经济部中文及法文抄函各一份（法文抄函略）。

法国银行团关于探矿顾问事致经济部法文抄函一份〔略〕

经济部关于探矿顾问事复法国银行团法文抄函一份〔略〕

中华民国二十八年十二月十三日

部长翁文灏

叙昆铁路矿业合作合同

立合同人：

一、为中华民国国民政府（以下简称政府）以财政部长经济部长及交通部长为代表。

二、为法国银行团（以下简称银行团），在巴黎荷兰银行雷搓兄弟公司、东方汇理银行及中法工商银行组织之，皆为依照法国法律所组织之公司，其总店皆设在巴黎，其对于本合同之参加，彼此间无连带责任。

三、为中国建设银公司（以下简称银公司）为依中国法律所组织之公司，其总公司设在上海。

兹经共同议定条款如下：

第一条　一、本合同之目的为协助政府开发叙昆铁路经行地带之矿业，以发展此区域之经济。

第二条　一、本合同所称之矿权，不论属何种类，均应给予中国公司，亦只能为中国公司所得。此项公司中国中央政府省政府及中国私人均可投资，对于中国各种法规（尤其矿业法、公司法及其他各种有关矿业现行及将来增订之法律规章）均应遵守。

二、本合同第三条所规定地带内之各矿，其探矿权应给予该条所规定之探矿工程处。

第三条 一、银行团及银公司与资源委员会合作，并与相关之省政府协商，在经济部长指导之下，依照下列之规定，参加叙昆铁路地带内之矿业。

（一）探矿范围：沿叙昆铁路干线一百公里范围之内（即每边五十公里），除已由私人或公司获得探矿权或采矿权者外，对于所有应行试采之矿产，应由资源委员会与银行团、银公司及相关之省政府，商订探矿计划，其已给矿权之各矿，如政府认为适当，并获得原矿权者之同意时，亦可商定依照本合同合作探矿及经营。

（二）探矿组织 本合同生效后，由合作各方设立探矿工程处，设总工程师一人，由资源委员会委派主持处务。又设副总工程师一人（中国籍），由银公司委派，法国工程顾问一人，由银行团委派又相关之省政府各派，副总工程一人，参加关系省份内之探矿工程。该工处成立时，由经济部依照本合同发给叙昆铁路沿线探矿特许状。

（三）探矿经费 探矿计划所需开支之经费，由下列款项支付之：

子、先由交通部在建筑叙昆铁路国币款内提拨，最多至二百万元。

丑、如为完成探矿计划，上款尚有不足，由经济部拨款补充，亦以最多至二百万元为限。

寅、探矿所需之设备及材料，视作铁路材料之一部份，并用同样方法供给之，其价值即包含于铁路合同第一条第五项规定之总数，但最多至八百六十四万佛朗。

上项探矿经费交通部所付者（连设备及材料之价值在内），作为川滇铁路公司投入采矿公司之资本，依照以上规定所分摊之资金比额，由合作各方面订之。

(四)探矿时期 本合同所规定探矿之时期与叙昆铁路干线之建筑时期相等，铁路干线建筑完成，探矿亦即终止，但如果铁路干线完成，而合作各方认为探矿尚有继续之必要时，经互相同意亦得展延。

第四条 一、如果所探之矿中，有经合作各方认为有开采之价值者，由资源委员会、相关之省政府及银公司商同银行团，发起组织采矿公司，请由政府核给矿权。

二、政府允许此项公司招收法国资本最多至百分之四十九，并允许银行团贷款资助材料及设备，银行团得在公司成立时，决定投资或贷款或投资并贷款。

三、如果探矿最后报告完成，并送交合作各方后逾时一年，本条第一项所言之公司未能决定或成就时，所有矿权即由中国政府收回，并得由任何私人或公司依照中国法律请领。

第五条 一、如果依照本合同所成立之采矿公司，有矿产品销售国外时，除政府有权指定特殊用途外，银行团及银公司有商任经理人之权，其经理条款应与该公司商订，并经政府核准，其年限不得过十年，并得洽定佣金，以资酬劳。

二、政府有绝对权力决定销售条款及时期，并规定向何人或何公司销售。

第六条 一、在依照本合同规定采矿所得之纯益内，政府及省政府应在其应得纯益中，提出百分之五十，每年存入保证基金，以符政府与银行团及银公司同日所订铁路合同第六条第八项之意。

二、依照本合同所成立之各采矿公司所纳之矿税及所得税，亦应缴入此保证基金。

三、如果依照铁路合同第六条第八项所定保证基金，能保持足额时，政府及省政府仍自行使用全部纯益，矿税及所得税亦无须拨交。

第七条　一、交通部因矿公司或本合同第三条所规定之探矿工程处之请求，应建筑必要铁路支线。

二、银行团得依照将来共同协定之办法，供给此项支线之材料，一如其供给采矿必需材料。

三、以上二项所订建筑及设备之费用，由交通部与采矿公司依事实情形商定办法，共同负担之。

第八条　一、银行团有权将其在本合同所得权益之全部或一部份，让渡或过户与任何团体公司或银行，并可再将上述之权利权益之一部份或全部转让与他人。遇有此项情事发生时，应先报告经济部，如果承受之人并非法国籍、英国籍或中国籍时，须预先取得政府之书面允准，方为有效。

二、各方之继承人或享受人，均受本合同之约束，本合同对之均有实行效力。

第九条　一、本合同须经政府银行团及银公司核准后，始发生效力。该项核准手续，应于签字后六星期内行之。除非由合作各方同意另定期限外，逾期本合同作为无效。

二、本合同自生效之日起满十五年，即为无效。

第十条　一、凡因本合同所发生之争执，均应按国际商会和解或仲裁章程，交由照章指定之仲裁员一人或数人作最后之解决。

第十一条　一、本合同缮具一式四份，每份均以中文及法文缮具一份，送呈中华民国国民政府行政院，一份存经济部，一份存银公司，一份存银行团。

二、本合同经呈奉政府批准后，由国民政府外交部长将证明与批准原本相符之抄本一份，送交法国驻华大使。

三、如遇附本合同之解释有疑义时，以法文为解释之参考。

本合同经各方签字盖印，以资信守。

中华民国二十八年　月　日即西历一九三九年　月　日签

财政部部长
经济部部长
交通部部长
法国银行团
中国建设银公司

经济部长翁文灏致法国银行团代表傅朗朔函(十二月)

迳启者:兹以下列二节函达贵代表请予证实。

一、如在十五年规定期限未届满以前,叙昆铁路借款合同停止生效时,矿业合作合同应即同时失效。

二、如中国政府根据本合同第十四条第五节之规定,停止购料时,矿业合作合同内银行团所享受之权益之区域,应以法国材料所筑成之路线有关部份为限。此致

法国银行团代表傅朗朔先生
中国建设银公司协理刘景山先生

         经济部部长翁文灏
           十二月 日

法国银行团代表傅朗朔复翁文灏函(十二月)

迳启者:接奉贵部长二十八年十二月　日函开:迳启者:兹以下列二节函达贵代表,请予证实。

一、如在十五年规定期限未届满以前,叙昆铁路借款合同停止生效时,矿业合作合同应即同时失效。

二、如中国政府根据本合同第十四条第五节之规定,停止购料时,矿业合作合同内银行团所享受之权益之区域,应以法国材料所筑成之路线有关部份为限。

等由。尊函内所列二节,敝代表等均予证实完全同意。相应

625

函复，即希查照为荷。谨上经济部部长翁

法国银行团代表傅朗朔
中国建设银公司协理刘景山 谨启
二十八年十二月　日

〔国民政府资源委员会档案〕

10. 许念曾关于法越当局强征我国存越钨砂事致外交部等电呈

（1939年12月—1940年1月）

（1）致顾维钧电稿（1939年12月15日）

Sinoembassy Paris

经济部长称：奉殖民部令：照市价征用我存越钨砂，事属强制性质云云。现所有入仓钨砂已封存，未入仓者定期过磅，移存越方官仓征用，命令越方立迫资源委员会驻海防代表签字，该代表以时间短促，尚未奉政府核准，仅在令尾签注，保留政府决定权。Sinoconsul。

（2）致外交部呈（12月29日）

关于越督奉令征用我存越钨砂事，经以五九七号电报告在案。查我抗战以还已两载有半，在此长时期中，越方对我协助之处甚多，其中虽有若干次不能尽如人意，然终以环境关系，我方不能不予容忍。盖我出海口岸尽被敌人封锁，仅缅越二处又资假道，而缅境路线既长且仍征十分之一过境税，两地相较，实唯越南最为相宜。在欧战未发生前，越政府以运费收入，已满足其希望，同时求我之事亦较少，现则有求于我者较前增多，且常藉口免税，以期我方予以便利况，前宋部长及宋主任往晤越督，亦曾向其表示苟越方有所需要，我当尽量援助。故华越运输关系始终须在双方互助原则上始能维持。但战事愈延，我求人之处愈多，而双方之小摩擦亦所不免。我方虽明知法方乘危相逼，但越南扼我咽喉出入必经，自应由大处着想，屈予逆来顺受，而决不能意气用事，以逞一时之愤。此次钨砂被扣，亦即摩擦之一端。按此事发生于本月十日，时适念。在渝，闻及法方所派之龙东与我当局接洽购买矿产事，未有具体结果。念○曾面向钧部报告，对于此事应予考虑。盖我物产积存彼境，苟不遂其意，恐不免意外。迨发生意外再设法挽救自不若允准在先之为愈（因允准在先即可卖一情面）。当时钧部以政府立场认为，书面保证未便开此先例。此固因各该矿产物为我换取外汇之唯一货物，早为俄美英诸国定购，自不能独厚于法国，而予书面保证，亦有不得已之苦衷在然。事实上物在其境通过，使我无法挣脱，且法人性格与英人不同，量之大小亦悬殊。当时令○言虽未详而意已尽露，念○向钧部报告之时即此间执行征用之时不幸一言而竟中，此事念○在渝时以及返越迄今，始终未与龙东晤面，然以意推测，不能不谓与龙东此行之结果有关（此次扣留原因不外龙东之行未有结果，对我实施一种压迫。及侦悉该物系运往俄国两点原因盖全世界钨砂我国产量占半数，造炮非用此物不可，故运俄间接即助其制造武器以供给德国）。目下此事重心已移巴黎大使馆，本馆当不能遇事力争，故返越后虽曾往政治部谈及此事，并经告以我方之苦衷，再劝以勿因小事摩擦，损及双方以往之好感，该部长亦以为然，当因静候巴黎定夺，未有具体结果。现我存越矿产均暂时截留，仅锡可照常出口。又经济部驻防代表贝一系此次因征用令签名一事，受部方申斥，亦觉不无受冤之处。缘此种征用令系军事期间强制措置，当时不能不签，且签与不签与实行征用令无关。因签名仅属保管性质，且贝于签名时曾加注"保留政府决定权"字样，故于大事上并无丝毫关系。此层似可请钧部代向解释，以免误会。总之，此事之发生决非偶然，现既循外交途径交涉，极愿早得圆满解决，免致摩擦愈深，而影响其他。最近越督又派Chadourne氏赴华，此行任务极关重要，应请钧部另眼看待，以期此事可得转圜之余地。是否有当，理合具文呈请鉴核。谨呈外交部

（3）致外交部呈（1940年1月23日）

拟稿

查我经越运出之矿产计有钨锑锡等数种物资，现所发生问题者除钨已被扣，正待解决外，锑亦不能出口，实际上仅锡一项尚能照常运出。关于上项诸事，法方曾派Rondon赴渝接洽，旋以未有具体结果而回。现对钨砂问题，法方又专派Brage及Delaguaize等二氏于本月二十一日飞渝协同法大使馆与矿部继续商洽，前经以第六二七号电报告在案。按我国所产钨砂之数量占全世界之半，自欧战发生，各国竞造武器，供不应求，我国之售价超出市价二十余先令，德俄诸国交通封锁，愿出高价收买，但此种原料为制造大炮之必需品，以此供给无异助增武器，且在战前，英属各地所产钨砂可供法国部分之需要。今以英国自身需用已无余量，故法政府欲照市价而购得此物且免资敌用起见，不得不将我存越钨砂实行扣留。现Brage氏等到渝闻并不拟作久留，深愿此事能有顺利解决。又闻锑之问题不久亦将效钨砂办法，由政府收买，将来将由Tachoire氏主办此事。至于锡之一物，法政府当不甚重视，因产量较多，且质地不佳。惟价格较廉。Rondon前次赴渝，要求我每年供给法国三千吨（每月二百五十吨），我方未书面保证。顷据Rondon面告，谓渠接法大使电称，锡与猪鬃二事已渐接近将照一九三八年供给之数量而供给云云，Rocdon之意一九三八年实行统制曾有两个月未有该两项物资运出，故照一九三八年之数量，实仅十个月数量等语。总之，此事之解决钧部自有主张，本馆仅将见闻所及随时陈报以备参考。但

以上诸问题与在越运输较及德货通过均不无关系，最好能有圆满结果，俾诸事随之迎刃而解。至论越方对我态度在途经此间之人仅见皮毛，自属难得真相，本馆以驻在地关系平日素加注意，知之最为深切。就许多事实越方对我不可谓不诚，而协助之处亦不可谓不力，此实唇亡齿寒之环境使然，故上项诸事，似以在华越亲善互惠立场上，早得具体决定最为适当。是否有当，理合具文呈请鉴核。谨呈

〔中国驻河内总领事馆档案〕

11. 经济部为转报法国关于我国订购德货通过公海问题态度致资源委员会训令

（1939年12月20日）

经济部训令　商字第四〇七三四号
　　令资源委员会
　　案准外交部十二月十六日欧28字第二一九二〇号先代电开："关于英法政府对德国水电政策采取报复办法，影响我所购德货通过公海一事，本月二日欧28字第二一六一〇号代电计已奉达。兹续据驻法大使馆电称：准法外部复称：运华德货，中国尽可要求通过，法政府将本最大善意加以研究，但该项货物（一）应为十一月二十八日前所订购者。（二）应在起运前已将货款交割两清、（三）应于明年一月一日前自欧洲中立国各口岸起运等情。特电请查照为荷。"等由。除分行工矿调整处外，合行令仰知照。此令
中华民国二十八年十二月二十日

部长翁文灏
〔国民政府资源委员会档案〕

12. 许念曾为加强滇越铁路空防及高平公路修筑情形函稿

(1940年1月26日)

第三参事赐鉴：一月十六日芜函计蒙垂察。宋主任会晤赵督谈话记录一份，内对滇越路增强空防一节颇堪注意，尤以宋主任提及向法购买一语，对越督答称：曾电巴黎政府，请将高射炮等运来，但迄未获复云云。未知钧馆方面有无接洽，现该路被炸之处正在修理，一、二月后当可修复，但修复后仍不能不防炸被再毁，以我幅员之广，防御器械不敷分配，最好能顺水推舟，向法方进行或向购买，或由法自动运来，以期充实防御力量。总之，越督态度对我极为诚恳，遇事接洽协助殊多。值此紧张之际，得一友邦主管官员同情，实堪引为欣慰。如高平公路现已正式开放，其间越境一段仅边境重庆府至岳圩段内一小部份工程未完，现已向我征工两千名协同赶筑，广西境内田东河池一段工程已竣，可与越境之路接通，目下小车已可通行，至于大车当须十余日，此路成后，运输上固有多少便利，但终不若老街公路之重要安全。前函已详论之矣。又问于钨锑问题，本馆最近曾将见闻所及详呈外交部，兹将该文抄上，以资接洽。南宁战事双方调动甚多，充分准备，近来并无特殊变化。匆肃敬请勋安。许○○谨上　月　日

附件〔缺〕

〔中国驻河内总领事馆档案〕

13. 翁文灏关于替越南总督代购鸦片五十吨函

(1940年6月6日)

委员长蒋钧鉴：顷接安南卡脱鱼日来函。因安南鸦片缺乏，（按该处鸦片公卖，并不禁止。）请中国允许速行让售五十吨，于十月间再加五十吨，极盼协助，以巩固双方友谊等语。查该总督就任以来，对于中国颇表好意，日本曾派员向彼要求，不许中

国将兵工器材及汽油通过安南内运，彼毅然拒绝，并不同意。前次文灏赴越会见，彼招待甚殷，并力言在此暴力横行之时代，民治国家极宜更加提携互助。目前运输紧急，我国似宜趁此示以好意，所请让售鸦片一节，钧座能否令行主管机关设法办理，抑应如何答复之处，敬候训示施行。职翁文灏。叩。鱼。印。附安南总督来函译文一件。

安南总督致翁部长函（译文）

各种情形不幸，使安南鸦片管理处对公众需要不能供给，因意外之困难，使已向土耳其、波斯及英属印度所订定之数量不易运到，而本年安南气候不佳，又使鸦片出产大受不良影响。余所属人员曾向河内中国总领事及吴上校商洽，皆毫无结果。如此情形，此项材料长此缺乏，则财政收入必大为减少。为避免此项困难起见，余个人特向阁下请求，向中国政府商请速即转让于安南鸦片五十吨，并于十月中转让同样数量，余深信中国政府以往屡有友谊之表示，对于此事定当协助，以实行双方之互助。余对于中国亦向具合作之诚意也。敬颂勋安。

卡脱鲁
六月二日
〔国民政府行政院档案〕

（二）封锁滇越路与中法断交、复交等

1. 国民政府对法国封锁滇越路等事件声明

（1940年）

法国在欧战中败降以后，对于远东方面无力维持其原来对我之立场，故徇日方请求停止我假道越南运输。六月二十三日外交部王部长发表宣言如下："法属越南在地理上与中国毗连，故彼此素有密切之关系，就商务与经济需要而言，互得调剂之利益亦历有年所，今则越南尤为我国之国际交通路线，于中国与外国之贸易以及中国本身之安全，均有莫大之关系。中国之法国关于法属越南已订有数种条约，其最近者为民国十九年五月十六日之（中法规定越南及中国边省关系专约），依照此约之规定，法国允许各种货物通过越南，军械及军火包括在内，中国政府鉴于法国所负上述之特定义务，自有要求其履行义务及维持越南国际交通路线之权。惟年来中国政府对于军械与军火均未要求通过越南，实已尽可能范围，谅解友邦处境之困难。不像日本军阀政府，得步进步，近日竟更乘人之危，对于法国政府，肆为公开及非公开之威胁，逼迫其停止中越间之一般运输，法国政府未能坚决拒绝，中国政府实不能不引为深憾。盖日本之要求，在使法国对于亲善之友邦施以封锁，此种封锁无论中法条约上或国际公法上，均属毫无理由也。法国政府既未能毅然拒绝日本之要求，其结果必更鼓励日本军阀破坏远东和平之行为，中国政府于此自不能不有最大之关切。中国政府确信日本在亚洲或太平洋上任何区域，如有军事侵略行为，无论其出以何种方式，无非欲藉其侵略所得，完成征服中国之根本目的。尤属显然者，日本如侵占越南，其目的将不仅夺取法国属地，势必更取道越南以攻华，故日

本如在越南等地有武力侵犯行为，中国政府为维持其生存独立，与遂行其一贯之反侵略主义计，不能不因日本之逼迫，而采取此种局势下之一切必要之自卫措施。

八月间敌人向法要求假道越南攻我，八日我外交部复发表声明如下："中国于抵抗日本侵略中，如日军不利用外国国土攻击中国时，原无派遣军队进入外国之意，故现在越南边境附近驻扎之中国军队，苟日军一日不入越南，当一日留住中国领土，而不令其开入越境。乃现得确实消息，日本必欲派军队在越南登陆，并在越南境内采取他种军事行动，藉以攻击中国领土，中国政府于此特郑重声明：日本武装队伍果侵入越南时，不论其用何种藉口，并不论其在何种情形之下，中国政府认为此举系对中国领土安全直接与急迫的威胁，当立即同样派遣武装队伍进入越南，俾得采取自卫措置，以应付此种局势。所有因采取此种必要措置而发生之结果，中国政府自不负任何责任。而法国当局如在越南准许或容忍日方任何军事行动，则所有因是发生之结果，包括越南中国侨民所受身体及财产之一切损失，法国政府自不能避免其责任。"

九月，越南允许日军登陆。九月十日我国炸毁铁桥，自行调度该路昆河段，同时外部发表声明，说明中国处置之正常。同年十一月七日上海法租界当局与敌伪成立协定，允其接收租界内法院，我当局即向法院提出严重抗议。复由外交部发表声明略称："对于上海法租界内自称为中国法院之任何机关当然认为非法，其所有裁判及其他任何行动一律无效。"

〔国民政府外交部档案〕

2．宋子良关于处置我国滞留越境官商物资报告

（1941年2月15日）

报告（三十年二月十五日于昆明）

关于我国滞留越境官商物资，前据本处驻越国委员贤颂报

告，敌方在一月中旬曾向越南要求：（一）越方所拟征购中国官商存防过境物资，一律不准提取。（二）倘提取时，须以半数交敌方。（三）倘不照此办法，则敌方自行处置。是项消息报端已有登载。嗣据周委员续报称：有法人Petro（前系资委会雇用职员）致函福中公司总经理Bell君，陈述关于处理我国官商物资意见，谨摘译如下（以下摘译Petro君致Bell君函）：

在物主立场观察　假定物资完全被日方攫取，等于百分之百损失，鄙意以为不如设法使日方购买半数，货款由日方自付，或由越方代日方支付。

在越方立场观察　假定以半数让售日方，则比由日方自由行动较为体面，且越南各种工业目前需要物资原料亦无来源，能得其余中国物资半数接济，不无小补。鄙人业将此项意见告知越南最大进口行（Descours and Caband）经理Vialet，渠已于一月十八日与越督秘书长洽谈，嘱其即写书面报告。现探得Vialet报告内容有下列各点（以下系Vialet报告）：

（一）假定越方不接受日本购取中国留越物资半数之意见，则日本必夺取海防海关码头货仓，形势更为复杂，且越方亦不能得到其余半数物资接济。

（二）假定越政府接受日方要求，强迫物主将货物出售，而又以半数分与日方，则此举违背国际公法。

（三）现可能办法，惟有设立一商业机构，以友谊方法，将中国存越官商物资全部购买，再以一半转售日方，此项商业机构，可以银团方式组织，设总经理两人（1）为东方汇理银行代表（为金融代表）。（2）为本洋行代表（为工业代表）。并由越政府指定该商业机构得有特权专买中国官商物资。

（四）将中国物资分为（1）卡车及材料，（2）棉纱布匹，（3）钢铁五金，（4）橡皮轮胎，（5）电气材料等。

（五）上项各类材料，以半数让售与日方指定之三井、三菱等洋行，其余半数让售与越南当地商行。

（六）购买价格凭原关单及运费仓租计算，如购方不愿意接受，前项计算价格可还一相当价格，倘所还价格物主不允，则由评价委员会作最后决定，但所评之价不能在关单原价加一成以下之价。

（七）如物资无购主，则应准许其再运出口。

（八）商业机构付款方法，半数付美金或英镑集团币制，半数付越南短期债券，但此项债券可购买越南出产物品，如煤、米、洋灰等，并准许转运出口。

（九）日方对于此项意见如何，由总督设法处理，恐将来越方尚须借与日方购料款项。

（十）关于过境物资之中，应另列特别优待种类包括：A、美国借款售与中国之货物（须美领证明）。B、中国境内外商所有之货物。

（十一）物资之主权，以持有海关正式关单或持有已签证之提单为凭。

（十二）以上各项其中最困难之一点，即为评价委员会之成立及如何可使委员有权评价，而不发生纠纷。

鄙意（指Petro）前述各项办法或可实现，但目前须有一人可能在越南代表中国之利益，以现在越南情形而论，代表中国利益之人：（一）不能为中国人，（二）不能为中国政府雇用之外人，（三）须为中国有名商业机构之外人，故鄙见以兄（即指Bell）为最适当之人，因中国政府既可信任吾兄，而法人亦所欢迎等语。

综观上述Petro致Bell原函陈述各点意见，似有相当理由。职就目前形势观察，谨拟办法三点：（一）我国商人物资由商人自行决定，政府物资决不出售，留待以后抗战结束再与法方清算。（二）我政府物资大部已转售美商信臣洋行，可由我方通知信臣洋行，将无关军用者酌量出售法方指定之商业机构，其可以资敌者，绝对不售。所有被越方或敌方攫取物资，应由信臣向美政府备案，以备将来交涉。（三）假定我方所存少数汽车、汽油、紫铜块、军毯、防毒面具、电讯材料等认为非资敌性质，则政府存防上项各类物资，可通知信臣按照上述所拟办法，售与法方商业机构，不必论其转售敌方若干。以上所拟办法，我政府应先研究，以何项最为适当，俾得预为准备，并恳详为指示。又关于代表我国利益人员因Petro与美商信臣之海德君挟有意见，故主张不由海德代表而由Bell代表。将来如成事实，应由何人代表，敬请一并指示。除呈何主任、孔副院长外，敬祈鉴核示遵。谨呈
副院长孔
主任　何

　　　　　　　　　　职宋子良（陈体诚代）谨呈
〔国民政府资源委员会档案〕

3．李济深等报告法军枪杀我国误入越境士兵交涉情形电

（1941年6—7月）

（1）致蒋介石电（6月26日）

重庆委员长蒋钧鉴：查我第三十一军一八八师驻防油隘附近部队士兵，误入越境之板朔村采办给养，被越方枪杀一案，经于删午军二电呈报在案。兹复据广西全边对讯督办王逊志寒外一代电称：关于我驻防油隘附近士兵过界，被越方枪杀事件，本署当日即提向驻龙法领事抗议。兹谨将抗议照会原文抄请察核。至本案法领既称由其大使向我国政府抗议，应如何办理，候示祗遵等由。并附呈抗议原文一件，据此。理合将该抗议原文抄录一份，随电呈核，敬乞示遵。桂办职李济深。宥。禾。军二印。附抄呈抗议原文一件。

抄向法领事抗议照会原文

为照会事：案据南关对泛分署本年六月五日呈报：以我边驻军于六月三日有徒手兵七名，进至越境之板朔村购买粮食，突被那郎法军官率兵开枪扫射，当场击毙我方士兵四名，击伤三名等情。正核办间，又接驻龙州军事当局函开：我驻油隘附近部队，于本月三日，有给养军士朱明甫率领给养兵蓝延有、莫尚初、姜老大、温东辉、韦诒圭、莫润六等七名，在油隘附近与越地毗连之各村采办给养，乃该兵等因不明桂越疆界，致误入越境之板朔村从事购办。不料适时有法方武装兵十余突至，不问情由，即行开枪扫射，朱明甫、姜老大、蓝延有、莫尚初四名遂被惨杀，其余莫润六、温东辉、韦诒圭三名亦均受伤。事后始得越方通知，交尸首至边界。查此次该给养兵等既非武装过界，况复情属不知误入越境，自非故意。法方自应按照国际公法和平处理，何竟不顾公法友谊与人道，妄行屠杀，且年来徒手越兵擅行过我国境者不知凡几，尤以爱店方面为多，而我国素以宽大为怀，不加深究。盖鉴于中越同为日本所寇，彼此既有共同之敌，自应互相谅解，共同奋斗。乃法方执迷不悟，在边境酿此重大事端，应请提出严重抗议，务要惩办擅行开枪之官兵及抚恤已死士兵家属为荷等由。查桂越毗连，村庄交错，并无显著之界线。我国驻边士兵来自远方，自难辨别，其误入越境界，亦属情理之常，并无恶意行动，且彼等徒手外出购办粮食，亦无抗拒能力。设有不合，尽可拿解究办。乃贵方官兵竟未加盘诘，逐即开枪射杀，本督办深觉遗憾。兹特提出严重抗议，请贵领事转达谅山当局，务将本案擅行开枪之官兵从重惩办，已抚恤已死士兵家属，并保证以后无类此事件发生。无任感荷。倘此最低限度之要求，竟不获贵方满意之答复，则两方军民感情必趋恶化，将来或因此而激起不幸事件，其责任当由贵方负之。为此照会，顺颂勋祺。须至照会者。右照会

法国派驻邕龙领事甘懋履

广西全边对泛督办王逊志

中华民国三十年六月　日

(2) 致蒋介石电 (7月28日)

重庆委员长蒋钧鉴：查我驻防油隘附近士兵误入越境，被法方枪杀四名一案。经六月删午军二电及宥未军二电先后呈报在案。嗣奉钧座七月铣辰令一元四电令，遵已转饬遵照各在案。顷据广西全边对泛督办王逊志筱外一代电节称：兹准驻龙法领事本年七月八日第80/60照会，以谅山当局对此事件不负责咎等由。除驳复外，合将该照会译文及驳复原文抄请察核等由。谨抄同该照会译文及我驳复原文，电呈鉴核。桂办。职李济深。俭。己。军二印。

附抄呈法领事照会译文及我驳复原文各一件。

中华民国三十年七月　日

抄件

驻龙法领事馆照会第80/66号

为照会事：接准贵督办六月十一日第四七四号照会。关于南关委员对板乐（译音）事件，中国士兵四名被杀一案之报告，系属谬误。顷准谅山法国留守使对照会提出意见之公函内开：（一）板乐村系在边界五公里以内，在加里爱尼山路 (Piste Gyaltieni) 以南，即使无知如中国士兵，但在地形上既然有加里爱尼山路区别，同时板乐村又为土人村庄，所以彼等不能不知其身处于东京地方，兼之我方边界民团哨所喝令彼等退回中国地方，乃该七名中国士兵不服命令，该民团即往邻哨报警。中国士兵完全明白民团之所为，且彼辈曾向该村恐吓，倘不给予所要求之粮食，即施行报复。（二）我方哨所报警所集之民团小队，并未首先开枪，仅用中国话喝令该批士兵退回中国，并保证对彼等不加任何恶意。不料反向小队长开枪两发相报，中其附近，并向民团投掷手榴弹三颗，其中一颗未发。答复此种侵略行动之机枪突发，将中国士兵四名射倒于地，其中一名佩有左轮。兹将手榴弹破片分包附寄，（我方用周密方法使其爆发者）其中有五包，乃当时完整挂于被击毙士兵之腰带者，其余三包则为投掷我民团者，负伤逃脱之士兵一名亦佩有毛瑟手枪。（三）倘该事件不能友谊的解决，此非越南当局之咎。因既已呼喝口令，而中国方面反开火相报，彼等既恐吓我方居民，且配有武器，则该士兵等并非因误会越界可知。我方尤其同登方面因许多事件，均能友谊解决，常默许中国士兵过界给养，且本留守已准许驻十六号界碑之中国军队到弄槐（Lung-rai）（距同登一公里）挑水，在爱店方面亦给予同样之默许，只须对我方士兵能遵守同一态度。本留守使且准备在相互条件之下，再行将其承认，更准备承诺前项默许给予中国全边界。倘我方能获同样保证，及在我领土上之侵扰停息，即可矣。（四）反之，本留守使不能容许藉口不知过界为辞，因宽阔明晰划分绵延于全边界上之加里爱尼山道，乃显然之分界线，不留任何疑惑之处也。（五）虽然该中国士兵等如此有意强行侵入东京地方，但法军喝令其就范，以便将其交回中国当局，无如中国士兵开枪相报，纵然此种侵犯，且不知其为真士兵，抑为土匪乔装者，法哨长当即通知其对方中国当局。适间有穿正规军服装四人被击毙之事件发生，并已着人弄至边界。倘其为正规军时，以便中国当局领回。法哨长对此非其所应负责之事件深为惋惜。"方哨兵虽刚受侵犯，但此种友谊态度已充分表现，其对中国士兵毫无仇恨之意。（六）其次四零年五月十五日第一零五四SPF号所转述各件，（见本留守使四一年五月十四日第一零三零S Cab号公函附件）及四一年六月十一日致贵领事第一二八一S.P.F公函（末段），已照知中国当局，因屡次发生劫案而采取预防严厉之手段，对中国士兵之过界已属冒险，所下喝令后，准开枪之。哨令经已通知双方委员，南关委员对此项通知并答复同登委员，称此乃防匪之唯一有效办法之最，后平而关委员于一九四一年五月九日墟湾（那岭）事件，当场捕获著正规军服装匪徒一名之后，曾通知我方，平而委员谓此非士兵，乃土匪冒穿军服者，继该照会之后，上述哨令即已实施，且此必需之通告亦知照中国各部队，俾其明了越界为冒险之举矣。督办本人在六月十六日第四八五号照会中已证实其平而关委员此项通知，法方民团，对于乔装正规军配备武器出现于东京地方之中国人，宽无法鉴别其为匪徒，抑为正式士兵。若此项中国人——士兵或土匪——向其开枪，彼等最适宜之处置，唯有向其还击。因此，本留守使不能归丝毫责任于板乐事件之法方哨长。（甲）彼在我方领土五公里以内，被明知此事之中国士兵挑衅。（乙）彼已先行正式喝口令。（丙）彼被彼等开枪以答复该项口令。（丁）彼已先行奉谅山当局对于中国士兵越界有危险之命令，兼且当被喝口令之中国士兵以开枪为报时，法哨长不能知其为真正士兵，抑为如在那岭塘湾乔装士兵之土匪也。本留守使对此事件唯有深致惋惜，及对轻忽之被害者向中国当局致其慰唁之意而已，等由。准此。相应照会贵督办查照，顺颂勋祺。

右照会

龙州广西全边对泛督办

法国领事甘懋履签字

一九四一年七月八日

抄件

广西全边对泛督办公署照会　外字第五九六号

为照复事：接准贵领事本年七月八日第80/66号照会，关于板乐事件本国士兵四名被杀一案，业经阅悉。查谅山留守使对于本案所陈之理由数点，本督办认为与事实不尽相符。兹特申明如下：（一）在边境上之中越村庄，其居民之服装与言语并无多大差异,远方初到之士兵自难辨别,或且不懂土语,故越团丁纵有喝令亦不听悉。其越过境界自属误会,而非有意行为。(二)该士兵外出原因纯为寻购粮食,并未携带枪械,亦无恶意动作,或因言语不通,而板乐村民误为恐吓,其实以徒手七人之力量,何能威吓一村之人,其捏报事实至为明显。(三)当时我徒手兵仅得七人,而法军官及武装越兵共达十余人之多,且携有机关枪,则我方士兵断无先向法军官开衅之理。谅山留守使谓为我兵首先开枪,殊非事实。本督办曾据确报,当我给养兵前到板乐村时,即有土人走报驻守那郎之法军官,及该军官率队赶到,一见各该给养兵,并不问话,即以机关枪扫击射杀。事后乃颠倒是非,危词耸听,以蒙蔽其长官,冀邀功赏。查该那郎法军官事前已明知系我给养士兵,乃竟不顾公法与人道,妄行残杀,而贵方谅山当局对本督办自六月十一日外字第四七四号照会内所提之最低限度要求来予以满意之答复,反从而袒护其凶狠无道之属员,深觉遗憾。除已将本案报由本省当局转报外交部外,相应照复贵领事转达谅山当局查照为荷。为此照复,顺颂勋祺。须至照复者。右照会

法国派驻邕龙领事甘懋履

广西全边对泛督办王逊志

中华民国三十年七月　日

(3)王逊志与苏威会谈纪要(7月23日)

民国三十年七月二十三日与越谅山督办苏威在平而关约会商谈之事件纪要

逊志提议

1. 现中法双方均在国难当中,共同敌人同是日本。如苏威督办以本督办之言为然,则今后对于边界纠纷,彼此应以善意处理,以期大事化小事,小事化为无事,减少双方政府多一层之顾虑。

苏威答复

2．诚如贵督办所言,中法两国均遭国难,但法国对中国之友谊,仍本过去精神,决无改变。惟最近越边之限制物资入华,系受日人要挟,为势所迫,不得不然。此点说来很抱惭愧,应请贵督办原谅,并了解法方今日处境之困难。

逊志提议

3．边界情势随时局演变,日有不同,在华方为防日军乘虚再进犯,计不得不于边地要隘分驻防军。然所需给养,为求便利起见,不得不于边境之附近乡村分途采购,但为语言不通、习惯不同、境界不熟、种种情况之下,小事发生自属难免,应请贵督办明了华军目的之所在,及体念华军采购粮食之出于不得已,非对越有何企图及故意挑衅也。

苏威答复

4．今天得贵督办解释,完全了解。今后如华军再须入越境村落采买粮食,在谅山省范围内者,可予通融。请将所派徒手兵人数、所需粮食数量、何日至何村购买,先报知华方对泛委员,转知越方对泛委员,预日传知该地驻军及该村民,免其畏惧,同时注意村民心理,公道交易,免起反感。

逊志提议

5．双方部属间不仰体双方政府及长官之意旨,遇事发生,明明可以在下了结,而不了结,往往任意生风,打许多无谓的笔墨官司,不但事不能了,反常因此而把双方感情隔阂,甚至恶化,此层应请贵督办注意。

苏威答复

6．甚愿双方常时调整对泛人员,并饬以后双方对泛人员常常往来,常常见面,情感自易融洽。照外交通例,外交人员往返经过途中,应不受任何留难和检查,以尊重其人格,请贵督办通知贵方机关及驻军留意。又双方驻军官兵有好事之风者,亦请双方随时予以调整。

逊志提议

7．烟赌场所最易窝藏奸匪，越边各地烟赌林立，越当局应早取缔，则边界匪案可以减少。

苏威答复

8．烟赌招匪之害，本人极为明白。但此系越南总督收入预算之事，本人无权过问，得便亦可转请越督斟酌。

苏威提议

9．越政治犯为中国所收容者，引渡既不可能，请将该辈速调离开边境，免使越边常受其派人鼓动生事影响。

逊志答复

10．此事情形如何，本人不甚明了，当代请我军事当局核夺。

苏威提议

11．除政治犯外之逃匪逃犯，藏匿边界，或华境者，可不可会剿协缉。

逊志答复

12．边界治安，双方均负有维持责任，越方逃匪逃犯，只要调查确凿，预先通知，当依照约法派队会剿及协缉也。

苏威提议

13．越地板乐村杀华兵四名案，实因越边各起劫案中匪徒多有冒穿华方军服，现仍捕获一名在押，可以为证。该村村民当时亦报匪抢，故有此不幸之事发生，实系出于误会，本人对贵督办之抗议，极感不安，愿意道歉，保证并酌给死者家属抚恤费，了结此案。表示今后双方诚意合作。

逊志答复

14．本督办之抗议，是为双方息事宁人起见，请贵督办原谅。

〔国民政府军令部战史编纂委员会档案〕

4. 外交部为抗议法国承认汪伪政权取消法国在华特权致法国驻华代办彭固尔照会

（1943年5月19日）

径启者：据报贵国代表已与南京伪组织代表签订协定，归还北京使馆界、上海公共租界、厦门公共租界行政权及天津、汉口、广州等处法租界。查国民政府为中华民国唯一之政府，现在南京伪组织，乃日本军事占领区内之傀儡。迭经国民政府通告各国，并正式声明，该傀儡组织如与各国签订任何协定，均为无效。最近本部亦曾向贵大使馆一再申明，法政府不得将法租界交于南京傀儡组织。现查贵国代表，竟与伪组织签订关于归还北平使馆界、上海公共租界、厦门公共租界行政权及各处法租界等协定，显属违背国际公法之行为。兹特提出最严重之抗议。除保留一切权利外，并郑重申明，所有法国依照中法间不平等条约取得之租界，北平使馆界、上海公共租界、厦门公共租界行政权，领事裁判权及其他特权，已因法国政府之非法行为，归于消灭，中国政府不再受其拘束。相应照会，即希查照转达贵国政府为荷。

〔国民政府外交部档案〕

5. 外交次长吴国桢关于解释声明废除中法不平等条约之义与王占祺往来函

（1943年6月3—26日）

（1）吴国桢致王占祺函（6月3日）

禹枚仁兄特派员勋鉴：此次中央因维希政府与宁伪组织签订关于归还北平使馆界、上海与厦门公共租界行政权及天津、汉口、广州等处法租界之协定，经向法大使馆提出抗议，并郑重声明"所有法国依照中法间不平等条约所取得之租界、北平使馆界、上海公共租界与厦门公共租界行政权领事裁判权及其他特权，已因法政府之非法行为归于消灭"等语。查是项声明废除之对象系以法国在华根据不平等条约所享各项特权为限，至两国间其他合乎平等互惠原则之现行条约各条款仍属有效。倘当地行政机关对于此点有所误会，希兄随时加以解释为荷。肃此，顺颂
勋祺

弟吴国桢启
六、三

（2）王占祺复吴国桢函稿（6月26日）

次座吴钧鉴：顷奉钧缄，关于钧部向法大使馆抗议维希与宁伪组织签订归还各地法租界之协定，并郑重声明废除法国在华根据不平等条约所享各项特权一事，饬向滇省行政机关随时解释是项声明之对象，俾知两国间其他合乎平等互惠原则之现行条约仍属有效，庶免误会等因。仰见钧座于援据公理改正约章之中仍寓维护邦交之至意。占祺奉悉之下，自当敬谨遵办。肃此奉复，恭请钧安。

职　王○○谨肃

〔国民政府外交部档案〕

6. 外交部驻滇特派员王占祺为奉令接收法属甘美医院致法国驻滇领事华业尔照会

（1943年7月3日）

迳启者：顷奉云南省政府训令开：查中法两国现已断绝邦交，所有法人在滇取得之权利业已不复存在，以后凡在滇之法人，只能照国际公法通例予以保护。其甘美医院壹所，应即由本省政府予以接收。除饬民政厅转令卫生实验处迅即前往接收具报查核外，合行令仰该特派员即便通知法国驻滇领事查照，转饬该

院知照等因，奉此。自应遵办。兹本省卫生实验处缪处长奉派定于八月四日午前前往接收甘美医院。相应照会贵领事官，请烦查照，希即转饬该院知照为荷。此致

大法驻滇领事官华

王占祺

大中华民国三十二年七月三日

〔国民政府外交部档案〕

7. 外交部关于与维琪政府断交后对法国驻滇领事馆仍予维持致王占祺电

（1943年7月29日）

国民政府外交部快邮代电　第欧32 4239号

昆明驻云南王特派员览：极密。我政府现已决定与维琪政府断绝邦交，不日即发表宣言，但对昆明领事馆则定仍予维持，宣言发表后，务希继续予以保护。但如有特殊事实必须封闭该馆时，仰先电部核办。再交通部杨司长赴滇负有特殊任务，应尽量予以协助，并将本电各情转告黄专员强为要。外交部。艳。

中华民国三十二年七月廿九日　发

〔王占祺7月31日批：并闻省会遵照。照会法领接收滇越路情形仍呈报外部。〕

〔外交部驻滇特派员公署〕

8. 国民党中常会决议由国民政府宣布与法国维琪政府断交案①

（1943年7月）

中法邦交向称友善。自1940年夏季法国战败屈服后，维琪政

---

① 本件摘自《中国国民党第五届中央执行委员会第十一次会议国防最高委员会工作报告》，时间由编者考订。

府乃渐有不友谊之行动。在日寇侵犯我西南国境时，竟断绝滇越铁路运输。于日寇准备发动太平洋战事时，复与日寇订立日越军事联防协定及经济协定，使日寇可利用越南为侵略我国之根据地。我国对于上述种种虽深引为愤慨，但念维琪政府在轴心国家胁迫之下，力难自主，每予宽容。乃今年二月，又将我国领土广州湾擅许日本暴力侵占，并与之签订协定。至关于取销在华治外法权及交还租界，复不依照合法手续与我国政府订立条约，反与南京傀儡组织一再签订协定，对我国关于此事之迭次声明均懵然，漠视我国至此，自难再予容忍。本年七月二十六日中央常务委员会第234次会议，根据外交部报告，决议与法国维琪政府断绝外交关系，函由本会转函国民政府，于本年八月一日正式宣布对法国维琪政府断绝邦交。

〔国民党中央执行委员会秘书处档案〕

9. 外交次长吴国桢关于承认法国民族解放委员会等事宜与驻英大使顾维钧往来电

（1943年8—9月）

（1）吴国桢致顾维钧第876号电（8月26日）

951号电敬悉。（1）我与维希绝交，事先曾通知英美苏后于八月一日实行，由外部发表宣言，仿英美例，并已将宣言全文通知各友邦。（2）滇越铁路，我系根据中法滇越铁路章程第24条之规定接管。（3）二月二十三日敌占广州湾，我当抗议，声明一八九九年广州湾租借条约失其效力。五月十九日维希交还伪组织各租界，我又抗议，声明其依照中法间不平等条约取得之租界、北平使馆界行政权、领事裁判权及其他特权，已因法国政府之非法行为归于消灭。八月一日宣言中曾重提此点。（4）英美承认法国解放委员会是否仍照同前议，准备与我同时举行。（5）在此种情形下，我于承认该会时，是否应提出条件，其手续方式如何，请公多抒高

见电复为荷。弟吴国桢（廿四日）

（2）外交部代部长吴国桢致顾维钧第884号电（9月2日）

161号电敬悉。我承认法解放委员会宣言想已送达该会驻伦敦代表，希即向该代表以口头表示，现我既已承认该会，深愿彼此关系日见亲密，希望彼方能早日派一明瞭中国现时情况之人员来渝，充任该会代表。吴国桢。

（3）顾维钧致外交部第973号电稿（9月11日）

顷英外部称：美政府现拟邀请法解放委员会参加去年元旦日联合国华府宣言，曾将邀请书措词分别征求中英苏三国意见。英政府以为参加方式有二：（一）去年一月四日声明书中所谓 Appropriate authorities which are not governments 资格参加，亦即美政府所拟邀请书采用方法。(二)以宣言末段所谓 Other nations sendering material assistance and contributions in the struggle for victory over Hitlerism 资格。英方意见法解放委员会对第一项恐未必认为适当，因去年英美商谈法人民委员会参加联合国宣言事，法方以其控制土地之广、人口之多以及其对抗战之贡献，对此手续即认为不当。现在解委会已得各方承认，对此势必更不认为适当，但如以第二种资格参加，恐亦将引起他方反对，因此英方建设将美邀请书措词略予修正。一方面不说明该委员会非系政府，一方面避免承认其为国家字样。据称：已航函英大使迳约大部接洽，我方如何决定，请届时电示，以资接洽。再顷据法委员会驻英代表处送来该会对我方承认该会答谢全文，并称："已于八日由北非电彼驻重庆代表赍奉云。"又据该代表处秘书长私人面告，关于承认宣言，该委员会对苏最满意，英次之，对中美两方所声不承认为政府一点有微词，并谓中国含有美国意味云。并闻。顾维钧。

（4）顾维钧致外交部第976号电稿（9月14日）

884号电敬悉。业向法解放委员会驻英代表口头表示，该代表允即转达该委员会办理。伊又谓，各联合国承认委员会后或已派遣代表前往北非，或在物色人选中，希望中国政府早日派遣代表前往，增进双方关系。并称此系伊个人意见，但深知亦系该委员会所切望云。又891号电拟在Madagasear及Reunion派专员事，亦曾与该代表提及，伊允转委员会核办。

顾维钧。

〔国民政府军委会委员长侍从室档案〕

10. 华业尔等关于法国民族解放委员会昆明分会改称法国临时政府驻昆副代表致外交部驻滇特派员函令

（1944年6—7月）

（1）华业尔致王占祺函（6月16日）

敬启者：顷奉敝国驻华大使衔代表贝志高将军令开："法国民族解放委员会改称法兰西共和国临时政府，已于六月十三日面达中华民国外交部宋部长查照在案。该昆明分会亦应遵照改称法兰西共和国临时政府驻昆副代表"等因，奉此。相应函达，即烦查照为盼。此致

特派员王

华业尔

大中华民国卅三年六月十六日

（2）外交部指令（7月24日）

外交部指令　礼33字第5233号　中华民国三十三年七月廿四日发

令驻云南特派员王占祺

三十三年七月十五日滇字第一二八号呈为准华业尔函以法民族解放委员会更改名称祈鉴核示遵由。呈悉。查我国对法国民族解放委员会改称法兰西共和国临时政府一节，并未承认，但彼来文准用新名称，我方去文仍用法国民族解放委员会字样。仰知照。此令。

部长宋子文

〔外交部驻滇特派员公署档案〕

11. 顾维钧报告法解放会外交当局对中法悬案交涉的立场致外交部电稿

(1944年8月25日)

据密报：法解放会外交当局颇思与我接近，为将来合作基础，并拟先从解决两国间悬案着手，其待解决之最大者，为越南问题及保护法人在华之合法经济利益问题。（甲）关于越南以为我曾屡次宣言中国对越南并无领土欲望，法方至为感动，信我决不食言。惟戴高乐尚怀疑虑，倘能与中国成立协定，则此种疑虑自然消灭。法方深知越南在中国国防上经济上之重要，愿以至大善意交涉此案，使中国满意。现法已决定让步者有三：（1）法方愿予中国在越南特殊经济地位。（子）在北圻中国来往货物旅客有自由假道权，（丑）在海防或河内设立自由港，予中国各种特权，（寅）承认中国在越南之经济特殊地位，予华侨各种便利。（2）担保嗣后越南不再为任何国家或党派攻击中国之根据地。（3）愿予越南广意之自治权，惟此点以涉及法方内政，难容他国干涉，故对中国政府不便用正式方式担保之。至法方希望我方者亦有三：（1）对越南之收复，不阻止法方派海陆空军前往协助。倘英美亦不反对，其军事上合作方式可由中法两国军事当局决定之。（2）对法在越南之统制权不予反对。（3）取缔或最少不协助越南革命党,并不允许该党党员利用中国国境为破坏法在越南政权之根据地。(乙)法侨在华权益,法方希望中国在法律范围内予以保护,已没收者允予发还原主,免受重大损失,影响将来合作。(丙)至中法合作问题,亦有两点:(一)为应付将来和会困难,先事商定某种原则下互相协助,互通消息,以防三强任意操纵。(二)对中国战后各种事业愿予最大协助,如投资及借用技术人才等。以上消息来源尚可靠,足资参考。所云方法希望我方三点或为美国所注意,或与我国策不甚符合,似宜从长计议。惟法于战后国际地位相当重要,我在适当范围内似亦宜积极联络。应否电告钱使就近注意探询法方对我真确态度,俾定应付方策,统祈核夺。顾〇〇。廿四日。

〔国民政府军委会委员长侍从室档案〕

12. 经济部关于外交部函请调查我国留越物资损失价值折合美金计算训令

(1944年10月26日)

经济部训令

　　令资源委员会

准外交部卅三年九月廿三日欧(33)字第六七七三号函开:关于调查我国在越物资损失一案,前准贵部函送损失清单,业经本部汇卷在案。查是项清单中所列数目多系各国货币,种类不同,而当时折合国币之兑换率亦互异,兹为统一计算,以便将来交涉,及避免货主在兑换上蒙受损失起见,拟请贵部转知货主,将前送清单中之各种货币一律按照当时兑换率折成美金,以便统计而利交涉,相应函达,即希查照办理。等由。准此。查调查我国在越物资损失一案,本部前经饬据办理并函转外交部查照有案。准函前由,除分令外,合行令仰遵照,并转饬办理呈报。此令。

部长　翁文灏

附件

外交部公函　欧字第6773号　中华民国卅三年九月廿三日发

关于调查我国在越南物资损失一案，前准贵会函送损失清单，业经本部汇卷在案。查是项清单中所列数目多系各国货币，种类不同，而当时折合国币之兑换率亦互异，兹为统一计算，以便将来交涉，及避免货主在兑换上蒙受损失起见，拟请贵会转知货主，将前送清单之各种货币一律按照当时兑换率，按成美金，以便统计，而利交涉。相应函达，即希查照办理为荷。此致

资源委员会

〔国民政府资源委员会档案〕

13. 华业尔等关于法国驻滇领事馆恢复原名并享受国际公法规定之权益致外交部驻滇特派员王占祺函电

（1944年12月—1945年1月）

（1）华业尔致王占祺函（12月15日）

敬启者：顷据渝讯，重庆贵外交部与法国临时政府驻渝大使馆数度函商后，已决定昆明之法政府代表仍恢复其原有名称"法国领事馆"，并得享受国际公法内所定之"领馆权益"。是则今后业尔与贵国当局所有一切来往函件将恢复其正式性质，并均由"驻昆法国领事官"亲笔签印。用特函达，敬烦查照为荷。此致

外交部驻云南特派员王

华业尔　印

大中华民国卅三年十二月十五日

(2) 外交部代电（1945年1月17日）

驻云南王特派员览：三十三年十二月廿七日呈悉。关于中法两国派驻领事机关恢复领馆名称一案，前准法国大使馆上年十一月廿日，以中国政府业经于三十三年十月廿四日承认法国临时政府，所有中国政府派驻法国本土及各属地暨保护国之领事机关，自是日起改称领馆，并本互惠之原则，得享有领馆之通常一切特权等由。业经本部予以同意，并声明法国驻华领馆亦可随时恢复名称，并享受通常国际公法所承认之特权。合行令仰知照。宋子文。筱。

中华民国卅四年一月十七日　午　点　分发

〔外交部驻滇特派员公署档案〕

〔六〕中国与德、意、瑞、韩等国关系

（一）中国与德、意关系

1. 驻德大使程天放请国内报纸避免发表攻击德义言论电

（1937年10月）

柏林。

南京外交部，并请译呈蒋院长钧鉴：中央宣传部大鉴：近来国内报章时有将中日战事与西班牙战事并为一谈，谓我军在沪奋勇抗日与西政府军死守玛德里无异，或对日德义三国连带攻击，谓为世界侵略国家勾结一气者。查此种论调在英美各报亦常见，罗斯福演说亦有此语句，但出诸英美人或可，出诸我国人，窃颇以为不可，盖（一）我方对日抗战为纯粹民族自卫之战，与西班牙内战性质迥殊，他人为措词便利或可相提并论，在我本身则断不可自毁立场。（二）日人今日诚自夸德义为其友邦，德义报纸亦不免常有袒日言论，但我方政策应设法使德义与日分离，断不可促之使合。关于德义袒日言论，我方尽可就问题本身严词反驳，不必牵涉西班牙问题。因我如对西有所左右袒，徒使德义发生恶感，转促成其亲日趋势，似觉不智，因此点甚为德人注意，与我国向表同情者，尤多引为憾事。爰陈管见，敬希察核。程天放叩。

〔国民政府行政院档案〕

2．孔祥熙对陶德曼调停之看法与蒋廷黻往来电

(1937年12月)

(1) 孔祥熙致蒋廷黻电 (12月2日)

极密。亲译。上月五日，德国大使来晤，提出日方和议条件七条如下：一、在中国主权下，内蒙自治，地位等于外蒙。二、沿满至平津以南一带设非战区，由华警察管理治安，华北行政由我全权处理。惟最高长官人选，须对日好觊解者。如目前无成立议和可能，而华北必设新政府，即该政府于和议后续存。经济方面，战事前关于让与矿产权利交涉事项，应与满意结束。三、上海扩大非战区，由国际警察管理，余无变更。四、取缔排日政策，接受一千九百三十五年日方提出条件。五、共同防共。六、减低日货进口税。七、尊重外人权利等项。我因正值九国会议，日方提议不能置理，当婉却谢德国好意。比会失败，军事不利，国联既无切实助我办法，国内又险象环生，日方昨又托德国大使来重提调解，仍根据前案为停战讲和章本。据兄观察，日来俄对中日问题趋势如何，是否有切实助我办法，请先探明告我。否则，我失败后，日必攻俄，且利用中国人力物力之大害，此点俄应明白。如能即时动员，共同合作，必得胜利。若仍迟疑不决，后患追不堪设想。请将此意斟酌表示，以免后怨。总之，我方只要列强确实助我，必牺牲到底。否则，徒托空言，益增我困难，迫不得已，只得受其苛刻条件。上开德大使所转七条，乃为交涉范围，并非必须我方承认。用为密达，以备参考。务希千万守秘密。有何高见，仍盼电示。尊驻处好意，极所感谢。故特详达，望善为运用，务期有利于我。盼复。弟熙。冬。三日。

(2) 蒋廷黻致孔祥熙电稿 (12月5日)

电孔院长　廿六年十二月五日发

汉口中央银行。WAVE。孔院座钧鉴：亲译。（以下部颁电码EMWE）冬电敬悉。苏联汲端反对中日妥协，德国调停第五款尤非此邦所乐闻。如彼策动我国内反对派，不无可虑也。且欧洲报纸已登载德国调停消息，并列举日方条件。明后两日乃苏俄纪念宪法放假，无法见李外长。请与委座及亮畴部长切商，电示方案，俾便遵循，以免误会。苏联对我态度已迭次电呈外部。昨日午后，偕李石曾先生同见李外长，彼又言主要关键在美，美动彼亦动。惟杨耿光次长在此与苏联国防部接洽所得表示，比李外长较为积极，然亦不确切。张冲已返国，经过情形必已面呈委座。钧座欲知实情，必须斟酌双方报告。且苏俄新大使已于四日离莫，月中可抵汉，彼乃斯塔林亲信，必携有具体方案。总之，政府似应注意两点：一、军国大事不能专凭口信，必须订有盟约始足取信，口信最易误事。苏新大使抵任后，政府何不正式向其提议缔结盟约。彼之答复如何，乃苏联政府最可靠之表示。二、苏俄内外困难不少，即使彼有意参战，亦须在数月之后。耿光等或过于乐观也。职与何处长有专约密码，不知已携至汉否？职蒋廷黻〇〇。

〔蒋廷黻个人档案〕

3. 蒋廷黻关于行政院例会讨论与德义外交关系议决案日记

（1938年10月4日）

记行政院外交议决案之经过

廿七年十月四日，行政院例会（星期二）。外长王亮畴照例报告一周来之外交。各方报告可注意者，有李维诺夫言日德正谈判军事同盟。余心不谓然，惟以后未讨论此点。王在报告之末言曰："民主阵线根本不存在。自慕尼黑四强会议后，欧局一新，吾人亟应谋适时之策。对德义之仇视于我有害无益。余已三次在国防最高会议提议此事，三次均无结果。"张公权报告彼在汉所闻,略谓欧局之下一幕,即西欧进攻东欧。余心不谓然,且觉此说之危险,但未讨论。蒋雨岩亦谓中德中义关系亟应改善。(此公前后自相矛盾,恐实无整个政策也。)余发言:"四强此后将为欧局之中心,此无疑问。四强合作之发展,吾人应设法使其有利于我。(余意,英法与德意之关系既改善,吾人应借英法以联德义,借英法德义以谋较好之讲和条件。德意在远东各有其计划企图。吾人固须出相当代价,惟势已至此,无可如何也(此意余未明言。)惟苏联及中国左派必阻碍吾人之工作,吾人应预筹及之。苏联在欧洲之外交既失败,其捣乱工作此后必集中于中国。苏联渴望大战可从捷克问题发起。西欧之安定固苏联之失败也。"是日,孔因病未出席,张岳军代主席。张言行政院应通告议决案,由王部长代表提出国防最高会议。王座次在余左,彼即嘱我起草,余辞未获,即执笔书以下之议案:

改善中德中义关系案

德捷问题解决之方式,显明表示民主阵线之对峙并不存在,英法德义有妥协合作之可能。我国外交应就新局势,加以调整。国内各界对德对义之言论,应避免敌视之批评,以期与抗战建国纲领及中央既定宣传方针相符,并期英法德义四国合作之发展能有利于我。在政府方面,应斟酌情形,妥定中德中义关系改善之步骤。

余执笔时,感觉如转变方向太大,亲苏派必反对而多方捣乱。故余书"维持……",而无第三页。亮畴嘱加,余遵其意,盖王平素比我消气,此次忽发勇气,应依之。草成后,尚觉不妥,故改"速"为"妥"。适此时敌机来袭,休会,入防空壕。复会后,余即请岳军主席核阅。彼于第二页加"及中央既定宣传方针"后,即批准。余缮写时,又修改"避免树敌,停止攻击"为避免"敌视之批评"。缮稿交王,原稿余自保留。全案中余所注意者即"以期英法德义合作之发展能有利于我"。此乃余心目中所谓应调整者。王素来消气，且外部作事极慢，坐失时机。此次王能看破欧洲时局根本一新，且提应付之法，余喜出意外。

〔蒋廷黻个人档案〕

4. 蒋廷黻关于在汪精卫公馆举行国际问题座谈会上有关与德义关系谈话纪录

（1938年10月7日）

廿七年十月六日下午六时至九时，在汪副总裁公馆谈话纪录

余于六时到，在座有汪、钱端升、彭浩徐、曾仲鸣、陈公博、张子缨、程沧波、甘乃光。傅孟真后到。汪先生首报告最近消息：（一）日集大军于台湾，约有十师之众，似对粤有大举。（二）张伯伦或将诱德攻苏。（三）李维诺夫言日德正谈判军事同盟消息云云。余即发言，略谓日德同盟消息尚待考。一九三五年冬，李氏曾告余日德防共条约有军事同盟秘款，但彼告法使尚无军事同盟秘款。余次日访外次斯多蒙涅可夫，彼所言与李氏所言不合，且自相矛盾。俄人固知欲破坏中德关系，莫如宣传日德有密约。现德须要日本之协助较少于前，前既未定，现反与定，似不近情。至于张伯伦欲诱德攻俄一层，亦神经过敏。西欧四强协商，不一定就是反俄之局面。法决不与俄脱离关系，英亦不致走入反共集团。四强间之问题解决以后，彼时或有反共趋势，惟为时甚早，且来否不可必。适孟真入座。汪先生乃言："自捷克问题解决后，国内议论显分两派，一派主此后专联俄而附联美，一派主四强协商。昨天，王亮畴在国防最高会议提出行政院议决案，意在改善中德中义关系，当时有某君心不谓然。余恐引起冲突，故称中央既定方针原专对日，此外各国则均应维持友好关系。本此方针，吾人固应避免对德对义敌视之言论"。彭浩徐继发言："国人对于整个捷克问题观察错误。苏台德区系德人区，特逊

区系波人区，捷克趁苏波战时武力占领者也。"端升言："现无须改变大政方针。求俄出兵助战无把握，联西欧助我亦无把握。何必庸人自扰？"余早知行政院之议决案过于积极，必引反感。在未联德联义之前不必多言，只宜多作，俟有成绩后，再讨论方针。简言之，事实应先于言论也。吾故曰："我赞成端升兄之主张。我与俄有互不侵犯条约，我应忠守。联第三国以对俄，我不应为。在此条件之下，我努力多结朋友，俄亦应不反对。因俄给我相当协助，而不许我与任何第三国联络，此制我过甚，我不能受。如俄给我之协助足以制日，我可不必多找朋友。今既不足，则我外交势必另谋外援，援我抗日，非援我反俄也。据我所知，俄国政府亦乐得我国能另得外援。国人揣测俄政府意多不确也。"孟真于是分析整个欧洲局势，言多涉题外事，极长，不易懂，余未细听，惟其结论与余之结论同：大政方针不改，推行应努力，技术应改良。吾人至此乃入饭厅。讨论片段，无新发展。在傅孟真长篇演说时际，汪先生说明报传义大利调停事之真相。六月在汉口时，义大利代办来访汪，问义可否出任调停。汪转问蒋，蒋云须英义共同行动始可，单独行动不便于我。汪以此词答代办。后义使与英使商，英谓时机未到，不便。英使在汉时，问蒋汪，此事经过可否由彼电告英政府。蒋汪均云可，于是消息传至伦敦，后由伦敦漏出云云。此故事颇有可疑者：英使无须我方之同意即能电告其政府，其一；伦敦泄漏之说亦可疑，盖伦敦无便宜可占也。

十月七日记

〔蒋廷黻个人档案〕

5. 军委会办公厅关于查办老河口天主教堂德意神父进行间谍行为函

（1938年11月28日）

国民政府军事委员会办公厅　办四渝字第219号

奉交下国民政府文官处渝字第三八二五号公函，以奉主席交下老河口民众锄奸大会灰电，为电陈破获老河口天主教堂德意神父间谍行为经过情形，请严予处分。又据襄郧方济各会会长司铎艾国梁本年十二月十日呈：为老河口天主堂主教司铎被搜查，并被监视等情，恳请彻查，秉公办理各等语。并奉谕交军令部、外交部、军法执行总监部核办等因。除分函外，相应抄录原件各一纸，函请查照核办为荷。此致

军令部

  附抄原件二纸

主任贺耀组

中华民国二十七年十二月二十八日

  抄原件

  窃查上月二十八日晨早，老河口敝总堂突被该市军政机关饬派大队拥入检查，由本年八月间，从该总堂偷带全套鼓号及十余名孤儿逃走之陈连德作引线，先将堂内各房门把守，任何人概不准擅动一步，后伊等迳赴后园检查。据称：由厕所内搜获无线电发音机一架，遂以此物视为间谍违法之证据。当将该机携走，并派队将该敝总堂之主教、司铎一概看守，完全失去自由，且将敝堂服务之医生、司事及教友等四五人一并捕去，迄令不知下落。举堂惶惶，不知何故。窃按敝国政教不独分离，且时起冲突，而出国传教之人，尤丝毫不能过问政事，纵敝国政府有助纣为虐之举，然与传教之人毫不相干，此种情形虽能蒙贵国长官及明达之士深知谅解，但难免仍有怀疑之人暗生猜忌，且敝堂人员知事接物恐亦有不周，以故含沙射影，势所难免。查该陈连德，既由该总堂拐逃而出，定蓄有报复之心，且当兹事发生之日，伊曾数次出入该堂，为敝堂之人所亲见。惟不知其怀有此种阴谋耳，故搜获之发音机，定为伊串人临时所暗置，一则因该总堂从未购装，

二则搜查之前该堂人员决不知来为何事，且又被严密看守，何能临时移藏。三则搜查之人员他处似不注意，独对于该厕所特别搜索，蛛丝马迹，显然可见。四则若谓该堂事前所藏，则自当严密封装，妥为保存，何得藏于厕所。五则当时所搜获之发音机，亦未经该堂人员辨认，究系何物，全不得知。综之，此案既经发生，不能不认真彻查，以免冤陷。该市军政机关之办理此案，不外由于自己查见，或他人报告，俯恳钧座彻查，饬令双方对质，则自水落石出，曲直立判，否则，狡黠之辈动辄捏诬构陷，藉报私仇，则不独敝堂蒙不白之冤，而贵国人民亦受影响之害矣。谨呈
国民政府军事委员会委员长蒋

襄郧方济各会会长司铎
艾国梁

抄原件

迳启者：奉主席交下光化老河口民众锄奸大会灰电，为电陈破获老河口天主教堂德意神父间谍行为经过情形，请严予处分一案。奉谕交行政院军事委员会等因。除分函外，相应检同原电，函达查照。此致
军事委员会

计检送原电一件

国府主席林钧鉴，并转委员长蒋，各战区长官各省府主席钧鉴：各报馆学校机关法团公鉴：抗战以来，老河口天主教堂德意神父行动诡异，并有指使教徒作间谍活动情事。最近当地军警侦察确实，密捕该堂有关二人，几经研讯，确认受神父指使，刺探军情。于十一月二十八日依法检查，当查获无线电收发报机各一架、手枪一枝、子弹五盒，并文件等，证实该堂确为敌间谍机关。我光化三十万民众同深愤慨，于本月十日自动举行示威锄奸

大会，并派代表向该堂主教质问，该主教用书面答复，承认有间谍行为，并愿于一周内离开中国本会。此次运动纯为受国家民族，及拥护政府，争取抗战胜利，决无排除外人及反宗教性质。今该教堂为敌作伥，既已事实昭著，除请政府予以严惩处分外，谨电奉闻，诸祈鉴察。光化老河口民众锄奸大会灰叩。

〔国民政府军令部战史会档案〕

6. 国民政府为欧亚航空邮运合约延长有效期一年训令

（1939年3月13日）

国民政府训令　渝密字第一九号

令行政院

为令饬事：案据本府文官处签呈称："准国防最高委员会秘书厅国议字第六五号密函开：准行政院二十八年二月二十一日吕字第一六九三号函，为据交通部呈称：查本部与德国改沙航空公司合资经营欧亚航空公司，系以民国十九年二月二十一日由本部与该汉沙公司所签订，并于同年九月二十九日呈奉钧院转奉国民政府核准备案之欧亚航空邮运合同。为依据该合同第十条第三项载：'本合同自签订日起有效十年，期满前一年，如经双方同意，得按合法手续展延之'等语。是该合同应于明年二月期满，而是否予以续订，应于目前预为考虑。顷准该德国汉沙航空公司代表来函建议，将贵部与本公司在一九三〇年二月二十一日所订之合同，依照原来条款不加更改，继续延长有效一年，俾得从长洽商合作办法。查该汉沙航空公司与本部合设欧亚公司，对于我国民航事业之发展不无贡献。在此战争期内，我方为维持后方交通，对于该公司之合作，尤资利赖。惟将来情形变迁，是否仍有合作必要或合作办法，是否应予酌量变更，目前殊难逆料，故为适合目前需要，并留将来伸缩余地起见，拟同意该公司之建议，将原合同延长有效一年。是否可行，请鉴核示遵。"等情。经本院第四〇二次会议决议："准予延长一年，报请国防最高委员会备案。"除指令外，函请查照转陈备案。等由。经陈奉国防最高委员会第一次常务会议决议"准予备案"。相应录案函达，即希查照转陈饬遵。等由。理合签请鉴核等情。据此，应即照办，除饬处函复外合行令仰该院知照。并转饬知照。此令。

中华民国二十八年三月二十一日

国民政府主席林森
行政院院长孔祥熙
交通部部长张嘉璈
〔国民政府行政院档案〕

7. 王宠惠等关于向德国供应钨锡电函

（1939年9月—1940年1月）

（1）王宠惠电（1939年9月18日）

快邮代电国28第一九七〇六号

行政院孔院长钧鉴：据驻德大使馆电称：合步楼经理来言，今后中德贸易希望在任何困难中仍照旧，彼必设法使德货运至中立国，再转运来华。同时深望我能以大量钨锡同样接济，并愿对此两项，半以一项货物交换，半以外汇付现。查该经理对我最近贸易及拨帐事尽力特多，如我方无法以钨锡交换，则彼在此活动甚为困难。克良同伴之罗爱斯亦引该经理合作，似与都马斯有关。乞分呈等情。查钨锡在欧战期内英法似均认为战时禁止品，究竟我方政策上应否准许此项矿产运德，似有考虑之必要。理应电请核示祗遵。外交部部长王宠惠叩。巧。

中华民国二十八年九月十八日

（2）蒋廷黻签呈（1939年9月19日）

德方既有此表示，我国似应趁机善为运用，使德国对远东之和平作有利于我之努力。拟令外部电复陈大使如下：合步楼提议，我方甚愿接收。惟安南及缅甸必不许钨锡通过，掩饰亦甚困难。德国有何办法请见告。如中国各海口不受日本封锁，则此事易办矣。应本此意口头答复合步楼。

廷黻签呈

十九

（3）翁文灏电（1939年9月24日）

上委员长　代电　（托张平群转呈）
　孔院长

委员长蒋　钧鉴：顷接德国合步楼公司来函附
院　长孔　　　奉交下合步楼公司送来

送上孔院长节略一件。略以该公司拟用易货方式运华必需物品，由我运德钨锡物资交换。如有必要，可由西北陆路运输等语。又奉院长交下原节略一件，饬查核具复等因。查此事应先决定应否实行，德方能供给我方抗战急需物品（军械在内），原则上自无拒绝之理。惟自欧战起后，国际壁垒判然划分，对外关系每易牵涉全局，影响匪细。目前英法方在加紧对德经济封锁，我方此时如与德方实行易货，以重要矿产品运往德国。万一英法探悉，恐认为援助德国。而除此以外，所有矿产及其他货物仍须经由安南或香港出口。英法如果为难，深恐得不偿失。此有关我国整个对外方针，不可不慎重考虑，应否照允，谨候指示。万一决定此见，则德方提议以兰州为交接地点，在军械或无不可，但矿产晋出华南距兰州程途遥远，费用浩繁，宜以重庆较为妥善。此事苏联亦可援例，宜慎之于始。除另文陈明委座、孔院长外，谨祈鉴核示遵。职翁〇〇叩。敬。资。

(4) 蒋介石电 (1939年12月3日)

资源委员会翁兼主任委员咏霓兄勋鉴：敬资代电悉。关于对德供给锡产一节，自以暂缓为宜，但亦不必拒绝，只言筹划可也。中正。江。侍秘。渝。

中华民国二十八年十二月三日

(5) 翁文灏函 (1940年1月8日)

上孔院长函

院座钧鉴：顷准合步楼公司抄送一月五日上钧座函一件，以奥托华尔夫厂在南洋L060119所有之柴油汽车一百辆，德国政府业已允于在易货范围内供给。最近并曾允将电话制造厂材料在易货范围内供给，并已将港工厂扩充案内机器继续运华，深望我国政府亦能以钨锑数百吨运德，并盼能于短期内准备就绪，俾便报告德国政府前由。职面告之由美商或意商代购及代运办法，业已向柏林请示，一俟得复，当再呈请鉴察等由。查德国需要我国矿产，合步楼公司曾于上年十一月十六日上钧座函略一件，商洽具体交付办法。奉批查核具复等因。当经于十一月二十四日以敬资代电呈复，并另呈委座鉴核。旋奉委座十二月侍秘渝字第八七八九号江代电开：关于对德供给锡产一节，自以暂缓为宜，但亦不必拒绝，只言筹划可也等因，各在案。查此次职与合步楼方面所议各节，即系秉承委座意旨接洽，以后对德宜如何应付，并祈随时指示遵行，敬请钧安。

职翁○○谨上

(6) 孔祥熙函 (1940年1月12日)

咏霓吾兄部长勋鉴：一月八日十一日两函均奉悉。关于合步楼要求供给矿产，即经委座核示办法，即请吾兄仍以不即不离态度周旋应付可也。嵩函奉复，即祈察治为荷。顺颂勋绥。

孔祥熙启
一月十二日

（7）翁文灏呈（1940年4月2日）

上委员长签呈

谨签呈者：窃查中德易货停顿已久，乃德方近数月来曾叠次向我洽商续运矿产至德。前经职上年十一月二十四日将德方来洽情形，以敬资代电呈报钧座。旋奉钧座同年十二月三日侍秘渝字第八七八九号江代电，以关于对德供给矿产一节，自以暂缓为宜，但亦不必拒绝，只言筹划可也等因。奉此。当即遵令与德方妥为应付。惟最近德国驻华经办易货之合步楼公司代表屡次来商，盼我方能先以少数钨锡矿产由西北陆路秘密试运赴德，否则，如仍无交易，该公司驻华人员势将返国。此事经商陈孔副院长后，奉谕可先筹供钨锡砂二十吨，以表示我方联好之意。现钨砂二十吨已在贵阳备妥，俟德方运输办法解决后，再为启运。查际此欧战进行之时，我方对德态度自宜特为审慎。惟该国以往对我的需要之器械颇有供给，目前形势对上少量贸易如予峻拒，于两国关系颇有影响，恐合步楼驻华人员势将均行撤退。事关对外方针，不敢擅专，应否照办之处。理合密呈，敬祈核示祗遵，实为公便。此事进行并与德方商定，绝对守秘，并以附陈。谨呈

委员长蒋

职翁〇〇谨呈

（8）蒋介石电（1940年4月6日）

国民政府军事委员会代电　侍秘渝字第一二七八号

经济部翁部长勋鉴：四月二日签呈悉。此项筹供德方少量钨砂，应先问运输方法是否由其自己负责，而我方仅交其钨砂而已，希即再洽为盼。中正。叩。鱼。侍秘。渝。

中华民国二十九年四月六日

〔国民政府资源委员会档案〕

8. 俞飞鹏报告欧亚航空公司试航飞机失踪处理经过呈

（1939年9月24日）

呈文

查中德航空合同原定欧亚航空公司经营之航线，均须取道苏俄国境。嗣德方恐受苏俄挟制，请于必要之时得许该公司取道阿富汗等中部亚洲，经营中德航线。曾经本部王前部长伯群任内函复同意。该公司自成立以来，迭经依照合同规定路线筹设航线，均以事实上之障碍，未得完成。迨至本年四月间，乃呈请依据前此换函规定，准其商请德方股东汉沙航空公司派机试航中亚航线。当经本部函咨航空委员会及外交部查核。五月间准航空委员会函复，业已电饬关系机关保护试航，遂即批饬该公司知照准其试航。

嗣准航空委员会转咨新疆省政府来电，以南疆地方不靖，难负保护责任，本部乃即转饬公司知照，并饬对于试航不宜轻于冒险。此外，并曾饬由本部主管司函请该公司转向汉沙航空公司声明，试航尚有意外，我方概不负责。惟据该公司复称：汉沙航空公司认为是项试航虽然飞经南疆，但不降落该处，当无危险，即有意外，其责任亦由汉沙航空公司自行担负。至是，汉沙航空公司准备实行试航。惟至本年八月间，本部以时局关系，情势变更，是项试航事实上恐将不便，爰于是月二十二日电饬欧亚航空公司停止上项试航事宜，而汉沙航空公司派出之试航飞机二架，业已出发在途，仍于是月二十五日起先后飞抵西安，本部据报后立饬欧亚航空公司即将该试航飞机收购，因汉沙航空公司仅允出售一架，其余一架仍由原驾驶人员嘉白伦次等于同月三十日驾驶离陕，经由南疆拟飞回阿富汗，不幸于飞离甘肃安西地方，后即告失踪。

本部得知该机失踪之讯，并悉德方有派机来华寻查之意，当以该机失事我国应予救助，而汉沙航空公司自行派机来华一节，在目前情形之下，实有未便。经即迭电新疆盛督办，请予就近探查，如该机系平安降落，所有人机安全并请设法援助出险，一面饬由欧亚航空公司商准汉沙航空公司驻华代表自行致电柏林，请其停止派机来华。嗣准外交部咨，以据驻德大使馆电陈，汉沙航空公司拟派飞机寻查失踪飞机，请核办等由。过部。并经将以上情形咨复在案。

追至最近本部虽曾准盛督办电复，对于该失机业已饬属查报，但为求早日获得结果起见，爰经派定欧亚航空公司总经理李景枞乘机飞新探访，并电请盛督办予以协助。因嗣准盛督办复电，阻止该员机在新降落，且声明不负保护责任，于是不得不电饬该员从缓出发，同时电知盛督办并仍请其饬属就近探查，随时电告。

嗣准外交部本月二十二日代电，以德方对于我国拒其派机来华寻查失机，认为不能想像我方拒绝之理由，表示倘我坚持到底，纵断绝国交，亦所不惜。一切对华接济，将悉断绝，应如何应付，商请核复。过部。当以此案有涉及中德国交之虞，为迅速查明失踪飞机起见，拟另派人员会同外交部代表，改乘中国航空公司飞机赴新，面洽办理。现正与盛督办电商之中。至于德方坚持要求，准许汉沙航空公司自行派机来华寻查一节，可否准许。事关两国邦交，业已复请外交部查酌办理。

所有试航经由中部亚洲飞行之中德航线缘由，及试航飞机失踪后处理经过情形，理合具文呈报，伏乞鉴核备案。谨呈
行政院

交通部长俞飞鹏
〔国民政府行政院档案〕

9. 外交部为法国政府通知取缔德国出口货禁令事致行政院电

（1939年12月—1940年1月）

（1）电之一（1939年12月2日）

国民政府外交部代电　欧28字二一六一〇号　一九三九年十二月二日

行政院秘书处勋鉴：关于英法政府对德国水雷政策采取报复办法一事，先代电计达。兹据驻法大使馆电称：此事经向法外部例外委员会接洽，该会允研究后答复。至十一月二十八日法政府所颁布之取缔德国出口货禁令，业准法外部通知到馆。其要点有三：（1）凡在德境所装之货，其装运船舶于本年十二月四日后离开德国口岸者，及在他国口岸所装之德产或德国制或德有之货，其装运船舶于同日后开出者，均可扣留至法国或同盟国口岸卸货。（2）所有捕获货物由检查私运委员会决定征用或出卖，所得货价另帐保存。（3）封锁部得随时斟酌情形，特准放行或交换物价。如所扣留之货能证明于十一月二十八日前已属中立国所有者，尤可适用此种例外办法。请转行主管机关注意，尤以第三点为要等情。本部现正在设法要求英、法政府对我国所购德货，特予通融办理。特先电请查照为荷。外交部。萧。

（2）电之二（1940年1月19日）

国民政府外交部代电　欧29第二二七〇五号　一九四〇年一月十九日

行政院秘书处勋鉴：关于物资假道越南事：上年十二月三日欧28字第二二一九五号代号计达。查此事兹准法国大使馆正式答复：（一）二十八年十二月一日以前到越之官有德货。（甲）在二十八年十一月二十日以前由外交部将财政部孔部长付款证明及清单交送法国大使馆之七批德货，一经外交部证实其易货或付款手续均在二十八年九月三日以前履行完毕，即可放行。（2）现款购买之德货，须将九月三日以前付款证件，送交法国大使馆审查，以便通过。（丙）曾以货物相易之德货，一经外交部检同清单向法国大使馆声明，曾登入中德易货帐内，并已于二十八年九月三日以前完全结帐，即可放行。（丁）尚未以货相易之德货，可由中国政府检同清单向法国大使馆声明，系归中德易货帐内结算，并保证决不将制造军火之原料运德作抵，以便通过。（二）十二月一日以后到越之官有德货，须将付款证件由外交部交法国大使馆送往巴黎审查。除关于甲项七批德货，业由本部备文证实其易货及付款手续业在九月三日以前履行完毕，送请法国大使馆查照，转电越南政府迅予放行外，特电请查照为荷。外交部。效。

〔国民政府行政院档案〕

10. 桂永清等为德国拟调停中日战争及承认汪伪事致蒋介石密电存

（1940年10月—1941年1月）

（1）谭伯羽电（1940年10月3日）

十月三日柏林商专处来第3209号电

（一）德拟中日议和条件：日承认蒋政权，日本撤兵，我国承认伪国及华北日本特权，并以沪、青岛、福州、香港、汕头为日本海军根据地。（二）德以安南、荷属印度让日，即菲律宾日能占领（此电文一码不明），续陈。（三）许俄向南波斯、印度发展。美国消息，俄国〔外〕交有仍维持可能。（四）料我方拒绝和议（此电文二码不明）。羽处无工作，离此迁移瑞典、瑞士皆非久计。即归国，文件及所属亦不能留此。请速电示方针，以备万一。至叩。谭伯羽。

(2) 桂永清电(10月12日)

十月十四日　桂永清来文电

真电敬悉。日前据戈林将军亲信密告,戈林于晤谈后大骂哩宾特洛甫不已,批评中国对德为"三年睡眠外交",并表示不强迫中国言和,维持中德好感。建议职如有未尽意见,可用书面向戈林陈述,以保连系。连日请大使与伯羽兄商量致戈林信稿。巴尔干半岛因德军驻罗后,罗甸土地谈判决裂。希望与俄接近,形式变化。

(3) 陈介电(11月11日)

十一月十四日　陈介　真电

顷德外长约往密谈,略谓:"(1)莫洛托夫明日来访。德俄间自订立互不侵犯条约以来,交谊已密。今当再进一步,益图巩固。一可使德统一欧洲志愿易于完成,二可证英美联俄之绝难实现。(2)英欲亡德,年来事实适得其反。德已对英各方包围,捷、波、和、比、挪威早入德手,法与德站在同一阵线。巴尔干半岛已不成问题,义希战事终归希败。英虽得美飞机援助,德在本国及被占领各地遍造飞机,质量远过于英美。从参战德之潜水艇,足以消灭英美海军。况美太平洋与大西洋两方面受敌,海军亦未必敷用。美若对轴心国家宣战,无异对于全世界宣战。故预料对英战事早则今冬迟则明春,可望结束。邱吉尔之军事计划必归于失败,最终胜利终属德国。领袖天材,战无不胜,可以断言。(3)德义日三国协约,目的在缩短战事,早树和平。自德方言为促成建设欧洲新秩序,俄于此点甚赞成,绝对可望有把握。(4)因此推想欧洲以外之大陆,而注念及远东问题,拟以个人意见探询阁下,或请转达贵政府,但须预先郑重声明:一、未受中日政府任何方面请托;二、决非德国政府自愿调停,唯以中日战事已逾三年,德国立场可以质定。在四年前英已蓄志亡德,德联强国对抗，以此与日本交谊增密。然本人及政府对中国，尤其经济上关系始终保持友谊，决未与中国立敌对地位，并甚钦佩蒋委员长之英勇与历来对德好意。无如大势所趋，惟强是重，不得不侧重亲日。此在中国或引为不满，在德国实势逼使然。近闻日自新内阁成立后，亟图解决中日问题，已拟于近日内承认南京政府。日如实现，义德因与同盟关系，亦必随之，他国或当有继起者。此于中国抗战，恐益加困难，于中德关系亦虑启影响。诚恐委员长无论如何主张抗战到底，或仍以英有援助能力，故将国际趋势尽情为阁下一言。倘阁下认为有和好可能，则请转达蒋委员长及贵政府加以考虑，以免误此最后时机。余已声明，并非自愿调停，亦非作何建议。即领袖本人，亦无此意。倘双方以此为请，自不敢告劳"等语。介答："贵部长盛意良感，当即据以电呈。在未奉训令以前，恕难遽有表示。就个人所知，我国为生存与主权而抗战，非达此目的，恐难言和平。前陶大使奉令调停，我委员长即以日军完全退出为先决条件，今日当仍如前说。倘日军未能放弃占领内地敌军地带及沿江沿海口岸，则终未能和平。此点尚乞注意。"渠谓："余虽未闻日方提及若何条件，在余观察，日方恐未易为言之至。"再复转首询其陪坐之前派往日本办理三国协约专使STAHMER意若何。S答："此诚非易，但看如何说法。"介询："贵部长将以今日所言同样告日使否？"渠答："余信彼方不致反对，故敢约请阁下。"晤谈历一时许，词意婉和。最后又言S公使可与介随时接洽。谨密报陈，敬乞核示

（4）陈介电（1941年1月18日）
一月二十一日　陈介大使　巧电
倭近对德种种活动，派军事考察团，又复令前大使大岛回任，随从近五十人，军事经济及对华对俄各种专家均有。松冈不久亦将历聘俄德，闻携带多种要求，就中对华请求调停，对俄诱

求让步，对德请求军器，主要条件。但据外人军事方面所谈：（一）对华调停一节，德认为时机已晚，如所谓承认汪以后，益成僵局。日虽视为迫切，华无急遽必要。月来介曾将各种材料交军方有关人员，自行制成报告。闻希特勒阅后，对远东情形已稍明了，曾有手谕，谓对日各种交涉，不可有伤华方感情。以后变化固难预料，目前趋势似渐于我有利，仍当秉此进行，多使了解。（二）请求俄让步一节，倭切望与俄订立不侵犯条约，俾可抽调在北驻军南进。俄为保障海参崴安全起见，闻就接壤地稍为让步，对日有领土要求。倭认此种交换条件，无法承允，意欲请其暂时疏通。但以现在德俄关系，对俄难以启遽〔齿〕，俄亦未必肯允。故德认该约一时无可挽回订立可能。（三）请求军器一节，倭欲得德在欧所得战利品。德以意在东非与希腊战败以后，军器垂绝，亟须尽量援助，无可分惠，且经俄运日亦是难成。都玛斯系军器全责者，据其告人，决不能以军器助力。综合以上各点，观察倭德间关系，已不尽如倭之乐观。故德倭在英属印度利益之冲突，倭在逼罗之煽动，援助攻安南，均为德心理上所不满意者。预料自二月始，德倭关系当入紧张时期。在在皆于我有影响，遵当随时注意，相机运用。谨先电陈概况。

（5）桂永清电（1月23日）

一月二十五日　桂永清　漾电　向总长转送俞秘书

德负责人对职明言，攻英势在必行。日本已自知不能以兵力结束中日战争，亦不愿百战，与华为敌。德极望东亚和平，设委座此时与日谈判和平，日必无过分要求，实为最好机会。如延至英被占领后，则时过境迁，德欲助华，亦属困难。职意如我国不能与英美同盟，不妨请委座另派得力人员，进行私人秘密谈判，以试日方最后态度，亦属无损。

〔军事委员会委员长侍从室档案〕

11. 陈介关于德拟攻俄事致蒋介石电存

（1941年1月31日）

二月一日　陈介大使　世电

德拟攻俄事，日前电由外交部转呈，计邀鉴及。顷密闻德拟于四、五月向俄用兵，准备日亟，已有精兵约四百万。其目的不仅在乌克兰，且将由莫斯科东以降落伞部队分占西比利亚铁路，俾与日本军取得联络，使欧亚两洲入其统制，以期长期与英美对抗。据军事家预测，需时不过三四个月，可配备就绪实现，自于我抗战前途有关系。除随时注意探闻外，谨先密呈

〔军事委员会委员长侍从室档案〕

12. 陈介为德国将承认汪伪致蒋介石电存

（1941年6月27—29日）

（1）电之一（6月27日）

七月一日陈大使感二十七日电

顷闻可靠密息，汪伪聘日，继以德俄战事，松冈因曾订日俄中立条约，颇受攻击，日政府将于七月一日发表宣言表示态度，为巩固政府立场维持轴心政策计，要求德即承认汪伪，以为宣言根据。闻德外长已内定照办，日内即将实现。因外长未在柏林，介已向外长请定时间晤谈，拟根据王部长去年十一月三十日声明，请其慎重，但恐难望有效。

（2）电之二（6月29日）

承认汪伪事确闻已定七月一日发表。

〔军事委员会委员长侍从室档案〕

675

13. 陈介关于同德方交涉阻止其承认汪伪情形致蒋介石电存

(1941年6月28日)

陈介大使　俭（二十八日）电　七月一日八时到

感电所陈一节，分向各重要方面探访，业已证实。今午与外交次长魏萨克晤谈，诘其态度，未肯明认，仅谓日方宣言犹未知果发表否。承认汪伪一节，本系悬案，未知又发动否，自近情言在君良非过虑，但政府态度现尚难以预料。介因将王部长去年十一月三十日宣言并复就中德已往及未来关系请为法意。渠颇首肯，惟谓前次大战我国亦曾对德宣战，介答其性质与现时迥然不同，且国民政府在南方曾极力反对此事，我政府立场现唯日本为敌，余均认为友。数年来对德已万分容忍，无非为百年大计，万望勿亲承认此叛逆之傀儡，强我走绝交一途。渠允将此意电达现在大本营之部长。旋以私人意见向介力言，俄结果必败，英或觉悟言和。介未置答而别。就介所闻，此事在外交部次长政务司长及主管人员均反对，亦多哗然，但外长业已决定，并拟将在渝机关不动，而令上海总领事兼驻伪政府代办，益将汪伪视为伪满第二。介昨今业已分托要人设法阻止，就外长现时地位与个性及往事论必难有效。

〔军事委员会委员长侍从室档案〕

14. 国民政府公布对德义绝交宣言

(1941年7月2日)

德义两国政府，竟以承认南京伪组织，是其侵略政策，显已推及远东，且又充分证明纳粹德国，与法西斯义大利，已与中国之敌人同恶相济，该两国政府，明知南京伪组织为日本军阀一手造成，乃竟加以承认，实为加于中国之重大侮辱，且不惜自弃其所享中国政府与人民之一切友谊。

两轴心国家此举,愈足证实世界侵略之恶势力,已结成集团,专事摧毁人类自由与文明。幸爱好和平与自由之国家,对于此种世界恶势力,英勇而坚毅之抵抗,在数量上与实力上,已日益增加,其合作愈趋密切,中国在反侵略集团中,对其所处地位及贡献,尤其处此空前困难时期,对于维持国际信义一贯之努力,均堪无愧,今后尤必与各友邦尽量合作,继续奋斗,以期终达吾人共同之使命。

中国政府对于任何国家,承认伪组织之举,早经一再声明态度。兹特正式宣告,中国与德义两国断绝外交关系。中华民国三十年七月二日。

〔国民政府外交部档案〕

15. 齐竣关于德国邀请我国参加东方博览会事宜致翁文灏呈

(1941年7月6日)

敬呈者:谨奉七月二日钧谕,敬悉种切。遵已转知合步楼公司即行电达柏林,我方决定参加"东方博览会"之意。顷又收到柏林合步楼公司总经理克拉纳先生五月十一日函一件,关于博览会申述,颇为详尽,谨摘要如下:

一、博览会负责人邀请中国参加,彼(克拉纳)甚以为然,因藉可予德政府要人以深刻印像,且德外交部亦表同意。

二、柏林中国大使馆对此深表赞同,并已电渝外交部请示,尚未见复。

三、与中国大使馆商洽结果,最好用重庆商会名义参加展览。

此次参展意义,要在中国在此严重期间,仍能参加展览,必能表现中国经济地位之重要。

四、至必要时,合步楼亦肯负担展览会费用,因彼深信在此时机，实应有力宣传，以期有功将来。

五、已与丁文渊先生商妥，陈列办法大致如左：

中国览展部份正面壁上悬挂中国大地图一幅，用各色小电灯指明中国农矿产品主要所在地点。

陈列中国农矿原料之种类，采取与收获及其改良办法，并各项工业上之用途。例如钨砂由采砂至化纯钨经过，及其在各项工业上之用途（军事之重要）。

锑

麻由植种至土产麻线经过，与织工业用途。

蚕茧由养蚕至成茧、丝线至绸缎。

茶叶各种红绿名茶种植及制茶。

花生花生油芝麻。

桐油等等。

除此外，用中国美丽地毡、瓷器、花瓶、银器、象牙、竹木、雕刻木器等件，予以点缀。

彼希望大部份能在德国采办其他物件，仍盼由渝速运至德国，最好能运寄以下物件。

茶叶（可由中国茶叶公司负责办理，实宣传良机也。勿忘北平香片为德人所嗜。焌注。）

羊毛

棉花

花生

大豆及其油

芝麻

茴香

锡、云南锡器

惟时间短迫，如何之处，急盼驻渝合步楼普莱先生与焌商洽，转达核办为感等语。窃查克拉纳先生来信意极诚恳，职已告普莱先生去电柏林,因时间已迫,大部份展品全靠在德搜集,同时拟请钧座速饬本会筹备一些材料,并命中国茶叶公司供给茶叶标准货物。如何之处,敬乞察施。

又我国已决定参加博览会,并委托合步楼公司会同我大使馆全权筹办一节,敬乞钧座正式致函合步楼公司查照,以合手续为感。

又外交部方面亦拟请钧座电致柏林使馆为妥,如何之处,谨呈鉴察示遵。谨呈

部长翁

职齐焌谨呈
七月六日

〔国民政府资源委员会〕

16. 国民政府对德义宣告立于战争地位布告

(1941年12月9日)

自去年九月德意志义大利与日本订立三国同盟以来,同恶共济,显已成一侵略集团。德义两国始则承认伪满,继复承认南京伪组织,中国政府业经正式宣布与该两国断绝外交关系。最近德义与日本竟扩大其侵略行动,破坏全太平洋之和平,此实为国际正义之蟊贼,人类文明之公敌,中国政府与人民对此碍难再予容忍。兹正式宣布,自中华民国三十年十二月九日午夜十二时起,中国对德意志义大利两国立于战争地位,所有一切条约协定合同,有涉及中德或中义间之关系者,一律废止,特此布告。中华民国三十年十二月九日,主席林森。

〔国民政府外交部档案〕

17. 外交部拟定我国对义和平条款草案

(1943年9月17日)

第一条 义大利承认，凡与中国所订之一切条约协定与合同，自一九四一年十二月九日起一律废止。该项条约协定或合同所给予义大利政府或人民之一切权利或特权，亦自同日起终止。领事裁判权自亦包含在内。

（参考材料）。凡尔赛和约第一三五条（1）德国承认凡与暹罗所订之一切条约契约或协定及由此发生之权利所有权或特权，均自一九一七年七月二十二日起停止效力。领事裁判权亦包含在内。（2）中国政府于一九四一年十二月九日对义宣战文告内称："所有一切条约协定合同有涉及中德或中义间之关系者，一律废止"。

（附注）：内河航行、沿海贸易、军舰驶行内江等问题，虽在中英新约换文内列举取销，在此因一切条约与协定均已失效，则此类特权自可在终止之列，无须再行列举，仅提及领事裁判权一项，以概其余。

第二条 （一）义大利承认一九〇一年九月七日在北京签订之协定书，应行取销，并将该协议书及其附件所给予义大利之一切特权及利益放弃，以予中国政府，并将该议定书内所订义大利赔偿要求之任何未付部分，同样放弃。

（参考材料）（1）凡尔赛和约第一二八条德国将一九〇一年九月七日在北京签字之最后议定书各规定，连同一切附件照会及文件所规定之特权及利益放弃，以予中国，并将一九一七年三月十四日以后按照该议定书，任何赔偿要求同样放弃。（2）中英新约第三条（一）项。（3）三十二年三月八日财政部函复本部，略以庚子赔款义国部份在二十二年七月□□财政部长宋子文氏与义国财政部长容几道氏在伦敦签订"中义庚款协定"，义政府承认接受义币七千万利拉为完全解决义国庚款之未付部份，至此项义币七千万利拉偿付后，所有剩余之款，则施诸中国政府所能同意之各种用途。由此可见，义国庚款未付部份可谓清结，至剩余之款究为若干，用途如何，似为未结之案，此问无案可稽，且就上述中义庚款协定推断，似不再有应行付还之款。

（附注）义国庚款未付部份，并未声明得由中国政府自由交配，而仅言"施诸中国政府所能同意之各种用途，似尚须由义方提出用途，而由我国同意，故拟在和约中明白规定予以放弃。

（二）义大利将北京使馆界之行政与管理放弃，归还中国政府，并将使馆界内义大利政府所有之官产房屋，并无偿移交于中国政府。

（参考材料）（1）凡尔赛和约第一三六条"德意志帝国及其各联邦在暹罗所有之财产及所有权，除外交官或领事官所用住房或办公厅外，当然由暹罗政府获得，无庸赔偿"。（2）中英新约第三条（二）项。

（附注）在此和约生效后，我国可先行接收北平使馆界内之义大利官产及房产，无须待各国同意后实行。

第三条 （一）义大利将上海公共租界及天津义租界之行政与管理放弃，归还中国政府，并承认凡关于上述各租界给予义大利之权利或特权，概行终止。

（二）义大利将上述各租界内或在其他各国在华之租界或租借地内，或在其他中国领土内，所有属于意大利之房屋、码头、浮桥、营房、炮台、军械、军需品、各种船只、无线电报之设备及其他公产等，除义大利外交官或领事官所用住屋或办公厅外，一概无偿让予中国政府。

（参考材料）（1）凡尔赛和约第一三六条（对暹罗）已见前引。（2）凡尔赛和约第一三〇条"……德国将在天津及汉口之德国租界或在其他中国领土内，所有属于德国政府之房屋、码头及浮桥、营房、炮台、军械及军需品，各种船只、无线电报之设备及其他公产等，让与中国。（3）中英新约第四条(一)(二)（三）（四）项。

第四条　义大利允让将一九〇〇年至一九〇一年义大利军队，由中国取去之所有古物及文化艺术品，自本约实行后十二个月期间内，归还中国，并允诺付给为履行归还所需之一切费用。

（参考材料）（1）凡尔赛和约第一三一条"德国允诺将一九〇〇年至一九〇一年德国军队，由中国取去之所有天文仪器自本约实行后十二个月期间内，归还中国，并允诺付给为履行归还所需要之一切费用。其拆卸装运、保险及安设在北京等费，均包括在内。"（2）凡尔赛和约第二四五条二四六条二四七条等。

（附注）何种古物及文化艺术品，尚待教育部及故宫博物院开列清单。

第五条　义大利放弃其在一九四一年十二月八日以前，对于中国所有之一切债权，并放弃其在华之一切投资，无价还与中国政府。

（参考材料）复员计划（四）。

（附注）何项债权及何种投资，尚待财政部交通部经济部查明。

第六条　义大利承认赔偿在义大利境内或他国领土内之中国官民及其财产因义大利陆上海上及空中侵略所受之一切损害或损失。

（参考材料）（1）凡尔赛和约第二三二条第二项"但协商及**参战**各国政府要求德国担任赔偿，凡协商及参战各国之普通人民及其财产在该协商及参战国对德交战时期内，因德国陆上海上及空中侵略所受之一切损害，以及在附件一内所定之一切损害"。（2）同条附件一（一）关于战争直接结果，致使人民本身受伤或死亡。（二）关于虐待行为如监禁、放逐、拘留、撤退，或强迫工作之结果，对于生命上卫生上所受之伤害。（三）关于卫生上、工作力上或荣誉上之一切损害。强迫工作而无公正报偿之损害。

（附注）据谢公使报告，在义华侨损失约三十五万美金，在其他国内，如希腊、南斯拉夫等国之华侨损失尚无报告。

第七条　义大利承诺偿还中国政府在对义战争期间收容义俘之一切费用。

（附注）此项费用已通知各省政府列报汇结。

第八条　义大利承诺赔偿义大利官民在中国沦陷区内所占取中国之公私财产或权益。

（附注）准交通部三十年七月函告，有我国船舶华山轮等十八艘转入义籍。

第九条　关于义大利在华财产之清理、封存或管理及其在华人民之拘留及遣送回国，义大利为其自身或其人民放弃对于中国政府之一切要求。

（参考材料）（1）凡尔赛和约第一三三条德国放弃其对中国政府或任何协商或参战国政府，因在中国之德国人民拘留及遣送回国而生之一切请求，并放弃自一九一七年八月十四日以后，因在中国德国船只之捕获，德国所有权权利及利益之清理、封存或管理而生之一切请求。……"。（8）凡尔赛和约第一三七条"在暹罗关于德国船只之捕获，德国财产之清理，或其人民之拘留，德国为其自身或其人民对于暹罗政府放弃一切请求"。

第十条　（希望条款）　关于义大利海军之处置，我国应有获得分配之权。

（附注）三十二年九月十七日陈总司令绍宽呈委员长文。

〔国民政府外交部档案〕

（二）中国同瑞士、巴西、韩国等关系

1. 王守竞关于资源委员会与瑞士巴登卜郎比股份有限公司已签之技术协助合同呈

（1938年3月29日）

案查钧会与瑞士卜郎比公司所订技术协助合同中文本两份，前经属会呈送并奉钧会二十七年七月十五日资工字二五一八号指令，准予签字发还在案。当由属会将该项合同中文本两份，邮寄瑞士该公司去后，业经该公司签字并将一份寄还。理合将该项已经签字合同中文本一份，备文呈送鉴核存案。谨呈
资源委员会
主任委员翁
副主任委员钱
附呈瑞士卜郎比公司技术协助合同中文本一册。
　　　　　机器制造厂筹备委员会主任委员王守竞谨呈

技术协助合同

中华民国国民政府经济部资源委员会（以下简称资委会），与瑞士国巴登卜郎比股份有限公司（以下简称卜郎比）于中华民国二十七年（即西历一九三八年）三月二十九日订立本合同，以资遵守。

资委会决定设立工厂，及在已经成立之工厂内，制造发电机及其他各种机器，商请卜郎比予以各项协助，卜郎比经慎重考虑后，愿依照后开各条件，尽力协助。兹经双方同意，议定条件如下：

第一条　本合同自中华民国二十八年（即西历一九三九年）

一月一日起，或自资委会向卜郎比索取图样请求协助之日起，(二者以在先者为准)开始生效，有效期间定为十年。惟本合同第十五、十六、十七、十八、十九各条，自中华民国二十八年一月一日（即西历一九三九年）起开始实行。

第二条 在本合同有效期间，卜郎比给予资委会以独家享用不得转让之特许权。凡属现在及将来归卜郎比所有之设计图样、制造方法及专利权，资委会得在其厂内利用制造，并得在中国国民政府统治区域内（以下称合同区）销售其制品。兹将合同规定之制造品，（以下称合同品）逐项分列如下：

（甲）汽轮机及汽轮发电机，其容量以一万二千瓩为度，其电压以一万二千伏为度。飞轮式发电机，共容量以三千瓩为度，其旋转子之直径以三千公厘为度。

（乙）各种电机（推动火车用电机及交流电整流马达除外），其容量以五千瓩为度，其旋转子之直径以二千公厘为度。

（丙）变压器，其容量以八千开维爱为度，其电压以八万伏为度。

（丁）各种电气器具，包括油开关在内，其最高电压以八万伏为度。

惟保护输电网之器具，如导气开关，空气吹灭开关，力来，调节器等，以及推动火车用之器具，均除外。

关于报酬金之付给方法，另见本合同第十三条。

第三条 在本合同有效期间，卜郎比不得在合同区内，自行制造合同品，并不得再颁给特许权或授权与第三者，在合同区内制造合同品。

但在本合同签订前，卡郎比在已订售货合同内给予其中国总代理人临时特许权，准其用本地材料制造一部份配件者，仍得继续照旧办理。

第四条 凡不属于本合同范围以内之物品，倘卜郎比因特殊理由，在合同区内自行制造，或发给特许权与资委会以外之任何方时，则本合同第十八条所载之"直接营业最低净数"应减除上述物品在合同区内前三年直接营业额之平均净数。

为双方利益计，资委会有承受该项特许权之优先权。

第五条 资委会制造合同品时，应绝对依照卜郎比所供给之设计图样及规范书，且须在制品显明之处，标有卜郎比字样。但为适合中国国定标准或当地情形计，经与卜郎比商妥后，得酌量修改之。

第六条 在本合同有效期间，卜郎比或资委会对于合同品如有所改良或发明，双方均得无条件免费享用之，惟资委会对其职员之发明或改良须付报酬者，卜郎比亦须担任一部份。其分配比例，得互商决定之。

第七条 在左列条件下，卜郎比得资委会之请求后，应供给以图样，设计制造详说及情报。关于机器原料及零件等之来源，亦一并包括在内。

（甲）卜郎比以上述各种图说连同说明书与附件等供给资委会时，如卜郎比因自用而现成者，应照样审慎翻印全套，一如其本厂自用，并视制造法之最近进步，随时修正。

（乙）供给者如系特制新图样或非现成者，卜郎比可酌定额外费用。

（丙）卜郎比所供给之图样及制造详说，资委会在未得卜郎比书面允许前，应负责保守秘密，不向第三者泄漏，并不得转让该特许权之全部或一部份，或颁给分特许权与任何方。

（丁）关于照上述条件所供给之图样设计专利及制造详说，卜郎比不负其他直接或间接责任。

（戊）关于合同品之制造及试验方法以及应用之机器工具之各项资料，卜郎比应合理的供给资委会。

第八条 关于合同内之物品，如卜郎比未有现成图样，而经资委会自行绘制及设计者，卜郎比应尽其忠实智能担任复核是项图样及设计之义务。但不负其他任何责任。

第九条　在合同有效期间，资委会对于合同品之制造，无论采用卜郎比图样与否，须照合同规定付给报酬金。其他非合同品，而为卜郎比所制造者，资委会在未得卜郎比之书面允许前，不得向他方领取特许权。

但关于卜郎比偶行制造而并非卜郎比标准设计之物品，不在此例。凡资委会自行设计制造之非合同品，得免付报酬金。但关于是项非合同品而为卜郎比所制造者，资委会应予卜郎比以颁给该项特许权之优先权。其报酬金另行互商决定之。

第十条　资委会得自由制造自己设计之合同品，其容量不受本合同之限制，但报酬金仍须照付。

第十一条　本合同并不限制卜郎比之巴登总厂或其分厂在合同区内直接或间接自由输入其制品及营业权。

第十二条　如中华民国颁布专利法时，资委会及卜郎比为谋在合同区内，保护其某种制造品起见，应双方会商。倘关于现在及将来之某项专利双方认为有注册必要时，资委会应以卜郎比为专利权所有者之名义，呈请在合同区内注册或转期。凡所注册之专利权而为资委会所享用者，其注册费均由资委会负担。本合同期满后，是项专利权归卜郎比所专有，其转期与否由卜郎比自行负责。

第十三条　在本合同有效期间，资委会须付给卜郎比报酬金，以酬劳其协助服务。其报酬金额应依照所制造各品之"出厂净价"按百分数计算。兹列表规定如下：

（甲）一、汽轮机其容量以一万二千瓩为度，百分之八。

（甲）二、与汽轮相联之发电机其容量以一万二千瓩为度，其电压以一万二千伏为度，飞轮式发电机，其容量以三千瓩为度，其旋转子直径以三千公厘为度。百分之七。

(乙)一、各种电机(推动火车用电机及交流电整流马达除外)其旋转子之直径以五百七十五公厘为度。百分之五。

(乙)二、各种电机(推动火车用电机及交流电整流马达除外),其容量以五千瓩为度,其旋转子之直径以二千公厘为度。百分之七。

(丙)一、变压器自〇至一百六十开维爱,其电压以二万伏为度。百分之五。

(丙)二、变压器自一百六十至一千六百开维爱,其电压以二万伏为度。百分之六。

(丙)三、变压器自一千六百至八千开维爱,其电压以八万伏为度。百分之七。

(丁)各种电气器具,包括油开关在内,其电压以八万伏为度。惟保护输电网之器具,如导气开关,空气吹灭开关、力来、调节器等,以及推动火车用之器具,均除外。

关于甲一、甲二、乙二、丙二、丙三及丁节报酬金之折减,另见后条规定。报酬金之付给,不得扣除中国政府所征收之捐税。

第十四条 如卜郎比因合同品构造部份,有须付给报酬金与第三者时,资委会应补偿之。惟本合同包括之合同品尚无支付是项补偿之部份在内。

第十五条 资委会担保付给卜郎比报酬金之最低总额如左:

第一年:五万瑞士法郎。

第二年:六万五千瑞士法郎。

第三年及以后七年:每年八万瑞士法郎。

第十六条 如卜郎比在合同区内每年之直接营业,其出厂净价超过六十万瑞士法郎时,则本合同第十五条所载之该年份报酬金,应依照下列方法递减之:如营业总数在五十万瑞士法郎以上,则每超出十万瑞士法郎报酬金减去三千瑞士法郎。至营业总数达一百五十万瑞士法郎或一百五十万瑞士法郎以上，报酬金以递减至最低额五万瑞士法郎为止。

第十七条　除照上条所载外，如卜郎比在合同区内每年之直接营业出厂净价超过七十五万瑞士法郎时，则本合同第十三条（甲）一、（甲）二、（乙）二、（丙）二、（丙）三，及丁各项所载明之百分数，在该年份应各减去一单位。

第十八条　如卜郎比在合同区内每年之直接营业其出厂净价不足五十万瑞士法郎时，资委会允予补偿。其补偿金为五十万瑞士法郎与一年中卜郎比营业净价相差额之百分之**七**。该项营业净价得以三年营业平均数为计算根据。

第十九条　本合同所称"出厂净价"，系指与买主所订合同内应付之价格，除去装箱、运输、及保险费（假使以上各费包括在合同价格之内）后，所得之净价而言。倘资委会因制造而向卜郎比购买一部份之半制品时，则该部份之报酬金，可以免交。此项报酬金均以该半制品所值百分之七计算，于每季付给报酬金时扣除之。

第二十条　资委会对于卜郎比依照本合同所供给之图样，应付图样费。凡用蓝色晒印纸或棕色晒印纸所制成之图，其大小以一平方公尺为度，每张付给五瑞士法郎。凡用透明蜡纸所制成之图，其大小以一平方公尺为度，每张付给十瑞士法郎。

第二十一条　如资委会因制造上之需要，而向卜郎比订购机器，工具或其他零件，卜郎比应予以最优惠之价格，与售与其他领得特许权之厂家价格相同。如资委会订购该项机件，并非由合同区内卜郎比之总代理人经手，则其价格应包括出厂净价百分之三之佣金。

第二十二条　资委会须担任建筑或备有适当之工厂及合用之工具，并予以维持，俾得制造合同品。

得出入于该工厂者，仅限于资委会之主管人员、职员及雇用人员，与卜郎比之代表，以及买主及买主之代表。对于竞争制造者或利害冲突者须绝对禁止入内。卜郎比所供给之图样或其他要件，资委会须严密防止泄漏，但对于制造上或销售合同品而必须发表者，不在此例。

第二十三条 资委会有权随时派遣中国工程师及工头前往瑞士巴登卜郎比工厂，受卜郎比训练，学习制造合同品。其年限与规约，由双方互商之。上述工程师及工头所需费用，概归资委会供给。卜郎比须于可能范围内，派遣专家到华，受资委会之调度，就地指导工厂内之初步制造工作。上述专家所需费用，亦归资委会供给。

第二十四条 在本合同有效期间，资委会应备适当簿册，登录其所制造与出售之合同品，记载关于合同品已收或应收之款项，并与计算报酬金有关之已付或应付款项。卜郎比于相当时期，得派代表莅厂审查之。

在每年三月三十一日，六月三十日，九月三十日及十二月三十一日后之一个月内，资委会须将该届三个月中，所制成交货或出厂之合同品，连同其价值，及应行扣除之款项，一并详细登载，俾得计算出厂净价作付给报酬金之根据，造具清册，用书面送交卜郎比。

倘任何一年卜郎比未克执行审查帐目之权利时，资委会所开列帐目之准确及款项之无误，得暂由资委会之会计师证明之。

第二十五条 双方往来款项之互付方式如下：

（甲）当资委会依照合同，开始向卜郎比请求图样及服务时，资委会须付给卜郎比五万瑞士法郎。该款用途，系保留充拨本合同第十五条所载付给第一年最低限度报酬金之用。

（乙）按照本合同第十三、十四、十九、二十各条之规定，在每年三月三十一日、六月三十日、九月三十日及十二月三十一日后之一个月内，资委会须付给卜郎比该届结算之报酬金，以及图样费。

（丙）在每年十二月三十一日之一个月内，双方应按照本合同第十五、十六、十七、十八各条之规定，作一总结算。

双方付款，应用电汇方法，以最低之汇率汇交彼此随时指定之银行，所有应付款项，不得有任何折扣。

第二十六条　在本合同满期以前二年，若任何一方不以书面通知对方，宣告本合同终止，则本合同自满期之日起，仍继续有效五年。

第二十七条　在左列任何一项意外情形之下，本合同得不用通告而取消之：

（甲）如任何方中止付款。

（乙）如受领特许权人不履行交付本合同规定之款项。

（丙）如任何方违背本合同。

（丁）如资委会将其工厂所有权直接或间接的转让与制造同样机器之第三者。

第二十八条　如本合同经取消或满期之后，其结束手续，依照下列办法办理：

（甲）倘在制造中之定货，可以完毕之。

（乙）手中所有已经开出之报价单，可予维持。倘在相当时期内得到交易，其工作可进行之。

（丙）在本条甲乙两项情形之下，其应付之报酬金，仍按照本合同之规定照付之。

（丁）卜郎比不再供给图样及详说。资委会须将现有之图样及详说，立即交还卜郎比。

（戊）本合同开始有效后五年以内，资委会倘显然故意背约，则应付给卜郎比赔偿金。其数目为自合同取消之日起，迄第五年终为止，依照第十五条所规定之最低限度报酬金累积之总数。

第二十九条　倘任何时双方因关于本合同而发生之问题，争执，或异议，不能和平解决时，任何方应从早将所发生之问题，争执，或异议，用书面通知对方，交付仲裁。

仲裁程序应依照一八八九及一九三四年英国仲裁法办理。如仍未能解决时，得再由瑞士国亚哥州商事仲裁所裁决之。双方对于此项最后裁定，均不得再有异议。

第三十条　本合同用中英文各缮成二本。凡遇中英文本间解释发生歧异时，以英文本为准。

中华民国国民政府经济部资源委员会
见证人：钱昌照
瑞士国巴登卜郎比股份有限公司
BROWN, BOVERI & COMPANY Limited
见证人：nbyrsucs fillingor Gerlo

中华民国　　年　月　日

〔国民政府资源委员会档案〕

2．国民政府公布资源委员会与瑞士温脱多机车厂签订技术合作合同

（1938年6月15日）

合同

本合同由中国国民政府资源委员会（此后称领造者）为甲方，与瑞士温脱多瑞士机车厂（此后称给造者）为乙方，于中华民国二十七年六月十五日（即西历一九三八年）双方订定之。

兹因乙方对于各种柴油机煤气机，以及应用于水上柴油机之油齿轮，具有完密设计并制造之。

而甲方对于乙方已经完成或将来设计之柴油机与煤气机，并或船上柴油机应用之油齿轮，欲在中国政府统治区域（此后称领造区）制造并销售之。双方协议如左：

第一款

本领造权包括全部设计,无论乙方以前已经完成,或在本合同有效期内工作所得者,(但乙方因自欲应用而向第三者领得之各项设计,无论曾付代价与否不在其内,至上述乙方之设计系指下列:

(甲)各式或各种设计之柴油机(其容量无限制)装置,于陆用固定工程或半固定工程者。并或在各种轮船中,如船用主体发动机,或船用附属发动机,并或在铁路用车中(铁路机车或客车)。并或在公路用车中。(以上各件此后称SLM柴油机)

乙方所制应用于该项发动机上之增压设备,为当然包括于SLM柴油机内之物品,但所谓Büchi制度用回气透平拖动透平吹气机之增压设备并不在内。

(乙)各式或各种设计之煤气机(其容量无限制)装置,于陆用固定工程或半固定工程。并或如上述之铁路或公路用车中(此后称SLM煤气机)。

(丙)各式或各种设计之油齿轮(其所传动之扭力无限制),应用于驾驶各种轮船之用,(此后称SLM船用齿轮)但上述油齿轮之别项应用除外之。

第二款

自签字日起,乙方允将非独家之领造权给与甲方,在领导区设厂制造,(此后称机厂)并在该区直接或经第三者承销出品,应用于领造区内,或在该区内之轮船中。

(甲)SLM柴油机

(乙)SLM煤气机

(丙)SLM船用齿轮

甲方当然无权在领造区外,或意图输至领造区外,销售其按照本合同各条款所规定或根据本领造权将来所成就之合同品。本领造权亦包括甲方制造及供给上述有关各机之备件,并或调换之配合品，以及修理工作。

第三款

乙方及其在领造区外之其他领造者，对于与按照本合同各项规定或根据本领造权在将来成就之合同品相同之物品，保留在领造区直接或经第三者进口销售之权利。

再者，乙方保留给与第三者非独家制造权在领造区内制造及销售上述各件之权利，但乙方当给与第三者该项权利之前，在本合同有效期内，乙方当然须向甲方商洽，俾克尽量保护甲方关于本合同应享之权益。

在本合同有效期内，倘乙方再给领造权与第三者，其仿造税较低于本合同第十款乙项所规定者，则其同等物品自该项在中国继起领造权之日期起，甲方亦得享受同等优惠之权利，至于第十款中所载其他经济条件，如非双方用书面互允，并不涉及。

第四款

在本合同有效期内，经甲方用书面申请，欲随时承制合同品时，乙方须在相当时期内，并尽其智能给与甲方当时所有该项机器制造上经验之利益。即下列各项：

（甲）SLM柴油机

（乙）SLM煤气机

（丙）SLM船用齿轮

以上所云，系指甲方当时意欲进行制造之品。

第五款

乙方本所有制造各机，即因本领造权现在或将来所将成就之合同品之经验，照上述第四条之规定，应给与甲方以完全之便利。即如下列各项：

（甲）经甲方之申请，乙方应供给其所有之计划，并完成或未完成之工作图样、现成之件数清单，并或所用之物料单、试验结果或特别技术，以及制造上之情报。（倘所用原料以及判制品或完成品及附件中，有非乙方自制而另行采购者，应将供给者之姓名、地点一并注明之。）

（乙）经甲方之申请，关于合同品上有局部或全部之新计划者，当时乙方尚未将各项附属细目毕事，若上述甲项所规定而已完成者，应匠心计划完成供应之。

（丙）经甲方特别之请求，乙方得制造与试验所请求之新工程，关于此项特殊工作所应负担之费用，双方每次另订契约。

（丁）经甲方申请后，关于甲方所工作之新设计并或图样而系第一、二款所述同等品之局部及全部之新设计者，乙方应复核，并允为可能之改良。关于该项设计并或图样所成之品，当然作为本合同品之一部分，且在本合同有效期内，甲方所工作之新设计并或图样，必须交与乙方复核之。

（戊）本合同有效期内，乙方允许甲方随时遣送工程师一人，或同时在三人以下短期留居乙方厂中，乙方须给与该项所派人员相当之便利，使其熟悉本合同品之制造试验、开车管理。甲方对于派遣工程师至温脱多当然担任应有之各项费用（旅行费及生活费薪金或应需之疾病及意外之保险等。）且甲方特派之工程师留居乙方厂内，如有疾病并或不测或所受损害以及行动等等，应由甲方对乙方作保，而乙方不负何项责任和义务。

（己）经甲方之请求，如在情形所许可，而无困难之时，乙方担任暂时派遣专家一人或数人到华，俾协助甲方制造本合同所规定各品。在每次各个情形中，经双方互允后，甲方当然担负该员等之各项费用（在给建者厂中缺席时之全期薪水，以及旅行津贴保险费，疾病津贴以及旅行费等）。

上述甲方所致乙方之申请，当然均指书面而言。

第六款

依据上述第四、五款，乙方虽应尽其智能负担给与甲方制造上经验之便利，惟对于所给各项计划图样情报襄助或指导，不再负何项责任，甲方对于收到乙方按本合同所给上述各件后，须自己审慎复核，对于所制之品完全负责，乙方对于该项出品并不担保或负何项责任。

第七款

除第二款所述机厂外，甲方担保不得分让本领造权与第三者，自分让与"机厂"之日起，该机厂即成为本合同内之分领造者与领造者，互相连环负责履行本合同。领造权虽经分让，而甲方或"机厂"对于本合同所办或遗漏之举动事件等情。甲方仍须继续与机厂互相连环负责。

第八款

甲方对于本领造权所收到乙方或其雇员之设计与制造经验，（计划、图样、情报、襄助及指导）允诺须绝对严守秘密，既不得自己泄漏，或任其泄漏与第三者，且仅得在本合同有效期内应用之。

第九款

乙方与甲方双方互允在合同有效期内，如非甲方在无论何时，允许应用德文外，均用英文，且于技术上有关之事件，双方均用万国公制。

第十款

对于乙方允予甲方之本领造权，甲方须付与乙方下列款项，该款系在领造区内，除去缴纳各项征收税捐等费后，所得之净数如左：

（甲）现款捌万伍仟瑞士法朗，分三期交付。计

（一）签订本合同时伍万瑞士法朗。

（二）签订本合同一年后贰万伍仟瑞士法朗。

（三）签订本合同二年后壹万瑞士法朗。

（乙）仿造税：本合同有效期内，凡甲方所造关于本合同之SLM柴油机，SLM煤气机，SLM船用齿轮，并或合同品相类似

之件，以及其备件或零件，无论是否依据乙方之原来设计，而同时该设计无论曾否经乙方或甲方对于局部或全部加以修订或改良，以及甲方向第三者取得局部或全部之新设计所制造之合同品，均须付仿造税。（但甲方向第三者取得公路牵引车之领造权，及甲方事前经乙方允可后而向第三者取得之各种领造权，在该两项情形中，甲方对于乙方得免仿造税。）其仿造税之计算根据甲方为出售人，售与客家有关各件所得之出厂价，包括其附件及备件之价值，但除去装箱运费之价，并或应有之装置费，但仿造税所根据之售价当然不得低于真实之成本，该成本系指积所用物料之价，制造上之工资，以及相当之管理及额外等费，与适当之利润而得。（所有上项成本计算，应照健全之商业原则办理。）所算得仿造税之净数等于下列：

（一）甲方所制造各件，并或有关之零件，系完全根据乙方已工作或已工作中之设计或其原本，系完全根据或局部根据乙方之上述设计，但甲方同时更变而或改良者，其仿造税为百分之六、五。

（二）凡照甲方独出心裁之新设计，或向第三者所得之领造权，而造成之合同品及备件或零件，（但关于领造者得自第三者之领造品，如本款乙项所说之两种情形，甲方得免付与乙方仿造税之义务。）而毫不根据乙方之原定设计，但甲方将此独出心裁之图样送达乙方后，无论乙方曾否给与一种之指导，其领造税之规定为百分之四、五。

（丙）签订本合同后第二年起，按照上列付款，乙项甲方担保每年度付与乙方之领造税不得少于下列：

第二年　三万瑞士法朗
第三年　三万五千瑞士法朗
第四年　四万瑞士法朗
第五年　四万五千瑞士法朗

第六年　四万五千瑞士法朗
第七年　五万瑞士法朗
第八年　五万瑞士法朗
第九年　五万五千瑞士法朗
第十年　六万五千瑞士法朗

若任何年中在上述付款乙项所计算每年度之仿造税，（第一年为签订本合同之日起始）少于上表所述之数，甲方须付与乙方补偿数，俾符合上表所列之额，并不得因以后须付仿造税数额之时，而扣除以前所付之补偿数。

（丁）照第五款甲项所规定，关于乙方供给甲方之现成图样，每次甲方应付乙方图样费之代价。如用快印纸兼英德文字者，每方公尺为拾法郎。如用快印纸，而仅用德文者，每方公尺为八法郎。如用普通图样纸，而仅用德文者，每方公尺为五法郎，以上付款办法为交到图样后付讫之。

（戊）照第五款乙款所规定，乙方匠心供给新图样与甲方时，或照第五款丁项所规定，乙方复核甲方之新计划时，（包括给与指导在内）甲方在每次各个别情形中，应付乙方之代价，为乙方须付与其雇员担任是项工作期间之费用及管理费等，共计为各该雇员原薪之倍数。该项付款于收到给造者之月报后，照付之。

第十一款

各种付款系根据每瑞士法郎含纯金二〇三、二二六mg，在自由金市场国中可得之值计算之。如瑞士法郎贬值，致所含纯重少于上述数量时，其付款额须照比例增加，俾加保乙方对于本合同可得上述同数金值之收入。

第十二款

照第十款乙项所述仿造税之付给，为每半年一付，（年度以签订本合同之日起始，为第一年，以后类推。）系根据甲方在该半年度中所制造而运出之货物,(包括有关之附件及零件在内)。

第十三款

本合同有效期内,甲方在其注册之事务所中,应备正式簿记,将本合同有关各件之出纳,在最短期内登帐入簿,允许乙方或其所派之代表.遇有需要时,在相当时期,得查核该项帐目及记录,并各项单据,以资证明乙方或其代表在甲方事务所中得到各种上述消息,允许绝对严守秘密。

第十四款

本合同有效期内,甲方每半年应用书面提供乙方关于本合同制造各项之全数清单,且载明:如乙方随时书面声请之各项说明,(例如有关各项之售价、制造价、式样、尺寸、速度、马力,并及扭力,属于该件之附属品,所制造及销售各件之数量,交货日期,购者及最后应用者之姓名住处)关于乙方收到甲方以上各项消息,乙方允许绝对严守秘密。

第十五款

本合同有效期内,倘乙方随时书面声请甲方将关于合同品之各种刊物样簿广告等,在可能及适宜范围中,须说明所云各合同品系向乙方所领造,并将甲方所制造之合同品上称,或系向乙方所领造之字样,甲方须应允执行是项请求。

第十六款

本合同有关之合同品为双方利益计,经双方认为可能便利及需要之时,乙方允许将其现在及将来之专利,在中国注册。关于乙方呈请在中国注册,以及每年若需登记该项专利而应续付之各项费用,应由甲方承付之。甲方应允照中国专利条律使用上项专利,俾乙方在领造区内可以取得专利。乙方对于其在中国将来可得之专利,倘有争执或冒用等情发生之时,不负必须起诉或抗议之束缚,但在每次特殊情形中,乙方得自行决定其须采取之行动。

699

对于乙方在中国将来可得之专利，倘有争执，经乙方之请求，甲方须担任帮助乙方执行抗护其权利，或诉告冒用等事项。

乙方所可得各项专利之有效与否，甲方不得争论，且不得采直接的或间接的步骤反对是项专利。

乙方将来在中国可得之专利权事后，倘有取消等情，甲方关于本合同所付无论何种款项，并无索还之权，且不得要求赔偿损失，亦不可拒绝到期应付之款，或本合同将来到期应付之款，且不得减少数额，或要求减少与本合同有关之付款，且不可以此为理由，期前取消本合同。

第十七款

本合同有效期内，甲方允许向乙方采购，（或直接或经由其当时之中国代理人）按照乙方日常营业交货之标准办法，至价格则每次随时由双方协定之。

（甲）制造本合同品时，应需之部份品，而为乙方本厂之出品，倘甲方遇有需要时，应尽量向乙方订购之。

（乙）关于本合同之完成合同品，而为甲方尚未开始制造者，倘遇有需要时，应尽量向乙方订购之。

本合同有效期内，甲方应允在可能范围中，并不背甲方之大体方针，对于上述各合同品及乙方现在或将来所出其他之制品，给与便利及提倡，使乙方在领造区内所直接或经其当时之各代理人所有之营业外得发展之。

第十八款

为便利计，关于本合同之各种通讯事项，将来由机厂与乙方直接通讯。

第十九款

本合同自签字日起，十年为期，由约首所书之日期起，认为发生效力。倘在上述第一期十年到期之一年以前，任何方无挂号书函通知对方时，本合同即照第一期十年中末年度同等之条件，自动的展长一年，以后依此照展，但于任何一年度末之六个月前，任何方得用挂号信通知对方，终止本合同。

第二十款

本合同各条款之解释，系按照瑞士法律，关于本合同各事，尤系付款问题，举行之地点，应为瑞士之温脱多。

第二十一款

若关于本合同有争论发生之时，须按照万国仲裁条律所举仲裁人一人或一人以上，按律办理，为最后之解决。

第二十二款

本合同一式两份，用中英两国文字缮写之。若发生条文上或解释上之不同，以英文为准。

兹于约首所书日期按照中国法律由资源委员会签订

钱昌照

兹于约首所书日期按照瑞士法律由瑞士机车厂签订

Swiss Loeomotive and Macking Works

〔国民政府资源委员会档案〕

3. 蒋介石抄发中国回教近东访问团在埃及宣传经过报告电

(1938年6月4日)

国民政府军事委员会快邮代电　侍秘字第1808号

国际宣传处董副部长：据中国回教近东访问团王曾善、马天英、薛文波、张兆理等五月十四日由波赛具呈报告在埃及宣传经过情形。兹将原函呈随文抄发，希参考。中正。支。秘。鄂。

中华民国廿七年六月四日武昌发　支　秘鄂

抄中国回教近东访问团王曾善等函呈

委员长钧鉴：敬肃者：职团于三月十一日到埃京开罗，即进行宣传工作。埃及以弱小民族之立场与宗教感情，对我国抗战及回民拥护抗战情形，极表同情。职团连日往各团体各城市演说，并参加各处之欢迎会与茶会，藉资宣传。埃及为回教今日之中心地，其他回教国家，莫不与之声应。故利用无线电广播，并印发回文英文之宣传品，致耽搁时间较久。敌方在回教国家之活动不遗余力，尤以在埃之浪人为多，彼等妄造谣言，淆乱观听，职团与留埃学生随即纠正。彼等联络回教民族之方法，各处宣传日本颇倾向于回教，愿与回教民族联络，共求发展。居心欺骗，昭然若揭。职团针对此点，向外表示回教为人类互爱之宗教，岂有以杀人放火为嗜好之民族而真心信仰回教者。日本为帝国主义，回民多为弱小民族，立场不同，其用心岂能谓有善意，尤以一方联络世界回教，一方与中国五千万回民为仇敌，殊不近乎情理，回教民族幸勿受其欺骗云云。近顷日本在东京建筑规模宏大之回教堂，藉以羁縻回教民族感情，约请各回教国及回教闻人参加本年五月十二日之开幕礼。职团闻讯，即印发宣言，据理反对之矣。埃及人士颇同情于我国，然仍有错误观念者，谓为中日应合作以抗欧美，而彼等殊不知谁为侵略者，谁为被侵略者，更有谓我国为孱弱之国家，与日本作战，殊为不智，而彼等不知日本正妒我国之复兴而来侵略。经职团之详细解释我国今日之国情与抗战力量，彼等始认识今日之中国。职团在埃及宣传所收之效果，不外为左列二点：

（一）精神上之同情　埃及与我国同一立场，自有无限之同情心，其有热衷者，愤暴日之残杀人类和平，复关心我国之抗战，竟有来我领馆请愿前往我国参战者。关于舆论方面，近亦改变论调，不若昔日之片面宣传，已多刊载有利我国之消息。

（二）对日本经济之制裁　此种活动在埃及有积极与消极二部分，前者有和平会等团体，以文字宣传，奔走呼号，作抵制日货之运动。后者不采明显之方式，而以提倡埃及国货为宣传，主持最力者，为妇女协会会长沙拉卫夫人，彼在社会上殊有地位，登高一呼，响应者众。此种抵货运动，收效甚大，在埃日商已感觉不安矣。此地有中国留埃之回民学生三十余名，均能刻苦自励，且有浓厚之国家观念，极关心祖邦。彼等之一切费用，以宗教之关系，统由埃王法鲁克供给，情至可感。中埃两文明古国，以后不仅于宗教方面发生关系，仍应有各方面之联络也。职团联络世界回教青年会会长阿布都哈米德贝与爱资哈尔大学（世界回教最高学府）总督学哈里德贝，组织中埃回教文化协会，业在开罗成立。目前工作不过沟通文化机关，将来两国之切实联络，实以此会为中心，进一步更可与其他回教民族取得具体之结合，而增加反抗帝国主义阵线之力量也。职团在埃工作已告段落，拟于五月十五日离埃，转往伯鲁特、叙利亚、伊朗等国，续行访问。惟出国数月，时恐不逮，而致陨越，至恳时加训示，俾有遵循，无任荣感之至。专肃，敬颂

钧安

薛文波

中国回教近东访问团　职王曾善谨上

马天英

张兆理

五月十四日于波赛

廿七年六月四日照抄

〔国民党中央宣传部档案〕

4．中国国民外交协会电贺中澳合作协会成立电稿

（1939年12月19日）

中澳合作协会T·F·Chapple主席大鉴：中国抗战已历两年，予东亚强寇以极大打击。正当中国抗战建国并进之际，而欣逢贵会成立，负促进中澳文化与经济使命，树立亲密合作之基础。此种深挚友情，殊为珍贵。吾人坚信抗战必胜，建国必成，而对

中澳合作前途亦深信有无限之光明。本会谨以至大热诚，驰电祝贺。中国国民外交协会。皓。印。

〔国民政府军事委员会政治部档案〕

5. 旅川韩国革命各团体"三一"纪念大会慰问中国抗战函

（1940年3月1日）

中华民国国民政府林、伟大的中国民族领袖全东方被压迫解放运动导师蒋委员长赐鉴：冯副委员长焕章、阎副委员长百川、毛泽东先生、程主任潜、李司令长官德邻、白主任健生、陈司令长官辞修勋鉴：各抗日政党暨前方将士公鉴：亲爱的中国抗日领袖抗日政党以及前方将士们，你们以全民族的空前的铁的团结，在伟大领袖蒋介石先生领导下，为中国的生存自由，为全人类的正义和平，进行神圣的抗日战争。本大会谨代表二千三百万朝鲜民族致崇高的敬意和热烈的慰问，因为中国抗战的胜利，就是朝鲜民族解放运动的胜利，也就是人类正义的胜利。我们今天，在中国抗战行都，举行朝鲜"三一"独立运动第廿一周年纪念典礼，深信中国抗战的决定的胜利，与朝鲜民族解放运动的最后胜利，唯有由全东方被压迫民族，尤其中韩两民族的切实合作才有保障。历史注定中韩两民族在同一战壕里为同一的目的奋斗。我们中韩两民族从今日起，应当更密切地手挽着手，向联合抗日的唯一光明前途迈进！谨致民族革命最高敬礼。

旅川韩国革命各团体"三一"纪念大会谨启

一九四〇年三月一日

通讯地址：重庆弹子石石桥段七十五号

〔国民政府军事委员会政治部档案〕

6. 国民政府公布中国与伊拉克王国签订"友好条约"

(1942年3月16日)

译文

中华民国国民政府主席阁下，
伊拉克国王陛下，咸欲建立并巩固两国间友好关系，兹决定订立一友好条约。为此各派全权代表如左：

中华民国国民政府主席阁下特派中华民国驻土耳其国特命全权公使张彭春；

伊拉克国王陛下特派外交部部长阿尔达玛卢杰；

两全权代表将所奉全权证书互相校阅，均属妥善。议定条款如左：

第一条 中华民国与伊拉克王国及两国人民间，应至诚和好，历久不渝。

第二条 两缔约国同意按照国际公法原则，建立两国间外交关系。

两缔约国并同意此缔约国外交代表，在彼缔约国领土内，应本相互原则，享受国际公法通常承认之一切权利优例及豁免。

第三条 两缔约国同意，关于两国间之领事及商务关系以及缔约国国民在彼缔约国领土内之居留条件，随后另订专约规定之。

第四条 本约应予尽速批准，自互换批准书起，十五日后发生效力。批准文件应在安哥拉互换。

两全权代表爰将本约签字盖印，以昭信守。

本约分缮两份。

中华民国三十一年三月十六日
西历一千三百六十一年二月二十七日

公历一千九百四十二年三月十六日订于巴格达

张彭春（签字）
阿尔达玛卢杰（签字）
〔国民政府外交部档案〕

7. 国民政府公布中古友好条约

（1942年11月12日）

中华民国、古巴共和国，为加强两国固有亲睦邦交，增进两国人民相互利益起见，决定以平等及互尊主权之原则为基础，订立友好条约。为此简派全权代表如左：

中华民国国民政府主席特派驻古巴国特命全权公使李迪俊，古巴共和国总统特派外交部长马定内。两全权代表将所奉全权证书，互相校阅，均属妥善。议定条款如左：

第一条　中华民国与古巴共和国及两国人民间，应永敦和好，历久不渝。

第二条　协约国声明，彼此具有坚强决心，亲密协作，以树立并维持于正义之世界和平，及促进两国人民之经济繁荣。

第三条　两缔约国有相互派遣正式外交代表之权，此项代表在所驻国，应享受国际公法通常承认之一切权利优例及豁免。

第四条　两缔约国在彼此领土内，共同商定之地方，有派驻总领事、领事、副领事、代理领事之权。此项领事官，应行使国际通例通常承认之职务，并享受国际通例通常承认之待遇。两缔约国领事官员，于就职之前，应向所驻国取得执行职务证书，但此项证书得由所驻国政府撤回，而缔约国政府不得任命经营工商业人民为领事官员，但名誉领事不在此限。

第五条　两缔约国人民在与其他国人民同样条件之下，自由出入彼此领土。

第六条 两缔约国人民居住于彼此领土以内，关于其身体财产，应享受所在国法律章程完全之保护。而缔约国人民得于任何他国人民享有相同权利之地方，享有游历、居住、作工及经营工商业之权利，但须依照所在国之法律章程。两缔约国人民，得依所在国之法律章程，享有设立学校，教育其子女之自由，暨集会、结社、出版、祀典、信仰、埋葬及营墓之自由。关于本条，此缔约国之法律章程不得有歧视彼缔约国人民之规定。

第七条 两缔约国间之其他关系，应以国际公法原则为基础。

第八条 两缔约国同意于最短期间内，另订通商航海条约。

第九条 本条约分缮中文、西班牙文与英文本，遇有解释不同，应以英文为准。

第十条 本条约应由两缔约国各依本国法定手续，于最短期内批准。自互换批准之日起，发生效力。批准文件，应在哈瓦拉互换。

为此，两全权代表，将本条约签字盖章，以昭信守。
中华民国三十一年西历一九四二年十一月十二日订于哈瓦拉。

〔国民政府外交部档案〕

8. 国民政府公布中国与巴西合众共和国友好条约

(1943年8月20日)

中华民国国民政府代理主席
巴西合众共和国大总统 为增进两国人民及政府间多年固有之睦谊起见，决定根据国际法普通原则，订立友好条约，以代替西历一千八百八十一年十月三日两缔约国在天津所签订之中巴和好通商条约。

为此简派全权代表如左：

中华民国国民政府代理主席特派驻巴西国特命公使谭绍华博士

巴西合众共和国大总统特派外交部长奥斯瓦都阿朗纳博士

两全权代表将所奉全权证书互相校阅，均属妥善。议定条款如左：

第一条 两缔约国重申两国政府及人民在彼此关系中所素具之和平及友好愿望。

第二条 两缔约国外交及领事官员，在彼此领土内，根据相互原则，应享受普通国际法所承认之同样待遇。

第三条 此缔约国人民及其财产，在彼缔约国领土内，应受所在国法令之支配及所在国法院之管辖。

第四条 此缔约国同意，对于彼缔约国人民在其领土全境内，依照其法令与第三国人民所享受之待遇，给予同样之旅行、居住及经商权利。此缔约国在其领土内，尽力给予彼缔约国人民关于一切法律手续，司法事件之处理，各项租税之征收，与其有关之程式，不低于给予本国人民之待遇。

第五条 两缔约国同意，于最近将来进行谈判，签订一广泛之新通商航海条约，以规定两缔约国间之商务关系。

前项条约应以国际法之原则与国际惯例为根据。

第六条 本约须经批准，并自互换批准之日满一月后发生效力。批准文件应从速在里约热内卢互换。

本约以中文、葡文、英文各缮两份，遇有解释不同之处，应以英文约本为准。为此，两全权代表将本约签字盖章，以昭信守。

中华民国三十二年
　　　　　　八月二十日订于里约热内卢
西历一九四三年

　　　　　　　　　　　　　谭绍华（签字）

奥斯瓦都阿朗纳（签字）
〔国民政府外交部档案〕

9. 国民政府公布中比卢为废除在中国治外法权及处理有关事件条约

(1943年10月20日)

中华民国国民政府、比利时君主陛下政府并因现有条约关系代表卢森堡大公国女公主政府，为补充一九二八年十一月二十二日所缔结之条约，并加强双方政府及人民间素来之圆满友谊起见，爰决定根据平等互惠原则，缔结本约。为此，各派全权代表如左：

中华民国国民政府主席阁下特派中华民国外交部部长宋子文

比利时国务会议特派比利时君主驻华大使纪佑穆男爵

两全权代表各将所奉全权证书互相核阅，均属妥善。议订条款如左：

第一条 缔约双方间之现行条约协定或换文中，授权比利时政府与卢森堡政府或其他代表实行管辖在中华民国领土内比利时及卢森堡之人民或公司之一切规定，应即撤销作废。比利时卢森堡之人民及公司在中华民国领土内，应依照国际公法之原则及国际惯例，受中华民国国民政府之管辖。

第二条 比利时政府认为，一九〇一年九月七日中国政府与他国政府包括比利时政府在北京签订之议定书，应行取消，并同意该议定书及其附件所给予比利时政府之一切权利应予终止。

比利时政府愿协助中华民国国民政府与其他有关政府成立必要之协定，将北平使馆界之行政与管理连同使馆界之一切官有资产与官有义务，移交于中华民国国民政府，并相互了解中华民国国民政府于接收使馆界行政与管理时，担任并履行使馆界之官有义务，并承认及保护该界内之一切现有合法权利。

在北平使馆界内已划与比利时政府之土地，其上建有属于比利时政府之房屋，中华民国国民政府允许比利时政府为公务上之目的，有继续使用之权。

第三条　比利时政府以其本国政府及卢森堡政府之名义，认为上海及厦门公共租界之行政与管理，应归还中华民国国民政府，并同意凡关于上述租界给予比利时政府与卢森堡政府之权利，应予以终止。

比利时政府以其本国政府及卢森堡政府之名义，于必要时，愿协助采取法律上所需要之任何步骤，将上述租界之行政与管理，连同上述租界之一切官有资产与官有义务，移交于中华民国国民政府，并相互了解中华民国国民政府于接收上述租界行政与管理时，担任并履行上述租界之官有义务，并承认及保护比利时及卢森堡人民或公司在该界内所有之一切合法权利。

第四条　为免除比利时及卢森堡人民公司及社团或比利时及卢森堡政府在中华民国领土内，现有关于不动产之权利发生任何问题，尤为免除各条约协定及换文之各项规定因本约第一条规定废止而可能发生之问题起见，双方同意，上述现有之权利不得取消作废，并不得以任何理由加以追究。但依照法律手续提出证据，证明此项权利系以诈欺或类似诈欺或其他不正当之手段所取得者，不在此限。同时相互了解，此项权利取得时所根据之原来手续，如日后有任何变更之处，该项权利不得因之作废。双方并同意此项权利之行使，应受中华民国关于征收捐税、征用土地及有关国防各项法令之约束，非经中华民国国民政府之明白许可，并不得移转于第三国政府或人民公司或社团。

缔约双方并同意，中华民国国民政府对于比利时及卢森堡人民公司或社团或比利时及卢森堡政府持有之不动产永租契或其他证据，如欲另行换发新所有权状时，中国官厅当不征收任何费用。此项新所有权状应充分保障。上述租契或其他证据之持有人与其合法之继承人及受让人，并不得减损其原来权利，包括转让权在内。

缔约双方并同意，中国官厅不得向比利时及卢森堡人民公司或社团或比利时及卢森堡政府要求缴纳涉及本约发生效力以前，有关土地移让之任何费用。

中华民国国民政府声明，关于比利时及卢森堡人民公司及社团在中华民国领土内，现有不动产权利之转让权所受之限制，中国官厅当按公平精神秉公办理。如中国政府对于提出之转让拒绝同意时，经比利时及卢森堡利益关系人民公司或社团之申请，中国政府本公平精神及为避免该利益关系人民公司或社团之损失起见，当以适当之代价收购之。

第五条 缔约此方之人民得在与任何第三国人民同样之条件下，自由出入缔约彼方之领土。

缔约此方应给予缔约彼方之人民在其领土内，旅行、居住及经商之权利。

比利时及卢森堡政府对于中国人民与公司在比利时及卢森堡领土内，关于各项法律手续，司法事件之处理及各种租税之征收，与其有关事项，早已予以不低于所给予本国人民与公司之待遇。中国政府同意依照互惠原则，对于比利时及卢森堡人民与公司在中国领土内，关于同样事件，予以不低于所给予本国人民与公司之待遇。

第六条 缔约双方相互同意，彼此领事官经对方给予执行职务证书后，得在对方国双方同意之口岸地方与城市驻扎。每一缔约国之领事官，在其领事区内，应有与本国人民会晤、通讯以及指示之权。倘其本国人民在其领事区内被拘留、逮捕、监禁或听候审判时，应立即通知该领事官。该领事官于通知主管官厅后，得探视此等人民。总之，两国之领事官应享有现代国际惯例所给予之权利特权与豁免。

双方并同意，对方人民在此国领土内者，有随时与其领事官通讯之权，对方人民在此国之领土区被拘留、逮捕、监禁或听候审判者，其与领事官之通讯，地方官厅应予转递。

第七条 约缔双方于现在抵抗共同敌国之战事停止后六个月内，进行谈判，签订一现代广泛之友好通商航海设领条约，此项条约将以缔约双方近年来与他国政府所缔结之近代条约中所包含之国际公法原则为根据。

第八条 鉴于通商口岸制度之废止，彼此了解中华民国领土内，凡平时对此国海外商运已开放之沿海口岸，于本约发生效力后，对于此项商运仍继续开放。

双方同意，缔约一方之商船许其自由驶至他方对于海外商运业已或将来开放之口岸港湾及领水，并同意在该口岸港湾及领水内，给予此等船舶之待遇不低于所给予各该本国船舶之待遇，且应与所给予任何第三国船舶之待遇同样优厚。"缔约一方之船舶"字样，系指各该方所有依法登记之船舶。

第九条 彼此了解，缔约双方为国防计，有权封闭任何口岸，禁止其一切海外商运。

第十条 双方了解，比利时政府放弃比利时船舶在中华民国领水内关于沿海贸易及内河航行所享有之特权，中华民国国民政府准备以公平价格收购比方现时用以经营此项事业之一切产业。如任何一方以内河航行或沿海贸易权给予第三国船舶时，则应给予彼方船舶以同样之权利。沿海贸易及内河航行不适用本国待遇，应与任何第三国船舶之待遇同样优厚。

第十一条 双方了解，通商口岸制度之废止，不得影响原有之不动产权，并了解缔约一方之人民，在缔约彼方之领土内，得依照缔约彼方之法令所规定之条件，享受取得并置有不动产之权利。

第十二条 缔约双方了解，在中国之比利时领事法庭之命令判决决定及其他处分，应认为确定案件，于必要时，中国官厅应予以执行。双方并了解当本约发生效力时，凡在中国之比利时领事法庭之未结案件，如原告或告诉人希望移交于中华民国之主管法院时，该法院应从速处理之，并于可能范围内，适用比利时法律。

第十三条　缔约双方并同意，凡本约未涉及之问题，如有影响中华民国主权时，应由缔约双方各派代表，依照普通承认之国际公法原则及近代国际惯例会商解决之。

第十四条　本约应予批准，批准书应于重庆迅速交换。本约自互换批准书之日起发生效力。

上开全权代表爰于本约签字盖印，以昭信守。本约用中法文各缮两份，中文法文均有同等效力。

中华民国三十二年十月二十日即西历一千九百四十三年十月二十日订于重庆

宋子文（签字）
纪佑穆（签字）

〔国民政府外交部档案〕

10．国民政府公布中那为废除在华治外法权及处理有关事件条约

（1943年11月10日）

中华民国国民政府主席阁下
那威国君主陛下　愿以友好精神，使两国间之一般关系更为名显，并藉以解决若干与在中国之管辖权有关事件起见，订立本约。为此，各派全权代表如左：

中华民国国民政府主席阁下特派中华民国外交部长宋子文

那威国君主陛下特派那威国君主陛下钦命驻中华民国全权大使赫塞尔

两全权代表各将所奉全权证书互相校阅，均属妥善，议定条款如左：

第一条　缔约此方（或彼方）公司字样，在本约适用上，应解释

713

为依照各该方之法律而组成之有限公司及其他公司合伙暨社团。

第二条　中华民国国民政府主席阁下与那威国君主陛下间之现行条约或协定，凡受权那威国君主陛下或其代表实行管辖在中华民国领土内那威国人民或公司之一切条约，兹特撤销作废。那威国君主陛下之人民及公司，在中华民国领土内应依照国际公法之原则及国际惯例，受中华民国政府之管辖。

第三条　（一）为免除那威国君主陛下之人民及公司或那威国政府在中华民国领土内，现有关于不动产之权利发生任何问题，尤为免除各条约及协定各条款因本约第二条规定废止，而可能发生之问题起见，双方同意，上述现有之权利不得取销作废，并不得以任何理由加以追究。但依照法律手续提出证据，证明此项权利系以诈欺或类似诈欺或其他不正当之手段所取得者，不在此限。同时相互了解，此项权利取得时所根据之原来手续，如日后有任何变更之处，该项权利不得因之作废。双方并同意，此项权利之行使，应受中华民国关于征收捐税、征用土地及有关国防各项法令之约束，非经中华民国政府之明白许可，并不得移转于第三国政府或人民（包括公司）。

（二）双方并同意，中华民国政府对于那威国君主陛下之人民或公司或那威国政府持有不动产永租契或其他证据，如欲另行换发新所有权状时，中国官厅当不征收任何费用，此项新所有权状，应充分保障。上述租契或其他证据之持有人与合法之继承人及承让人，并不得减损其原来权益，包括转让权在内。

（三）双方并同意中国官厅不得向那威国君主陛下之人民或公司或那威国政府要求缴纳，涉及本约发生效力以前，有关土地移转之任何费用。

第四条　那威国君主陛下对于中华民国人民在那威国领土内，早予以旅行居住及经商之权利，中华民国政府同意对于那威国君主陛下之人民在中华民国领土内，予以相同之权利。缔约双方在各该方之领土内，尽力给予对方之人民及公司，关于各项法律手续，司法事件之处理及各种租税之征收，与其有关事项，不低于所给予本国人民与公司之待遇。

第五条 缔约此方之领事官，经彼方给予执行职务证书后，得在彼方领土内双方所同意之口岸地方与城市驻扎。彼方领土内之缔约此方领事官，在其领事区内，应有与本国人民及公司会晤、通讯以及指示之权，而缔约此方之人民及公司在彼方领土内，亦随时有与其本国领事官通讯之权。遇有缔约此方之任何人民在彼方领土内被地方官厅逮捕或拘留时，该地方主管官厅应立即通知在该地领事区内之彼方领事官，彼于其管辖范围以内，有权探视其任何被逮捕或在狱候审之本国人民。缔约此方之人民在彼方领土内被监禁者，其与本国领事官之通信，地方官厅应转递与其主管之领事官。缔约此方之领事官，在彼方领土内应享有现代国际惯例所给予之权利特权与豁免。

第六条 （一）缔约双方经一方之请求，或于现在之战事停止后至迟六个月内，进行谈判，签订现在广泛之友好通商航海设领条约，此项条约将以近代国际程序与缔约双方近年来与他国政府所缔结之近代条约中所表现之国际公法原则与国际惯例为根据。

（二）前项广泛条约未经订立以前，倘日后遇有涉及中华民国领土内，那威国君主陛下之人民或公司或那威国政府权利之任何问题发生，而不在本约及换文范围内，或不在缔约双方间现行而未经本约及换文废止或与本约及换文不相抵触之条约专约及协定之范围内者，应由缔约双方代表会商，依照普通承认之国际公法原则及近代国际惯例解决之。

第七条 本约应予批准，批准书应于重庆迅速互换。本约自互换批准书之日起发生效力。上开全权代表爰于本约签字盖印，以昭信守。

本约用中、那、英文各缮两份，以英文本为准。

中华民国三十二年十一月十日即西历一千九百四十三年十一月十日订于重庆

宋子文（签字）

赫塞尔（签字）

换文

（甲）中国外交部长致那威大使照会

中华民国国民政府主席阁下与那威国君主陛下本日所签订之条约，于其谈判时曾讨论若干问题，双方均已同意。兹将关于各点所获之谅解，记录于本照会之附件，该项附件作为本日所签订条约内容之一部份，並自该约生效之日起发生效力。如荷阁下以那威国政府之名义，证实此等谅解，本部长至深感幸。

本部长顺向贵大使重表敬意。此致

那威国君主陛下钦命驻中华民国全权大使赫塞尔阁下

中华民国三十二年十一月十日

宋子文（签字）

附件

（一）关于本约第二条及第六条第乙项，双方了解：

（甲）那威国君主陛下放弃关于在中国通商口岸制度之一切现行条约权利，中华民国国民政府主席与那威国君主陛下相互同意，缔结一方之商船许其自由驶至缔约彼方领土内，对于海外商运业已或将来开放之口岸地方及领水，并同意在该口岸地方及领水内，给予此等船舶之待遇不得低于所给予各该本国船舶之待遇，且应与所给予任何第三国船舶之待遇同样优厚。缔约一方之"船舶"字样，指依照各该方之法律登记者。

（乙）那威国君主陛下放弃关于在中华民国领土内各口岸雇用外籍引水人之一切现行权利。

（丙）那威国君主陛下放弃关于其军舰驶入中华民国领水之一切现行条约权利，中华民国政府与那威国政府关于缔约一方军舰访问彼方口岸，应依照通常国际惯例，相互给予优礼。

（丁）庶有现在中华民国领土内设置之那威国君主陛下一切法院，既经依照本约第二条之规定予以停闭。该项法院之命令宣告判决及其他处分，应认为确定案件，于必要时，中国官厅应予以执行。又当本约发生效力时，凡在中国之那威国法院任何未结案件，如原告或告诉人希望移交中华民国政府之主管法院时，应即交由该法院从速进行处理，并于可能范围内，适用那威国法庭所适用之法律。

（戊）那威国君主陛下放弃给予其船舶在中华民国领水内关于沿海贸易及内河航行之特权，那威国人民或公司用以经营此项事业之产业，如业主愿意出卖时，中华民国政府准备以公平价格收购之。如缔约一方在其领土内以沿海贸易或内河航行之权利，给予任何第三国之船舶则此项权利亦应同样给予缔约彼方之船舶。但以缔约彼方准许缔约此方之船舶，在彼方领土内经营沿海贸易或内河航行为条件，沿海贸易与内河航行依照彼方有关法律之规定办理，不得要求彼方之本国待遇。惟双方同意缔约一方之船舶在缔约彼方之领土内，关于沿海贸易及内河航行所享受之待遇，应与任何第三国船舶之待遇同样优厚。惟须遵守上述但书之规定。

（己）那威国君主陛下在北平使馆界及在上海与厦门公共租界如有任何特权，一概放弃。

（二）关于本约第三条第一节最末句，中华民国政府兹声明，该条内所指现有不动产权利之转让权所受之限制，中国官厅当秉公办理。中国政府对于所提出之转让拒绝同意，而被拒绝转让之那威国人民或公司请求收购时，中国政府本公平之精神及为避免使那威国君主陛下之利益关系人民或公司损失起见，当以适当之代价收购该项权利。

（三）双方了解通商口岸制度之废止，不得影响现有之财产权，并了解缔约一方之人民在缔约彼方之领土全境，得依照缔约彼方之法令所规定之条件，享受取得并置有不动产之权利。

（四）双方并同意，凡本约及本照会未涉及之问题，如有影响中华民国主权时，应由中华民国政府与那威国政府之代表会商，依照普通承认之国际公法原则及近代国际惯例解决之。

（乙）那威国大使复中国外交部长照会

顷准贵部长本日照会内开："中华民国国民政府主席阁下与那威国君主陛下本日所签订之条约，于其谈判时，曾讨论若干问题，双方均已同意，兹将关于各点所获之谅解记录，于本照会之附件，该项附件作为本日所签订条约内容之一部分，并自该约生效之日起发生效力。如荷阁下以那威王国政府之名义，证实此等谅解，本部长至深感幸"等由。本大使兹特代表那威国政府，证实贵我双方成立之谅解，正如贵部长照会之附件所记录者，该项附件作为本日所签订条约内容之一部分，并自该约生效之日起发生效力。

本大使顺向贵部长重表敬意。

此致

中华民国外交部长宋阁下

西历一九四三年十一月十日

赫塞尔（签字）

双方同意之会议记录（中华民国三十二年十一月十日于重庆）

关于本日签订之条约，中国外交部长致那威国大使照会中附件第一节甲项，彼此了解缔约双方为国防计，有权封闭任何口岸，禁止其一切海外商运。

宋子文（签字）

赫塞尔（签字）

〔国民政府外交部档案〕

11。国民政府公布中国与阿富汗王国签订友好条约

（1944年3月2日）

大中华民国国民政府主席
大阿富汗王国国王 为巩固现在两国关系起见，决定订立友好条约。为此，简派全权代表如左：

大中华民国国民政府主席特派大中华民国驻土耳其国特命全权公使邹尚友

大阿富汗王国国王特派大阿富汗王国驻土耳其国特命全权大使弗士穆哈麦德汗

两全权代表将所奉全权证书互相校阅，均属妥善。议定各条于后：

第一条　大中华民国与大阿富汗王国及两国人民间，应永敦和好，历久不渝。

第二条　两缔约国同意按照国际公法原则，建立两国间外交关系。

两缔约国约定，此缔约国外交代表在彼缔约国领土内，在相互条件之下，应享受国际公法普通原则所承认之待遇。

第三条　两缔约国约定，彼此得在双方所同意之地点，设立领事馆。此缔约国之领事官，在彼缔约国领土内，在相互条件下，应享受国际公法普通原则所承认之待遇。

第四条　两缔约国同意，对于商务关系以及此缔约国人民在彼缔约国领土内旅行、居住、经商问题，留待日后另订条约规定之。

第五条　本约应由两缔约国各按本国法律，于最短期间批准，批准书应迅速互换。

本约自互换批准书之日起，发生效力。

为此，两全权代表将本约签字盖印，以昭信守。本约用中文、波斯文及法文各缮两份，中文、波斯文、法文约本并用为准。

阿历一千三百二十二年十二月十二日
大中华民国三十三年三月二日　　订于安哥拉
公历一千九百四十四年三月二日

邹尚友（签字）

弗士穆哈麦德汗（签字）

〔国民政府外交部档案〕

12. 国民政府公布中加关于战争供应品供给之原则协定

（1944年3月22日）

译文

鉴于中国及加拿大在现时之战争内，系联合作战，又鉴于战争供应品应切合战略之需要，并以最有利于取得胜利及建立和平之方式，分配与各联合国，又鉴于由一联合国向另一联合国所为战争供应品之供应，不宜加重战后商务之负担，亦不宜引起贸易限制，或于公正持久之和平另有损害，又鉴于中国政府与加拿大政府均愿就加拿大以战争供应品供给中国之条件，成立协定。为此，左列签署人，经由各本国政府合法授权，议定条款如左：

第一条　加拿大政府将依照一九四三年加拿大战争拨款（联合国互助）法案，以加拿大政府所应随时授权供应之战争供应品，供给中华民国国民政府。

第二条　中华民国国民政府对于加拿大之防卫及该防卫之加强，将继续予以协助，并将以其所能供应便视战争发展情形随时协议之物品，服务，便利及情报，供给加拿大政府。

第三条　中华民国国民政府向加拿大政府要求供给战争供应

时，为支持其要求起见，将以加拿大政府为核定该项要求及为执行本协定而需要之有关情报，供给加拿大政府。

第四条　中华民国国民政府同意，凡依照本协定所交与中国之任何战争供应品，均用于共同及有效之作战。

第五条　中华民国国民政府非经加拿大政府之同意，不得将依照本协定所交与之战争供应品售与任何他国政府或在他国之人民。

第六条　加拿大政府将不向中国政府要求交还其依照本协定所交与之任何战争供应品，但第七条及第八条另有规定者，不在此限，并须依照第九条所指情况下而缔结之任何特殊协定办理。

第七条　凡依照本协定所交与之货船，其所有权仍属于加拿大政府，中华民国国民政府应依照关于该项货船之交还所规定之条件租用之。

第八条　凡在任何主要战区战争停止之后，任何战争供应品虽已依照本协定移转于中华民国国民政府，但仍在加拿大境内或仍在海运途中者，应归还加拿大所有，但供应品之系供战争尚未停止之战区之用者，另供救济之用者，或由加拿大政府指定另供他用者，不在此限。

第九条　加拿大政府保留向中华民国国民政府提出左列要求之权：

（甲）在任何战区战事停止之后，为救济及善后目的，将依照本协定所供应之动力装备，交付与另一联合国或一国际组织。

（乙）凡依照本协定所供应中华民国国民政府之车辆、航空器、军需品或军事装备，如为驻在国外之加拿大军队所需，而非为中华民国国民政府在军事行动上所需者，在战争停止之后，将其移转于该加拿大军队。

（丙）凡依照本协定所供应之航空器及动力装备，如经顾及其损耗程度后仍可使用而为加拿大本国用途在其国内所需要者，于战后将其返还加拿大。但此项加拿大装备由于混合使用或其他原因而无法辨认时，中华民国国民政府得以类似装备代之。

中华民国国民政府同意，依照经与加拿大政府协商之合理条件，对于任何该项要求，尽力予以满足。

第十条 中国政府与加拿大政府重申其对两国间及在全世界之互利之经济关系，予以增进之愿望。两国政府声明：其主要目的，包括采取各种措施，以增进就业与货物之生产及消费，并经由关于贸易政策之适当国际协定，促进商业之发展，期于一九四一年八月十四日宣言即通称大西洋宪章所列之一切经济目标之达成，有所贡献。

第十一条 本协定自本日起生效。本协定应适用于加拿大政府依照一九四三年加拿大战争拨款（联合国互助）法案或其替代法案所供给中华民国国民政府之战争供应品，包括依照该法案而在缔结本协定以前所已供给之供应品，本协定应继续有效，直至两国政府所议定之日期为止。

公历一九四四年三月二十二日于奥太瓦

代表中华民国国民政府签字

刘师舜

代表加拿大政府签字

麦坚齐金

胡维

〔国民政府外交部档案〕

13．国民政府公布中加关于废除在中国治外法权及处理有关事件条约

（1944年4月14日）

中华民国国民政府主席阁下

大不列颠爱尔兰及海外诸自治领君主兼印度皇帝陛下为加拿

大国，愿增进中国与加拿大国一般关系中之友好精神，并藉以调整两国关系上之若干事件。为此决定订立本约，并各派全权代表如左：

中华民国国民政府主席阁下特派驻加拿大国特命全权大使刘师舜阁下；

大不列颠爱尔兰及海外诸自治领君主兼印度皇帝陛下为加拿大国特派加拿大国首相枢密院院长外交部部长金麦坚齐阁下。

两全权代表各将所奉全权证书互相校阅，均属妥善。议定条款如左：

第一条 本约中"公司"一词，应解释为分别依照中华民国或加拿大国法律，所组成之有限公司及其他公司合伙暨社团。

第二条 中国与加拿大国间之现行条约或协定，凡授权英国或加拿大国官员在中国实行管辖加拿大国人民或加拿大国公司之一切条款，兹特撤销作废。加拿大国人民及公司在中国，应依照国际公法之原则及国际惯例受中华民国政府之管辖。

第三条 加拿大国政府愿在涉及任何加拿大国利益之范围内协助中华民国政府交涉，并设法使各国政府放弃其在北平、上海、厦门、天津及广州所享特权，并对任何废除此项特权之措置不予反对。

第四条 （一）本约第二条不得影响加拿大国人民或公司在中国之现有不动产权利。上述现有之权利不得取消作废，但依照法律手续提出证据证明此项权利系以诈欺或类似诈欺或不正当之手段所取得者不在此限，同时相互了解此项权利取得时所根据之官厅手续，如日后有任何变更之处，该项权利不得因之作废。双方并同意此项权利之行使应受中华民国关于征收税捐征用土地及有关国防各项法令之约束，非经中华民国政府之明白许可，不得将此项权利移转于任何第三国政府或人民（包括公司）。双方又同意本条约内所指对于现有不动产权利转让权之限制，中国官厅当秉公办理。如中华民国政府对于提出之转让拒绝同意，而被拒绝转让之人民或公司请求收购时，中华民国政府本公平之精神及为避免使此等利益关系人民或公司损失起见，当以适当之代价收购该项权利。

（二）中华民国政府对于加拿大国人民或公司现在持有关于不动产之证件，如欲另行换发适当之新契据时，此项新契据应充分保障该加拿大国人民或公司及其合法之继承人、承受人或承让人之原来权益。

第五条 加拿大国政府对于中华民国人民在加拿大国领土内早已予以旅行、居住及经商之权利，中华民国政府同意对于加拿大国人民在中华民国领土内予以相同之权利。缔约一方之政府在其领土内尽力给予缔约彼方之人民或公司关于各项法律手续、司法事件之处理及租税之征收，与其有关事项，不低于所给予本国人民或公司之待遇。

第六条 缔约此方之领事官经缔约彼方给予执行职务证书后，得在双方所同意之缔约彼方之口岸地方与城市驻扎。缔约双方之领事官在其领事辖区内，应有与其本国人民或公司会晤、通讯以及指示之权。倘其本国人民在其领事区内被拘留、逮捕、监禁或听候审判时，应立即通知该领事官。该领事官于通知主管官厅后得探视此等人民。总之，缔约此方之领事官在缔约彼方之领土内应享有现代国际惯例所给予之权利，特权与豁免。

双方并同意缔约此方之人民或公司在缔约彼方领土内，随时有与其本国领事官通讯之权。缔约此方之人民在缔约彼方领土内被扣留、逮捕、监禁或听候审判者，其与本国领事官之通讯，地方官厅应予转递。

第七条 （一）缔约双方经一方之请求，或于现在抵抗共同敌国之战争停止后至迟六个月内，进行谈判，签订现代广泛之友好通商航海设领条约。此项条约将以近代国际程序与缔约双方近年来与他国政府所缔结之近代条约中所表现之国际公法原则与国际惯例为根据。

（二）前项广泛条约未经订立以前，倘日后遇有涉及中华民国领土内加拿大政府或加拿大国人民或公司权利之任何问题发生，而不在本约及所附换文范围内或不在缔约双方间现行而未经本约及所附换文废止或与本约及所附换文不相抵触之条约、专约及协定之范围内者，应由缔约双方代表会商，依照普通承认之国际公法原则及近代国际惯例解决之。

第八条　缔约双方同意，凡本约及所附换文未涉及之问题，如有影响中华民国主权时，应由缔约双方代表会商，依照普通承认之国际公法原则及近代国际惯例解决之。

第九条　本约应予批准。批准书应于重庆迅速互换。本约自互换批准书之日起发生效力。

上面全权代表爰于本约签字盖印，以昭信守。本约用中英文各缮两份，中文、英文均有同等之效力。

中华民国三十三年四月十四日即西历一九四四年四月十四日订于奥太瓦。

刘师舜（签字）
金麦坚齐（签字）
〔国民政府外交部档案〕

14．国民政府公布中国与哥斯大黎加共和国签订友好条约

（1944年5月5日）

中华民国哥斯大黎加共和国为加强两国固有亲睦邦交，增进两国人民相互利益起见，决定以平等及互尊主权之原则为基础，订立友好条约。

为此，简派全权代表如左：

中华民国国民政府主席特派兼驻哥斯大黎加共和国特命全权公使涂允檀

哥斯大黎加共和国总统特派内政部长索托

两全权代表将所奉全权证书互相校阅，均属妥善。议定条款如左：

第一条 中华民国与哥斯大黎加共和国及两国人民间，应永敦和好，历久不渝。

第二条 两缔约国声明，彼此具有坚强决心，亲密协作，以树立并维持基于正义之世界和平，及促进两国人民之经济繁荣。

第三条 两缔约国有相互派遣正式外交代表之权，此项代表在所驻国，应享受国际公法通常承认之一切权利优例及豁免。

第四条 两缔约国在彼此领土内共同商定之地方，有派驻总领事、领事、副领事、代理领事之权。此项领事官应行使国际通例通常承认之职务，并享受国际通例通常承认之待遇。两缔约国领事官员于就职之前，应向所驻国取得执行职务证书，但此项证书得由所驻国政府撤回。

两缔约国政府不得任命经营工商业人民为领事官员。

第五条 两缔约国人民得在与其他任何第三国人民同样条件之下，依造缔约国适用于一切外人之法律章程，自由出入彼此领土。

第六条 两缔约国人民于彼此领土内，关于其身体财产，应享受所在国法律章程完全之保护。

两缔约国人民得于任何他国人民享有相同权利之地方，享有游历、居住、作工及经营工商业之权利，但须依照所在国之法律章程。

两缔约国人民得依所在国之法律章程，享有设立学校，教育其子女之自由，暨集会、结社、出版、祀典、信仰之自由。

关于本条此缔约国之法律章程，不得有歧视彼缔约国人民之规定。

第七条 两缔约国间之其他关系，应以国际公法原则为基础。

第八条 两缔约国同意于最短期间内，另订通商航海条约。

第九条 本条约分缮中文、西班牙文两种约本，同等有效。

第十条 本条约应由两缔约国各依本国法定手续，于最短期内批准。自互换批准之日起发生效力。批准文件应在圣若瑟互换。为此，两全权代表将本条约签字盖章，以昭信守。

中华民国三十三年
西历一九四四年 五月五日订于圣若瑟

涂允檀（签字）

索 托（签字）

〔国民政府外交部档案〕

15. 国民政府公布中国与墨西哥合众国签订友好条约

（1944年8月1日）

中 华 民 国
墨西哥合众国 为加强两国间有亲睦邦交，增进两国人民相互利益起见，决定以平等及互尊主权之原则为基础，订立友好条约。为此，简派全权代表如左：

中华民国国民政府主席特派驻墨西哥合众国特命全权公使程天固

墨西哥合众国总统特派外交部长巴迪雅

两全权代表，将所奉全权证书互相校阅，均属妥善。议定条款如左：

第一条 中华民国与墨西哥合众国及两国人民间，应永敦和好，历久不渝。

第二条 两缔约国声明，彼此具有坚强决心，亲密协作，以树立并维持基于正义及平等之世界和平及促进两国人民之经济繁荣。

第三条 两缔约国有相互派遣外交代表之权，此项代表在所驻国，应享受国际公法通常承认之一切权利优例及豁免。

第四条 两缔约国在彼此领土内，共同商定之地方，有派驻总领事、领事、副领事、代理领事之权。此项领事官应行使国际通例通常承认之职务，并享受国际通例通常承认之待遇。两缔约国领事官员于就职之前，应向所驻国取得正式执行职务证书，但此项证书得由所驻国政府撤回。

两缔约国政府不得任命在执行职务国家内，经营工商业人民为领事官员，但名誉领事不在此限。

第五条 两缔约国人民得在与任何第三国人民同样条件之下，依照所在国现行移民法律章程及其他规则，自由出入彼此领土。

第六条 两缔约国人民及其财产，在彼此领土内，应受所在国法律章程之支配及所在国法院之管辖。

两缔约国人民关于其身体财产，应享受所在国法律章程完全之保护。

两缔约国人民得于任何他国人民享有相同权利之地方，享有游历、居住、作工及经营工商业权利，但须依照所在国之法律章程。

两缔约国人民得依所在国之法律章程，享有设立学校，教育其子女之自由，暨集会、结社、出版、祀典、信仰、埋葬及营墓之自由。

关于本条此缔约国之法律章程，不得有歧视彼缔约国人民之规定。

第七条 两缔约国间之其他关系，应以国际公法原则为基础。

两缔约国间如有任何争端发生，而不能由外交途径解决者，应交付调解及公断。

第八条 两缔约国同意于最短期间内，另订通商航海条约，以增进彼此商务关系。

第九条 本条约分缮中文、西班牙文与英文本，遇有解释不同，应以英文本为准。

第十条 本条约应由两缔约国各依本国法定手续，于最短期内批准。自互换批准之日起发生效力。批准文件应在墨西哥京城互换。

为此，两全权代表将本约签字盖章，以昭信守。

中华民国三十三年
西 历一九四四年 八月一日订于墨西哥京城

程天固（签字）

巴迪雅（签字）

〔国民政府外交部档案〕

16. 国民政府拟定中国与瑞典出口贸易公司签订信用贷款合同草案（译件）

（1944年12月22日）

中国政府，以下称华方，与代表瑞典实业团体之瑞京出口贸易公司，以下称瑞方，订立合同如下：

第一条 瑞方约定，给予华方信用贷款一〇〇、〇〇〇、〇〇〇（壹万万）瑞典克仑，依照华方定单，本第十二条所规定之三年期内，以瑞典货物交付华方。

第二条 瑞方承担大概交付下列出产品，即：

钢铁及非铁材料半制成品及铸造品；

锻造品、弹簧、螺丝、钉、阳螺旋、阴螺旋、钉装具、球承；

金工及木工工具，测量及试验器械与工具；

磨擦品；

炼铁厂造船厂及铁片厂用之机器、工具及机器；

原油，地西耳引火油及石油引擎；

电气物品；

水及蒸汽涡轮；

火炉及温暖器具风扇通风装置；

摩托货船、火车头及其他铁路材料，拖引机、脚踏车及其他交通工具。

矿场（钻石机）钢铁厂、非铁金属工厂及铸造厂用之机器及器具、林场锯林场及□□木工厂及化学纸浆厂用之机器及器具，火柴及烟草工厂用之机器及器具。

营造及建筑维护公路及街道（滚路机平路机压碎机）清道用之机器与器具，索道搬运器，滚车、绞车、起重机、处理泥土岩石煤焦及提取泥炭之装置；

农业及园艺用之机器与工具；

蒸气、煤气、水之装具与器械调节器，抽水机、救火、抽水机及消防器具；

化学品医学品之油漆；

家庭及餐馆用之机器及器具，装饰品；

打字机、计算及加算机；

X光器械及其他科学仪器，猎枪，缝纫机及未列名器具；

华方并得定购本合同附件所列出口贸易公司社员所制造之其他出产品。

第三条　瑞方承担供给工程师及技术顾问，受华方之指挥。如系交付工厂，瑞方承担派遣装设工程师，从事装置暨监督。此类工厂之开工，所有派遣至中国之工程师及人员，均由华方按照习惯办法给予报酬。

第四条　华方同意允许代表瑞典实业团体之瑞京出口贸易公司，为唯一瑞典入口商，经营下列中国出产品：

黄豆、蛋制品、茶、胡麻、皮革、锑、钨、锡、桐油、羊毛。

瑞方为促进中瑞贸易计，承担尽一切力量鼓励瑞典对中国其他出口货物之需要。

第五条　瑞方运货至中国开具发票，载明到达港包括保险费运费（C.I.E）价目，但运费与保险费须在发票上分别开列。

第六条　华方运货至瑞方开具发票，载明中国交货港船上交货价目（FOB）。

第七条　瑞方承担于本合同满期以前，交付华方定货至上述一〇〇、〇〇〇、〇〇〇瑞典克仑为止。如逾期未交清，仍应由瑞方履行交付货物。

第八条　瑞方交运之标准出产品，其贷款华方依照发票上船上交货价目，以本票支付。此项本票自提单上之日期起，于三年内付款，年息三厘半，自开本票之日起计算。发票上瑞方按照华方通知所垫付运费及保险费数额，由华方支付现款，或在瑞方应付华方之贷款中扣除。

华方如订购需要特别制造之机器或设备时，须于订立契约日期即开出本票。其数额为该特殊定单货价三分之一，其余三分之二依照提单日期开出本票，此项本票之条件，与支付标准出产品之本票相同。

第九条　华方运出之货物于交货时，由瑞方现款支付，或在瑞方所垫付之运费及保险费中结算。

第十条　瑞典货物之订价，不得超过国际市场上同样物品之价格，瑞典特产之在国际市场上无市价者，以最低价格售予华方。至华方交付瑞方之货物，其价格以成交时该项货物在国际市场之价格为准。

第十一条 双方对于本合同各条款之解释，或应用所发生之一切争端，或意见不同，如不能共同商洽解决时，则交付公断，以求解决。若一方请求公断，并发出指派公断人一名之通知后，则对方须自接到公断申请书后十五日内，将其自方之公断人一名指定。

双方指派之公断人，须自最后指定公断人之日起，于一个月内，共同选择第三公断人为公断庭之主席。遇必要时，指定第三公断人之一月期间，经双方同意得延长之。如一方于规定期间内，未指派公断人，或双方公断人于规定期间内，不能同意选定第三公断人，则任何一方得请求巴黎国际商会主席指定此项公断人。

第三公断人须为本合同双方以外之其他国籍人。

公断人对于争端之解决，以多数票表决之，如一公断人不愿投票，则其他二公断人仍得裁判。公断人在裁判书中并载明公断之全部费用，裁判书在瑞京公布，双方受其约束，并不得上诉。

第十二条 本合同自签字之日起有效，并以三年为期。自华方第一次定货日期起计算。

斯德哥尔摩　　　年　月　日

中国政府代表
瑞京出口贸易公司代表

一九四四年十二月二十二日中国政府与瑞京出口贸易公司拟具之合同草案附件〔略〕

〔国民政府资源委员会档案〕

17. 国民政府公布中瑞关于取消瑞典在华治外法权及其有关特权条约

（1945年4月5日）

中华民国国民政府主席阁下
瑞典国君主陛下
愿以友好精神使两国间之一般关系更为明显，并借以解决若干与在中国之管辖权有关事件起见，订立本约。各派全权代表如左：

中华民国国民政府主席阁下特派中华民国外交部部长宋子文为全权代表；

瑞典国君主陛下特派瑞典国驻中华民国全权公使亚勒为全权代表

两全权代表各将所奉全权证书互相校阅，均属妥善。议定条款如左：

第一条 现行中华民国与瑞典王国间之条约与协定，凡授权瑞典王国政府或其代表实行管辖在中华民国领土内瑞典王国人民之一切条款，兹特撤销作废。瑞典王国人民在中华民国领土内，应依照国际公法之原则及国际惯例，受中华民国政府之管辖。

第二条 为免除瑞典王国政府或人民公司或社团在中华民国领土内，现有关于不动产之权利发生任何问题，尤为免除各条约及协定之各条款，因本约第一条规定废止，而可能发生之问题起见，双方同意上述现有之权利，不得取消作废，并不得以任何理由加以追究，但依照法律手续提出证据，证明此项权利系以诈欺或类似诈欺或其他不正当之手段取得者，不在此限。同时相互了解，此项权利取得时，所根据之原来手续，如日后有任何变更之处，该项权利不得因之作废。双方并同意，此项权利之行使，应受中华民国关于征收捐税、征用土地及有关国防各项法令之约束，非经中华民国政府之明白许可，并不得移转于第三国政府或人民（包括公司及社团）。

双方并同意，中华民国政府对于瑞典王国政府或人民公司或社团持有之不动产永租契或其他证据，如欲另行换发新所有权状时，中国官厅当不征收任何费用。此项新所有权状，应充分保障上述租契或其他证据之持有人与其合法之继承人及受让人，并不得减损其原来权益，包括转让权在内。

双方并同意中国官厅，不得向瑞典王国政府或人民公司或社团要求缴纳涉及本约发生效力以前，有关土地移让之任何费用。

第三条 瑞典王国政府对于中华民国人民在瑞典国全境内，早已予以旅行、居住及经商之权利。中华民国政府同意，对于瑞典国人民在中华民国领土内，予以相同之权利。

第四条 此缔约国人民在彼缔约国领土内，关于法院及其他官厅保护其身体与财产之一切事项，应享受与彼缔约国人民同样之待遇。

第五条 中华民国政府与瑞典王国政府同意，彼此领事官经对方给予执行职务证书后，得在对方国领土内双方同意之口岸地方与城市，驻扎两国之领事官。在其领事区内，应有与其本国人民公司及社团会晤、通讯以及指示之权。倘其本国人民在其领事区内被拘留、逮捕或监禁时，应立即通知该领事官，该领事官于通知主管官厅后，得探视此等人民。总之两国之领事官，应享有现代国际惯例所给予之权利特权与豁免。

双方并同意对方人民公司及社团在此国领土内者，有随时与其领事官通讯之权。对方人民在此国之领土内，被拘留、逮捕或监禁者，其与领事官之通讯，主管官厅应予转递。

第六条 中华民国政府与瑞典王国政府同意，于现在战事停止后六个月内，进行谈判，签订一现代广泛之友好通商航海设领条约。此项条约将以近代国际程序与中华民国政府及瑞典王国政府近年来与他国政府所缔结之近代条约中所表现之国际公法原则与国际惯例为根据。

前项广泛条约未经订立以前,倘日后遇有涉及中华民国领土内瑞典王国政府或人民公司或社团权利之任何问题发生,而不在本约范围内,或不在中华民国政府与瑞典王国政府间现行而未经本约废止,或与本约不相抵触之条约专约及协定之范围内者,应由两国政府代表会商,依照普通承认之国际公法原则及近代国际惯例解决之。

第七条 本约用中文、瑞典文及英文各缮两份,解释遇有歧异时,应以英文本为准。

第八条 本约应由两国政府各依其宪法程序予以批准,在瑞典方面并应经其议会之同意。

本约自两国政府彼此通知批准之日起发生效力,批准书应随后于重庆迅速交换。

本约由下列签字人各依其全权签字盖印,以昭信守。

中华民国三十四年四月五日即西历一九四五年四月五日订于重庆

宋子文(签字)

亚 勒(签字)

换文

甲、中国外交部部长致瑞典国公使照会

关于中华民国政府与瑞典王国政府本日所签订瑞典王国政府放弃其在中国之治外法权及其有关特权之条约,本代表兹特声明,下列各点双方业已同意:

1. 关于北平使馆界及上海厦门公共租界,关于通商口岸制度以及中国领土内各口岸外籍引水人之雇用,瑞典王国政府及人民所享有各权利一并放弃。鉴于此项通商口岸制度之废止,彼此了解中华民国领土内,凡平时对外国海外商运已开放之沿海口岸,于上述条约发生效力后,对于瑞典海外商运仍继续开放。

2．此国之商船，许其自由驶至彼国对于海外商运业已或将来开放之口岸地方及领水，在该口岸地方及领水内给予此等船舶之待遇，不得低于所给予各该本国船舶之待遇，且应与所给予任何第三国船舶之待遇同样优厚。

3．瑞典王国政府放弃给予瑞典船舶在中华民国领水内关于沿海贸易及内河航行之特权，任何用以经营此项事业之瑞典产业，如业主愿意出卖时，中华民国政府准备以公平价格收购之。

4．如任何一方于日后签定之协定中，以任何关于沿海贸易或内河航行之优惠给予任何第三国之船舶，则此项优惠应同样给予彼方之船舶，但中华民国不得要求瑞典给予斯坎的那维亚国家中任何一国或数国之特殊优惠。沿海贸易与内河航行依照彼方有关法律之规定办理，不得要求彼方之本国待遇。

5．瑞典王国政府放弃给予其军舰在中华民国领水内之特权，中华民国政府与瑞典王国政府关于一方军舰访问彼方口岸，应依照通常国际惯例，相互给予优礼。

6．两国政府在各该国管辖所及之领土内，给予对方国人民公司及社团关于租税之征收或其有关事项，不低于所给予任何第三国人民公司及社团之待遇。但两国均不得要求对方国与第三国间依据避免复税之协定，而互相适用关于征税之优惠。

7．关于本日签订之条约第一条，双方了解瑞典在中国之法院之命令宣告判决决定及其他处分，应为确定案件，于必要时，中国官厅应予以执行。当本约效力发生时，凡瑞典在中国之法院之任何未结案件，如原告或告诉人希望移交于中华民国政府之主管法院时，该法院应从速进行处理之，并于可能范围内适用瑞典法律。

8．关于本约第二条中华民国政府兹声明，该条内所指现有不动产权利之转让权所受之限制，中国官厅当秉公办理。如中国政府对于所提出之转让拒绝同意，而瑞方利益关系人希望中国政府收购该项权利时，中国政府本公平之精神及为避免该利益关系之人民公司或社团之损失起见，当以适当之代价收购之。

9．关于本约第四条，双方了解关于诉讼费用之担保及诉讼救助问题，应由两国政府以特殊协定解决之。

10．通商口岸制度之废止，不得影响现有之财产权，缔约一方之人民在缔约彼方得依照缔约彼方之法令所规定之条件，享受取得并置有不动产之权利。

11．凡上述条约未涉及之问题，如有影响中华民国主权时，应由两国政府之代表会商，依照普通承认之国际公法原则及近代国际惯例解决之。

双方了解本照会中所称之同意与谅解，如荷贵国政府证实，即作为本日所签订条约内容之一部分，并自该约生效之日起发生效力。如任何一方政府要求谈判修改本照会之第二、四、六各节中之一节或数节时，此项谈判立即举行，如自要求举行谈判之日起六个月内，尚未获致同意，任何一方政府保留废止曾被要求修改之条款之权，该项条款如经宣告废止，自宣告废止之日起六个月期满后，即应失效。

本代表应请贵代表证实上述之了解为荷。

本代表顺向贵代表重表敬意。此致

瑞典国驻中华民国全权公使亚勒阁下
中华民国三十四年四月五日

宋子文（签字）

乙、瑞典国公使致中国外交部部长照会

关于瑞典王国政府与中华民国政府本日所签订瑞典王国政府放弃其在中国之治外法权及其有关特权之条约，本代表接准贵代表本日之照会内开："关于中华民国政府与瑞典王国政府本日所签订瑞典王国政府放弃其在中国之治外法权及其有关特权之条约，本代表兹特声明：下列各点，双方业已同意：

1．关于北平使馆界及上海厦门公共租界，关于通商口岸制度以及中国领土内各口岸外籍引水人之雇用，瑞典王国政府及人民所享有各权利，一并放弃。鉴于此项通商口岸制度之废止，彼此了解中华民国领土内凡平时对外国海外商运已开放之沿海口岸，于上述条约发生效力后，对于瑞典海外商运仍继续开放。

2．此国之商船许其自由驶至彼国，对于海外商运业已或将来开放之口岸地方及领水，在该口岸地方及领水内，给予此等船舶之待遇，不得低于所给予各该本国船舶之待遇，且应与所给予任何第三国船舶之待遇同样优厚。

3．瑞典王国政府放弃给予瑞典船舶在中华民国领水内，关于沿海贸易及内河航行之特权，任何用以经营此项事业之瑞典产业，如业主愿意出卖时，中华民国政府准备以公平价格收购之。

4．如任何一方于日后签订之协定中，以任何关于沿海贸易或内河航行之优惠给予任何第三国之船舶，则此项优惠应同样给予彼方之船舶。但中华民国不得要求瑞典给予斯坎的那维亚国家中任何一国或数国之特殊优惠，沿海贸易与内河航行依照彼方有关法律之规定办理，不得要求彼方之本国待遇。

5．瑞典王国政府放弃给予其军舰在中华民国领水内之特权，中华民国政府与瑞典王国政府关于一方军舰访问彼方口岸，应依照通常国际惯例，相互给予优礼。

6．两国政府在各该国管辖所及之领土内，给予对方国人民公司及社会关于租税之征收或其他有关事项，不低于所给予任何第三国人民公司及社团之待遇，但两国均不得要求对方国与第三国间依照避免复税之协定，而互相适用关于征税之优惠。

7．关于本日签订之条约第一条，双方了解瑞典在中国之法院之命令宣告判决决定及其他处分，应认为确定案件，于必要时，中国官厅应予以执行。当本约效力发生时，凡瑞典在中国之法院之任何未结案件，如原告或告诉人希望移交于中华民国政府之主管法院时，该法院应从速进行处理之，并于可能范围内适用瑞典法律。

8．关于本约第二条，中华民国政府兹声明，该条内所指现有不动产权利之转让权所受之限制，中国官厅当秉公办理。如中国政府对于所提出之转让拒绝同意，而瑞方利益关系人希望中国政府收购该项权利时，中国政府本公平之精神及为避免该利益关系之人民公司或社团之损失起见，当以适当之代价收购之。

9．关于本约第四条，双方了解关于诉讼费用之担保及诉讼救助问题，应由两国政府以特殊协定解决之。

10．通商口岸制度之废止，不得影响现有之财产权，缔约一方之人民在缔约彼方得依照缔约彼方之法令所规定之条件，享受取得并置有不动产之权利。

11．凡上述条约未涉及之问题，如有影响中华民国主权时，应由两国政府之代表会商，依照普通承认之国际公法原则及近代国际惯例解决之。

双方了解本照会中所称之同意与谅解，如荷贵国政府证实即作为本日所签订条约内容之一部分，并自该约生效之日起发生效力。如任何一方政府要求谈判修改本照会之第二、四、六各节中一节或数节时，此项谈判应即举行。如自要求举行谈判之日起六个月内，尚未获致同意，任何一方政府保留废止曾被要求修改之条款之权，该项条款如经宣告废止，自宣告之日起六个月期满后，即应失效。

本代表应请贵代表证实上述之了解为荷。

本代表顺向贵代表重表敬意。"

本代表兹特证实，关于瑞典王国政府与中华民国政府本日签订之条约业已成立之同意与谅解，正如贵代表上述来照所称者。本代表顺向贵代表重表敬意。此致

中华民国外交部部长宋阁下
西历一九四五年四月五日

亚勒（签字）

双方同意之会议记录（中华民国三十四年四月五日于重庆）

关于本日签订之条约，中国外交部部长致瑞典国公使之照会，彼此了解缔约双方为国防计，有权封闭任何口岸，禁止其一切海外商运。

本会议记录，应认为本日所签订条约内容之一部分，并自该约生效之日起发生效力。

宋子文（签字）
亚　勒（签字）

〔国民政府外交部档案〕

18．国民政府公布中荷关于放弃在华治外法权及处理有关问题条约（译文）

（1945年5月29日）

译文

中华民国国民政府主席阁下
荷兰国君后陛下，愿以友好精神，使两国间之一般关系更为明显，并藉以解决若干与在中国之管辖权有关事件起见，订立本约。为此，各派全权代表如左：

中华民国国民政府主席阁下特派中华民国驻荷兰国全权大使金问泗

荷兰国君后陛下特派荷兰国代理外交部部长魏尔杜南

两全权代表各将所奉全权证书互相校阅，均属妥善。议定条款如左：

第一条　本约所适用之缔约双方领土，在中华民国方面为中华民国之一切领土，在荷兰王国方面为荷兰王国之一切领土。

本约所称"缔约此方（或彼方）人民"字样，在中华民国方面，系指依照中国国籍法为中国人民者，在荷兰王国方面，系指依照荷兰国籍法为荷兰臣民者。

第二条　现行中华民国与荷兰王国间之条约或协定，凡授权荷兰政府或其代表实行管辖在中华民国领土内荷兰人民或公司之一切条款，兹特撤销作废。荷兰人民及公司在中华民国领土内，应依照国际公法之原则及国际惯例，受中华民国政府之管辖。

第三条　荷兰政府认为，一九〇一年九月七日中国政府与他国政府包括荷兰政府在北京签订之议定书，应行取消，并同意该议定书及其附件所给予荷兰政府之一切权利，应予终止。

荷兰政府愿协助中华民国政府与其他有关政府成立必要之协定，将北平使馆界之行政与管理连同使馆界之一切官有资产与官有义务，移交于中华民国政府，并相互了解。中华民国政府于接收使馆界行政与管理时，应厘订办法，担任并履行使馆界之官有义务及债务，并承认及保护该界内之一切合法权利。

在北平使馆界内，已划与荷兰政府之土地，其上建有属于荷兰王国之房屋，中华民国政府兹允许荷兰政府为公务上之目的，有继续使用之权。

第四条　荷兰政府认为上海及厦门公共租界之行政与管理，应归还中华民国政府，并同意凡关于上述租界给予荷兰政府之权利，应予终止。

荷兰政府愿协助中华民国政府与其他有关政府成立必要之协定，将上海及厦门公共租界之行政与管理，连同上述租界之一切官有资产与官有义务，移交于中华民国政府，并互相了解。中华民国政府于接收上述租界行政与管理时，应厘订办法，担任并履行上述租界之官有义务及债务，并承认及保护该界内之一切合法权利。

第五条　为免除荷兰人民或公司或荷兰王国在中华民国领土

内现有关于不动产之权利发生任何问题，尤为免除各条约或协定之各条款因本约第二条规定废止，而可能发生之问题起见，双方同意上述现有之权利，不得取消作废，并不得以任何理由加以追究。但依照法律手续提出证据，证明此项权利系以诈欺或类似诈欺或其他不正当之手段所取得者，不在此限。同时相互了解此项权利取得时，所根据之官厅手续，如日后有任何变更之处，该项权利不得因之作废。

双方并同意，此项权利应受中华民国关于征收捐税、征用土地及有关国防各项法令之约束，非经中华民国政府之明白许可，并不得移转于第三国政府人民或公司。

双方并同意，中华民国政府对于荷兰人民或公司或荷兰王国持有之不动产永租契或其他证据，如欲另行换发新所有权状时，中国官厅当不征收任何费用，此项新所有权状应充分保障上述租契或其他证据之持有人与其合法之继承人及受让人，并不得减损其原来权益，包括转让权在内。

双方并同意，中国官厅不得向荷兰人民或公司要求缴纳涉及本约发生效力以前有关土地移转之任何费用。

第六条 缔约一方应给予缔约他方人民以进出其领土之权利，暨在该领土全境内旅行、居住及经商之权利。

关于各项法律手续，司法事件之处理及无论何种租税之征收，缔约双方政府各在其领土内，尽力给予对方之人民及公司不低于本国人民及公司所享受之待遇。

第七条 缔约双方相互同意此方之领事官，经彼方给予执行职务证书后，得在双方所同意之彼方口岸地方与城市驻扎。

缔约此方之领事官，在其领事区内，应有与其本国人民会晤、通讯以及指示之权。倘其本国人民在其领事区内被拘留、逮捕、监禁或听候审判时，应立即通知该领事官。该领事官于通知主管官厅后，得探视此等人民。总之，缔约此方之领事官，在彼方领土内应享有现代国际惯例所给予之权利、特权与豁免。

双方并同意缔约此方之人民，在彼方领土内者，有随时与其领事官通讯之权。缔约此方之人民在彼方领土内被扣留、逮捕、监禁或听候审判者，其与领事官之通讯，地方官厅应予转递。

第八条 缔约双方经一方之请求，或于现在抵抗共同敌国之战争停止后至迟六个月内，进行谈判，签订现代广泛之友好通商航海设领条约。此项条约将以近代国际程序与缔约双方近年来与他国政府所缔结之近代条约中所表现之国际公法原则与国际惯例为根据。

前项所称条约未经订立以前，缔约此方同意，缔约彼方之领事官，得在缔约此方现已或将来对任何外国领事官开放之一切口岸城市与地方，依照国际公法普通原则执行职务。

第一项所称条约未经订立以前，倘日后遇有涉及中华民国领土内荷兰人民或公司，或荷兰王国权利之任何问题发生，而不在本约及换文范围内或不在缔约双方间现行而未经本约及换文废止或与本约及换文不相抵触之条约专约或协定之范围内者，应由两国政府代表会商，依照普通承认之国际公法原则及近代国际惯例解决之。

第九条 本约应予批准，批准书应于重庆迅速互换。本约自互换批准书之日起发生效力。

上开全权代表爰于本约签字盖印，以昭信守。

本约用英文分缮两份。

中华民国三十四年五月二十九日即西历一九四五年五月二十九日订于伦敦

金问泗（签字）
魏尔杜南（签字）

换文

(一)金问泗致荷兰代理外交部长照会(5月29日)

关于中华民国国民政府主席阁下与荷兰国君陛下本日订立之条约,本大使兹特声明双方了解如下:

一、(甲)荷兰政府放弃关于中国通商口岸制度之一切现行权利。

(乙)荷兰政府放弃关于上海及厦门公共租界特别法院之一切现行权利。

(丙)荷兰政府放弃关于在中华民国领土内各口岸雇用外籍引水人之一切现行权利。

(丁)荷兰政府放弃关于在中华民国领水内沿海贸易及内河航行之一切现行权利。

(戊)荷兰政府放弃关于其军舰未经中华民国国民政府事先同意而驶入中华民国领水之一切现行权利。

二、双方相互同意缔约一方之商船许其自由驶至缔约彼方领土内,对于海外商运业已或将来开放之口岸地方及领水,并同意在该口岸地方及领水内给予此等船舶之待遇,不得低于所给予各该本国船舶之待遇,且应与所给予任何第三国船舶之待遇同样优厚。

三、双方相互了解在中华民国之荷兰领事法庭之命令宣告判决决定及其他处分,应认为确定案件,并为达到此等命令宣告判决决定及其他处分之目的所必要时,中国官厅应予以执行。

四、双方并了解缔约一方之人民在缔约彼方之领土全境,得依照缔约彼方之法令所规定之条件,享受取得并置有不动产之权利。

五、双方并同意凡本约及本照会未涉及之问题,如有影响中华民国主权时,应由中华民国国民政府与荷兰政府代表会商,依照普通承认之国际公法原则及近代国际惯例解决之。

六、双方了解此种同意与谅解，如荷贵国政府证实，即作为本日所签订条约内容之一部分，并自该约生效之日起发生效力。

本大使应请贵部长证实上述之了解为荷。

本大使顺向贵部长重表敬意。此致

荷兰国代理外交部部长魏尔杜南阁下

一九四五年五月二十九日

金问泗（签字）

（二）

顷准贵大使本日照会内开："关于中华民国国民政府主席阁下与荷兰国君后陛下本日订立之条约，本大使兹特声明双方了解如下：

一、（甲）荷兰政府放弃关于中国通商口岸制度之一切现行权利。

（乙）荷兰政府放弃关于上海及厦门公共租界特别法院之一切现行权利。

（丙）荷兰政府放弃关于在中华民国领土内各口岸雇用外籍引水人之一切现行权利。

（丁）荷兰政府放弃关于在中华民国领水内沿海贸易及内河航行之一切现行权利。

（戊）荷兰政府放弃关于其军舰未经中华民国国民政府事先同意而驶入中华民国领水之一切现行权利。

二、双方相互同意，缔约一方之商船许其自由驶至缔约彼方领土内对于海外商运业已或将来开放之口岸地方及领水，并同意在该口岸地方及领水内给予此等船舶之待遇，不得低于所给予各该本国船舶之待遇，且应与所给予任何第三国船舶之待遇同样优厚。

三、双方相互了解，在中华民国之荷兰领事法庭之命令宣告判决决定及其他处分，应认为确定案件，并为达到此种命令宣告判决决定及其他处分之目的所必要时，中国官厅应予以执行。

四、双方并了解缔约一方之人民，在缔约彼方之领土全境，得依照缔约彼方之法令所规定之条件，享受取得并置有不动产之权利。

五、双方并同意，凡本约及本照会未涉及之问题，如有影响中华民国主权时，应由中华民国国民政府与荷兰政府代表会商，依照普通承认之国际公法原则及国际惯例解决之。

六、双方了解此种同意与谅解，如荷贵国政府证实，即作为本日所签订条约内容之一部份，并自该约生效之日起发生效力。

本大使应请贵部长证实上述之了解为荷"等由。本部长兹特证实，此项同意与谅解正如贵大使来照所记录者，该项同意与谅解即作为本日所签订条约内容之一部分，并自该约生效之日起发生效力。

本部长顺向贵大使重表敬意。此致
中华民国驻荷兰国特命全权大使金问泗阁下

魏尔杜南（签字）
〔国民政府外交部档案〕

19．国民政府公布中多友好条约附加条款

（1945年6月8日）

中华民国国民政府行政院院长兼外交部部长宋子文、多明尼加共和国外交部部长班亚发咸，分别奉中华民国国民政府主席及多明尼加共和国总统授权，对于一九四〇年五月十一日在特罗希洛城签订之中华民国与多明尼加共和国友好条约，议定附加条款如左：

此缔约国人民依照彼缔约国现行法律章程及其他法律之规

定，并依任何第三国人民之同样条件，得自由出入于彼缔约国领土。

　　为此，将上述附加条款签字盖印，以昭信守。

中华民国三十四年六月八日
西历一九四五年六月八日　在金山签订两份。

宋子文（签字）

班亚发咸（签字）

〔国民政府外交部档案〕